中国語との比較による

日本語の漢語の意味史的研究

欒竹民 著

和泉書院

序　文

欒竹民博士の『中国語との比較による日本語の漢語の意味史的研究』は、古来の日本語における漢語について、その意味の変化を中国語との比較を基軸として、両国の文献を時代別、文章ジャンル別に精査して類別し、意味変化の要因を考究したものである。

本書の特色の第一は、漢語の意味が歴史的に変遷することに着目し、数組の型に類型化して、漢語同士を関連づけて漢語語彙の体系化の方向性を提示していることである。漢語の意味の変化の型とは、例えば「誕生」が中国語では皇子の生まれる時にのみ用いたのを、日本語に入っては一般の人にまで広がって用いるの類で、これを「意味の拡大化」と捉える。本書ではこの「拡大化」の型に属する語として「気色」「気分」「覚悟」「遠慮」「迷惑」を取り上げて具体的に考察している。これに対して、「意味の縮小化」は、「仙洞」が仙人の住む洞窟、道教の寺院、仏寺から、日本語では上皇の住居に用いるの類である。本書ではこの「縮小化」の型に属する語として、「料理」「病気」「和平と平和」を取り上げている。型には他に、意味の価値の下落と向上、意味の転用、形態による変化などを挙げ、併せて二十数語の漢語を例示し考察して本書の中核を成している。

特色の第二は、これらの漢語の一語一語について古文献を中国は無論、日本の奈良・平安・鎌倉時代にわたって博捜し、その意味用法を精査していることである。特に日本の古文献では、時代別、文書ジャンル別に調査し考察して、漢語の意味が変化した時期や、文章ジャンルでは古記録類に意味の変化が行われやすいことを資料に即して解明している。

抑も日本の漢語は、中国からの借用語として伝来し、長年月の間にその字音が変化し意味用法も変化し、和製漢語も加わって歴史的に変遷を遂げて、日本語の語彙の一項を占めるに至っている。この漢語の研究については、夙に山田孝雄博士が『国語の中に於ける漢語の研究』（一九四〇年〈昭和十五年〉刊）で取り上げて、本格的な研究への方向づけをされた。その後、池上禎造氏の論、佐藤喜代治博士の考察があり、様々な角度から幅広く研究が行われて数々の成果が上げられているが、意味変化については個々の語や個別の語群を中心に研究が進められているに止まっている。これに対して本書は、漢語の意味が歴史的に変遷することを意味史と捉え、広く漢語群を視野に入れて、一々の語を精査して、同じ意味変化する漢語同士を同一の型とし、数組の型に分類し類型化して、それぞれの意味変化の要因を探究している。正に漢語語彙の体系化への方向づけとなっている。

本書の著者、欒竹民氏は中国山東省に生まれ、北京外国語大学日本語学部日本文学専攻を卒業、引続き同研究科修士課程を修了、同大学専任講師を経て、在中国日本語研修センター（通称「大平学校」）を修了した。一九八五年（昭和六十年）にこの大平学校に日中両政府による大学院「日本学研究センター」が創設され、私は第一回客員教授として招かれたことにより欒氏との縁が生じた。私の帰朝後、欒氏は私の勤めていた広島大学大学院文学研究科に国費留学生として来日し、大学院修士課程国語学国文学専攻を終え、同博士課程を修了し、広島市立大学国際学部国際学研究科に助教授として就職し教授並びに同大学語学センター長も務めた。

この学歴が語るように、欒氏は在中国において日本語能力を十二分に備えていた。広島大学では奈良・平安・鎌倉時代等の諸種の古文献を読解する力を身に着けたようである。毎夏開催された鎌倉時代語研究会では、欒氏は本書に収めた漢語の一語一語について毎回一語を課題として各時代の古文献を博捜して用例を集め、その意味用法を丹念に分析していた。これらが基礎となり、本書の意味史研究に展開したことは誠に慶賀の至りである。

語彙の体系は一語一語の観察の積み重ねによって見えてくる。本書はこれを実践したものである。一語一語を古文献の中から博く捜り出し、その意味用法を分析考察して変化の要因を探究するには、多くの年月と労力を要する。本書が取り扱った漢語は二十数語であるが、その意味変化を類型化し、変化の要因を説いて、漢語の意味史研究の新分野を拓いている。今後、対象とする漢語を増し、意味変化の類型を検証して、意味変化の全容を解明することが期待される。

二〇二一年（令和三年）十二月二十五日

広島大学名誉教授　小林芳規識

目次

第二章　意味の価値の変化

第一節　意味の下落

終章　論旨の帰結と今後の課題

凡例

本書の作成と資料の引用は、原則として以下の方針による。

・漢字は原則として現在通行の字体を使用したが、若干の旧漢字、異体字は残した。

・資料の底本は、本書末尾の調査文献に掲げた。

・日本文献の引用については、資料名を掲げ、底本とした所収本の巻数を漢数字で示し、頁数を漢数字で、用例語句の所在行数を○中数字で示した。

例 （小右記一、一五五③）→大日本古記録『小右記』の第一冊、一五五頁、3行目を示す。

・底本を重んじつつ、論考の趣旨に支障のないという前提の下で漢字、仮名の表記の変更を行い、亦、一部を残して句読点や返り点、傍注、ルビなどを省略した。

・訓点資料の引用においては、本文及びそれに付いている傍注、音訓合符を示し、その他を示す場合は注を付した。

序章　日本語における漢語の意味変化研究の意義、構想及び方法

第一項　漢語の伝来と使用

中国語の歴史を論ずるに当たっては、記録に残っている甲骨文字が最も古いものであるとされるのが常である。殷代の後半、今から三千三百年ほど昔のものであると言われる。但し、甲骨文字は只その時点で記録されたものに過ぎず、それ以前には文字が全く存在せず、突然甲骨文字が生まれたとは考えにくい。つまり、甲骨文字が形成されるまでその母胎を成す符号や文字的なものが存在していたと推定される。(1) 例えば、甲骨文字の年代より三千年ほど遡った六千年前に華中と華北に分布していた「仰韶文化」と言われる文化層が多く発掘されて、その上に四千五百年ほど前の「竜山文化」層が重なっている。両文化遺跡から出土した多数の「彩色陶器」には文字と思しき符号が刻まれていると報告された。(2) この発見によって今まで言われてきた漢字の歴史は改められるのではないかと、学界内外の論議を喚起したのである。かくして、中国語史は考古学などの研究が進められて行くに従って、現存の記録より一層古くなることが予測される。

日本は、古代から近世に至るまで中国の文化圏の中にあって、中国文化の導入と受容に伴って、元来日本にはな

かった新しい外来の事物を表すために漢語も共に伝来してきた。つまり漢語は中国文化を学習し、融合するための不可欠な前提条件であったと言える。それのみならず、中国の高度な文化に対する尊敬の念が漢語を使用する方が和語を用いるより荘重だとされる面もあれば、[3]元来の日本語には見られない、漢語でなければ伝達できない感情や感覚を表すために漢語を必要とする面もあるとされる。[4]また、漢語は、その表現が簡潔で、含蓄に富むという特質を持つため、これを漢字で書き表せば、文字が少なく能率的であり、読む場合もその表意性によって意味を理解、把握しやすいなどといった利点も挙げられる。彼様な事情のもとに、日本語に摂取された漢語は古代から今日に至るまで和語と共に日本語を支えてきたと言っても過言ではなかろう。また、これによって、日本も朝鮮半島、越南と共に漢字文化圏の一員となったのである。

さて、中国語は一体いつの時代に日本に伝えられ、日本語として使用され始めたのであろうか。この点については、山田孝雄博士が『国語の中に於ける漢語の研究』[5]において、「そのはじめ何時、如何なる手続によりて日本に漢語が伝はるに至たるかの明確なることは今日に於いてこれを知ることを得ず。日本書紀の伝ふる所によれば応神天皇の朝、十五年に百済より来朝せる阿直岐について皇太子菟道稚郎子が経典をよまれ、その翌年、同じく百済より王仁といふ人来朝して皇太子の師として諸の典籍を教へ奉りたりと見え、古事記には王仁の奉りしものは論語十巻千字文一巻なりといへり。かくの如く漢籍を学ばれしことなれば、漢語をこの時に知るに至られしことは疑ふべからず」と述べていられる。尚、『漢字講座1漢字とは』[6]の「漢字の伝来」（春日和男担当）にも「ともあれ、漢字漢文の公式渡来は史実として五世紀に入ってと見て大過はないであろう」とあり、『図説日本の漢字』[7]にも「五世紀には、朝鮮半島を経て、大陸の漢字文化が伝来し、典籍も公式に伝えられたことが考えられる」と記されている。漢字の公的な伝来に伴って、漢字の日本語における実際的使用も同時に始まったかと考えられる。

漢字の伝来は恐らく公式の記録より一段と古いと思われるが、その始めは定かではない。「漢字の資料が、弥生時代中期から後期には中国大陸から流入し、西日本の弥生人の生活に入っていた」[8]と書かれているように、その古さの一端を伺うことが出来る。更に、それを明証するように、日本最古の漢字と言われる遺物[9]が近年来次々と発掘された。その中では弥生時代を最古として、三、四世紀のものも見られる。つまり、漢字は極めて古くから日本人と中国人との何らかの交流、接触を通して非公式な形で日本に伝来してきたと言ってもよいであろう。

日本では、中国語は中国との交渉が行われた時点で日本人が接したものであり、本来は中国での意味、用法に即してそのまま受容されたものと想定される。しかしながら文字を有していなかった日本においては、中国語を日本語表現に応じて利用することも行われた。即ち、中国の文化、社会等を反映する中国語が日本の文化、社会等を表すのに用いられた。その結果、中国語は日本語に浸透、同化して借用語から日本語として使われる漢語に変容した。それに伴って意味変化が生じて、所謂和化漢語に変わったものもあれば、中国語にはなかった国字、和製漢語も登場したのである。「かくの如き有様なれば、現代の国語に於いて若し漢語を除き去る時は、日常の挨拶よりして社会公私の一切思想交換が殆ど不可能となるともいふべき状態に陥るべしと思はるるさまなり」[10]とされるように、今日漢語は和語と共に車の両輪のように日本語を支え、和語に比肩するほどの存在であると言える。

それは一九六四年、国立国語研究所が現代雑誌九十種を対象に調査したところ、異なり語としては和語が三六・七%、漢語が和語を上回る四七・五%に達しているといった結果が得られたことからも察知される。亦、古典語における漢語は、時代、文章ジャンルによって使用率は区々であるが、主として和語を表現手段とする平安時代の女流文学である和文においてもその使用が見られる。例えば、宮島達夫編『古典対照語い表』によれば、『土左日記』に異なり語としての漢語が四・五%、『源氏物語』の異なり語としての漢語が八・八%とあるように、漢語の使用比率は低いものの、漢語は確実に和文に進入していることが明らかである。和文の外には、正格（純）漢文はもちろんのこと、所謂和化漢文（変体漢文）においても日本語的な要素を内含しているとはいえ、全文が漢字で書き記されている。この種の文献については各漢字が和語で読まれたか、字音で読まれたかを判断することが難しいが、『和泉往来』及び『高山寺本古往来』を一つの目安として挙げてみると、『和泉往来』の漢語使用率が和語の五一・五％に対して、四八・三％[11]（和漢複合語を除く）となる。一方の『高山寺本古往来』は和語の四八％に対して、漢語が五〇・一％[12]（和漢複合語を除く）となる。和漢混淆文においても漢語の使用頻度は高いと言えよう。例えば、西田直敏氏の『平家物語の文体論的研究』によれば、覚一本『平家物語』の基幹語彙には漢語が二二・〇六％を占めている。『法華修法一百座聞書抄』（法隆寺蔵本、天仁二（一一〇九）年成立、院政時代書写）では、漢語の使用率が四一・四％となる[13]。尚、同じ院政期書写で中山法華経寺蔵本の『三教指帰注』の漢語はその使用率が五〇・一％に達している[14]。また、中世の男性の手によって綴られた和文においても、例えば『方丈記』では二割強、『徒然草』では三割弱という漢語の使用率となり、中世の作品における漢語の使用率が高くなっていることを知り得る。

漢語は古典においても、現代語においても日本語の中で重要な位置を占めている。従って、日本語の語彙を体系的に整序し、記述しようとするに際しては、数多くの漢語を無視することはできない。

注

（1）王鳳陽『漢字学』（吉林文史出版社、一九八九）の「殷商以前的文字」節に「殷商甲骨文已是発達的文字、在此之前漢字肯定有相当長的発展、継承的歴史、這是文字学家的共同意見（殷商時代の甲骨文字は已に発達した文字であるため、その以前に漢字としては間違いなく相当長かった発展と継承の歴史がある。それは已に文字研究者の共同認識となっている）（筆者訳）」と記されている。許威漢『漢語学』（広東教育出版社、一九九五）の「漢字」節に「可以断定漢字在殷代以前的夏代就初現規模了。至今已経有四千多年的歴史了（漢字は已に殷代以前の夏代にある程度の規模が整っていると断定できよう。だから、漢字は已に四千年以上の歴史をもっているのである）（筆者訳）」と書かれている。

（2）『考古』第四期（中国社会科学院考古研究所、一九九四）、更に許威漢『漢語学』（注（1））によれば、中国各地に分布している「仰韶文化」層と「竜山文化」層から出土した「陶器」に刻まれた異なり符号が五十種類余りに達している。それらは「示意的」なものの他に氏族の名称や地名などを表すのに用いるようであるとされる。
（3）佐藤喜代治『日本の漢語』（角川書店、昭五十四）
（4）同注（3）
（5）山田孝雄『国語の中に於ける漢語の研究』（宝文館、昭三十三、訂正版）
（6）『漢字講座1漢字とは』（明治書院、昭六十三）
（7）小林芳規『図説日本の漢字』（大修館書店、平十）
（8）同注（7）
（9）同注（7）
（10）同注（5）
（11）築島裕「和語と漢語」（『日本語学』4―11、明治書院、昭六十・十一）
（12）同注（11）
（13）同注（11）
（14）同注（11）

第二項　漢語研究の昨今

日本語の語彙に関する研究は音韻、文法等の分野と比べればまだまだ不充分で、更に研究を要する点が大いに残っている。特に日本語の中で質・量共に重要な位置を占めている漢語についての研究は、いまだ緒に就いたばかりというのが現実である。中でも日本語の漢語と中国語との両者の関連を考えながら発達、変遷を綜合的に研究することは殆ど欠如しているのが昨今の状況である。正に、『漢字講座』の編集のことばに指摘されているように「漢字の研究は従来、おもに漢字の専門家によって進められてきた。国語の研究でも古典研究の基礎として漢字を研究することが行われ、漢字音、訓点語、古辞書などの研究に見るべき成果を挙げてきたが、漢字と国語との関連において系統的に研究することは十分に行われてはいない(1)」と。日本語における漢語を系統的に研究するには、中国語との比較研究が不可欠となる。その有益な試みとしては佐藤喜代治博士著『日本の漢語(2)』が挙げられる。当書の序文の終わりに、日中漢語比較研究に対して「本書が研究の前進に幾分でも役立つことができれば仕合わせである」と書かれているように、著者の苦心の跡が伺える。しかし、漢語の意味変化を整合化しようとするときには、変化の結果に止まらず変化の要因を考究する必要があるといった点から見れば、尚、隴を得て蜀を望むという感を抱かざるを得ない。

中国語との比較研究は日本語の漢語及びその意味を歴史的に考究するために、有効な方法の一つであると考えられる。漢語研究が日ましに日本語研究の一分野として重要視されるに伴って、中国語との比較による研究も一層必要となり、注目に値するようになろう。

日本語の漢語に関する研究について振返ってみると、先ず特筆できる、代表的な研究書は山田孝雄博士の『国語の中に於ける漢語の研究』である。本書は初めて日本語の漢語を巡って綜合的に論述し、日本語語彙の新しい研究分野―漢語研究を開拓したと言ってよい名著である。それを契機に、漢語研究は、その重要性が認知されて、次第に隆盛になってきた。その中で日本語の歴史上初めて漢字、漢語を系統的、綜合的に把捉しようという『漢字講座』十二巻の刊行をはじめ、数多くの著書、論文等が世に問われた。それらは、各時代における漢語と和語との語彙量に関する計量的研究をはじめとして、音韻、文法、表記、語構成、文体、意味、位相、受容等の各方面から漢語の特性に迫ろうとする多彩な研究であり、多大な成果を上げている。「漢語研究の隆盛も特色の一つに挙げられる」、「漢語の研究は前期に続き今期も非常に活発であり、今期の特徴の一つと言える[3]」と記されていることからも、昨今の漢語研究の一斑を窺うことが出来よう。しかしながら、漢語研究が活発になっている今日ですら、個々の漢語の意味、特に通時論的な側面、即ち意味変化と意味変化の類型について詳細な研究を行ったものは多くを見ない。これは漢語のみならず、日本語の語彙全体に亘って言えることでもある。正に「最近は語彙変化を分類し体系化しようとする試みはあまり見られないようである[4]」と指摘される通りである。

「意味変化のことが共時態とか通時態とかにあまりこだわりなく言われているようであるけれども、厳密にいえば変化の概念はもはや明らかに通時態のものである。だから意味変化はどうしても意味史の問題となっていく[5]」と言われているように、漢語の意味変化とは漢語の意味に関する史的研究である。漢語の意味史は国語史における音韻史、文字史、文法史等と同じく重要な研究分野の一つであると考えられる。しかしながら、意味史についての研究は極めて少なく、管見に及んだところでは吉田金彦氏の『国語意味史序説』のみであるように思われる。但し、当書では、和語の語源を中心に史的にその意味の変遷を詳細に考究されているが、漢語については殆ど触れていなかったようである。日本語の意味史を記述するためには、和語と共に日本語を支える両輪の一つである漢語の意味史研究が不可欠なものとされる。

「これまでは漢語一つ一つを語史的に考えられることは少なく、この方面の研究は今後の課題となってくるのである[6]」と述べられるように、漢語の意味史についての研究が少なかった要因は多様であるが、それに関しての有効な方法がまだ確立できていないことが最大の要因として挙げられよう。従って漢語の意味変化についての研究方法を構築することが先ずもって重要とされよう。その有意義な試みとして『国語史のなかの漢語』（浅野敏彦著、和泉書院、平十）、『日本語における漢語の変容の研究―副詞化を中心として―』（鳴海伸一著、ひつじ書房、平二十七）等が挙げられる[7]。

注

（1）『漢字講座1漢字とは』（明治書院、昭六十三）
（2）佐藤喜代治『日本の漢語』（角川書店、昭五十四）
（3）『国語学』161集（特集昭和63年平成元年における国語学界の展望、安部清哉、平二・六）と169集（特集平成二年三年における国語学界の展望、泉基博、平四・六）に書き記されている。
（4）前田富祺「漢語副詞の変遷」、「語義変化と意味関係」、「語彙史における類義語―漢語の問題を中心に―」（『国語語彙史の研究四』（昭五十八）、五（昭五十九）、十三（平五）、国語語彙史研究会編、和泉書院）
（5）吉田金彦『国語意味史序説』（明治書院、昭五十二）
（6）前田富祺『国語語彙史研究』（明治書院、昭六十）
（7）『国語史のなかの漢語』では、類義語の関係の中で位相を考慮に入れながら漢語の語史について考察されている。一方、『日本語における漢語の変容の研究―副詞化を中心として―』では、漢語の意味変化を漢語の国語化として捉え、殊に漢語副詞化の過程及び類型を示すと同時に、漢語の意味変化について体系的に究明しようとしている。

第三項　漢語の認定基準

漢語はもともと中国の漢民族の言語であり、古代中国語の称でもある。対して、日本語における漢語は古くより中国から日本に伝来、摂取された言葉であり、日本語にとっては外来語、借用語であるものの称である[1]。その特徴としては、文法、表記はもちろんのこと、固有の日本語には存在しなかった音節や音節結合―（1）拗音節、（2）濁音節やラ行音節が語頭に立つ、（3）母音音節が語頭以外に立つ等、この他撥音や促音が多いという音韻上のことも挙げられる。

日本語の漢語は、その量が莫大であるのみならず、性質も均一ではなく、多様な様相を呈している。彼様な漢語については、狭義には中国語に起源を持つ語で主として呉音、漢音で読まれるものを指し、広義には「和語」「外来語」に対して字音語のことを言っている。但し、漢語は日本への伝来の歴史が長いだけに、個々の語となると、次の如く漢語か否かが判定し難いものも少なからずに存している。例えば、(1)古くから日本語に入って同化した中国語―「梅、絵、馬」等が挙げられる。これらは、起源は確かに中国語にあるが、已に完全に和語化したため、字音語(漢語)と言えなくなる。亦、(2)漢訳仏典で梵語(サンスクリット)が音訳された語―「仏、塔、菩薩」[2]等が見られる。更に(3)中国に渡来してきた外国のものを音訳した語―「葡萄、琵琶」等もある。(2)(3)は音訳語で中国語においても外来語として認定されているため[3]、漢語研究の対象から除く方が妥当であろうと思われる。右の(1)(2)(3)の外には、(4)唐音語―「普請、椅子、饅頭」等がある。亦、(5)呉音、漢音、唐音以外の字音語―「鐘、銭」等、更に、(6)日本で作られた字音語―「火事、返事」等の和製漢語が挙げられる。(4)(5)(6)は一般に漢語として認められるのである。つまり、外国語からの音訳語を除いた字音語というくらいの尺度で漢語を認定するのが、最も現実に合致するのではなかろうか。

本書では、外国語の音訳語を除いて、和製漢語をも含めての字音語[4]を研究対象とする。以下の論述では、日本語における漢語を、通用に従って「漢語」と称する。それに対して中国文献に使われている漢語を「中国語」と呼ぶこととする。

注

(1)山田孝雄『国語の中に於ける漢語の研究』(宝文館、昭三十三、訂正版)

(2)音訳に際して全音節に漢字を充てた全音訳語と音節の一部のみで部分音訳語がある。宋の法雲編『翻訳名義集』にはこのような音訳語が二千語ぐらい収録されている。今日でもその使用が行われている。例えば、高名凱他編『漢語外来詞詞典』（上海辞書出版社、一九八四）にも仏典音訳語として千五十語余り掲載されている。

（3）高名凱他編『漢語外来詞詞典』（注（2））にも載っている。

（4）佐藤茂「字音語研究の問題点」（『文芸研究』69集、昭四十七・三）等々

第四項　漢語の意味変化についての研究の意義

「四十年以上も前のことであるが、エドワード・サピア（Edward Sapir）は言語学に一つの貴重な新しい概念を導入した。彼は次のように書いている：「言語は自分の作り出した流れの中を時間にそって下って行く。それは一つの『流れ』をもっている。……すべて完全に静的なものなどというのは存在しない。あらゆる語、あらゆる文法的要素、あらゆる言い廻し、あらゆる音とアクセントが、言語の生命力とも言うべき、目に見えぬ非人間的な『流れ』にひかれつつ、その形を緩慢に変えて行くのである」。言語の中に永遠、かつ普遍の傾向というものを考えるこのヘラクリトス的な見方は意味論を研究する者にとってとりわけ興味深いものである[1]」と述べられるように、かかる動的傾向の中でも、意味ほど変化しやすいものは恐らくないであろう。

語が今までに表現されることのなかった意味に用いられるようになると、意味の変化が生じることになる。語が新しい意味で一回だけ使われた場合は所謂「臨時的意味[2]」で、あくまでも状況、文脈による一時的なものであって、意味の変化への「傾斜」の段階に過ぎない。繰り返し用いられて、語と新しい意味との間に習慣的な結合関係が生まれることによって、所謂「慣用的意味[3]」となり、初めて意味の変化が定着する。

語の意味変化にあっては、ある意味から別の意味が派生したこと、本来の意味からある意味が消長したこと、本

来の意味が表す意味分野から別の意味分野に転用したことが重視される。即ち、ある語の各々の意味変化の段階を意味変化と認めるわけである。従って、多義語というのは幾度かの意味変化の結果生まれたものであると考えられる。ある語がある意味に用いられなくなって、全く別の意味として使われるようになった場合だけを意味変化と考える立場も存在するが、変化の過程かまたは完了かについての認定は困難であるし、それならば多義派生化は意味変化ではないのかということになる。

ところで、語の意味変化というのは、基本的には何らかの文化的、社会的な変化を背景として、人間のものの見方や考え方が変わってくることによって起こるものである。漢語は、借用語として日本に流入する前に、已にその母国である中国において、中華民族の文化、社会、思想などを反映するものとして形成されている。従って、日本に伝わってきた漢語は、いずれもその出自となる中国という背景または烙印を背負っているものである。しかし、このような背景を持っている漢語は日本に伝来して、日本語に同化し、日本語として使われているうちに、当然のことながら日本の文化、社会、思想等を表すことになる。そうなると、日本語における漢語は本来の中国語の意味から変化が生じるのである。但し、その意味変化は中国語本来の意味に何らかの形で制約されつつ、日本語独自のものとして生じる。因って、漢語の意味変化は、基本的には、和語を含めた日本語一般の場合に通じるものと変わりはないとも思われるが、その変化の細部には、和語及び他の外来語と異なって特有のものがあると考えられる。

語の意味変化は、語彙体系の歴史の中に位置づけられるべきものである。日本語において質量ともに和語に匹敵する漢語の意味変化は、従って日本語の語彙体系の歴史の中に包括して考察しなければならない。日本語の語彙史や意味史(4)を考える際、漢語の意味変化についての研究は不可欠且つ重要な課題となると言えよう。

語によってはその研究が注目され、進められているものもあるが、全体としては今後の研究に待つべきものを多く残している。漢語の意味変化の研究が進むことによって、漢語の歴史の研究が進み、漢語の歴史としてのまとまりの中で意味変化を位置づけることにより、漢語の意味変化の特性をより明確にすることが出来よう。漢語の意味変化を考える場合は、時代と文章ジャンルによって変化の傾向が異なるであろうとか、品詞、語形、音韻によって変化の仕方に相違点があるであろうとかいうことが問題になってこよう。彼様な問題を考えるためには一つ一つの漢語が各時代、各文章のジャンルにおいて如何なる意味変化を起こしているかという実態が明らかになっていることと、そのような意味変化を体系的に整理、分類する基盤整備の出来ていることが前提となろう。残念ながらそのような研究が十分に行われているとは言い難い。

無論、漢語の意味変化については、ある程度のことは辞書を調べることによって知ることが出来る。しかし、辞書によって漢語の意味変化のあったことを推測できるものは数多くあるとしても、どのような意味変化が生じたのか、亦、いつの時代、如何なる文献の中で発生したかということを知ることの出来る漢語は決して多くはないと思われる。従って、漢語の意味変化の研究は和語と共に日本語の語彙史を把握する上で重要な課題となってくる。

漢語の意味変化を考究するとすれば、個別の漢語の意味変化を超えて意味変化の類型を見出すことは出来ないかと考えるのは自然であろう。若し意味変化の類型を見出し分類することが出来るならば、実際に個別の漢語の意味変化を考える場合にも役立つものとなると考えられる。しかしながら、このような漢語の意味変化の法則性を発見し体系化しようとする試みは、いまだ皆無に近いと言ってよい。本書は漢語の意味変化を分類し、類型化の構築を試みることを目的とする。類型の体系化を通して漢語の意味変化の研究乃至日本語の語彙史、意味史の研究に寄与することを意図するものである。

注

（1）S. ウルマン『言語と意味』池上嘉彦訳（大修館書店、昭四十九）

（2）柴田省三『英語学大系7語彙論』の1「語彙研究の先駆者たち」（大修館書店、昭五十）
（3）同注（2）
（4）吉田金彦『国語意味史序説』（明治書院、昭五十二）

第五項　漢語の意味変化の類型についての仮説

分類というのは枠組みを先に決めておいて個々の要素を配分していくという点では演繹的な面を持っている。意味変化というものは本来個別の語の変化として考えるべきものであるが、それらを、演繹的により明確な枠組みを設定し分類してみようとするものである。尚、分類が分類しようとする対象の実態に合っているか否かは最も肝要なことである。もちろん、個々の対象から帰納的に共通性を考え分類していくという態度は重要であるが、莫大な量を持つ漢語全体を対象に一つ一つ調査、研究することは大変困難であるため、実際には多少なりとも演繹的な方法を取らざるを得ないことになる。そして、分類ということを体系的に大きく考えようとすれば、個別の微差ばかりにとらわれるわけにはいかないのである。更に、分類の基準が明確であり、上位分類から下位分類まで、体系的、有機的に考えることも必要である。

漢語の意味変化の分類は和語と同じく演繹的に考えながら、実際の例に照らし合わせてフィードバックしていくより方法がないように思われる。そういうわけで、本書では先ず漢語の意味変化の基本的枠組みを設定し、その上で具体例の考究を通じてそれを検証、修正する方法を取る。但し、個々の漢語の意味変化についての研究は和語のように数が多くはなかったため、修正作業は決して一回で終了するものではなく、今後も続く。

語の意味は変化するのが本質である。従って、意味変化の有り方には共通したものが存在していると想定される。漢語も例外ではなかろう。因って、漢語の意味変化の分類については、先学の研究成果(1)を踏まえ、共通的なところを援用しながら、特殊性をも探り、行なっていきたいと思う。

語の意味変化はいつもその原（本）義と変化義との間に何らかの形での関連性が内在する。心理学においては、この関連性を普通二つの場合に分類する。一つは「類似性」（similarity）一つは「近接性」（contiguity）と称される。「類似性」とは二つの物事が似ていることで、これは形状、色彩、材質等の実態的なもの、感覚的、情意的等の抽象的なもの、様々な面に関して認められる。「近接性」は二つの物事の間に特別に近い関係があるということで、その関係は客観的なもののみならず、時間的或いは因果関係的なものまで、様々な場合が有りうるとされる(2)。

中国語に起源を持つ漢語は、本来の中国語との間に切っても切れない関係が内含されている。従って、漢語の意味変化は、中国語としての本来の意味と日本語で変化した意味との間には何らかの関連性が認められるはずである。つまり、本来の中国語の意味を基本的に受容し、その上に日本の文化、社会、思想などの中国と異なった概念、更に日本なりの、或いはその人、作品なりの好み、意識などの作用によって本来の意味の変化が生じたと考えられる。その変化は、決して中国語に対する認識、理解、知識不足からの誤用という類の問題ではなく、本来の意味を十分に認知した上で、「類似性」「近接性」からの連想によって、ある時は意識的に可能ならしめ、ある時は無意識に発生したのである。「当然のことながら、中国詩文の受容というのが一方的、受身のものでなく積極的主体的なとらえ直しを企てる、かなりしたたかな創造的変容過程そのものであったことが知られるであろう(3)」と述べられているように、漢語の受容についても同じことが言えよう。

漢語の変化した意味と中国語の本来の意味との関連性は意味上の類似性、近接性の他に形態上（音韻、語法）の類似性、近接性も含まれている。意味と形態の関連性による漢語の意味変化というものについては、中国語の本来の意味を比較の対象として変化の結果に注目して分類すれば、原義より適用範囲が広くなるか狭くなるか、またはどちらにも属さずに意味分野の転用（移行ともいう）が見られるという三つのパタンに大別できる。但し、意味の変化というものは常に整然と分類できるとは限らず、三者が相互に絡み合うというクロス的な場合もないわけではない。とはいうものの、意味の拡大、縮小という幅の変化と意味分野の転用は漢語の意味変化の根底を成す類型的なものであると思われる。それを更に細分類すれば、一般化、下落、向上、形態（音韻、語法及び用字等）といったような変化の有り方も考えられる。しかし、これらの変化によって生じた結果を中国語の本来の意味と比べてみると、意味の適用範囲が広まったり、狭まったりするか、意味分野が移行するかのいずれかに収斂されうるのである。

さて、意味の幅の変化―拡大化について具体的に考えると、例えば、「誕生」[4]という漢語は、中国語では本来皇子が生まれるときにのみ用いるが、日本語に入って本来の意味を摂取する一方、皇子以外の一般の人にまで拡大使用するようになった。つまり、出自となる中国語の意味より適用範囲が広くなったと言える。

意味の幅の変化―縮小化については、例えば、「所労」[5]という漢語は、それを構成する後部要素の「労」が「つとめる、はたらく、うれえる、やむ、つかれる、おこたる、ほねおり、くるしみ、てがら、ねぎらう」等の多義で用いられるが、日本語、特に古記録では専ら「わずらい、病気」という一つの意味でのみ使われているように見える。つまり、本来の意味より意味する範囲が縮小したと考えられる。尚、かかる意味の拡大と縮小という幅の変化は、所謂具体的な意味から抽象的な意味へ、或いはその逆に抽象的な意味から具体的な意味へといったような変化によって引き起こされる場合も考えられる。

更に、意味の拡大、縮小という幅の変化だけでは覆い尽くすことが出来ない意味変化の形式がある。それは、意味的には何らかの関連性のため、意味の変化が生じたことによって、もとの属する意味分野から別の意味分野に移って行くというものである。ここではこの種の変化を意味の転用と称する。尚、意味の転用は更に下位的に分類できるように思われる。例えば、対義的転用とか連鎖的転用とかいうように下位分類する説も見られる。(6)

意味変化の転用という変化においては「仙洞」という漢語をその一例として挙げることが出来る。「仙洞」は、中国語では文字通りの「仙人の住む洞窟」(7)、亦、神仙と道家思想とのつながりから「道教の寺院（道観のこと）」、更に「仏寺」を仙人の住む洞に見立てて用いるといった三つの意味として使われる。日本語では、本来の意味を摂取した上で、仙人の隠居する場所ということから連想して、表の政治舞台から身を引いた上皇の住居という意味が派生してきたと思われる。その結果、本来の「仙洞」の属する宗教的な場所という意味分野から政治的な場所としての「上皇御所」という別の意味分野に転用したことになる。

中国語にも彼様な意味変化が見られる。例えば、「丈夫」は、「男子二十而冠、冠而列丈夫」（春秋穀梁傳、文公十二年）のように「成年男子」、亦、「君有丈夫涙、泣人不泣身」（孟郊「答姚怤見寄」詩）のように「立派な男子」といったような意味で用いられるが、後に「おっと、主人」という意味も派生してきた。その意味変化によって、「丈夫」は親族を表す意味分野に移転したと言えよう。

意味の幅、転用の変化という上位分類に対して、それらの変化を発生させる一般化、下落、向上という意味変化の下位的な分類も出来る。以下、それを具体的に考えてみる。

先ず、意味の一般化を見る。中国語においては仏書に限ってか或いはそれに偏して多用されるといったような所謂仏教用語として使われているものが、日本語に受容されて、仏書に止まらず一般の文献にも登場し、使用されるようになる。それのみならず、このような移動によって、意味変化も起こる。ここでは、仏書に使われる特殊語――仏教用語から一般の文献に進入、使用される一般語に変容して意味変化が生じることを意味の一般化と見なすことする。これは語の使用領域の移動という特徴に着目して名付けたものである。尚、彼様な意味変化は本来の中国語の意味と比べてみると、適用範囲が広くなったり狭くなったりするような結果となる。漢語の意味変化の特徴と言えば、仏教用語から一般語に変身するという意味の一般化という変化はその一つとして挙げられよう。もちろん、中国語においてもこのような変化は見られる。

一般化の例としては「我慢」(8)「挨拶」(9)という漢語が想起される。「我慢」は、仏教用語として仏書では「我を恃んで自らを高くし、他を侮ること、或いは我意を張ること」といったような意味として用いられるが、日本語に入って、仏書から離脱し、一般の文献に移動して一般の用語に変わった。それによって「忍耐、こらえしのぶ」という新しい意味も同時に派生してきた。亦、「挨拶」という漢語は、禅宗では修行の僧が師匠に問題の解答を求め、または師匠が修行者と問答してその力量を測るという意味に用いられる。しかし、禅宗という特殊な世界を離れ、一般の文章に入った結果、手紙の往復、応答の語、応答、返礼、儀礼、親愛の言葉、またはそれを述べるといったような新たな意味が派生してきたのである。彼様な特殊から一般への意味変化は結果的に意味の拡大化に入るものであるが、仏教用語から一般の用語に変わることに焦点を絞ってみれば、この種の意味変化は漢語に限られ、和語及び他の外来語には見られ難いという点から考えれば、仏教用語から一般の用語への変化を、意味変化の一般化と下位的に分類する方が妥当であると思われる。

一般化の他には、ある語がある特定のコンテクストにおいて殆ど規則的によい意味か或いはわるい意味かのいずれかだけで用いられるという意味の価値の変化も考えられる。無論、言葉自体にはプラスかマイナスかというような価値は存しないが、ここでいう意味の価値とはその語の示す意味概念、内容のことを指すのである。意味概念、内容は、社会の一般的な価値意識及び価値観に基づいて判断してみれば、「よい」「わるい」という価値上の差異が生じてくる。何が「よい」か、何が「わるい」かという判断基準については個人差及び曖昧さの存在も否めないのである。ここでは、意味が「よい」方向に変わることを意味の向上とそれに反して「わるい」方向に変わることを意味の下落と称することにする。[10]一般的に言って意味がよくなるのとわるくなるのではどちらが普通であろうか。これに客観的に答えようとすれば、漢語全体の意味変化を把捉した上で初めて可能となろうが、しかしこの種の問題についての先学の研究ではどうもわるくなる方が多いという傾向性が見られるようである。それは恐らく人間の「よい」よりも寧ろ「わるい」方に着眼する方が多いというものの見方の傾向に関わると思われる。これは日本語における人称代名詞「貴様、御前」などからも示唆される。

意味の価値の変化—意味の下落の例としては「女房」とか「女中」という漢語が挙げられる。両語は、本来はかなりな身分のものを表していたが、後になると指示範囲がずっと広くなり、それに伴って意味の下落という変化が起こったと捉えられる。亦、「喧嘩」[11]という漢語は、本の意味としては「騒しいこと」を示すが、日本語に入って、特に古記録では「騒しいこと」から「争うこと、いさかい、なぐりあい」というわるい意味へ下落した変化が生じたと見られる。

かかる意味の変化は中国語にも見られる。例えば、「黄」という色彩は尊貴の色として特に皇帝の専用色として脈脈と用いられていたが、近代になると、「黄色新聞（エロ・グロ記事）」「黄色電影（エロ・グロ映画）」「黄色歌曲（卑猥な歌）」のように、卑猥、卑しいというような意味が派生して、意味の下落という変化が認められる。

意味の向上の例としては「利口」[12]という漢語が挙げられる。「利口」は、『論語』に、「悪利口之覆邦家」（陽貨）のように弁舌の巧なことという貶し的な意味で用いられる。が、日本語に入った「利口」は、「巧なこと」という点のみに焦点が当てられ、そこから連想して、「かしこい、怜悧」というよい意味が派生した。

中国語にも意味の向上という変化が認められる。例えば、人称代名詞「您」は、もとは二人称或いはその複数を表す「你」「你们」と同じように用いられていたが、近世になると、二人称を示す尊敬語の必要性が存したためか、二人称の敬称として使用されるようになった。それに伴って、「您老」（年輩の方の敬称）「您们」（二人称複数の敬称）といった派生形も生まれた。

以上、先学の研究によって分類された意味変化の成果を参照しつつ、漢語の意味変化の類型の分類を試みた。しかし、語によってはその意味変化がいずれに属すべきかという点で問題のあるものも考えられる。亦、それらの類型の幾かが複合した変化であると説明すべきものもあるかもしれない。更に、新しい視点を導入して細分類すべきところもあろう。これらについては今後の漢語研究の成果を援用しながら補正に努めたいと思う。

数多くの漢語が時代、文章ジャンルなどによる多種多様の意味変化を生じるその全容を統合的に把握するためには、不充分なところもあるが、先ずは以上のような分類試行が必要であろう。本来は漢語の意味変化はもちろんのこと、和語をも含める意味変化の類型を記述するためには、その全体を対象化し、精緻な分析、考究を施した上で意味変化の分類を行なうのが最も理想的であると思われる。そうすると、一語一語を詳細に検討する作業を先ず行っておかなければならない。但し、実際は量としては極めて不充分であるが、彼様な考察は已に行われている。それによって、それぞれ異なる意味変化の有り方が明かにされているのである。従って、それらを無視して、語全体に亘る考究を待つよりも寧ろ已に明らかにされた意味変化の有様を生かしつつ、新しい語の考察を加えて意味変化の類型について分類を試みる方が有効であろう。そして意味変化の分類によって求められた類型に基づいて、個々の語の意味変化についての説明や変化の有り方の把握等に資するものでもあると考えられる。但し、個々の語の研究に即して構築してみた類型は今後の研究成果を参照して修正してゆく必要もある。それによって次第に理想的な意味変化の類型に近づくことになる。

注

（1）S．ウルマン『意味論』山口秀夫訳（紀伊国屋書店、昭三十九）、S．ウルマン『言語と意味』池上嘉彦訳（大修館

書店、昭四十九）、G.ステルン『意味と意味変化』五島忠久訳述（研究社、昭三十七）、アダム・シヤフ『意味論序説』平林康之訳（合同出版、昭四十四）、国広哲弥『構造的意味論—日英両語対照研究』（三省堂、昭四十二）、国広哲弥『意味の諸相』（三省堂、昭四十五）、池上嘉彦『意味論—意味の構造の分析と記述』（大修館書店、昭五十）、柴田省三『英語学大系7語彙論』（大修館書店、昭五十）、田中章夫『国語語彙論』（明治書院、昭五十三）、川本茂雄・国広哲弥・林大編『日本の言語学第五巻意味・語彙』（大修館書店、昭五十四）、池上嘉彦『意味の世界—現代言語学から視る』（日本放送出版協会、昭五十三）、吉田金彦『国語意味史序説』（明治書院、昭五十二）、前田富祺「語義変化と意味関係」（『国語語彙史の研究五』国語語彙史研究会編、和泉書院、昭五十九）、前田富祺『国語語彙史研究』（明治書院、昭六十）

(2)　池上嘉彦『意味の世界—現代言語学から視る』（注（1））

(3)　渡辺秀夫『詩歌の森　日本語のイメージ』（大修館書店、平七）

(4)　佐藤喜代治『日本の漢語』（角川書店、昭五十四）、宇都宮啓吾「本邦の僧伝資料に於ける「誕生」の用法に就いて」（『鎌倉時代語研究第十六輯』武蔵野書院、平五）

(5)　「所労」は筆者の調査で和製漢語であることが明らかになり、わずらい、病気の意味として使用されている。

(6)　田中章夫『国語語彙論』第10章「語彙の変化」（注（1））

(7)　山本真吾「平家物語に於ける漢語の受容に関する一考察—「上皇御所」の呼称をめぐって—」（『国語学』157集、平元・六）

(8)　樋口修子「「我慢」の意味変化」（『金城国文』58、昭五十七・三）等

(9)　佐藤喜代治『日本の漢語』（注（4））、田島毓堂「あいさつ（挨拶）」（『講座日本語の語彙9』明治書院、昭五十四）等

(10)　意味の「プラス化」と「マイナス化」（小野正弘「「因果」と「果報」の語史—中立的意味のマイナス化とプラス化—」『国語学研究』24、昭五十九）とも分類されている。

(11)　西村浩子「「ケンカ」の始まり」（『小林芳規博士退官記念国語学論集』汲古書院、平四）

(12)　佐藤喜代治『日本の漢語』（注（4））

第六項　時代の設定

漢語の意味変化を考えるためには、意味変化が何時代に生じているかを先ず明らかにする必要がある。意味の変化した時代の解明には、最初出と思われる例を見出して、その意味が何であるかを明らかにすることが必須の作業とされる。初出例の検出にはどうしても最も古い時代の文献を対象とせねばならぬ。但し、現段階においては質的にも量的にも奈良時代の文献を最古の対象とするのが適当である。無論、奈良時代以前の文献は決して皆無ではないが、その量が極めて少ないばかりか、その漢語が正格漢文に用いられるもので、日本語への浸潤が認められ難いという質的な制約も存するのである。一方、奈良時代では、資料の量といい、文章のジャンルといい前代に比べれば比較にならないほど豊富になった。とはいうものの、奈良時代の文献を全般的に見れば、正格（純）漢文たるものが圧倒的に多いという事実も認められる。正格（純）漢文に使われる漢語は、中国語から脱皮して日本語に同化したものと考えられにくいため、その意味の変化も生じかねると推定される。

奈良時代に対して平安時代では、片仮名と平仮名が創出されたため、日本語の表記が簡単化し、言語生活に多方面に亘る影響を及ぼしたと言っても過言ではない。その新しい表記手段の確立によって、当時代の言語体系が奈良時代より多様化を見せている。文章のジャンルと言えば、前代の継承としての正格（純）漢文、訓点資料、変体漢文（和化漢文）、漢字仮名交じり文、仮名文（平仮名文）、和歌など[(1)]があって、多様性を示すことになった。訓点資料を除いて、これらの文章ジャンルでは程度の差こそあれ、いずれも漢語の流入が認められる。即ち、そこに使用されている漢語は、元来の中国語という束縛から解かれて日本語に入り、日本語としての漢語に変容するようになる。日本語における漢語の意味変化はその変容と同時に始まるものであると思われる。平安時代の文献は、漢語の意味変化の研究にとって不可欠で且つ重要視すべきものであり、亦、格好の資料でもある。

鎌倉時代には、前代の文章ジャンルを受け継ぐ傍ら、貴族の衰退に伴って武士階級が台頭し、支配的地位になったため、武士ことば、武士の社会を反映する新しい文章ジャンル—軍記物が生まれた。鎌倉時代の語彙の特色と言えば、その一つとして漢語の増加、日常生活への浸透といったことが挙げられる。更に所謂日本仏教の確立、隆盛によって仏書に用いられる漢語—仏教用語は、仏教の世界を離脱して少なからず普通の言語生活に登場し、一般の用語への変貌を遂げたのである。漢語の使用量の増加、使用範囲の拡大に伴って、本来の中国語と異なる意味や用法も生じやすくなると考えられる。

従って、本書においては、奈良、平安、鎌倉の三時代の文献を中心に、その中に使われている漢語を対象として考究を施す。いうまでもなく、論を進める段階では、必要に応じて更に時代が下る場合も考えられる。それはあくまで奈良、平安、鎌倉時代における意味を把捉した上で、更に次の時代に展開していくのである。

中国語との比較を通して漢語の意味変化を考えようとすれば、日本語の時代の設定が鎌倉時代までとなると、中国語の時代下限は下っても鎌倉時代に相当する宋の時代までと限定する。論述上、時代が更に下る場合もある。尚、時代の上限については、両国の文献上の差によって奈良時代以前の時代の中国文献をも含めて検討の対象とする。

注

（1）『国語学大辞典』（国語学会編、東京堂出版、昭五十五）、築島裕『平安時代語新論』（東京大学出版会、昭四十四）

第七項　研究の方法

従来、日本の漢語と中国語と双方の関連を考えながら、その伝来、発達、変遷などを綜合的に研究することはまだ十分に行われていない。その原因の一つとしてはそのための有用な方法がまだ確立されていないためではないかと思われる。そこで本書では次のような方法を立てて論を進めたい。

漢語の意味変化を考究するのには、その意味変化が如何なるものかを先ず明白にすべきである。そのためにその漢語は日本語に入る前に、つまり中国語として使われるときの意味―原義が如何なるものかを、先ず明らかにしておく必要がある。換言すれば、その漢語と出自となる中国語との比較を行うということである。そういう比較を通して、初めて日本語における漢語の意味変化を考え得るようになる。従って、漢語の意味変化の研究は中国語との比較が有効な方法である。

表語言語としての中国語と言えば、様々な文献に使われている多種多様のものである。だから、日本語の漢語が元来如何なる中国文献に使用され、亦、如何なる中国文献から受容されたかということは、漢語の意味変化の考究に際してはぜひとも究明すべきことである。因って、中国文献を分類して各々考察する必要がある。中国文献は、その表現形式、内容、著者などに基づいて所謂内典と外典とに大別できる。内典とは主として漢訳仏典を指す仏書である。

仏書（経典、経注疏、伝記、釈経等）

それに対して外典とは在家の中国人が作成した漢籍類である。

散文（経書、史書、法書、歴史、諸子散文、随筆、紀行、文学論、小説、伝説、変文等）

韻文（歌謡、辞、賦、楽府、詩、詞等）

のように中国文献を大別して仏書、散文、韻文という三つの文章ジャンルに分かつことができる。漢語の素姓及びその意味変化などは文章ジャンルに関わる場合も考えられる。

漢語の意味変化を考える場合、もう一つ解明すべきことは、漢語なのか或いは単なる漢字で表記される和語なのかという弁別である。つまり、音よみするか、しないかという「よみ」の確認は漢語の意味変化についての研究にとって不可欠な作業[1]である。それは、漢語と漢字表記語[2]とが表記上同じように見えるものの、両者の間に意味の差異が見られるため[3]である。

尚、漢語の「よみ」の確定には、古辞書類の利用はもとより、訓点資料を積極的に援用すべきである。更に、書写年代の明白である「よみ」の付いている古文献を用いたり、突き合わせたりするのも大切である。漢語の意味変化が「よみ」に起因することも考えられるため、漢語の「よみ」に関する確定作業は極めて重要なことで、漢語研究の第一歩となると言えよう。

漢語の意味変化を考える場合、その変化の時代を明瞭にすると同時に変化の生じる文献群をも明らかにする必要もある。これは、日本文献では文章ジャンルによって漢語の使用上の差異が顕著に認められる[4]のみならず、意味上の異同も存する[5]ためである。亦、漢語が如何なる文章ジャンルにおいて意味変化がよく発生するかということは漢語の研究、意味変化の要因、法則性などの解明を行う上で重要な研究課題の一つともなる。そのため、日本文献を時代別にその表現形式、内容、撰者などに基づいて以下のように分類してみよう。先ず奈良時代文献についてはその量に制約されるところが多いが、

（1）金石文・木簡　（2）史書・古文書等　（3）経疏類　（4）和歌集　（5）漢詩文　（6）伝記・上表等

のように大別できる。

平安時代に入ると、奈良時代の文章ジャンルを継承しつつ、新しい文章ジャンルも生まれた。その新たな文章ジャンルは平安時代に止まらず、次の鎌倉時代にまで存続するのである。従って、平安鎌倉両時代の文献を時代別に分類するならば、両時代にまたがる文章ジャンルが存するという分類上の不都合が生じてくるのである。そこで、平安鎌倉両時代の文献は一括して分類を行うことにする。

平安鎌倉時代文献についてはその表現形式、内容、著者などにより先ず「和文」という文章ジャンルを挙げることができる。具体的に分類してみると、

一、和文　（1）物語・日記・随筆・書状・消息等　（2）和歌集

のようになる。和文はまた仮名文、平仮名文ともいわれるが、主として平安時代を中心に鎌倉時代にも見られる、平仮名によって表記された散文、韻文という文章ジャンルである。その内、和歌は夙くから勅撰集も編まれ、宮廷など公の場所でも行われた文章ジャンルであるが、それ以外の日記、随筆、物語などは、多くは貴族の子女のために綴られた文献群である。その言葉としては多くは平安時代における貴族の日常会話の用語に近いものであると考えられる(6)。和歌は日常会話からは若干隔たり、文語的性格の一面をも担っていた。和文においては、和語を中心に漢語を最小限に使用しようという著者の表現意識が働いているように見える。特に和歌はすべて和語を用い、漢語は用いないのが原則であった(7)。和歌集の中でも仮名序や詞書の類は、散文に属するものであって、和文と同類であると考えるのが妥当である。

和文に使われている漢語は、量が少ないのみならず、かなり特殊な場面に限られている。具体的に言えば、新しい外来の事物、外来の思想、文化、政治などを扱う場合、或いは漢語でなければ伝達できない感情や感覚を表現する場合、中国文献をさりげなく応用、活用する場合、亦、所謂釈教歌―仏教関係の和歌にも仏教用語を主として漢語が使用されるのが常である。しかしながら、これは決して和文の本筋ではないとも言えよう。但し、鎌倉時代に

なって、男性の手によって平仮名を用いて綴られた擬古文といわれる『徒然草』等も登場してきた。それらは平安時代の女性の手によって書かれた和文と異なって、漢語の使用量が相当増加する傾向を見せている。それは書き手の女性と男性という位相差によるところもあれば、鎌倉時代になって漢語の日常語への進出が目立つようになったことに起因するところも考えられる。

日記、物語などの和文文献は、成立当初—平安時代に書写された所謂一等資料が少ないため、勢い、後世の写本に頼らざるを得ないものが多数を占めている。それらは、後代に改変された虞もあり、又、成立年代が明確でない憾みもある。よって、それを慎重に使用すべきである。

和文に対して、表現形式、内容及び著者が異なる漢文がある。漢文とは、日本人が作製した漢文体の文献群であり、変体（和化）漢文、日本漢文（広義）とも称される。漢文は時代、書き手、内容によって、それぞれ和習かまたは和化かという程度の差こそあれ、漢字を用いるという表現手段としては共通している。漢文は表現内容によって二つに大別できる。一つは平安鎌倉両時代を通じて、主として男子の日記、公私の記録文、古文書、法令、史書、古往来、伝記、家訓等からなる記録性を有する古記録類である。書き記した内容を見ると、日本の政治、思想、文化、社会、民俗などを中心とするものである。いわば日本的な表現内容の濃厚な文献群となる。原則として漢字だけで記された文献であるが、中には正格（純）漢文に見えない用語、構文、意味用法等の特有の要素が見られる。(8)しかし、全体としては漢文世界における和化現象の一つとして捉えられる。だから、それらを和化漢文と称する研究者もいる。その実体は先学の研究によってかなり明らかにされてきたが、それらに用いられている大量の漢語についての研究は量質ともまだまだ不充分である。資料性としては和文より遥かによい文献群である。相当な部分は自筆本、書写者、書写年代の明らかである一等資料に属するものである。正に漢語研究にとって不可欠な好資料であり、宝庫でもあると言えよう。

しかしながら、その漢文体のためか、今まで国語学の資料としては殆ど注目されなかった。近年来、その重要性が認識されるようになったため、研究は隆盛になり、成果を挙げつつある。古記録類に対して、もう一つは同じように漢字を表記手段として創作した文章—漢詩文である。漢詩文は古記録類の日本的な表現内容と違って、中国古典文を模範として、模倣し、なるべくそれに肉薄しようという撰述意識の下で綴られた正格（純）漢文かまたはそれに近い文献群である。狭義にそれを日本漢文と称する研究者もいる。

古記録類にせよ、漢詩文にせよ、表現形式は、両者とも漢語を専用するという共通点を持つ文献群である。だが、両者の表現内容及び撰述意識から見れば、明白な異同も認められよう。彼様な文章ジャンルの特徴を考えて、両者に用いられている漢語の意味変化について考究する場合は、漢詩文より古記録類の漢語の方が意味の変化が生じやすいという推測を立てることが出来る。このような漢字で書かれた文献群は次のように分類し得る。

二、漢文（3）漢詩文（4）天皇・公卿日記（5）古文書、古往来（6）法令・法制書、史書、儀式集、類書、教義書、注釈書（7）伝記、往生伝、家訓、故実書等

表現形式から見れば、右に分類した和文と漢文との両者の間に介在する文献が存する。それは仮名と漢字とを混淆して用い、平安後期以後から始まって鎌倉時代に確立した文章ジャンルである。漢字、仮名併用表記であるため、漢字仮名交じり文とも言う。尚、その際使用される仮名に片仮名、平仮名の二種があるので、表記様式には更に（一）漢字、片仮名混用表記（二）漢字、平仮名混用表記（三）漢字、片仮名、平仮名混用表記という三種類のものがある。又、その表記に漢字、仮名のいずれを主として使用するかによって、（1）漢字仮名交じり文（漢字を主に用いる文）（2）仮名漢字交じり文（仮名を主に用いる文）の二種類を区別することが出来る。ここでは、それらを一括して和漢混淆文と称することとする。

和漢混淆文は、語法から見れば中古の和文と漢文訓読の語法に基づくものであり、用語から見れば和文語、漢文

訓読語、漢語（記録語、漢詩文語等）、更に当時の俗語などの入り交じったものである。和漢混淆文を特色づけるものは語彙の面で最も著しいと言える。内容としては、説話集（一般説話集、仏教説話集、故事、故実説話集、世俗説話集等）、軍記物（中古の『将門記』等の戦記と和文体の歴史物語とが調和して戦争を記録した一種の歴史文学である。その成立は主として鎌倉以降と見られる）、随筆、紀行文（中世になって鎌倉に幕府が開かれ、政治中心地が二つに分かれたために、交通の発達もあって京、鎌倉を往還する者が多くなり、東海道の紀行文学が作られるに至った）、伝記、家訓類と考えられ、

　三、和漢混淆文　（8）説話集　（9）軍記物　（10）随筆・紀行文、伝記、家訓類

のように分類できる[9]。

　和漢混淆文においては、和文と比べると漢語の使用率が極めて高い。そこに使われた漢語の出典と意味変化がその文体と関わる面もあるので、漢語について特にその来歴、意味に注目する必要がある。峰岸明博士は、和漢混淆文の漢語については「仏典系漢語」「漢籍系漢語」「日常漢語」の三種類に区別すべきことなど[10]を説いている。その他に、山本真吾氏は日本漢詩文出自の漢語も存すること[11]を明らかにした。又、筆者は和漢混淆文には正真正銘の漢語に対して漢字で表記される所謂漢字表記語があることを指摘した。従って、和漢混淆文における漢語の意味変化を考えるときは、先ず漢語か否かの峻別とその漢語の素姓の解明を行うことが要求される。

　以上のように日本文献を表現形式、内容及び著者により文章ジャンルに分かってみた。同時代の文献を一つの断面として分類した文章ジャンルに基づいて、そこに使用されている漢語を共時論的に考察できる。即ち、同時代の各文章ジャンルの比較を通して各文章ジャンルにおけるその漢語の使用状況（数量や頻度など）を明らかに出来ると共に文章ジャンルによる使用上の差異の有無が明確となる。それに加えて、各文章ジャンルにおける意味や意味の異同も分かる。この段階で本来の中国語の意味と比較してみれば、如何なる文章ジャンルにおいて意味変化が生

じたか、或いは変化せずに、そのまま踏襲されたかということが分かってくる。彼様なことを合わせて通時的にみると、漢語の意味変化の起こりやすい文章ジャンルが如何なるものかを明らかにすることが出来る。これは漢語の意味変化を考察する時の目安的なものとなり、亦、漢語の意味変化の要因を求めることにも役立てられよう。

漢語の意味変化が各時代の各文章ジャンルにどう反映されているのか、ということを究明するためには通時的に考究すべきである。彼様な共時的と通時的な方法を通して意味変化の難と易の文章ジャンルのみならず、意味変化がよく発生する時代の把握も最終的に可能になると考えられる。

更に、語は単独では意味を持たず、語彙体系における他の語との関係において始めて意味を成すという観点（意味の場）から考えると、個々の漢語の意味変化が起こると、何らかの形でその意味領域を構成する語彙体系に影響を及ぼすことになると想定される。即ち、漢語の意味変化ということはその語一つのみに関係する現象ではなく、周辺の語（漢語に止まらず、和語等）にも様々な形で関与、波及するものである。例えば、ある漢語が本義より指し示す意味範囲が広がったり、狭まったりした。また、新しい意味が派生して多義語に変わったとする。そうすると、その変化によって意味的に類似する語（漢語及び和語）との張り合い関係に如何なる影響を齎すか、更に新しい意味が生まれる前にその意味がどんな語によって表現されていたか、意味の縮小に伴って失った意味がどのように補われたか、などの点をも合わせて考慮する必要がある。また、意味の転用によってそれまでの意味分野から他の意味分野に転移したとすれば、その転移によって生じた意味分野の空白が如何なる語（或いは表現）によって補足されるか、更に転入によって、その新しい意味分野との相関関係がどんなものかといったようなことも考慮に入れておくべきであろう。よく語彙は単なる要素の集合体ではなく、一つの構造、体系であると言われるが、彼様な観点に立って考究を施すことによって、漢語の意味変化が構造的に捉えられることになるし、意味変化の可能性、必然性の解明にも大いに益するものと考えられる。

具体的な意味の分析方法については以下の如く考える。漢語の意味変化は常に形態と意味とによるものであると思われる。そこで、意味分析に際して、形態と意味とを分けて考える方法が有効であろうと考えられる。即ち、先ず形態による分析を行う。品詞的特徴、統語的特徴を求める。統語的特徴はその漢語が句や節または文の中で他の語と如何なる関係で結び付いているか、その統合的な関係を捉えることである。具体的に言えば、場面、文脈などを通して行う。その漢語が文脈において、主体、述部（述語、述節）、対象、指示物、修飾部、被修飾部等の構文要素との相互、共起などの関係に着眼する。かかる形態的分析によって意味分析の客観性がより高度なものになるかと思われる。

尚、漢語は場面、文脈に応じて一定の意味を表すために用いられ、理解されてゆく。つまり、端的に言えば、文脈ごとに意味が異なるとも言える。しかし、そのように使われるためには、話し手と聞き手、書き手と読み手の間にその漢語の意味に関して基本的に理解される社会的な共通基盤がなくてはならない。意味分析をより客観的に行うために、この二つのレベルでの意味を分けて考える必要がある。実際の文脈において使われている個々の具体的な意味を意味と称し、かかる具体的、特定的、含蓄的、臨時的な意味を可能ならしめている抽象的、概括的、基本的、相対的安定な意味を意義と呼ぶことにする。一つの漢語に一つの意義があるとは限らないため、意義の一つ一つを要素と考えて意義素とすることが出来る。意義素と意義素との関わりを弁別する時には意義特徴というものを考える。漢語の意味変化を考える時には、原義（本義、中国語の本来の意味）と転義（変化義、日本語で変化した意味）との関連的、弁別的意義特徴を析出する必要である。更に、類義語との差異を求める場合にも同じように意義特徴の分析が有効な方法となると思われる。

漢語の意味変化を綜合的に整理しようとする時には、変化の結果だけに止まらず、変化の要因をも合わせて考えるべきである。そこでその要因を分析する方法を考えることが必要となる。意味変化は極めて多種多様な原因によって惹起されるものと推定される。最も多く記述された原因は初期のある意味論学者によるもので、三十もの可能性を区別したものであるとされる。かくして、意味の変化を齎す要因は複雑に絡まり合っているもので、研究者によって区々の分類が行われているか、または果たしてその分類の有効性はどれぐらいあるのかと疑問視されている昨今である。ここでは、漢語の特徴に基づいて多岐に亘る漢語の意味変化の要因を包括的、整合的に分けて下記の二点に大別してみる。尚、漢語の特徴とはいうまでもないが、日本語固有のものでなく、外来の借用語であるのである。だから、漢語の意味変化はどうしても漢語の本来具する意味の束縛から離脱できずに、それを受容しながら起きるのである。これは和語と異なって、日本語における漢語の宿命とも言えよう。二つの要因を挙げて言うと、一つは原義（つまり中国語の本来の意味）と転義（日本語で変わった意味）との意味上に見られる関連性に因るものである。それのみならず、形態上の類似性と近接性という相関関係に因るという語内部の要因も考えられる。具体的に言えば、音韻に因る変化と語法に因る変化が想定される。音韻に因る変化と言えば、すぐ呉音と漢音との相互交替によって意味変化の起こることが想起される[12]。例えば、「決定」「人間」「音信」「古今」等が挙げられる。但し、彼様な要因に因る意味変化については各々の語をその出自となる中国語と比較してみれば、必ずしも見られるものであると限らない。つまり、呉音、漢音、等の交替に因る意味変化は日本語内部のみにおける文体差などによって生じる様相にすぎないものである。それは所謂原音（中国語音）が日本への伝来の時代差や基づく方音の異なりと、それを受容した日本の文化史的状況とによって生まれた複層性に帰因すると思われる。

一方、中国語は日本語のように漢字音の伝わってきた各時代の特質を保ちながら共存の道を歩むのではなく、代替的に発展を遂げてきたのである。だから、日本語の如き呉音、漢音などの音韻交替に因る意味変化は中国語には確認され難い。中国語との比較という方法で考究を行うのであるため、中国語にはその変化が見られない、呉音、漢音等の交替に因る意味変化を要因分析の対象から外す方が妥当であろう。すると、ここで言う音韻に因る意味変化とは何か。それは中国語と比べると意味の変化が見られ、それが音韻によって生じるものであるとする。訓よみと音よみとの交替によるもの、音韻の類似性によるもの、時には二字漢語のうちの一字の音韻による場合などが考えられる。

尚、語法による意味変化とは名詞か或いは連語形態がサ変動詞、形容詞（形容動詞も含む）、副詞などに変わるという品詞上の変化によって意味の変化が引き起こされることが考えられる。例えば、「是非」[13]という漢語は本来名詞的な用法で、「良いことと悪いこと」の意味として用いるのが一般的であるが、日本語に入って、名詞から副詞に変化するという品詞の交替に伴って意味も「どうであっても」等に成り変わる。また、「善悪」[14]も本々名詞として「善と悪、善人と悪人」という対立的な意味で用いる。しかし、副詞に変わることによって「どうしても」という意味が生まれて、変化を見せている。換言すれば、かかる語法的、形態的変容は語の意味変化と共起した証（指標）として看做されてよかろう。

言葉の意味変化は、本来の意味での言語的条件いわば言語内部の有機的な関連性に由来するのが最も基本的な要因となる。それに対して、もう一つは言語外部の要因である[15]。言葉の意味変化は、物質の変化と同様に、内部には変化の因子が潜在しているものの、それは自ずと変化し難く、必ずそれを惹起させる外部からのきっかけが必要である。即ち、言語外部の因子は正に意味変化における誘発剤としての存在であるとも言えよう。

漢語は本来中国人同士の思想伝達、思維判断などに用いられ、中国の文化、社会、政治を反映するものであるが、日本語に流入したことによって、使用者が中国人から日本人に変わり、反映する対象も日本の文化、社会、政治となった。漢語の意味変化を及ぼすものはその内部に有る相関性はもとより、その使用者、反映の対象が変わること等によるという言語外部の要因も考えられる。

漢語の意味変化を発動させる要因は細分すれば多岐に亘るが、大きく分けて言語内と言語外の二つになるのではないかと思われる。両者が相俟って漢語の意味変化に作用する。但し、その作用は決して対等のものではなく、主と従との関係にある。つまり、言語外の誘因はあくまで媒介という従の働きに止まり、本義と転義との内部の関連性を触媒させるのである。意味を変化させるのはやはりその語内部に内在する相関関係という要因が主たるものであろう。

注

（1）佐藤茂「字音語研究の問題点」（『文芸研究』69集、昭四十七・三）
（2）拙稿「『延慶本平家物語』に於ける漢字表記語のよみと意味について―「心地」を中心に―」（『国文学攷』第127号、平二・九）
（3）ここで言う「漢字表記語」は、訓と漢字との対応関係が固定して漢字で表記された和語であり、仮名表記よりも漢字表記の方が一般的である、という意味として用い、田島優他の定義された漢字表記語とは些か異なるが、山田俊雄が『日本語と辞書』（中公新書、昭五十三）において提示された「漢字語」という概念と重なったところもある。
（4）山本真吾「「龍蹄」小考―漢語受容史研究の一問題として―」（『広島大学部紀要』48、平元・一）等
（5）宇都宮啓吾「和漢混淆文に於ける漢語「終焉」の出自に就いて―「往生伝」を出自とする漢語の存在―」（『鎌倉時代語研究第十五輯』武蔵野書院、平四）
（6）築島裕『平安時代語新論』（東京大学出版会、昭四十四）
（7）築島裕「和語と漢語」（『日本語学』4―11、昭六十・十一）
（8）武藤元信「記録文の特色」（『東洋学芸雑誌』338、明四十二・十一）を嚆矢とする。その後、峰岸明『平安時代古記録の国語学的研究』（東京大学出版会、昭六十一）をはじめとして、多くの研究が行われている。
（9）峰岸明「「秉燭に及びて」小考」（『佐伯博士古稀記念国語学論集』表現社、昭四十四）、峰岸明「和漢混淆文の語彙」（『日本の説話7言葉と表現』東京美術、昭五十九）、築島裕「和漢混淆文」の項（『国語学大辞典』東京堂出版、

昭五十五）、櫻井光昭「『平家物語』に見る和漢混淆現象」（『国語語彙史の研究五』和泉書院、昭五十九）等

尚、この「和漢混淆文」という術語について、その展開を詳しく辿ったものに、西田直敏「和漢混淆文の文体史」（『講座日本語学7文体史Ⅰ』明治書院、昭五十七）がある。又、山田俊雄は和漢混淆文体についての否定的見解を示し（『岩波講座日本語10文体』岩波書店、昭五十二）、櫻井光昭もこれに大筋は賛意を表されたが、尚その用語の温存を主張した。又、塚原鉄雄もこの術語の使用を停止し、折衷国文・統合国文の称を用いている（「諷誦文稿の史的座標」『国語国文』49—9、昭五十五・九）。更に山本真吾は、「和漢混淆文」という術語について「位相差の歴然と存していた時期の文章とそれ以降の文章との相違を説明するには有効であるように思われるので、暫くこの用語を便宜的に使用するとしたい」（「漢字の用法から観た平安時代の表白文の文体」『国文学攷』第118号、昭六十三・六）と指摘している。

(10) 峰岸明「「秉燭に及びて」小考」（注（9））等

(11) 山本真吾「平家物語に於ける漢語の受容に関する一考察—「上皇御所」の呼称をめぐって—」（『国語学』157集、平元・六）等

(12) 佐藤亨『近世語彙の歴史的研究』（桜楓社、昭五十五）等

(13) 玉村禎郎「「是非」の語史—副詞用法の発生まで—」（『語文』56、平三・五）等

(14) 原卓志「漢語「善悪」「是非」「決定」「必定」の副詞用法について」（『鎌倉時代語研究第十四輯』武蔵野書院、平三）

(15) G.スルテン『意味と意味変化』五島忠久訳述（研究社、昭三十七）

第一章　意味の幅の変化

漢語は、日本語として使用されているうちに本来の中国語より意味の適用範囲が広くなったり、狭くなったりするといったような変化が考えられる。ここでは「広く」なることを「拡大化」、「狭く」なることを「縮小化」と呼ぶことにする。尚、意味の「拡大化」を一般化、具体化と、「縮小化」を特殊化、限定化と称されることもある。

亦、意味の「拡大化」「縮小化」の以外には、この章では仏書にしか使われない、または仏書に偏して多用される仏教用語から仏書以外の文書に浸透して一般の用語に変容したことによって意味の変化が生じることをも考究する。この種の意味変化を意味の一般化として扱うことにする。かかる意味変化は漢語の意味変遷の特徴の一つとも言えよう。

第一節　意味の拡大化

第一項　「気色」について

（一）中国語における「気」について

中国思想の根幹の一つとなるものは「天」にまつわる思想である。この天の思想は決して古代において機能していたのみならず、時空を超えまた学派、流派をも超えて、あらゆる中国思想の根底にあって生き続けていると考えられる。天は神であると同時に頭上にある天空であり、自然そのものでもある。つまり、神と自然とが表裏一体であると解される。天の神は自然を生むと同時に万物の内に宿り、これに内在する。人間の場合も例外ではない。天は人間を生み、人間の内に宿る。このように天（神）、自然及び人間は相まって互いに連鎖するものである。その連鎖の基盤となるものが他でもなく「気」である。「気」は中国古代唯物論の世界を構成する元素として看做される。斯様な「気」について道家の鼻祖である老子はその『道徳経』四十二章において「万物負陰而抱陽、衝氣以為和」とあるように、陰陽の二気の融合と衝突によって万物の生成や消長をもたらすと説いている。更に、『管子』内業篇には、同じような主旨の指摘も見られ、「下生五穀、上為列星、流于天地之間，謂之鬼神（略）是故此氣也」とあり、続いて、この「気」は「不可止以力」「不可呼以声」と戒めた上で、「而可安以徳」「而可迎以音」と主張している。即ち、気の本質に応じて事を運ぶのみである。その上、「気」は万物を成す最小単位として捉え、「其細無内」と、天地の間に満ち溢れている最大ものとして存在して、「其大無外」と説かれている。後漢に下り、王充の唯物主義的な自然観を反映する『論衡』の自然篇において「天地合氣、万物自生」と、万物や人間が「気」によって生成されていると力説される。

上述したことを纏めて言えば、「気」とはガス状の微粒子の如き存在として万物を構成する原子のようなものであると解される。そのガス状の微粒子の集合が疎らであれば、軽いため浮上して天空となるが、対して、その集合が密になると重くなって固まり、水、土、金等の液体や固体を形成する。人間も同様である。人間は呼吸によって「気」を我が体内に摂取し、血、肉、骨が作られ、更に精神も生成される。つまり、天地人の三者とも一気（元気）によって作り上げられる。いわば、「気」は森羅万象を創出する根源であるとも言えよう。物事の千差万別はその受けた「気」の分量の加減に因るものであろう。

続いて、中国の戦国時代末から一世を風靡した陰陽学（説）にあっては万物を成す「気」が「陰気」と「陽気」に二分され、この陰陽二気を以て世の中の全ての存在を解釈しようとしている。時代が下って、北宋になると、張載は「気」が運動の物質として把捉して次のように言及している。「太虚無形、氣之本体、其聚其散、変化之客形尔」（正蒙太和）とある。尚、唯心論では、「気」は「道」或いは「理」という客観精神的なものから派生したものとして捉え、認識されている。例えば、理学者である朱熹が「理也者、形而上之道也、生物之本也、氣也者、形而下之器也」（朱子文集、答黄道夫書）と主張している。

「気」は万物創出の根源であると、中国古代の思想では認知されている。斯様な性質の具わった「気」は自然、人間等を表す言語の素材となり、多様な意味用法が生じてくる。それを列挙すれば次のようになる。

（一）雲気、天地間の自然現象、空気、上昇の氣。「雲氣」（説文解字）

（二）気息、いき。「氣息也」（玉篇）
（三）気味。「食為味、味為氣」（大戴礼）
（四）嗅聞（動詞）「洗盥、執食飲者勿氣」（礼記、少儀）
（五）身体の根元となる原動力。「氣者生之充也」（淮南子、原道訓）
（六）様子、気勢。「夫戦勇氣也」（春秋左氏傳、荘公十年）
（七）心持ち、気持ち。「百姓無怨氣」（史記、淮南王安傳）

以上のように大別できる。つまり、中国語における「気」の意味は哲学的な概念を伴うものとそうでないものに分けられるが、両者は完全に分断し切れずに常に絡み合っているものである。換言すれば、中国語の「気」は中国古来の哲学的な概念も内包してある総合的な意味用法を持っている。従って、「気」によって構成された「気」の熟語も多かれ少なかれ「気」本来の意味に制約されると推測される。以下、考究の対象となる「気色」「気分」「病気」及び「元気」も例外ではなかろう。

（一）中国文献における「気色」

中国文献を前述の如く分類した散文、韻文及び仏書という文章ジャンルに基づき、時代別に調査してみたところ、「気色」の使用状況は次の表一の通りとなる。

表一の示すように、中国文献における「気色」はいずれの文章ジャンルにも登場しているため、文章ジャンルによる使用上の差異が見られないと考えられる。但し、使用量から見れば、もちろん調査の不足に因ることは否めないが、どの時代の文献にも「気色」の用例数が決して多いとは言い難い。殊に下記の日本文献に比してみれば、両者の使用量としての格差が顕著に現れている。その理由については次項に言及することとする。

表一

用例数	文献	文章ジャンル
1	六韜	散文
1	荀子	
1	（漢書）翼奉傳	
3	潛夫論	
1	嵆康集	
6	敦煌変文彙録	
1	（北史）斉宣帝紀	
1	（唐書（新））百官志	
1	（宋史）富弼傳	
4	古今奇観	
14	紅楼夢	
1	謝恵連詩	韻文
1	張籍歌詩	
1	杜甫詩	
1	姚合詩	
1	沈佺期詩	
5	白居易詩	
1	韓愈歌集	
3	孟浩然詩	
1	劉禹錫詩	
1	蘇東坡詩集	
17	大正新修大蔵経	仏書
67	合計	

表一に依れば、今回調査した文献では古い時代の用例があまりにも少ないので、先ず考察対象となる文献の時代を清の時代に下げて考察を進めることとする。本来通時的に語の意味について検討する場合は、古い時代から着手するのは一般としての手順であるが、管見に入った古代の用例が極少のため、敢えて清の時代に成立した『紅楼夢』にある「気色」を中心にその意味用法を巡って考察を加える。その理由を言えば、一つは「気色」の用例数が最多で、意味用法を考えるのに恰好である。もう一つは『紅楼夢』が中国近世文学の集大成とも言えるほどの小説として幅広く愛読されるためである。次にその十四例の「気色」を挙げて意味用法を考察する。

1、他倒漸漸氣色平和了（九六⑥）

怒り心頭に発している場面である。「氣色平和」は「他（彼）」の顔に現れている立腹の表情が「平和（穏やかに）」になったと解される。「気色」は人間の表情という意味を表し、その主体が「他」、形容詞の「平和」が述語となり、名詞として使われている。

2、見他臉上氣色非往日可比（一九五⑲）

動詞の「見」という述語の示す意味から「気色」は例1と同様、「他臉（彼の顔）」に現れている表情を示す。つまり、彼の表情は普段と全く違うと考えられる。

3、老太太氣色越発好了（二八二⑤）

主人公（宝玉）の御祖母さんの病気中の様子について描く場面である。「気色」は上記の二例と異なり、病気の快復の前兆として顔に見えている血色という意味を表し、「老太太（御祖母さん）」の血色が益々よくなった。いわば快方に向かっていると解される。主体が「老太太」、述語が形容詞である「好」となり、名詞として用いられている。

4、也就随着王夫人的氣色行事（三〇一①）

女中の行為についての場面である。「気色」は「王夫人」の顔等で表出している表情、態度というような意味を表し、女中がそれに従って事を運ぶという文意であろう。「気色」は女中が主体、動詞である「随」が述語となり、名詞としての用法である。

5、我看你臉上一団私欲愁悶氣色（三一九⑰）

「気色」は例2と同じ視覚を表す動詞「看」と共起していることから、主体である「你（あなた）」の顔に現れている「愁悶」たる表情として用いられ、名詞の用法となる。

6、今児氣色好了些（四五六⑯）

「気色」は例3と同じ、病気中のことを描写する場面、形容詞「好」が述語であることから推して、顔に現れている顔色、つまり病状が幾らか「好く」なったと理解される。

7、妹妹、這両天可大好些了?·氣色倒覚静些（六七二②）

主人公（宝玉）が病床に就いている「妹妹（林黛玉）」を見舞う場面である。文脈に即してみれば、「妹、この二三日病状は大分落ち着いたのか、顔色（血色）が確かに好くなったようだ」と解される。「気色」は名詞として例2、6と同じ顔に現れている病の容態を示す意味となる。

8、興児一聞此言、又看見鳳姉児氣色及両辺丫頭的光景、早赫軟了（七一二③）

大家族の一家を切り盛りする「鳳姉児」が怒っている場面である。「気色」は、名詞としてその共起する述語「看見（目にする）」と後接文の「光景」を併せて考えると、主体の「鳳姉児」の（怒っている）剣幕、つまり表情を表すことになる。即ち、「興児はこの言葉を聞き、更に鳳姉児の立腹の剣幕及びその両側に立っている女中の様子を見て、もう恐ろしくて腰を抜かしてしまった」ということである。

9、見鳳姉児氣色不善（七二一⑩）

例8と同様、鳳姉児が激怒している場面である。「気色」は名詞として視覚で捉える主体である鳳姉児の怒っている表情を示している。

10、医生観看氣色、方敢下薬（七三二⑲）

医者が病人を診る場面である。「観看」とは漢方医の「望、聞、問、切」の「望」に相当する。「気色」は例8、9と同じく視覚を働かせて観察するという述語「観看」から推して患者の顔に現れている病のけはいという意味で用いていると判断される。「医者は（患者の表情に出ている）病の様子を診てから初めて薬を処方する」という文意となる。「気色」は名詞として使われ、その主体が病人である。

11、哪里還能弁氣色（七三三①）

前例と同じ医者が病気中の女を診る場面となる。視覚の働きをする「弁」という述語から、「気色」は名詞として病人の顔色を示し、「医者が（女患者の美貌に気が動転して）その血色を診察できるところではない」と解される。

12、纔来了幾個女人氣色不像氣色、慌慌張張的想必有什麼瞞人的事（七九四④）

視覚で捉える述語「不像」（見えない、違う）と「慌慌張張」（面喰っている）という意味の後接文と併せて考えると、「気色」は名詞として主体の何人かの女人がいつもと違った表情或いは様子という意味で用いられている。

13、磕額長髯、氣色粗黒（九九〇⑦）

男の容貌について描く場面である。「粗黒」という視覚に映える物事の様態を表す形容詞である述語から、「気色」は男性の顔色を示していると考えられる。つまり、「男は額一杯長髯が生えて、顔の色が黒っぽい」ということである。「気色」は名詞の用法で、主体が男である。

14、那個人見賈璉的氣色不好（一〇一八⑧）

「気色不好」は顔に現れている健康具合、いわば血色がよくないことを表している。つまり「那個人（あの人）は血色の悪い賈璉を見て」と解される。「気色」は名詞の用法で、主体が賈璉となる。

以上、『紅楼夢』における「気色」の全用例について意味用法の分析を行ったところ、次の表二のようにまとめられる。

表二から以下の諸点が判明した。

①「気色」と共起する主体がいずれも人間である。換言すれば、人間にのみ用いられる。

②「気色」は「見、看、観、弁」等のような視覚行為を伴う述語または述部と多く共起する。これは「気色」の意味に大いに影響することになる。尚、視覚行為の述語の他には、よく状態、性質を示す形容詞とも共起している。これらの形容詞の述語を微視すれば、視覚行為も随伴しているものが多かった。つまり、人の目を通してその状態、性質を理解、判断することである。

③「気色」は文法的用法において全て名詞として用いられている。

表二

用例番号	意　　味	品詞	述語・述部	主　　体
1	怒っている表情、様子	名詞	平和（穏やか）	他（彼）
2	表情、様子	名詞	見（みる）	他（彼）
3	病の容態、血色	名詞	好（よくなる）	老太太（御祖母様）
4	表情、態度	名詞	随（従う）	王夫人
5	愁い悩んでいる表情	名詞	看（みる）	你（あなた）
6	病気中の血色	名詞	好（よくなる）	侍女
7	病の容態、血色	名詞	静（穏やか）	妹妹（妹）
8	怒っている表情、様子	名詞	看見（みる）	鳳姉児
9	怒っている表情、様子	名詞	見（みる）	鳳姉児
10	病の容態、血色	名詞	観（みる）	女
11	病の容態、血色	名詞	弁（見分ける）	女
12	慌てている表情、様子	名詞	不像（違う）	幾個人
13	顔の肌色	名詞	粗黒（黒っぽい）	男
14	非健康の顔色	名詞	見（みる）	賈璉

右の考察で得た文脈的意味に基づき、「気色」の意義は次のように帰納することが出来よう。

（一）人間の表情、様子

（二）人間の非健康の容態、血色

と二つに大別できる。その意味特徴としては視覚で捉えられる外面的なものであると見出される。また、二つの意義を上位的に分類すると、人間の外面に表象される様態に関するものという一つに絞られる。

以下、上述した方法で他の文献における「気色」の用例について考察する。今回調査資料の中では最古例がかの著名な太公望という呼び名で知られる呂尚の著書とされる兵書『六韜』に見える「気色」の例である。

15、凡攻城囲邑、城之氣色如死灰、城可屠（兵徴）

城や邑を攻める策略について説く場面と

なる。視覚で判別できる「如死灰」（死灰の如く、つまり生気のない）という意味の述部から、「気色」は名詞の用法として城の動静、様子という意味で用いていると考えられるが、その主体は前述した『紅楼夢』のような人間ではなく、物である城となっている。但し、城と雖も、人間の手による人工物であり、自然物ではない。

次の例は、孔子を以て標準とし、性悪の説を唱え人性が悉皆悪なりと主張し、礼義を以て矯正しなければ善と為る能わずと論じた荀卿とその後学の著作である『荀子』に記してある例である。

16、故未可与言而言、謂之傲、可与言而不言、謂之隠、不観氣色而言、謂之瞽、故君子不傲不隠不瞽謹順其身（荀子、巻一、勧学第一）

cf、孔子曰、侍於君子有三愆、言未及之而言、謂之躁、言及之而不言、謂之隠、未見顔色而言、謂之瞽（論語、季氏第十六）

「荀子は秦の焚書以前の論語によってその義を伝えたのだろう(1)」と説かれたように、例16は荀卿が『論語』に依ったものであると考えられる。その「気色」は参考例の『論語』にある「顔色」と同じ意味と見做した方が妥当であろう。つまり、「人の機嫌や様子を見ずにしてものを言う者を瞽（盲目）というのである」と解される。「気色」は主体が士（人間）、述語が視覚行為の「見」、名詞として用いられている。

管見に及んだ春秋戦国時代文献から「気色」は、右に挙げた二例しか検出できなかったが、二例とも視覚で捉えられる意味特徴を持っており、『紅楼夢』のそれと相似ている。次に秦朝以降の各時代における「気色」について検討してみる。

17、人有五臓象天体象地故臓病則氣色発于面体病則欠申動于貌（漢書、翼奉傳）

人が五臓を患った疾病の症状について説く場面である。「気色」は臓器が病気になれば、面体（顔、体）に発（現れ）てくるという容態を示す意味で用いられ、主体が人間であり、名詞の用法となる。

18、臨津不得済佇檝阻風波蕭条洲渚際氣色少諧和（文選、謝恵運、西陵遇風献康楽）

族兄の謝霊運（康楽）と別れて旅路に付く時の寂しい心情を表出する場面となる。「気色」は、「少諧和」（穏やかでない、和らがない）という形容詞の述部から推して寂寥たる洲の畔の荒れ狂って和らがない風、雲、浪等の自然現象の状態を示していると考えられる。そのため、櫂を止めたまま船を進められない所以である。「気色」は依然として名詞の用法であるものの、上述した例といずれも異なり、自然に関するものの様子に用いられているのである。

唐の時代に下り、「気色」の用例は前の時代より増加の傾向を呈しており、殊に唐の詩集に集中しているようである。これは唐詩が中国文学史上においては幅広く開花して隆盛期に達していることを物語ることにもなるであろう。

19、龍門横野断、駅樹出城来、氣色皇居近、金銀仏寺開（杜甫詩集、巻一、龍門）

杜甫が東都（洛陽）に滞在中、龍門に遊んだときの感懐について吐露する場面かと思われる。「気色」は名詞の用法で周りの風景、景色という意味として用いている。つまり、「その風景と言えば、東都の皇居に近し」と解される。更に言えば、当時の詩人の心情からすれば東都の皇城は間近にあるとも考えられる。

20、峭頂高危矣、盤根下壮哉、精神欺竹樹、氣色圧亭台（白居易詩、奉和思黯相公以李蘇州所寄太湖石奇状絶倫因題二十韻見示兼呈夢得）

奇状絶倫なる太湖石を賛美する場面である。「気色」は名詞として詩人の観賞を通して太湖石の形状またはそれを取り巻く雰囲気という意味を示している。

21、朕見夫人耳辺有一道氣色、此氣色案於世書図経、号曰死文（敦煌変文彙録、歓喜国縁変文、二五四⑧）

王妃の非健康状態を言う場面となる。「気色」は名詞の用法でその「見」という述語から「耳のそばにある、目に見える文様」という意味で用いると考えられる。

22、六者当観出息去鼻遠近入到何処、即知氣色初麁後細、下至氣海上衝於頂（大正新修大蔵経、浄心誡観法巻下、八二七下⑥）

人間の健康状態を観察する場面であろう。「気色」は名詞として人を成す精気の具合、状態という意味を示しており、つまり、人の呼吸を観察してその人の健康状態が分かる。続いて、宋及びそれ以降の「気色」を見よう。

23、（司天台）監掌察天文稽歴数凡日月星辰風雲氣色之異率其属而占（唐書（新）、百官志）

天文気象等を司る「司天台」の職務について説く場面となる。「気色」は名詞の用法で日月星辰風雲という自然物の様態、様子を示す意味で用いている。

24、与人言必尽敬雖微官及布衣謁見皆与之亢礼氣色穆然不見喜慍（宋史、富弼傳）

人と対面する時の振る舞いについて説く場面となる。状態、性質を表す形容詞「穆然」（穏やかで慎むさま）という述語から「気色」は人に会う時の表情、つまり、穆然たる表情を以て喜怒の情を顔には出さないと読み取れる。

25、観使君氣色、非但無嗣寿亦在旦夕矣（古今奇観、二七七⑪）

「気色」はその共起する述語「観」から推して、使君の非健康的な容態、血色という意味を示していると解される。

以上、通時的に中国文献における「気色」の意味と用法を巡って考究してきたところ、中国語の「気色」は各時代に亘って変わることなく名詞の用法として用いられ、また、視覚行為の述語や状態、性質を表す形容詞とよく共起することが明らかになった。尚、右の意味分析に基づき、中国語の「気色」の意義を次の如く記述することができる。その意義分布は次の表三の通りである。

（一）自然とその現象の様態

（二）物事や場所の様子、状態
（三）人間の表情、顔色及び息
（四）人間の非健康の容態、血色

と四つに大別できるが、それらを更に上位的に分類すれば、自然に関するものと人間に関するものとに二分できる。

表三

文章ジャンル	意義／文献	(一)自然とその現象の様態	(二)物事や場所等の様子、状態	(三)人間の表情、顔色及び息	(四)人間の非健康の容態、血色	用例数
散文	六韜		1			1
	荀子			1		1
	（漢書）翼奉傳				1	1
	潜夫論			3		3
	嵆康集			1		1
	敦煌変文彙録			6		6
	（北史）斉宣帝紀			1		1
	（唐書(新)）百官志	1				1
	（宋史）富弼傳			1		1
	古今奇観		1	3		4
	紅楼夢			8	6	14
韻文	謝恵連詩	1				1
	張籍歌詩	1				1
	杜甫詩		1			1
	姚合詩			1		1
	沈佺期詩		1			1
	白居易詩		3	2		5
	韓愈歌集	1				1
	孟浩然詩	3				3
	劉禹錫詩	1				1
	蘇東坡詩集		1			1
仏書	大正新修大蔵経	3	1	13		17
合計		11	9	40	7	67

また、この二つの上位レベルの意義はいずれも人間の視覚で捉えられる外面的な意味特徴を具有している。いわば、自然、人間に関するものとしての表象形態を表す点においては共通している。但し、その「気色」の示す対象は時代によって差異が見られるようである。つまり、清の時代前に「気色」は自然と人間との両者に関するものをいずれも示していたが、清に下ると、専ら人間そのものの外面的な様態に用いられるのみとなった。それは近現代の中国語においてもそのまま踏襲していると見受けられる。これは『現代漢語詞典』の「気色」についての「人的精神和面色（人の血色や顔色）」を表すという語釈からも察知される。しかしながら、「気色」に具わっている外面的な形態という意味特徴は消えることなく継承されている。

　中国文献における「気色」の意味構造を図で示すと次の如くになる。

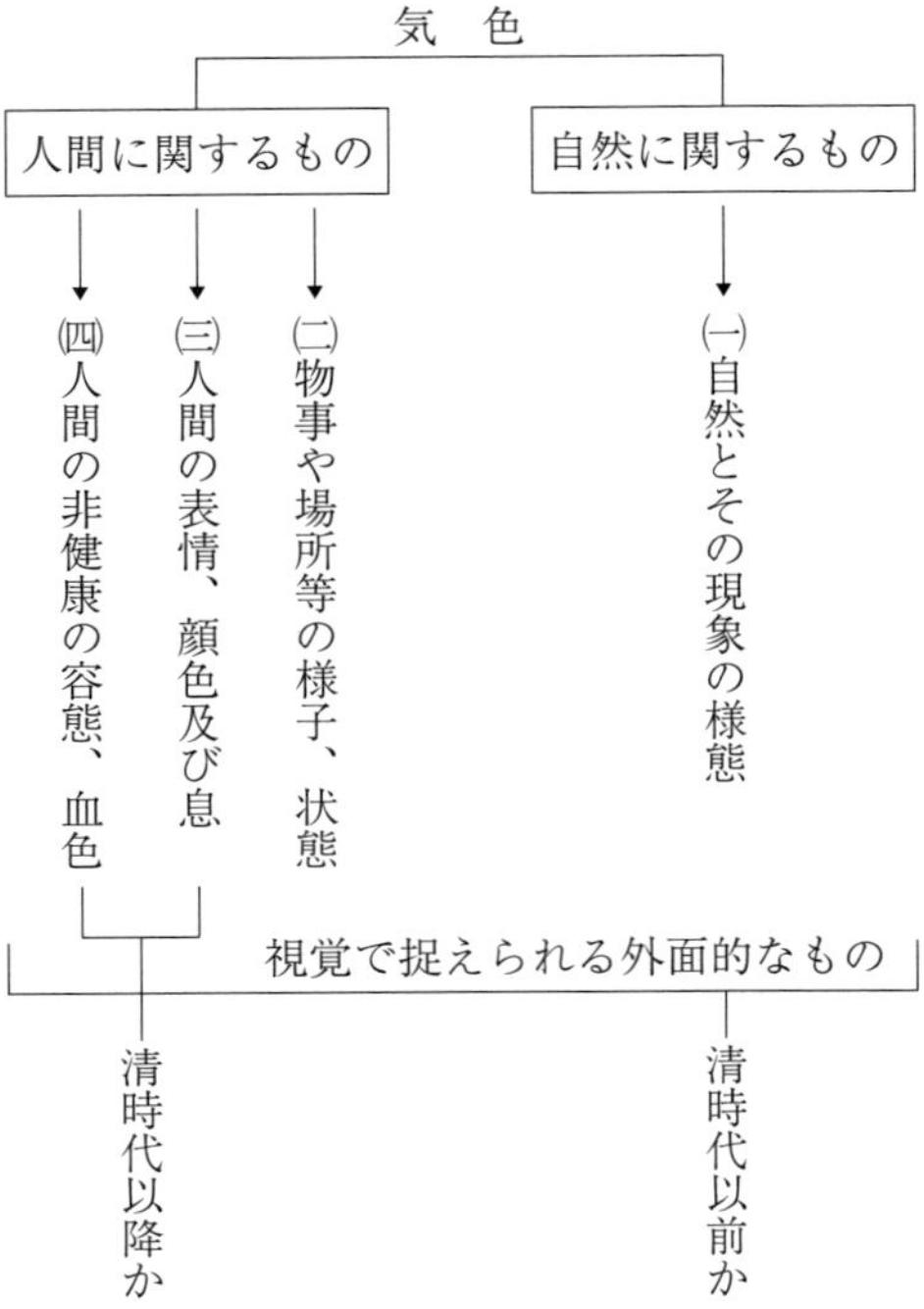

（三）日本文献における「気色」

この項では日本文献における「気色」の意味と用法について考察する。それに先立ち、先ず日本語としての「気色」のよみを明らかにする作業が必要となる。それについて古辞書や古文献を挙げてみよう。

氣色　人躰ﾛ　キソク（前田本色葉字類抄下、畳字キ、六十二オ⑥）

氣色　人躰ﾛ　ケシキ（黒川本色葉字類抄中、畳字ケ、九十九オ③）

氣色　ケシキ　キソク　キショク（温故知新書、八〇③、六五④、六七①）

随《テ》二御氣《キ》色《ソクニ》一閑《カレカ》下参啓《サレケイ》（高野山西南院蔵本和泉往来、二四）

とあるように、日本文献における「気色」は字音語（漢語）として使用されていることが分かると同時に、そのよみが三種類存していることも明らかになる。三つのよみの相関関係及び意味との関連性等の問題については後述する。

尚、今回の調査文献では、特に平安時代に盛んに行われていた平仮名で綴られた和文資料には仮名表記の「けしき」の用例が数多く検出できた。この「けしき」は上記の古辞書に掲載された「気色《ケシキ》」と一致しているように見えるが、両者の書写、成立時期等をも勘案すれば、「けしき」は「気色」の仮名表記であると直ちに判定しかねると思われる。つまり、両者は形態上の一致のみならずその共時態における意味上の一致も求められるのである。換言すれば、漢字表記の「気色」と仮名表記の「けしき」が意味としても重なったならば、「けしき」は「気色」の仮名表記いわばその字音読みであると看做すことができるであろう。その判定の方法としては「けしき」と「気色」の最古例との意味比較を行うことは有効的であろう。その意味比較を通して両方の意味上の異同の有無を確かめることができよう。

平仮名表記の「けしき」は平安時代の和文では成立年代から言えば『竹取物語』『伊勢物語』に見えるのが一番古い例とは考えられるが、資料の確実性から見れば、成立年代のやや遅れた『土左日記』は先学によって解明されたが如く、信憑性が極めて高いものである。殊に今回考察対象となる青谿書屋本を底本とする日本古典文学大系の『土左日記』は紀貫之自筆本の本文を忠実に模写したものと言い得るほどの正確な好資料である。従って成立年代は『竹取物語』『伊勢物語』より少し下っているものの、『土左日記』に現れている「けしき」を仮名表記としての最古例と認定する方が妥当ではないかと思われる。『土左日記』から「けしき」を三例見出すことができ、次のようになる。

1、かぢとりけしきあしからず（一七④）

2、うたぬしいとけしきあしくてえず（二〇⑨）

3、かぢとり「けふ、かぜくものけしきはなはだあし」といひて（三一⑩）

とあるが、例1、2の「けしき」は形容詞「あし」という述語の意味から主体の「かぢとり」「うたぬし」という人間の表情、機嫌という視覚で捉えられるような意味で用いていると判断される。かかる意味として使用されるほぼ同年代の漢字表記の「気色」もあり、それを挙げてみよう。

・皆有酒氣、於御前喧嘩、摂政大閤氣色不快（小右記一、一五五③）

「気色」は形容詞の述語「不快」が『土左日記』「あし」とほぼ同じ意味であることと「於御前喧嘩」という前文とを併せて考えれば、その主体である摂政大閤の表情、機嫌を示す意味と解される。更に『土左日記』より少々成立年代の遅れた源信撰の『往生要集』（日本思想大系）にも人間の表情、顔色を表す「気色」が見られた。

・如是瞻病者氣色、随順其所応（三七八下⑪）

続いて、『土左日記』にある例3の「けしき」を検討してみる。その「けしき」を修飾する「かぜくも」からは、例1、2と違って風雲という自然現象の様子、様態を示していると理解されて大過なかろう。

・今亦去年災異之《ノ》餘《リ》。延《テ》及《ヒ》㆓今歳《ニ》㆒。亦猶風雲氣色。有《リ》㆓違《フコト》㆓于常《ニ》㆒（続日本紀巻八、八五⑥、養老五（七二一）年二月二十七日条）

今回管見に入った資料から下記の表で分かるように大量の「気色」の用例を検出できたが、その初出例は右の菅野真道等が撰述した『続日本紀』にある「気色」である。『土左日記』の例3の「かぜくものけしきはなはだあし」は文構造といい、意味用法といい『続日本紀』の「風雲氣色有違于常」と相似性を見せて、宛もそのまま読み下したかのように思われる。「風雲気色」という表現は一つの熟語として当時よく使用されているため、紀貫之がそれを訓読したのではないかと推定される。それは次の惟宗允亮撰の『政事要略』の例からも察知される。

・風雲氣色、氣色者風雲之氣色也、言以五雲之色視其吉凶、候十二風氣者知其妖祥、其天文博士職掌唯言氣色、不言風雲者、挙氣色則有風雲可知故也（六九七③）

尚、このような「風雲氣色」は前掲した例23『唐書（新）』百官志の「（司天台）監掌察天文稽歴数凡日月星辰風雲氣色之異率其属而占」の「風雲氣色」と意味上一致し、それを踏襲したものであろうと看取される。『土左日記』の「かぜくものけしきはなはだあし」という漢文訓読的な表現は恐らく日記の述者が男性であることによって漢文訓読調の要素を内含していると言われる一つの徴憑ともなり得るであろう。

右の考察を通してほぼ同時代の平仮名表記の「けしき」と漢字表記の「気色」とは意味用法上での一致性を有することが明らかになる。更に、上掲した古辞書に見える「気色」のよみが「けしき」であることをも考え合わせると、平仮名表記の「けしき」は「気色」という漢語の仮名表記、いわばその字音読みであると判定しても疑いの余地がなかろう。平安時代の和文に大量に使用されている「けしき」は他でもなく中国語出自の漢語であり、それより先に成立した日本の漢文に登場した「気色」の継承でもあったと言えよう。その故に、「けしき」は和文にあるにもかかわらず、漢語として考察の対象とする次第である。

今回、調査した限りの日本文献では、いずれの文章ジャンルからも「気色」または「けしき」が検出できた。漢語とはいえ、文章ジャンルによる使用上の差異は見られなかった。殊に和語を中心に漢語を用いないのが原則となる和文においても「けしき」が多用されていることから、「けしき」が既に日本語に同化して、和語同然に扱われているのを示唆することになる。尚、その全体使用量は中国文献に比しては遥かにそれを上回っている。これは漢語である「気色」が日本語への浸透振りを反映すると同時に、意味用法の変化に因る証しでもなかろうかと推測される。日本文献における「気色（けしき）」の使用状況及び分布は次頁の表四のようになる。

（1）漢文の「気色」について

漢文では、「気色」が多用されていることが左記の表四から明らかになる。それは漢字で綴られる漢文という文章ジャンルの性格に起因すると思われる。そうはいうものの、漢文の文章ジャンルのいずれでも同じく「気色」が多く使用されているのではない。例えば、所謂正格（純）漢文とも言える漢詩文においては「気色」が僅か十二例のみで、決して多用されているとは言い難かろう。寧ろ上述した中国文献と同様な使用状況を呈していると考えられる。対して、記録という共通性が具わっている公家日記、古文書等のような古記録類では「気色」の使用量が極めて多かった。同じ漢文とはいえ、漢詩文と古記録類とは両者の使用上の格差が単に調査資料の多寡に因るだけではなく両者の文章ジャンルの性格に因由するところも多いと指摘されよう。以下、漢詩文と、記録性を共有する文献群を古記録類と称し、一括して検討を加える。先ず、古記録類における「気色」を取り上げてみよう。

表四

用例数	文　献	文章ジャンル
1	続日本紀	漢文
4	日本三代実録	
13	政事要略	
1	日本略記	
16	本朝世紀	
3	朝野群載	
6	三代御記逸文集成	
7	扶桑略記	
1	百錬抄	
65	西宮記	
22	江家次第	
17	歴代宸記	
1	貞信公記	
13	九暦	
330	小右記	
63	権記	
23	御堂関白記	
34	左経記	
52	春記	
32	水左記	
289	中右記	
67	帥記	
62	後二條師通記	
28	永昌記	
53	台記	
55	長秋記	
79	兵範記	
129	殿暦	
137	猪隈関白記	
160	山槐記	
575	玉葉	
231	明月記	
124	吉記	
58	勘仲記	
8	花園・伏見天皇宸記	
17	康富記	
65	平安遺文	
109	鎌倉遺文（1-10、16）	
112	吾妻鏡	
24	高野山文書（1、4）	
25	東南院文書（1-8）	
6	将門記	
2	和泉往来	
1	高山寺本古往来	
1	釈氏往来	
1	東山往来	
1	往生要集	
1	大日本国法華験記	
2	菅家文草菅家後集	
3	江吏部集	
3	久遠寺蔵本朝文粋	
2	法性寺関白御集	
1	本朝無題詩	
1	和漢朗詠集	
2	新猿楽記	
3138	計	
5	竹取物語	和文
5	伊勢物語	
3	土左日記	
7	大和物語	
148	宇津保物語	
57	落窪物語	
28	かげろふ日記	
14	平中物語	
50	枕草子	
647	源氏物語	
83	浜松中納言物語	
8	和泉式部日記	
21	紫式部日記	
37	大鏡	
46	栄花物語	
163	狭衣物語	
88	夜の寝覚	
11	更級日記	
12	後拾遺和歌集	
13	金葉和歌集	
4	詞花和歌集	
4	千載和歌集	
14	新古今和歌集	
8	新勅撰和歌集	
8	続古今和歌集	
1484	計	
179	今昔物語集	和漢混淆文
10	古本説話集	
2	打聞集	
5	法華百座聞書抄	
1	梁塵秘抄口傳集	
5	保元物語	
35	覚一本平家物語	
26	十訓抄	
9	平治物語	
32	古今著聞集	
39	発心集	
29	沙石集	
2	東関紀行	
1	法然一遍（消息文）	
17	徒然草	
1	六波羅殿御家訓	
4	北野天神縁起	
1	八幡愚童訓甲	
41	宇治拾遺物語	
439	計	
5061	合　計	

ア古記録類の「気色」の意味と形態

古記録類では、記録の時空の幅が短く、時代として古く、用例として多い文献と言えば、『九暦』と考えられよう。そこで、『九暦』を中心に「気色」の意味用法について考察する。それに先立ち、『九暦』の資料性に関して触れることとする。通説に依れば、『九暦』は現在その原形のままでは伝来せず、抄録本（九暦抄）、別記の部類（九条殿）、父忠平の教命の筆録（九暦）、本記の断簡逸文として伝えられているとされる。従って、『九暦』は若し非同一人物の執筆によって成書となったならば、文体の違いが必然的に生じてくるであろう。然すれば、資料として使う場合は別々として扱うべきである。この問題については、峰岸明博士著『平安時代古記録の国語学的研究[2]』において詳細に考究されて、次のように「総合的に観察して用字上いずれの本文も同様の傾向を示している。従って同一文献の異形態と判定して支障はなさそうである」と指摘されている。この点は以下考察する「気色」の意味と形態が一貫性を有することからも察知される。因って、ここで『九暦』を同一文献として扱うこととする。

次に『九暦』に見えた十三例の「気色」を例示しながらその意味用法を検討する。

1、未四点大納言以下官史以上列立庭中、主人大臣立南階東掖、立定後各着座、依雨儀無拝礼、未列立前大納言云、依雨儀可無拝礼之事、然則更不可立刻《列》云〻、而主人大臣依有可刻《列》立之氣色所列也、後日以此趣執申、大閤仰云、雖雨儀前例猶列庭中、大納言所云頗不当也（三八②）

右大臣大饗で雨儀によって群臣が拝礼なしに立列する場面となる。大納言が「依雨儀可無拝礼」「更不可立列」と指図しているが、主人大臣には「可列立之氣色」が有るに依って列するところなり。文中の「気色」はその述語の「有」の意味と公的な儀式とを併せて考えると、表情、様子というよりも寧ろ意向、指図という意味として用いられていると解されやすい。つまり、「列立すべき意向の有ることによって列したところなり」となる。「気色」は名詞の用法で、主体が主人大臣となる。

2、右大弁淑光(紀)参入、不申遅参之由、進着座、是又違例、録(禄)使事大納言召仰、是依大閤御氣色、先是可召史生之由（三八⑮）

大納言が史生を召す場面かとなる。「御氣色」はその共起する述語「依」と「史生への召仰」という公的な場面から大閤の御意向、御指示という意味を示していると看取される。即ち、大納言が大閤の御意向に依って「召仰」という行動を取ったのであろう。「気色」は中国語と同じくそのまま名詞の用法を受容しているが、中国文献には検出できなかった、敬意を表す接頭辞「御」を冠する「御気色」という新たな語形式として登場してきた。「御」の付くことによって漢語出自である「気色」が形態上では明確な徴として和語化を遂げることになると推定される。その主体は大閤である。

3、右大臣(藤原実頼)家大饗、午剋進向、未剋拝礼、三献後下官勧盃、穏座間安世(良岑)来云、殿下(藤原忠平)御氣上重煩給云〻、仍乍驚参入、大臣見此氣色、給禄及引出物等事早了（四二⑫）

右大臣実頼大饗の時に、殿下が重ねて病を患ったという知らせがあった場面となるが、「気色」は例1、2と違った述語「見」から推して、殿下の藤原忠平の病気見舞いに行くべきという出来事の気配、様子という意味で用いていると解される。つまり、実頼は諸臣が忠平の病見舞いに行こうという様子を見て予定の「給禄及引出物等」の行事を早々と終了させたと理解される。「気色」は名詞として用いられ、主体が大臣である。

4、而大閤下(藤原忠平)命云、諸牧御馬牽進之日更有被給解文也、往還之間光景已暮、非无物煩者、御覧之後、若有可被給之氣色、須奏聞此趣云〻（七一⑮）

諸牧馬に関する解文を太政大臣の里弟に届けるという場面であろう。「気色」は「有」という述語から主上の表情、様子ではなく「被給」の意向、指示という意味と考えられる。「気色」は名詞の用法で、主上が主体となる。

5、後日殿下(藤原忠平)仰云、信濃馬給臣下事、雖有前例、猶随仰可給者也、若無仰者、上卿賜氣色可進退者（七六⑪）

臣下に御馬を恩賜することについて言う場面となるが、「気色」はその共起する「賜」の示す意味と共に考えると、意向、指図という意味で用いており、上卿の賜う意向次第で進退すべきであると解される。「気色」は主体が上卿となり、名詞として用いられている。

6、上下群臣拝舞、是女楽拝也、候博士等召否之氣色、仰云、夜已闌、不可読詩者（八四④）

天皇の探韻で博士の召否について記している場面であろう。「気色」はその述語「候」の示す「待つ」という意味と後接文の「仰云」という表現の意味とを考え合わせると、上卿の師輔の意向、指示を表すと解される。つまり、その指示を待っているところ、大納言源高明が「夜已闌不可読詩」と云ったのである。「気色」は名詞の用法で、主体が師輔となる。

7、大外記春道有方先賜可有薨奏氣色、随処分、四品長明親王薨奏納筥、候之上卿見了返給外記（一一六②）

薨奏の作法について触れている場面であろう。「気色」はその述語「賜」の意味から推して、薨奏する際に先ず上卿かまたは主上の意向が有るべきことを賜うと理解される。「気色」は主体が上卿か或いは主上となり、名詞として用いられている。

8、于時上卿見文、見了鳴展表帋、以右手置後方、史進取之、更又鳴展表帋、置板敷一〻給文、若有難者給中文於史之後、史候氣色之時、上卿取笏、向大弁問其由、随其状、与奪給了、史退出（一二二⑤）

上卿から申文を授受する時の作法を言う場面となる。「史候氣色之時」はその申文に「若し難有れば」という時点に史官が取る行為を言うことである。つまり、史官が気色を候つ時に上卿が笏を取って大弁に「有難」の其由を問うた。其の状に随って「与奪給了史退出」した。場面、述語「候」及び史官の申文を受け取る際に上卿が講じた二回ほどの「鳴展表帋」という作法（挙止）を併せて考えると、「気色」は上卿の意向或いは暗示的なしぐさというような意味で用いるが、名詞の用法であり、上卿が主体となる。

9、大納言伊望《（平）》卿在座示云、早可宜陽殿《（装脱）》、今朝仰装束史令敷儀所座也、予揖而不起、大納言見此氣色、暫立避之（一四四⑦）

師輔が権中納言になって初めて著陣する場面である。「見此氣色」は大納言が師輔の装束と著陣という「気色」を目にすることであろう。「気色」は儀式の様子、けはいという意味を示し、その主体が儀式となり、名詞として用いる。

10、五月廿四日、寅剋男皇子《（憲平親王）》誕育、自去夜子剋有産氣色、修善・懈《（解カ）》謝雖度数相重、為期平安（一八五⑥）

師輔が度重なる安産祈願を行ったことを記す場面である。「有産氣色」は女御が昨夜子剋より御産の「気色」が現れることを示す。「気色」は目に見える、赤ん坊が生まれそうなけはい或いは前兆という意味で用いている。斯様な「気色」があったため、「寅剋男皇子誕育」したのであろう。「気色」は名詞の用法で、主体が御産となる。

11、其時田邑《（文徳）》天皇生季十有餘年、承運雖在彼親王、至于忽行其事、必可有所憚、見此氣色、所献表也（一九二⑧）

立太子の先例について触れる場面であろう。「見此氣色」は「忽行其事必可有所憚」という事柄の「気色」を見ることであろう。「気色」はその述語「見」と共に考えれば、その場の様子、事態という意味として用い、名詞の用法であり、事態が主体となる。

12、民部卿云、先例還着本座、申此由云〻、碁了還、不待勧盃取箸、左金吾《（師尹）》頗有違例氣色、但予雖知此由（二二〇⑩）

宴座の作法に合わないことについて言う場面である。「有違例氣色」は左金吾（師伊）が勧盃を待たずに箸を取るという宴の作法と違った「気色」が有るということを示す。「気色」は共起する述語の「有」を考え合わせて、違例の様態、様子を表して、名詞として用い、違例という事態が主体となる。

13、不読只候氣色云〻、以文頭懸板敷端令見大臣也、被許文者仰云、申乃任仁云〻、可勘文并可返給等者、皆仰其旨耳（二三二⑧）

官奏の作法について記している場面となろう。「不読只候氣色」は例8にも言及してあるように官奏や申文を行う時に則るべき作法であろう。つまり、奏文を読まずに「気色」を候つのみということになる。「気色」は大臣の奏文献上を許す指図或いは暗示的なしぐさというような意味として用いられ、名詞の用法で大臣がその主体となる。
　以上『九暦』における十三例の「気色」を列挙しながらその意味と形態について検討してきたところ、上の表五のように纏めることができる。

表五

用例番号	意　　味	品詞形態	述語・述部	主体（或いは対象）
1	右大臣の意向又は指図	名詞	有	右大臣
2	大閤の意向又は指図	名詞	依	大閤
3	出来事の様子、気配	名詞	見	出来事
4	主上の意向又は指図	名詞	有	主上
5	上卿の意向又は指図	名詞	賜	上卿
6	大納言の意向又は指図	名詞	候	大納言
7	主上かの意向又は暗示的なしぐさ	名詞	賜	主上か
8	上卿の意向又は指図	名詞	候	上卿
9	出来事の様子、気配	名詞	見	出来事
10	お産の気配、兆し	名詞	有	お産
11	出来事の様子、気配	名詞	見	出来事
12	儀式違例の様子、気配	名詞	有	違例の出来事
13	大臣の指図又は暗示的なしぐさ	名詞	候	大臣

　表五から次の諸点が判明する。
(1)「気色」と共起する主体或いは対象は「右大臣、大閤」などのような人間と出来事となる。いわば、有情物と無情物からなっている。尚、その人間は主上をはじめとする大臣、上卿などのようにいずれも官位の高いものであり、上記の中国語のそれと異なる。これは「気色」の意味に大いに関わっていると言ってよかろう。
(2)「気色」と共起する述語は視覚で捉えられ、類型的な様相を呈出している。これは古記録類という文体に起因するところが多かったであろう。斯様な類型的な述語が「気色」の意味形成にも関与している。

(3)「気色」は中国語と同様、名詞として使用されているが、中国文献には見えなかった、「御気色」という敬意を表す接頭辞「御」と「気色」と結合した語形式も新たに現れた。但し、「御」の前置によって「気色」の意味にまで波及しておらず、単に待遇上の差異が生じるに過ぎないかと考えられる。とはいえ、「御」を冠する「御気色」の出現は明らかに「気色」の日本語化を物語る標識とも言えよう。

右の意味用法の分析に基づき、『九暦』の「気色」の意義について以下のように帰納できよう。

(一)人の意向、暗示的な指示

(二)出来事の様態、気配

と二つに分けられる。この分類に従って他の古記録類における「気色」を考察してみたところ、次のような用例もある。

14、皆有酒氣、於御前喧嘩、摂政大閤氣色不快（小右記一、一五五③）

文中の「氣色不快」は「皆酒気があって御前において騒ぐ」というあるまじき狼藉によって生じたものである。更に述語「不快」の意味をも考え合わせると、「気色」は摂政大臣の機嫌、気持ちという心緒的な意味を示していると解される。また、同じ『小右記』には次のような例も見られる。

15、為顕失錯、大納言公任・中納言俊賢属目、為長氣色相変、仍愁取見之（小右記三、八七⑮）

「氣色相変」は外記為長の「為顕失錯（中文献上の作法を誤った）」という醜態を上官の公任、後賢が目の当たりにしたため、為長の「気色」が変わったことを表している。「気色」は共起する述語「変」の意味から為長の表情、顔色という意味で用いられると考えられる。つまり、「為顕失錯」に驚いたため、表情も変わったということになる。例14は「喧嘩」という外部からの刺激で大閤の情緒に不快感をもたらしたが、例15は「失錯」という振る舞いを見て愕然として顔色が変わったのみで、主体たる心情をまで揺さぶるには至っていないであろう。次に『権記』

の例を見よう。

16、辰剋有臨終御氣（略）午剋上皇氣色絶（権記二、一六二下⑭）

上接文の「臨終」ということから推して、「氣色絶」は上皇が息を引き取って血色が消えたという意味を表すと考えられる。

17、年老非氣色如本（御堂関白記中、五九⑬）

文脈に即して考えれば、歳を取って衰えたため、血色が本の如くにならないと解される。「気色」は人間を成す精気の具合が外見に現れている血色、様子を示している。

18、人々随世氣色歟、末代之事多以如此歟（帥記、七七下⑤）

「気色」を修飾する「世」の意味と述語「随」とを考え合わせると、「気色」は世の中の成り行き、風潮、空気といったような意味で用いると判断される。

19、終夜風雨、空氣色不閑（御堂関白記中、六七⑤）

「気色」は空の模様、様子という意味として用いられており、人間ではなく、自然のものが主体となり、右に列挙した用例と相違っている。

以上の考察によって古記録類における「気色」の意義について次のように帰納できよう。

（一）自然とその現象の様態
（二）物事や場所等の様子、状態
（三）人間の表情、顔色
（四）人間の非健康の容態、血色
（五）人間の意向、暗示的な指図

（六）人間の機嫌、気持

六つに大別できるが、それらを更に上位的に分類すれば、人間に関するもの（直接に人間の生活と関係するものも含める）と自然に関するもの（空、風、雲等のような人力で左右できないもの）と二つに分かち得る。尚、人間に関するものは視覚等で捉えられる外面的な様態と心に現れる内面的な状態という意味特徴を共有すると同時に、名詞としての用法も変わることなく踏襲されている。右の分類に基づき、古記録類の「気色」の意義分布は表六の通りになる。

表六に示すように、「気色」の（五）の「人間の意向、暗示的な指図」という意義は文献を問わずに他の意義より多用され、古記録類、特に公家日記における中心的な意味用法となっていると言えよう。亦、他の文章ジャンルと異なる意味用法上の特徴ともなり得るであろう。それに対して、（一）の「自然とその現象の様態」という意義は使用頻度として最低であり、周辺的な存在となる。両者の格差は古記録類という文章ジャンルの性格に一因を求められよう。

では、何故公家日記というような古記録においては「人間の意向、暗示的な指図」は他の意義を遥かに上回って大量に用いられるのか。それは古記録の内容と関係していると考えられる。古記録とは主として公家達が綴った日次記である。しかし、日次記とはいうものの、決して一般的な日常生活についての記録に止まらず、当時の公卿社会の有職故実への高い関心や重要視のため、諸種の儀式、改元、命名等の議定に関する記事も精細でかつ大量に記載されているものである。内容から見れば、公家個人日記というよりも、寧ろ公家が務める役所或いは朝廷等において行われるまつりごと、行事等に関する公的記録のような性格のものであると言っても過言ではない。その中では殊に職務に携わる時の上下関係、君臣関係、行事と儀式の行い方、及び個人の振る舞い等についての記録が大きな比重を占めている。これは公家衆にとっては故実典礼の規矩準縄として極めて須要であった。我が子、我が家、

表六

用例数	(六)人間の機嫌、気持	(五)人間の意向、暗示的な指図	(四)人間の非健康の容態、血色	(三)人間の表情、顔色	(二)物事や場所等の様子、状態	(一)自然とその現象の様態	意義／文献	文章ジャンル
1						1	続日本紀	史書・古文書
4	1	1			1	1	日本三代実録	
13		8	1		3	1	政事要略	
6		5	1				三代御記逸文集成	
1						1	日本略記	
16	1	15					本朝世紀	
3		2			1		朝野群載	
7		5		2			扶桑略記	
1		1					百錬抄	
22		22					江家次第	
65	3	56			6		平安遺文	
24		24					高野山文書（1、4）	
25		25					東南院文書（1－8）	
112	8	97	1	1	5		吾妻鏡	
109	1	106		2			鎌倉遺文（1－10、16）	
6					6		将門記	伝記・古往来
2		1			1		和泉往来	
1					1		高山寺本古往来	
1		1					釈氏往来	
1				1			東山往来	
2				1	1		新猿楽記	
1				1			往生要集	
1				1			大日本国法華験記	
17	1	15	1				歴代宸記	公卿日記等
1		1					貞信公記	
13		8			5		九暦	
65		60	1	1	3		西宮記	
330	22	214	5	32	57		小右記	
63	2	45	1	5	10		権記	
23	3	13	1		5	1	御堂関白記	
34		30		3	1		左経記	
52	2	34	2	5	9		春記	
32	2	28		1	1		水左記	
289	10	269	3	3	3	1	中右記	
67	1	61			5		帥記	
62	1	58		1	2		後二條師通記	
28	1	26			1		永昌記	
53	2	48		1	2		台記	
55	4	45		1	5		長秋記	
79	1	69		1	8		兵範記	
129	11	109	5	4			殿暦	
137		135			1	1	猪隈関白記	
160	8	132	8	12			山槐記	
575	13	549	4	3	6		玉葉	
231	40	166	11	12	2		明月記	
124		123	1				吉記	
58		58					勘仲記	
8		7	1				花園・伏見天皇宸記	
17		12		1	2	2	康富記	
3126	138	2684	47	95	153	9	合計	

我が一族の代々の官位を守るために、記主の日常生活の、公私あらゆる面に亘る百般の事象、及び家族をはじめ、身辺その他社会の様々な出来事について詳らかに記録する必要があった。それを後日の張本、後人の鑑とする。公卿としては昇進、栄達及び職務の遂行のために、君臣関係、上下関係に苦心し、常に最大の注意を払うべきことである。それは彼らの日記において随所に記されている。何につけても君または上官の意向、指示及び機嫌を伺ってから実行に移すといったような内容の記述が公家日記には処々方々というほどに繰り返して書き記されている。斯様な君臣、上下関係に束縛されている日記の記主は自己の一挙手一投足について君主及び上卿からの指図等を賜って従わなければならぬ。さもないと注意、警告される目に遭う虞がある。例えば、上記の『九暦』に見えた例12のように「不待勧盃取箸左金吾頗有違例氣色」となる。つまり、上官の指図を伺わずに勝手に振る舞って、「違例」と戒められたのである。「人間の意向、暗示的な指図」という意義の「気色」の多用は独特な公家社会の必要とそれを記録する内容に因由することであろう。亦、「いうまでもなく我が国においては、古来の記録、文書が実におびただしく保存せられていて、その数量の豊なことは、世界いずれの国にもまさにその比を見ないところである[3]」ということにも一因があるのではないかと考えられる。

それのみならず、その多用は当時の政治、職務等の運営方法にも関わっているように思われる。例えば、官奏、申文を行う時は『九暦』の例8の示すように、上卿の「意向、指示」を候つために「気色」がよく用いられる。亦、大饗、宴席等の食事を取る時も所定の作法に従うべきである。例えば、『兵範記』では、

20、下官帯劔可勧盃之故也、次取上卿氣色、下官勧盃（六五上⑰）

のように、宴会においても上官の指図（気色）を伺いながら盃を進めるという作法が分かる。更に、陣座で官文を作成する場合も、その作法として上官の意向、指示に依って進められるのである。例えば、

21、次宗頼定墨染筆巻返続紙候氣色先巻返続紙候氣色可許之後摺墨染筆可待氣色今作法前後乱如何（玉葉三、五九七下⑯）

とあるように、いつ「摺墨染筆」か、またいつ「巻返続紙」かはいずれも上卿の意向か或いは暗示を伺わないと「違例」となってしまうというような作法遵守が必要である。即ち「気色」の「人間の意向、暗示的な指図」という意義の多用はかかる公家社会の特殊な政治運営の所作、作法に深く関連しているとも言えよう。

亦、「人間の意向、暗示的な指図」の多用は「気色」と共起する「候、依、取、伺、蒙、随、承、示」等のような述語の多用からも示唆される。例えば、平安時代の藤原実資の日記『小右記』（別称『野府記』）では、「気色」の全用例が三三〇例となるが、「候」、「依」、「示」という述語と共起する用例はそれぞれ五十四例、三十一例、二十八例となっており、三者だけで合わせて全用例数の三四・二％を占めている。院政期をも含めた鎌倉時代初期の藤原兼実の『玉葉』（別称『玉海』）から五七五例の「気色」は検出できたが、それと共起する「候」、「示」、「取」、「依」という述語はそれぞれ一三五例、六十三例、五十一例、二十四例に達している。四者のみで全用例数の四七・四％を占めている。右の両文献の数字は「人間の意向、暗示的な指図」という意義の「気色」が古記録類においては大量に用いられている一証左と言ってよかろう。

古記録類における「気色」は名詞としての用法が圧倒的に多かったが、動詞（サ変動詞）としても用いられると推定される。例えば、

22、家通起座進着参議座上摺墨了、氣色于余、余取例文等（玉葉一、二五上⑨）

の文中の「氣色于余」のところには本来「示」のような述語が入るはずであるが、同じ『玉葉』では、「兼光示氣色余巻文」とあるように、「示」が「気色」と共起する述語となっている。しかし、「氣色于余」にはそれらしい述語が現れておらず、いわば述語は欠如しているように見える。そこで、ここでの「気色」は恐らく「示」等のような動詞の替わりに述語の機能を果たしているのではないかと考えられる。つまり、「余に気色（して）、余が例文等を取る」と解される。「気色」は述語として用いられるとすれば、他でもなくサ変動詞としての用法となるであろ

う。これは『玉葉』とほぼ同時代の藤原経房の日記『吉記』に見えた例からも看取される。

23、予聊右中ニ氣色シテ着之（二五六上⑥）

とあるように、明らかにサ変動詞として「気色」が使用されている。無論文中の「シテ」が元のままなのかそれとも謄写の段階で付け加えられたかは判断し難いところではあるが、少なくとも「気色」は名詞ではなく動詞として用いられていることが明確になっていると言えよう。古記録類は基本的に漢字で綴られるという文体であるため、たとえサ変動詞となったとしても『玉葉』の例のように「ス」を記すことなく「気色」のままで無表記となるであろう。

古記録類における「気色」はサ変動詞としての形態の他に、敬意を表す接頭辞「御」を冠する「御気色」という語形も見られた。上述したように、本来の中国語の「気色」は単に名詞としての用法のみであった。対して、古記録類の「気色」は明らかに形態として多様化を見せており、中国語から脱皮して所謂和化漢語に変身することになったと言ってよい。それは「気色」の意味変化を示す証ともなるであろう。

以上、漢文の古記録類における「気色」の意義と形態を巡って考察してきた。中国語出自の「気色」は意義にせよ形態にせよ元来の中国語と比して変化が生じた。特に人間の心の動きを示す内面的な状態という意義は従来の中国語には見えず、新しく派生したものである。いわば意味の拡大が起きたのである。

以下、同じ漢文の漢詩文における「気色」についてその意味用法を検討してみる。

イ漢詩文の「気色」の意味と形態

上掲した表四の示すように、漢詩文における「気色」の用例は管見に及んだ限り全部で十二例だけ検出できた。前項の古記録類と比べてその懸隔が大きかった。さて、両者の隔たりは使用量に止まり、意味用法上には見られないのか。それについて漢詩文の「気色」の全用例を挙げつつ、その意味用法について考察する。

1、馨香畏減凄涼雨、氣色嫌傷晩暮風（菅家文草菅家後集、翫秋花）

秋花の菊を描く場面であろう。「気色」はその菊の可憐で端麗な姿を描写するのに使われている。つまり、作者は秋の夕風が吹いて、優美な菊花も傷みはしないかと憐みの念が生じる。「気色」は名詞の用法で、菊がその対象となっている。

2、逢春氣色渓中水、待月因緑地上苔（同右、田家適）

cf、黄子陂岸曲地曠氣色清（張籍詩、祭退之）

詩題の示すように、田家の風景を描く場面となる。「気色」は春が訪れて田家の渓流をも含めての景色を表している。渓川のささ流れは春に逢う景色に歓喜の響きを奏でるかのようであると解される。斯様な「気色」は参考例のと類似しているように見受けられる。

3、雪峰渺渺已為隣、影入夏池氣色新（江吏部集、二〇五上⑨）

cf、蕭条洲渚際、氣色少諧和（文選、謝恵連、西陵遇風献康楽）

夏の風景について描いている場面であるが、「気色」は参考例と同じく夏の池の様子、景色という意味で用いている。その共起する述語「新」という形容詞の意味からも読み取れる。

4、装霞氣色誰知老、養露光輝不忘春（江吏部集、二三二上⑰）

cf、日出旌旗生氣色、月明楼閣在空虚（白居易詩、答微之誇越州州宅）

「気色」は装霞の様子、光景を表しており、参考例と類義的であろう。

5、暮春三月足逍遥、花似美人氣色嬌（江吏部集、二三二下⑪）

晩春三月の景色を描写している場面となる。「気色」は例1と同じく花の姿、容姿という意味として用いられている。花姿を示す「気色」は、白居易「太湖石」という詩題「形質冠古今、氣色通晴陰」の太湖石の様子、姿を表す「気色」とは表現素材（対象）が異なるものの、対象の外容を表現する点では一致していると見られる。

6、林園氣色蕩精神、草樹扶疎初識春（法性寺関白御集、二四二上④）

早春の景色を描く場面であろう。「気色」は林園の風景、様子を示すのに用いられている。

7、岸柳洞裏諳代謝、巖台氣色示来由（同右、二四五下⑥）

cf、精神欺竹樹、氣色圧亭台（白居易詩、奉和思黯相公以李蘇州所寄太湖石奇状絶倫因題二十韻見示兼呈夢得）

巌台の様態について描き写している場面となるが、「気色」は巌台の形態、様子という意味で用いられて、参考例の太湖石の形態を示す「気色」と一脈相通ずるものであると言えよう。

8、而今乍聞此語昼夜悲泣若失此人恐墜此文重望賜其氣色私寛慰聊伝恩裕之旨以繋才士之心（久遠寺蔵本朝文粋巻七、二〇〇①。傍注等略、以下同）

人材を惜しむという場面であり、上掲した漢詩文の用例のいずれとも違っている。「気色」はその共起する述語の「賜」も異なって、寧ろ古記録のそれと重なっており、主上の指示、意向という意味で用いている。この違いは例8の「気色」が韻文ではなく、散文である序文に現れているという文体差に因るものであろう。

9、昔侍内宴賦草木共逢春詩曰庭增氣色晴沙緑（同右巻八、三三四⑭）

10、庭增氣色晴沙緑、林変容輝宿雪紅（和漢朗詠集、五〇③）

cf、邸第楼台多氣色、君王鳧雁有光輝（沈佺期詩）

早春の風景を賛美する場面である。「気色」は名詞として早春の庭園の景色、雰囲気を示している。つまり、春が訪れて、庭が活気の漲っている光景で、白い砂にも緑草が萌え出したと解され、参考例の「気色」と同じ意味用法であろう。

11、雲膚爛紫露液流甘則氣色難留（久遠寺蔵本朝文粋巻九、一六②）
cf、久嵐増氣色、餘照発光輝（孟浩然詩）

「気色」は参考例と同様に、名詞として自然の風景、様子という意味で用いて、その自然の様態が時と共に過ぎ去るもので、留まり難いということであろう。

12、抑山水風流煙霞氣色云此云彼（本朝無題詩、七一九下⑥）

「気色」は名詞の用法で「煙霞」という自然現象の様子、様態を指す意味として用いられている。

右、漢詩文における「気色」の意味と形態について検討を加えてきたところ、「気色」はいずれも名詞の用法に限り、古記録に確認された「御気色」という語形式もサ変動詞のような動詞的な用法も見られず、その出自たる中国語と一致してそれをそのまま受容していると看取される。意味としては自然に関するもの及び自然の中に生息している花、草木及び石等のようなものの様子、形態、風景を表す「気色」が十二例中の十一例に達している。更に言えば、漢詩文の「気色」は視覚で把捉できる外面的な様態といった意味が中心をなしている。これは同じ漢文である古記録類の「人間の意向、暗示的な指図」という意味が中心的な存在となることと対蹠的な様相を呈出している。同じ漢文と雖も文章ジャンルの性格によって両者の間には意味と形態との異同が顕著に存していると認められる。漢詩文においては、その撰者がいつも目を自然いわば外の世界に向け、その動静、移り変わり等に注目するため、自然及びそれに関するものについて目や耳を通して捉えたりしながら活写するものが枚挙にいとまがないとも言える。従って、「気色」が多用されるのみならず、それと類義的な「景色、風景、景気、景」等の表現も屢々用いられている。対して、古記録では、記主の関心の的が朝廷等の室内で起きる出来事であり、子孫の官位世襲のためにそれを詳細に記録しようという使命感もある。いわば、内の世界に目を注ぐのである。その故、漢詩文と違って、自然に関する「気色」の使用は少なかった所以である。参考例の示すが如く、漢詩文の「気色」の意味も用法も中国語のそれと変わらないように見える。それは漢詩文が中国の詩文を模倣しそれに近付こうとする撰述者の意識と意図が働いているためであろう。但し、かかる漢詩文でも例8のように、古記録の「人間の意向」という意味と一致する例があった。これは『本朝文粋』の文章構成に起因するものではないかと推定される。『本朝文粋』は日本漢文の精粋を集録したものと見てよいかと思う。古記録の文章など、この書には求め得ないが、語としては古記録などで特徴的な使用も見られないでもないとされるが如く[4]、「気色」はその一例であり得ると思われる。『本朝文粋』は他の漢詩文集と異なり、詩の他には「詔、勅書、官符、論奏、各種状」等のような多様の文章が収録されている。例8の「気色」は詩文ではなく「奏状」に現れていたのである。とはいうものの、『本朝文粋』は全体としてはやはり古記録と異なっている[5]。故に、本書では『本朝文粋』を漢詩文として扱うこととする。

以上、日本人の綴った漢文における「気色」の意味と形態を巡って考究してきた結果、次のことが判明した。漢文の「気色」は中国語出自の漢語であり、その中国語の意味用法を受容した上で、中国語には検出できなかった新たな意味も発生した。意味変化の時代は平安初期頃ではないかと推察される。亦、その意味拡大という変化に伴って、形態にも変化が生じた。漢文における「気色」の意味用法の変化は和文にも見られるのかそれとも見られないのか。この点については次項では考察することにする。

(2) 和文の「気色」について

和文における「気色」は平仮名表記の「けしき」が殆どであるが、形態としては上述した漢文と違った様相を見せ、多様化しており、名詞用法の他に「気色」に「だつ、づく、どる、ばむ」のような用言が付いて動詞化したものもあれば、「す」と結合してサ変動詞化した「気色す」もある。亦、接尾辞「ばまし」が下接することによって形容詞化したものも産出された。つまり、和文においては「気色」の形態と言えば名詞、動詞、形容詞と一躍して

表七

文章ジャンル	考察対象／文献	気色だつ	気色づく	気色どる	気色ばむ	気色ばまし	気色す	用例数
和文	大和物語			2				2
	宇津保物語			2	3			5
	落窪物語		1					1
	かげろふ日記				3			3
	源氏物語	7	2	12	49	1	1	72
	枕草子				3			3
	紫式部日記					1	1	2
	栄花物語	11			2			13
	大鏡	2						2
	狭衣物語	1		1				2
	夜の寝覚	1			5			6
	風雅和歌集	1						1
合計		23	3	17	65	2	2	112

三種類にまで増えたのである。これは和文の「気色」が如何に日本語化を遂げているのかということを物語ることになる。換言すれば、「気色」は和語と同じように日本語に使用されていると言ってもよい。和文における「気色」の動詞化、形容詞化した使用状況は上の表七の通りである。

　この多種の形態の発生はいうまでもなく「気色」の意味の拡大にもつながるであろう。

　次に先ず和文の散文における「気色」の意味について検討する。尚、意味の検討に当たり、漢文の意義分類を踏まえながら和文の散文の「気色」の全用例を分析した上で、その意義を帰納する。それに先立って、先ず和文における「気色」の使用状況を俯瞰する。前掲した表四のように、和文の「気色」の使用量は日本文献の中で漢文に次ぐほど多かった。殊に『源氏物語』の「気色」は六四七例に上り、日本文献の一文献として最多の使用量を有する。これは『源氏物語』の文量の多さという理由だけではなく、物語文学の集大成であることにも与るところであろう。この点については表七に示すように『源氏物語』の「気色」の形態が最も多様な様相を見せていることからも伺える。亦、和文においても散文の使用量は韻文の和歌を遥かに上回っている。この差は形態にも反映されている。この文体に因る開きは漢文の古記録と漢詩文との差異と相似ていると言えよう。

以下、名詞としての「気色」を挙げてその意味を考えよう。

1、ましてこの宮は人の御ほどを思にもかきりなく心ことなる御ほどにとりわきたる御けしきにしもあらす人めのかさりはかりにこそとみたてまつりしる（源氏物語、若菜上、一一一〇⑥）

文中の「御けしき」は殿の御寵愛、お覚えという意味で用いられている。つまり、「この宮はご身分のほどを考えても格別のお生まれでいらっしゃるのに、とりわけ殿のご寵愛があるでもなく、世間の手前を作っていらっしゃるだけではないかと内情をお分かり申している」と解される。この「寵愛、お覚え」という意味は漢文の意味のいずれとも類同せず、和文には新しく派生したものであろう。この新たな意味の産出が和文の散文に限っているのは男女の恋を素材に情緒的で且つ細緻に描写する物語文学が叙事、叙景を中心の内容とする古記録類と異なるという文体の差に因ることであろうと考えられる。名詞用法の「気色」はこのような新出した意味を除いては、いずれも漢文の意味のどれかと一致しているように思われる。

続いて、動詞化した「気色」の意味を考察する。先ず「気色だつ」について検討してみる。

2、きさきの御けしきはいとおそろしうわつらはしけにのみきこゆるをかうしたしき人々もけしきたちいふへかめる事ともあるに（同右、賢木、三六二⑧）

「気色だつ」は故意にそのような様子を成すというような意味として用いる。つまり、「このように大后の近親の人々までわざとこの様をするようなことが数々あって」と解される。「気色」は「だつ」と結合したとしても名詞としての意味が変わっておらず、両者がそれぞれ各自の意味を保っているように見える。「気色づく」を挙げて見よう。

3、風なとはふくもけしきつきてこそあれあさましうめつらかなり（同右、須磨、四三五⑫）

「気色づく」は前兆、兆しがあるという意味を示しており、「風なんか前兆があってこそ吹くものなのに」と解釈される。「気色」は「づく」が付いていても名詞用法の意味とは変わっていない。「気色どる」を挙げて検討する。

4、兵部卿のみやにちかつききこえにけりむへ我をはすさめたりとけしきとりえんし給へりしか（同右、紅梅、一四五七③）

文中の「気色どる」は様子を察すことを表して、「様子を察して恨み言を仰せられたのが面白かった」と解され、名詞としての意味も保持している。

尚、「気色どる」の「どる」は「気色」に付くため、清音の「とる」から濁音に変わったと推察される。「どる」に漢字を充てるとすれば、恐らく「取」という漢字となるであろう。これは『前田本色葉字類抄』(6)の「とる」という和語に対応する掲出漢字として「取」字が一番の順位となっていることからも示唆される。そうすると、「気色どる」は漢字で表記すれば「気色取る」となるであろう。そこで、古記録で多用される「取気色」という表現が想起される。この「取気色」を訓読すると「気色を取る」と読み下すことができよう。和文の「気色どる」と古記録の「取気色」とは語形態上では類似しているものの、意味上では差異を呈出しているようである。古記録における「取気色」は次の例のように「上司の意向を受ける」という意味として用いられており、「気色どる」と明らかに違っている。

・若可有裁許者欲申請爵、先取氣色欲奉府奏（小右記八、八八⑮）

とある。文章ジャンルの性格によって斯様な相違が生じたのであろう。そうはいうものの、和文の「気色どる」という表現形式の形成は古記録の「取気色」という語形式の多用に一役を買っているかと推定される。

次に「気色ばむ」を見よう。

5、衛門督をさもけしきはまはとおほすへかめれとねこにはおもひおとしたてまつるにや（源氏物語、若菜下、

一一三〇③）

「気色ばむ」は意向があるという意味として用い、「衛門督を若し先方にそうした意向があるのだったらと期待していらっしゃるようだが」と理解される。「気色ばむ」の「気色」も名詞としての意味を保っているらしい。

さて、「気色す」は如何であろう。管見に入った資料では「気色す」というサ変動詞語形式は前出の表七から分かるように、『源氏物語』以前に成立した文献にはその所在を確認できなかったし、検出できたのが二文献に止まり、両方とも紫式部がその作者だったものである。そこで、「気色す」は紫式部の手によって創出された新たな表現形式の可能性が無きにしも非ずである。この点についてはさらに検討する余地もある。尚、「気色す」は二例しか見えなかったことから一つの表現としての定着度が決して高くないとは言えよう。

6、ひめ宮はけにまたいとちいさくかたなりにおはするうちにもいといはけなきけしきしてひたみちにわかひ給へり（同右、若菜上、一〇五八⑫）

「気色す」は姫宮の幼い様子をしていることを示す意味であろう。つまり、「姫宮はその上全く幼いご様子をしている」と解釈される。「気色す」は依然として名詞用法としての意味のままで用いられて、その「す」は動作性を伴わずにそういう様態、性質を持っているという意味である。

このように「気色」の動詞化となった形態について検討してみたところ、「気色」は決して動詞化によって本来の名詞としての意味が変化したのではないことが明らかになる。従って、新たな意義分類を施す必要がないであろう。続いて、形容詞化した「気色ばまし」を取り上げて見よう。今回調査資料では「気色ばまし」という形容詞の語形式が二例しか検出できなかった。二例とも紫式部が作者だった『源氏物語』と『紫式部日記』に現れている。即ち、「気色ばまし」は「気色す」と同様に紫式部の独自の表現形式だった可能性もあると否めないであろう。

7、いたうけしきはましやこのころのおほろ月夜にしのひてものせむまかてよ（同右、末摘花、二〇二⑫）

文中の「気色ばまし」はその気持ちがあるという意味として用いられているが、「ひどくその気持ちがあるのだね、この頃の朧月夜にこっそりと出かけよう。その時はそなたがお邸に退っていておくれ」と解される。形容詞の「気色ばまし」は動詞化した「気色」と変わることなく、名詞用法の「気色」の意味をそのまま保っているのである。

以上、和文の散文における「気色」の意味と形態を巡って考究した結果、次のことが判明した。散文の「気色」は形態としては漢文より多様な表現形式を見せているが、意味としては殆ど漢文と重なっている。ただ、「人間の寵愛、お覚え」という意味は漢文には見えず、和文の独特なものとなると看取される。和文の散文における「気色」の意義は漢文のそれに基づき分類すれば、次のようになる。

（一）自然とその現象の様態
（二）物事や場所等の様子、状態
（三）人間の表情、顔色
（四）人間の非健康の容態、血色
（五）人間の意向、暗示的な指図
（六）人間の機嫌、気持
（七）人間の寵愛、お覚え

尚、各文献の「気色」の意義分布は次の表八の通りとなる。

和文の散文の「気色」は意義（七）を除いてはその意義が漢文と一致する。しかし、各意義の使用量を細かく見れば、相互間の偏用の傾向も見られ、漢文では（五）の「人間の意向、暗示的な指図」という意義がその他より多用されて漢文の中心的なものとなっているが、和文の散文では漢文との文体や表現素材の相違のためか、（三）の

表八

文章ジャンル	意義／文献	㈠自然とその現象の様態	㈡物事や場所等の様子、状態	㈢人間の表情、顔色	㈣人間の非健康の容態、血色	㈤人間の意向、暗示的な指図	㈥人間の機嫌、気持	㈦人間の寵愛、お覚え	用例数
和文の散文	竹取物語			4			1		5
	伊勢物語			2			3		5
	土左日記	1		1			1		3
	大和物語		3	2			2		7
	宇津保物語	11	68	35	4	3	27		148
	落窪物語		14	33		3	6	1	57
	かげろふ日記	6	11	6	2		3		28
	平中物語		1	12			1		14
	枕草子	9	12	23	1		4	1	50
	源氏物語	102	81	334	3	33	89	5	647
	和泉式部日記	3		4			1		8
	紫式部日記	3	5	11	1		1		21
	大鏡		8	21	1	3	4		37
	栄花物語	12	14	17	1		2		46
	狭衣物語	31	25	95	2	3	6	1	163
	夜の寝覚	8	22	49		4	4	1	88
	浜松中納言物語	6	26	42	3	6			83
	更級日記	7	2	2					11
合計		199	292	693	18	55	155	9	1421

「人間の表情、顔色」の方が中心の意義として頻用されている。亦、漢文では特に古記録類においては（一）の「自然とその現象の様態」の使用量が僅かであるのに対して和文の散文では数多く見られて、就中『源氏物語』には百以上もの例が用いられている。この格差は古記録類という文章ジャンルの文学性が希薄となっているためではないかと思われる。更に言えば、文章ジャンルによって意義の有無という差異ばかりか、意義の使用量の多寡という違いも存する。

以下、和文の韻文である和歌における「気色」を挙げて検討する。その使用状況は前掲した表四の通りであるが、同じ和文とはいえ、和歌の「気色」の使用量は散文に比して遥かに少なかった。形態も表七の示すが如く使用量といい種類といい散文を大いに下回ると言える。かかる差異は意味にも反映されるか否かを考慮に入れながら和歌の「気色」の意味用法を考えよう。表四に示すように詞書を除いては同じ和歌集というものの、『古今和歌集』、『後撰和歌集』、『拾遺和歌集』という三代集には「気色」が見えず、『後拾遺和歌集』になって初めて「気色」が登場するようになった。よく自然を表現素材とすると思しき和歌においては「自然現象の様態」を表す「気色」が用いられるのは寧ろ自然な成り行きであると思われる。但し、三代集には「気色」の所在が認められなかった。これは何故であろうか。この点については根来司氏が「このように「けしき」が現れてくるのは和歌の流れの上で拾遺集までは真実な自然が薄れていたのが、後拾遺集からは詠み手が美しい自然の景色を真実ながめるようになったそのせいであろう」(7)と説いている。つまり、自然に関する認知の差によって斯様な異同は生じてきたように思える。

続いて、和歌における「気色」の意味用法について考察する。

1、いかにせむあなあやにくの春の日や夜半のけしきのかからましかば（後拾遺和歌集、恋二、一七番歌）

2、野分する野辺のけしきを見る時は心なき人あらじとぞ思ふ（千載和歌集、秋歌上、二三二番歌）

3、道すがら富士の煙もわかかざりき晴るる間もなき空のけしきに（新古今和歌集、羇旅歌、九七五番歌）

のように、いずれも自然の風景、景色という意味として「気色」が用いられている。これは「気色」と共起する「夜半、野辺、空」という対象から察知される。和歌の「気色」の意味とは、右に挙げた三例のように自然に関するものが殆どであり、散文に見えたようなその他の意味は和歌には認められずその単調な側面を呈している。無論、その「気色」は決して単なる自然を指すのではなく、美醜の判断において自然を観賞しているので、美しさを随伴する景色といったものである。それのみならず、その景色は個別的限定的なものではなく、多方位的包括的なものを表すのである。実際、八代集の「気色」を調べていくと「秋の気色」七例、「空の気色」七例、「野辺の気色」六例、「夜半の気色」五例、「春の気色」四例の上位順の示すように、「気色」は多様多彩な景色を指すものとして表現に詩的な情緒を与えることになり、そこに静かな落ち着きが内含されている。

さて、和歌でのこのような「気色」はその由来が何処にあるのか。これについてはわたくしは平安時代の散文で「けしき」が自然の風景に用いられるようになってから和歌にも「けしき」が現れるようになること、さらにその「けしき」がみな自然の風景を綜合的包括的にとらえており詩的情趣がうかがえることを考えながら、枕草子、源氏物語とともに平安の栄華の中に咲きいでた後拾遺集から詠み手が自然の景色を真実ながめるようになって「けしき」が和歌の上に現れてきたというのである(8)と指摘されている。詩的な情趣を伴った自然の景色を示す「気色」は和文の散文に止まらず、上述したように漢詩文にも多用されているものである。和歌に斯様な「気色」の登場は和文の散文だけではなく漢詩文にも一役を買っていると言って差し支えなかろう。例えば、前出の『江吏部集』に見えた「気色」の例であるが、「雪峰渺渺已為隣、影入夏池氣色新」のように「気色」の表している自然の景色はいまでもなく詩的な情趣を内包しているものである。漢詩文における「気色」は殆ど自然に関するものに用いられて、その上いずれも単なる自然の描写ではなく、綜合的包括的な自然の景色を表しているようである。かかる「気色」の和歌での出現は他でもなく漢詩文と和文の散文という下地があって初めて出来たのではないかと思われる。更に言えば、日本語の「気色」の示す自然の景色に詩的な含蓄も含んでいるという特質は「気色」の出自なる中国語にもよく確認される。例えば、「久嵐増氣色、餘照発光輝」（孟浩然詩）、「黄子陂岸曲地曠氣色清」（張籍詩）の如く、「気色」は自然の景色を表すと共に、詠み手の情緒、美醜の意識も包摂されるし、詩的な情趣も包まれているように見受けられる。日本文献の和文において自然の景色を表す「気色」は漢詩文と同様に中国語のそれを受容したものであろう。

尚、和歌における「気色」はいずれも自然に関するものの様態を表すのに使われている。この事象は二十一代集にまで受け継がれているが、しかしその中の『新古今和歌集』には下記の例のように人間に関するものの様子を示す「気色」も現れた。

・いま桜咲きぬと見えてうす曇り春に霞める世のけしきかな（春歌上、式子内親王、八三番歌）

この歌については久保田淳氏が「新古今和歌集評釈[9]」において「従来の注釈書がなおざりにした「けしき」を「世の気色かな、世間の様子であるよ。『気色』を現代の『景色』と考えると正しくないと思う。『今一きは心もうきたつものは春のけしきにこそあめれ』（徒然草、第十九段）の『けしき』であろう」と語釈し、一首を「今は桜が咲いたらしい。外を見やると、ぼうっと薄曇って世間は春として霞んでいる様子」と通釈されているのが興味深い。斯様な「気色」は『風雅和歌集』にも見られ、「朝日さす御裳濯川の春の空のどかなるべき世のけしきかな」（春歌上、後鳥羽院、四番歌）という例である。二十一代集までは「世のけしき」の例が右の二つしかなかった。「世の気色」という表現形式は公家日記の『師記』にも見えて、「人々随世氣色歟、末代之事多以此歟」（七七下⑤）とある。前述したように『師記』にある「世気色」は「世の様子、なりゆき」という意味で用いられて、『新古今和歌集』の「世のけしき」と同義となる。これは『新古今和歌集』の「世のけしき」が古記録の『師記』にある「世気色」と語形式上の類似に限らず、意味上にも関わりが存していると言えよう。亦、『新古今和歌集』の「世のけしき」

表九

文章ジャンル	意義／文献	(一)自然とその現象の様態	(二)物事や場所等の様子、状態	用例数
和歌	後拾遺和歌集	12		12
	金葉和歌集	13		13
	詞花和歌集	4		4
	千載和歌集	4		4
	新古今和歌集	13	1	14
	新勅撰和歌集	8		8
	続古今和歌集	8		8
合計		62	1	63

が「世の様子」と語釈される一傍証ともなり得よう。

以上、和歌における「気色」についてその意味を考察してきたが、形態としては名詞用法を中心に、「気色だつ」という動詞形も一例あり、散文のそれと同じ意味で用いている。意義としては自然に関するものの様態を示すものが中心となるが、「世のけしき」というような「世の様子」を表す「気色」も一例見えた。散文に多用されている人間に関する内面的な意味の「気色」は一例も確認できなかった。つまり、和歌における「気色」は外面的な様態を表すのみという意味特徴を呈出しており、漢詩文との類似性を見せている。同じ和文とは言え、文章ジャンルの性格によって使用量のみならず、意義の使用上にも顕著な差異が存在している。和歌における「気色」の意義分布は表九の通りである。

(3) 和漢混淆文の「気色」について

和漢混淆文という文章ジャンルの性格によって、和漢混淆文における「気色」の形態としては名詞の他に和文のそれを踏襲した動詞形も見られる。但し、その使用量と種類とは和文より遥かに少量であり、「気色どる」三例、「気色ばむ」一例という程度である。和漢混淆文の「気色」の形態においては漢文とも異なれば、和文との相違もある。これは和漢混淆文という文章ジャンルの特徴を具現化する徴証の一つとなると考えられる。先出の表四の示すように、和漢混淆文の「気色」の使用量から見れば、漢文と和文とを下回っている。これは調査の不足に因るかもしれないが、「気色」の使用量が減少の傾向を見せているとも見受けられる。つまり、「気色」の使用は時代に伴って縮小の方向に向かっているということであろう。それに対して意味は如何であろうか。以下、和漢混淆文における「気色」の意味について検討してみる。先ず、動詞形の「気色どる」と「気色ばむ」を挙げて考察する。

1、侍共《サブラヒドモ》氣色取《ケシキドリ》テ、「彼《カ》ノ童《ワラハ》ハ誰《タ》ソ」ト問ヘバ（今昔物語集巻二十三、二五三⑨）

2、立ふたがりてまもりけるをその局の女の童のけしきどりて（宇治拾遺物語、一〇三⑩）

3、侍「たそ其童は」とけしきどりて問へば（同右、一〇四⑪）

三例の「気色どる」は和文のそれと変わらずに「その様子を察す」という意味で用いられている。つまり、和漢混淆文にある「気色どる」は和文のそれを継受していると言えよう。続いて「気色ばむ」を列挙してみよう。

4、常ニ此ノ五節所ノ辺《ホトリ》ニ立《タチ》寄リ氣色《ケシキ》バミケルニ（今昔物語集巻二十八、五九⑩）

文中の「気色ばむ」は和文のそれと類似して「わざとその様子を見せる」という意味として用いられている。つまり、「（自分達が来たことを）それと分かるように様子を見せる」と解される。和漢混淆文にある「気色」の動詞形は和文との類似性を具有しているため、それを受容したと言ってもよい。

次に名詞としての「気色」を挙げて検討する。

5、此ノ守《カミ》ノ氣色《ケシキ》ヲ見テ、「恠《アヤシ》」ト思《オモヒ》テ思ヒ廻《メグラ》スニ、「若《モ》シ此ノ守《カミ》ハ、寸白《スバク》ノ人ニ成《ナリ》テ産《ウマレ》タルガ、此ノ国ノ守《カミ》ト成《ナリ》テ来《キタリ》タルニコソ有《アル》メレ（同右、一一九⑰）

病床に就いている国守のことについて描く場面であるが、「守ノ氣色ヲ見テ」は（万事知りの老人が）病気中の国守の容態、血色を診るという意味を示している。

6、其ノ宵《ヨヒ》男来レリ。例ニ非ズ氣色《ケシキ》糸悪《イトアシ》クテ、女ニ□事无シ（同右巻三十一、三〇五②）

「悪く」という形容詞の述語から推して「気色」は機嫌、気持ちという意味として用いられていると判断される。

つまり「その宵男がやってきた。いつもと違ってひどく機嫌が悪そうな顔をして皇女に（脱字）ことがない」と解される。

7、女糸奇異《イトアサマシ》ク怖《オソロ》シク思《ホボエ》テ、有《アリ》ノマヽニ「然《シカシカ》〻」トワナヽキ周《アハテ》タル氣色《ケシキ》ニテ云フヲ（同右巻二十七、五二二⑪）

恐ろしいことを言う場面であるが、「気色」は恐怖に遭遇した女の震え慌てる表情、面持ちという意味で用いる。

8、其《ソコ》モ山ノ氣色《ケシキ》、異《アヤシ》ク怖《オソロゲ》シ氣ニ成《ナリ》テ、草靡《ナビ》キ木葉《ノ》モ騒ギ（同右巻二十六、四四一⑤）

山の様子、けはいを示す「気色」となる。つまり、「山の様子が怪しく恐ろし気になって」ということである。

9、己《オノレ》ガ娘ノ侍ルガ、懐妊既《シ》ニ此月《コノ》ニ当リテ侍《ハベリ》ツルガ、『忽ニヤハ』ト思《オモヒ》テ、昼モ宿《ヤドリ》シ奉《タテマツリ》ツル、只今俄ニ其氣色《ソノケシキ》ノ侍レバ、夜ニハ成《ナリ》ニタリ、若《モシ》只今ニテモ産《ウマ》レナバ（同右、四六七⑤）

お産の場面となるが、「気色」は前接文の「懐妊既《シ》ニ此月《コノ》ニ当リテ」と後接文の「只今ニテモ産《ウマ》レナバ」を併せて考えれば、お産のけはい、兆しという意味で用いられている。

10、「さるにてもこれへ」と御氣色有ければ参られたり（覚一本平家物語巻二、一六四⑨）

の「気色」は上司の意向、指示という意味として用いられて、「御意向が有るので参った」と解される。

以上のように和漢混淆文における「気色」の意味について検討したところ、その殆どが漢文と和文のそれと一致していることが明らかになった。いわば、いずれも両者の意義分類に入ることになる。これは和漢混淆文という文体には漢文と和文という両文体の要素を含んでいる所以であろう。和漢混淆文にある「気色」の意義を帰納すれば以下の通りとなる。

（一）自然とその現象の様態
（二）物事や場所等の様子、状態
（三）人間の表情、顔色

（四）人間の非健康の容態、血色
（五）人間の意向、暗示的な指図
（六）人間の機嫌、気持

と六つに分かち得るが、和文に見える「人間の寵愛、お覚え」という意義の所在は確認できなかった。漢文にも見られなかったことをも考え合わせると、「人間の寵愛、お覚え」という意義は和文の独自のものであると言っても支障なかろう。和漢混淆文における「気色」の意義分布は次頁の表十のようになる。

表十に示すように、和漢混淆文における「気色」は（三）の「人間の表情、顔色」という意義が全用例の半分ほどを占めて和漢混淆文での中心的な働きを果たしていると言える。これは和文と共通している点である。対して、和文で多用されている（一）の「自然とその現象の様態」という意義は和漢混淆文においてその使用が少なく、和文と対照的な様相を呈しており、寧ろ古記録類と相似ているように思われる。一方、漢文にも和文にもあまり使われなかった（二）「物事や場所の様子、状態」という意義は和漢混淆文の全用例の三割近くに達して多用されて、和漢混淆文という文体の独自性を見せていると言ってよい。和漢混淆文には漢文、和文等の文章ジャンルの要素が含まれているため、当然ながら意義ばかりではなく使用量においても両者との異同を反映していると考えられよう。

以上、鎌倉時代までの日本文献における「気色」の意味用法を巡って文章ジャンル別に考察を加えた結果、次のことが明らかになる。「気色」は中国語由来の漢語であるが、早くも奈良時代末期の日本文献に用いられている。特に平安時代になって日本文献の各文章ジャンルに亘って多用され、日本語化を遂げて和語と同然たる性格を持つようになり、所謂和化漢語に変身したと言えよう。そのため、本来漢語使用を好まない和文にも溶け込み、莫大な使用量を誇る日本語の漢語の中で「気色」ほど夙に平安時代から完全に日本語に浸透し、和語と同様に頻用されるような漢語は実に少ないであろう。形態から言えば、平安時代の漢文及び和文では「御気色」という日本語の独自

表十

文章ジャンル	意義／文献	(一)自然とその現象の様態	(二)物事や場所の様子、状態	(三)人間の表情、顔色	(四)人間の非健康の容態、血色	(五)人間の意向、暗示的な指図	(六)人間の機嫌、気持	用例数
和漢混淆文	今昔物語集	4	65	94	3	1	12	179
	古本説話集		3	3			4	10
	打聞集		1	1				2
	法華百座聞書抄		2	2			1	5
	梁塵秘抄口傳集					1		1
	保元物語		1	3			1	5
	覚一本平家物語	3	5	14		7	6	35
	十訓抄	1	11	11		2	1	26
	平治物語		3	5			1	9
	古今著聞集	1		7	2	3	19	32
	発心集	2	10	21		1	5	39
	東関紀行		2					2
	沙石集		1	26	1		1	29
	徒然草	5	5	6			1	17
	六波羅殿御家訓						1	1
	北野天神縁起			1		3		4
	八幡愚童訓甲					1		1
	法然 一遍（消息文）			1				1
	宇治拾遺物語		24	17				41
合　計		16	133	212	6	19	53	439

の表現形式が登場した。亦、動詞化、形容詞化となった形態も現れるようになる。但し、これらは殆ど平安時代の和文に偏して多用され、鎌倉時代に下って使用量の減少の傾向を見せる。意味を見れば、本来の中国語を遥かに上回る使用量の増加に伴って多様な意味が生じるようになる。就中、外面的な意味のみの中国語とは対照的に、人間

の心の状態を表す内面的な意味も発生してきたのである。「気色」は平安鎌倉両時代の日本語において心境を表す漢語語彙の一つに変容して、意味の拡大が実現したのである。即ち、日本文献における「気色」はその意味特徴としては出自の中国語と異なり、外面的な様態と内面的な状態という対照的な二面性を具える漢語である。日本文献

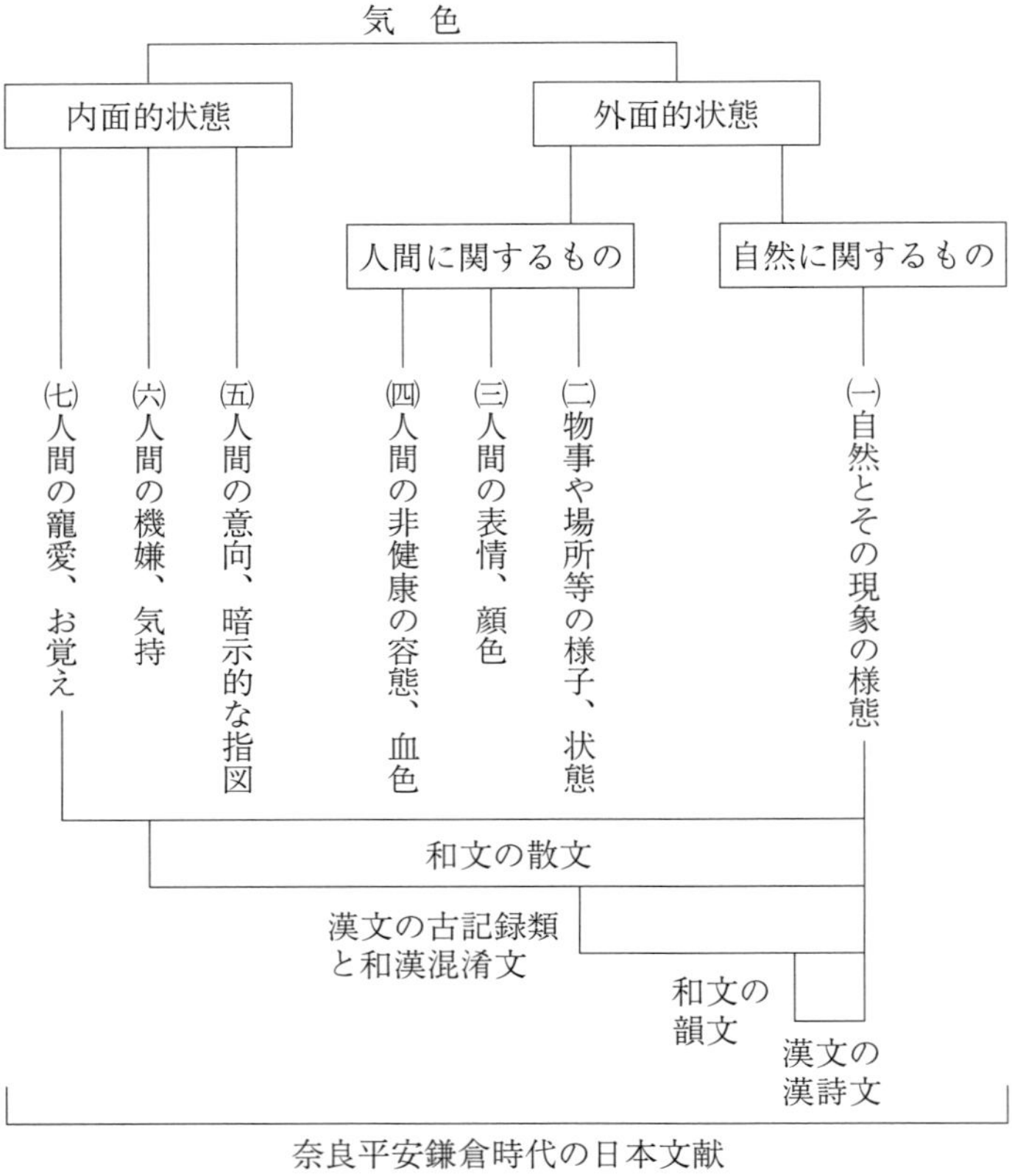

の「気色」の意味構造は右のように図示できる。

(4)「気色」のよみと意味との関係について

日本語の「気色」のよみについては前掲した古辞書や古文献の示すように「ケシキ」「キソク」及び「キショク」という三種類が存していることが分かる。何故斯様な三つのよみが生じたのか、三者が如何なる関係となっているのか、更によみによる意味上の差異もあるか否か等といった諸点について、以下検討してみる。

「気色」は早くも『続日本紀』に登場しているが、漢和辞書の性格を具すると言われる『観智院本類聚名義抄』には記載されていない。本来それほど多用されている「気色」という漢語であるだけに、収載されても決して不自然ではないはずであろう。それでは何故登載されなかったのか、これは実に様々なことに関わる問題と考えられる。ここでは先ず考えられるのは『観智院本類聚名義抄』の編者の素姓、集録語の性格または語の集録規準等の点に関係することであろう。「気色」は『竹取物語』『土左日記』等の平安中期成立の和文に現れ、多量に使用されて、和語と同じ資格を獲得したとも言えよう。つまり、「気色」は当時の日本語においては中国語出自の漢語であるというイメージが薄れて、和語と同様に扱われていたであろう。そのためか、『観智院本類聚名義抄』には集録されなかったと推測される。一方、ほぼ同時代の『前田本色葉字類抄』には「気色」が登録されている。これは『前田本色葉字類抄』の集録語の性格に因ることであろうと想定される。『前田本色葉字類抄』の集録語については先行研究によれば、記録語、往来物語を中心とする構成と言われている。上述したように、「気色」は古記録類において大量に用いられているため、『前田本色葉字類抄』に収録されたわけであろうと看取される。

次に「気色」の三種類のよみについて先ず音韻上から三者の関わりを考えてみよう。「ケシキ」というよみは通説[10]に基づいて呉音よみとされるが、これについて呉音資料と言われる『法華経単字』を調べて確認する。

氣《イキ》ケ　起世ケハヒ（87１2）　色《イロ》シキ（25４2）（声点略）

のように「気」は「ケ」、「色」は「シキ」となっているところから「ケシキ」は紛れもなく「気色」の呉音よみであると判定される。呉音よみの「ケシキ」に対して「キソク」と「キシヨク」は漢音よみではないかと想定されるが、果たしてそうであろうか。次に漢音資料と言われる訓点資料を挙げて検討する。

氣キ（図書寮本文鏡秘府論天、二五）

氣キ（高山寺史記周本紀第四、六六一）

色シヨク（入声軽）養（上声）（興福寺本大慈恩寺三蔵法師傳巻一、六九）

識《シヨク》（入声）（長承蒙求、14）

息《シヨク》《ソク》（入声）（同右、16）

色所力内転四十二開曽摂118入声職ȷ˧ǝk 二等歯音清（新訂韻鏡）

とあるように、「キシヨク」と「キソク」は共に漢音よみであると認定され得る。尚、両者の関係と言えば、「キシヨク」は漢音の拗音表記であるのに対して、「キソク」は漢音の直音表記である。双方とも漢音よみで、表記が異なっているのみである。

周知のように、拗音という音は日本語の固有音ではなく、漢字音の受容によって初めて生成されたものであるとされる。日本語における拗音表記の形成過程に関しては、小林芳規博士は「「付」訓点における拗音表記の沿革」[11]を題とする論考において詳論されている。その論説を踏まえて「キソク」は漢音よみの直音表記、「キシヨク」は漢音よみの拗音表記であると裏付けられる。右の考察で「ケシキ」「キソク」「キシヨク」という三者の音韻上の関係が明らかになる。次に三者の新旧関係について考える。

以上の考察を通して「気色」は日本文献の各文章ジャンルに亘って頻用されていることが明白となっているが、

よみの新旧関係を究明するのには、よみや付訓等が付いていない文献、例えば、全文が漢字で綴られた漢文は「気色」の使用量が最多であったものの、考察の対象としては如何にも相応しくないことは、言を俟たないことであろう。因ってそれを割愛せざるを得なく、検討の対象としては、和文、和漢混淆文及び一部のよみの付いている所謂和化漢文に絞ることとしたが、文献の資料性、いわば資料としての確実性、信憑性も考慮に入れるべきである。そこで「気色」の「ケシキ」「キソク」「キショク」という三者のよみの新旧関係を探るべく、転写を経ない或いは経たとしてもその転写年代の明確であるもの、亦、書写年代の明瞭となったものは好資料として援用する。ここでは上述した諸点に留意しながら次の資料を考察の対象と選定した。先ず和漢混淆文の資料を挙げると次のような文献がある。

打聞集（長承三（一一三四）年頃書写、山口光円蔵）
極楽願往生歌（康治元（一一四二）年西念書写、東京国立博物館蔵）
法華百座聞書抄一巻（院政末期書写、法隆寺蔵）
三教指帰注（院政末期書写、中山法華経寺蔵）
宝物集（鎌倉初期写本、書陵部蔵）
方丈記（鎌倉初期写本、雲晴山大福光寺蔵）
却廃忘記（文暦二（一二三五）年書写、高山寺蔵）
光言句義釈聴集記（正安元（一二九九）年校本、高山寺蔵）
明恵上人夢記（鎌倉後期書写か、高山寺蔵）
明恵上人歌集（鎌倉後期書写、岩崎文庫蔵）
古本説話集（鎌倉中期書写か、梅沢彦太郎氏蔵）

和文の文献として

土左日記（青谿書屋本）

栄花物語（鎌倉中期書写か、梅沢記念館現蔵）

とある。漢文の文献は次の通りである。

高山寺本古往来（平安末期書写か、高山寺蔵）

高山寺本表白集（鎌倉時代書写、高山寺蔵）

和泉往来（文治二（一一八六）年書写、高野山西南院蔵）

将門記（院政時代書写、真福寺本、楊守敬旧蔵本）

往生要集（院政時代中期加点、最明寺蔵）

本朝文粋（建治二（一二七六）年加点、久遠寺蔵）

御成敗式目（康永二（一三四三）年書写、平林氏蔵）

が挙げられる。以上に列挙した文献はいずれも平安時代から鎌倉時代にかけて書写、加点したものであるが、それらに見られた「気色」はその殆どが漢字表記のもので、よみの確定には至らない。対して僅かながら「気色」に付訓の付いている例とよみの明確な例も検出できた。以下、その少量の例を取り上げて「ケシキ」「キソク」「キショク」三者の関わり方について検討してみる。三者の使用量及び分布は次の表十一の通りとなる。

表十一に依れば「ケシキ」は既に平安時代の和文『土左日記』に現れて、各文章ジャンルに亘って散見されていることが明らかになり、他の二者より先に日本文献に登場するようになったであろうと推定される。その裏付けの一つとしては日本文献において呉音が漢音より早く日本に伝来され、日本語に浸潤したことであると指摘される。(12)そのため、当時の日常会話の用語に近い性格を持つ平安時代の和文には呉音が全体として漢音を遥かに上回ってい

表十一

文章ジャンル	考察対象＼文献	ケシキ	キソク	キシヨク	用例数
和文	土左日記	3			3
	栄花物語	63			63
漢文	高山寺本古往来	1			1
	和泉往来	1	1		2
	将門記		2？		2
和漢混淆文	法華百座聞書抄	1			1
	打聞集	2			2
	宝物集	1			1
	方丈記	1			1
	明恵上人歌集	2			2
	古本説話集	10			10
合　計		85	3		88

（注：？は存疑の例数を示す）

ることになる。(13) 確かに平安初期には漢音が正音とされて漢音を習熟することが奨励、推進され、一方、呉音は訛謬たるものとして抑制されていた。しかしながら、呉音は伝来が早く、既に市民権を得て、日本語に根を下ろしている。和文作品において呉音よみの漢語が漢音よみより大量に存在していることがその証左の一つとしてそれを物語る。「気色」の「ケシキ」という呉音よみもその一例であると言ってよい。換言すれば、朝廷の推奨にも拘らず新来の漢音の勢力が伸び悩んでいるのに対して、古くから伝わってきた呉音の勢いが依然として保たれているという実状と見受けられる。

「ケシキ」に対して漢音よみの「キソク」は管見に入った文献では最も早い確例が院政期の文治二年書写の『和泉往来』に見えた一例である。それを挙げて見ると、

・随《テ》㆓御氣《キ》色《ソクニ》㆒閑《カレカ》下参啓《サレケイ》（二四）

のように漢音よみの「キソク」となっている。亦、同じ院政期書写の『将門記』（楊守敬旧蔵本）には次のような二例があった。それは「気色」に対して上掲の例のように全訓付与ではなく「気」にのみ「キ」が付いている部分訓の例である。

・暫《ク》聞《ム》㆓氣《キ》色《ヲ》㆒（七九）

・夜罰《ヨウチ》（討）之氣《キ》色《ヲ》（一四三）

とある。「気」にだけ「キ」が付いているため、「キソク」か、それとも「キショク」かとは判断しかねるが、漢音よみの「キ」が付されていることから、右の二例の「気色」は呉音よみではなく、漢音よみであるという点について疑いを入れないであろう。続いて、この二例の部分訓しか付いていない「気色」は同じ漢音よみの「キソク」かまたは「キショク」かについて検討してみる。表十一の示すように、今回調査資料では鎌倉時代後期まで「キショク」の所在を確認できなかったこと、亦、『色葉字類抄』には「キソク」だけが収録されて、「キショク」の方が室町時代成立の節用集類にはようやく登場してくるといったことと、日本漢字音の推移過程とを併せて勘案すれば、『将門記』にある二例の「気色」は「キソク」という漢音よみの可能性が極めて高いであろう。更に、今回の調査の結果と院政期成立の古辞書『色葉字類抄』には「ケシキ」「キソク」という両者のみが記載されていることとを考え合わせると、「キソク」は「ケシキ」より遅れたが「キショク」より先に日本文献に出現したと判定されて妥当であろう。一方の「キショク」はその登場が鎌倉時代以降ではないかと推察される。

以上の考察で明らかになるように、呉音よみの「ケシキ」は漢音よみの二者より早く日本語に登場してきた。つまり、中国語出自の「気色」が日本語に進入した当初は「ケシキ」と呉音よみされて、和語化に伴って日本文献の各文章ジャンルに浸透するようになり、和語同然に扱われていたのである。呉音よみの「ケシキ」の勢力が強いためか、漢音よみの「キソク」は院政時代になってから初めて文献上にその姿が見えてきたようである。他方、同じ漢音よみの「キショク」の登場は拗音表記によって「キソク」より更に遅かったのであろう。これで「ケシキ」「キソク」「キショク」という三者の新旧関係が判明したかと思われるが、調査資料の制約のため、以下、前出の所謂一等資料以外の一般資料を援用して上述したことを検証しつつ、補足に努めたい。ここで言う一般資料とは書写年代を問わずにその成立年代に基づき成立順が定まった文献である。

一般資料における「ケシキ」「キソク」「キシヨク」の使用状況は次の表十二の通りである。

表十二に依ると、一般資料においては「キソク」の最も早い例は平安時代中期頃に成立したと言われる『大鏡』『狭衣物語』に見えるものであるが、しかしそれが『土左日記』等に比してはやはり日本文献での出現が遅かったと言えよう。一方、「キソク」と「キシヨク」との関係においては依然として「キシヨク」が「キソク」に遅れを取っていると看取される。つまり、一般資料においても三者の新旧関係が上述した結果と一致すると考えられる。

尚、表十二の示すように、一般資料における「キソク」の初出例とも言えるものは平安時代中期頃成立の『大鏡』に検出できた二例である。そうなると、右に検討した所謂一等資料での院政期頃に登場してきた「キソク」よりは早くなるように思われる。実は今日読まれている『大鏡』の書写年代に関係するのではないかと考えられる。現存の『大鏡』の書写本と言えば、多種多様であるが、その中で最も優れたのが東松本ということが、先行研究によって明らかになる。尚、東松本『大鏡』の書写年代については、「書写に関する識語がないので定かには判じがたいが、紙質及び書風からのみ見れば本文・裏書共に鎌倉中期を下らざる頃かと思われる[14]」と説いている。今回一般資料として調査したのは東松本『大鏡』である。その中に現れている「キソク」については、前述したように平安時代成立の文献にはいずれも「キソク」が見えず「ケシキ」のみ現れていることから、恐らく『大鏡』成立当初のものではなく、その東松本『大鏡』成立当時のよみを反映した「キソク」であろうと言っても支障なかろう。つまり、当該の「キソク」は東松本

表十二

文章ジャンル	考察対象／文献	ケシキ	キソク	キシヨク	用例数
和文	大鏡	35	2		37
	狭衣物語	162	1		163
和漢混淆文	保元物語	4		1	5
	平治物語	8		1	9
	平家物語	30	4	1	35
	宇治拾遺物語	40		1	41
合　計		279	7	4	290

『大鏡』書写年代である鎌倉時代に既に形成した「気色」の漢音よみの現れであろう。この点については尚その他の写本等と比較しつつ検討する余地もあるが、東松本『大鏡』に見えた「キソク」は、時代的には院政期の一等資料にある「キソク」が初出例となったという結果と齟齬が生じないであろうと思われる。更に、一等資料における「キソク」の出現時期を踏まえて、東松本『大鏡』の書写年代は「鎌倉中期を下らざる頃」という推論の一左証ともなり得よう。

亦、拗音が日本語に定着するのに伴って、「キソク」が「キショク」に取って代わられると思われるが、その代行は決して一朝一夕で遂げられたものではなく、時の流れと共に次第に遂行しながら、共存、共用している時もあったと想定される。だから、表十二の『平家物語』の示すように「キソク」と「キショク」とが同一文献に共用されていることもあり得たわけであろう。

一般資料では「キショク」の初出例としては『保元物語』に確認できた例であるが、これも『大鏡』と同様に今日目にする『保元物語』が実際の作品成立年代と大きな開きがあるようである。今回、一般資料として調べた『保元物語』は日本古典文学大系本であるが、当書の校注者の解説によると、その書写年代は室町時代であると説かれている。いわば近世初期の写本である。かかる『保元物語』には「キショク」が現れていても決して不思議なことではなく、寧ろその書写年代の現れであると考えても自然であろう。下記のように、同じ室町時代成立の古辞書には「キショク」が登載されていることがその傍証ともなろう。

氣色《キショク》イキイロ（饅頭屋本節用集、一三八③。易林本節用集、一八六③。文明本節用集、八一八⑦）

氣色キショク（温故知新書、六七①）

古辞書の記載と一等資料及び一般資料の調査結果とを併せて考えると、「気色」という漢語の漢音よみの拗音表記「キショク」は一般として日本文献に登場してきたのが室町時代ではないかと推定できよう。

以上、「気色」の「ケシキ」「キソク」「キシヨク」という三種類のよみの新旧関係を考究して判明したことについては、更に検討すべき余地が残っている。今後、調査資料等を充実させて所論の補正に努めたい。

続いて、意味と三者のよみとの関係について探ってみる。即ち、呉音よみの「ケシキ」と漢音よみの「キソク」「キシヨク」とはよみの違いによる意味上の異同が存するか否かについて考える。尚、「ケシキ」の意味については以上の考察で明らかになったように、大きく分けて自然に関するものの外面的な様態と人間に関するものの内面的な状態という上位分類ができる。では、「キソク」の意味は如何なるものかについて前出の一等資料に見えた三例を挙げて検討する。

・何時得《エムト》三徹《トホスコト》二有限《イウケレ》之鶴涙《火クルイ》一ヲ随《テ》二御氣色《キソクニ》一閑下《カレカ》参啓《サレケイ》（和泉往来、二四）

「キソク」は敬意を表す接頭辞「御」を冠する語形式となり、共起する述語「随」と後接文の「参啓」の意味と共に考えると、前述した古記録において多用されている、上司のご意向という意味に用いられている。つまり、貴方のご指示に従って参啓するということであろう。次に楊守敬旧蔵本の『将門記』にあった二例を挙げて見よう。

・有《テ》二将門《カ》一人当千之兵一暗《ニ》知《テ》夜罸《ヨウチ》（討）之《ノ》氣色《キヲ》（一四三）

「キソク」は夜襲の様子、けはいという意味として用いられて、将門がそれとなく良兼方の夜襲のけはいを察知したと解される。

・雖《トモ》二討《ウテリト》一国《ヲ》一公《ノ》責《セメ》不二軽一虜《レウ》三掠《リヤクシテ》　坂東《トウヲ》一暫《ク》聞《ム》二氣色《キヲ》一者《リ》（七九）

「キソク」は右の例と同じく物事の様子を表している。つまり、暫く事件の様子、推移を窺うということである。一等資料にあった「キソク」は三例とも人間に関するものに限って用いられて、自然に関するものには使用されないことが明らかになる。次に一般資料に現れた「キソク」を取り上げてその意味について検討する。

・一条院の御なやみをもらせたまふきはに御前にまいり給て御きそくたまはり給ければあのことこそつゐにえせ

すなりぬれとおほせられけるに（大鏡、一五六②）

・御氣色《きそく》よろしからざりつれば（日本古典全書狭衣物語、二六五⑧）

・此御きそくではそれもせんなし（覚一本平家物語巻九、一六七③）

・そのきそくおほかたゆゝしうぞみえし（同右巻二、一六九⑤）

・おとど争《いかで》かさる事《こと》有べきと思へ共《ども》、今朝《けさ》の禅門のきそく、さる物ぐるはしき事も有らんとて（同右、一七〇⑬）

・さる程に文覚つと出《いで》きたり、若公こいうけたりとて、きそく誠にゆゆしげなり（同右巻十三、四〇六①）

とあるように、一般資料における「キソク」も右の一等資料と同じく人間に関するものにだけ用いられて、「ケシキ」のような自然に関するものという意味は確認できなかった。こういう事象は同じ漢音よみの「キショク」についても言えよう。それは下記の「キショク」の用例からも分かる。

・御氣色《きしよく》いささかなをらせ給ひけり（保元物語、一二一⑮）

・入道相国の氣色《きしよく》をもうかゞふて、むかへに人を奉らむ（覚一本平家物語巻三、二一五⑦）

・「……」と氣色《きしよく》計《ばかり》にてみえければ、義朝みしりてみなうたばやとおもへども（平治物語、二二一⑦）

・むげにものも仰せられず、重くおはしつるに、この憎めすほどの御氣色《きしよく》、こよなくよろしく見えければ、人々あやしく思けるに（宇治拾遺物語、四二一⑨）

のように、「キショク」はいずれも人間に関するものに用いられる意味を示していると判断される。

以上の考察を通じて次のことが明らかになる。漢音よみの「キソク」と「キショク」は人間に関するものに限って用いられる。それに対して呉音よみの「ケシキ」は人間と自然とのいずれにも用いられる。言い換えれば、呉音よみの「ケシキ」と漢音よみの「キソク」「キショク」との間には、よみによって意味上の違いが存している。恐らく当時の人は三者の使用において意識的に使い分けようとしていたであろうと推察される。それは下記の近世の古辞書『書言字考節用集』の記載からも示唆される。

（氣）色《キショク》（第五冊、二九③）

（景）色《ケシキ　ケイシヨク》　又作二氣色一（第十一冊、一五⑦）

の如く、「ケシキ」は「景色」と同様に見做されるのに対して、「キショク」については斯様な記載が記されていないのである。これは「ケシキ」が自然の景色をも示すが、「キショク」にはかかる意味がないことを示唆している。更に使用の量と範囲から見れば、鎌倉時代までの日本文献では、「ケシキ」は各文章ジャンルに亘って多用されて中心的な働きを果たしているが、一方の「キソク」「キショク」は使用量が僅かである上、使用範囲も限られているため、副次的な存在に過ぎないと言えよう。

最後に三者の文章ジャンル上の関係について言及してみたい。「ケシキ」は和文をはじめ各文章ジャンルにおいて大量に使用されている。和歌には「ケシキ」のみで、「キソク」「キショク」の所在が見えなかった。これは「ケシキ」が如何にも和語化したことを物語ることになるであろうが、その反対に「キソク」と「キショク」は完全に和語化を遂げることができずに漢語という素姓からの脱皮に至っていないことであろう。このような三者について山田忠雄氏が『今昔物語集』（日本古典文学大系）の第二冊の補注においては「気色は、字類抄、ケの畳字にケシキ、キの畳字にキソクと見え、共に「人体部」と注する（この二語はもと同意であっても、前者は和語的、後者は漢語的という様相のちがいが存したものと思う）」と指摘されている。和語的な「ケシキ」が和文を中心に、漢語的な「キソク」と「キショク」が漢文と和漢混淆文に役割分担されている。無論、三者の新旧の差異も呈している。それのみならず、「人体部」に用いる場合は同意であるが、自然に関するものを示すのには「ケシキ」だけが用いられるという違いも認められている。「気色」は漢語出自でありながらもよみとしての和語的と漢語的という性格によって文章ジャンル上の相違点も生じるようになる。

では、何故「キソク」「キショク」はその出現に伴って既有の「ケシキ」より新たな意味用法も別にもたらしてこなかったにもかかわらず、日本文献に登場したのか、という疑問が生じかねない。ここで一つ考えられるのは次のことに因由するのではないか。つまり、前掲した表十一、十二の示すように「キソク」「キショク」は主として和漢混淆文に偏って用いられるという傾向を見せている。両者の使用は和漢混淆文という新しい文章ジャンルの必要、いわば和漢混淆文の「漢」という特質を表出するために実現したかと考えられる。漢文の訓点資料に使用されている理由も然りであろう。

（四）中日両国語における「気色」の意味と形態についての比較

以上、中日両国語における「気色」の意味と形態について検討してきた。その結果を比較すれば、次のことが明らかになる。先ず形態から見れば、中国語の「気色」は一貫して名詞として用いられるのに対して、日本語では名詞用法の他に動詞化、形容詞化した形態もあれば、敬意を表す接頭辞「御」を冠する「御気色」という語形式もあり、多彩な様相を表している。但し、この多様な形態は平安時代の和文においての多用が際立っている。つまり、日本語の「気色」はその形態が出自である中国語より拡大化を遂げたと言えよう。尚、中国文献においては「気色」の使用量は日本語と比べものにならないほど少ないが、文章ジャンルによる意味と使用上の差異が認められない。一方、日本文献では文章ジャンルによって「気色」の意味用法上の異同を見せている。漢詩文では本来の中国語の意味用法をそのまま受容しているが、古記録類では朝議、政務等が催される公的な場面を詳細で且つ頻繁に記録しているため、「人間の意向、暗示的な指図」という意義が多用されており、その独自性を呈している。これは他でもなく当時の日本独特な政治運営の仕方と政務の実施方法に関わるものであろう。それに対して、和文においては「人間の表情、顔色」という意義が頻用されて中心的な役割を果たしている。それは和文が古記録類と異なり、私的な場面を素材として、その場に置かれている人間の喜怒哀楽の感情に着目しながら細緻に描こうということに因由すると思われる。つまり、人間の感情、情緒といった内面的なものが何かにつけて常に「表」に露出してくるため、人に感知されたりするのである。その「表」と言えば、いうまでもなく人間の顔である。和文での「人間の表情、顔色」という意義の大量使用はそのためであろう。文章ジャンルの性格によって意味運用上の偏りも生じる。

両国語の「気色」の意味に目を転じて見れば、中国語における「気色」は、生成当初は自然に関するもの―自然の様態を示すのと、人間に関するもの―人間の表情等を示すのという外面的な様態を表す意味であった。ところが清の時代頃に自然に関するものを示す意味の「気色」が姿を消して人間に関するものの意味だけが残っているようである。斯様な様相が現代中国語においても続いている。つまり、通時的に中国語の「気色」の意味用法を見れば、寧ろ縮小の傾向が浮き彫りになるが、その視覚で捉える外面的な様態を表すという意味特徴は終始変わることなく貫徹されている。

他方、日本語における「気色」の意味は中国語のそれを踏襲した上で、中国語には確認できない「人間の意向、機嫌、気持、寵愛」等のような視覚で把捉し難い内面的な意味も発生した。その意味変化は早くも平安時代初期頃に起きたようである。即ち、日本語では元来の中国語の外面的な様態を表す意味を受容しつつ、日本語の独自なる内面的な状態を示す意味も産出したのである。いわば、出自たる中国語と比べれば、意味の拡大を遂げたと言ってよい。その意味の広がりによって日本文献における「気色」はその使用量と使用範囲が本来の中国語を遥かに上回っているし、多様な形態も発生した所以である。但し、日本語における「気色」の意味拡大は平安時代を頂点としてその後は徐々に減少の傾向を見せつつある。

では、何故日本語における「気色」は本来の単なる外面的な様態を示す意味を受容した上で、内面的な状態を示す意味も生じたのか。次にその意味変化をもたらした要因について探ってみたい。その要因としては次の二点が考えられる。一つは変化義と原義との間に内在する関連性が有って初めて実現したということである。換言すれば、言語内部の要因によっての意味変化である。中国語の「気色」は確かに外面的な様態を示す意味としてのみ使用されているが、「気色」を構成する前部要素の「気」は外面的だけではなく内面的な意味も併せて具わっている。それは前述した中国語での「気」の意味概念からも察知される。日本語での「気色」の意味変化は本来の「気」の有する内面的な意味によって発生したのではないかと考えられよう。つまり、中国語では、「色」はもとより、外面的と内面的という両方の意味概念を持ち合わせる「気」までも専ら外面的という片方のみを捉えて、外面的なことを表す「色」と同じく用いられるため、「気色」は外面的な様態を示す意味だけとなっている。一方、日本語における「気色」は、その「気」が本来具わっている内面的と外面的という双方の意味に着目して両者とも取り入れて用いる結果、出自たる中国語には見えなかった内面的な状態を表す意味の発生に至ったのである。但し、このような本義と転義との語内部に存する関連性—要因による変化は自ずと起こるものではなく、外部からの誘発、いわば触媒的なものも必要であるかと思われる。その外部の誘発と言えば、次の二点が考えられる。日本語の「気色」が示した日本の政治運営、政務等に関する処理の仕方という対象が中国には確認できない日本独自のものである。その変わった対象を表すために「気色」の意味変化を誘発させる一つのファクターとなったと指摘される。言い換えれば、そのような対象を示すという必要がなかったならば、「気色」は本来の中国語の意味をそのまま受け継いでいるはずであろう。それは日本の漢詩文における「気色」の意味が中国語と同じであることからも裏付けられる。もう一つは、本来の日本語—和語には「気色」の「人間の意向、暗示的な指図」という示差的且つ限定的な意味を示す語が存在していないが、公的な場等では斯様な意味を表す表現が必要となってくるため、「気」の持っている内面的な意味を土台に「気色」の意味変化を触発させたのであろう。つまり、「気色」の意味変化を引き起こしたメカニズムは語内部に潜んでいる関連性—類似性が語外部の必要—「触媒」によって誘発させたというものであると思われる。

注

（1）新釈漢文大系1『論語』（吉田賢抗著、明治書院）
（2）峰岸明『平安時代古記録の国語学的研究』（東京大学出版会、昭六十一）
（3）斎木一馬『古記録学概論』（吉川弘文館、平二）
（4）峰岸明「『本朝文粋』の文章について―日本漢文文体判定の基準を求めて―」（『国語と国文学』平四・十一特集号）、岡田正之『日本漢文学史』（増訂版）（吉川弘文館、昭二十九）、小島憲之「解説四、本朝文粋」（日本古典文学大系69『懐風藻・文華秀麗集・本朝文粋』所収、昭三十九）
（5）峰岸明「『本朝文粋』の文章について―日本漢文文体判定の基準を求めて―」（注（4））
（6）「取トル執撮（以下略八十八字）娶以上同」（前田本色葉字類抄上、五十八ウ②）
（7）根来司『中世文語の研究』（笠間叢書60、笠間書院、昭五十一）
（8）同注（7）
（9）久保田淳「新古今和歌集評釈」（『国文学』昭四十八・三）
（10）根来司『中世文語の研究』（前掲注（7））、西端幸雄「「けしき」と後拾遺集」（『国語学』112集、昭五十三・三）
（11）小林芳規「「付」訓点における拗音表記の沿革」（『王朝文学』第九号、昭三十八）
（12）柏谷嘉弘『日本漢語の系譜』（東宛社、昭六十二）
（13）沼本克明『平安鎌倉時代における日本漢字音の研究』（武蔵野書院、昭五十七）
（14）秋葉安太郎『大鏡の研究』（桜楓社、昭三十六）

第二項　「気分」について

はじめに

意味の拡大と言えば、前述した「気色」の如く中国語は日本語に入り、漢語として用いられ、その表出対象等が変わることによって原義より表現範囲が広くなる。かかる意味の拡大化を遂げた中国語出自の漢語は日本漢語において数多く存していると、多くの先行研究から察知される。

次に考察の対象とする「気分」もその一例となり得ると思われる。「気分のいい（わるい）」という表現は現代日本語においてよく用いられ、耳目に触れるものである。つまり、「気分」は日常用語として頻用されると言えよう。その意味の一つとして「人間の生理的情緒の快（不快）」を表すものが有ると見られる。そういう「気分」は通時的に見れば、平安鎌倉時代に遡っては果たして現代語の如く使用されるのか、さもなければ、如何なる語によって代替されるのか、更に本来の中国語との意味関係はどのようなものか、等の点を巡って検討を施してみたい。尚、「気分」が漢語であることとそのよみについては下記の古辞書に載っている「気分」の字音よみから判断される。但し、室町時代以前の古辞書には「気分」の所在が認められなかったのである。その所以が如何なるものかについては甚だ複雑なものであると推察される。が、一つ考えられるのは日本文献における「気分」の使用頻度が低いということに関わるのではないかということであろう。これは下掲の表一の示すように、管見に及んだ鎌倉時代までの日本文献から検出できた「気分」の使用量が極めて少なかったことからも窺えよう。古辞書に登載されている「気分」を挙げて見れば、

氣色《キショク》《イキイロ》　（気）分《ブン》（文明本節用集、八一八⑦）
氣分《キブン》（書言字考節用集、肢体氣形第五冊、二九③）
Qibun.　キブン（気分）心地．¶ Goqibunnatogozaruzo.（御気分何とござるぞ）あなたはからだ具合，あるいは，気分はいかがですか（邦訳日葡辞書、四九三）

とある。「気分」が漢語であることは上記の古辞書の記載から察知される。

（一）日本文献における「気分」

意味を検討するために、それに先立って平安鎌倉時代における「気分」の使用状況を明らかにするのが有効であると思われる。尚、今回調査した限りの奈良時代の文献からは「気分」の用例が確認されなかったため、時代の上限が平安時代に止まるのである。文章ジャンル別に両時代の文献を精査したところ、平安鎌倉時代においては、「気分」は和文には認められず、漢文と和漢混淆文にのみ存するという使用上の文章ジャンルの差異を有することが明らかになる。これは前述した、同じ「気」で構成された「気色」と異なった様相を露呈している。同じ漢語というものの、その和語化の度合いによって和文への進入の如何に関わってくることであると考えられる。つまり、「気分」は「気色」のように、和語同然になっていないためであろう。各文章ジャンルにおける「気分」の使用状況は次頁の表一の通りである。

和文から「気分」の所在が検出できなかったのは「気分」の漢語という素姓に起因するではないかと判断される。和文としての一つの特色は和語としての純粋度が比較的高く、漢語の量が少ないことにも置かれている。いわば、和語を中心とし、漢語の使用が最小限に限定される方向にあったと首肯される。そのためか、「気分」のような漢語がそれに浸潤しかねることになるであろう。それは『今昔物語集』における「気分」の各巻の分布状況からも反

表一

文章ジャンル	文献	用例数
漢文	小右記	2
	春記	1
	中右記	2
	兵範記	2
	勘仲記	4
	玉葉	1
	吾妻鏡	3
	鎌倉遺文	4
	大日本国法華験記	2
	拾遺往生傳	2
	計	23
和漢混淆文	今昔物語集	6
	愚管抄	2
	沙石集	1
	源平盛衰記	1
	計	10
	合計	33

表二

巻数	気分
1	
2	
3	1
4	
5	
6	
7	
8欠巻	
9	
10	
11	
12	
13	2
14	3
15	
16	
17	
18欠巻	
19	
20	
21欠巻	
22	
23	
24	
25	
26	
27	
28	
29	
30	
31	
計	6

映されてくる。『今昔物語集』の「気分」の各巻の分布状況は右の表二のようになっている。

先学の研究[1]によれば、『今昔物語集』は巻一から巻二十まで漢文訓読調で、漢語が多用されているのに対して、それ以降の巻は和文調で、漢語の使用量の減少が見えると言われている。表二に示すが如く、「気分」が漢文訓読調と言われる巻に使用されていることが明白となる。この事象は漢語たる「気分」が和文に現れかねることの一証左ともなり得よう。和文とは反対に、日本の漢文は和臭または和化の要素等を内包しているといえども、漢文を基調とし、漢語が使用されるのである。因って、漢文には漢語「気分」が登場しているのは然るべきことであろう。亦、漢文訓読語、和文語、記録語及び中世の俗語という類によって構成される和漢混淆文に「気分」が現れるのもその文章ジャンルの特徴に合致することであると思われる。

尚、前掲の表一の示す通り、今回管見に入った日本文献から得られた「気分」の用例は決して多量であるとは言えないであろう。前述した「気色」とは対照的であり、全く同日の論ではなかろう。これはもちろん資料の制約によるところもあると思われる。但し、一方は平安鎌倉時代における「気分」が現代語のように日常用語としてよく用いられていない点も認められるのではないか。

右の考察を通して、平安鎌倉時代における「気分」は漢語という素姓のため、使用上の文章ジャンルの異同が認定されることが明らかになった。亦、検出し得た用例数を見れば、平安鎌倉時代における「気分」は決して日常多数使用の常用漢語とは言えないのではないか。

以下、平安鎌倉時代における「気分」の意味を検討していく。

(1) 漢文における「気分」の意味

前項では、平安鎌倉時代における「気分」が各文章ジャンルでどのように使用されているか、その状況について考察してみた。この項では、両時代の漢文における「気分」の意味を検討してみる。尚、意味分析に際して、上述した「気色」と同様に「気分」と共起する主体、述語、連体修飾語という構文要素を中心に、場面、文脈をも考慮するという方法を講じる。「気分」と共起する構文要素に注目するのはその主体、述語、連体修飾語の如何が「気分」の表す意味内容に関与してくるためである。尚、ここで言う連体修飾語とは「如何なるか」或いは「誰かの」ということを指すのである。次に、右の方法を踏まえながら「気分」の意味を考えてみよう。

1、巳剋許大殿従法性寺被帰二条第云々、大殿御心地案内問大納言、報書云、未時許参入大殿、猶有邪氣氣分之由伝承侍、臨暗為重朝臣従大殿来云、御心地不快、既有苦給（小右記五、二五⑬）

場面としては大殿の病状についての審問となる。文中の「有邪氣氣分」は大殿の御病気が物気の様子が有ると解される。「気分」は大納言が大殿参入の時に視覚で捉えられた大殿の邪気の様態を示す意味と思われる。それは「気分」と共起する物事の存在を表す「有」という述語から窺える。「気分」の連体修飾語が「邪気」で、主体が「大殿」となっている。

2、今日一品宮御八講始云々、面疵至今聊許有氣分、不見苦、昨日彼是所申也、亦以鏡見之、如人々所申、両種薬極有験、可謂神異（同右六、二一三⑦）

例2は日記の記主である藤原実資の顔の病について触れる場面である。文中の「聊許有氣分」はその面疵即ち顔の病が今日に至っても聊か目に見える容態が残っていると解される。例2も例1と同様、「気分」が視覚で把握できる人間の生理的不快を伴う様子、状態を示すという意味と見られる。それは「気分」と共起する物事の存在を表す「有」という述語が一致していることからも示唆される。「気分」の連体修飾語が「面疵」、主体が「藤原実資」となっている。

上記の二例の「気分」は人間の生理上の非健康的な様子、有様という意味を示し、両方とも人間の視覚で捉え得る具象的意味特徴を持っていると考えられる。だから、物事の存在、所有を示す述語「有」と共起しているわけである。次の例を見よう。

3、聖人勧客僧早速還去。客僧歎言。頃日迷山不知方隅。身心病極既忘行歩。況日影斜欲入夜冥。云何聖人強被勧去。聖人語。我非有厭心。此処遠離人間氣分。遥多年序。是故勧去（大日本国法華験記巻上十一、五一九上⑦）

文中の「気分」は聖人の住んでいる所が人間（または世間）の俗臭を含めての様態（を離脱する）という意味を示

すと見られ、例1、2と同じ具象的な意味特徴を有する。但し、「気分」と共起する連体修飾語は「人間」そのもので、1、2の例のように人間の生理上の非健康的なものと異なっている。

4、聖人親近住傍。誦法華経。以衣覆上。抱病人臥。依経威力聖人氣分。病悩除癒（同右巻中六十六、五四一上⑥）

聖人は病人を助ける場面である。文中の「気分」は聖人の持っている目に見えなく、人に感じさせ得るような気（または霊気）を表すと思われる。そういう気と法華経の威力に依って「病悩除癒」となったのである。例4の「気分」は例1、2、3と違って、視覚で把捉できない聖人の根源なる気を示し、抽象的な意味特徴を持つのである。前述した中国語の「気」の意味概念と重なっているように見える。

5、従遍身薫可愛之異香、非如世間所有沈檀麝香等、凡不可思議妙香也、芳複之氣分極滋深、如遍満室烟氣等也（鎌倉遺文三、高山寺明恵上人行状別記、二六六上⑥）

上人の「明神降身」ということを描く場面となる。「気分」はそれと共起する形容詞の「滋深」という述語と香を示す連体修飾語「芳複」とを併せて考えれば、「明神降身」によって、上人の身体から発散してくる香気という意味として用いられている。例5の「気分」は前出の四例と違って、嗅覚で把握する上人の気味を示す。本来の中国語の「気」の意味概念と一致するように思われる。

右の考察を通じて、漢文における「気分」の意義を次のように記述できよう。

（一）人間の生理上の非健康的な様子、有様
（二）俗臭を含めての人間の様子
（三）宗教的な人間の気味
（四）宗教的な人間の根源なる気

と四つに大別できるが、それらを更に上位的に分類すれば、二つに分かつこともできる。一つは視覚、嗅覚によっ

表三

文献＼意義	(一)人間の生理上の非健康的な様子、有様	(二)俗臭を含めての人間の様子	(三)宗教的な人間の気味	(四)宗教的な人間の根源なる気
小右記	2			
春記	1			
中右記	2			
兵範記	2			
勘仲記	4			
玉葉	1			
吾妻鏡	3			
鎌倉遺文	2		1	1
大日本国法華験記		1		1
拾遺往生傳	2			
合計	19	1	1	2

て捉えられる具体的な状態、もう一つは人間を成す根源となる抽象的な気となる。右の分類に基づいて他の漢文における「気分」を同じ方法で検討したところ、いずれもその意義分類の何れかに合致することが明らかになる。平安鎌倉時代の漢文における「気分」の意義分布は上の表三の通りになる。

表三に示すように、平安鎌倉時代の漢文における「気分」は（一）の人間の生理上の非健康的な様子、有様を示す意義が圧倒的に多いことが分かる。亦、その殆どが古記録に集中して用いられているという特色も見られる。（一）の意義は平安鎌倉時代の漢文の「気分」の中心的意味となるとも言えよう。（一）の意義を表す「気分」は視覚で把握できる具象的意味特徴を有している。それは「気分」と共起する述語の性質からも反映されてくる。その十九例の述語は物事の存在を示す意味の「有」或いは敬語の「御、御座」或いは否定形の「無」からなるのが十五例で、物事の状態を示す形容詞「火急」、動詞「出来」が一例ずつである。具象的意味特徴を持つ「気分」はそういうような述語と共起しやすいのである。換言すれば、具象的意味特徴の「気分」がそういう述語を求めるのであろう。（二）の意義も（一）と同じ具象的意味特徴が具わっていると考えられる。両者の用例数から分かるように、平安鎌倉時代の漢文における「気分」は具象的意味を中心に、使用

されているとみられる。

以上の考察で、平安鎌倉時代の漢文では、「気分」は現代語の「人間の生理的情緒」という内面的意味を示すのではなく、「人間の生理上の非健康的な様子、有様」等の具象的意味を中心に用いられることが明らかになった。さて、平安鎌倉時代の漢文においては「気分」が現代語のように「人間の生理的情緒」という内面的意味を表出しないことによって生じてくるその意味分野の空白は如何なる語によって補足されているのか、第四章でそれについて検討を進める。次項においては先ず和漢混淆文に見えた「気分」を挙げてその意味について考察する。

（2）和漢混淆文における「気分」の意味

右掲の表一の示す通り、今回調査した限りの和漢混淆文から「気分」を八例のみ検出し得たのである。漢文より用例数は一層少ない。以下、その「気分」意味を、『今昔物語集』の用例を中心に検討してみたい。

1、聖人ノ云《イハ》ク、「我レ、汝ヲ厭《イト》フハニ非ズ。此ノ所ハ、人間《ニンゲン》ノ氣分ヲ離《ハナレ》テ、多《オホク》ノ年ヲ経《ヘ》タリ（巻十三、二〇七⑮）

この例は前掲した『大日本国法華験記』の例3を典拠とするものであると思われる。因って、「気分」はそれと同じく俗臭をも含めての人間の様子を表す。

2、帝王、后ト无限《カギリナ》ク思ヒ傅《カシヅキス》テ棲ム程ニ、此ノ后、本ノ氣分有《キブンアリ》テ、サ許《バカリ（ヲ）》オカシ氣《ゲ》ニ、目出《メデタ》ク清氣《キヨゲ》ナルニ、寝入《ネイリ》タル時ト

（巻三、二一九⑤）

帝王が龍女を后として迎えた後に起きた不思議なことを描く場面である。「本ノ氣分有《キブンアリ》テ」は后となったが、龍女としての本来の姿、様子が見えることを示すとみられる。つまり、その前世の様態、雰囲気がまだ残っていることである。「気分」は具象的な意味を表すため、物事の存在を示す述語「有」と共起するのであろう。

右の考察で、『今昔物語集』の「気分」の意味を記述すれば、「人間の俗臭、前世をも含めての様子、有様」とな

る。それに基づいて残りの和漢混淆文の「気分」の意味を分析する。次のような用例が認められる。

3、今ハ我国ハ神代ノ氣分アルマジ、ヒトヘニ人ノ心タヾアシニテオトロヘンズラントオボシメシテ（愚管抄、一三五⑬）

「気分」と共起する述語「アル」と連体修飾語「神代」とを併せて考えると、「気分」は「神代」の様態、趣を表す。例1、2と違って物事の様子という意味として用いられる。但し三例とも具象的な意味特徴を持っているのである。右の考察で明らかになった意味を綜合すれば、

・物事や人間の俗臭、前世をも含めての様子、有様

と一つに記述できる。和漢混淆文における「気分」は具象的な意義を示す。それは「気分」と共起する述語が物事の存在を表す「有」或いは否定形「無」の多用から示唆される。尚、上述した漢文と比較すれば、両者とも具象的な意味特徴を有するものの、漢文においては、「人間の生理上の非健康的な様子、有様」という意義が「気分」の示す中心的なものとして用いられる。一方、和漢混淆文においては、物事、人間そのものの様態という一つだけの意義を表すのに「気分」が使用されている。文章ジャンルによって両者の意味上の差異が存していると認められる。「人間の生理上の非健康的な様子、有様」を表す「気分」が表三に示すように、公卿日記に集中している。それは公卿日記の日常生活、政務活動等の公私に亘ってあらゆる面の諸事象、及び家族をはじめ、身辺その他の社会の様々な出来事について克明に記録しているという写実的な性質に起因するものではないか。つまり、生理上の健康か非健康かは公家としての記録者または被記録者にとって重大な事で直接に朝務等に影響することになる。そこで生理上の非健康的な様子が注目の的となり、その時その場の対応振りが詳細に記録されている所以である。

右の考察によって、和漢混淆文の「気分」も漢文のそれと同様、現代語の「人間の生理的情緒」という内面的意味を確認することができないことが明らかになった。では、そういう意味の「気分」は一体何時代、如何なる文献

に出現してくるのか、亦、それに伴って元来の中国語としての「気分」はどのような意味で用いられているのか、というような疑問が残っている。更に和漢混淆文では、「人間の生理的情緒」という内面的な意味を持っていない「気分」の不在によって生じてくる、その意味分野の空白が如何なる語によって補完されているのかという問題も看過できない。これについては後文において検討する。

次に先ず日本文献では「気分」の「人間の生理的情緒」という現代語の意味は何時、如何なる文献に現れるのかということについて考えてみたい。今回管見に入った和漢混淆文には次のような例が見当たった。

4、重忠打物取ては鬼神と云共更に辞退申まじ、地体脚氣の者なる上に、此間馬にふられて、氣分をさし手あはらに覚え侍り（有朋堂文庫本源平盛衰記巻四十二、五七九⑨）

屋島合戦で軍の占形として立てた扇を射るという場面である。重忠はその扇を射よと召されたが、「本々脚気が有ってその上この間馬にふられた」という非健康的な体の状態になっている。そういう非健康的な体の状態を示す前接文と「気分」と共起する述語「覚」の示す意味とを考え合わせると、「気分」は重忠の生理的情緒を示すと思われるのが妥当ではないか。つまり、以上の考察で分かるように、「気分」が具象的意味としてのみ用いられるが、『源平盛衰記』では、「気分」が現代語のように内面的意味を表すようになっている。尚、その意味変化は前時代に多用されている「人間の生理上の非健康的な様子、有様」という意味を土台に、発生するのではないかと考えられる。今回調査した限りの文献では、「人間の生理的情緒」という内面的意味を示すと思われる「気分」は上記の『源平盛衰記』の一例のみである。そこで、「気分」の具象的意味から内面的意味に変化した時代、文献が明らかになると判断されるのは甚だ不充分で、不安を禁じざるを得ないのである。但し、『源平盛衰記』のような軍記物語という新しい文章ジャンルには、「気分」の「人間の生理的情緒」という内面的意味が判然とされたことは等閑視できず、注目に値すべきではないか。「気分」が「人間の生理的情緒」という内面的意味を発生させた時代、文献及び要因等に関しては、今後一層調査資料等を充足させることによってそれを究明するつもりである。

右の考察で平安鎌倉時代における「気分」の意味が明らかになったかと思われる。さて、その「気分」は何処に求められようか。つまりその出所は何処にあるのか。更にその出自となる中国語と意味上では如何なる関係を成しているのか。その諸点を解明するのには、中国文献における「気分」の意味を検討する必要がある。以下、中国文献の「気分」の意味について考えてみよう。

（二）中国文献における「気分」

今回調査対象となる中国文献は日本文献の平安鎌倉時代と対照するために、宋の時代以前に限定することにしたのである。中国文献を文章ジャンル別に調べたところ、散文、韻文、仏書という三つの文章ジャンルからいずれも「気分」は確認された。但しその用例数は僅か六例しかなかったのである。それはいうまでもなく調査した文献の制約によるところもあるが、中国文献における「気分」は日本文献と同様、決して日常的に多用される語ではないとも言えよう。次に今回管見に及んだ中国文献の中では、初出例と思われる「気分」を提示してみよう。

1、子夏問于孔子曰商聞易之生人及万物、鳥獣昆虫各有奇偶、氣分不同、易主天地以生万物言受氣各有分数不斉同分扶反而凡人莫知其情惟達道徳者、能原其本焉（四部叢刊子部、孔子家語、執轡二十五巻、六八①）

『孔子家語』は孔子の談話、教訓及び門人と問対論議の説話を蒐集する書である。文例は正に弟子である子夏が孔子と問対したものである。文中の「気分」の意味に関しては、その後続する注によれば、「受氣各有分数不斉」つまり、生人、万物の奇偶は各々受けた「気の分量」が異なるということによると解される。「気分」はその受けた「気の分量」という意味として用いられている。「気の分量」の「気」は中国古来の思想的な概念として、人間を含めての万物を形成せしめる根源であるといった目に見えない抽象的な意味を示す。「気分」の「分」はその

「気」の分量を表すことになる。これは「気分」という語の原義ではないかと思われる。つまり「気」と「分」との二つの構成要素がそれぞれ各自の意味機能を果たしているとみられる。次に仏書に見える「気分」の例をみよう。

2、七護心、心進安然保持不失十方如来氣分交接名護法心（大正新修大蔵経、首楞厳義疏注経巻八、九二七下⑮）

文中の疏注によれば、「寂照増進不動不退故云安然保任護持令此与仏冥然通合故云交接」と注してある。「氣分交接」は仏の「気分」と冥然として通合することを言うと思われる。「気分」と共起する「交接（冥然通合）」という述語の示す意味をも併せて考えれば、「気分」は右の例1の「気の分量」というよりも寧ろ仏を成す根源である気そのものを表すと判断される。いわば、仏を成す気の分量ではなく、仏を形成せしめる気自体を指すものである。そういう仏の気と冥然として通合することである。例1のように「気」と「分」とが各自の意味機能を果たす「気分」となるが、例2の「気分」はその前部要素である「気」が後部要素の「分」より強く機能しているため、「分」という後部要素の意味機能が吸収されて、消えているようである。日本文献における「気分」もこれと同様であると見受けられる。但し二例は目に見えず、抽象的意味特徴を持っているという点において一致するのである。

右の考察で、「気分」の意義を記述すれば、

（一）人間を含めての万物の根源なる気の分量

（二）仏を成す根源なる気

と二つに分けられる。それに基づいて残りの四例を検討してみたところ、いずれも右の分類と重なると判断される。中国文献における「気分」の意義分布は上の表四の通りである。

表四に示すが如く、（一）の意義が所謂外典という文章ジャ

表四

文献＼意義	(一)人間を含めての万物の根源なる気の分量	(二)仏を成す根源なる気
孔子家語	1	
嵆康集	1	
阮籍集	1	
首楞厳義疏注経		2
止観輔行傳弘決		1
計	3	3

ンルに集中しているのに対して、（二）の意義が漢訳仏典に偏用されていることが分かる。同じ中国文献とはいえ、文章ジャンルによる意義の使用上では偏りを見せている。亦、中国文献における「気分」はいずれも抽象的な意味を表すことが明らかになった。その「気分」の「気」は中国古代の思想的概念として用いられ、抽象的で、目に見えないという意味特徴を有する。それに対して、以上の考察で明白となったように、平安鎌倉時代における「気分」は目に見える具象的な意味が両時代の中心的意味となっている。両国語を比較すれば、顕著な差異を呈出してくる。特に、中国文献の「気分」の原義と思われる（一）の意義は平安鎌倉時代の文献には認められなかった。一方、前述した『大日本国法華験記』の「聖人気分」の「気分」は中国文献の「仏を成す根源なる気」という（二）の意義と重なって、それを受容しているものであると考えられる。しかしながら、中心的意味となる具象的意義に対して、その用例数からも分かるように、そういう抽象的意義が周辺的な存在となっている。以上の比較で元来中国語出自の「気分」は日本語に進入して、平安鎌倉時代において中国語の（二）の意義を継承する一方、中国語の抽象的な意味から具象的な意味への変化が発生する。それのみならず、その変化義である具象的意味が中心的な位置を占めていることが明確となる。

では、何故中国語の「気分」は日本文献に伝わって、使用されているに伴って意味変化が生じたのか、それは日本文献における「気」という前部構成要素の具わっている意味と関係するのではないかと判断される。即ち「気」と「分」とで構成された「気分」は日本語での意味変化がその前部要素の「気」によることであろうと考えられる。日本文献における「気」の意味については、「昔の日本人の文学作品では、気は人間をも含めての天地万物のあられ方、動き方微妙さを表現するところに用いられていたととるのが大きな誤りがなくてよいであろう(2)」と説かれている。つまり、日本文献の「気」は人間も含めての天地万物が表象として現れる形態、様子を表すといった具象的な意味特徴を有すると理解される。「気分」の「気」は他でもなくそういう意味機能を担っていると思われる。

それは、右の考察で分かるように、日本文献に受容された「気分」が中国語の原義と思われる「気」と「分」とが各々意味機能を果たすのではなく、「分」の意味機能が無くなり、造語要素的な存在になって、「気」のみの意味機能を発揮するものであるためであろう。平安鎌倉時代における「気分」の具象的な意味の産出は日本文献において「気」が具象的な概念として認識、把握されるということの一つの証でもあろう。但し、日本文献の人間をも含めての天地万物の形態、様子を示すという具象的意味特徴を持つ「気」は決して日本文献に独自のものではない。その由来は中国語に求められるのである。例えば、「夫戦勇氣也、一鼓作氣」（春秋左氏傳、荘公十年）、「我善養吾浩然之氣」（孟子、公孫丑上）、「湖海之士豪氣不除」（魏志、陳登傳）と挙げられるが、それらの「気」は人間の「様子、気勢」等を表現する具象的意味として用いられる。しかしながら、以上の考察で明らかになったが如く、中国文献では「気」と「分」とで構成された「気分」は「気」の付いている具象的意味を取らずに、「気」の多義性を限定して、単に「人間をも含めての万物を形成せしめる根源なるもの—気」という一つのみの抽象的意味を反映するのである。それに対して、平安鎌倉時代の「気分」は中国語の意味を受け継いだ上で、中国語のそれと異なって、中国語から将来されてきた「気」の具象的意味をも付加させたのである。つまり、「気分」の意味変化をもたらしたのは「気分」という語内部に内存している関連性が有って初めて出来たものであろう。換言すれば、言語内部の要因によるものとも言えよう。尚、言語内部に潜んでいる関連性を発動させたのは中国語での表現対象が日本文献において変わったという因由の一つであろう。

　以上、平安鎌倉時代の「気分」を巡って考察を施してみた。明らかになった点を簡単に纏めてみれば、下記の通りとなる。「気分」は漢語という素姓のため、平安鎌倉時代の日本文献では漢文と和漢混淆文にのみ出現し、和文からは確認されなかったという使用上の文章ジャンルの差が認められる。亦、全体の使用量から見れば、両時代の「気分」は現代語のように日常的用語には至っていないように思える。更に漢文と和漢混淆文における「気分」は具象的意味が中心となり、現代語の「人間の生理的情緒」という内面的意味としては認められず、未成立のままとなっているとも言えよう。平安鎌倉時代の「気分」はその出自たる中国語の抽象的な意味を受容した一方、中国語には見えない具象的な意味も発生して、所謂和化漢語への変容を遂げた。その意味変化のあり方は元来の中国語の抽象的意味から具象的意味に拡大したと見られる。つまり、日本文献における「気分」は上述した「気色」と同様に、本来の中国語より意味の拡大化が出来上がったのである。

平安鎌倉時代においては、「気分」は現代語の「人間の生理的情緒」という意味がまだ成立していないとも言えるが、それでは斯様な現代語の意味は如何なる語によって分担、表現されているのか。その点については第四章の第一節で「心地」を検討しつつ、「気分」との意味関係を探ることにする。

注

（1）池田（現大坪）併治「禁止表現史」（『国語国文』第6巻10号、昭十一・十）、山田巌「今昔物語集に於ける和漢両文脈の混在について」（『国語と国文学』第18巻10号、昭十六・十）、堀田要治「『如し』と『様なり』とから見た今昔物語集の文章」（『国語と国文学』第18巻10号、昭十六・十）、峰岸明「今昔物語集に於ける変体漢文の影響について―『間』の用法をめぐって―」（『国語学』第36輯、昭三十四・三）、櫻井光昭『今昔物語集の語法の研究』（明治書院、昭四十一）、松尾拾『今昔物語集の文体の研究』（明治書院、昭四十二）、佐藤武義『今昔物語集の語彙と語法』（明治書院、昭五十九）等

（2）三枝博音「日本文学における「気」の研究」（『文学』26―10、昭三十三・十）

第三項　「覚悟」について

はじめに

日本人が自らを救済し、この世に生きる姿勢を確保するための精神的なバランスの取り方を「あきらめ」と「覚悟」において捉えることが出来るとされる[1]。つまり、「覚悟」は漢語として和語の「あきらめ」と共に日本人の基本的な心性を理解、把握する上で、重要な概念となり、「有る事態に直面して、あれこれの迷いをすてて心を決めること、その心の持ち方[2]」といったような意味で用いられる。しかしながら、「覚悟」の出自となる中国語には彼様な意味用法が無いように思われる[3]。以下、日本語における「覚悟」の意味変化を巡って、中国語と比較しながら、意味変化の時代、文献群、要因などを考究する。

（一）「覚悟」のよみと表記

「覚悟」はそれが漢語であるか否かに関してはそのよみの確定を通して明らかになり得る。従って、よみ方の検討は漢語研究にとって踏むべき手続きであると言える。更に表記上の異同についての考察も意味用法の考究としての研究対象や用例採集などの範囲の画定にとって欠かせない重要な前提の作業である。かかる意図の下で、以下「覚悟」のよみと表記について古辞書を中心に考えてみる。

覺悟（世俗字類抄上、六十三オ①）

覺（入声）悟（平声濁）人情卩　カクコ（前田本色葉字類抄上、一〇七ウ③）

覺悟《カクゴ》（黒本本節用集、六七②）
群生《クンシヤウ》を覺悟《カクコ》せんかために（妙一本仮名書き法華経、化城喩品第七、五三八①）
郎従小庭《ニ》参候之条忠盛覚悟不レ仕（平松家本平家物語巻一、五ウ⑧）
郎従小庭に祇候のこと、忠盛はかくこ仕らす（長門本平家物語巻一、二七⑨）
命-終者《ヲ》を覚-悟（し）《スレハ》たまふ（最明寺本往生要集巻中、九十六オ⑥。注、平仮名はヲコト点、片仮名は左注、（　）の平仮名は補読）

右記の古辞書と古文献に依れば、「覚悟」は「カクゴ」という字音よみであり、漢語として早くも日本語に登録されたことが明らかになる。次に「覚悟」という二字の表記について触れてみたい。

先ず「覚」字については、その旧漢字として「覺」と「覺」の二通りの表記が見られる。

覺（以下略）（康熙字典）
覺　ヲカム　ヲホユ　不—（世俗字類抄下、六十一オ④）
覺（以下略）（観智院本聚名義抄仏中、一八①）

両字の関係について、「『増訓本切韻』端片「□、古岳反、又古孝反、字従爻、俗従与、非」。按拠注文所云、所缺標目字当是「覺」字、而従与的俗字則当是「覺」字。『九経字様・見部』「覺、作覺者訛」。是其証。『魏孝文帝吊比干文』「覺」字作「覺」可参」(4)と記されているが如く、「覺」と「覺」は正俗字の関係を作すことが分かる。一方、「悟」字は下記のような幾通りの表記が見られる。

悟　吾《ノ》故切音誤覺悟六書正譌古文通《ニシテ》用レ寤《ヲ》（字彙、明、梅膺祚、和刻本辞書字典集成第三巻、二三二⑤）
寤　吾《ノ》故切音誤説文寐覺而有レ言《ヲ》曰レ寤《ト》（同右、一八一⑧）
悟　古文〓（略）五故切音誤〔説文〕覺也从心吾声〔困知記〕無所覺之謂迷有所覺之謂悟又啓発人曰悟（略）又

通作寤（以下略）（康熙字典）

酷覺夢—悟寤五故反—寐　滄陽—晤已上同（前田本色葉字類抄下、四十五ウ①）

覺《サトル》　悟　五故反心也（略八字）（以下略）（同右、四十五ウ②）

酷覚悟寐滄陽々晤已上同　覚《サトル》悟（略八字）寤（以下略）（尊経閣善本二巻本色葉字類抄巻下下人事、十二ウ④）

覺《ヲホユ》　悟（略四字）察記憶（略三字）已上同（同右巻下上人事、十四オ⑦）

覺　オホユ　不—悟（略一〇字）已上同（黒川本色葉字類抄中、六十五ウ②）

悟音誤　サトル　シル　禾コオ　⿱吾心サトル（観智院本類聚名義抄法中、一〇〇⑤）

寤音悟　サトル　サム（同右法下、四六⑥）

寤サム　サトル　アナアフ（同右法下、六四③）

このように「悟」「寤」「寤」「寤」などは意味的に相通ずるところがあるため、通字として使用されているように思われる。亦、「悟」を「寤」で表記され得るのかについては、『大乗義章二十末』に解されている「覚悟」という語の形成と意味用法からも察知される。「（覺）有両義、一覺察名覺、如人覺賊、二覺悟名覺、如人睡寤。（略）、覺悟覺対其智障無明昏寝、事等如睡、聖慧一起、翻然大悟。如睡得寤」の如く、「覚悟」は「如人睡寤」「翻然大悟、如睡得寤」という比喩的意味を持っているから「悟」が「寤」と書かれるようになったのではないか。「悟」は「寤」を媒介に、「寤」と相通ずる「寤」「寤」とも通字関係が出来たかと考えられる。

以上の考察を通して、「覚悟」の表記には幾つかの種類があることが明らかになる。今回、中日両国文献の調査に当たり、右の幾通りの表記をいずれも用例として収集し、検討の対象として取り扱う。但し、表記上の便宜を図るために、以下は掲出の具体例を除いて現行の表記である「覚悟」を以て書き記すこととする。

（二）中国文献における「覚悟」

管見に入る限りの中国文献では、散文、韻文、仏書、変文などの各文章ジャンル及び各時代に亘って、「覚悟」の所用が確認される。次に「覚悟」の意味用法について『史記』に見えた六例の「覚悟」を中心に考察を加えてみる。但し、今回調査した中国文献における「覚悟」は決して『史記』の例を最古とするものではなくて、それより古い文献である『国語』『荀子』などにも使用されている。

1、謂覇王之業、欲以力征経営天下、五年卒亡其国、身死東城、尚不覺悟而不自責、過矣（史記、項羽本紀第七、三三九③）

太史公司馬遷は、覇業を成就させようと図ったが、劉邦に破れた項羽の「自矜功伐、奮其私智而不師古」などの「過誤」を覚悟せずに自責せぬと辛辣に批判している。「覚悟」は過去の不徳、誤ちなどについて悟り知る、気づくという意味を示すと考えられる。

2、太后日夜涕泣、幸大王自改、而大王終不覺寤（同右、韓長孺列傳第四十八、二八六〇⑥）

例1と同じく自分の過ちを悟ることを表す「覚悟」となると思われる。

3、君急使使載幣陰迎孟嘗君、不可失時也。如有斉覺悟、復用孟嘗、則雌雄之所在未可知也（同右、孟嘗君列傳第十五、二三六一⑯）

「覚悟」は例1と同様に「斉が孟嘗君を罷免にした誤り」を悟り知るという意味で用いられている。即ち、斉が自らの過失に気づいたら雌雄の所在はまだいずれとも分からなくなると解せられる。

4、且夫三代所以亡国者、君専授政、縦酒馳騁弋猟不聴政事。其所授者、妒賢嫉能、御下蔽上、以成其私、不為主計、而主不覺悟、故失其国（同右、范睢蔡澤列傳第十九、二四一二①）

夏、商、周の三代が亡びてしまった理由としては、いずれも愚昧で且つ無道な君主が自らの愚かさ、迷いから目覚めなくて悟らないことにあるとの範睢の指摘だった。「覚悟」は自覚する、目覚めることを示す。次の「覚悟」例も同じく使われている。

5、是以聖王覺寤、捐子之之心、而能不説於田常之賢、対比干之後、修孕婦之墓、故功業復就於天下（同右、魯仲連鄒陽列傳第二十三、二四七四⑯）

聖王たる者は自ら明らかに目覚めて悟って、子之の如き無能の者を信任するような心を捨てるべきであると解かれる。尚例3、4のような意味を表す「覚悟」は已に『荀子』の成相篇に見られており、その継承性を見せている。

6、聖知不用愚者謀、前車已覆、後未知更、何覺時。不覺悟、不知苦、迷惑失指易上下（荀子、成相篇第二十五）

漢籍における迷惑から目覚めて悟るという意味の「覚悟」は仏書にも受容されて、仏教用語として「迷い、眠りからさめて、悟りを得ること。いわば、仏の真理を会得するの意で用いられる」(5)。正に上記の『大乗義章二十末』に「覚悟」について書き記されているが如く「覚」に「覚察」と「覚悟」の二義を挙げ、「覚察」は悪を察することと、「覚悟」は真理を悟ることであるとされている。

7、仏者名覺、既自覺悟、復能覺他（南本涅槃経十六）

8、彼光覺悟命終者、念仏三昧必見仏（華厳経、普賢菩薩行願品七）

9、為覺悟群生（法華経、化成喩品第七）

群生《くんしやう》を覚悟《かくご》せんかために、一切《いさい》を震動《しんとう》したまふ（妙一本仮名書き法華経巻三、化城喩品第七、五三八①）

10、今仏覺悟我（法華経、五百弟子受記品第八）

いま《今》　ほとけ《仏》　われ《我》を覚悟《かくこ》せしめて（妙一本仮名書き法華経巻四、五百弟子受記品第八、六〇七④）

このような意味の「覚悟」は仏書に止まらず、次の例のように外典の仏教的なことに関する文章や文脈にも使用されているようである。

11、若深体三界為長夜之宅、有生為大夢之主、則思覺悟之道（南朝宋、謝鎮之与顧道士書）

12、出家学道、勤行精進、覺悟一切種智、而謂之仏（隋書、経籍志四、一〇九五⑥）

『史記』には右のような「覚悟」の他に下記の例のように啓発、理解させるというような意味で用いられる「覚悟」もある。

13、正陽顕見、覺寤黎烝（史記、司馬相如列傳第五十七、三〇七一⑨）

このような意味の「覚悟」は早くも『国語』にも登場している。

14、王若不得志於斉、而以覺寤王心、而呉猶世（国語、呉語）

亦『史記』の体裁を学んで、後漢の班固が著した『漢書』と同時代に成立した王充の百科全書的な性格を有する『論衡』にも十九例もの「覚悟」が見られて、いずれも右に挙げた「覚悟」の意味をそのまま受け継いでいるように見える。例えば、次の例は

15、且天審能譴告人君、宜変易其氣以覺悟之（論衡、譴告第四十一）

例13、14と同じ意味で用いられている。

尚、韻文における「覚悟」も散文のと変わることなく使われている。例えば、

16、行行失故路、任道或能通、覺悟当念還、鳥尽廃良弓（全晋詩巻六、陶淵明、飲酒二十首、四七四①）

ここでは気が付くというような意味で「覚悟」が使われている。敦煌変文の「覚悟」は次の例のように前掲のと同様に「さとりを得ること、目覚めること」を表す。

17、奉勧座下門徒、一一須生覺悟（敦煌変文彙録、目連変文、二〇〇⑬）

18、今朝覺悟修行、定免如斯悪業（同右、二〇一①）

右の考察を通して、中国文献における「覚悟」の意義について次のように記述され得るかと思われる。

・物事またはその本質を会得、感知する（させる）こと

つまり、「さとる、目覚める、気づく、啓発する」などのようなメタ表現に対応しうる。このような意味は「覚悟」を構成する前部要素「覚」と後部要素「悟」の持っている意味に因由するところが多いと思われる。

以上の考察で明らかになるように中国文献には、日本人の不如意に如何にして対処するのか、その心性の発生の一つとして、消極的、悲観的な「あきらめ、断念」に対して、「迷いをすてて心を決めて決行する」という積極的、行動的に用いられるような意味用法の「覚悟」は確認されない。換言すれば、かかる意味は日本語に移入されてから始めて発生したものであると言えよう。次項では日本文献における「覚悟」に関して、いつの時代に如何なる意味用法の変化が起こったのか、などの点について考察してみたい。

（三）日本文献における「覚悟」

今回調べた限りの日本文献では、「覚悟」の漢語という素姓のため、和文からはその用例を検出することが出来なかったが、漢文、和漢混淆文には多くの用例が見られた。管見の及んだ日本文献における「覚悟」はその初出例として『万葉集』の詞書に記されているものを挙げることが出来よう。次に時代を追って日本文献の「覚悟」の意味用法を中心に検討する。

1、粤以夢裏有二娘子一。喩曰、使君、勿下作二苦念一空費中精神上、放逸彼鷹、獲得未レ幾矣哉。須臾覺寤有レ悦二於懐一

（万葉集巻十七、思放逸鷹夢見感悦作歌、四〇一一～四〇一五番歌）

逃走した形容美麗たる蒼鷹について、夢枕に立った娘子が告げて「逸れたあの鷹を捕えるのは遠い先ではないでしょう」と言って、「須臾覚悟」した。つまり、ほんのしばらくして目が覚めて、心うれしく思った。「覚悟」は夢

から目をさますことを示す。

この長い詞書は、作者大伴家持がその述作によく利用し、愛読した『遊仙窟』にも類似した語句が見え、それを模倣したものと思われる。[6]

cf、少《シハ》-時《ラク》と座《ホネフリスルニ》《ト》-睡《マロ》と　則夢に見て十娘を驚《トサ》-覚《トヌ》と攬《サクルニ》に　之忽-然とて空《トムナシクシテ》-手《ムナテナリ》と　心中《ノウ》に帳-怏《イタム》《ヤウ》と復何《ソ》可論㆒（金剛寺本遊仙窟。注、片仮名は傍注、平仮名はヲコト点、声点略）

このように家持は『遊仙窟』の「驚覚」が脳裏にあって、それに潤色を加えて、翻案したのが「覚悟」という表現かと思われる。

ア平安時代

次に平安時代文献に見える「覚悟」を見てみる。先ず、漢詩文の「覚悟」を挙げて検討する。島田忠臣の詩文を編纂した『田氏家集』の例を見よう。

2、安存客館馮朝使、出入公門付夕郎、覺悟当時希驥乗、商量後日対龍章（巻中、敬和裴大使重題行韻詩）

cf、縦少覺悟、咸歎恨於所遇之初（文選巻五十三、嵆康養生論）

渤海国の大使として元慶六年（八八二）に来日した裴頲との詩の贈答の場で作られた唱和の詩である。詩中の「覚悟」は上記した中国文献の例及び参考例のと同じく、さとり知ることを表す。[7]つまり、大使は立派な詩を作ろうと冀っていることをさとって分かったのである。

次に同じ漢字によって書かれたが、内容的に漢詩文と異なる史書、公家日記、往生伝などの漢文における「覚悟」を考える。

3、遂知天台止観与真言法義理真符。随縁宣伝。覺悟主上。延暦廿三年奉詔入唐（類聚三代格巻二、六九⑬）

cf、而以覺寤王心（国語、呉語）

cf、故君得以覺悟知是非（論衡、譴告第四十二）

「覚悟」は参考例の示すように「主上」にさとって分からせること、理解させることを表す。

4、我浅間明神、欲得此国斎祭。頃年為国吏成凶咎為百姓病死、然未曾覺悟。仍成此怪（日本三代実録巻十一、一六七⑨）

cf、成王未覺悟、雷雨止矣（論衡、感類第五十五）

cf、禍敗已成、猶不覺悟（宋書、范曄傳）

「成凶咎為百姓病死」と雖ども未だに気づかなかったと解せられる。「覚悟」は参考例と同様に何かの過誤に気づきさとるという意味で用いられている。

5、知是上天冥助。顧臣殷勤。欲其覺悟去盈保全餘年也（日本三代実録巻十三、二〇五①）

cf、天不告以政道、令其覺悟、若二子観見橋梓（論衡、譴告第四十二）

「盈」即ち「盈満」のことで、極限の意である。その盈満に至らないことを悟らせると理解されよう。「覚悟」は参考例と同じく悟り知ることを表す。

6、又放光明名見仏、彼光覺悟命終者（日本思想大系往生要集中、三七八上⑫）

6′、彼《ノ》の光《リ》（は）命終者を《ヲ》覺悟《スレハ》（し）たまふ（最明寺本往生要集巻中、九六オ⑥。注、平仮名はヲコト点、片仮名は左注、（ ）の平仮名は補読。以下同）

7、願弥陀仏、放清浄光、遥照我心、覺悟我心（日本思想大系往生要集中、三七八上⑮）

7′、遥（か）に《ニ》我か《カ》心を《ヲ》照（し）《シ》たまひ、我か《カ》心を《ヲ》覺悟《タマムテ》して（最明寺本往生要集巻中、九十六ウ①）

8、其文云。適雖往生未覺悟。依最後念仏（三外往生記、六八〇下⑪）

「覚悟」は迷いから覚め、仏法の真髄を悟るという意味で用いられている。

9、端座而終。爰弟子等不知其遷化。到室覺悟。乍擎香炉。如眠入滅（拾遺往生傳巻上、五九八下②）

室に至りて、香炉をかかげながら眠るが如く入滅したことに気づいたと理解されるが、「覚悟」は物事を感知することを表す。

右の考察で平安時代の漢詩文、史書、往生伝類における「覚悟」は中国語の本来の意味を受容して、そのまま用いられていることが明らかである。次に同じ漢字で書き記された公家日記、古文書に見えた「覚悟」を抽出、抄記してその意味を検討してみる。但し今回管見した平安時代の公家日記では「覚悟」を検出できたのが例の悪左府と言われる、強烈な個性と深い学殖の持主である頼長の日記『台記』（四例）と平家の盛衰とほぼ世を同じくした中山忠親の日記『山槐記』（三十六例）のみとなる。両方とも十二世紀中期から記し始めたものである。一方、古文書としての『平安遺文』には八例の「覚悟」が見られた。その「覚悟」は右に考察した同時代の他の文章ジャンルの意味と重なるものもあれば、そうでないものもあるように思われる。

10、即参二件御所一、件御所御堂也、忘却暫候、遂覺悟招二光頼一問云、此御所御堂御所歟（台記一、一六七上①）

「忘却暫候」に対して「遂覚悟」するという構文とされる。「覚悟」は「暫く忘れたことに」気づくという意味で用いられる。

11、予左顧、此後史可着床子也、依暗不見歟、猶立、雖示氣色不覺悟、仍予見文（山槐記二、八二下③）

cf、立定之後、藤大納言咳声令悟、内弁依暗不可見故也（同右二、九四下②）

「覚悟」は意味として参考例の「悟」と類似して、「気色」「咳声」といった暗示的な合図に気づく或いはそれをさとることを表し、例10と共に他の文章ジャンルと一致したところを呈出している。

12、兼貞申云、恒近幷子息等之犯過、如光時陳申者両度也、年号月日覺悟歟、可進証文也者、光時申云殺害行恒

年号月日無心覺悟者、左右可依御定（平安遺文五、一七三九下⑮）

この二例の「覚悟」はいつ罪を犯したのかという質問と共起して、その「年号月日」を記憶する、覚えるという意味を表すと考えられる。つまり、本来の意味として何かから何かを悟ったり、感じたりするわけではなく、その何かを覚えたりするという中国語にはない、新しい意味となる。

13、忽不レ可レ有沙汰一歟如何、先例慥不二覺悟侍一者也（台記二、五六下③）

14、以召使示予曰、史三人候之時弁着結政、二人之時不着之、而只今史二人所候也、寛治之比史二人参入、弁着結政之由、粗雖覺悟、□記不分明、為之如何者、予答云、先例忽不覺悟、大夫史隆職宿禰参入者、相尋例之有無可被着歟、但以往例史二人立申文之由粗覺悟（山槐記二、八一上⑨）

例13、14の「覚悟」はそれを修飾する「慥、粗」と目的語「先例」とを合わせて考えると、例12と同じ意味として使われている。

15、任脚追従之間、藤宰相光忠卿、俊通朝臣等相逢、予抑車、雖軽忽依貴職也、彼相公等又抑車頻以謝之、頗無益窮屈無術、只早可被過之由内心覺悟、予直帰蓬畢（同右一、一二〇上⑯）

「覚悟」は、以上考察してきた例と異なって、「頗無益窮屈無術」という余儀ない、不如意という心情下で用いられて、「退屈極まらない相逢」は悟っているが、やむをえないことである。だから、「只早可被過」と内心で思う。「覚悟」は心の中での用意という意味か或いはそれに近い意味として用いられていると考えられる。

例15の如き「覚悟」は今回調べた限りの平安時代の文献の中で一例のみであるため、臨時的な意味用法と言ってよい。

尚、意味的な変化のみならず、語形上においても日本語化を見せ始めている。

16、御参入之時、度々候会天、雖見参仕候、取別不申承候、空罷過候へハ、委細御覺悟や不候哉らん（平安遺文

七、二八三六下⑧）

この例文の「御覚悟」のように、敬意を示す接頭辞「御」と結合した、中国語には見えない日本語的な語形態が出来て、公家日記、古文書という和化漢文においての「覚悟」の変化振りを投影している。

以上、平安時代文献における「覚悟」についての考察を通して意味としては中国語のそれを摂取する一方、中国語には確認されない新しい意味も派生するようになった。その意味変化と見合って日本語化した語形も形成された、といったことが判明した。平安時代文献における「覚悟」の意味、語形の変化は鎌倉時代に降ると一層顕在化することになるばかりか、新しい意味用法なども現れてきた。これについては以下鎌倉時代文献における「覚悟」の検討によって明らかにして行きたい。

イ鎌倉時代

鎌倉時代になれば、「覚悟」は漢字で書かれた漢文に止まらず、和漢混淆文にも用いられるようになり、使用範囲が拡大して、日常語化しつつあることを物語っている。次に先ず漢文文献の「覚悟」を考えてみよう。

1、召着遅参人事、有其例、見九条殿御記也、而余忽不覺悟失也（玉葉一、五二下⑬）

2、余云、巳日於主基有御酒勅使之例、忽不覺悟、如何如何（同右一、五四下④）

「覚悟」は、それを修飾する「忽」の意味と「其例、之例」という共起する内容から推して、記憶する、覚えるというようなことを表すと考えられる。『玉葉』には「覚悟」が一八二例見えたが、その中に例1、2のように、「忽、慥、粗、一切、悉、委、全、凡、惣」などの物事の程度を表す副詞的表現と共起する例が四十二例、「例、位次、前、申状（文）、此事、此旨、其名、其条、其所、其次第、件例、件条、先例、先規」などの目的語と共起するのが三十七例となっているため、「記憶（する）」という意味は『玉葉』における「覚悟」の中心義として用いられていると言えよう。『玉葉』のみならず、他の公家日記についても同じことを言うことが出来よう。「覚悟」の「記憶（する）」の意味については下記の具体例がその確乎たる証左となる。

3、此則幼少《ノ》之昔、染《シ》二心《ヲ》於仏法《ニ》一之始也、其外前後事《ノ》不二覺悟《セ》一（高山寺本明恵上人行状（漢文行状）（報恩院本）巻上、一五八①）

3′、此《レ》心《ニ》覺《テ》仏法ヲ尊思《クヒシ》始時《ナリ》、其以前以後事《ノハ》タシカニ覺ス（高山寺本明恵上人行状（仮名行状）上、一二⑦）

3″、是心《ニ》覺《テ》仏法《ヲ》尊《ク》思《シ》始時也、其以前以後事《ノ》慥《ニ》不覺《ト》云々（高山寺本栂尾明恵上人物語、三三一⑩）

3iii、是心《ニ》覺《テ》仏法《ヲ》貴《ク》思《ヒシ》始時《シナリ》其已前已後事《ノハ》慥《ニ》不レ覺《ト》云々（高山寺本栂尾明恵上人傳上、三六三⑫）

3iv、是心《ニ》覺《テ》仏法《ヲ》尊《ク》思《ヒ》始時也、其以前以後事慥《ニ》不覺《ト》二云々（興福寺蔵栂尾明恵上人傳上、二七九⑤）

4、欲《スル》記《ムト》此事《ヲ》一之処、読始《ミムル》経文聊不覺悟《セ》一（高山寺明恵上人行状（漢文行状）（上山本）巻上、九四⑭）

4′、是《ヲ》記《セムトスル》処《ニ》、経《ノ》読始《タシカニ》覺《ヘサル》間（高山寺本明恵上人行状（仮名行状）上、二〇⑫）

4″、是《ヲ》欲記一処経《ノ》読始慥不覺一（高山寺本栂尾明恵上人物語、三三四⑨）

このように、同じ明恵上人の伝記において、例3、4の漢文行状の「不覚悟」に対して仮名行状では「覚ス、不覚、覚ヘサル」となって、文体による用語上の差が見られているが、「覚悟」は「覚える」意味で使われていることが明らかになると同時に、「覚悟」は「記憶（する）」という意味を表すことも裏付けられる。「覚悟」の使用を確認できなかった和文においては恐らく「覚悟」の替わりに「覚える」が使われて、その空白を補完したのであろう。

「覚悟」の中国語には見えない「記憶（する）」という新しい意味は、本来の意味としての「さとる、会得する」ことを決して忘れずに掌握して、自ら記憶に留めておくというように派生してきたのではないかと思われる。

5、自伴鑪火出来、焼先公着用之衣、公不覺悟之躰也、余見之、令右少将資平令払消（岡屋関白記、一〇四⑦）

「覚悟」は気づく、目覚めるという意味で、つまり先公が着用の衣が燃えていることに気づかないと解釈される。

6、家通氣色于余、余思示小忌、欲令下著、中宮権大夫示驚、仍覺悟、召向御所方候天氣（玉葉一、五二下⑱）

「示驚」に仍って「覚悟」した。「覚悟」は前の時代の「気づく」の意味を受け継いで用いられている。

7、但佐保朝廷聖武歟、礼冠図、納御冠之納物歟、同被下之間、於灯下見之、イトモ不覺悟之由所申也（平戸記一、一六三上⑦）

「礼冠図を灯火に於いて見る」という前出文の意味から「覚悟」は分かるという意味かと思われる。つまり灯火で礼冠図を照らして見ても、よく分からないと解せられよう。

8、未刻人来云、已寄六波羅合戦云々、凡夢歟、非夢歟、未覺悟（玉葉二、三二四上⑫）

9、談事是歟非歟、旨趣不得覺悟（岡屋関白記、一〇二④）

「未、不得覺悟」は本当かどうか、是か非か判断が付かず、弁えないことを表すと考えられる。

10、煎桃花令服瀉薬、秉燭以後、腹中鳴動、聊停之間心神迷、而喚少婢懸之間絶入也、不覺悟、須臾蘇生（明月記三、四六七下③）

「心神迷って絶入った」という前文の意味を考え合わせると、「不覚悟」は息ができない、気を失うことを示す。次の例も同様に用いられている。

11、加之偏中風之所為也、邪氣之躰、更以不覺悟（玉葉二、五四〇上⑤）

「覚悟」は意味用法の多様化を見せがなら、本来の意味でも依然として使用されている。

12、此道理ヲ覺悟して（鎌倉遺文四、四一六上⑪）

13、鐘声鶏声両方計会無何程、無常覺悟之心而已（平戸記二、三〇下⑦）

この「覚悟」は仏書で用いられている意味として使われている。意味のみならず、語形態も前の時代のそれを継承している。

14、又執柄無御覺悟歟（同右、六九上⑥）

15、忽無御覺悟　御沙汰之時（玉葉三、一五七上⑦）

16、新勝院事一切無御覺悟云々（同右三、四二三上②）

17、殷懃之御願示等、悉存御覺悟事也（鎌倉遺文十六、一一四下②）

この例文の如く、敬意を示す接頭辞「御」を冠した「御覚悟」が見られる。

以下、和漢混淆文における「覚悟」の意味用法を検討してみよう。

18、三界ハ如幻一ノ、誰カ為常住之思一ヲ。六道ハ似リ夢二ニ、蓋ゾ《ラム》尋ネ覺悟之月一ヲ（延慶本平家物語第二末、六オ⑩）

「覚悟之月」は歌謡集である『梁塵秘抄』の法文歌にも見られる。法文歌は仏教賛歌で、歌詞の中に仏教用語が漢語のまま持ち込まれて、経典や注訳の原文や経文の比喩などをそのまま縮約して歌謡化したものが多いようである。「覚悟之月」は『法華経』八巻二十八章の各章別の賛歌としての「安楽行品」に悟りを開き、仏の真理を会得した境地を澄み切った月の如く喩えて用いられている。

19、それより生死の眠り覚め覺悟の月をぞもてあそぶ（梁塵秘抄巻二、一二四）

cf、三明告暁照覺月於昏衢者也（本朝文粋巻十四、村上天皇母后卌九日御願文（傍注等略）、二六八⑫）

「覚悟之月」は参考例「覚月」とほぼ同じ意味となる。「覚悟」は迷いを去り、真理をさとるという前の時代に続く、中国語の本来の意味として用いられている。

20、時にあたりて本歌を覺悟す。道の冥加なり、高運なりなど（徒然草、第二三八段）

「覚悟」は記憶、覚えること、つまり本拠となる歌を覚えている。

21、郎従小庭ニ参候之条忠盛覺悟不レ仕（平松家本平家物語巻一、五ウ⑧）

21′、郎従小庭に祗候のこと、忠盛はかくこ仕らず（長門本平家物語巻一、二七⑨）

21″、郎従小庭に祗候の由、全く覺悟仕ず（覚一本平家物語巻一、八七⑩）

「覚悟」に対して『延慶本平家物語』の同じ個所（忠盛昇殿）には次の例の示すが如く「存知」と記されている。即ち「覚悟」は「存知」と同じ意味として使われていることが明らかになる。

21‴、郎従小庭ニ祗候ノ事、忠盛是ヲ不存知ㇾ（第一本、二十ウ⑪）

22、俊憲、一切猿事ナシト申切之条、尊トキ万巻之渡書、併ラ見尽テケリト被覺悟ㇾ。但江中納言ノ被申事、様コソ有ラメト可閣ㇾ歟（延慶本平家物語第二中、四オ③）

「覚悟」は例21と同じく心に悟り知ることを表す。人はある事を悉く悟って見通して対処を行えば、右に言及したが如くそれを忘れないように記憶しておくことはもちろんのこと、更に、進んで積極的に行動して、事前に心の準備をするか、或いは単なる心的用意に留まらず心を決めてかかるかといったような対処の仕方が考えられよう。つまり、意味的に斯様な外延的な繋がりが内在しているようにみえる。

23、此等は本より覺悟の前にて待れば、あながち驚くべきにて候はねども（有朋堂文庫本平治物語巻一、一三七⑬）

「覚悟の前」は「本より」の修飾語の意味を合わせて考えると、あらかじめに心の用意、心構えすることを表す。つまり、人はある事をよく悟り知るならば、自ずとそれにどう対処するかという心構えを事前に持つようになる。「覚悟は一般に、兼《かね》ての覚悟といわれる。兼ての心の用意をして、いかなる事態になっても、うろたえることなく、われなしにならぬことを求めるものである」[8]と述べられているように、例文の「覚悟」に「あながち驚くべきにて候はぬ」というような後接文が続いている所以である。更に、人間の力では出来ないと悟り知ると、それを断念し思い切らなければならなくなるという消極的な心理活動の過程も想定されよう。

次の例の「覚悟」は顧慮、迷いを捨てて思い切って心を決するという意味で用いられている。

24、二千余騎ノ軍兵ヲ卒シテ、五月十日、新宮ノ湊ニ押寄テ、平家ノ方ニハ覺悟ヲ前トシテ責戰フ。源氏ノ方ニハ覺悟ヲ切レトテ、梓ノ真弓ノ弦タリモ無ク、三目ノ鏑ノ鳴ラヌ間モ無ク、一日一夜ゾ戰ヒケル。那智衆徒等多ク被誅テ、疵ヲ被ル者其数ヲ不知（延慶本平家物語第二中、二十四オ④）

cf、大衆二千余人、新宮《ノ》渚《ニ》陣《ヲトル》。（略）源氏《ノ》方《ニハ》角《コソ》切《レ》、平家《ノ》方《ニハ》角《コソ》射《トテ》軍《ヨバヒ》六種震動《ノ》如《シ》（内閣文庫蔵源平盛衰記、熊野新宮軍）

cf、源氏の方にはかくこそ切れ、平家の方にはかくこそ射れとて、軍よばひ六種震動の如し（蓬左本同右、熊野新宮軍の事）

『平家物語』で高野、熊野が合戦の舞台となったのは「熊野新宮戦」だけである。その合戦は主なき戦いであるが、「源氏ト平家トノ国争ヒノ軍」と位置付けられる。その合戦に加わった僧兵間の戦いという場面で用いられている「覚悟」は死に直面することを悟って、それを恐れることなく、積極的に参戦するといった決意を表す。つまり、「覚悟には二面があった。その一面の極限をいさぎよい死の覚悟とすれば、その反面には、常に、生命を賭しても守るべきものを守るという覚悟があった」(9)と理解される。以上、鎌倉時代文献における「覚悟」の意味用法について考察してみたところ、鎌倉時代の「覚悟」は前の時代に続いて中国語の本来の意味を受容した上で、平安時代に新しく生まれた「記憶（する）」という意味が多用されて、中心的な存在となっている。亦、中国語にはなく前の時代にも臨時的な「心構え、心の用意」の意味と「心を決める」という新たな意味も派生するようになった。これは現代日本語の「覚悟」の意味の典拠ともなると考えられる。語形態としては「御覚悟」の続用だけでなく、前出の例12、20の示すように「覚悟ス」という明らかなサ変動詞としての使用も見られる。尚、「不及覚悟」とい

う連語形式が見られるが、意味としては次の例のように、室町時代のそれと異なるように見える。(10)

25、於其方之先例者不及覺悟候（高野山文書四、二〇七⑩）

「不及覚悟」はその目的語たる先例を覚えるに及ばずとなる。いわば、記憶に及ばないという意味として用いられている。

「覚悟」は意味といい語形態といい、一層日本語化が進んだと言えよう。

さて、室町時代に降ると、「覚悟」は如何に用いられるか。次に室町時代文献における「覚悟」に焦点を据えて検討を加えてみよう。

ウ室町時代

先ず『邦訳日葡辞書』に載っている「覚悟」を挙げてみる。

cacugo. カクゴ（覺悟）用意，準備．¶**cacugonomayedegozaru.**（覺悟の前でござる）物事をするための用意が出来ている，または，心積もりをしている（七五）

このように一つの意味だけが記されていて、前の時代と比べて見れば、意味が限定化したように見える。しかし、以下に列挙する具体例の示すが如く、室町時代における「覚悟」は決して右の『邦訳日葡辞書』のように一つの意味に止まるのではなく、前の時代に続いて、その他の意味の存続も確認される。『邦訳日葡辞書』のかかる記述は恐らく編纂者の編集範囲、生活環境、体験などの制約によるところが大きいと考えられる。今回管見した室町時代文献から次のような意味の「覚悟」が検出された。

中国語の本来の意味として前代を受け継いで使われる「覚悟」(11)を挙げてみる。

1、我末法《ノ》生愚鈍《ノ》身《ナレバ》　出離生死《ノ》法《ヲ》覺悟《セズ》（琉球神道記四、三十⑤）

2、七、八巻法花程アランヲハ、一夜見ハ之、文義共ニ翌日ニハ可覺悟ト之被申云々（多聞院日記一、三五九上⑩）

これらの用例は仏法を悟ることを表す「覚悟」と思われる。次に列挙する例は前の時代と同様に古記録、就中公家日記に多用されている記憶、感知するといったような「覚悟」である。

3、抑被軽御衣冠事子細未覺悟、可尋知（宣胤卿記二、三七八⑥）

「御衣冠事」についての子細を「覚悟」せず、つまり、その詳細を覚えていないことである。

4、如此、此間人々称日仏《ヒブツ》、今日予談中院大納言幷左大弁等、此日仏事読様無覺悟、於予所存者、可称日仏歟、両人云、誠無覺悟、只人々申候間奉称云々、次予云、可書日仏之由（親長卿記一、三五下④）

「覚悟」は知識として了解する、知るというような意味で、日記の書き手—藤原親長が「日仏」という読み方について中院大納言及び左大弁に訊ねたところ、「誠無覺悟」との返答でした。つまり、両人ともよく知りませんと答えた。

5、人々参仕難叶歟、第一、内弁如何、仰云、誰人可存知哉、予申云、臨期之儀定参仕事無覺悟（同右三、一一九上⑮）

「可存知哉」という問いに「無覺悟」と答えたため、「覚悟」は「存知」とほぼ同じ意味として用いられている。

6、貞久県主与今参局相論新保庄事、於今参局者、為理運之由、被思食也、但予所存如何之由有仰、予申云、両方之支証等、何方理運之由不覺悟、広可被経御沙汰之由申入了（同右一、二四二上⑧）

「覚悟」は明白、明らかになることを示す。つまり、「両方之支証等」からいずれが道理に叶うことが分からないと解せられる。次の例も同様である。

7、予申云、六位秀才、可着用平絹指貫之事、先非職六位近代誰人出仕哉、又誰人着用哉、不覺悟之間、何体之衣服着用不及覺悟、無相違之由各々申（同右三、一七下⑩）

8、官方申文事、令移端座給之後申之由、予覺悟、前博陸命云、奥座之時可申、於床子間史唯称之声可移端座云々（同右、六三下⑮）

9、年始御会なとハ詩、歌共以さる事多候、可否ハ不存知候先例又不覺悟候（後愚昧記二、一九八⑦）

10、山陵使ハ康永ニ候けると承候、彼此事忘却候、正慶ニ候しハ覺悟候（同右三、二〇八④）

例10の「覚悟」は「忘却」に対して、その反対の意味として記憶することを表す。次の二例も同じ意味で使われている。

11、只今宣旨元長申之趣有其謂、但先規不覺悟、一夜神事歟、三ケ日神事歟、可示給云々、予返答云、於先規不覺悟、当座今案也（親長卿記一、二六三上⑨）

12、予申云、於叙位除目者、関白哀日被憚之、於改元者無其例歟、他公事有例歟如何、於例者不覺悟（同右二、三一九上③）

次の例は上記の『邦訳日葡辞書』に記載されている「覚悟」と同じく、心の用意、心構えという意味で用いられている。確かに右の考察で明らかなように室町時代の「覚悟」は意味が依然として多様化を見せているため、『邦訳日葡辞書』に記されているように一つのみとは言いかねるが、少なくとも記されている以上、その意味は当時としては最も市民権を得たものであるとも言えるのではないか。

13、参内、依召也、有月次御連歌、元長執筆、雖無覺悟、依仰如形勤之（同右二、五九下⑯）

事前に心構えを持たないとはいえ、仰に依って形の如く之に勤めると理解される。彼様な意味の「覚悟」は『応永二十七年本論語抄』にも見られる。

14、使ニユクトモ人カ野心アラハ、此方モ覺悟ヲイタサント云《ヘシ》（応永二十七年本論語抄、子路第十三、五四〇⑤）

15、いつ吹く風の身にしまぬに、今吹く風の身にしむやう、番々や折節に、離れてのけとしむ時は、さて自らは

けふの日を、え過すまいと覺悟あり（説経集しんとく丸、一七七⑥）

今日の日を過すことができまいと、それに対処する心の用意が出来ていると解される。

更に次の例のように、前の時代に新しく誕生した「迷いを捨てて心を決める」という意味の「覚悟」として使われていると思われる。

16、去八日専良房心氣病痛依難堪、可死覺悟ニテ、此ヲ思切テ高野山ヘ被上了、（略）、死去之由昨日告来云々（多聞院日記一、三八九下⑪）

「此ヲ思切テ」の示すが如く、あれこれの迷いを捨てて、死ぬべき決意で高野山へ上ったと理解される。「「死の覚悟」は依然生命へのこだわりを残している。あるいは依然妻子へのこだわりをも残しているのである。できうれば、長生きしたい、できうれば妻子とともにありたいという願いは依然ある。しかし、それらを、覚悟は「思い切」っている。思い切るところに覺悟がある」[12]と指摘されているように、「心氣病痛依難堪」という不如意を思い切って、長生きしたいために積極的に「高野山へ被上了」という行動をとった。次の二例も同じ意味を示すと考えられる。

17、「これは毒ではあるまいか。お覺悟あれや小栗殿。君の奉公はこれまで」と（説経集、をぐり、二四九⑬）

殺される、毒殺されるという「覚悟」、つまり、「死ぬ決意」という意味で使われている。

18、十人の殿原たちは、蓬萊の山の御座敷で、御生害でござあるぞ、御覺悟あれや照手様（同右、二五三①）

19、「いかに姫、御身これまで連れ来たりしこと、余の儀にあらず。あの山の奥に大きなる池あり。年に一度み御供を供へ申せしが、ことしそれがし当番に当りしが、御身を供へ申すなり。覺悟あれ」とぞ申しける。あらいたはしの姫君は、この由をきこしめし、「いかに太夫殿、かねてよりいかなる憂き目にもや、遭ふべき覺悟にて候へども、かかることとは夢にも知らず（同右、まつら長者、三七四⑦）

一つ目の「覚悟」は人身御供として大蛇の餌になることに直面してその「覚悟」をしろ、いわば、「死の決意」を表すが、二つ目の「覚悟」は兼ての覚悟、つまり、兼ての心の用意という意味となる。

今回管見の及んだ室町時代文献における「覚悟」は鎌倉時代の意味を基本的に継承した形で使用されていることが明らかになるが、上掲した『邦訳日葡辞書』の意味注釈が示唆するように、「心の用意、心構え」という意味の「覚悟」が突出するようになっていると言えよう。但し、公家日記などの古記録では依然として鎌倉時代と同様、記憶、感知するという意味が多用されて、古記録の伝承性の強いことを物語っている。語形態としては、前の時代に見えて中国語にはなかった「御覚悟」「不及覚悟」「覚悟の前」の他に、次のようなものも新しく確認できた。

20、覺悟分無御画云々（親長卿記一、二六二上⑬）

21、宣下否、予覺悟分可示云々（同右、二六五下⑬）

22、三位中将与四位参議前後是又如何、（略）御覺悟分被注給候者、可畏存候（宣胤卿記二、一九三上⑤）

23、御覺悟分被勘付給候者祝着候（同右、三五六③）

24、カクコノ外ナヲソロシイアラ波ノヲコランコトヲヲソレテ（詩学大成抄二）

むすび

以上の考察によって次の諸点が判明した。「覚悟」は中国語にその出典を持つ漢語として早くも奈良時代の日本文献に登場するようになったが、漢語という素姓のため、和文には流入できずに、漢字で書き記された漢文及び和漢混淆文にのみ用いられ、就中、公家日記には多用されている。「覚悟」の和漢混淆文での使用及びそのサ変動詞化は日本語における「覚悟」の日常語化を反映していると思われる。

また、語形態としては、「覚悟」は中国語には見られない日本語化した語形が幾通りも見られて、日常語化と意味の変化に伴う多様性を示している。意味は、中国語と比較して分かるように、既に平安時代に中国語にはなかったものが新たに生じ、更に鎌倉時代に下って現代日本語の「覚悟」と同じ新しい意味用法が生まれて、変化を遂げて拡大化を見せるようになった。

何故「覚悟」は日本語において上記のような意味変化が起こったのであろうか。先ず元来の中国語にはなかった「記憶（する）」という意味の産出について考えてみよう。それは上記した日本の古辞書の示すように「覚悟」という二字とも「オホユ」と対応することに一因を求められよう。つまり「覚」と「悟」が日本語では両字とも「オホユ」の意味を表すため、その二字によって構成された「覚悟」の「記憶（する）」という意味の発生は、両字の持っている訓である「オホユ」という意味の結合によるものであると考えられる。それは、平安時代及びそれ以降の古記録、日本人が漢字で日本語の文章を書き記す場合には、漢字と訓の対応関係に基づいて漢字を使用していたという背景があるからである。尚、「覚悟」という二字漢語は和語「オホユ」との間に位相の差が有るだけではなく、意味論的に考えると、二字が共に表す「オホユ」の方が単独の「オホユ」より意味的に強いのではないかとも言えよう。一方、物事を完全に会得、悟得すると、その対処として一つは力の不足を認識して「あきらめる」か、または事前に心の用意、心構えを持って備えるか、更に、あれこれの迷いを捨て去り、思い切ってしまうという心の決意か、といった心性的な行為が考えられる。「覚悟」は「悟る」上での「心の用意、心の決意」といった新しい意味の派生が正にかかる心理的活動を通してできたかと思われる(13)。

尚、「あきらめる」「思い切る」という類義的和語はあるが、

『あきらめ』は（略）、何ものかへの憧憬を持ちつつも、その不如意を嘆く時、その嘆きのうちに次第に定着してくる心のある安定であるが、『覚悟』は不如意の嘆きのただよいが、そこに次第にある安定を沈澱させることを待つのではなく、不如意の嘆きのうちにおいて、すすんで自己制御的に断念を決意するものと言えよう。

　このように、『覚悟』は『あきらめ』とつながる。しかし、『覚悟』は『あきらめ』に対して、自己制御的であり、積極的であり行動的である[14]

と指摘されているように、「覚悟」は「あきらめる」と意味的には重なる部分はあるが、異なるものもある。だから、相互代替できずに張り合って各自の持場を持ちながら、併存しているのである。「覚悟」は「あきらめ」と共に、日本人の基本的心性として、「一朝一夕にできたものではなく、それ自体が深く伝統に根ざすもの[15]」である。ところが、日本人の形而上に関わる思維の根元にある「覚悟」という伝統的で、基本的心性を表すための専用的な和語はなかったように思われる。「覚悟」の新しい意味は正にその表現上の不足を補完するために、漢語である「覚悟」の本来の意味を土台に、必然的に生まれたものであろう。いわば、必要に応じて意味の変化が起こったのである。爾来、「覚悟」は日本人の自己救済、精神的均衡の心を表す上で不可欠で且つ重要な概念として使用され、今日に至っている。「言語はそれを表現・伝達の手段として用いている共同体の文化を自らの構造に反映する象徴体系であり、それが表現・伝達のもっとも重要な媒体となされることによって、それを用いる人たちの思考や行動の様式までを特定の方向に規制しうる[16]」とされるように、日本語での漢語の意味変化に関しては、言語内部の諸現象を重要視するのみならず、言語外部に人間が生み出した文化的所産いわば言語の背後にある様々な文化現象にも留意を要する。

注

（1）相良亨『日本人の心』六章「あきらめと覚悟」一五三頁（東京大学出版社、平八、五刷）

（2）『時代別国語大辞典　室町時代編二』（三省堂、平元）

（3）「「覺悟」亦作「覺寤」①覚醒（例略以下同）②自覚悔悟③啓発・開導④仏教語。謂領悟仏教的真理。」（『漢語大詞

典』漢語大詞典出版社、一九九二）
（4）張涌泉『敦煌俗字研究』五六五頁（上海教育出版社、一九九六）
（5）「覺悟　①眠りからさめること。目覚めていること。目がさめていること。（例略以下同）②真理を体得してさとりの知恵を得ること。さとること。さとり。③徹してさとること。通達すること。④さとった。⑤さます。⑥理解させること。」「覺寤　①目覚めること。②さとること。」（中村元著『仏教語大辞典』東京書籍、平三、四刷）、「覺悟　会得真理也。開真智也。」（丁福保編纂『仏学大辞典』文物出版社、一九九一、二刷）
（6）小島憲之『上代日本文学と中国文学中』第五篇「万葉集の表現」一〇三六頁（塙書房、平五、七版）
（7）中村璋八・島田伸一郎『田氏家集全釈』二〇一頁に「覺悟」について「予め心構えして」と註釈されている。（汲古書院、平五）、小島憲之監修『田氏家集注』巻之中、一五九頁に「「覚悟」は（以前の間違いを）悟った、分かった、の意」とある。（和泉書院、平四）
（8）同注（1）一七九頁
（9）同注（1）一八一頁
（10）「覚悟に及ばず当面する事態が、予測だにしなかった、意表外のものである」。（同注（2）一二二頁）
（11）財団法人明治聖徳記念会編『琉球神道記』（明世堂書店、昭十八）
（12）同注（1）一七八頁
（13）「覚悟」の類義語としての「あきらめる」は古くは「よく分かる、明らかになる（する）」意味で使われて、近代に入って現代日本語のように「断念する、思い切る」意でだけ用いるようになった。「あきらめる」と「覚悟」は本来の意味が酷似し、現代日本語に於いても類義語的な関係を成しているとされる。遠藤好英の「あきらめる（諦める）あきらむ（諦む）だんねんする（断念する）」（『講座日本語の語彙9』明治書院、平三、再版）についての研究に依れば、両語は似通った意味変化の過程を辿ったように見える。
（14）同注（1）一七六頁
（15）同注（1）一五三頁
（16）池上嘉彦『詩学と文化記号論』一四頁（講談社、平四）

第四項　「遠慮」について

はじめに

「遠慮」は、「人に対して控え目に振舞うことをいう。禁止することを婉曲にいう場合に用い、たとえば「おたばこはご遠慮ください」のように表現する。また、人に物をすすめるときのあいさつ語として、「どうぞ、ご遠慮なく」のようにいう」[1]と記されているが如く、間接、婉曲、待遇表現として現代日本語において「いろいろに使える便利なあいさつ語」[2]である。日本語の特質の一つとして婉曲、間接表現の好みや敬語表現の複雑が挙げられる。「遠慮」はこのような特質を理解する上で、鍵言葉の一つであると言えよう。

「気がねして言動を控えめにすること」[3]などのような意味として現代日本語にあっては「遠慮」が使用されている。さて、斯様な意味用法はその出自となる中国語から受容したのか。さもなければ、日本語に入って何時の時代、如何なる文献、どのようなプロセスを経て、亦、どういう要因の介在によって生じたのか。以下、その諸点を巡って考察を進めていくこととする。

先ず、「遠慮」のよみについては次に挙げる中世の古辞書に拠れば「ヱンリヨ」と字音よみすることが明らかになる。

短慮《タンリヨ》　遠慮《エン》　論語人無《レハ》二――一必有《ス》二近憂一（中世国語資料陽明叢書14下学集巻下、六オ②）

遠慮《ヱンリヨ》（運歩色葉集、四〇一⑤）

遠慮《エンリヨ》（明応五年本節用集、一五三⑥）

遠慮《エンリヨ》（塵芥下、八三オ⑤）
遠慮《エンリヨ》　或ハ作延慮誤也（大谷大学本節用集、七一①）

但し、今回管見に及んだ中世以前の古辞書には「遠慮」の所載が確認されなかった。それは恐らく「遠慮」が未だ一字音語としては成立に至っていないからであろう。これについては次に列挙する古文献の「遠慮」に付いている即字即意的な訓よみからも察知されよう。つまり、「遠慮」は、日本語に流入した当初は連語形式として採用、登録されたが、中世以降に下ると、一漢語として辞書に収録されうるほど熟度が高まったため、定着に至ると考えられる。

・願《ネカハクハ》　深《フカク》謀《ハカリ》　遠《トヲク》慮《ハカリ》テ（京都北野神社所蔵兼永本日本書紀、景行天皇四十年）
・所謂一无《ノハ》　遠慮《キリ》有《トイムハ》　近憂《キヘ》一（真福寺本将門記、四九八）
・深《ク》-図《ハカリ》　遠-慮て（久遠寺蔵本朝文巻二一、六六⑬。表記変更有り、平仮名はヲコト点、以下同）
・子曰人而《シトキンバ》　無遠《キ》-慮《リ》必有近《キ》-憂《ヘ》（金沢文庫本群書治要巻九、論語、四二八）
・苟《モ》安《シ》無《キソ》二遠-慮《カリ》一（同右巻八、周書、二二一）

の如く、訓合符や傍注から名詞句としては「遠キ慮リ」、動詞句としては「遠ク慮リテ」と訓よみされることが分かる。「遠慮」は、上記の『日本書紀』の例のように夙に奈良時代日本語に入って使われるようになったが、よみとしては訓よみと音よみという時代による差異が存すると言ってよい。この点については以下の考究を通して明らかにしたい。

（一）中国文献における「遠慮」

日本語における「遠慮」の意味用法が変わったか否かについては、先ずその典拠となる中国語では如何に用いられるか、いわば、日本語に進入する前に中国語としての本義は如何なるものかを明らかにする必要がある。従って、この項では、中国文献における「遠慮」を取りあげてその意味用法について検討を加えよう。先ず『史記』に見えた三例の「遠慮」を挙げてみることにする。

1、適戎之衆、非抗於九国之師、深謀遠慮、行軍用兵之道（史記、秦始皇本紀）

「遠慮」はほぼ「深謀」と同じ意味として遠い先を考えることを表す。

2、非儔於九国之師也、深謀遠慮、行軍用兵之道、非及郷時之士也（同右、陳渉世家）

「遠慮」は例1と同様に、「行軍用兵」の道として先々のことを謀るという意味で用いられている。

3、鼂錯為国遠慮、禍反近身（同右、呉王濞列傳）

例1、2と変わらずに国の為に遠い先のことを考えるという意味の「遠慮」となる。尚、『史記』には「遠慮」とほぼ同意味の類似的な表現も見られる。例えば「深謀遠慮」に対して「深謀遠計」が見られる。

・大夫種為越王深謀遠計、免会稽之危（同右、範雎蔡澤列傳）

更に、「遠慮」を「慮遠」に反転させた用例も検出できた。

・非編列之民、而与巴蜀異主哉、計深慮遠、急国家之難（同右、司馬相如列傳）

このように「遠慮」の順序を逆にして「慮遠」が出来たのは「遠慮」が一語としての熟度の弱いことを物語ることになる。だから、如上の考察で明らかになったように、日本語に登場した「遠慮」も最初は一熟語として字音よみするのではなく、連語形式として訓よみしたという過程が認められるのである。

亦、「遠慮」のバリエーションとして「思慮遠」や「遠思慮」といった表現も存在する。

・夫鉄剣利則士勇、倡優拙則思慮遠、夫以遠思慮而御勇士（同右、範雎蔡澤列傳）

『史記』に使われているような「遠慮」は春秋戦国時代の文献に遡って確認できる。

4、子服恵伯曰、君子有遠慮、小人従邇（春秋左氏傳、襄公二十八年）

君子は遠き慮り有り、小人は近きに従うとされる。つまり、君子は遠い先のことを深く考えるものであり、小人は目前のことしか考えないものだと解せられる。『史記』における「遠慮」は例4を受け継いでいるものである。

5、子曰、人而無遠慮、必有近憂（論語、衛霊公）

「遠慮」が「近憂」と対を為して用いられる初出例と見られる。これを嚆矢に爾来「遠慮」と「近憂」とが対表現として慣用的に使われるようになる。例5は上記の中世古辞書の示すように、日本語に伝わった「遠慮」の出典とも考えられる用例であり、日本文献では度々そのままかまたは多少手を加えた形かで使用されるのである。意味は例4と同じである。尚、『史記』以降の文献においても「遠慮」は依然と『史記』のそれと変わることなく用いられている。それは下記の具体例から判明する。

6、然猶深思遠慮、安不忘危（後漢書、和帝紀）

7、深思遠慮遂放湘南（文選序）

8、且世俗常人、心無遠慮情在告訐（貞観政要、五論誠信第十七）

9、小人無遠慮、特欲倉猝之際（宋、蘇軾、司馬温公行状）

10、吾乃知老成遠慮、勝少年盛気多矣（清、紀昀、閲微草堂筆記）

以上の考察を通して中国文献における「遠慮」の意義については、次のように記述できるかと思われる。

・先々のことを深く考えること(4)

という一つとなる。将来のこと、遠い先を見通して考える。つまり、事柄を対象にのみ用いるという意味特徴が見られる。現代日本語のように人間に向かって用いられる「遠慮」は検出できなかった。尚、今回調査で得た「遠慮」の残りの用例を検討してみたところ、いずれも右のような意味を表すと判断される。しかし、上記の現代日本語の如き「遠慮」は確認できなかった。即ち、現代日本語の「遠慮」の意味用法はその出自となる中国語からの摂取ではなく、日本語に流入してから発生したものと言ってよい。但し、それは如何なる文献でいつの時代からか。以下、日本文献における「遠慮」を取りあげてそれについて検討してみる。

(二) 日本文献における「遠慮」

日本文献について時代別、文章ジャンル別に調査を行ってみたが、「遠慮」の日本文献における使用状況については左掲の表の通りとなる。

表

用例数	文献	文章ジャンル	時代
1	日本書紀	漢文	奈良
1	続日本紀	漢文	平安
1	類聚三代格		
5	日本三代実録		
2	政事要略		
1	日本紀略		
1	真福寺本将門記		
1	小右記		
1	経国集		
1	都氏文集		
1	江吏部集		
1	久遠寺蔵本朝文粋		
2	本朝続文集		
18	計		
5	吾妻鏡	漢文	鎌倉
8	鎌倉遺文		
1	猪隈関白記		
1	玉葉		
3	勘仲記		
1	有朋堂文庫本保元物語	和漢混淆文	
4	正法眼蔵・正法眼蔵随聞記		
23	計		
1	園太暦	漢文	室町
4	多聞院日記		
1	親長卿記		
5	太平記	和漢混淆文	
1	尊経閣文庫本堺記		
1	今川了俊制詞		
1	竹馬抄		
3	毛詩抄		
1	漢書抄		
2	日本書紀兼具抄・桃源抄		
3	室町物語		
4	エソポのハブラス		
27	計		
69	合計		

表から次のことを言うことが出来よう。「遠慮」は早くも奈良時代の文献にその所用が見えて、日本語への進入が早かったことが分かる。(5) 亦、漢語の素姓のため、仮名を主として使う和文には所在が見られず、漢文、和漢混淆文にのみ用いられて、文章ジャンルによる使用上の差異があるように見える。更に、平安時代までは漢文の世界に限って使用されて、書記するための用語という性格だったかと推定される。しかし、鎌倉時代に下ると、完成期を迎えた和漢混淆文にもその構成語彙の多様性によって用いられて、書記的用語の域を出て日常用語に近い性格が具わるようになったかと思われる。

次に時代別、文章ジャンル別に具体例を抄出して日本語の「遠慮」の意味用法について考えてみる。先ず、奈良時代文献から検出できた「遠慮」の用例を挙げてみるが、今回調べた限りの奈良時代文献にある「遠慮」は次の一例のみとなる。それは中国文献に多用している「深謀遠慮」という語形式として用いられる。つまり、先ず語形としては中国語を継承したものと言えよう。

1、願《ネカハクハ》　深謀《フカクハカリ》　遠慮《トヲクハカリテ》テ　探レ姦《カタマシキヲ》テ　伺レ変《ソムクヲ》　（京都北野神社所蔵兼永本日本書紀、景行天皇四十年）

語形のみならず、意味も遠い将来のことをよく考えることとし、中国語の意味を襲用している。平安時代に下っても奈良時代に続いて、次の例の如く、如上の中国文献に見えた「深謀遠慮」「深思遠慮」をそのまま受け継ぐか、亦、その変形として「深図遠慮」「遠慮深謀」か、更に「深謀」の「謀」を「悲」に置き換えて、「深悲遠慮」という本来の意味には拘泥せずに、形態のみの整合性を求めようという用例も見られる。

2、陳二上深謀遠慮一。爰下二公卿一。更相評議（日本三代実録巻十一、一五九③）

3、察二其形勢《シノヲ》一。深思遠慮《クヒクリテ》（続日本紀巻十二、一四五②）

4、伏惟。大府深思二遠慮一。再三反覆（政事要略、二四五⑬）

5、伏望《テマクは》深‐図《クハカリ》遠‐慮て勿三廃‐失《レスル》此賓‐館を一（久遠寺蔵本朝文粋巻二、六六⑬）

6、遠慮深謀、起二一伽藍一（政事要略巻二十九、一九八⑭）

7、其願文曰。深悲遠慮。調御用レ心。勝利常行（日本三代実録巻十一、一六一④）

のように、四字の結合による語形式として使用されている「遠慮」の他には単独で用いる「遠慮」も有り、意味は中国語のままとなる。

8、細民之愚昧二於遠慮一（略）。開二発田疇一。穿レ渠引レ水。霑潤之漸遂及レ壊レ堤（類聚三代格巻十一、三二四⑭）

9、彰二大相之遠慮一。歴二千秋而長伝一（日本三代実録巻二十九、三八三⑭）

10、感神天皇。遠慮二斯基一（同右巻五、七三⑩）

とあるが、意味はいうまでもなく、本来の中国語と同様に将来、遠い先に対して使われている。残りの平安時代文献における「遠慮」について検討してみたが、いずれも上掲の用例と同じように用いられると判断される、ところが、下記の『小右記』には右に列挙した用例を異にして、人間をその対象に用いる「遠慮」も見られる。

11、藝耕春業増以寸（欠字）之煙、薬圃秋欄添以一滴之露、適此微情答彼遠慮（小右記六、二三六④）

「微情」に対して「遠慮」、「彼」に対して「此」が対偶的に用いられている。「此の微情」を以て「彼の遠慮」に答えるという文脈から「遠慮」は、それと呼応する「此の微情」を合わせて考えると記し手への深い配慮、心遣いに近い意味で用いられるように見える。つまり、「人のために、人に対して」という新たな意味素が生じたと考えられる。因って、「先々のことを深く考えること」という本来の意味には人のために深く気遣ったり、心を用いたりするという意味合いも付加、内包されるようになるかと思われる。但し、かかる「遠慮」は管見に及んだ平安時代文献には一例しか見出せなかったのである。

平安時代文献における「遠慮」は右の考察にて明らかになるように、基本的に奈良時代に続いて中国語の意味用法をそのまま受け継いでおり、又、よみとしても上記の例、就中例5に付いた訓合符と傍注の示すが如く、即意的に訓よみされて一漢語の形成には未だ至っていないことが言えよう。さて、鎌倉時代文献では「遠慮」はどのように用いられているのか。以下、漢文と和漢混淆文に見えた「遠慮」を別々に取りあげて、その意味用法について検討を加える。先ず、漢文として一番多く用例を検出した『吾妻鏡』の五例の「遠慮」を全部例示して考えてみよう。

12、雨鬼窪小四郎行親為使節下向鎮西被遣御書於参州。是追討可廻遠慮事（新訂増補国史大系吾妻鏡前篇、一四二⑭。返点等略。以下同）

・被《ル》レ遣二御‐書《ヲ》於参州《ニ》一是追《レ》‐討可レ廻《キ》二遠《メクラスエン》‐慮《リヨヲ》事（振り仮名つき寛永版吾妻鏡巻四、一六⑱）

13、其外朝家大事等指合。件事等。廻遠慮不事闕之様（新訂増補国史大系吾妻鏡前篇、三二五⑭）

・其《ノ》‐外《カ》朝《ノ》家大事等《トウ》。指《サシ》‐合《アフ》事等。廻《メクラシ》二遠慮《リヨヲ》一不《ルノコト》二事‐闕《カカ》一之様《ヤウニ》（振り仮名つき寛永版吾妻鏡巻九、一一㉑）

14、有沙汰。及此御書云々。于時公成遠慮可然歟云々（新訂増補国史大系吾妻鏡前篇、三七〇④）

・有二沙《テ》‐汰。及《ヲヨブト》二此《ノ》御書《ニ》一云々。于レ時《ニ》。公《キン》‐成《ナリガ》遠《エン》‐慮《リヨ》。可レ然《ベキ》歟《ルカト》云々（振り仮名つき寛永版吾妻鏡巻十、五⑨）

15、申云。数日令逗留彼国。廻遠慮分遣郎従等於方々（新訂増補国史大系吾妻鏡前篇、五五九④）

・申《シテ》‐云《ク》。数日令《シメ》レ逗《トウ》二‐留《リウセ》彼国《ノ》一二。廻《メグラシ》二遠《エン》慮《リヨヲ》一分《ワケ》二遣《ツカハシ》郎《ラウ》‐従《ジユウ》等《ラヲ》一（振り仮名つき寛永版吾妻鏡巻十六、九⑧）

16、被蒙勅裁。是依為泰衡管領跡也。而令廻関東長久（関東長久か、筆者注）遠慮給之餘。欲宥怨霊云（新訂増補国史大系吾妻鏡後篇、四〇七⑨）

・被《ル》レ蒙《ラ》二勅《チヨク》裁《サイヲ》。是依《レ》レ為《ルニ》二泰衡管《ガクワン》‐領《ノアト》跡一也《ナリ》。而令《メ》レ廻《メグラサ》二関東長《ノ》‐久遠‐慮《ヲ》一給《フノ》之餘《リ》。欲《ス》レ宥《ナタメント》二怨《ヲン》‐霊《レウヲ》一（振り仮名つき寛永版吾妻鏡巻三十九、四⑬）

のように、五例中の四例は、今回調査した限りの中国文献及び前の時代文献には確認できなかった、「遠慮」が「廻」と結びついた「廻遠慮」という連語形式となる。一方、中国文献及び前の時代文献に多く見えた「深謀遠慮」という表現形式は管見に及んだ鎌倉時代文献からは検出できなかった。鎌倉時代に新たに形成した「廻遠慮」は室町時代文献にも見られて、受け継がれているのである。だから、『邦訳日葡辞書』にもそれが掲げられているのである。「遠慮」のよみについては、次に挙げる和漢混淆文に「遠慮ス」というサ変動詞として使用される例を合わせて考えると一漢語としてすでに熟合できて、音よみするのではないかと推断される。但し、意味は形態、よみによって変わったわけではなく、依然と前の時代と同じだとされる。が、例16は幾らか異なった様相を見せている。「廻関東長久遠慮」のように「長久」という修飾語を受けて用いられている。「長久」の表す意味が「遠慮」の「遠」と重複することになるため、「遠慮」はここでは「遠」字の本来の意味が稀薄となって、「慮」の意味を中心に使われているように思える。後世に現れる「遠慮深い」という表現も同様に考えることが出来よう。これは亦、現代日本語のような意味変化の発生に至るまでの一過程としても考えられよう。このことは「遠慮」が一漢語として音よみするようになったことにも関わるようである。換言すれば、一漢語になってはじめて斯様なことが起こり得たのであろう。残りの例14は前々日の「公成自奥州参上。是一旦遁兼任之囲。可廻計於外之由」といった行動を認めて「遠慮」が使われている。つまり、「公成自奥州参上」は先のことを深く考え、見通して行ったのであると解される。

17、勅、従一位藤原朝臣、省表具之、公茂続（績か）稾家、洪勳被世、遠慮露潔、添徳潤於一天（猪隈関白記一、一三④）

「遠慮」は前文の従一位藤原朝臣辞表中に謙って使った「臣之短慮」に対して、その藤原朝臣を讃美するための言い回しである。つまり、先々のことを見通して深く考えるということを言う。一方、次の「無遠慮」は日記の記し手が謙遜の表現として「短慮」と類義的に用いたのである。

18、臣謬冠朝廷之殊奨、忝履凾相之高位家有余慶、叨雖荷天子之寵、身無遠慮、未能問漢丙之牛（玉葉三、三七下⑬）

しかし、次の「無遠慮」は、文字通り「遠慮無い」こと、つまり、遠い先を考えない、換言すれば、軽率且つ理非で前後を顧みない、無鉄砲という意味で用いられて、現代日本語における挨拶ことばとしての「御遠慮無く」と形態は似通っているが、意味は異なるものであると見做される。

19、可謂自業自得歟、無遠慮之条不便々々（勘仲記一、一四二下⑪）

20、是偏満山之衆徒無遠慮、非道之結構令張行之故也（同右、二四二下⑨）

次に同時代の和漢混淆文から検出した五例の「遠慮」を全部挙げて考えてみる。

21、汝負けば憑め、助けん、我負けば、汝を憑まんなど約束して、父子立別れてかおはす座らんと思案して、番ひたる矢を差脱す遠慮の程こそ神妙なれ（保元物語、白河殿攻め落す事）

「遠慮」は先のことを深く考えるという意味で、同時代の漢文と同じく使われている。

22、もとよりなかりつる空花のいまあると学するは、短慮少見なり。進歩して遠慮あるべし（日本思想大系正法眼蔵、第十四空華、一五二⑰。傍注略。以下同）

「遠慮」は前文にある「短慮」と対義的に用いられて、遠く思慮を巡らすことを表す。つまり、空華が今あるのだと学ぶのは思慮が浅く、考えが狭い。歩を進め遠く思慮を廻さねばならないと解釈される。

23、このゆへに近里遠方、おなじく奇妙なりと讃歎す。まことに此娑婆世界に比類すくなしといふとも、さらに他那裡に親族のかくのごとくなる種胤あらんことを莫怪なるべし、遠慮すべし（同右、第十九古鏡、二三九⑧）

「遠慮」はここでは明らかにサ変動詞として使用されて、完全に漢語の一熟語となって、日本語への同化を遂げたと言ってよかろう。現代日本語に使われている「遠慮する」は鎌倉時代にまで遡行することが出来る。しかしながら、語形態と違って、意味は現代日本語のそれではなく、本来の深く考えるということを示す。つまり、このような種族があるのだということを怪しんではならない。広い立場から深く思案しなければならぬとされる。

24、これ外道のすぐれたるにあらず、祖師に遠慮なきにあらず（同右、第二十五渓声山色、二九六⑭）

「遠慮無き」は漢文に見えた「無遠慮」を翻案したものと考えられる。先を見通す思慮がないという意味を表し、現代日本語の「遠慮無く」と意味を異にする。下記の「無遠慮」も同じことを言えよう。

25、人多ク不二遁世一、似レ貪二我身一、不レ思二我身一也。是即無二遠慮一也（日本古典文学大系正法眼蔵随聞記第三、三七一⑤）

上の考察で鎌倉時代文献における「遠慮」は、使用範囲としては前の時代より拡大して和漢混淆文にも用いられるようになったが、意味としては決して使用範囲の広まりに伴って変わったのではなく、漢文と共に前の時代のままを継受していることが分かる。亦、サ変動詞としての「遠慮す」は確乎たる例としてはじめて和漢混淆文に現れたが、それは品詞の変化に止まり、意味への影響を及ぼすには至らなかった。

以上、鎌倉時代までの「遠慮」を巡ってその意味用法について検討したが、現代日本語のような意味はまだ派生していない。即ち、鎌倉時代までの「遠慮」はよみと品詞の変化を見せたものの、中国語の本来の意味をほぼ変わることなく踏襲していたと見られる。但し、上に言及した『小右記』の例11のように事柄に対して使うという中国語元来の用法と異なって、人のために、人に対してという人間を対象に用いる例もある。かかる「遠慮」は現代日本語のような意味発生の契機とも考えられよう。以下、室町時代文献に目を転じてその「遠慮」の意味用法について考察を施す。

上記の室町時代成立の古辞書に拠れば、「遠慮」は既に漢語の熟語として収録され、音よみされていることが分かる。また、『邦訳日葡辞書』にも掲載されている。それは鎌倉時代に「遠慮」が已に連語形式から一つの熟語に変容したという背景があるためである。

Yenrio. エンリヨ（遠慮）Touoqi vomonbacari.（遠き慮り）将来のことを考えめぐらすこと，または，将来に備えて用意すること．¶ Yenriouomegurasu.（遠慮を廻らす）今にも起って来ようとしていることに心を配る，または，

将来に備えて用意する（邦訳日葡辞書、八二〇）

と記してあるように、基本的に前の時代の意味と変わらずに用いられると考えられる。(6) 本来の意味として「先々のことを深く考える」とすれば、ただ慎重に思慮をめぐらすだけではなく、自然に備えや用意という行動にも出るのであろう。そこで、「将来に備えて用意すること」という注釈は生まれ得たと思われる。つまり、深く考えて慎重を期して積極的に言動を採れば、「将来に備えて用意すること」に繋がるが、深く考えて慎重の度を過ぎると言動が自ずと控え目になるかと考えられる。その控え目な言動は人に向かって行えば、人を傷つけないように心を配ったり、気を使ったりするが、一方、事柄を対象にすれば、行動の猶予、事の辞退という慎重になって対処すると想定される。次に挙げる室町時代の漢文に見えた「遠慮」は出来事の施行を猶予したり、断ったりする意味で使用される例である。

26、小五月銭用捨之分斎事、御門跡へ可伺申之由妙ヨリ被申間、尋申処、専当・本承仕・侍ノ住宅此分ハ遠慮理運也、自余ハ号所々不立之旨被仰出了（多聞院日記一、六七下⑨）

27、去年於柿森八条庄納分四十余石納置之処、従金吾不例ニ六斗ツヽ被取了、損亡之間寺門へ詫言之処、種々ノ儀ニテ十四石遠慮、則七貫文ノ請取成身院ヨリ沙汰之、先以祝著了（同右、一四七上⑧）

28、先以用水ヲ一円ニ小宅へ三个日分令遠慮、可遣之由被申候（兵庫県史、史料編中世三、鵤荘引付、五二一上⑩、永正十一（一五一四）年）

のように、以上見てきた国、政治などの漠然たる大事という対象と相違して、「此分」「十四石」「三个日分」というように、極めて具体的な対象と共起して、それらを「遠慮」する。つまり、状況に思慮を廻し慎重を期して「此分」「十四石」「三个日分」を辞したりすることを言う。それに対して下記の例は本来の意味のままで用いるものとする。

29、又世上物忩之基歟、只無遠慮之故也（園太暦三、一一〇⑭）

世間の物騒は先のことを深く思慮していないためだと解せられるように、「遠慮」は前の時代の意味を受け継いでいる。次の二例も同様である。

30、此上者不能左右歟、無遠慮事也、神慮又如何（親長卿記三、一七七上⑪）

31、如此遠慮忝事也、此被仰事ハ一々尤也（多聞院日記四、三二上②）

室町時代の漢文における「遠慮」は前の時代に続いて中国語の本来の意味を継承した上で、それを踏まえて、慎重に事に備え、対処することから事の実施を控え目にして断ったりするという意味が新たに派生するようになったと言えよう。

さて、同時代の和漢混淆文に所用の「遠慮」は如何であろうか。先ず、『太平記』に検出できた五例の「遠慮」を挙げて考えてみよう。

32、御辺モ能々遠慮ヲ回シテ、何ナル方ニモ隠忍歟（日本古典文学大系本太平記巻十、三五〇⑤）

32′、御辺もよくよく遠慮を廻らしていかなる方にも隠れ忍ぶか（新編日本古典文学全集太平記巻十、五二四⑩）

32″、ごへんもよく〳〵ゑんりよをめくらして、いかなるかたにも、かくれしのぶか（土井本太平記巻十、九八〇）

「遠慮を廻（回）らす」という形を取って、上記の『吾妻鏡』に現れた「廻遠慮」を訓読して受け継ぎ、それと同じ意味を示す。つまり、お前もよくよく将来のことを考えて、どこかへ身を隠すかとされる。次の例も同様な語形となる。

33、能々遠慮ヲ被レ廻テ、公議ヲ可レ被レ定ニテ候（日本古典文学大系本太平記巻十六、一五〇⑩）

33′、よくよく叡慮を廻らされ、公義を定めらるべく候ふらん（新編日本古典文学全集太平記巻十六、三〇三④）

33″、よく〳〵ゑんりよをめくらされてこうぎをさためらるへきにて候（土井本太平記巻十六、八六二）

天正本を底本とする『新編日本古典文学全集太平記』を除いて、管見に入った他の『太平記』諸本はいずれも「遠慮」となっているが、「遠慮」が「叡慮」に置き換えられて併用されている以上、両者が類義的関係を為すことは疑いを入れられないであろう。「叡慮」は、帝のお考え、いわば、敬意を表す表現として「遠慮」に取って代わって、使用されているのである。何故、斯様な併用が出来たのか。それは、「遠慮」が一語化によって「遠」の実質的意味が失せて、希薄な形式的用法へと転じて、「慮」の意味のみが浮き彫りになった故であるかと見られる。彼の様相は上に触れたように已に前の時代に現れている。残りの『太平記』の三例とも右の二例と同じく用いられている。

34、一儀其謂アルニ似タリトイヘ共、猶遠慮ノ不レ足ニ当レリ（日本古典文学大系本太平記巻十七、二〇九④）

35、瓜生判官是ヲ見テ、元ヨリ心遠慮ナキ者ナリケレバ、将軍ヨリ謀テ被二申成一タル綸旨トハ思モ寄ズ（同右、二一六⑪）

36、是非ノ遠慮ヲ廻サル、マデモナク、纔ニ郎従百餘人ヲ行ツレタル旅人ノ様ニ見セテ（同右巻三十三、二六四⑤）

ところが、同じ『太平記』には上に例示した五例の漢語熟語としての「遠慮」と異なって、本来の連語形式として訓よみした例も一つ検出できた。何故そうしたことが起こったのか。それは、前掲した『論語』の例や古辞書の注釈を見れば明らかであるように、「人而無遠慮、必有近憂」という対句表現は慣用的、定型的なものとなったためであろう。その意味はほかでもなく中国語本来のままである。つまり、上記の五例とは語形態もよみも相異なっても、意味については殆ど変わらないのである。

37、人而無《ナキトキハ》二遠慮《トホキオモンバカリ》一必《ラズ》有《リ》二近憂《チカキウレヘ》一トハ如二此ノ一事ヲヤ申ベキ（日本古典文学大系本太平記巻三十八、四二八⑩）

37′、人として遠き慮なき則んば必ず近き憂へありとは、これ体の事をぞ申すべきと（新編日本古典文学全集太平記

巻三十七、三四〇③）

37″、人として、とをきおもんばかりなきときは、かならす、ちかきうれへありとは、かくのこときの、ことをや申へき（土井本太平記巻三十八、一〇七五）

次に列挙する他の和漢混淆文の「遠慮」は『太平記』と同じ意味であろう。

38、一朝の忿を以て上方の素意を被レ掠申事、似三無二遠慮一と被仰ければ（尊経閣文庫蔵堺記、五四）

39、万事に遠慮あるべきなり（竹馬抄、七二）

40、維此聖人。瞻言百里。維此―聖人と云者はちやつと物をみて云事が千里万里のさきの事をちやつと云ぞ。思案して云ぞ。遠慮する事ぞ（毛詩抄巻十八、二二五②）

例40のように、「遠慮」はサ変動詞として千里万里のさきの事を思案することを表す。正に品詞、よみが変わったにもかかわらず、本来の意味とは変わらない好例である。更に、「遠慮」の音よみで一語化したことによって、又、「無遠慮」という語形態として多用されていることもあって、「無遠慮」つまり「遠慮無シ」という句形式まで音よみして一漢語化を遂げた例も確認できた。「遠慮」の日本語での同化度が高かったことを浮かび上がらせている。

41、女は智恵浅う、無遠慮（buyenrio）なによって、他に洩らいて仇となるぞ（大英図書館所蔵本エソポのハブラス、四三八⑲）

「無遠慮」は音よみにはなったものの、意味は「Buyenrio. ブエンリョ（無遠慮）将来に対する用意があまりなされないこと，または，将来に対して思慮もせず，用意もしないこと」（邦訳日葡辞書、七〇）とあるように、本来のそれと基本的に一致すると見られる。

尚、同じ室町時代の和漢混淆文には上記の「遠慮」と違った意味のものも見られる。それは『鴉鷺物語』にある

「遠慮」である。『鴉鷺物語』は室町時代中期頃成立、人間以外のものを擬人化させた異類物に入る軍記物の一つとする鴉鷺合戦物語である。その二例の「遠慮」を抄出して検討してみる。

42、真玄「さては我を嫌ふごさむなれ。其儀ならば押し寄せて奪ひとりて恥を与ふるか。言ひかくるこそ不祥よ」など、逢ふ者ごとに向かひて遠慮もなく荒言をぞ放ちける（新日本古典文学大系室町物語集、鴉鷺物語二、九七⑰）

42′、真玄、さては、我をきらふ、こさむなれ、其儀ならは、おしよせて、うはひとりて、恥をあたふるか、いひかくるこそ、ふしやうよなと、あふ者ことにむかひて、ゑんりよもなく、くわうけんをそ、はなちける（室町時代物語大成、鴉鷺物語、一二三上⑯）

「遠慮」は、右掲した『小右記』の用例と同じく人を対象に用いて、「言い隠すことが不幸だ」という前文と「高慢で大げさな言葉を言い放った」という被修飾文とを合わせて考えれば、控え目に行動を慎むことを示していると見て取れる。つまり、逢う者ごとに憚ることなく口に任せて言いたい放題だったと解される。亦、よみは異本に拠れば、音よみであることが明らかになる。

例42の「遠慮」は、先々のことを深く考えるという本来の意味を踏まえて、深く考えれば、慎重を期して対処するということにもなり、それをもとに言動を控え目に慎むという意味が新しく派生してきたと言えよう。つまり、他人に対して先のことを深く考えるとすれば、慎重を期して言動を取る気持ちも生じてくるため、その人に心を配ったり気遣ったりして、言動が控え目になるという心的活動の過程が考えられる。かかる「遠慮」は打ち消し表現「なく」と共起して使われていることにも注目に値すべきである。更に、このような中国語にはなかった新しい意味の発生は、平安時代までのような訓よみした連語形式にはできず、音よみした漢語熟語になってはじめて可能ならしめたといったよみの変化が前提条件となると言ってよい。

室町時代以降に下っても上のような変化義を表す「遠慮」が存在する一方、本来の意味で所用する「遠慮」も依然として見られ、よみによる両者の意味上の差異を見せている。言い換えれば、よみによって、意味の違いを弁別しようという意識が感知される。それのみならず、意味の変化も止まることなく続いていると言える。更に意味変化に伴って新たな語形態も形成した。以下それらの点について室町時代以降の文献に見えた「遠慮」を挙げて考える。

43、「されば、私も左様に存て、今日はこなたと相談に参つた、いかに念比な中じやと申て言いにくい談合が御座る「これは何と、あらたまつた事で御座る、何なりとも遠慮なふ仰られ「それならば申ましよ（新日本古典大系狂言記狂言記拾遺、盗人連歌、四七五上③）

「遠慮」は、例42と同じ用法で、人つまり話し手の自分に対して打ち消しの形で会話文に使われて、完全に日常用語になったと言えよう。言いにくいことを憚りも気兼ねもなく仰ると解かれる。次の例も同様に用いられる。(7)

44、「夫は一段と能らう。遠慮なしにいふて見よ」（岩波文庫大蔵虎寛本能狂言中、鬮罪人、四四七⑨）

45、但それは主もたぬ大名の事、一万の人数を引きまはせども、大将を持て其先をする人は、敵にむかひ、余り遠慮だていかゞなり。其いわれは、いたらぬ者共、侍大将の遠慮するを、敵におぢると思ひ、めしつるゝ惣軍が気遣をし敵におぢ、味方の威勢よはくなるなり（甲陽軍鑑下巻十四、七二④）

例45一つ目の「遠慮」は、その様を殊更に示すという意味の和語接尾辞「だて」と結び付いていることがその日本語化の徹底振りを物語っており、慎重で控え目に行動している様子を表す。二つ目の「遠慮する」は行動を慎むの意味で用いられている。つまり、味方の大将が余りに慎重に行動すると、「敵におぢる」と思われると解される。

46、某身の行、領国の政、諸事大小によらず、少しも宜からぬ儀、又各存寄たる儀、遠慮なく其儘可レ被レ申（聞）候（武家家訓・遺訓集成、細川家訓、三一二⑥）

「遠慮なく」は、主君に進言するに当たって気兼ねも控えもなく（そのまま申すべき）という意味とする。

以上の考察で明らかであるように、「遠慮」は事柄、人間を対象に使用されるが、次の例は鼠の習性についていわば人間ではなく鼠を対象に使う「遠慮」とする。それは先々のことを深く考えるという人間の思惟活動を表す本来の意味ならば、到底出来ない用法であると言えよう。

47、又鼠といふ物は、大事の物の本をもしきり破り、（屛風）障子の絵も遠慮なくくひさばく時は（甲陽軍鑑下巻十六、二三三⑤）

「遠慮なく」は憚りも構いもなくということを表す。本来の「遠慮」に含有している思惟的行為が全く消えてしまってからこそはじめて、鼠に使えることになったのであろう。

48、村上衆また申は、殊外晴信人衆今度は多勢の由に候へば、必御遠慮有べき、といさむる（同右中巻九、四七⑥）

前の時代には見えなかった、敬意を表する接頭辞「御」を冠した「御遠慮」という形で控え目に行動を取ることを表す。

以下の三例は不都合なことや憚ることがあって、それを断ったり控えたりする意味としての「遠慮」とされる。

49、扨又清水へ関東梶原海賊の御用心は、武蔵・東上野・新田・足利筋所々へ御働きに、江尻（の）城代山県三郎兵衛を召つれらるべきとの御遠慮なり（同右巻十一、二六八②）

50、ただに、しれど憐や、といひくだせるとは各別なり。されど、共に鉢叩きの俗体を以て趣向を立て、俗名を以て句かざり侍れば、もつとも遠慮あるべし。また、重ねての折りもありなん」となり（去来抄、十六類想の句）

51、先より参度は奉レ存候へ共、役人之外遠慮仕不参と聞候に付不レ参候由、申遣候（貝原益軒書簡、一八九⑰）

表す。

次の「遠慮」は上の如き慎重に行動を控えるという意味より更に行動の範囲に制限を加えて家で謹慎することを

52、内外のお手伝仕る役なれば、前に云ごとく、上の御苦労、年寄共の迷惑仕る品出来時は、事により急度御しかりにて、御前へ罷出候事も遠慮仕、又は閉門或は御役をも被召放程の事もある也（武家家訓・遺訓集成、徳川頼宣、二四八⑭）

奉公人の瑕疵の如何によって、尤も重い処分は解任、それに次ぐ門を閉じて出入不可の閉門となるが、「遠慮」は一番軽い謹慎刑で、居宅にての蟄居とする。

53、村之助、密通かくれなく、武命の尽とさみせられ、甚右衛門は面目にて遠慮、甚平は立退ける（西鶴全集七、武道傳来記、思ひ入吹女尺八）

面目がまるつぶれになった状態で、「遠慮」は甚右衛門が自宅の門を閉じて謹慎する意味となる。

54、扨は此者が仕業なるべしと極めての御さた有て、主人は当分遠慮して、御奉公をひかれける（同右、新可笑記、心の切たる小刀屏風）

上の三例のように、「遠慮」は江戸時代に武士などに科した軽い謹慎刑を表すのに婉曲的に使用されるが、斯様な意味用法は江戸幕府の終焉と共に姿を消したのである。

室町時代以降も「遠慮」の意味用法の変化が継続していることが、以上の考察を通して明らかになった。そのよみも訓よみではなく、音よみであることが明白となる。一方、本来の意味用法の「遠慮」は下記の例のように即意的に訓よみされていることが分かる。これは、恐らく変化義の「遠慮」が音よみすることが日本語において定着した結果、作者がよみによって、本来の意味を表す「遠慮」を変化義の「遠慮」と区別させようという意識が働いたためであろう。江戸時代中期成立、作者を詳にせぬ、鎌倉幕府百五十年間の事蹟を簡要的に描いた『北条九代記』

に見えた四例の「遠慮」を列挙してみる。

55、婦人の愚性に威ある時は、奢を生じて後を弁へず必ず遠き慮《おもんはかり》無き故に、近き患を招くとかや（有朋堂文庫本北条九代記、四九〇⑤）

『論語』の対句となる「無有遠慮必有近憂」を彷彿させて、それを翻案させたとも言える用例であるため、意味用法はいうまでもなく中国語のままであるとされる。次の例は前出の中国文献にも見られた「遠慮」を反転させた「慮遠」である。

56、心直にして欲をはぶき、智深くして慮《おもんはかり》遠く、慈悲ありて心志猛からず（同右、四九三⑩）

cf、計深慮遠、急国家之難（史記、司馬相如列傳）

参考例の「計深慮遠」と酷似した形で、「慮遠く」は「智深く」に相応してそれとの語呂合いを整えるために「遠慮」の順序を入れ換えたのであろう。が、意味は参考例の示すように「遠慮」と変わらないものとする。

57、往初後鳥羽上皇御心軽々しく、遠き慮《おもんはかり》おはしまさず、天下の権を武門に奪はれ、王道漸々衰退して（有朋堂文庫本北条九代記、六七七①）

先のことを見通して深く考えるという意味で用いられているが、そのようにされなかったため、「天下の権を武門に奪はれ、王道漸々衰退して」という事態を招いたのであると解される。上のような連語形式の訓よみに対して、音よみの「遠慮」を一例検出できた。

58、天下の政理を大事に思はれ、世の怨人の憤を負はぬやうにと思はれければ、小大となく遠慮《ゑんりよ》深くおはしましけるに、終に行く道は誰とても遁れざる事なれば（同右、六六八①）

「遠慮深く」という形で使われているため、文字通りに理解すれば、「遠慮」の「遠」の示す意味と「深く」の持っている意味とが重複することになると考えられる。それにしても、「遠慮深く」が使用できたのは、如上の言及したように「遠慮」の「遠」の意味が失われたことによって、「深く」との意味上の重複という衝突を避けられ得たかと思われる。従って、この音よみした「遠慮」は、「世の怨みと人の憤りを負わないために」という前文の内容を合わせて考えれば、言動を控え目に慎むことを表すとされる。

上記の例の如く、『北条九代記』の作者は不詳であるが、意識的によみによって、「遠慮」の意味上の相違を明示しようという意図が示唆されているように見える。

むすび

以上に考察によって判明したことをかいつまんで纏めてみれば、次のことが言える。「遠慮」は中国語に典拠を持つ漢語として夙に奈良時代に日本語に流入して爾来各時代に亘って所用して今日に至る。よみとしては日本語に入った当初は連語形式として即字即意的に訓よみしていたが、鎌倉時代に下って、サ変動詞としての「遠慮ス」の登場からも明らかになるように音よみの一漢語熟語に変身するようになった。しかしながら、意味はよみの変化に応じて変わったわけではなく、中国語本来のままを受け継いでいるのである。但し、意味変化の前兆とも考えられる、中国語と違って人を対象に使うといった用法上の変化が見られた。それを土台に、室町時代になって、中国語本来の意味を踏襲しつつ、現代日本語のような意味と思しき新しい意味が生まれた。だが、その意味変化はここで終えたのではなく、室町時代以降も続いていたのである。但し、江戸時代の武士社会に関わって新たに派生した意味は江戸幕府の崩壊に伴って消え入った。亦、日本語で変化した意味と本来の中国語の意味との違いについては音よみと訓よみを通じて弁別しようという様相も認められよう。現代日本語では「遠慮」はその出自となる中国語の意味が殆ど消えて、音よみとして専ら中国語にはなかった、日本語にて新しく獲得した意味としてのみ使用されているように見える。即ち、変化義は本義に取って代わって中心となり、挨拶ことば、敬語表現などとして日常的に用いられている。

何故、「遠慮」は斯様な意味変化が起こったのか。先ず考えられることは本義と変化義との間に「考える」という思惟的活動による言語内部の関連性が存在するためである。つまり、本義としての先々のことを深く考えて言動に移すと、先に備え、用意するという行動が生じるし、一方、慎重を期して控え目に振る舞うことも生起するといった連想的関係が働いたのである。亦、日本人の言動の中で対人関係を維持するために人への「配慮」「察し」「思いやり」を重要視するという言語外部の必要にも一因を求められよう。つまり、「以心伝心を原則とする人的な交流の場で、自己の意志や意見をことさらはっきり表現する必要はなく、むしろどちらかといえば、はばかられることのほうが多い。……。そしてまた意思表示（ことに否定の返答）を極力避けようとする。要するに日本人は、会話においても自己主張を抑制しようとする傾向を示すのである」(8)と指摘されているように、「遠慮」の意味変化についてかかる背景も考えられるのではないか。

注

（1）奥山益朗『あいさつ語辞典』「遠慮」条に依る。（東京堂出版、平五、一一版）
（2）奥山益朗『敬語用法辞典』「遠慮」条に依る。（東京堂出版、平七、一三版）
（3）「エンリョ（遠慮）気がねして言動を控えめにすること。もとは、遠い将来までを見通し、深く考える意であった。」（堀井令以知『語源大辞典』東京堂出版、平十一、一〇版）
（4）「遠慮　深遠的計慮。亦指計慮深遠。（用例略）」（『漢語大詞典』漢語大詞典出版社、一九九四）
（5）管見の現行の国語辞書には『日本国語大辞典』（第二版）をも含めてその初出例として『江吏部集』の「遠慮」が掲げられている。
（6）森田武『天草版平家物語難語句解の研究』（清文堂出版、昭五十一）に「えんりょ「遠慮」よく思慮分別をすること（例略）」（一〇〇頁）と記されている。
（7）前田勇『江戸語辞典』（講談社、平五、第一二刷）に「えんりょ「遠慮」他人に対して言動をひかえめにすること（例略）」と書かれている。
（8）浜口恵俊『「日本らしさ」の再発見』一五五頁（講談社、平十一、第九刷）

第五項　「迷惑」について

はじめに

一つの言葉は時には大きな政治問題を招きかねないこともある。「迷惑」は正にその一例で、一九七二年日中国交正常化のため、中国を訪れていた田中首相は周恩来総理主催の宴席において過去の戦争に触れて反省、謝罪の弁として「多大な迷惑をかけた」と述べたという。それが「添了大麻煩」と中国語に訳され、耳にした周恩来を含めた中国側の出席者は全員莫大な被害を被ったのに、ただの「迷惑をかけた」という程度のものか、驚愕の念を禁じ得なく、会場の友好的なムードもこの一言で一転した、といった逸話が当時巷の話題となっていた。「添麻煩」は中国語では面倒を掛けたりするぐらいのことに対して軽い謝罪のことばであるためである。抑も「迷惑」は中国語の出自の漢語であるが、中国語には上記のような意味が見られないのである。さて、「迷惑」という漢語はいつの時代に日本語に流入し、また、日本語においてどのように使用されてきたのか、以下、それを巡ってその典拠となる中国語と比較しながら時代別、文章ジャンル別に考察、解明してみたい(1)。それに先だって、先ず「迷惑」のよみを確認する必要がある。

（一）「迷惑」のよみについて

漢語の源流の考察に際しては、日本語への流入過程において、内典と外典のいずれからかについて考えるべきで、それを明らかにするのに漢語のよみを確定することは有効な手続きである。「迷惑」は仏教の書から日本語に入った呉音よみの漢語であるとされるが[2]、果たしてそうだったのであろうか。この節はこの点について古辞書や古文献に検出した具体例を挙げつつ検討を加えてみる。

先ず、「迷惑」という二つ漢字はそれぞれ漢音と呉音のよみを確認しておく。

迷（去声）メイマヨウ（フ）（法華経音訓3743）

惑（入声）ワクマトウ（フ）（同右、9523）

のように、「迷惑」の呉音よみとしては「めいわく」となり、声調は「去声」と「入声」からなることが明らかである。それに対して漢音資料の『長承本蒙求』及び『図書寮本文鏡秘府論字音点』には「迷惑」の「迷」は載っていないが、同韻字が見られる。

子（上声）路《ロ》（去声）負《フ》（去声）米《ヘイ》（上声濁）（長承本蒙求、15）

惑《（コク）》（入声）（同右、147）

斉韻（開口）鞞《ヘイ》（図書寮本文鏡秘府論字音点地、七一）

迷莫兮外転第十三開平声斉韻清濁（以下略）（新訂韻鏡）

或胡国内転四十三合入声徳韻（以下略）（同右）

迷惑也莫兮切上平声（広韻、十二斉韻）

惑迷惑入声（同右、二十五徳韻）

の如く漢音よみとしては「迷」は呉音のそれと違って上平声濁「べイ」となるが、「惑」は入声清「コク」であることが分かる。次に古辞書に掲載されている「迷惑」を挙げて見よう。

迷（平声濁）惑（入声）メイワク（前田本色葉字類抄上、畳字、五十三ウ⑤）

迷（平声濁）惑（入声）メイワク（尊経閣善本影印集成三巻本色葉字類抄上、畳字、五十三ウ⑤）

とあるように、注釈音としての「メイワク」は呉音よみであるが、付いている声点からは漢音よみ「ベイコク」であるはずである。何故かかる拗れた現象が起こったのかに関しては後に触れる。

迷惑　メイワク（尊経閣善本影印集成二巻本色葉字類抄下、畳字、二十七オ④）

迷惑人情卩　又メイワク　又　ヘイコク（黒川本色葉字類抄下、畳字、六十オ③）

「迷惑」は人情部に配属され、呉音と漢音の二通りの字音よみが記されている。次に古文献に見えた「迷惑」を列挙して、そのよみを考察する。先ず、仏典から見出せた例を挙げて見ることとする。

・凡愚たる三有に迷《メイ》惑せる難（西大寺本金光明最勝王経巻二、三七⑫。片仮名は傍注、平仮名はヲコト点。以下同）

・迷惑して了（正倉院聖語蔵本大乗大集地蔵十輪経、一〇六）

・迷惑《めいわく》《まとひ》して、教《けう》をうけし（妙一本仮名書き法華経巻一、方便品第二）

のように仏典における「迷惑」は「メイワク」と呉音よみされていることが明らかになるが、漢籍ではどうであろうか。

・精神《タマシヒ》の更に迷《ヒ》惑《マトハス》（醍醐寺本遊仙窟、七ウ②）

「迷惑」は字音よみではなく、訓よみされているのである。しかし、『遊仙窟』の他の異本では同じ箇所は所謂文選よみとなっているが、その字音よみが付いている声点から漢音よみと推定される。亦、紛れもなく漢音よみの例は『久遠寺蔵本朝文粋』に見えた「迷惑」であり、右掲の『前田本色葉字類抄』の声点と一致している。換言すれば、『前田本色葉字類抄』の「迷惑」に付いている漢音よみの声点は漢籍において「迷惑」が漢音よみされてはじめて可能となったと言えよう。

・精《ノ》（平声）神《タマシキ》　更に迷（平声濁）ー惑《トマトフ》ナムと　（金剛寺本遊仙窟、一五④）

・迷《ヘイ》（平声濁）ー惑《コクシ》て失レ拠《ヨリトコロ》を　（久遠寺蔵本朝文粋巻十四、二七四⑥、為左大臣息女御修卌九日願文）

以上の考察を通して次のことが判明した。「迷惑」という漢語は日本語に入ってそのよみとしては訓よみと音よみの二通りが共存していたが、早い時期に字音よみは確立されて次第に勢力を増し、一方、訓よみの方が衰退の一途を辿った。これは上記の古辞書の記載に裏付けられる。亦、同じ字音よみは文献の素姓によって漢音と呉音という二種のよみが併存していて、これは『黒川本色葉字類抄』にある「迷惑」の注釈からもその一端が伺える。しかし、『前田本色葉字類抄』などの注釈音に示されているが如く、呉音よみは早い時期に字音よみの主流となって、最終的に現代日本語のように漢音よみは完全に姿を消したのである。但し、これを以て「迷惑」が仏典から日本語に流入したとは断定し難い。尚、右掲の『前田本色葉字類抄』において声点からは漢音よみと推定されるが、注釈音は呉音となっている、といったような「迷惑」音よみ上の齟齬については、恐らくその時点においては漢音よみと呉音よみが拮抗状態にあり、その過渡期に生じた現象であろうと考えられる。それは『前田本色葉字類抄』以降に成立した節用集をはじめとする中世の古辞書に掲載されている「迷惑」のよみがいずれも呉音とすることからも示唆される。

（二）中国文献における「迷惑」の意味用法について

先ず外典に見える「迷惑」に目を向けて、その具体例を挙げて意味用法について考えることとする。

1、舎大道而任小物、故上労煩、百姓迷惑、而国家不治（管子巻第十五、任法）

法制に任せて事を行う聖明たる君主に対して、昏君が「自然の大道を頼らずに人為的な細事をあてにするから、民は惑乱して、国は安定に至らないのである」と解される。「迷惑」はどうすればよいかと迷い、途惑うというような意味を表す。次の「迷惑」も同様に使われる。

2、故民迷惑而陥禍患（荀子、大略篇）

3、且燕国大乱、君臣失計、上下迷惑（史記、魯仲連傳）

燕国は大乱に陥り、君臣ともに失策を重ね、上下ともに思い惑っていると解されて、「迷惑」は例1と2と同じくどう対処するか分からずに、迷ったり惑ったりするように用いられる。

4、四面受敵吾三軍恐懼士卒迷惑（六韜、豹韜）

敵に包囲されて兵士は「周章して困惑する」という意味の「迷惑」となる。

5、擅創為令、迷惑其君（管子巻第十一、四称）

昔の無道の臣の所為についてその悪事を詳細に挙げている中で「自分勝手に出鱈目な令を下し、主君を惑わす」は悪行の一つであると警告する。「迷惑」は使役的な用法で迷わせるかまたは惑わすという意で用いられる。

6、縫衣浅帯、矯言偽行、以迷惑天下之主（荘子、盗跖篇）

「迷惑」は例5と同じく「出鱈目の言葉や行動を振りかざして天下の主君を惑わす」と解釈される。

7、水深橋梁絶、中路正徘徊、迷惑失故路（全三国詩巻一、苦寒行）

この韻文の「迷惑」は道に迷うということを表す。しかし、右掲の六例のように何かの不都合で良くないことによって生じてくる迷いに止まらず「困惑」や「惑乱」という被害或いは不利益のような含意をも伴ってくるのとは異なる。

続いて内典の「迷惑」について法華経に見えた四例を中心に、その意味用法を検討する。

8、無智者錯乱、迷惑不受教（法華経、方便品）

cf、無智のものは錯乱し、迷惑《めいわく》《まとひ》して、教をうけし（妙一本仮名書き法華経、方便品）

参考例の傍注「まとい」から分かるように「迷惑」は道理に迷い、途惑うことを表す。残りの三例も同じ意味として用いられる。

9、迷惑不信受、破法随悪道（法華経、方便品）

cf、迷惑《めいわく》して信受せし。法を破して、悪道におちなん（妙一本仮名書き法華経、方便品）

10、斯法華経、為深智説、浅識聞之、迷惑不解（法華経、譬喩品）

cf、この法華経をは、深智のためにとけ。浅識は、これをききて、迷惑《めいわく》《まとひて》してさとらし（妙一本仮名書き法華経、譬喩品）

11、迷惑無知楽著小法（法華経、信解品）

cf、迷惑《めいわく》《まとひて》無知にして、小法に楽着せり（妙一本仮名書き法華経、信解品）

次の例は道や道理に迷い、惑うことから比喩的に酒などに魅了させられて耽溺するという意味で「迷惑」が使われている。

12、迷惑於酒者、還有酒伴党（長阿含経巻第十一）

13、心不決定故、迷惑賊所得（菩提行経巻第一）

14、逞心犯戒、迷惑於酒（法句経巻下）

以上の考察を通じて中国文献における「迷惑」はその意義について以下のように記述できるかと思う。(3)

・道や理非に迷い、惑うこと

・人の行為などで途惑うこと或いはその人を迷わし惑わすこと

となるが、現代日本語のような意味用法は確認出来なかった。かといって、どうしたらよいか分からなく途惑うという意味特徴を呈するように、苦しい思いをしたり、不利益を蒙ったりするといった現代日本語の「迷惑」の示しているマイナス的な意味には至っていないが、どうしたらよいか決められなくて悩み、思い惑うというマイナス的な兆候を見せ、いわば現代日本語の「迷惑」の意味を産出させる素地となっているかと思われる。

次に日本文献における「迷惑」の意味用法について時代別、文章ジャンル別に考究を加える。

(三) 日本文献における「迷惑」の意味用法について

ア奈良時代

「迷惑」という漢語は早くも奈良時代の日本文献に登場していて、日本語への導入が早かったことを物語る。以下その用例を列挙してその意味用法を考察する。

1、有人占云。是邑人必為魅鬼迷惑（日本書紀、欽明天皇五年十二月。[4] 傍注、返点等略）

「迷惑」は受け身の用法として惑うの意、つまり魅鬼に惑われるだろうと、ある人が占って言ったと解される。中国語の本来の意味をそのまま踏襲していると言えよう。

2、何不未発衆生令生道楽、猶使迷惑也（大日本仏教全書第一巻、傳聖徳太子撰法華義疏巻一、二六九下①）

3、迷惑無知楽著少法者（同右巻二、二九六上⑬）

例2と3の「迷惑」は上述の中国文献の内典である法華経のそれと同じく用いられていると見られる。管見に及んだ奈良時代文献には上に挙例した三例のみとなるが、その意味用法はその出典である中国語をそのまま継受しているといってよい。即ち、「迷惑」は日本語に導入された当初は本来の意味用法が保たれたままで用いられていたのである。

さて、平安時代に下った「迷惑」は果たして奈良時代文献のそれと同じか或いは異なるのか、以下それについて平安時代文献に見られる「迷惑」に目を転じてその意味用法について考究を施す。

イ平安時代

先ず、平安時代の漢詩文や往来物に検出できた「迷惑」を中心に考察するが、管見に入ったところでは次のような四例しか見いだすことが出来なかった。以下その全用例を挙げて検討を加えてみる。

1、宛転不閑如臥鑪炭之上迷惑失拠似入重霧之中（久遠寺蔵本朝文粋巻十四、為左大臣息女御修卌九日願文、二七四⑥。声点、返点、傍注等略）

愛娘に死なれた左大臣が、悲痛な心情の余りに「迷惑失拠似入重霧之中」となった。つまり五里霧中に入るが如く「迷惑」はどうすべきかの判断に迷い、何を為すべきか分からなく唯悲しみ嘆くのみである。

2、事々違例心神迷惑半死遁去（狐媚記、一九二⑤）

ここでは「心神」が人間の知・情・意を司る場所として使われている。それが「迷惑」するのはものの判断、分別が出来なくなり、意識朦朧の状態に陥るということである。

3、六君夫高名相撲人也、（略）腕力筋・股肉、支成・骨連、外見当迷惑、況相敵忽憶病（新猿楽記、三〇三上⑭）

cf、名虎元来大力なれば、腕の力筋太、股の村肉龍たり、枝の成附骨連様、肩の渡広、足の跋扈外見に可迷惑之処に（源平盛衰記巻三十二、維高維仁位論争、一二三⑤）

参考例を併せて考えれば、筋肉、筋骨隆々とした力士を見るだけでも「迷惑」してしまう。「迷惑」は余りの強さに圧倒されてどうしたらよいか惑い、慌てふためくということを表すが、後続文「況相敵忽憶病」の示すように、強敵の前にどうにもならないため、動揺、困惑という心情も滲み出る。つまり、単に迷ったり惑ったりするのみならず、手に負えない故の困りと悩みといった意味合いも内包しているとも言えよう。斯様な「迷惑」は前述した中国文献にも見えたのである。

4、才短ノ詞不レ弁二理非一ヲ。迷惑失レフ度ヲ歟（貴嶺問答、五一〇①）

「迷惑」は前文の「不弁理非」から推して道理を弁えずに迷うという本来の意味で用いると理解されよう。

以上、例示したように「迷惑」は中国語のままで使用されていることが判明した。ところで、同時代の他の文章ジャンルにおける「迷惑」は、如何なる意味用法を見せているのか、以下その点を巡って漢字によって書き記された史書、日記、文書、説話等に見られた十九例を中心に検討する。尚、平安時代の仮名で書かれた所謂和文文献には「迷惑」の所在が確認出来なかったと断っておく。

5、皆已焼滅、然後入レ山迷惑、不レ知レ所レ為（日本霊異記、二一八⑩）

「迷惑」は迷い惑って途方に暮れるという本来の意味で用いられる。つまり後に山に入り道や方向に迷ったりして、為す所を知らぬと解せられる。次の二例は使役的な用法で迷わしたり惑わしたりする意味としての「迷惑」となる。

6、蛇子皆出、迷惑之孃、乃醒言語（同右、二五九⑧）

7、加以一物之価東西不レ同。売買之輩彼此相疑。非二唯民迷惑一。還多致二公損一（類聚三代格巻十七、五三九⑦）

尚、同時代の『狐媚記』に見られたように十九例の内に五例も「迷惑」は「心・心神」と共起しつつ用いられている。そのいずれもものの判断、弁別が出来ずに困惑することを示すものであろう。

8、誅二十二人頸一訖時、山継心迷惑（日本霊異記、二六七⑦）

9、留神嘉殿避火、此間心神迷惑宛如夢裏（三代御記逸文集成、一一八⑨）

10、痢病数十箇度、寸身熱如火、心迷惑（小右記一、二二三⑭）

11、而業已成間心神迷惑不知東西（師記、一二二下⑤）

12、凡心神迷惑、東西不覚者（山槐記、三二二下②）

亦、次の例は前掲の同時代の例3と同様に「迷惑」は参考例の「迷乱」の意味と重なって、唯迷ったり惑ったりするのではなく、どうにもならないことによってその仕方なさまたは困った気持ちを伴ってくる用例である。

13、（九月十二日）予今遇此時不運之甚也、万事只一人勤仕、愚蒙之性更以迷惑、又非木石身、不可堪忍、何為哉（春記、二〇二下⑧）

cf、（九月九日）予一人行万事、愚頑之性殆以迷乱、何為之（同右、一九九下⑭）

cf、（九月十三日）予身力已屈了、無為術、愚頑之人、臨時大事、弥以迷乱耳（同右、二〇三上⑪）

14、従京極下御座、見物成市、従近衛東行、（略）見物之者迷惑散々嗚呼、向九条申剋帰（後二條師通記三、二五八⑫）

以上の考察を通じて、平安時代の「迷惑」は奈良時代に続いて基本的に中国語の意味をそのまま受け継いでいることが明らかであるが、用法上では下記の例のように敬意を表す接頭辞「御」と結合した「御迷惑」という語形態が初めて登場するようになり、日本語への同化振りを見せている。但し、意味は本来のままと見られる。

15、親疎誹謗、已無所謝歟、偏是入道殿御迷惑之至歟（兵範記二、六二下⑤）

ウ鎌倉時代

鎌倉時代文献は大きく分けて、漢字によって書かれた所謂日本漢文、仮名で書き記した和文及びその両者が混じった和漢混淆文に大別できるが、前時代と同じく和文には「迷惑」を検出できなかった。尚、日記の性格上のため平安時代に跨る文献もある。

次に先ず当時代の漢文における「迷惑」の意味用法に関して考究してみる。今回調べた限りの鎌倉時代漢文文献から五十八例の「迷惑」を見出した。先ず、この時代の仏教文献における「迷惑」を挙げてみよう。

1、沈没於愛欲広海、迷惑於名利太山（教行信証巻第三、六〇九下⑪）

「迷惑」は名利に眼がくれて道理や義理に迷うという、本来の仏典での意味を踏襲していると見られる。次に古記録にある「迷惑」を列挙してみよう。

2、大旨雖同、聊相違、是非迷惑了（玉葉三、八三四上⑲）

「迷惑」は理非の判断に迷うという本来の意味として用いられる。次の例は前時代に続き「心神・神心」と共に使用され、ものの判断や弁別が出来ずに途惑うことを表す。

3、御歓楽之体、更以驚目、凡神心迷惑（同右三、八一六下⑧）

4、心神迷惑、前後不覚云々（明月記二、三八七上③）

cf、心神迷乱万事不覚（同右、八六上⑧）

しかし、次の例は迷い、惑いと同時に困惑して不快な心情も含有する「迷惑」となる。

5、大将以人示親宗云、天下之乱、君之御政不当等、偏汝所為也、（略）親宗迷惑、逐電退出之後閉門戸了云々（玉葉二、五五六下⑦）

容赦なく叱責されたことから考えれば、「迷惑」は親宗が途惑うばかりか、気が重く困ったりするというように使われていると解される。次の例も同様な意味を示している。

6、郎徒数人、搦随身一人、随其後《不知誰人随身》同上立釣殿、窈窕群妓皆以迷惑、殆欲入池中（同右一、五五五下⑩）

「迷惑」は突然の出来事に「窈窕群妓皆」が慌てふためくと同時にその対処に困惑もしたりするというように用いられている。尚、下記の例は困りに止まらず苦しみという意味も含まれる。

7、（七月一日）今日炎氣殊以難堪、上下不能堪忍、自去夜一重如此炎旱、重、定可知人々迷惑、上下只差冷水之外、無他之治方（平戸記一、五七下③）

cf、（七月七日）炎旱逐日興盛、誠可愁也（同右、五九上②）

cf、（七月十三日）炎日如火、諸人似病之窮困（同右、六一上⑩）

「迷惑」はどうしたらよいかという戸惑いだけではなくおなじ「炎旱」によって生じた参考例の「愁、窮困」というような意味も持ち合わせて用いられる。

8、（十月九日）（佐渡院去月廿二日崩逝了）哀慟之至、無物取喩、年来偸待再観、今已聞此事、仰天伏地、迷惑之外無他耳（同右、二二〇下⑥）

cf、（十月六日）朝夕咫尺、旦暮不忘、偏憑再観之処、忽聞此事、心肝如春、悲哉々々（同右、二二〇上⑥）

「迷惑」は佐渡院の急逝のため、前文の「仰天伏地」の意味を併せて考えれば、単に困惑するのではなく、参考例の同じ出来事に対して用いられる「悲哉々々」のように悲痛という意味も内包している。次の「迷惑」の例も同様に用いられる。

9、辰時許為小便立行走、出簾外還入、忽称心地悪由、父母周章之間、自足即時冷昇次第色変死了、二親雖迷惑遂以無詮（明月記三、三〇九下⑤）

子息の急死に対して両親の「迷惑」は大変困惑すると共に悲しみも併せて表出していると思われる。

次に和漢混淆文における「迷惑」の意味用法について具体例を挙げて分析、検討する。

10、龍猶吐《ホキ》レ氣《ヲ》、害将《ニ》レ及《バント》レ身《ニ》。観海大《ニ》恐《レ》、心神迷惑《シ》、則《チ》帰二命《シテ》井《ニ》一（古今著聞集、八〇⑦）

11、荊軻たち帰て、舞陽またく謀反の心なし、ただ田舎のいやしきにのみならて皇居になれざるが故に心迷惑すと申ければ、臣下みなしづまりぬ（覚一本平家物語巻五、咸陽宮、三五一⑭）

11´、皇居ニ未《ル》レ馴《ナレ》故ニ迷惑ス云ヘリ其時臣下皆静（平松本平家物語巻五、燕太子丹謀反咸陽宮事、十八オ④）

12、先日来の坊布施の分とて、美濃絹十疋且々とて出したりければ、坊主心中迷惑して、さきに女房の将来といはれたりしよりも猶はづかしくこそ覚けれ（八幡愚童訓乙、二七二⑬）

上掲の三例の「迷惑」は「心神、心、心中」と共起してどうしてよいか迷っているという本来の意味で用いられる。しかし、下記の例はどうにもならない、叶わないという困惑の意味を随伴する「迷惑」となる。

13、名虎元来大力なれば、腕の力筋太、股の村肉籠たり、枝の成附骨連様、肩の渡広、足の跋扈、外見に可迷惑之処に（源平盛衰記巻三十二、維高維仁位論争、二三三⑤）

「迷惑」は強健な体格が相手にとっては途惑うばかりか、とても相手にならないほど難儀であることを表すかと考えられる。次の例は頼朝を助けたい一心である池殿に頼まれた重盛が一度父親の清盛を説得したが失敗を食らって再度説得しようという場面において「迷惑」が用いられている。

14、頼朝を助けて、家盛が形身に尼に見せ給へ」と宣ひければ、重盛参りて父にこの由申されけり。清盛聞きて、「池殿の御事は故殿の渡らせ給ふと思ひ奉れば、如何なるあま逆の仰なりとも、違ふまじとこそ存ずれども、この事は由々しき重事なり。（略）」とて、以の外の気色なり。左馬頭帰参りて、叶難き題目なる由申されければ、池殿涙を流して、「（略）、哀尼が命を生さんと思召さば、兵衛佐を助けて給へかし」と嘆き給へば、重盛も迷惑せられけるが、涙を抑へて、「さ候はば今一度、御諚の趣を申してこそ見候はめ（有朋堂文庫平治物語、頼朝遠流に宥めらるる事、二四五⑤）

cf、重盛、のたまひければ、清盛聞て、「（略）」とて、分明なる返事もなし。重盛、池殿に此よしを申されければ、池殿、仰けるは、「（略）」とて、うち泪ぐみ給ひけり。重盛、かさねて大弐殿に申されけるは（新日本古典文学大系本平治物語）

cf、重盛池殿ニ此由申サレケレバ、涙ヲ流給テ、「哀恋シキ昔哉。（略）、頼朝切ラレバ我モ生て何カセン。更バ飢死ニセン」トテ、湯水ヲモ見入レ給ズ臥沈テ泣ケレバ、重盛此由聞給、清盛ノ御前ニ参テ申サレケルハ（半井本平治物語）

cf、重盛池殿にこのよし申されければ、涙をながし給ひて、「あはれ恋しきむかしかな。（略）頼朝きられは我もいきて何かせむ。さらは干死にせむ。」とて、湯水をものみ給ずとて、ふししづみてなかれければ、重盛この由きゝ、清盛の御まへにまいり（金刀比羅宮本平治物語）

cf、重盛、池殿にこの由申されければ、涙を流したまひて、「あはれ、恋しき昔かな。（略）頼朝斬られば我も生きて何かせん。干死にせん」とて、湯水をも飲み入れたまはず、伏し沈みて泣なかれければ、重盛、この由聞き、清盛の御前に参りて（陽明文庫平治物語）

参考例として挙げた諸本には同じ場面というものの、「迷惑」の使用が見られない。しかしながら、「頼朝が斬られでもしたら、私は生きているかいがなく、餓死する覚悟だ」と泣き嘆いて再度重盛に頼朝を助けようと懇願した池殿と、聞く耳を全く持たない父の清盛との板挟みに立たれた重盛としては、正に例の14「迷惑せられける」の示すように大変困ってしまうという心情であると読み取れる。『有朋堂文庫平治物語』に見られた「迷惑」は他の諸本の不明瞭な表現を以て表した重盛の困惑たる気持ちを明瞭化させたと言ってよかろう。

以上、鎌倉時代文献における「迷惑」について考察を加えたところ、前の時代に続いて本来の中国語の意味用法をそのまま受容する一方、現代日本語の「迷惑」の意味に繋がりうる困惑と苦痛という新しい意味も派生したことが判明した。亦、サ変動詞としての用法も確認できた。斯様な新たな意味は後の室町時代に受け継がれて同時代の古辞書等にその所在が見られる。

エ　室町時代

室町時代以降の「迷惑」を巡って、既に福島邦道氏や大塚光信氏がキリシタン資料や朝鮮資料更に古記録、狂言集などを駆使しながらその意味用法について精考を行い、筆者には負う所が多々ある。[5]以下は先行研究の成果を踏まえつつ先行研究において使用されていない文献の調査によって検出された「迷惑」の意味用法を検討し、前時代のそれとの相関関係をも考える。先ず、室町時代成立の古辞書に見られる「迷惑」を挙げて見よう。

貧《クタビレ》　迷惑心也　（伊京集、六七⑨）

浮沈　迷惑之義　（伊京集、（七八⑥）・文明本、（六三八⑤）・天正十七年本、（九一ウ①）・図書寮本、（二五⑨）・黒本本節用集、（一三一①））

迷惑《めいわく》　まよひまどふ　（和漢通用集、三八五④）

苦《くるしむ》　めいわく也　同 困　同義　（同右、二六二⑤）

赤面《せきめん》　めいわく也　（同右、四五八⑧）

難儀《なんぎ》　めいわく也　（同右、二一八⑥）

難勘《なんがん》　めいわく也　（同右、二一八⑧）

浮沈《ふちん》　迷惑之義　（同右、二九八⑤）

Meiuacu.　メイワク（迷惑）苦悩，あるいは，心を痛めること．例，Meiuacu xenban nari.（迷惑千万なり）この上ない悩みと苦しみとを感ずる

Meiuacuna.　メイワクナ（迷惑な）心を痛ませるような（こと），または，苦悩を引き起こすような（こと）（邦訳日葡辞書、三九五）

Fuchin.　フチン（浮沈）Vqi, xizzumu.（浮き，沈む）人が波とともに，あるいは下へあるいは上へとぐるぐる転

回しているような苦労や艱難（以下略）（同右、二六九）

以上に列挙した古辞書の義注に依れば、「迷惑」は「苦」「困」「悩」「恥」といった多様の意味を有することが明らかであり、鎌倉時代のそれを継受すると共に新たな意味も産出し、多義性を呈していて意味拡大が増幅した。これらの意味は『多聞院日記』から検出できた一一二例の「迷惑」にはいずれも確認できるかと思われる(6)。次にその以外の室町時代の文献における「迷惑」を巡って先ず古文書、古記録等に見えた用例を挙げてその意味用法を検討する。

1、恩曖之旨、頗《ル》過《グ》レ分《ニ》。厳札之趣、迷惑仕《リ》候（鎌倉末期成立か）御慶往来、六四七⑤）

本来の中国語の好ましくない事態によって生じる「迷惑」と違って、寧ろ好ましい事柄つまり相手からの過分の厚意に「迷惑」ということが起きていると言ってよい。ここの「迷惑」は身に余る心遣いに対してどう対応してよいか分からなく心苦しい。いわば恐縮、恐れ入るというような意味で使われる。前掲の古辞書に見られた「赤面」と類した意味であろう。以下の三例も同じ意味で亦、同じく書状に現れるものである(7)。

2、一同《ノ》惣劇、不レ能二左右一之処、委曲《ノ》芳訊、頗《ル》令二迷惑一候（山密往来、二九八⑩）

3、又両種給候之条、真実々々更不思寄候つ、迷惑無極候（高山寺古文書、僧守融書状応永二十一（一四一四）年、一九七⑪）

4、本尊脇画卓一餝。幷茶具可レ預二芳借一候。又点心等之式。更々迷惑仕候（異製庭訓往来、一一四七上⑭）

次の古記録の例も同様に用いられる。

5、嘉礼御しるし進入候、不易御祝着許十分一之事迷惑候、殿下仰之旨、先日伝語候（康富記四、一三一上①）

献上の御祝儀の品物が十分の一に止まったという少なさに対して「迷惑」はその贈与側の恐縮または申し訳ないという「恥」の気持ちを表すことになる。下記の例は人生の無常に対しての悲嘆と心痛を表す「迷惑」となる。

6、高倉被死了、哀慟無是非者也、今年五十云々、言語道断迷惑云々（同右一、六五下⑤）

7、昨日辰刻中風、今日酉初帰泉之由、只今告来候、凡迷惑無比類候（園太暦四、三〇一⑫）

次の例8は寧ろ現代日本語の「迷惑」の「困る」という「困」の意味として使われていると解される。

8、先日参申候畏入候、仍明後日料袍事、令申他所候処、雖無子細候、加潤色候者、不可借之由、申候之間、俄及闕如候、迷惑仕候、雖恐存候、先日拝見之御袍内々申出度候之間、代物両種、進候（康富記四、一七九下⑧）

先方に御袍を「不可借之由」と一旦断ったが、「俄及闕如候」いわばまた必要となったということに因る、「迷惑」は大変困っていることを示している。だから、「雖恐存候」というように、恐れ入ると雖も「先日拝見之御袍」を拝借したいのである。次の例9も夜が更け、その上くたびれているところ、大勢の客に来訪されたという場面における「迷惑」は外でもなく日記主にとっては正に困ってしまうことを表す。例10も同様である。

9、夕雨下及夜、九条連歌也、依命予執筆、百韻之後退出、（略）、帰宅之処、蔵氷、大学、勾堪、三村、大津等入来、此所迷惑之外無他（同右一、二〇〇下⑯）

10、羽筑已可ニテ五人之奉行トシテ停止了、迷惑至極也（言経卿記、三一〇⑩）

11、千種前中納言殿参会申、同為彼相伴也、三献及逆上、仍予盃、千種黄門取之令飲給、迷惑至也（康富記二、三〇上②）

順番として自分の飲む番となるのに、却って「千種黄門取之令飲給」という事態によって生じた「迷惑至」は極めて困惑して不快であることを言うのである。一方、前の時代に続きもとの意味のままで用いられる「迷惑」も存続している。

12、先例未堪得、当于座迷惑仕候ぬと存候（園太暦一、三七四①）

13、今夕京官除目右筆事、（略）、率爾之至、短慮弥迷惑仕候（同右一、三八三⑩）

尚、院政期に初めて登場してきた「御迷惑」という日本語化を遂げた語形式は室町時代文献にはその所在が多く確認される。

14、両院以下御事、御迷惑之間、皇位事更難及御意見、只御迷惑之旨也（同右四、一四七⑧）

15、女院御返事両院被下御事御迷惑間、皇位事更難及御意見事（同右四、一三七③）

上記の二例の「御迷惑」はどうしたらよいかと迷うという本来の意味で使用されるが、次の例は寧ろ現代日本語の「御迷惑」と殆ど変わることなく用いられていると考えられる。

16、一々ニ聖護院殿ノ印可ヲ不取ハ打捨ト御下知ニテ、御迷惑々々ト云々（多聞院日記四、一四一上③）

17、一日もさやうの御分別ハ帰而御迷惑之由候也（上井覚兼日記一、七四③）

それのみならず、下記の例の如く、「御迷惑」は形容動詞としても使われている。

18、諸人御親様之事を御忘却候てケ様ニ候哉、なとあつかひ候てハ御迷惑たるへき之間（同右一、八⑭）

19、中書様も御申之事共候ツ、自然此所領御望にて、ケ様之事とも仰付候なと〻世間曖申候てハ、御迷惑たるへく候（同右一、一〇⑧）

20、本領之事候条、御迷惑ニ存候て、兎角不承までに候通申上候ツ（同右、一二五⑧）

以下、和漢混淆文における「迷惑」について考察を加える。先ず清原宣賢講述の『毛詩抄』に見られた十七例の「迷惑」を中心に検討して、その用法に眼を転じてみよう。前掲の古文書等と同じく形容動詞として、亦、前の時代に続くサ変動詞として「迷惑」が使用されている。

21、春民の迷惑な時分に民に下さる〻を（毛詩抄巻十四、二二一③）

22、此迷惑な目にはあうまい物をぞ（同右巻十八、二九五⑧）

23、其やうな事はないほどに、迷惑さするぞ（同右巻十三、一六一⑬）

24、天下が悲しみ迷惑して候と云事を作て（同右巻十三、一七六⑥）

尚、意味としては上記の室町時代の古辞書に掲載されている「迷惑」のそれと殆ど重なる。つまり、「恥」を除いて「苦」「困」「悩」などといった多義的に用いられる。以下それぞれ具体例を挙げてみる。先ず本来の意味に近似した、使役的用法としての「迷惑」を例示する。

25、軍兵を以てみなをなやまさうと云事ではない、又急難にあわせて迷惑させうでもないぞ。民を帰服させてすくわう用にするぞ（同右巻十八、二七一⑧）

「迷惑」はみなを「惑わす」という意味で用いられているが、次の例はいずれも本来の意味を異にする「迷惑」である。

26、（習習谷風、維風及雨、将恐将懼）将恐—恐るゝ事のできたは、戹難にあう事ぞ。艱難に、迷惑に及ぶ事が有が、是は我等と汝とばかりあうぞ（同右巻十三、一五〇⑩）

毛詩の本文「将恐将懼」の事は天候の異変いわば天災であり、それを蒙ることになろう。従って、それに関する清原宣賢の注釈に表れた「迷惑」はそれと併用されている「戹難、艱難」に近い意味で危難、困苦であることを表すと解される。

27、（行彼周行、既往既来、使我心疚）来と云は底を尽いて取と云て、取に来ぞ。返報もあらう事ぢやが、其やうな事はないほどに、迷惑さするぞ（同右巻十三、一六一⑬）

一族の不遇に置かれている状況に対して用いられている「迷惑さする」は悲しませる、心を痛ませるという意味を示すことになる。次の四例は困苦という意味で使われるものである。

28、（君子作歌、維以告哀）君子が四月八章の詩を作て、天下が悲しみ迷惑して候と云事を作て（同右巻十三、一七六⑥）

29、（我事孔庶、心之憂矣）我ばかりにむぐうの事をせいと云るゝは迷惑なぞ（同右巻十三、一八八⑨）

30、（田萊多荒、饑饉降喪）田地があれたぞ。萊の字は田をあらいて、草の生しげつたを萊と云ぞ。さうある程に、民が饑饉したぞ。是さへ迷惑したに、天から疫病を下いてあるぞ（同右巻十三、一九七⑦）

31、注云、困《クルシム》時ニ施之、饒《ユタカナル》時ニ収之と云事があるぞ。春民の迷惑な時分に民に下さるゝを、米できて返しまらするぞ（同右巻十四、二二一③）

次の「迷惑」は弱まったり衰えたり病んだりすることによる苦しみを表す。

32、周室の外に中国があるが、是が衰へてある程に、迷惑した程に、こちからしんぱつせう事ぢやが、しんぱつせぬは、苕之華にたとへたぞ。花はしぼうだれども、葉のをちぬは、諸夏の迷惑した体、花のしぼうでをちかゝつたは、周室のをとろへた体。猶諸夏已病、而王臣未発（同右巻十五、三四一②）

次に『甲陽軍鑑』と『太閤記』に見出した「迷惑」を列挙してみよう。

33、東坡も人間第一の水とほめ、万に重宝なれ共、大水の時は迷惑いたす。是又すぎてあしき物也。扨火と云物は、是も人を助くる重宝なれ共、過れば焼亡と申て迷惑也（甲陽軍鑑品第十四、二四五④）

「迷惑」は役立つものとしての水と火が度を過ぎれば、役立たないどころか、不利益をもたらす大変困るものとなるといったことを表す。次の二例も同様である。

34、出頭ぶりを仕り、諸侍に慮外をするならば、諸人迷惑ながら機嫌をとり（同右品第四十、六五⑥）

35、九州へも二万余騎之勢をつかはししが、大友に通路をさへぎられ迷惑せしなり（太閤記、五五〇③）

次の例は悲痛、心痛という意味の「迷惑」となる。

36、晴信は、甘利備前討死を迷惑に思ひ、うはげは機嫌よき様にもてなさるれども（甲陽軍鑑品第二十六、二二一⑨）

甘利備前討死に対して晴信はうわべの様子としては機嫌良さそうに振る舞っているが、内心には「迷惑に思う」。従って「迷惑」は悲しく感じるという晴信の悲痛の心情を表している。

37、勘定頭、郡奉行、（略）、尤民間の理非を聞分け、依怙なく正直正路なる生得の者可レ被二撰出一。不仁にして理不尽なるものは万民迷惑する也（武家家訓・遺訓集成、土井利勝遺訓十九条）

「迷惑」は不利益をもたらして困るということを表す。つまり、人道に背き理不尽な者が任官されたら人々は大変困って酷い目に遭うと解される。

以上の「迷惑」に関しての考察を通じて、亦、先行研究の考究を併せて勘案すれば、室町時代から江戸時代初期にかけての「迷惑」は用法といい、意味といい、前の時代のそれを上回って、殊に意味の拡大を顕在化させ、多義語への変貌を遂げて、中国語はもちろんのこと、現代日本語の「迷惑」よりも意味の広がりを見せていることが明らかになった。尚、その意味拡大のメカニズムについては次のように考えられるのではないか。つまり、人が急なこと、思いがけないこと、不本意なこと、などといった所謂マイナス的な非常事態に遭遇して、如何に対処するか、どういう対応の仕方を採るかは区々であろうと想定される。どうしたらよいか迷ったり、惑ったりするという心の迷いが先ず生じてくることは極自然な反応或いは対処の仕方と考えられよう。中国語の「迷惑」という本来の意味は基本的にこの心の迷いという範囲内に止まっている。しかしながら、心の迷いと同時にどうにもならないという已むを得ないという心情も自ずと随伴してくると考えられる。これは日本語における「迷惑」の意味変化を誘発した契機であり、下地でもある。つまり、已むを得ない出来事に直面し、或いはどうにもならない立場に立たされたら、心の迷いのみならず「困惑」「苦悩」「悲痛」などのような感情も生じかねないのであろう。一方、過分の待遇に恵まれても同様にどうしたらよいかという心の迷いも生じてくる。それによって恐縮、恐れ入るというような気持ちが喚起されて、「恥」を感じる。他方、他者がどうにもならない立場いわばマイナスな目に遭うことに対して当然ながら同情、惻隠の心を持つこともありうるため、朝鮮資料などには「気の毒」という対訳語が表れた所以であろう[8]。逆に自分の行為によって他者がどうにもならないというマイナスな目に遭わされたら、現代日本語の「迷惑」の示すように不利益を蒙ったり、不快な思いをしたりすることになる。詰まるところ、日本語における「迷惑」の多義の発生はどうしたらよいかという事態に対して取った多様な対応のあり方に因るものであると思われる[9]。「迷惑」は室町時代に至って多義化の隆盛期を迎え、その多義による便利な一面を見せている。一方、一つの語はあまりにも意味用法を多く有すれば、負担過剰という虞が生じ、意味弁別、伝達には困難が伴ってくることも起りかねない。だから、その意味弁別の機能を強化させるべく、現代日本語における「迷惑」のように中国語の本来の意味まで消えて意味縮小が実現されて、負担軽減に達したのである。

むすび

以上、中日両国文献における「迷惑」の意味用法について考究を加えてみたところ、次の諸点が判明したかと思う。「迷惑」は中国語に淵源する漢語であり、中国文献では、仏典のみならず、所謂外典たる散文や韻文に亘って使用されて、文章ジャンルによる差異が認められない。「迷惑」は日本語への流入が夙に奈良時代にその端を発しており、亦、決して仏教用語として受容され始めたのではないと言ってよかろう。よみとしては、恐らく最初の段階では意訳として訓よみされていたが、『色葉字類抄』にも示されるように早くも音よみされ、定着に至った。但し、音よみは文章の素姓によって漢音よみと呉音よみとが共存していた時期があったが、中世に下ると、文献の性格に関わることなく呉音よみに収斂されるようになり、今日に至っている。意味用法としては奈良、平安時代の文献において基本的にその出自となる中国語のそれをそのまま踏襲しているが、平安時代末期に中国語はもとより奈良時代文献にも見られない「御迷惑」という新たな用法が登場し、日本語化への第一歩を踏み出したとも言えよう。

鎌倉時代になって本来の中国語の意味を受け継ぐ一方、「困惑」「苦痛」といった新しい意味も発生した。室町時代の「迷惑」は鎌倉時代に生まれた変化義を継承した上、「悩」「恥」という意味も新たに生じて、多義語への変貌を遂げて意味拡大の頂点に達したと考えられる。

注

(1)「迷惑」についての先行研究は管見のところ以下のように挙げられる。
佐藤喜代治『日本の漢語』（二五六〜二五七頁、角川書店、昭五十四）の「中世の漢語」についての概観において「迷惑」は鎌倉時代までその典拠となる中国語の本来の意味に従って使われていると述べられている。それを受けて、福島邦道「「迷惑」考―対訳による―」（『国語国文』京都大学国語学会、昭五十八・二）に「佐藤氏によれば、平安・鎌倉時代においては道などに迷うというのが「迷惑」の本来の意味であるとされている」と書かれている。続いて「そういう意味がいつごろから日葡辞書に見えるような「苦悩・心痛」の意味に変ったのであろうかということである。さらに、今日のような「困る」の意味に変ったのはいつかという問題もある」と問題提起もなされた。福島邦道「「迷惑」考―対訳による―」において対訳の方法でキリシタン資料及び朝鮮語資料を駆使しながら室町時代以降の「迷惑」の意味用法について精考を行った結果、現代日本語の「困る」と異なって、「苦悩、心痛」などのような意味として用いられ、「困る」よりその不快、不利益、大変さの程度が甚だしいと明らかにされた。但し、「本稿では、もっぱら対訳による「迷惑」の語義について論じたのであるが、「迷惑」の語史についてはなお述べ足りないところもある」と記されている。大塚光信「迷惑」（『国語国文』京都大学国語学会、平二・七）において福島氏の論考について そこにおけるキリシタン資料の取り扱い方について、賛同し難いと指摘した上、「本稿は、室町期後半から江戸初期にかけての「迷惑」の諸相を静的に記述しようとしたにとどまるものである」と書かれている。また、堀口和吉「「迷惑」考」（『山邊道』第四十号、平八・十二）、近藤明・邢叶青「日本語「迷惑」と中国語「麻煩」の意味・用法の対照的考察」（『金沢大学教育学部紀要人文科学・社会科学編』57、平二十・二）、張愚「本邦文献に見られる漢語「迷惑」の受容―上代から中世前期までの用例を中心に―」（『文献探求』50、平二十三・三）、張愚「日本における漢語「迷惑」の変容」（『日本語学会2012年度秋季大会予稿集』）等が見られ、多方面から研究が施されているが、尚、更に考究する余地も残っている。

（2）福島邦道「「迷惑」考―対訳による―」（注（1））

（3）「迷惑　亦作「迷或」。①弁不清是非：摸不着頭脳。（用例略、以下同）②使迷惑。」（『漢語大詞典』漢語大詞典出版社、一九九二）

（4）『日本語大辞典』（第二版）には奈良時代の例として挙げられていない。

（5）同注（1）、（2）。例えば、大塚光信「迷惑」（注（1））において「迷惑」の意味用法についての記述を次のように要約できる。①「迷惑」の主体が「心」以外の場合（a）騒ぐ、乱れること、②「迷惑」の主体が「心」の場合（b）心苦しい、恐縮すること（c）うろたえること（d）困る、苦しむこと（e）困難な・難儀なこと（f）けしからんと思うこと（g）気の毒に思うこと、とされる。その上に更に「「迷惑」は広く概括すれば、事に遇って心神が主なき状態になることが中心であった。そして、キリシタンは、その具現のひとつの形である「苦」を辞書のうちに説いたのであった」とも纏められた。

（6）大塚光信「迷惑」（注（1））において『多聞院日記』の「迷惑」の用例について氏は多数挙げて細かく分析されている。

（7）同注（6）に「現今の「恐縮」に近く、前掲「悦び」と共存するものはむしろこの意のものとした方がよく、またこれは前述のように書簡においては、（例略）のような常套的な表現ともなった」と書かれている。

（8）安田章『朝鮮資料と中世国語』（一三四頁、笠間書院、昭五十五）において朝鮮語資料『捷解新語』の初本と改修本における「迷惑」について初本では「めいわく」に対して改修本では「なんぎ」「きのどく」と改められていると指摘されている上、「めいわく」は「当惑」を表していたが、現代的な意味への過渡期にあるらしく、原義を保存すべく、他の語に変えられた個所があったのであるとも述べられている。裏返して言えば「めいわく」は「なんぎ」「きのどく」と類意して始めて「なんぎ」「きのどく」に取って代り得るのである。穎原退蔵『江戸時代語の研究』（臼井書房、昭二十二）によれば、「きのどく」は改修本成立頃、専ら他に対する同情の意味に用いられているとされている。

（9）堀口和吉は特に『狂言』にある「迷惑」を中心に考察して、「「迷惑」の原義は、まことにきびしい精神作用を表す語であったが、その意で表されるような事は、日常生活では頻繁に経験するものではなかろう。まず転意した用法は、日常生活で頻繁に経験する困惑や難儀の意でいうものであるから、使用例が多いのは当然である。ここにおいて、きびしさにかなりゆるみは生じたが、まだそれなりに客観的なきびしさをその意味にもつものであった。（略）、ところが、その緊張も失われ、「迷惑」は、語の意味として心のきびしさを表すという点はまったく曖昧なままに、もっぱら情緒的に他に対する不快感を表す語としてふるまうようになってきたのである」と結んでいる。（「「迷惑」考」注（1））

結　語

言葉はその一つ一つに文化的、社会的背景が有って異なった成り立ちを背負っている。元来中国の文化、社会等を表象する漢語は、日本語に進入して日本語として日本の文化、社会及び政治等を表すようになると、本来の意味が継受される上で、新たな意味も生じてきて、意味の拡大が往々にして起きる。それは日本語における漢語の意味変化の一類型として以上の考究を通して明らかになる。このように考えると、日本語における漢語の意味変化は、その意味の拡大化の方が縮小化より起きやすいし、もっと一般的な類型ではないかと推定される。それは日本での漢語が常に中国語出自の意味用法を受容し、その上に立って更に原義と違った変化が生じるためである。無論、いずれが一般的なのかについてはより多くの漢語を対象に通時的に考察を加えた上で判定すべきことであろう。

尚、以上の如く、文章ジャンル別に検討を行ったところ、意味の拡大が発生した文献群は和文ではなく、全文が漢字で綴られた所謂和化漢文の古記録類であることが明らかである。それは古記録類において日本の社会、政治活動等について如実で且つ詳細に記録しようという日本的内容や漢字を駆使しながら表現しようという言語行為によって、漢語の意味変化が生じやすくなるためかと考えられる。漢語の意味変化を考究する場合は、如何なる文献群でその変化がよく起きるのか、ということも究明する必要もある。古記録類に対して、同じ漢文である漢詩文は中国のそれを模倣しようという意識の下で、その表現内容によって本来の中国語をそのまま踏襲する形で、意味変化が起こりかねる文献群であると言ってよい。解読の困難もあって、古記録類という和化漢文に関する国語学的研究は他の研究分野に後れを取っており、正に緒に就いたばかりである。以上の考察の結果を通して、今後漢語の研究において古記録類は大いに注目、利用するに値すべき文献群であると言ってよい。

語の意味変化は複雑で様々な要素が絡み合っている。漢語も例外ではない。従って、その意味変化と言えば、その着眼点によって、変化の形式が変わるということは考えられないわけでもない。いわば、幾つかの型が複合してクロス的変化を呈すると説明できるものも無きにしも非ずである。例えば、「覚悟」は意味の転用等としても考えられないのではないが、幾つかの入り組んでいる要素の最も働いているものに注目してそれを抽出して類型化することが有効であると考えられる。以上の意味の拡大化に関する考究はかかる見地に立って行ってきたのである。

漢語の意味拡大化と言えば、よく見られる類型である。例えば、「長者」(1)という漢語は、中国語では「年上の人」「徳のある人」及び「金持ち」という三つの意味に大別できるが、日本語に移入して本来の中国語の意味を保ちながら、「氏の長者」「東寺の長者」更に「遊女の長者」「駅の長者」等のような原義には未見の新たな意味も相次いで生じてきて、意味の拡大が発生した。「氏の長者」は藤原一族の勢力の台頭、権力の確立に伴って初めて藤原氏に任命されたのである。一方、「東寺の長者」は他の宗派と宗派の長たる「座主（天台宗延暦寺）」「長吏（三井寺寺門派）」等と区別するべく名付けられたとされる。その意味の拡大はいうまでもなく日本の文化、社会等という、中国と異なった変化の背景があったからこそ実現したものであろう。「終焉」(2)も然りである。中国語における「終焉」は「余生を落ち着いて送ること」「窮まって通じないこと、困窮」「とうとう、最後」という意味として用いられるが、日本語では中国語の意味を継受した上で、「いまわ、臨終、最期」という新しい意味も派生して、原義より表現の意味範囲が広まった。

意味変化を全体として考えることは自ずと普遍性を求めることになるであろう。意味変化に関する分類自体はどの言語においても共通するはずであると思われる。漢語の意味の拡大化という言語現象は和語はもちろんのこと、他の言語とも変わることがないであろう。しかしながら、その意味変化を誘発させる要因、背景等はそれぞれ相違うものであると考えられる。

注

（1）「延慶本『平家物語』における「長者」の意味、用法について」（『広島大学国語史研究会会報』第二十一号、平三・二）

（2）宇都宮啓吾「和漢混淆文に於ける漢語「終焉」の出自に就いて―「往生伝」を出自とする漢語の存在―」（『鎌倉時代語研究第十五輯』武蔵野書院、平四）

第二節　意味の縮小化

意味の縮小化とは、第一節で考察を行った意味の拡大化と相対して意味の示す範囲が狭くなるという意味変化の類型の一つである。つまり、本来の中国語と比較すれば、日本語における漢語はその出自となる中国語の意味より縮小することになる。尚、意味の縮小化は意味の限定化と称されることもある。本節ではそのような観点から「料理」と「病気」を取り上げて検討を施す。

第一項「料理」について

はじめに

現行の現代国語辞書を調べてみると、現代日本語では、「料理」は主として「材料を加工して食べられるように作ること。またそのもの[1]」という意味で用いられている。この「料理」は奈良、平安、鎌倉時代に遡っても現代語の如く使用されていたのか、如何なる意味用法だったのか、また、何時代に現代語のように変わったのか、その要因は何か、更に語源となった中国語においてどのように使われていたのか。以下、それらの点を巡って具体例を挙げつつ考究していきたいと思う。

それに先立って、先ず中日両国文献における「料理」の表記及び日本文献でのよみを明らかにする必要がある。上述したように、これは漢語研究にとって不可欠な手続きである。(2)「料理」の表記とよみについては次に掲げた古辞書と訓点資料によって知ることが出来る。

(一)「料理」の表記とよみについて

先ず古辞書を挙げてみる。

𣂷料（略二字）竝二上六俗下六正（校本干禄字書、三九②）

とあるように、「料」と「𣂷」両字は正と俗の関係にあることが明白となる。以下、両字と「理」との結合によって出来た「料理」及び「𣂷理」を検討の対象とする。但し、以下、便宜上「料」のみで表記することとする。

𣂷理飲食卩レウリ（黒川本色葉字類抄中、十五オ①）

補理シツラヒ（声点略）　𣂷理同（同右下、六十八オ⑤）

𣂷理シツラフ（声点略）（観智院本類聚名義抄、法中、一二四⑤）

調和(3)シホアフ　𣂷理也（前田本色葉字類抄下、七十三ウ③）

右の古辞書の示すように、「料理」には「レウリ」音よみ以外に「シツラヒ（フ）」という訓よみも存する。これは次に挙げる訓点資料の例からも裏付けられる。

・一《ツ》依《レ》仏教《ノ》方法《ニ》先《ツ》須《クハ》料‐理《ハカラヒ》《シ》道場《ヲ》（最明寺本往生要集巻中、七十八ウ②）

・喚《ム》桂‐心曰《クトウ》料‐理《シツラヒ》　中‐堂将《ヒー》《ヰテ》　少府安‐置《セシメヨ》（醍醐寺本遊仙窟、九ウ⑥）

『三巻本色葉字類抄』に収録されている飲食部に属する語を全て調べてみると、そこには「食物」のみならず「調備飲食卩テウヒ」「庖丁飲食卩ハウチヤウ(4)」の如く「食物を作る」という意味の用語も含まれていることが分かる。「料理（レウリ）」は正に「食物の加工」という意味を示し、「料理（シツラヒ（フ））」と相違するのではないかと思われる。即ち、「料理」は飲食部の語としての「レウリ」の示す意味と和訓「シツラヒ（フ）」の意味を持っているのである。

以上の考察を通じて「料理」の表記とよみが明らかになったかと思う。但し、よみについては右に示した古辞書及び訓点資料はいずれも平安時代またそれ以降のものであるため、これを以て奈良時代の文献における「料理」のよみを定めるのは困難である。しかしながら、少なくともそういう可能性があることが言えよう。

（二）中国文献における「料理」

この項では、中国文献における「料理」の意味用法について具体例を列挙しながら検討する。その前に先ず今回調査した中国文献に見えた「料理」使用状況を見よう。

次頁の表一に示すように、「料理」は使用量としては微差こそあるが、各文章ジャンルに現れている。以下具体例を挙げて「料理」の意味用法を考えよう。

1、韓康伯時為丹陽尹、母殷在郡、毎聞二呉之哭、輒為悽惻、語康伯曰汝若為選官、当好料理此人（世説新語、徳行第一、七二）

cf、鄭緝孝子伝曰、（略）謂康伯曰、汝後若居銓衡、当用此輩（劉孝標、世説新語注）

「料理」は動詞として用い、その動作の対象は呉兄弟と思われる。参考例の「当用此輩（此輩を登用すべし）」という劉孝標の注と使用場面とを併せて考えると、「料理」は世話することと或いは取り計らうことというような意味で用いられている。後に康伯が本当に吏部尚書になって、母親との約束を守るべく、呉兄弟の弟の附子を世話して出世させた。それが美談佳話として『世説新語』に収録されたのである。

2、沖嘗謂徽之曰、卿在府日久、比当相料理（晋書、王徽之傳）

表一

用例数	文　献	文章ジャンル
1	世説新語	散文
1	（晋書）王徽之傳	
2	（南斉書）蕭景光傳	
1	（宋書）呉喜傳	
1	斉民要術	
1	（（唐）段安節）琵琶録	
1	酉陽雑俎	
1	遊仙窟	
1	太平広記巻三〇一	
1	（宋）奉詔条具辺防利害奏状	
1	（宋）清波別志	
1	（宋）賓退録	
1	杜詩九家集	韻文
1	韓愈昌黎集	
1	元稹詩集	
1	白氏文集	
2	何氏歴代詩話	
1	黄庭堅、山谷外集	
1	（金）段克己詞	
1	（元）陳高詩	
32	大正新修大蔵経（阿含部等一部）	仏書
54	合　計	

3、其人朝宿鄭州、因謂張曰、君受我料理、可倍行数百（酉陽雑俎、怪術）

4、詩酒尚堪駆使在、未須料理白頭人（杜詩九家集、江畔独歩尋花七絶句其二）

右の例2、3、4の「料理」は例1と同じく動詞として用い、人を動作の対象とし、面倒を見たり、取り計らったりするような意味を表す。

5、十娘遂ニ迴シレ頭喚ム桂-心曰料-理《シツラヒ》クトウ　中-堂《ヒー》将ヰテ　少府安-置セシメヨ　（醍醐寺本遊仙窟、九ウ⑥）

例5の「料理」は、用法としては前出の四例と異ならないが、動作の対象は人ではなく場所に変わって、中堂（中間にある部屋）をきちんと用意し、取り繕うという意味で用いられている。次の例6は家が「料理」の対象となって、それを適切に処置、きりもりするという意味と思われる。

6、誰料理其家。答言。有一女婿。善好有功徳料理其家（大正新修大蔵経、十誦律巻第十二、八八b⑧）

7、居士即復以四事供給衆僧料理精舎（同右、薩婆多部毘尼摩得勒伽巻第五、五九三b⑥）

例7の「料理」は「精舎」を動作の対象とし、それを取り繕うことを示す。一方、例8、9では、人間、場所ではなく植物としての木と楽器としての琵琶とが「料理」の対象となり、それを手入れするという意味で使われている。それは例9と同じ場面で、「修理」が使用されている参考例からも知られる。

8、楡生、共草倶長、未須料理（斉民要術、種楡白楊）

9、内庫有琵琶二面、号大忽雷、小忽雷、因為匙頭脱損、送在崇仁坊南趙家料理（唐、段安節、琵琶録）

cf、鄭嘗弾小忽雷、偶以匙頭脱、送崇仁坊趙家修理（同右、楽府雑録琵琶(5)）

右の九例の「料理」はいずれも動詞の用法で、その動作の対象を見ると様々なものであることが分かる。食物を対象とする「料理」は一例も無い。今回検出した全ての用例についても、食物を対象とした「料理」は確認できなかった。従って、中国語における「料理」からは現代日本語のような意味が発生することは困難であろうと推定される。更に違った次のような例も指摘される。

10、偶上城南土骨堆、共傾春酒三五杯、為逢桃樹相料理(6)、不覚中丞喝道来（韓愈昌黎集、飲城南道辺古墓上逢中丞過（以下略））

11、眼昏久被書料理(7)、肺渇多因酒損傷（白氏文集巻十六、対鏡偶吟贈張道士抱元）

12、窮愁正要詩料理、莫問春来酒価高（金、段克己詞、鷓鴣天、和答尋正道）

例10、11の「料理」は所謂唐代の口頭語(8)として、先に列挙した九例と異なって比喩的に用いられていると看取される。「気晴らしする、痛め付ける」等のような意味で使用されている。例12も同然である。

以上、具体例を挙げて「料理」の意味用法について検討してきたが、「料理」の意義は大きく次の二つに帰納できるのではないかと思う。

（一）人を世話すること

（二）物事をととのえおさめること

尚、中国文献における残りの「料理」の用例についても、右の方法で意味分析を加えた結果、いずれも右に帰納した二通りの意義として用いられている。更に、両意義を検討すれば、物事に作用してそれをよくするという共通の意味特徴が内在していることを認めることが出来よう。続いて、中国文献における「料理」の意義分布は下記の表二の通りとなる。

表二

文章ジャンル	意義／文献	(一)人を世話すること	(二)物事をととのえおさめること	用例数
散文	世説新語	1		1
	（晋書）王徽之傳	1		1
	（南斉書）蕭景光傳	2		2
	（宋書）呉喜傳		1	1
	斉民要術		1	1
	((唐)段安節)琵琶録		1	1
	酉陽雑俎	1		1
	遊仙窟		1	1
	太平広記巻三〇一	1		1
	（宋）奉詔条具辺防利害奏状		1	1
	（宋）清波別志	1		1
	（宋）賓退録		1	1
韻文	杜詩九家集	1		1
	何氏歴代詩話	1	1	2
	（元）陳高詩		1	1
仏書	大正新修大蔵経（阿含部等一部）	2	30	32
	合計	11	38	49

（注：残り五例は比喩的に用いられているものである。）

以上、中国文献では現代日本語のような意味用法の「料理」の所在を確認することが出来ないことが右の考察を通じて明らかになる。しかし、近代になって日本での留学等をした中国人たちの手によって書かれた文学作品においては現代日本語のような「料理」が見られる。この点については後の検討で分かるが、結論を先に言うと、日本留学等の経験をした中国人たちによって既に日本語で意味用法の変化を遂げた「料理」を中国に持ち帰って使用したものであろうと推察される。但し、それは「日語漢字詞（日本語の漢語）（筆者訳）[9]」という程度に止まり、中国語には同化するのに至っていないように思われる。無論、和食の国際化に伴って今日の中国では「日本料理」というフレーズとして知名度が上がるようになっていることも否めない。

さて、中国語に語源を持つ「料理」は日本語に進入して何時代から如何なる文献で現代日本語のような意味になったのか。次項ではそれについて日本文献に目を向けて検討する。

（三）日本文献における「料理」

日本文献を時代別、文章ジャンル別に調べたところ、検出できた「料理」の使用状況は次頁の表三のようになっている。

表三を見れば分かるように、「料理」は、その漢語たる素姓のためかと思うが、和文にはその所在を確認できなかった。一方、漢文と和漢混淆文では使用量に小差こそあるが、いずれも用例がある。次に各時代の文献に見える「料理」の意味用法について考えてみよう。

表三

用例数	文献	文章ジャンル	時代
42	大日本古文書正倉院文書（1－25）	漢文	奈良
(6)	(寧楽遺文)造寺公文		
1	(律）職制律		
1	皇太神宮儀式帳		平安
2	令義解		
2	令集解		
46	延喜式		
1	類聚国史		
1	本朝世紀		
2	政事要略		
1	醍醐天皇御記		
2	西宮記		
2	長秋記		
2	殿暦		
10	兵範記		
3	台記		
2	菅家文草		
1	新猿楽記		
1	往生要集		
2	江家次第		
3	山槐記		鎌倉
4	玉葉		
1	明月記		
2	猪隈関白記		
1	勘仲記		
9	鎌倉遺文		
1	明恵上人夢記	和漢混淆文	
3	正法眼蔵		
1	八幡愚童訓甲		
149(6)	合計		

（注：(　) の例は正倉院古文書にも収められている重出例である。）

ア奈良時代

「料理」という漢語は夙に奈良時代の文献に登場し、日本語への進入が早かったことを物語る。

1、牒、件人成選、応参列見、今依料理奉写一切経経師等供養（大日本古文書四、正倉院文書、五〇三⑤）

「料理」は動詞として用い、動作の対象となる供養を取り計らうことを表す。例1の供養という出来事に対して、次の例2の「料理」は供養の行われる場所である供養所をととのえおさめるという意味で用いられている。

2、五百六十八荷（薪）、料理供養所（同右六、二四四⑤）

3、炊飯幷料理食所十人（同右十五、四⑩）

例3の「料理」は動詞の用法、中国文献には見えなかった食物を用意したりする食所が動作の対象となり、それを管理、取り計らうことを表すと同時に、食所で食材等を調製するということも含まれるであろうと想到される。

4、右、自装束司請来、紙刀幷料理食刀子等検納如件（同右十四、四二七⑦）

5、刀子貳拾柄　十柄造紙料　十柄料理食物料（同右十五、六七⑦）

右の二例は例3と違い、具体的に食、食物を対象に用い、加工などをするという意味を示す。但し、「料理食」「料理食物」は両方とも今日の庖丁という食物の加工用具を修飾、説明するのに用いられている。つまり、庖丁の働きを言うという文脈から推して「料理」は食材を加工するものの、只食材を可食部分と不可食部分とに分けて、形を適当に切ったりする程度の加工に止まり、現代語の如く、食物として加工、調味してととのえるという種々の調理が行われる意味に至っていないと見受けられる。とはいえ、そういうような意味に傾斜するようになったと言えよう。換言すれば現代語のような意味を派生させる温床的な働きを為すことになるであろう。

6、凡合㆓和御薬㆒。誤不㆑如㆓本方㆒。及封題誤者。医徒三年。（略割注）料理簡択不精者。杖六十。料理。謂。応熬削洗漬之類。簡択。謂去㆑悪留善。皆須㆓精細㆒之類（律巻三、職制律、三七③）

例6の「料理」は動詞の用法で、割注に依れば薬（生薬）を拵えて整える、つまり、飲めるように洗ったり煎じたりする意味を表すと判断される。

尚、残りの奈良時代の文献の「料理」についても、右の方法で考察したところ、いずれも上記の例と同じ意味用法で用いられていることが明らかになる。従って、奈良時代の文献における「料理」は「物事をととのえおさめること」という本来の中国語の意味を受容して使用されていると言うことが出来よう。但し、「人を世話すること」というもう一つの中国語の意味を持つ例は確認できなかった。それは奈良時代文献では人を動作の対象とする「料理」は一例も見えなかったことからも推察されよう。一方、中国文献には検出できなかった、食の材料を対象とする「料理」が多出している。この点については、上掲の用例はもとより、残りの奈良時代文献における「料理」の対象からも察知できる。その対象を大きく分けてみると、ア、食の材料に関するもの十四例、イ、場所及び出来事に関するもの二十三例となる。「料理」はかかる食物関係の対象と共起して多用されていることが現代語のような限定的な意味を招く契機または土台となったと考えられる。

イ平安時代

先ず、中国の漢詩文を素地に模倣して作られた日本漢詩文に現れている「料理」を取り上げてみる。管見に入った日本漢詩文からは僅かに二例しか検出できなかった。それを挙げて検討してみよう。

1、凡眼昏迷誰料理、丹鵶鏡掛碧霄台（菅家文草巻二、一一九②）

「料理」は奈良時代のと同じ動詞として用い、出来事がその対象となって取り計らうという意味を表す。

2、和風料理遍周遊、山樹紅開水緑流（同右巻四、二八二①）

例2は上記の中国文献の例10の「料理」と同じく比喩的な用法で、「和やかな春風がきりもりして山の木々に紅の花を咲かせ、川に緑の水を流させる」と解される。漢詩文の「料理」は二例のみであるが、両例とも中国語を受容した意味用法だと言ってよい。これは日本漢詩文と中国漢詩文との相関関係から考えれば、寧ろ当然のことであろう。

続いて古記録類という和化漢文における「料理」について、具体例を列挙しつつその意味用法を検討してみよう。

3、凡僧尼有犯苦使者。修営功徳。謂。書写経典。荘厳仏像之類也。料理仏殿。謂。丹堊塔廟之類也（令義解巻二、僧尼令、八五⑦。傍注、返点等略。以下同）

「料理」は前出の中国文献の例と同様に動詞の用法で、場所（仏殿）が対象となり、それを取り繕うという意味として用いられている。次の例4、5では「料理」は物を対象として割注の示すように「修理」に近い意味で、取り繕うことを表す。

4、凡貯庫器仗。有生渋綻断（略割注）者。三年一度修理。若経出給破壊者。並随事断理（同右巻六、管繕令、二二二⑧）

5、凡有官船之処。（略割注）皆遂便安置。並加覆蓋。量遣兵士看守。随壊修理。不堪断理謂舟木朽爛。不可更修理也者。附帳申上（同右、二二三⑩）

6、志摩国神戸百姓供進鮮鮑螺等御贄御机上備置禰宜内人物忌等御贄御前追持立開封御橋参度止由氣太神御前跪侍則御河清御膳料理畢則如レ是持（皇太神宮儀式帳、六上⑪）

7、凡料理御膳。幷備小斎人食院者。近宮之地随便卜定。（略）供御膳屋一宇。料理雑魚屋一宇（延喜式巻七、神祇七、一四五⑩）

例6、7の「料理」は動詞として神に献ずる御膳を、魚貝類を対象に、加工し、供えるというように用いられている。但し、捧げものとしての御膳のため、「料理」は決して食べるために加工するのではなく供えることに重点を置いて用いているものである。

8、年料（略）切案十六脚。二脚料理雑齏料。二脚料理肴料。二脚料理雑滑海藻料。二脚料理雑菜。四脚料理鮓魚料。二脚料理雑菓子料。二脚儲料（同右巻三十九、内膳司、八七一⑧）

9、厨　説文云厨直誅反和名久利夜庖屋也庖蘇交反　断理魚鳥者謂之庖丁俗云袍二長反　倉厨（和名類聚抄（元和古活字本）巻十、七オ）

cf、この鯉は生きたるやうな物かな。ほと〱庖丁望まむとぞ思へるとの給（日本古典文学大系宇津保物語、蔵開上、三〇五⑤）

10、十一《ノ》君氣装人者《ハノ》一宮先生柿本恒之管絃幷和歌上手也。（略）小弓、庖丁、料理、古歌天下無双者也（新猿楽記、三四五下⑭）

例8の「料理」は十六脚の「切案」の各々の用途に関する注釈に現れている。「切案」とは今日言う俎の働きをするものであると思われる。[10]「料理」はその「切案」を使って食物、厳密に言えば副食としての素材を加工、調えるという意味で用いられている。更にその素材に目を転じて見れば、実に様々なものからなっていることが分かる。即ち、「料理」は食物として加工する対象が多種多様の食の材料に及び、その適用範囲の広さを見せている。これは例9及び参考例の示すが如く、この時代鳥魚を加工、調製するのみに用いたと思われる「庖丁」と明らかに相違するところである。だから、例10では同じ人について才能あることとして「料理」と「庖丁」と分けて使用し、讃えているのである。つまり、両者は使用（加工）対象上の差異が有って始めて併用できたのであると考えられる。

尚、「庖丁」も「料理」と同様に中国語に典拠を持つ漢語で、中国語では「庖丁為文恵君解牛」（荘子、養生主）のように、「解牛」（牛を捌く）の名人というのが原義である。そこから食物を調理する人という派生義が生じたと看取される。日本語では、最初は「毳肩肉、赤凝脂、白登俎、更待庖丁」（経国集、四、毳肩）の如く、魚鳥ではなく牡丹肉（猪肉）を加工する意味で「庖丁」[11]が使われている。しかし、天武天皇、聖武天皇が相次いで発令した「牛、馬、犬、猿、鶏」等の殺生肉食禁断の詔と仏戒のため、肉食を禁ずることになり、「魚」は禁止の対象外となった[12]ことによって、「庖丁」は、当然のことながら「牛、馬」等を対象として捌くことが出来なくなったと考えられる。下って、平安時代には依然として牛や馬の肉を食用するものは鬼のような人と見做された。[13]ところが、その後鶏は例外とされ、雉や小鳥等の鳥類は食べてもよいことになった。[14]例えば、「依故殿例、大饗料所儲酒食、魚鳥等令給史」（九暦、天徳三（九五九）年正月十三条）、「有相朝臣先供鯛、次供他魚鳥」（九暦、天暦五（九五一）年十月二十六日条）のように、宴会の献立に魚鳥が登場している。四つ脚の獣を忌み嫌い、魚を貴ぶという風潮の下で、結局、日本語における「庖丁」は出自となる中国語のように鳥獣、魚貝類等を加工するのではなく、主として魚鳥を調理するだけに用いるようになった。それは、儀式関係の『厨事類記』『世俗立要集』『武家調味故実』にはもちろん、各流派の料理書である『四条流庖丁書』『大草家料理書』『山内家料理書』にも魚鳥を別とすれば、肉類の料理は一切姿を表さないことからも示唆される[15]。時代の下るに伴って、食材が豊富多彩になって、魚鳥に限定して使用される「庖丁」は多様な食材に用いられる「料理」によって吸収されたため、魚鳥等を加工する時に使う刃物或いは「人、者」等の接尾辞と結合して、そのような専門職の人[16]を表現するようになったと推定される。

更に、例8の「料理」は「切案」の使用法についての注釈に用いられている説明から推して、決して現代語のように熱や味など手を加えて作るという意味に至らず、単に食の材料を、形を適当に整理したり、食べやすく切ったりする程度の加工と思われる。これは、平安時代では簡単に調製を施した食物が客の前に並び、客は各自でそれに醤、塩、酢等を付けて食する、つまり、調味は客自身がしていたという食事法[17]からも裏付けられる。

11、向東三条見大饗雑事、上客料理所行事男共両三人候彼所（殿暦四、一二一三⑭）

12、立《テ》作所　臨時ニ肴ヲ拵エル所ナリ、料理所ハ兼而肴ヲ用意スル所ナリ（江家次第、五四〇⑭上）

例11では「料理所」という語形態で使われている。平安時代後期の公家日記に見られた「料理」はその殆どが例11のような「料理所」という形を成している。「料理所」とは、例12に依れば、客のために食物を用意、加工、調える場所のことである。

以上、「料理」の具体例を挙げてその意味用法について考察した。残りの平安時代文献にあった「料理」についても、右のような方法で検討してみたところ、そのいずれも以上列挙した例と同じ意味用法として用いられていることが分かる。従って、平安時代文献における「料理」は中国語及び奈良時代の意味用法を継承する一方、明らかに食材を「料理する」という動作の内容に、食べるためにそれを加工、調製するという新たな意味が派生したと言えよう。亦、対象となる食材は多様性を見せて、食物加工方法、範囲の幅広いことを表すことになる。それと同時に「料理」の新しい意味が生じた必然性をも示唆すると考えられる。この点については後程触れてみたい。但し、平安時代の「料理」は決して食物を作るという意味のみで用いられているのではない。依然として食物以外の「物事をととのえおさめる」という中国語の本来の意味でも使用されており、現代語のように意味の限定化に至っていないと見受けられる。

ウ鎌倉時代

鎌倉時代文献では右掲の表三の示すように、「料理」は前の時代と同じく漢字で記された和化漢文の他に、和漢混淆文にも散見されているため、使用範囲が拡大したとも言えよう。次に先ず古記録類における「料理」を考察する。

1、定成朝臣献御乳付雑具甘草湯、又以蜜和光明朱又牛黄等也、兼給之所料理也（山槐記二、一七一上⑫）

文中の「料理」は動詞として御乳付のために献上した漢方薬等を対象に、それを加工、調えるという意味で、上記の奈良時代文献の例6のそれと同じように用いられている。

2、次四献自此用上客料理所盃大土器重耳器例盃也　絹面押折敷中于塗青居之、凡料理所用之也、瓶子三献了、自酒部所渡料理所也（同右、九上⑤）

例2は「料理所」という語形態として使い、前の時代の踏襲であろう。

3、余問上客料理始日中同今日之由（略）、今夜之由令申事等、早可始之者。宗頼退下（玉葉三、二七六下⑳）

4、上客料理事、以随身所為其所饗日可移便宜所。家司光綱行其所也（同右、二七七下③）

例3、4は「上客料理」という連語形式で用い、「随身所」にて大事な客の振舞いを加工、調えるという意味を表す。

5、申時宰相来自右大臣殿退出、権弁為経去比有南都之訴、於勅使訪(坊イ)魚鳥料理飲酒高会、去年事今年不可□□云々（明月記三、二四四下②）

例5の「料理」は飲酒高会という盛大な宴席で魚鳥という食材を食事できるように加工、調製するという意味として用いられている。前の時代では「魚鳥」を拵えるという加工行為については、一般として「庖丁」が使われているが、例5では「料理」が使用されており、「庖丁」の意味領域にも侵入して、食材の加工、調製範囲の広さを反映している。逆に「庖丁」は「料理」に意味領域を侵されて「魚鳥」を加工、調えるという意味を次第に失って行ったのであろう。

鎌倉時代の古記録類における「料理」は右の考察で明らかなように平安時代の意味用法をそのまま受け継いでいると言えよう。

続いて、同時代の和漢混淆文における「料理」の意味用法について検討する。尚、管見に入った和漢混淆文からは下記の五例の「料理」しか検出できなかった。それらを取り上げて考察する。

1、仍一七日許思《トニ》、得此相《テ》仏前《ニ》置《ク》式《ヲ》取《テ》出了、例時之本尊《ニ》奉料理尺迦弥勒《ノ》御前《ニテ》奉祈請也（明恵上人夢記第十篇、二六七）

「料理」は本来の中国語の意味用法で仏事を対象に、取り計らうという意味である。

2、さらに宮殿楼閣の欄堦露柱は、かくのごとくの説著あると保任することもあらむ。この料理、しづかにおもひきたり、おもひもてゆくべし（正法眼蔵上、第十四山水経、二二五⑨）

3、仏祖は超凡超聖するゆゑに、諸聖の所聞には一斎ならざるべし。国師道の、汝則不聞我説法の道理を修理して、諸物諸聖の菩提を料理すべきなり（同右、第二十五無情説法、二七二⑫）

4、しかもかくのごとくなりとも、乾峰老漢すでに十方薄伽梵一路涅槃門を料理すると認ずることなかれ、ただ

在遮裏と道著するのみなり（同右、第六十十方、三四一⑭）

『正法眼蔵』における「料理」については、蔵海述『正法眼蔵私記』（仏教大系本）四巻（七ノ三二二）において「ものを経営しつもりをはかるをいふ」と注釈されている。亦、天桂伝尊述『正法眼蔵弁注』二十二巻（二ノ二六二）において「管理其事也」と注記されている。両者の注釈を併せて考えると、例2、3、4の「料理」は取り計らう或いは取り繕うという意味である。

5、賊船ヲ直下テ下矢ニ射様ニ料理（コシラヘ）タリ（八幡愚童訓甲、一九〇上⑨。（ ）が文明本から取ったもの）

「料理」は「射様」に処理する或いは片付けるという意味として使われている。

以上、和漢混淆文に見える「料理」の全用例を挙げてその意味用法について検討したところ、いずれも食物とは関連せずに本来の中国語の意味用法のままで使われていることが明らかになり、同時代の和化漢文である古記録類とは対照的な様相を呈している。この差異は他でもなく文章ジャンルの性格に由るものであろうと考えられる。では、和漢混淆文では、古記録類の「料理」の表す「食物を加工、調える」という意味は、如何なる表現によって代替されているのであろうか。以下の用例を通して察知されよう。

6、同六年、十月十二日、白川仙洞に行幸の時、御前にて盃酌ありけり。家成卿、右兵衛督にて侍けるに、庖丁すべきよし沙汰ありけれども、辞申けるを、ある殿上人、鯉を彼卿のまへにをきてけり。徳大寺左大臣、右大将にて侍りけるが、「天気をまつにこそ」と奏せられたりければ、主上わたらせたまひて、すゝめさせおはしましければ、家成卿つかうまつりけり。群臣興に入て、目をすましけるとぞ（古今著聞集、四八〇⑫。傍注略、以下同）

7、一条二位入道能保、右衛門督にて侍ける、盃酌まうけて候まうけられけり。盃酌数献ありて、行孝めしいだされて、縁に候して、鯉きりたり。左府行孝に示し給けるは、「鯉調備するやうをば存知したりとも、食やう

をばしらじ。食て見せん」とて、ものし給けり。まことに様ありげにて、めでたかりけり（同右、四八三⑮）

8、さて、「まな板洗ひて持て参れ」と、声高くいひて、やがて「用経、今日の庖丁は仕らん」といひて（日本古典文学全集宇治拾遺物語巻二、一〇二⑤）

9、取りてまな板の上にうち置きて、ことごとしく大鯉作らんやうに、左右の袖つくろひ（同右、一〇二⑪）

10、彼魚ヲ調美シテ、家子郎等手振強力ニ至マデ、一人モ不漏《ラサ》養ケリ（延慶本平家物語第一本、二十四オ⑧）

11、中門ノ前デ三尺ノ鯉ヲ切テ酒ヲ飲ヤウヲ舞トカヤ（同右第三本、七十オ⑧）

右記の例の示すように、「庖丁」「調備」「調美」「作る」「切る」等の語は「食物を加工、調える」という意味を表すことが分かる。換言すれば、和漢混淆文では「料理」の替わりに右のような表現が使用されてその意味領域を補完していると考えられる。

右の考察を通じて、鎌倉時代文献における「料理」は、和化漢文では前の時代の意味用法をそのまま継承していると言えるが、和漢混淆文では前の時代に派生してきた、「食物を加工、調える」という新しい意味の用例を確認できず、中国語の本来の意味のみで用いられている、といった文章ジャンルによる意味用法の違いが生じていることが判明した。

以上、鎌倉時代までの日本文献における「料理」の意味用法の考察から、『三巻本色葉字類抄』に記されたことと、ほぼ一致する結果が明らかになったかと思う。即ち、『三巻本色葉字類抄』に載っている「料理（レウリ）」の飲食部の語としての「食物を加工、調える」という意味と和訓としての「シツラヒ（フ）」という意味とが既に平安時代に共存しており、鎌倉時代にも続いたのである。現代語のような意味も発生したが、現代語のように意味の限定化にはまだ至っていないように思われる。

エ室町時代

先ずこの時代に成立した古辞書に収載されている「料理」を挙げてみよう。

料理《シツライ》《ハカルコトワリ》　又作二補理一シツライ修補スル義也（文明本節用集、九七三⑧）

（料）理リ　コトワリ　調味（同右、一九五②）

補理シツラウ（運歩色葉集、三七〇②）

料理シツライ（饅頭屋本節用集、一五九③）

補理シツラヒ（易林本節用集、二一八③）

の如く、室町時代の古辞書では依然として「料理（レウリ）」と「シツライ（ウ）」の漢字表記としての「料理」が収録されているが、すべてがそうではないようである。「料理」は「シツライ（ウ）」の漢字表記としては右に挙げた古辞書に限られており、その他の同時代の古辞書には両者の対応関係が認められない。更に、『三巻本色葉字類抄』では、「補理」「料理」の「補理シツラヒ料理同」の如く二語が並んで掲げられているが、『運歩色葉集』『易林本節用集』においては、「補理シツライ」だけで「料理」を記していない。このことは室町時代に入って「料理」と「シツライ（ウ）」との対応関係が、前の時代ほど緊密でなくなっていることを意味すると見られる。このような現象を惹起させたのは室町時代の「料理」が専ら食物を加工、調理することに傾斜して使われるという背景があるためではないかと推定される。これについては当時代の古辞書の記載と文献から窺える。先ず古辞書を取り上げて検討する。

料理レウリ調味（伊京集、四四④）

料理レウリ調味（黒本本節用集、八〇④）

料理レウリ調味（明応五年本節用集、八六③）

料理《レウリ》味（饅頭屋本節用集、六六④）
断理包丁調菜《テウサイ》（頓要集、膳所部、二六⑦）
料理《レウリ》調味　料理《レウリ》——包丁（塵芥上、七七オ②ウ①）
Reôori. レウリ（料理）食物をととのえて味をつけること．例，Reôrisuru（料理する）調理する（邦訳日葡辞書、五三〇）

『伊京集』等に依れば、「料理」は調味と注釈されていることが分かる。つまり、『邦訳日葡辞書』における「料理」についての語釈の如く食物を調えて味を付けるという意味を表すことになる。このような食材を加工するのみならず、味まで付けて一つの食物として調えるといった意味の「料理」は前の時代のものとは幾らか違い、現代語のものとは相通ずるようになる。前の時代殊に奈良、平安時代の調味料は今日のように料理の際に食品の中にそれを浸み込ませるのではなく、素味に加工したものに、上から掛けたり付けたりして使用したのであって、食品と調味料とは別個の存在であった(18)。いわば、当時の「料理」は調味せずに只食材を加工、調製するだけのことを表し、調味まで獲得できていないようである。次に室町時代の文献から検出できた「料理」の用例を列挙して考察する。

1、相二語名誉之包丁一。所レ構二種々料理一也（異制庭訓往来、二月二十日）

「料理」は「構種々料理」という構文から動詞ではなく名詞として用いられていると判断される。亦、前文の「名誉之包丁」（有名な調理人）の意味から推して、食材を加工して味を付けて調えた食物そのものを指すと考えられる。本来動詞用法しかなかった「料理」はここに至って名詞の用法も生じて品詞の変化が起きたのである。現代語の名詞用法はこの時代に遡ることが出来よう。

2、可レ致《ス》二用意《ヲ》一。次料理、包丁者、専《ラ》可《キ》レ嗜《ム》二侍之者哉（賢済往来、五七五②）

3、某はしやうじんのれうりは、かたのことく仕れ共、魚物のれうりのしやうはぶあんないにござる（大蔵虎明

本狂言集の研究本文篇中、そうはち、三八五③）

4、いつのならひに、しやかゞずいきをれうりしておまひりやつたという事が（同右、しうろん、四〇八⑦）

5、鮎の白干など面々に持ち寄りて、「包丁の秘事を我こそ習ひつれ」、「それがしは料理の味はひを得たり」などとて（室町物語上、ささやき竹、四一四⑪）

6、五味の料理をするときに、足らぬをばまし、餘たをば減ずるぞ（毛詩抄巻九、二八八⑪）

7、ヤウヤウ蛙ヤ鱔ヤヲ料理シテ（山谷抄巻四、五一③）

8、包焼ノ事。（略）胡椒入テ可レ参。此料理ノ事四条家ニ秘スル也（四条流庖丁書、長享三（一四八九）年、七七七下⑭）

9、鳥のれうり庖丁の事（武家調味故実、天文四（一五三五）年、七八一上②）

右に挙げた例2～9の「料理」はいずれも食材を加工、調えるか或いはその作られた食物というような意味で用いられている。管見に及んだ室町時代の文献に見えた残りの「料理」についても検討を加えたところ、どちらも右の例のように使用されていると判断される。この結果と上掲した『邦訳日葡辞書』等の古辞書の記載、更に調査資料の制約のことも併せて考えると、室町時代の「料理」は「物事をととのえおさめる」という本来の中国語の意味が完全に姿を消したとは断定し難いが、少なくともそれが副次的な存在となり、一方、食物に限ってそれを加工、調えるまたは食物そのものという限定的な意味が中心義として使われていると言えよう。「料理」は、主として食物或いはそれの加工、調製という意味分野において用いられているため、本来の「物事をととのえおさめる」という意味が次の例に見えている「トトノフ（調）」「コシラフ」等によって分担されているのではないか。

・重代伝リタル唐皮ト云鎧、小鳥ト云大刀、車内ニ内々用意シテ持レタリ（延慶本平家物語第一末、四十ウ⑩）

・院中人々兵具ヲトトノヘ、軍兵ヲ召集ラルル事ヲバ、知食レテ候ヤラムト申ケレバ（同右第一末、十四ウ②）

・節会ノ儀式ヲ始皇ノ内裏咸陽宮ニ調テ燕ノ使ニ見給フ（同右第二中、一三一オ⑭）
・同壇ニ大嘗宮神膳ヲ備フ（同右第二末、百二オ⑭）
・薬ヲアブリコシラウルニ、大偏ノ字ガ多ゾ（続抄物資料集成勅規桃源抄三）

以上、時代別に日本文献における「料理」の意味用法を巡って考察してきた。判明したことを纏めていえば、次の通りである。奈良時代では「料理」は、殆ど出自となる中国語と同様に用いられるが、中国文献にはなかった食材を対象とする例が現れた。平安時代に入って「料理」は前の時代と同じく本来の中国語の意味用法を継承する一方、中国語には見られなかった、食材を加工、調えるという意味が生じた。鎌倉時代になっても同様のことを言い得る。しかし室町時代における「料理」は、本来の中国語の意味が副次的に用いられ、周辺的な存在となるのに対して、平安時代に新たに生まれた意味用法の方が中心的なものになっている。時代に因る意味用法の異同が見られた。

江戸時代に降って、現代語のような意味用法が一層固定化したのであろう。それは本居宣長著の『玉勝間』十四饌に説かれている「饌をつくりととのふるを、俗に料理といひ」という指摘からも示唆される。亦、近世に成立した調理書の書名にも「料理」が頻用されることもその裏付けの一つであろう。例えば、『翻刻江戸時代料理集』に依れば、寛永二十（一六四三）年に成立した『料理物語』から文久三（一八六三）年に世に問うた『四季献立会席料理秘嚢抄』まで「料理」を使用した書名の料理書が三十二種も紹介されている。「料理」派生義が定着したため、「料理（りょう）る」という動詞化した語形までこの時代に発生させて、完全なる日本語化の様相を呈しているのである。

むすび

日本語における「料理」は、本来の中国語と比べると、その意味の示す範囲が縮小するという変化が起こったことが、以上の考察によって明らかになったかと思う。では、何故、このように意味が変化したのか。いわば、その変化を齎した要因は如何なるものであろうか。先ず、考えられるのは、本来の中国語の意味と変化した意味との間に「物事に作用してそれをよくする」という意味特徴が内在しているという言語内の要因である。[19]つまり、かかる言語内にある類似性があった上で、本来人をも含めての様々な動作の対象を食の材料に限らせて、それを食べられるように加工、調えるという限定的な意味に収斂できたのであろう。尚、言語内の要因は自然発生するわけではなく、言語外の要因の作用、誘発が不可欠となる。具体的に「料理」の意味縮小という変化を喚起した言語外の誘因の一つは、視覚に美しく映じる「見る料理」「目で食う料理」と言われる日本料理の調理の美という特徴にあるかと想定される。このような日本料理の源流は平安時代に遡上できる。平安時代の食膳は、味や栄養というよりも寧ろ並べ、飾り、盛り合わせなどのような外見上の美を整えることが大事にされた。[20]かかる特徴のある日本料理という存在があって、それを表すための表現が必要となる。しかしながら、日本語では、多様な食材を加工するのみならず、形を綺麗にととのえることを含めた複合的な表現は欠如しているようにみえる。確かに「調える、繕う」という和語はあるが、それは主としてものをそろえたり、用意したりすることを表し、具体的に食材を食べやすくするように加工、調製するという動作性が欠けていると考えられる。一方、「切る」「割る」「作る」「焼く」等の和語表現は単に具体的に食材の加工方法を説くのみで、形をよくととのえるということを連想させにくい。このような不足を補うための必要性が、媒介的な働きをして言語内の要因を誘発させた結果、「料理」に意味の縮小という変化が成立したのではなかろうか。

「料理」の意味用法、意味の縮小などを究明するのには「食物を作る」という意味分野を構成する「庖丁」「調理」「調味」「調菜」「割烹」等のような類義関係にある語とのはりあい関係、意味用法上の差異を巡って通時的に考究する必要がある。亦、日本料理の加工、調理、配膳等の方法についての考察も欠かせないことである。それを今後の研究課題とする。

「料理」は以上の考究を通じて日本語における漢語の意味縮小の変化の一例になっていると言えよう。

注

（1）山田俊雄他『新潮現代国語辞典』（新潮社、平四、第一版第六刷）

（2）佐藤茂「字音語研究の問題点」（『文芸研究』69集、日本文芸研究会、昭四十七・三）

（3）「調和塩案不」（天治本『新撰字鏡』第十二諸食物調饌章、三一④）

（4）「調備飲食卩テウヒ」（下、二十三オ①）、「庖丁（去声点、平声点）飲食卩ハウチヤウ」（上、三十三オ③）（前田本色葉字類抄）

（5）蔣礼鴻『敦煌変文字義通釈』（上海古籍出版社、一九八八、第四次増訂本）に「修理、処置或料理的意思（修理とは処置或いは料理の意（筆者訳））」と釈す。

（6）『詩詞曲語辞匯釈』（中華書局、一九五五）五巻「料理」の条では「猶云安排或幇助也。又猶云排遣也。又猶云逗引也」と語釈し、猶「其作逗引義者」として例10の韓愈詩及び例11の白楽天詩を挙げている。

（7）同注（6）に例11を引き、「煎熬、折磨（苦しみ（められる）、痛め付ける）（筆者訳）の意」と釈す。

（8）塩見邦彦『唐詩口語の研究』（中国書店、平七）において「料理」を掲げている。又、松尾良樹「平安朝漢文学と唐代口語」（『国文学解釈と鑑賞』平十一・十）においても言及されている。

（9）「日語漢字詞（日本語の漢語、（筆者訳））烹調。又借指肴饌。郭沫若『脱離蔣介石以後』十一「她听説我早飯午飯都没喫、便赶快又叫了些日本料理来」」（『漢語大詞典』漢語大詞典出版社、一九八八）、しかし、今回管見に及んだ他の中国語辞典にはいずれも『漢語大詞典』のような意味用法が載っていないようである。

（10）安達巌『日本食文化の起源』（自由国民社、昭五十七）細説章に「奈良時代にはこの俎を切机または切案などと称していた。民間ではこれを魚板、魚盤、按板、切机、切盤、裁板なども呼んでいたようである」と指摘されている。
（11）天武天皇四年「自今以後。制諸漁猟者。莫造檻穽及施機槍等之類」「且莫食牛馬犬猿鶏之完」（傍注略）（新訂増補国史大系『日本書紀』三三三）
（12）大塚滋『食の文化史』（中央公論社、昭五十）の「魚と日本人」の章に記されている。
（13）同注（12）
（14）同注（12）
（15）原田信男『歴史のなかの米と肉』（平凡社文庫、平十七）第三章「肉食禁忌の浸透と神仏」に説かれている。尚、注（12）文献にも藤原時代の貴族の宴会のメニューが残っているが、それを見ると、正客の前にタイ、エビ、サケ、コイ、アユ、サザエ、クラゲ、白貝（オフ）、アワビ、トコロテン、それにキジなどの料理がぎっしりと並べられるという豪華なものだったが、ほとんど魚と貝であり、獣肉はもちろんない。
（16）樋口清之『新版日本食物史—食生活の歴史—』（柴田書店、昭六十二）第五章「健康食の回復——鎌倉時代」に依れば、この時代には庖丁師とよぶ魚鳥調理専門の特別な職人も現れた。この専門化が著しくなると、庖丁の秘伝などというものができ、いわゆる料理のコツが秘事口伝されて、次の時代に料理流派が生まれるに至った。
（17）この点については注（12）の「菜食日本民族」の章において指摘されている。
（18）同注（16）
（19）この点については伊勢貞丈著『貞丈雑記』（新訂増補故実叢書）の十五巻言語において次のような指摘が見られる。「料理と云詞今は食物を調こしらゆる事を云むかしは食物ばかりに限らず何にてとりはからふ事を料理すると云也料の字ははからふと訓也理はおさむると訓也何事にても取りはからひ取りおさむるは皆料理と云也食物を調るも食物を取りはからひととのへおさむるゆへ食物を料理すると云也」と。
（20）同注（16）

参考文献
岩淵悦太郎『語源散策』の「カッポウとリョウリ」（毎日新聞社、昭四十九）
石毛直道『食事の文明論』（中央公論社、平三、第十一版）
『古事類苑』の飲食部二（神宮司庁）

第二項　「病気」について

はじめに

現代日本語において「病」のことを「病気」と言うのは一般的である[1]。「病気になる」とか「病気が治る」とかいうような表現が日常的に頻用されている。つまり、「病」と「気」とで形成された熟語「病気」は「病＋気」という二漢字を以て「病」という一つの意味概念だけを表すことになる。言い換えれば、「病気」を構成する後部要素「気」は本来の意味を失って、実質的意味を持たず、語形を整える造語要素的に機能するに過ぎないと看取される。

さて、その出自となる中国語における「病気」は如何なる意味用法で用いられるのか。又、奈良、平安、鎌倉時代に遡って、「病気」は果たして現代日本語の如く「病気」という二字熟語で「病」という一つのみの意味を表すのか。以下、それを巡って検討を施してみたい。それに先立ち、先ず「病気」の素姓を明らかにすべく、そのよみについて考察する。古辞書を挙げてみよう。

病床ヒヤウシヤウ（病）氣キ（病）苦ク（易林本節用集言辞、二二七⑥）
病即《ヒヤウソク》《ヤマイスナワチ》消滅《セウメツ》《キヱホロブ》（病）氣《キ》《イキ》（文明本節用集態藝門、一〇四三②）
病氣《キ》（運歩色葉集、四一二③）

と記されているように、音よみとなって、漢語であることが明らかであるが、上掲の室町時代成立の古辞書より前の時代に世に問うた古辞書類には「病気」という字音語が掲載されていないらしい。尚、「病気」の「ビヤウキ」という音よみは漢音かまたは呉音かについて、次の呉音と漢音の資料を挙げて検討する。

法華経音訓
病ヒヤウ（平声濁点）ヤマイ（ヒ）（1961）　氣ケ（平声点）イキ（5922）

長承本蒙求
去病ヘ（イ）（97）

図書寮本文鏡秘府論
二柄ヘイ（庚韻、北五一）　氣キ（微韻、天二五）

上記の呉音よみと漢音よみの資料に依れば、「病気（ビヤウキ）」というよみは、「病（ビヤウ）」が呉音よみで、「気（キ）」が漢音よみとなり、呉音と漢音とのミックスによって出来たものである。更に言えば、「病気（ビヤウキ）」という漢語は呉音と漢音との混合という形を取るよみとなっている。しかし、「古代には熟語の漢字を読む場合、原則としては上下二字ともに呉音か、漢音か、どちらかに一定して読み、両者をまぜて読むことはなかったのであるが、一字に二通りの字音があることは煩わしく、区別が混乱しやすいこともあり、また、漢音、呉音の一方だけが多く用いられて、他方がすたれてしまうこともある。その結果、たとえば、「美男」のように、「美」は漢音ビ、「男」は呉音ナンと、呉音、漢音をまぜて読むことが多くなった[2]」と説かれているように、漢語が日本語での定着に伴って、漢音と呉音の混ぜよみも増えるようになった。「病気」もその一例と言えよう。「今月」、「内外」、「言語」、「凡人」等の漢語も同様に上を呉音、下を漢音と読む用例である。

右の考察で明らかになるように、「病気」は「ビヤウキ」と字音よみとなり、漢語であると判断される。次項にその出自となる中国語における「病気」の意味用法について検討して行きたい。

（一）中国文献における「病気」

中国文献における「病気」については、文章ジャンル別に調べたところ、散文、韻文、仏書のいずれにもその所在が確認できるが、その使用例はごく少量で、五例しか検出することができなかった。これは調査の不足に因るかもしれないが、「病気」という言葉は決して日常的な用語とは考えられ難く、現代日本語のそれと好対照を成す。次にその五例を全部挙げて考察する。

1、斉丞相舎人奴従朝入宮、臣意見之食閨門外、望其色有病氣、臣意即告宦者平、（略）宦者平即往告相曰君之舎人奴有病、病重死期有日（史記、扁鵲倉公列傳第四十五、二八〇六⑥）

中国史上において屈指の名医である扁鵲の医術に関する逸話である。「病気」は、「望其色（顔色を見る）」という前文と、共起する述語「有」と考え合わせると、舎人奴の顔に現れている不健康な容態を示すという意味と解される。つまり、患者本人ではなく、第三者である扁鵲が遠くから自らの視覚だけを通して捉えた、舎人奴の正常と異なった身体の様子を表し、名医の腕前が浮き彫りとなった。「病気」は現代日本語のように「病」という一意味概念のみならず、「病」の顔に現れる容態をも含めており、二つの意味概念からなっている。いわば、「病気」を構成する「病」と「気」との両造語要素はそれぞれ各自の意味を分担していると言えよう。だから、他人は人の病を患っていることがその「気」を通して感知できるのである。

2、斉中御府長信病、臣意入診其脈、告曰熱病氣也、然暑汗、脈少衰、不死、曰此病得之当浴流水而寒甚已則熱（同右、二八〇〇①）

例1の「望其色」と違って、「診其脈（脈を診る）」ため、視覚ではなく、脈を診て覚えるという触覚の行為である。そこで、「病気」は扁鵲が目で捉えるだけではなく、切脈で感じ取った長信の不健康的な気を表すと考えられる。つまり、「病気」が「熱の病」という不健康とそれをもたらすエッセンスとを指している。「病」と「気」とは非健康と人を成す精気という二つの意味を各々と表出することになる。例3の「病気」は白楽天の詩題として登場している。

3、病氣　自知氣発毎因情、情在何由氣得平、若問病根深与浅、此身応与病斉生（白氏文集巻第十四、七七八）

詩の内容から「病気」は例2と同じく体の不健康とそれを招くエッセンスまたはその本という意味を表し、「病」と「気」とはそれぞれの意味を担っていると考えられる。

4、所言氣者、有二十四種業氣。見処氣染氣色染氣有染氣無明染氣行氣識処氣名色氣六入氣触氣受氣愛氣取氣有氣生氣老氣病氣死氣憂氣悲氣苦氣悩氣疲極氣依氣。此謂二十四氣（大正新修大蔵経第十四冊、文殊師利問経巻上、四九五c㉙）

人間の行為、所作、意志による身心の活動、意志による身心の生活を意味する仏教の基本的概念「業」としての二十四気について列挙する文脈である。「病気」はその二十四気の中の一つとなる病の気として挙げられている。つまり、病を生成せしめる根源、エッセンスとなる。例2、3と同様に、「病」と「気」とが各自の意味を示している。

5、種々疾患此謂病氣涅槃想死想（同右、四九六a⑭）

例5の「病気」は例4と同じ文脈において用いられて、意味も同じであろう。

以上の考察を通じて中国語における「病気」はいずれも人間に使われて、「病」と「気」とが各々意味を示し、二つの意味概念からなっていることが明らかになる。その意義を記述すれば、

・人の体の不健康の容態と生成

となる。これを現代日本語の「疾患」そのものを表す「病気」と比較すれば、中国語の「病気」の表す意味範囲は現代日本語のそれより広いことが明白となる。裏返して言えば、現代日本語の「病気」はその出自となる中国語より表出の意味範囲が狭くなっている。いわば、意味の縮小という変化が起きたのである。それでは、日本語における「病気」はその意味の縮小が何時代、如何なる文献群において発生したのか、といった問題点について、日本文献に目を注ぎ、具体例を挙げつつ検討を加えてみよう。それに先立ち、中国語では、現代日本語の「病」という一つの意味しかない「病気」と同じ意味を表すには、如何なる語によって分担されるのかについて考えてみたい。次の例を見よう。

・子疾病、子路使門人為臣病間曰、久矣哉（論語、子罕）

・管仲有病（荘子）

・譬者医之薬人之有病者然（墨子）

のように、「疾」「病」等のような語によって現代日本語の「病気」の示す意味が担われることが分かる。尚、右の例の示すが如く、中国文献における「病」という語は管見に入った資料に見られた「病気」の出現時代より遥かに古いことも明らかになる。中国文献の「病」と「病気」とは意味上の差異を有するのみならず、時代の差もあるように見える。それだけでなく、「病」は「やまい、わずらい」という不健康な状態に限らず、

・今日病矣、余助苗長矣（孟子、公孫丑上）

のように、「疲れ、疲労」という意味もあれば、

・然今日庭詰弘、誠中弘之病（史記、公弘傳）

のように、「欠点、瑕疵」という意味もある。更に、

・君子病無能焉、不病人之不己知也（論語、衛霊公）

の如く、「憂慮」、

・病、苦也（広雅、釈詁）

のように「苦しみ、困惑」、

・与刖其父不能病者何如（春秋左氏傳、文公十八年）

・賓対曰某不敏、恐不能其事、以病吾子、敢辞（儀礼、士冠礼）

のように、「恨み」や「羞恥」などといったような派生義としての抽象的な意味合いも持ち合わせている。これは「病気」と顕著に異なることである。

以下、日本文献における「病気」の意味用法について検討する。

（二）日本文献における「病気」

日本文献を時代別、文章ジャンル別に調べた結果、「病気」は今回調査した限りの奈良時代文献からはその所在を確認できなかったし、管見に入った和文からも検出することができず、漢文と和漢混淆文にのみ使用されていることが分かる。日本文献における「病気」はその漢語という素姓のため、文章ジャンルによる使用上の有無、多寡という違いが認められて、典拠となる中国語と異なった様相を呈出する。更に、和漢混淆文の「病気」の使用頻度は鎌倉時代まで漢文より遥かに低いことが言える。これは恐らく「病気」という書記語としての性格に、一因を求めることができるではないかと考えられる。日本文献における「病気」の使用状況は次頁の表一の通りである。

表一

用例数	文献	文章ジャンル	時代
1	小右記	漢文	平安
1	権記		
2	中右記		
4	殿暦		
1	台記		
1	大日本国法華験記		
3	拾遺往生傳		
4	後拾遺往生傳		
1	三外往生記		
1	高野山往生傳		
19	計		
17	玉葉		鎌倉
1	吉記		
58	明月記		
1	高野山文書（1、4）		
6	吾妻鏡		
1	古事談		
2	花園・伏見天皇宸記		
16	鎌倉遺文		
102	計		
1	保元物語	和漢混淆文	
2	明恵上人資料第一		
3	計		
124	合計		

表一に依れば、日本文献では、「病気」が平安時代中期頃になって初めて古記録類という和化漢文に登場するようになった。その初出例は次に挙げる『小右記』に見えたものである。(3)

次に平安時代の漢文における「病気」についてその意味用法を考察する。

ア平安時代

1、申云、秀孝有目転病、不可奉仕者、奏事由、無天許、仰可早進、暫之出立、先申病障、無裁許、仰可奏仕之由、取合後重愁申、有天許、仍仰可罷入由、左相撲目病有病氣、次召左勝手（小右記六、一九一④）

文中の「病気」は、共起する述語「有」の示す意味を併せて考えると、左相撲の疾患を患っている目には他人が視覚で捉えられるような不健康の容態、様子（がある）という意味として用いられていると解される。ここでは、「病気」は明らかに「目病」と違って、その目の病に現れている症状、けはいとなり、本来の中国語と同じ意味を示すことになる。斯様な意味の「病気」は次の例からも一層明らかになる。

2、薬師者祈無口于病氣件病去年平復、全無其氣、消磨無此氣也、然而兼防也（台記三、二五一上⑪）

例中の「病気」に対して付してある割注「件病去年平復、全無其氣」の示すように、病が平癒して病の「気」は全くないという注釈から「病気」は病の様子或いは症状を表す意味と解される。つまり、病が癒えてそのけはいは見えないものの、予防するために薬師が祈ったと解釈される。

3、参左府、女人有病氣仍向世尊寺、奉請僧正加持為病除（権記二、五六上⑫）

「病気」は、その主体「女人」と述語「有」と共に考えれば、日記の書き手の目に見える或いは感じられる女人の病の容態、けはい（がある）という意味で用いられている。

4、大納言廿四日及晩頭更無病氣、入夜俄有病氣不経幾程已頓滅（中右記一、九五上⑬）

文中の「病気」は、上記の三例と同じく主体の「大納言」と「有、無」と共起する述語を考え合わせると、（大納言に）日記の記録者の視覚で捉えられる不健康のけはいまたは容態（が無、有）という意味を示していると解される。以下に列挙する「病気」の用例はいずれも日記の記し手の視覚を通して把捉される対象の正常と異なる容態または症状といったような意味で用いると判断される。それは「病気」と共起する述語が全て物事の存在、所有を表す「有」或いは「在」またはその敬語形「御座」とその否定形「無」であることからも察知される。

5、聖一生間、奉読誦法華経二万部、悲田病人供養食薬十六箇度、乃至最後雖有病氣是非重病（大日本国法華験記上、五二八上⑤）

6、沙門境妙者（略）已至老年。忽謁旧朋曰。今日之謁見是最後之対面也云々。不軽幾日。已有病氣。于時告衆

人云。最後之病也（拾遺往生傳巻上二十四、五九九上③）

7、于時永長二年閏正月十四日聊有病氣忽以沐浴。即向丈六阿弥陀仏像。以五色糸。繋于仏手。投之念仏（同右巻中十八、六〇七下⑥）

8、而間聊在病氣。頗変寝食。即喎僧徒契其扶持（同右巻下二十、六一九下⑱）

9、死期在明年。因茲存命之時。遷于他所也者。已及正月。屢有病氣。忽離阿弥陀之幽嶺（後拾遺往生傳巻上、六四九下①）

10、其後自大治二年十月一日。雖有病氣不怠念仏（同右巻中、六五六下⑥）

11、于時大治四年九月廿八日。無指病氣。沐浴浄衣（同右、六六〇上⑦）

12、一日内馳参社頭。陳此言畢。其母聊有病氣（同右巻下、六六五上⑳）

13、及其終相語親友云。死去之日。必可来会也。然而見其形体。全無病氣（三外往生記巻四十、六七九下⑫）

14、今夜主上頗御風氣、雖然今日退出了、依有病者也、大略猶去八月比御病氣令御座給歟、返返不便也（殿暦二、九八⑤）

15、新女御於彼方此日来有病氣（同右五、六三⑥）

16、法成寺修理別当法橋成信死去云々、此両三年有病氣上此受重病云々（同右、五六⑨）

右に挙げた「病気」は、いずれも中国語と同じ意味として用いられるが、形態としては、例14のように敬意を表す接頭辞を冠した「御病気」が出自となる中国語には見えず、日本語化への一面を見せている。平安時代の漢文では上掲の例を除いて次のような用例も検出できた。

17、（長治二年六月）卅日乙未天晴、今日不出行、不例之後未出行、今日服韮、（七月）一日丙申天晴、不出行、二日丁酉天晴、病氣之後不出行（同右二、八二③）

文中の「病気」は上記した例と異なって、その主体が日記の書き手である忠実となり、「有、無」等の述語とも共起せず、サ変動詞的な働きをするように思われる。亦、上接文である忠実の六月三十日の「不例之後」と二日後の「病氣之後」とは構文上といい、意味上といい極めて類似している。このことを併せて考えると、例17の「病気」は「不例之後」の「不例」と同じく、「病」という意味のみとなり、「容態、けはい」といった意味は随伴していないと考えられる。つまり、病気（した、になった）或いは（を患った）後、「出仕」せぬと解される。例17の「病気」は中国語の原義である不健康とその容態、様子、けはいという二つの意味概念が「容態、様子、けはい」を失って、「不健康」という一つの意味だけとなり、意味範囲の縮小が生じたのである。次の例も同然である。

18、其後心神不例、病痾相侵、傍房上人字曰北筑紫聖、即来告曰、吾夢阿弥陀仏、与無量聖衆、来迎汝、定知、汝病是運命之極往生之剋、勿恨勿悔云々、而間病氣漸差忽以沐浴（高野山往生傳巻二、六九六下⑭）

「病気」は上接文の「心神不例」、「病痾相侵」の「不例、病痾」と同じく、「病」という意味として用いられていると解される。

以上、平安時代の漢文における「病気」の意味について考察してきたが、その意義は以下のように記述できよう。

（一）人の体の不健康の容態と生成

（二）人の体の不健康

と二つに大別することができるが、右の考察を通じて分かるように、（一）の意義を表す「病気」はその用例数が（二）の意義を圧倒的に上回って、中心的な役割を果たしている。尚、この（一）の意義は紛れもなく本来の中国語の意味をそのまま受容したと言えよう。一方、（二）の意義は中国語には確認できず、その意味範囲が本来の中国語より狭くなったという変化が起きたが、その使用頻度が極めて低く、周辺的な存在となる。従って、元来の中国語より意味範囲の縮小した（二）の意義は平安時代においては、所謂「慣用的意味」(4)として揺れている段階に在ると言ってもよかろう。

現代日本語の「病」という意味だけを表す「病気」は平安時代にも現れているが、しかし定着にまで至っていないようである。つまり、平安時代の「病気」は中国語の原義を摂取してそれを中心として使用されている。そこで、平安時代乃至前の時代における漢文では、「病」を示すのには現代語と違って「病気」ではなく、下記の語或いは連語等によって表現されると考えられる。

・以十月廿五日得腹病（寧楽遺文、五七三上⑦）
・以今月十九日腹病起（同右、五八〇下①）
・王后仍以労疾、並著於床（同右、九六二上⑤）
・氣衰発病（日本三代実録巻三十一、四〇一⑭）
・依心神不調、不参八省（貞信公記、三九②）
・十四日有所労不参入（同右、八一⑬）
・依病悩御出家事（九暦、一六③）
・路中受病（同右、七一⑥）
・向近者扶身受瘡病（平安遺文一、一三八上①）
・已受病患（拾遺往生傳、六〇八下⑮）

とあるように、人間の身体の不健康な状態を示すのに斯様な表現によって担われていることが分かる。亦、「病」を表す表現と共起する述語或いは述部は「得、労、発、受」等のように多様性を呈して、以上に列挙した「病気」の「有、無」を中心とする述語と著しく異なっている。かかる差異はいうまでもなく両方の意味の違いに大いに関わることになる。「病」という意味を表すべく、現代日本語では、「病気」を中心として用いられるが、奈良、平安時代では主として「病」等の表現が使用されているようである。換言すれば、「病」をはじめとする言葉は「病気」より早く人間の身体の不健康な状態を表すようになったと言える。両方は新旧の関係にあるものである。では、中国語の原義を示す「病気」が検出できなかった日本文献においては、そのような意味がどのように表現されているであろうか。次の例を挙げてみよう。

・三人雖参門外、其病不顕然（九暦、一〇六②）
・有悩氣早退（西宮記巻十九、三三二下⑩）
・疫病氣方発。或挙家病臥（類聚三代格巻十七、五二六⑦）
・此間前左大臣所労氣俄出来之由称之退出（歴代宸記、三七四⑬）
・従昨夜有咳病氣（同右、一九⑦）
・但心情如例、時々有悩氣（小右記一、二八〇⑧）
・熱氣未散給、亦左府聊有患氣者（同右三、一一四⑪）
・五日己卯候内、悩氣尚有（御堂関白記上、一六七②）
・今日有咳病氣、聊身温若及重悩（春記、一一一下⑯）
・是博陸風症氣御座之故也云々（水左記、六二上⑤）
・是自夜前風病氣色御座云々、仍馳参（殿暦二、二二八⑦）

とあるように、本来の中国語の「病気」の示す意味は右のような語、連語及び句形式によって表現されることが明らかになる。更に、それらの述語に注目すると、以上に列挙した、中国語の意味を受容した「病気」と同じく「有、御座」を中心に共起するという共通点をも見せている。これは両者の意味上の類似に因るものであろうと考えられる。

それのみならず、下記のように、元来の中国語の意味を示す「病気」と類似的な表現も確認できる。
・而依有中宮御悩之氣停止（九暦、八五①）
・又云、摂政恙氣不散（小右記四、一八五④）
・有所煩従美乃国罷帰、餘氣全未散（同右八、七六⑪）
・昨日奉謁不坐恙氣（同右、一八⑭）
・而自昨日有霍乱之氣、万事不覚之間（水左記、五五上⑫）
と挙げられる。さて、本来の中国語の意味を示す「病気」が確認されなかった和文では、その不在によって生じた空白が如何なる表現によって補足されているであろうか。それは恐らく次のような言葉で分担されるであろう。
・胸つぶるるもの、競馬見る。元結よる。親などの心地あしとて、例ならぬけしきなる（枕草子、一六三⑪）
・この女れいならぬけしきを見ていと心うしと思て（宇津保物語、三七五⑥）
・いささかしはぶきの氣色したるにつけて（かげろふ日記、二二四⑫）
・悩しき御けしきにおはしませは（紫式部日記、六五④）
とあるように見られる。尚、和文においては現代日本語の「病気」の示す人間の身体の不健康の状態という意味が下記のような表現で表されているように思われる。
・病は胸。物の怪。脚のけ。はてはただそこはかとなくて物食はれぬ心地（枕草子、一九五⑥）
・おなじ季縄の少将、病にいといたうわづらひて、すこしをこたりて内にまいりたりけり（大和物語、一〇一段）
・きさいの宮はこと〳〵しき御なやみにもあらてをこたり給にけれは心ちよけにて（源氏物語、東屋、一八二二⑭）
・百済国よりわたりたりける尼として、維摩経供養したまへりけるに、御心ちひとたびにをこたりて侍ければ、

その経をいみじきものにしたまひけるままに、維摩会ははべるなり（大鏡第五巻、一三二）

以上、平安時代における「病気」の意味用法について考察を施した。当時代の「病気」は典拠たる中国語の意味を受容して、それを中心として頻用されているが、中国語の原義より意味範囲が狭くなったという意味の変化も起きたのである。しかし、縮小という変化の生じた意味はその使用例が極小で、定着したものには至っていないことが明らかになる。つまり、現代日本語のように「病気」は未だに人間の身体の不健康という意味として確立できていないと言ってよい。亦、「病気」という漢語は奈良時代には見えず、平安時代になって初めてその漢文に現れるようになり、「病」という表現より日本語での登場が遅かったものである。尚、「病」は次の『観智院本類聚名義抄』に依れば、「やまひ」という和語に対応する漢字表記であると推定される。

（一字略）病　俗正ヤマヒ　ヤモヘル　ヤマフス　カシク　皮命反　ナラフ　ヤム　禾ヒヤウ　（法下、一一三①。声点略）

このことから、和語の「やまひ（病）」は漢語の「病気」より古く、夙に日本文献に用いられていたと考えられる。それは下記の『万葉集』の例からも窺える。

・老いにてある我が身の上にやまひを加へてあれば（巻五、八九七番歌）

続いて、鎌倉時代文献における「病気」に目を転じてその意味用法について検討してみよう。

イ鎌倉時代

前掲の表一から分かるように、鎌倉時代に下って、「病気」は漢文に止まることなく、和漢混淆文にも登場して使用範囲が平安時代より拡大し書記用漢語から日常的漢語に傾斜するようになったとも言えよう。亦、使用頻度も平安時代のそれを上回っている。次に先ず漢文における「病気」を取り上げてその意味用法について『明月記』を中心に考えていきたい。

『明月記』から「病気」の用例が五十八例検出できた。先ず五十八例の「病気」と共起する述語または述部を見ることとする。平安時代に多用される「有」が五例に止まり、その他はいずれも平安時代には見られないものである。「依」が四例、程度の甚だしいことを示すもの—「無術」が五例、「弥増無為方」が三例、「殊甚」が二例、「甚悩」が一例、「弥重」が一例、「殊辛苦」が一例、「甚難甚」が一例となる。更に、不健康な状態等のよくなったり悪くなったりするというようなことを示すもの—「宜」「不快」「悪不快」等が合わせて二十一例に上る。残りは「競起」「就」や名詞またはサ変動詞的なものであると判断される。平安時代には見えなかった述語或いは述部は多様化を見せており、「病気」の意味に大いに関与してくるものであろうと推察される。次に平安時代にもあった述語の「有」と共に使われる「病気」の用例を挙げてみよう。

1、日来病悩給（略）去二日於小野有此病氣仍還此本房之後、雖似増無減、大略是最後病歟（明月記一、一〇九下⑨）

「病気」は、「日来病悩」とそれに対して言う「去二日」という上接文とその述語「有」と共に考えれば、不健康の容態、けはいという意味として用いていると解される。即ち、日来の病は既に去る二日にそのけはいが有ったということである。例1の「病気」は平安時代と同様に本来の中国語の意味を継受している。

2、今朝年来所飼之鵤（此間有病氣）死、（日来在籠中、不委見、今見之痩損無極、但至昨日食物如例）（同右二、七〇上⑦）

例2の「病気」はその主体が人間ではなく、「鵤」という鳥類となり、元来の中国語はもとより、平安時代文献においても「病気」と共起する主体がいずれも人間であったこととは違っており、使用範囲の広がりを呈している。「病気」は述語「有」と後続の割注文の「痩損無極、但至昨日食物如例」とを併せて考えると、（飼主の目から見た鵤の）不健康の様子という意味で用いると解される。つまり、病のけはいはあるものの、昨日に至っても物を食すのが例の如しと解釈される。主体は確かに中国語と異なるが、意味は例1と変わることなく中国語の原義と一致している。残りの三例の述語「有」と共起する「病気」について検討したところ、右の例1、2と同意で使われることが分かる。続いて、述語「依」と共に用いる「病気」について考えてみよう。

3、十九日天晴（略）、此間足聊腫、脚氣無術之間、称病不出。（略）廿日天晴、今日大臣殿令参給云々、依病氣不参（同右一、二四九上⑬）

日記の記録者である藤原定家が自身の病のため、不出仕について言う場面となる。文中の「病気」は十九日の「脚気」のことを指して、「称病不出」の「病」と同意で用いられている。つまり、「脚気」という「病」に依って「不参」したと解される。「病気」は単に定家の身体の不健康としての「脚気」だけを表して、不健康の容態、様子等の意味は伴っていないように思われる。

4、夕聞八条院号姫宮人此巳時許入滅云々、日来依此病氣、女院一品宮御他所、遂以夭亡、彼御辺人々云、八条殿不穢、依病獲麟給（同右一、三六一上⑭）

例4の「病気」は同一人物である八条院「病」のことについて記している「依病獲麟」の「病」と同じ意味として用いている。即ち、日来此の病に依って「御他所」、「獲麟（臨終）」したと理解される。例4の「病気」は例3と同様、中国語のそれと違って、人間の身体の不健康そのもの―「病」という意味のみに縮小したことになる。次に程度を示す述語または述部と共に用いる「病気」を挙げてみよう。

5、十五日、天晴、（略）夕退下、心神甚悩（略）、十六日、天晴、（略）病氣無術、不能参上（略）、十七日、天晴、終日病悩（同右一、一五三下⑧）

「病気」は、十五日の「心神甚悩」と翌日の「終日病悩」と共に、日記の書き手である定家自身のことを記していることと、「無術」という述部とを併せて考えると、定家が自分の病の様子を表出するのではなく、「病悩」そのものを書き記そうとしているのであると思われる。つまり、その「病」が「無術」のため、「参上不能」となると解される。

6、十日、天晴陰、自夜前心神甚悩、咳病歟（略）、十一日、天晴、（略）入門之後甚雨、病氣甚悩（略）、十二日、雨脚霏々、（略）頭中将度々有招請消息、病氣真実不快心神極悩之間、示其由（略）、十三日、雨猶降、（略）、病氣弥重（略）、十四日、天晴風寒、咳病殊甚、大臣殿今日令参院給云々、依所労不参、終日沍寒病氣又殊辛苦（同右一、一七八下①）

定家の連日の病を患っていることを記している場面となる。文中の四例の「病気」は、その主体が日記の記録者自身であることと「甚悩」、「真不快」、「弥重」、「殊辛苦」という述部とを勘案して、例中の「所労」「心神甚悩」と同じ意味として「病」という一意味を示していると考えられる。その「病」とは文中に書いてある「咳病」のことを指すのである。「病気」は「病」という意味にだけ限っているため、状態等の程度を表す「甚悩」、「弥重」、「殊甚」等のような述部とは共起しやすくなるであろう。日記の書き手は同じ病について重複的な表現を避けるために、「病気」や「所労」等の如くバリエーションに富んだ趣を凝らそうとしている。次に二十一例もある「宜」「不快」「悪」等という述語または述部と共起する「病気」の例について検討する。

7、十三日、天陰、辰後雨降、通夜不止、病氣不快不出仕（略）、十四日（略）、心神猶不快、脚氣之所致歟、不出仕（同右一、二四下⑬）

「病気」はその「不快」という述語の意味と、翌日の「心神猶不快、脚氣之所致」とを併せて考えると、日記の書き手である定家の気分のすぐれないという不健康なことを示していると理解される。尚その不健康なのは「脚気」のことを言っているであろう。

8、（四月）廿七日、雨降、心神殊悩、不食痢病相共不快、廿八日、（略）心神猶同事也、（略）、卅日、天晴、不食之氣猶不宜之間、（略）、五月一日、天晴、（略）依病氣不快不出仕、四日、天晴、心神猶不宜、五日、陰、

（略）病氣悪雖不快、所扶向也（同右一、三八上⑮）

定家の連日の気分のすぐれないことについて言及している場面となるが、「病気」は、述語「不快、悪」という述語の意味と前後幾日間も続いた「心神殊悩、不宜」という疾患の容態から推して、定家の生理上の不健康という意味として用いていると解される。だから、「不出仕」したり、「所扶向也」とあるように、扶けられたりして出仕したのである。

残りの「宜、快（不快）、悪」等の述語または述部と共起する「病気」についても考察を加えたところ、いずれも例7、8と同様に、中国語の原義より意味範囲が縮小して、人間の身体の不健康である「病」という意味だけで用いることが明らかになる。以上、鎌倉時代の漢文における「病気」について『明月記』に焦点を当てて検討してきたところ、その意義を記述すれば、次の通りとなる。

（一）人の体の不健康の容態と生成

（二）人の体の不健康

と二つに大別できるように、（一）の意義は平安時代に続いて本来の中国語を受容したものであるが、（二）の意義は中国語の持っている「容態と生成」という意味概念が捨象されて、生理上の不健康なことという意味だけが限定されたことになり、意味の縮小という変化が起こったと考えられる。この分類に基づき、他の鎌倉時代漢文の文献における「病気」について意味分析を行ったが、いずれも上記の二つの意義と一致することが確認できた。鎌倉時代の漢文における「病気」の意義分布は次頁の表二の通りである。

表二に依れば、中国語の原義（一）は依然として残存しているものの、意味の縮小という変化が生じた（二）の意義より使用頻度が低下して、副次的な存在となっている。その一方、変化義の（二）は中心的な働きをするようになったことが明らかになる。つまり、平安時代では（一）の意義は中心的であったが、鎌倉時代になって、（二）

表二

文章ジャンル	意義 ＼ 文献	㈠人の体の不健康の容態と生成	㈡人の体の不健康	用例数
漢文	玉葉	15	2	17
	吉記	1		1
	明月記	5	53	58
	高野山文書（1、4）		1	1
	吾妻鏡	1	5	6
	古事談	1		1
	花園・伏見天皇宸記	1	1	2
	鎌倉遺文	2	14	16
合計		26	76	102

の意義の方が逆転して中心的な存在に変わった。とはいえ、現代日本語のように「病」という一意味しか表現できない「病気」には至っていないようである。亦、下記の例のように、形態としては平安時代に続いて「御病気」という日本語の特有の語形式も見られる。

9、親衛禅門の御病氣も難治御事に候（鎌倉遺文四十、九七①）

10、其後御病氣之間事、如何御心苦敷奉覚候（同右三十三、二三五⑤）

以下、和漢混淆文における「病気」について考察する。和漢混淆文の「病気」は先掲の表一の示すが如く、漢文に比して使用頻度が極めて低く、僅か三例しか検出できなかった。これは「病気」という書記言語としての性格に因るところが大きいであろう。次に三例の「病気」を挙げてその意味用法について考えることとする。

1、然《ニ》或《ノ》夜夢《ニ》一人梵僧来《テ》白器《ニ》熱湯《ノ》如《ナル》物《ヲ》一杯盛《テ》、是《ヲ》可レ服《トテ》授給《ヘリ》、心《ニ》アサミ汁《ノ》覚《トテ》服シメ（ヌ）、夢覚《テモ》猶其味口中《ニ》アリ、即時《ニ》病氣去《テ》平癒《セリ》（栂尾明恵上人傳、三七一⑦、十二ウ）

上人が病を患っている場面となる。「病気」は使用場面と後続文の「平癒セリ」とを併せて考えると、上人の罹っている病という意味で用いると解される。つまり、梵僧から授けた熱湯のような汁を服して病が癒えたということである。次の「病気」は例1の異本に見えたものであり、例1と同じ意味を示している。

2、或夜《ノ》中《ニ》一人《ノ》梵僧来《テ》白器《ニ》熱《シテ》毛立湯《ヲ》一杯盛《テ》此可能《トテ》授給《リ》、心《ニ》薊《ノ》汁《カト》覚《テ》皆是服終《シヌ》、其時夢覚《テ》其味猶口《ノ》中《ニ》有、即時《ニ》心快《クシテ》其病氣日《ヲ》追《テ》平癒《セリ》（興福寺本栂尾明恵上人傳上、二八七②、十ウ）

3、その後左府御病氣の由聞えしかば、入道訪ひの為に宇治殿へぞ参りたりける。聊か御心地宜しくおはしませしかば、臥しながら文談し給ひけるに（新注国文学叢書保元物語巻中、左府御最後、九七④）

「御病気」という語形式として用いられて、漢文との類似点を呈している。その意味は病臥している後続文から推して左府の病のことを表していると考えられる。そのため、宇治殿へ参り、見舞いをしたのであろう。

和漢混淆文における「病気」は三例のみであるが、三例とも本来の中国語と異なって、単に「病」という意味だけとして用いられる。従って、和漢混淆文の「病気」は、直接に中国語からというよりも、寧ろ既に日本の漢文においての意味の縮小という変化が発生した「病気」を継受したと言った方が適確であろう。但し、和漢混淆文においては体の不健康である「病」を表すのには、「病気」より次のような表現の方が多用されているかと推察される。これは何故「病気」の使用頻度が頗る低かったかということの因由の一つであろう。

・基俊は病によりて詩ばかりを送りけり（古今著聞集、一二九⑨）
・女御の御悩もおのづから除給はんか（同右、八八⑩）
・主上御覧じてのち、御心ち例にたがはせ給て、いく程なくて崩御ありけり（同右、四五四⑦）
・親の所労子の病悩など云て（源平盛衰記巻四十五、六九一⑦）

とあるように、和漢混淆文における「病」という意味は斯様な語、連語等によって表現されていることが分かる。

以上の考察を通して、次のことが判明した。鎌倉時代における「病気」は依然としてその出自となる中国語の原義が残っているが、使用頻度が平安時代より低下するようになった。その反対に、平安時代から出現した意味範囲の縮小した意味が多用され、使用頻度も高まって中心的な存在となった。しかし、変化義は本来の意味より確かにその使用が増えてきたが、まだ現代語のように「病」という一意味だけには至っていないようである。そうなると、本来の意味は完全に姿を消して、意味の縮小という意味変化の完成は次の時代に待つであろうと推測される。この点については次に挙げる『邦訳日葡辞書』の「病気」に関する語釈からも示唆される。

Biǒqi. ビャウキ（病気）やまい，わずらい

Biǒqina. ビャウキナ（病気な）病気にかかっている．Biǒqini.（病気に）副詞（五七）

のように、「病気」は鎌倉時代まで存在していた中国語の原義が消失して、平安時代から登場し始めた「病」という意味のみが残るようになった。そこで、日本語に入った「病気」という漢語はその意味の縮小という意味変化が完全に実現を遂げて、現代日本語に至ったと言ってよい。但し、『邦訳日葡辞書』の示すように、「病気」の用法は却って前の時代と比べて多様化を見せている。そればかりか、サ変動詞としての用法も見られた。中国出自の漢語である「病気」は日本語化の一面も浮き彫りになった。

・陸機病氣スルニ、羊祜がカタヨリ薬ヲヌクタリタルゾ（三略抄四）

むすび

以上、日本文献における「病気」について検討を加えてきたところ、次の諸点が判明した。「病気」は漢語という素姓のため、和文に浸透できず、漢文を中心に用いられるという、文章ジャンルによる使用上の差異が存しており、平安時代になって初めて出現してきたため、奈良時代に既に見えた「やまい（病）」より日本語での登場が遅かった。用法としては、早くも中国語には見られなかった、「御病気」という日本語の独特な用法が産出されて日本語への同化の様相を見せている。意味としては、平安時代に本来の中国語の意味を受容し、それを中心に使用さ

れるが、中国語の原義より意味範囲の縮小した意味も発生した。鎌倉時代に下ると、中国の本来の意味が変わることなく踏襲されるものの、平安時代に比して使用頻度が大いに下がって、意味縮小という変化義が中心的な存在となった。とはいえ、現代日本語のように、本来の意味が消えて、「病」という縮小した意味だけが残るのは室町時代になってからのことであろう。

「病気」は、何故日本文献において中国語の原義より意味の縮小という変化が生じたのかについて探ってみたい。先ず考えられるのは本来の意味と変化義との間に生理上の不健康という類似性が内含してある所以であろう。斯様な類似点が共存しているため、本来の「人の体の不健康の容態と生成」の「容態と生成」という意味概念が脱落して、「人の体の不健康」だけが残り意味の縮小という変化が生じた。換言すれば、「病気」という熟語を構成する後部要素の「気」は、それに具わっている意味が前部要素の「病」によって吸収されて、意味の希薄化した造語要素となった。斯様な変化は「病気」の他に「運気、狂気、才気、上気、陽気」等といった「気」で構成された熟語にも見られ、本来「気」の持っている意味が薄れて、前部要素としての意味だけが用いられる。尚、言語内部の要因を誘発させたのは、恐らく漢語である「病気」が、和語の「やまい(病)」より書記語として漢文書写に相応しく、新しみと表現のバリエーションへの拘りという用語意識が働いたためであろうと考えられる。

注

(1)「病気　①生体が正常と異なった形態また機能を示す状態。多くの場合に自ら健康感の喪失ないし苦痛を覚える。体内の異常によるものとしては動脈硬化、血栓、心筋梗塞、白血病、腫瘍などがあり、外部からの侵襲によるものとしては外傷や感染症などがある。やまい。わずらい。いたつき。疾病。(用例略、以下同) ②人の、悪いくせや行状。」(『日本国語大辞典』(第二版) 小学館)

（2）佐藤喜代治『日本の漢語』（角川書店、昭五十四）
（3）『日本国語大辞典』（第二版）に「病気」が収録されているが、その初出例は『古事談』（建暦二（一二一二）年～建保三（一二一五）年）の例である。
（4）柴田省三『英語学大系7語彙論』の1「語彙研究の先駆者たち」（大修館書店、昭五十）

第三項　「和平」と「平和」について

はじめに

「和平」と「平和」は意味用法上重なったものも有れば、異なったものも有る。「和平交渉」の如く起きている紛争や戦争を止めるように和を講ずることを表し、「和議、和談、和解」と類義的に用いられている。つまり、「和平」は争っているものが仲直りして和やかになる。一方、「平和」は「世界平和」の示すが如く和平が成立して争いや戦争がなく、世の中が安穏、泰平であることを表す。現代日本語における「和平」と「平和」は、主としてかかる意味用法で使用されていると言えよう。[1] しかし、中国語では如上のような意味は何れも「和平談判」「世界和平」のように「和平」一語で表現される。[2] その故に、一九七八年に中日両国間調印された平和友好条約は中国では「中日和平友好条約」と称される所以である。

中国語出自の「和平」「平和」は何故日本語に流入して本来の中国語と斯様な違いが生じたのか。[3] また、何時の時代、どのように起きたのか。以下はそれらの点を巡って、中日両国文献を調査して、検出した用例を中心に、両語の意味用法を史的に考察してみることとする。意味用法の考察に先だって先ず「和平」「平和」のよみについて次項において検討を加える。

(一)「和平」「平和」のよみについて

管見の及んだ日本古文献では呉音資料としての『法華経音訓』における「和」と「平」の音よみは以下の通りとなる。

和《ワ》(上、去声点) ヤワ「ハ」ラク　カス　カタル　咊同 (1132)
平《ヒヤウ》(上、去濁声点) タエ「ヒ」ラカナリ　ヒトシ (3723)

一方、漢音資料の『長承本蒙求』では、

和《クワ》(平声点) 嶠 (17)　韋《井》(平声点) 平《ヘイ》(平軽声点) (126)

とあるように、「和」と「平」は、呉音としては「ワ」、「ビヤウ」、漢音としては「クワ」「ヘイ」となる。とすれば、現代日本語における「和平」の「わへい」、「平和」の「へいわ」の音よみは呉音、漢音のいずれではなく、両者の混合によって出来たのである。ところが、他の漢語と同様、両語の字音よみとしては下記の六地蔵寺本『遍照発揮性霊集』の例の示すが如く、本来呉音よみと漢音よみであると言ってよい。呉音と漢音によって構成したよみは「和平」に限って見れば、下記の『文明本節用集』に記されているように、既に『文明本節用集』の成立した時代に現れていることが明らかになる。更に下掲した同じ室町時代文献を見れば、呉音よみ「ワヒヤウ」、漢音よみ「クワヘイ」及び両者の混合体である「ワヘイ」が共存しており、現代日本語のように「ワヘイ」に収斂されずに不安定な状態にあることも分かる。しかし、『寛永版吾妻鏡』から「和平」を十六例検出でき、いずれも音よみを示す音合符が付いているが、音注を付していない八例を除いて、残り八例は全部下記のように「ワヘイ」という呉音と漢音とを結合したよみとなっているのである。これは「ワヘイ」というよみが定着していることを示唆すると考えられる。尚、後に見られる「平和」の「ヘイワ」という漢音と呉音によって成ったよみも「和平」の「ワヘイ」と連動して出来たものかと推定される。

隣《リン》(平声点)─里(上声点)和《クワ》(平声点)─平(平声点)ニソ(六地蔵寺本遍照発揮性霊集巻第三、四二)

(天)下　咊平《クワヘイ》(以下略)(孝経より)(文明本節用集、七一九③)

御兄弟の御中のわひやうのいのりの為にとて(幸若舞曲集、つるき讃談、四九四⑪)

cfおくかまくらの御和平あらば(同右、清重の内、七一〇⑧)

和南《ワナン》(二語略)(和)平《ヘイ》《タイラカ》(以下略)(文明本節用集、二三八④)

依レ可《ミナミキニ》レ有和平《ワヘイ》之儀《ギ》(寛永版吾妻鏡、寿永三(一一八四)年二月二十日)

平和《ヘイワ》オダヤカ(大増補漢語解大全、百三十一オ⑥、明治七年刊)

以上の考察で「和平」「平和」はそのよみが明らかであると共に漢語であることも明白となる。以下、中国語の「和平」と「平和」について元来の意味用法を考えてみる。

(二)中国文献における「和平」「平和」の意味用法

先ず、「和平」の意味用法について具体例を挙げながら検討する。

1、夫有和平之声、則有蕃殖之財(国語、周語下)

の「和平」は声、音を修飾して、おだやかで和やかであることを表す。次の例は人間の体の根元となる「血気」が調和の取れておだやかなるという意の「和平」となる。

2、耳目聡明、血氣和平移風易俗、天下皆寧(礼記、楽記)

3、為人和平、与人游、初不甚歓（宋、曽固、洪渥傳）

例3の「和平」はその人の性格、性行が温厚、和やかである意味で使われている。下記の例は人と人、治世、世の中の和睦、安泰、太平という意味用法の「和平」であろう。

4、上下和平、民無怨謗（魏書、高宗紀）

5、今政治和平、世無兵革（漢書、王商傳）

6、是以天下和平、災害不生、禍乱不作（孝経、孝治章）

7、今皇帝併一海内、以為郡県、天下和平、昭明宗廟（史記、秦始皇本紀）

例中の「天下和平」は今日に言われている「世界和平」に近い意味用法と言ってよいほど用いられる。如上の考察で次のように「和平」の意義が記述されうる。

（一）物事のおだやか、やわらか、なごやかであること。また、そのさま

（二）紛争や戦争がなく、世の中が安穏であること

となる。現代中国語の「和平主義」「世界和平」の「和平」は（二）の意味用法をそのまま継承して使用されているが、現代日本語に訳すれば、「平和」とされるべきであろう。いわば、中国語における「和平」は殊に（二）の意義としては語史的に変わることもなく使われている。(4) さて、他方の「平和」は如何なる意味用法で用いられるのか、次の例を列挙しつつ考えてみる。

1、於是有煩手淫声、慆堙心耳、乃忘平和、君子弗聴也（春秋左氏傳、昭公元年）

音楽を以って物事の中和、調和を説いている場面で、「平和」は和らいだ適正であることを示している。

2、明主猶羿也、平和其法、審其廃置而堅守之、有必治之道（管子、形勢解）

「平和」は公正で調和の取れた様を言う。

3、感条暢之氣、而滅平和之徳、是以君子賤之也（礼記、楽記）

不正の音楽が人に偏った、穏やかでない気分を感じさせて、「平和」の心情を掻き乱すと理解されるが、「平和」はおだやか、なごやかであるの意で用いられる。次の例4、5も人間の心、気持ち、性格などの内面がおだやかで、落ち着くことを表す「平和」である。

4、仁人之所以多寿者、外無貪而内清浄心平和而不失中正（春秋繁露）

5、遷尚書吏部郎性平和不抑寒素（晋書、王蘊傳）

6、七曜由乎天衢則天下平和（同右、天文志）

7、斗星盛明王道平和爵禄行（同右）

cf、月行中道、安寧和平（史記、天官書）

例6、7「平和」は日月、星辰の瑞祥として世の中、治世において表象されている。「平和」は参考例の「和平」と同じく使用されている。

8、伏惟聖体漸就平和、上下同慶（晋書、華表傳）

9、竊聞尊候平和、真卿瞻仰瞻仰（顔真卿、与御史帖）

の「平和」は身体の非健康な状態が元気になり、回復することを表す。

以上の考察を通して「平和」の意義は次のように記述できるかと思われる。

(一)　物事のおだやか、なごやか、やわらか、のどかであること。または、ほどよく、調和の取れていること。

　また、そのようなさま

(二)　体の非健康状態の回復、全快。また、その様態

となる。人間、物事乃至自然現象の穏やかな状態にあり、現代日本語の「平和」より意味用法は広くて多いように

見える。但し、現代日本語のような、戦争や紛争がなく世の中が穏やかであるといった限定的な意味は確認できなかった。中国語における「和平」と「平和」とは、両者とも「穏やか」であるという意味特徴を共有しているが、(5)「平和」はどちらかと言えば人為的ではなく、事物の内在的な穏やかな状態を示すのに対して、「和平」は人為によって引き起こされた争いがなく世の中が安穏であるといった異同も考えられる。

尚、現代中国語においては、「和平」は基本的に古典語の意味用法を踏襲しているが、古典語にある（二）の「紛争や戦争がなく、世の中が安穏であること」という意義は寧ろ中心的な存在として用いられて、一方、（一）の「物事のおだやか、やわらか、なごやかであること。また、そのさま」は周辺的なものとなっている。いわば、意味の比重と使用の頻度の変動が見られる。(6)更に、（二）の「紛争や戦争がなく、世の中が安穏であること」を実現させるのには、「和平交渉」の意味するように、既に争っていた人や国の和解、講和、和睦を前提条件として必要とするのである。斯様な必要性に応じるべく、（一）の意味から争いを止めて親しくすること、仲直りすること、といった限定的で且つ示明的な意味も派生したと言えよう。「平和」も大概に古典語と変わることなく使われていると看取される。(7)

如上のように、中国文献における「和平」「平和」の意味用法について検討してみたところ、日本語のそれと単なる形態上の字順の相反するのみの差異ではないことが明らかになる。次項では日本文献における「和平」「平和」を取り上げてその意味用法を吟味して両語の違いと両国語の異同について言及してみる。

（三）日本文献における「和平」「平和」の意味用法

今回、管見に及んだ限りの日本文献では、「和平」は多く確認されたが、「平和」は僅かである。使用上の多寡の差が有ると先ず言えるかと思われる。それは日本語古辞書における両語の扱い方からも裏付けられよう。鎌倉時代まで成立した古辞書では両語の収録を認めることが出来ず、恐らくは何れもが辞書に収録されうるほどの使用の範囲、頻度に達していないためか、または、日本語での一熟語としての使用に至っていないことに因るかなどと推定されよう。但し、特に「和平」は今回調査した限りにおいても鎌倉時代までの文献には少なからずに検出できたものの、古辞書にはその掲載が見えないのが後者に因る可能性も否めないかと考えられる。室町時代に下ると、「和平」は漢語の熟語として成り立って、上記の同時代の古辞書に収録されるようになった。しかし、「平和」は依然として未登載のままであった。即ち、「平和」は室町時代になってもその使用がまだ辞書に載せられるほど一般化していないのであろう。これについては室町時代成立の古辞書に下記の如き「和」か「平」と結合して出来た漢語の熟語群が多載されていることにも察知されよう。

和羹《ワカウ》（和）調《デウ》（和）暢《チヤウ》（和）睦《ボク》日本云（和睦）唐云和親ト（和）楽《ラク》（和）順《ジユン》（和）氣《キ》（和）風《フウ》（和）服《フク》（文明本節用集、五四一⑤。左傍注略）

平明《ヘイメイ》―復《フク》―杯《ハイ》―安《アン》―給《キウ》席名―痊《セン》―生《ゼイ》―否《フ》―懐《クワイ》―民《ミン》―旦《タン》―索《サク》―癒―臥《クハ》―均《ギン》―伏《フク》―章明箋也（永禄二年本節用集、三八⑧）

「平和」は上記の漢語ほど使用されていないため、収録されなかったのであろう。次に検出した少量の「平和」の具体例を挙げてその意味用法を考えてみる。今回管見に及んだ日本文献から見出せた最も古い例は下記の『東洋文庫本神道集』に見られるものである。

1、兄弟中《ノ》平和《ニシテ》（巻十、五〇諏訪縁起事、三三二⑫）

「平和」は現代日本語と同様に形容動詞として兄弟の仲がよい、おだやか、なごやかであることを示すのに用いられている。本来の中国語と同意であると考えられる。尚、同じ個所は異本では「平和」ではなく、「和平」と表記されている。

cf、御兄弟中《ノ》和《ヲ》平《セサセ》給《ツ》、（彰考館本神道集、四八三⑤）

のように「平和」は「和平」と同じ意味で使われていることが分かる。いわば、現代日本語の「平和」と「和平」の如く使い分けられていないことを物語る。日本文献には「平和」の使用が極少量となり、就中鎌倉時代文献からはその所在を確認できなかったのは、恐らく上記の例のように「和平」が「平和」の意味領域を分担したためであろう。

2、心カ平和スル時ハ陰陽ハ之ソコナハサル也（荘子抄四、三十ウ⑪）

cf、仁人之所以多寿者、外無貪而内清浄心平和而不失中正（春秋繁露）

の「平和」は現代日本語には見えないサ変動詞として用いられて、参考例と同じく人間の心がおだやか、なごやかであることを表す。例1、2は、現代日本語のように戦争や紛争を限定して、それがないという意味を示す「平和」と異なって、寧ろその出自となる中国語と同様に用いられている。但し、「平和スル」というサ変動詞の用法は中国語には見られず、日本語的なものであると言えよう。次の例は西欧文化を摂取するため江戸幕府が始めた翻訳事業の一つである『厚生新編』の序文に見えたものである。

3、其用を利せしめんとなれば、和解文法通俗平和を専らとすべし（文化八（一八一一）年）

和蘭書の翻訳に当たっては通俗し、ほどよく、調和すると解せられるが、「平和」は本来の中国語のままで使われている。

次の例は、J・Cヘボン編訳『和英語林集成』（初版慶応三（一八六七）年刊）に、英語の「calm」に対しての訳語として「おだやか」などと共に「平和」が列挙されている。一方、今日「平和」の対訳語とも言える英語の「peace」についての日本語訳語には却って「平和」は見えなかったのである。これは、近世末期頃「平和」が英語「peace」の表す、現代日本語の「平和」の意味の生成に未だに至っていないことを物語ることにもなる。

4、CALM, Odayaka, shidzka, ochitszku, heiwa, nagu.
おだやか、しずか、おちつく、平和、な（和）ぐ
PEACE, Taihei, jisei, odayaka, anshin, raku, ando, annon, anraku, waboku, seihitsz, heian, wabokuwoszru, nakanaori-woszru.（以下略）
太平、治世、おだやか、安心、楽、安堵、安穏、安楽、和睦、静謐、平安、和睦をする、仲直りをする

とあるように、「平和」はおだやか、なごやかという意味を示すことが明瞭となる。一方、「peace」の和訳語を見れば、「和平」「平和」は確かに載っていないが、現代日本語の、「和平」の意味に相当する「和睦、仲直り（をする）」と「平和」の意味として「太平、治世、安堵、静謐、平安」などの表現は挙げられている。つまり、この時期は「和平」「平和」が現代日本語のような意味用法をまだ獲得していないとも言えよう。但し、よみとしては、「heiwa（ヘイワ）」と下記の明治七年刊『大増補漢語解大全』の「平和（ヘイワ）」の示すように、明治時代になって漢音と呉音の融合した「ヘイワ」というよみが一般化を遂げたことも言えよう。これはこの時代に「平和」の意味限定化という意味変化に関わるところもあるのではないかと思う。「平和」のおだやか、なごやかという意味は下記の例からも伺える。

5、遠くとも波濤平和ノ方御航海有之度候（大久保利通関係文章、明治二年二月五日）

6、平生は秘密会社の人の中にも、平和を好み着実を旨として性行甚はだ温良なりし人々も（宮崎夢柳、鬼啾啾、七二③）

7、其の当初の目的たる、極めて高尚なり、極めて平和なり、人々の最とも貴重すべき完全善美のものたりしも（同右、五九⑭）

かかる使用の現状が存在しているからこそ、明治七年刊『大増補漢語解大全』に収録された「平和」に「おだや

か」と注釈を付している由である。

平和《ヘイワ》　オダヤカ　平安《ヘイアン》　ブジ　平穏《ヘイヲン》　上ニ同シ　（百三十一オ⑥）

しかし、次の明治前期文献における「平和」は国、民族間に起こっている紛争や戦争が終結、仲直りして、穏やか、和やかな状態に至るという意味として用いられている。それは現代日本語の「平和」の意味用法の典拠と言ってよいであろう。先ず、明治七年十月十五日と十一月十二日に岩倉具視が大久保利通に宛てた書簡において日清双方が台湾問題についての紛争が「平和」に帰すことに触れているので、その「平和」の例を挙げてみよう。

8、此上御尽力ヲ以テ和戦一決一日片時モ早ク其成局専要ト日夜渇望に不堪候英公使「パークス」氏時々入来頻ニ平和ニ帰シ候様忠告又調停致度口氣ニ有之（大久保利通関係文章、明治七年十月十五日）

9、結局如何之形勢ニ可立至哉ト日夜苦慮罷在候処、頓ニ平和ニ帰シ、且御国威隆盛ヲ表シ候運ビニ立至候事（同右、明治七年十一月十二日）

の「平和」は日清間の争いが収まって、穏やかな関係になることを表す。次の例は各国が万国公法を遵守して、相互の安泰を保つという意味の「平和」であろう。

10、夫万国公法。雖欧米諸国。共相循守。各保平和（中村敬宇、万国公法蠡管序）

下記の「平和」は明治初期の啓蒙思潮の中で近代的思想を標榜するために近代文学として開花した政治的、思想的文学作品に現れた用例であり、上記の例8、9、10と同じく使用されている。

11、又汝等ハ慕知亜ノ諸州ヲ連合セシ後妄リニ兵ヲ出シテ列国ヲ侵掠シ希臘全土ノ平和ヲ擾乱セリ（矢野龍渓、経国美談、前）

12、若シ護国ノ義務ヲ尽ス者ヲ以テ列国ノ平和ヲ擾ルノ罪人ナリトセハ予等ハ甘シテ列国ノ罪人タルヲ辞セザルヘシ（同右）

次の例は平和を理想として一切の戦争を無くそうとする立場や主張を掲げる「平和主義」という語形態となり、日本で作られた和製漢語とも言われる。(8)

13、皆極端ノ平和主義ニ帰宿シ（同右、後）

西欧平和思想の紹介として中江兆民が『三酔人経論問答』に記している例14の「万国平和」は今日言う「世界平和」と同意で用いられるようである。

14、其後、独乙人カントも亦サンピエールノ旨趣を祖述し、万国平和を題号する一書を著して、兵を寝め好を敦くする事の必要たることを論道せり。（略）。平和の実、竟に世に施す可らずと為すも、苟も理義を貴尚する者は（中江兆民、三酔人経論問答）

以上に挙げた具体例についての考察によって、「平和」は明治初期頃に民族間、国間に紛争や戦争の終結、または無くなって、その民族、国が安穏であるという限定的意味が成立して、今日に至ったと言えよう。(9)一方、「平和」と異なって、他国と関係せずに、一国の穏やかな状態を表すには、次のような表現が使われているように思われる。

・我が社会もまたその目的を成就したり、諸氏すでに泰平を楽しむがゆえに、我が社会もまた泰平を楽しむべし（徳富蘇峰、嗟呼国民之友生れたり）

・民は遊惰に耽り、滔々たる天下泰平の夢に沈酔して（同右）

ところが、同文章では外国との関係による自国の泰平いわば両国間の友好的状態を「平和」を以て表現していると見られる。

15、我が外交をして、卑屈の平和にあらず、真実の平和を得るに至らんや（同右）

次の例は、日本で初めて組織的な平和運動に先鞭を付けた中心人物として活躍して日本平和運動に大きな足跡をのこした北村透谷が、機関誌『平和』の創刊号に寄せた「『平和』発刊之辞」に見えたものである。

16、平和の文字甚だ新なり、基督教以外に対しては更に斬新なり（北村透谷、「平和」発刊之辞、『平和』一号、明治二十五年三月十五日）

17、吾人は「平和」なる者の必須にして遠大なる問題なるを信ず。吾人は苟も基督の立教の下にあって四海皆兄弟の真理を奉じ、斯の大理を破り邦々相傷ふを以て、人類の恥辱之より甚だしきはなしと信ず（同右）

18、平和は吾人最後の理想なり。……「平和」の揺籠遂に再び吾人を閑眠せしむる事ある可きを信ず（同右）

例16、17、18から次のことが言える。「平和」という言葉は当時尚新しい概念として耳新しく、キリスト教を通じて入ってきたものであること、戦争という「人類の恥辱」と戦うことなどが明らかである。雑誌『平和』は近代日本で初めて、とにかく「平和」という題を持った定期刊行物として、平和の問題に人々の関心を引く役割を果たしたとされる(10)。

本来、物事のおだやか、なごやかであることを表していた「平和」は、明治初期頃になって、元来の物事の一般から国、民族の争いや戦争という特殊なものに変わって、それのない状態—世の中が安穏であることを示すようになって、意味の限定化が発生したと言えよう。この限定化によって戦争や紛争がなく世の中が安穏であるという意味は明確化できて、以来「平和」の中心的意味として今日に至っている。尚、その変化を可能ならしめたのは本義と限定義との間に「穏やか」という意味特徴が内在しているためである。更に、かかる意味用法の変化は明治の開国に伴って西洋の文明と共に舶来してきた、啓蒙思想家が国間に戦争のないのを理想として掲げた平和思想、主義を表すためという言語外部の必要性に誘発されて出来たのかと考えられる。また、その背景として次のことも考えられよう。平和理念、主義、思想は西洋では宗教戦争に端を発した近代国家間に絶えることなく続いた血腥い抗争と共に生み出されたものであるとされる(11)。いわば、平和と戦争はいつも対立概念として相即的に共生していると言えよう。しかし、日本では封建社会において「戦闘を職務とする武士が戦争を否定するはずは無く、武士の反戦思想の存在しないのは当然である」[12]。つまり、武士社会では戦争に反対する平和論を唱える可能性は乏しかったが、「それは近代に入って以後、キリスト教や社会主義やヒューマニズムなどに伴って生まれてくるのである」[13]。

既存語「平和」を意味的に限定させたのは、新語を作るよりも寧ろ既存語を利用した方がその意味概念を理解、応用、普及しやすいという言語内部の因由も考えられよう。尚、何故「平和」と類義関係にある「和平」を選ばずに、「平和」を選定して意味を変化させたのか。以下の「和平」の考察で分かるように、「和平」は「平和」より日本語での登場が古く、多用、多義である。従って、「和平」を以て表現すれば、その多義性と定着した既成の概念を払拭し難いため、意味用法上の示差性、弁別性が欠如する虞がある。そこで、「和平」より使用の量、頻度の極小であった「平和」の本来の意味を限定させて、新たな意味概念を付与したのである。結果として、中国語のようにいままで「和平」一語で受け持ってきた意味領域の一部が「平和」によって分担されるようになって、今日に続いている。其の故に、現代日本語における「和平」「平和」は本来の中国語と意味用法上での異同が生じているわけであろう。さて、世の中のおだやかであるという意味は一体江戸時代までは如何なる表現によって表されていたのか。それは下記の古文献及び芳賀矢一編著『詞藻類纂』（明治四十年十月五日刊）の「平和」の条に列挙されている言葉などで表現されていたのであろうと推定される。

・国家泰平爾人民凱楽（平安遺文八、三〇五九上⑪）
・天下安穏。国土静謐（吾妻鏡前篇、一〇三⑧）
・武家ノ安泰万代ニ及ベシトコソ存候ヘト（太平記、長崎新左衛門尉意見事）
・へいわ　平和　太平。静謐。無事。鼓腹。祥雲。瑞氣。波風たたぬ。吹く風も枝をならさぬ。治まる御代。安らけき世。万代の声（詞藻類纂、七九八）

また、日本の前近代に全くの例外として戦争否定の思想が見られる安藤昌益の『統道真傳』に、

・無軍、無戦、無事、安平ノ世ナリ（日本平和論大系、四二）

とあるように、軍備の全廃を訴え、その「安平の世」を理想社会とする。更に、明治初期としては珍しく先駆的な平和論を唱えている植木枝盛の「世界ノ万国ハ断然死刑ヲ廃ス可キヲ論ズ」にも、

・今夫レ国家ハ全国ノ安寧ヲ謀ルモノナリ（同右、九五）

・宇内ノ静寧各国ノ保安ヲ得ルコトヲ望ム（同右、一一一）

・今日宇内ノ暴乱ヲ救正シ世界ノ治平ヲ保固スル（同右、一一三）

とあるが、もう一つの言い回しは次に検討する「和平」である。

「和平」は「平和」と違って、夙に奈良時代文献に登場して、爾来、各時代に亘って漢字で書き記された文献に止まらず所謂和漢混淆文にも使用されている。即ち、日本文献では「和平」は「平和」より使用の範囲、頻度ともに広く、高いと言えよう。それは以下の考察で明らかになるかと思う。

1、巡行葦原之中津国、和平山河荒梗之類。大神化道已畢（常陸国風土記、信太郡）

cf、神之聴之、終和且平（詩経、小雅、伐木）

「和平」は後続文の道に向けて教化するという「化道」と類義して、動詞として（山河の荒々しい神々を）平定するの意と考えられる。参考例と類用されている。

2、大-小次-第隣《アリリン》（平声点）-里（上声点）和《クワ》（平声点）-平（平声点）ニソ（六地蔵寺本性霊集巻第三、四二）

3、云国云寺、相共和平、任道理可被致沙汰者（平安遺文六、二三九五下⑫）

cf、上下和平、民無怨謗（魏書、高宗紀）

「和平」は互いに争うことなく、仲良く和やかである状態を表して、参考例の中国語のそれと同様に用いられている。いわば、現代日本語の「平和」の意味と似通っている。

4、縦有両寺之号、早専一味之心、宜成和平、停止濫行矣（平安遺文五、二〇三二下③）

5、又東大寺与御寺大衆去月合戦之後、互不和平之間、東大寺聴衆不可渡之由（中右記二、二二二下③）

争いを止めて和解、和睦するという意味の「和平」となる。摂政関白九条（藤原）兼実の日記（長寛二（一一六四）年―正治二（一二〇〇）年）『玉葉』には三十三例の「和平」が検出できたが、その殆どは例4、5の意味用法で使われている。亦、『吾妻鏡』からも『鎌倉遺文』からもそれぞれ「和平」を十六例、三十三例見出すことが出来て、その何れも矢張り上記した例4、5と下記の例7、8と同じ意味を表していると判断される。

6、欲企合戦、而去比和平、是両家之許（玉葉二、一七三下⑮）

7、和平儀可候者。天下安穏。国土静謐。諸人快楽。上下歓娯。就中合戦之間。両方相互殞命之者不知幾千万（吾妻鏡前篇、一〇三⑦）

二例とも合戦を終結させて、和解するという「和平」であり、今日に言う「和平交渉」の「和平」と同意であると思われる。一方、和睦によって、世の中がおだやかになること、つまり、今日の「平和」の示す意味は例7中の「天下安穏」「国土静謐」の「安穏、静謐」によって表現されているようである。次の例は天下の「安穏、静謐」ということを示し、今日の「平和」に近い意味としての「和平」となる。

8、近則法皇之御宇、末代之中興也、治教不可外求、尤足遵行者歟、海内令属和平之時、天下可施徳化之由（玉葉二、六〇六上③）

例中の「海内」は四海の内、つまり、天下、世の中を指す。その「海内」が「和平」の時となる。「和平」は争うことなく、おだやかで安穏であるという意味で用いられている。次に和漢混淆文における「和平」の用例を挙げてみる。

9、関白殿と左大臣殿と御兄弟の御中、和平したまふべき由を祈禱申（保元物語上、新院御謀叛露顕）

「和平」は争っている関白殿と左大臣殿が仲直りして仲良くなることを表す。

10、カヤウニ問答和平スルヲモ未ダ聞定メザル前ニ、義盛下人一人、舎弟義茂ガ許ヘ馳来テ、（略）畠山是ヲ見テ、アレハイカニ。和平ノ由ハ虚事ニテ有ケリ。（略）和平ノ子細モキキヒラカズ、左右ナクカクルト覚ルナリ（延慶本平家物語第二末、六十八ウ④）

「和平」は例10のようにサ変動詞として使われて、和を講じて、戦いを止めるという意味である。サ変動詞として用いられる「和平」はその出所となる中国語には見えず、日本語化を遂げた用法であり、名詞としてしか使われていない現代日本語のそれとも異なるのである。

以上、鎌倉時代までの「和平」の意味用法について考察してみたところ、基本的にその出自となる中国語のそれを受容して、使用されていることが明らかになる。つまり、現代日本語の「和平」より意味用法が広く、その「平和」の持っている意味用法をも包含しているように見える。室町時代以降の「和平」は、前の時代と同様に用いられるが、明治初期頃に下って「平和」の意味用法の限定化が発生した結果で、本来「和平」に属している意味が「平和」によって代替されるようになったため、意味用法の縮小を及ぼす結果に至らしめたのである。

11、御兄弟中ノ和平ヲセサセ給ツ、（彰考館本神道集、四八三⑤）

兄弟の仲良く、睦まじいことを表す「和平」となる。

12、万物ヲ生長シテ、ノベテ和平《クハヘイ》ニスルナリ（詩学大成抄五）

の「和平」はおだやか、なごやかな状態を示す。

13、大明、朝鮮、日本、三国和平之扱、永々令二苦労一之旨預二御感一（太閤記、四四七⑧）

戦争状態を終結させて、平和を回復することを表す「和平」である。

14、和平誓約無二相違一者（同右、四四七⑭）

「和平」は争いをせずに、仲良くするという意味で、現代日本語の「平和」と類似する。用法としても例12のように現代日本語と違って、形容動詞として用いられている。亦、伊勢守日記とも称される『上井覚兼日記』（天正二（一五七四）年～十一（一五八三）年）には三十例の「和平」が見られて、いずれも争いを止めて、仲直りするということを示し、「和睦、講和」の意味に近いものである。尚、それらの用例には中国語は勿論のこと、その前時代の日本文献にも確認できなかった「御和平」が四例も見えて、日本語における「和平」の同化の姿が浮き彫りになっている。つまり、明治時代までの「和平」は、意味用法が多種多様、使用量が多く、「平和」の同日の論にあらずと言ってよい。しかし、明治時代になって、「平和」の台頭によって、「和平」はその意味縮小に止まらず、文法的機能の低下という事態も生じたのであろう。その故に、現代日本語における「和平」は名詞用法のみとなっている次第である。

15、龍造寺と和平之儀被申候歟（上井寛兼日記一、二九一⑪）

16、又秋月媒介を以龍造寺と御和平之由候（同右、三〇三⑥）

敬意を表す「御」を冠しても「御和平」は「和平」と同意であり、争いを止めて和解するという意味として用いられている。

和平《ワヘイ》　タヒラカ（大増補漢語大全、八十一ウ⑤、明治七年刊）

和平《ワヘイ》　タイラニオサマル（大全漢語字彙、七十六オ⑤、明治八年刊）

和協　ナカヨシ　和同　同上　和平《クワヘイ》　同上　和睦　同上（布令新聞新撰校正普通漢語字引大全、三十五オ⑦、同右）

尚、管見に入る限りの室町時代成立した古辞書を調べてみたところ、「和平」の類義表現としての「和睦」「和与」「和談」等の方が、「和平」を上回ってよく使用されているように見える。

むすび

以上、中日両国語における「和平」「平和」の意味用法を巡って、比較しながら考察を加えてきたことによって、次の点が判明したかと思う。日本語の「和平」「平和」は中国語に典拠を持つ漢語である。「和平」は早くも奈良時代文献に現れて以来、各時代、各文体に亘って多用されている。それに対して「平和」は日本文献での登場が遅く、中世以降に下って初めて散見するようになったが、使用量、範囲が「和平」を下回る。意味用法としては、「和平」は基本的に中国語の本来のものを摂取しているが、鎌倉時代文献にサ変動詞として使われて日本語化した用法も見られ、明治初期頃から「平和」の意味限定化によって本来の中国語より意味範囲が縮小するようになった。つまり、本来「和平」の示す意味範囲の一部が「平和」によって表されたため、意味も用法も狭まった。一方の「平和」は元来の物事の一般から紛争や戦争という特殊なことに変わって、限定してそれのない状態を表す意味となって、今日に至ったため、日中両国現代語における「和平」「平和」の意味上にある差異が生じたのである。

注

（1）『類義語辞典』（東京堂出版、昭五十二、十二版）三五四頁に参考として永野賢『にっぽん語考現学』の「たとえば「平和」と「和平」とは似たようなものだが、「和平交渉」とはいっても「平和交渉」とはいわないように「平和」は穏やかな状態そのものをいい、「和平」は平和へ到達するための仲直りを含む概念だというちがいがあるようだ」と引用されている。

（2）「「和平」1、政局安定、没有戦乱。（用例略、以下同）2、温和、和順。3、和諧、和睦。4、謂楽声平和、和順。5、平静安定。」「「平和」1、平正諧和、調和。2、寧静、温和、不偏激。3、康復、全癒。」（『漢語大詞典』漢語大詞典出版社、一九九四）

（3）田島優『近代漢字表記語の研究』（和泉書院、平十）第四章「同義異表記の変容」三二〇頁に「和平」と「平和」は文法的機能が違う字順の相反する同義異表記の二字漢語として扱うとされる。陳力衛『和製漢語の形成とその展開』（汲古書院、平十三）第五章三六六頁に日中同形語の視点から「さらに、日本語では字順の違う、転機―機転　平和―和平　権利―利権　などがある。これらは意味の面で違いを出しながら、一種の類義語関係を形成していくのである。この種の類義の差異についてはすでに数多くの論文が発表されているが、その形成過程についてまだ課題が多く残っている」と指摘されている。

（4）坂本義和『暴力と平和』（朝日新聞社、昭五十八、第三刷）七頁に「中国語の「和平」とヒンズー語の「シャンティ」はいまなお昔ながらの意味を保ち続けている。（中略）中国人のいう和平が、天の定める社会的ヒエラルキーのなかで、平穏で安らかな調和が達成されることを意味する」と述べられている。

（5）この点については十九世紀に刊行された『華英字典』（一八一五年原本発行）と『漢英韻府』（一八八九年）に収録されている「和平」と「平和」に関する英語の訳注からも察知される。「人和平　jin ho ping A mild eventempered-man.」（『華英字典』第一巻、三七九）、「人和平　an even tempered man.　平和　even, as a pulse, mild, as food.」（『漢英韻府』二五五）、「平和　at peace, it is all settled.」（『漢英韻府』七〇一）

（6）「「和平」名①平和、戦争のない状態。②講和。1、平和である。2、穏やかである、和らいでいる、温和である、猛烈でない。（用例略）」（『中国語大辞典』角川書店、平七、再版）

（7）「「平和」形①（性質や言動が）穏やかである。②（薬物の）作用が穏やかである。③方（方言としての意味、筆者注）（騒ぎが収まり）平穏である。（用例略）」（同注6）

（8）「なお、「民族主義、平和主義、自然主義、芸術至上主義…」のように自由につくれる長い漢語にも、厳密にいえば和製漢語というべきものが多いはずである」（『国語学大辞典』東京堂出版、平五、八版、五六四頁）と書かれている。

（9）石田雄『日本の政治と言葉』東京大学出版会、平元）下「平和」と「国家」第一章一七頁に「「平和」ということばが近代日本で、いつからどのような意味で用いられはじめたかは確定しがたい。peace の訳語として「平和」が用いられるのも決して近代のはじめからの現象ではなかったようである（1）」と指摘されている。更にその注（1）に依れば、「一八八三年（明治一六年）に文部省編輯局から出版された払波士著『主権論』（ホッブス『レヴァイアサン』）の中では「peace は『治平』と訳される場合がもっとも多く、時に『太平』、『平和』、『治平和論』という訳語もあらわれている」という状況で、「平和」という訳語が定着しているわけではない（高橋真司「払波士『主権論』をめぐって—明治初期日本における西欧思想受容の一局面—」『長崎総合科学大学紀要』一九号、昭五十三・十、二七九頁）。もっとも『レヴァイアサン』で用いられている our peace というような用例は「国内の平和」あるいは「治安」の意味であり、「天下ノ治平」と訳すことが多かったのも当然であるかもしれない」と。また、今回の調査で同じ明治初期頃にかかる「平和」とほぼ同意味で用いられている「和平」と「治平」なども見られる。つまり、新たな意味を獲得した「平和」は未だ定着に至っていないと言えよう。

・野蛮ノ心ヲ以テスルニ非ザルナリ、和平ヲ以テ之ヲ為サント欲スルモノナリ（日本平和論大系、植木枝盛、板垣政法論、一二一）

・宇内ノ暴乱ヲ救正シ以テ世界ノ治平ヲ致スニ足ル可ク（同右、一一三）

(10) 同注（9）二一頁

(11)『政治思想史における平和の問題』（『年報政治学』1992、日本政治学会、岩波書店）の、「はじめに」（藤原保信執筆）四頁、また、前掲の注（9）の六頁にも「近代国家は「正当な物理的暴力行使の独占」を要求するものであり、そのような国家が対外的にはその主権の行使として組織化された暴力行使としての戦争に従事するのである」と指摘されている。

(12) 家永三郎責任編集『日本平和論大系1』（日本図書センター、平五）の「序にかえて—1945年以前の反戦・反軍・平和思想」九頁

(13) 同注（11）また、前掲の注（9）の一八頁に「とにかく、「平和」ということばが耳新しいものとして入ってきたのはキリスト教を通じてであり、普仏戦争というヨーロッパの体験から生まれた平和主義の影響によるものであった」との指摘もある。

結　語

この節において「料理」と「病気」及び「和平」と「平和」を中心に漢語の意味の縮小化について考察を施してきた。「料理」と「病気」両語とも前節に考究した意味の拡大化が起きた漢語と同様に、所謂和化漢文と言われる古記録類という文献群において意味の変化が発生したのである。これはその記録に記した内容が中国と違った、当時日本の特有なものに因るところが多かったと考えられる。

言葉はその国の文化、社会及び政治経済等を映す鏡であるという見地に立って考えると、中国語出自の漢語も例外なく日本に伝来する前に既に中国の文化等を表すために存在していたのである。その故に、日本に伝わったとしても、最初は中国語の原義をそのまま受容して使用されていたことが、以上の考察で明らかになる。しかし、日本語に浸入して日本の文化、社会、政治等を表象しているうちに、本来の中国語にはなかった意味が生じて、意味の変化が起こってくる。つまり、日本の漢語は中国語の原義を踏襲した上で、それを土台に意味の変化が生じるというプロセスを辿ると言えよう。このように考えれば、意味の拡大化という変化の漢語は恐らく意味の縮小化という変化の漢語より一層一般的なものではないかと推察される。無論、これは推測の域を出ないことであるが、それを明らかにすべく、漢語全体を対象に考察して、その意味変化の全容の解明を待つほかはなかろう。

様々な漢語の意味変化には「料理」、「病気」及び「和平」と「平和」のように意味範囲が本来の中国語のそれより狭くなり、意味の縮小化という法則性が存していることが明らかにできたと思う。ところが、別の視点から考えれば、「意味の転用」というような分類もできるかもしれない。但し、ここではその漢語の示す意味範囲の広狭に着目してこのような結論に辿り着いたのである。

意味の縮小化という意味変化の類型に当てはまると思われる漢語は多く存在するが、例えば、「病患」、「詠嘆」、「平気」等の熟語は本来二つの構成要素がそれぞれ意味を持ち合わせていたが、現代日本語では一つだけの意味として用いられているように思われる。明らかに意味範囲の縮小が発生した。今後、意味の縮小化という意味変化の類型に基づいて日本語での漢語の意味変化のパターンを検討することによって、その検証に迫りたい。

第三節　意味の一般化

仏教は後漢頃から中国に伝来して、西晋の時に已に中国の文人墨客、士大夫階層に受け入れられ、唐になって「外服儒風、内宗梵行」[1]（外は儒風を服とし、内は梵行を宗とする）といった当時の流行った言葉の示すが如く、最盛期を迎えた。中国の文人や士大夫等が仏教の薫陶、感化を受けたのは他でもなく漢訳仏典の閲読を媒介として実現できたのであろう。そこで、彼らは仏典を漢訳していた当時に創出された「訳経文体」[2]に直接に触れることができた。この異文化との接触はいうまでもなく彼らの文学創作、思想昇華、世界観等に大きな影響を与えたことになる。仏典の漢訳は人類文化史上において特筆に値すべき壮挙であり、外来の宗教、文化を曽てなく受容した翻訳の偉業でもあると言っても決して過言ではない。比類のない大規模な漢訳事業は中国史上で約九百年間に亘って延々と展開、継続されていた。この長い歳月をかけた功業によって大成した漢訳仏典は千六百四十部、五千五百八十六巻に達しており、中国文化史はもちろんのこと、世界文化史の貴重且つ豊富な財産となった。とりわけ、朝鮮半島や日本等における仏教の伝播、受容及び信奉にも大いに寄与した。それによって、漢字文化圏と重なる漢訳仏典による仏教文化圏ができたとも言えよう。亦、仏典の漢訳を通して中国の文体史上において「訳経文体」という新しい文体も作り出され確立されて中国語の文章ジャンルを豊かにさせることもできた。「訳経文体」とは中国語と梵語との結合、韻文と散文の混用、また雅俗を一体とするといったような新文体である。漢訳仏典には数多くの原典の用語、語法、文法乃至文風等がそのまま活用されている。これは外国語（借用語）が中国語史上において大量輸入の第一波とも言えよう。中国語の語彙もその移入によって一層豊富になり、より多様化を遂げることができた。更に、本来経典において使用される語は仏典という特定のテキストから離脱して、普通の表現に変容し、一般的な用語として用いられるようになった。例えば、「思想」、「思惟」、「思議」[3]等はそれである。文法においても中国語には見えなかった、過剰な誇張の表現法、倒置法、修飾語の大量使用等が指摘できよう。つまり、「訳経文体」の生成は中国語、中国文学に新風を注ぎ、潤沢を齎し、深遠なる影響を及ぼしたのである。

日本では仏教をぬきにして日本人の生活はもとより、日本の文化、社会等を語ることもできない。それのみならず、仏教の伝来、学習によって日本語の形成、発展への影響も極めて大きいものである。日本に伝わった外来思想としては古くから儒教を中心とする漢学があり、道教もまた様々な形で日本人、日本文化に多くの影響を及ぼした。しかしながら、外来思想の中でも最も長期に亘り、最も広範に影響力を有したのは仏教であると言うことができよう。仮に儒教の公伝を応神天皇十六（二八五）年とすれば、仏教の公伝よりも二百五十年ほど古いわけであるが、一般民衆に与えた影響から見れば、仏教には遠く及ばず、数ある外来思想のうちで、仏教ほど日本人にとって重要なものはないのである。新しい思想―仏教の伝来によってそれを学習したり、伝教したりすることが必要である。かかる行為を通して元来の日本語にも音韻、表記、文法及び語彙等の各方面に亘って影響している。この点については既に数多くの先学研究によって縷説され、立証されている。そればかりか、今後も引き続き解明されて行くであろう。

尚、漢訳仏典は中国に止まらず、夙に仏教と共に大海原を渡って日本に将来して、日本への影響が中国以上のものとなったことは、ここにおいて再び付言するまでもないことである。特に鎌倉時代になって所謂日本仏教まで創出された結果、仏教の現地化を遂げるようになったとも言ってよかろう。仏教の社会への普及、大衆への浸透を通じて、当然ながら仏教用語も幅広く伝播され、人々に認知、使用されるようになった。それによって仏教用語が遂に仏典という束縛から解放されて一般の用語として市井の人々の言語生活という舞台に登場し、頭角を現した。斯様な仏教用語から一般用語に変身することによって本来の意味と異なる意味の変化が生じてくることは以上考究した意味の拡大化、縮小化と違って、一般化とされる。ここで言う一般化という意味変化は質にしろ量にしろ漢語の独特なものであり、注目すべき言語現象の一つであると敢えて指摘できる。然るに、漢語またはその意味変化についての研究に際しては決して看過できない一パターンであると言えよう。

注

（1）孫昌武『仏教与中国文学』（上海人民出版社、一九八七）
（2）同注（1）
（3）同注（1）

第一項　「言語道断」について

はじめに

今回調べた限りの日本文献では、「言語道断」の他に、「言語同断」「言語已断」「言語道絶」及び「道断言語」等といったような語形式も検出できた。これらは恐らく「言語道断」を母胎に形成されたものであろう。とりわけ、「言語同断」はたぶん開合混同によって「道」と「同」との字音が相通じるため、「道」にとって代わって「同」と表記するようになったかと思われる。一方、「道断言語」は「言語道断」の「言語」と「道断」との順序が逆転した表記である。一つの語はこのようなバリエーションに富んだ表記形式の生成が他でもなく日本語においての広範囲にわたる多用といった温床が有ってはじめてできたことであろう。但し、語形式が違うため、以下はそれらを考究の対象から外すこととする。尚、「言語道断」のよみについては次の古辞書や古文献を挙げて検討する。

　言語道断　ゴンゴダウダン（明応本節用集、一四九⑦。黒本本節用集、一三七③。饅頭屋本節用集、一一三①）

　（言《ゴン》《イフ》）語《ゴ》《カタル》《コトバ》道《ダウ》《ミチ》断《ダン》《コトワル》《タツ》（文明本節用集、六七四⑤）

とあるが、上掲の中世に成立した古辞書より更に古い時代の古辞書には「言語道断」が掲載されていないようである。亦、管見に及んだ古文献としては高良神社蔵本『平家物語』にのみよみが付いている「言語道断」の所在があったらしい。

　言語《ゴンゴ》道断《ダウダン》の事どもなり（願立）

更に、「言語道断」という四漢字はその呉音と漢音とのよみとしてそれぞれ次のようになっている。

法華経音訓

言（去、上声濁点）コン　コトハ　イウ（フ）　ノタマワ（ハ）ク　コン　コト（1751）

語（平声濁点）コ　カタル　コトハ（2743）

道（平声濁点）タウ　ミチ　ノリ　イウ（フ）　ヲ（オ）モウ（フ）（1564）

断（平声濁点）タン　タツ　コトワル　サタム（3262）

長承本蒙求

直《チヨク》（入声点）言《ケン》（平声点）（45）

三《サム》（平軽点）語《キヨ》（上声濁点）（28）

直《チヨク》（入声点）道（上声点）（47）

断《タン》（上声点）機《キ》（平声点）(34)

以上の呉音資料と漢音資料に依れば、「言語道断」の「ゴンゴダウダン」は呉音よみであることが明らかになる。右に列挙した古辞書と古文献における「言語道断」のいずれも呉音よみとなっている。それは「言語道断」が仏教用語であることの一証左ともなり得よう。この点については、鈴木修次氏著『漢語と日本人』において「「言語道断」は明らかに仏語、そしてさらに禅家が愛用したことばで、日本語の「言語道断」もそれらから出ることはたしかである(1)」と説かれている。「言語道断」は果たして仏教出自の言葉であろうか、これに関しては中国語との比較を通して、更なる検討も必要であると思う。以下、中国文献における「言語道断」について考察する。

（一）中国文献における「言語道断」

中国文献を散文、韻文及び仏書という文章ジャンル別に調べたところ、「言語道断」は中国元来の文章ジャンルである韻文、散文からはその用例を検出できず、仏書という外来の宗教（文化）によって生成した文章ジャンル（訳経文体）にのみ使用されることが明らかになる。これは調査の不足に因るかもしれないが、中国文献における「言語道断」は仏典という特定の文献群に限って使用されて、その他の文章いわば一般の文献群には浸透できなかった仏教用語であると言ってよい(2)。亦、仏典を漢訳するために案出された「訳経文体」の用語とも言えよう。「言語道断」は仏典の漢訳と共に生成した仏教用語であるため、仏教の伝来及び仏典の漢訳を行う前の時代の中国文献には、その所在が見えなかったのが寧ろ当然のことであろう。尚、漢訳仏典が成就したとしても、「言語道断」の使用が確認できなかったのは、「言語道断」の仏教用語という性格が中国従来の文体である散文、韻文にはそぐわない所以ではないか。つまり、「言語道断」は仏教という桎梏から離脱できなかった。次に仏書に用いられる「言語道断」の意味について検討する。

1、是法一切言語道断。文字章句所不所詮（大正新修大蔵経十六、大乗宝雲経、二六〇c⑮）

文中の「言語道断」はその表す対象が「法」となり、その仏法の神妙さ、奥深さを言葉で言い表すことができないという意味で用いる。つまり、言葉を絶するほどの深遠なる法である。

2、如来一切言語道断無為無作無所安置（同右十四、仏説文殊尸利経、五一三b①）

「如来」が「言語道断」の対象となる。「言語道断」はその如来の唯一無二の素晴らしさ、全知全能を言葉で表しきれないということを示している。

3、不可説亦不可説是妙。是妙亦妙言語道断故（法華玄義二下）

「言語道断」は対象である仏法の究極の神妙さを言葉で言い表し得ないという意味として用いられている。

4、不来不去、不出不入、一切言語道断（維摩詰所説経、見阿閦仏品）

「言語道断」はその対象となる仏の全ての素晴らしさが言語を絶するという意味を表している。

上記の例の如く、仏書に登場している「言語道断」は、その表す対象が「仏」「仏法」「如来」「悟り」等となり、いずれも素晴らしいことという共通点を共有している。「言語道断」は斯様な対象と共起してそれらの最善至高のことを取り立てて表出するのであり、「言語」が口または文字（文章）のことで、「道断」が口で言うこと或いは文章で書くことが断たれることとなる。(3) つまり、言語を絶することまたは超えることを指す。中国文献における「言語道断」の意義を記述すれば、

・仏、仏法等の素晴らしさを言葉で表現し切れない

となるが、「言葉で言い表すことができない」ということが意味特徴となる。以上の考察を通じて、中国文献では、「言語道断」が仏書から脱皮できずに、仏教関係の対象と共に用いられて、仏教用語に止まり一般の文章には進入できなかったことが明白となる。それでは、仏教将来と共に日本語に伝わった「言語道断」は果たして中国文献と

同様にあくまで仏教用語として限定的に用いられるのか。さもなければ、如何なる変化を遂げたのか。以下、これらの点を巡って日本文献に目を向けて「言語道断」の意味用法を考究してみよう。

（二）日本文献における「言語道断」

日本文献における「言語道断」について、時代別且つ文章ジャンル別に調査した結果、「言語道断」は和文からはその所在が確認できなかったが、奈良、平安、鎌倉時代の漢文と鎌倉時代に確立した和漢混淆文からは検出できたことが判明した。以上の考察で明らかになったように、中国文献では「言語道断」は仏書という特定の文献群に限定して用いられて、一般の文章にはその使用が認められなかった。つまり、文章ジャンルによる使用上の違いは顕著である。対して、かかる「言語道断」は日本文献に進入して、その漢語の素姓のため、漢語の使用を好まない和文には見られなかったものの、漢文、和漢混淆文という仏書以外の一般の文献群にも登場しており、一般の言葉として用いている。換言すれば、中国文献において仏教用語であった「言語道断」は日本文献では、仏書という文献群から脱出して一般の文章に入り一般の用語に変身したと言えよう。「言語道断」に関する使用上では中国語と日本語との間に著しい異同を見せている。日本文献における「言語道断」の使用状況は次頁の表一の通りである。

表一に依れば、使用頻度から見れば、漢文における「言語道断」は和漢混淆文より圧倒的に高いといった、文章ジャンルによる使用量の格差が認められる。これは「言語道断」の書記用漢語の性格に起因するではないかと推察される。一方、和漢混淆文の「言語道断」は使用量としては少ないと雖も、用いられていること自体によって少なくとも書記用漢語から日常漢語[4]に近寄ったことになると考えられよう。

さて、日本文献では「言語道断」が本来の仏教用語から一般の用語へ変貌したのみに止まったのか、それともその変貌に伴って意味用法上の変化も共起したのか。以下、それらの点について時代別、文章ジャンル別に考察して

表一

用例数	文献	文章ジャンル	時代
2	法華義疏	漢文	奈良
2	春紀		平安
2	水左記		
1	中右記		
4	長秋記		
1	台記		
1	明衡往来		
1	貴嶺問答		
1	朝野群載		
35	平安遺文		
1	久遠寺蔵本朝文粋		
1	江都督納言願集		
1	本朝文集		
1	本朝続文粋		
52	計		
2	玉葉		鎌倉
11	明月記		
1	後伏見天皇御記		
1	東南院文書		
1	高野山文書（1、4）		
1	吾妻鏡		
1	雑筆往来		
1	山密往来		
132	鎌倉遺文		
151	計		
1	延慶本平家物語	和漢混淆文	
1	覚一本平家物語		
4	正法眼蔵		
3	法然一遍		
1	沙石集		
10	計		
215	合計		

みよう。

ア奈良時代

今回調査した限りの奈良時代文献において、「言語道断」を検出できたのは経疏類で、伝聖徳太子筆の『法華義疏』に見えた二例だけである。『法華義疏』は四巻からなり、聖徳太子（五七四～六二二）私撰で推古天皇二十三（六一五）年作とも伝え、「三経義疏」（『法華経』、『勝鬘経』、『維摩経』の注釈書）の一つとなる。本書は『法華経』の古い形である二十七品本を用い、梁の光宅寺法雲（四六七～五二九）の『法華義記』を拠り所として注釈を行いながら、それに盲従することなく、所々に『法華義記』の説に疑問を提起し、著者の考えを表出している。全体を序説、正説、流通説に分かち、正説を更に仏になる因を明かす部分と仏の果の永劫であることを明かす部分に分ける。かかる内容によって構成された『法華義疏』は日本人が綴った仏典とも言えよう。従って、それに見られた「言語道断」は紛れもなく出自となる中国語と同様に、仏書という特定の文献において使用されると看取されて然るべきである。次に二例の「言語道断」を挙げて意味について検討する。

1、前六句明㆓心行処滅㆒従㆓一切言語㆒以下十一句。明㆓言語道断㆒（法華義疏巻四、三〇八中㉑）

2、証㆓心行処滅㆒。従顚倒生故説者。証㆓言語道断㆒（同右、三〇八中㉒）

cf、言語道断、心行処滅（華手経六）

「言語道断」は二例とも参考例と同じく使用されて、言語を絶し思慮を超えているということを示している。その対象も究極の奥深い仏法となる。因って、奈良時代の「言語道断」は使用文献であろうと意味であろうと本来の中国語と一致して、それをそのまま受容したと言ってよかろう。以上の考察で明らかであるように、奈良時代文献における漢語が中国語の原義を踏襲したままで用いられる。「言語道断」もその裏付けの一つとなる。

イ平安時代

平安時代文献の「言語道断」は、使用範囲が広くなったため、使用頻度が奈良時代のそれを上回った。これは当時代の文献が豊富になり、多様化したためであろう。漢文を更に下位分類すると、中国の漢詩文を規範に、それを模倣、継受した漢詩文と、日本の公私に亘る事柄を詳らかに記述しようという所謂和化漢文である古記録類とに分けられる。以上の考察で分かるように、正格漢文体としての漢詩文が中国の漢詩文と最も類似しており、そこに用いる漢語は直接に中国語に典拠を求めることができるものとなる。しかし、「言語道断」は中国文献では仏書に限って、日本漢詩文の厳格な範をとる散文、韻文にはその使用が認められなかった。ところが、日本漢詩文には四例の「言語道断」が確認され、中国の散文、韻文と明らかに異なっている。つまり、この四例の「言語道断」は中国の漢詩文からではなく、仏書から摂取したものであると考えるのが妥当であろう。これは、「言語道断」が日本文献において、仏教用語から一般の用語への移行が盛んに展開されていることをも物語る。更に付言すれば、仏教は日本語に対しての影響が如何に大きかったかということも示唆する。次に先ず漢詩文における四例の「言語道断」を列挙してみよう。

1、臣昔是伏奏青瑣之職、臣今亦追従緑羅之身、彼一時也、此一時也、形骸之外、言語道断焉（久遠寺蔵本朝文粋巻八、三七三③、菅贈大相国九日後朝侍朱雀院同賦閑居楽秋水応太上法皇製。傍注等略、以下同）

「言語道断」は仏書から漢詩文に移ったため、その示す対象も「仏法」等のような仏教的なものから一般的な遊楽に変わって、その対象が太上法皇を御伴する清遊となり、その遊興の喜悦を言葉で言い表せないという意味で用いる。表現の対象は変わったものの、対象に内含している素晴らしさという意味特徴が本来の中国語と合致している。

2、遠近難知況仏日之光景希□之間言語道断者歟（江都督納言願文集、一品宮仁和寺御堂供養願文、一一三②）

3、況仏日之光景乎希夷之間言語道断歟（本朝続文粋、二一三⑧）

文中の「言語道断」は二例とも「寺」が対象となり、その寺の神妙な霊験について言語を絶するものであることを表している。

4、霊験奇異、言語道断（本朝文集、太秦広隆鐘銘藤原通憲、二六七上⑭）

「言語道断」はその対象である寺の鐘の霊験の奇異さを言葉で説明しきれないという意味で用いる。

右の考察で漢詩文における「言語道断」の意義は次のように記述できよう。

・ある事物の素晴らしさを言葉で表現し切れないとなる。「言語道断」は出自となる中国語と異なって、仏書から離脱し、一般の文章である漢詩文に移入した結果、その表現の対象が多様化を見せて仏教関係のものもあれば、そうでないものもある。しかしながら、その対象に内包している「素晴らしさ」という点と「言葉で言い表せない」という意味特徴は中国語の原義とは変わっていないように思われる。

次に古記録類における「言語道断」について検討する。使用頻度から見れば、古記録類の「言語道断」は漢詩文を遥かに上回って、一般の用語としての確立、定着が一層進んでいることを浮かび上がらせることになる。

1、霊験威神、言語道断、非紙墨之所及（朝野群載、六八①）

「言語道断」は、その表す対象となる「寺」の「霊験威神」であることを言葉で言い表せないという意味で用いる。

2、御歌之為体花実兼備首尾相得不恥古人無比当世心目之所感、言語道断者也（明衡往来、二七九⑬。傍注等略）

「言語道断」は例1の対象と違って、「御歌」の傑出であることを言葉で表現しきれないのを示している。尚、「言語道断者也」という構文から見れば、「言語道断」は形容動詞的に用いられて連体修飾として絶賛の気持ちを吐出しようとしている。現代日本語における「言語道断」の形容動詞という用法はそこまで遡上できそうであろう。

右に挙げた二例の「言語道断」は漢詩文に比してはその対象が一層多様性を見せているが、それに内存する「素晴らしさ」という点において依然として変わっていないように思われる。意味としても漢詩文と一致している。しかし、古記録類の「言語道断」は上記の二例を除いて次のような例も見られる。

3、若是天下之運尽了歟、誠可悲可泣之時也、悉以悲嘆非常之非常也、永輔云此怪異専非一人帝王御事尤過差也、只是為世間大徴也、天運之尽了歟、言語道断可悲可悲（春記、一八〇上⑰）

4、早旦参関白殿、文書等少時参内即奏件等了、依心神殊悩暫休下盧、人々云、定任事往古無類、乱代之極也、又王法已滅也、尤可悲哀之代也云々、此言語道断也、而関白一切不入御心（同右、一三三上⑮）

5、予奉見若宮御体、更無可令存給之氣色、博陸幷上、皇后宮大夫、御乳母等悲嘆之氣不可披陳尽、見者心肝如春、酉剋許女房等揚鳴咽之声、戌終御非常了、御年四歳哀哭之至言語道断（水左記、五四下③）

例3、4、5の「言語道断」はその対象には「素晴らしさ」が付与されておらず、「可悲」「可哀」「可嘆」という哀嘆を帯びる「天運之尽」「可悲哀之代」「若宮之夭折」となり、その悲痛、哀嘆を言葉で言い表せないという意味で用いる。三例の「言語道断」は「言葉で言い表せない」という意味特徴が変わることなく付随しているが、その対象が例1、2及び漢詩文のそれと比較すれば、例1、2と漢詩文の対象に随伴している「素晴らしさ」から「悲しみ、嘆き」の甚だしさに傾斜したことが明白となる。プラス的なものからマイナス的な心情を示すものに下向したとも言えよう。

6、御寺所領里田玉瀧両杣、如伝承者、従数代以降、雇其脚民、号彼杣人、耕作之田畠皆悉公地候、爰被制止二千餘石官物之上、為国司教有野心之士民、数度被行損朝威之計、自以風聞候歟、言語道断也（平安遺文三、八五五上⑫）

例中の「言語道断」はその対象が上記した例のいずれとも異なって、「行損朝威」というような乱行となり、その乱行のあまりにも酷いことで言葉を絶するという意味を表すと解される。右の例2と同じく形容動詞的に用いられていると考えられる。

7、因茲同五日寺大衆群発悉焼亡多武峰荘住人宅了、然間所司等各懐其恐、奉負御体為逃去令奉勤者、誠是言語道断之事也（水左記、一四三下⑬）

「言語道断」は、所司の勤めを放棄して逃亡したというとんでもない所業に対して唖然と言葉を絶するという意味を示している。つまり、「逃げ去った」ことは言葉で言いようのないほど悪行である。

8、不加署判、上洛之後、□弁件問答旨、注虚誕勘文進覧之条、言語道断也（平安遺文四、一五八〇下⑫）

「言語道断」は、前記の例2と同様に形容動詞的に用いられて、その対象である「注虚誕勘文進覧之条」という目も当てられない蛮行に対して言葉で言いようがない意味を示している。つまり、言語を絶するほどの暴挙であると解される。

9、永久年中、以蒙綸旨、推致此妨、非常之甚、言語道断也（同右、一八八二上⑮）

文中の「言語道断」は形容動詞的な用法で、その示す対象が「非常之甚」の「此妨」となり、つまり、言葉で言い表せないほど甚だしい妨害であることを表す。

上掲の例6〜9の「言語道断」の表す対象は、上述した漢詩文と前出の例1〜5とを異にして「違法、瀆職、濫訴」等といったような悪行為となり、酷さ、悪さを内含しているのである。「言語道断」はその悪行、乱行の甚だしさに対して言語を絶することを示す。換言すれば、言葉で言いようもないほどの卑劣な所業となる。残りの「言語道断」について調べたところ、斯様な極めて非道な対象を表す用例が三十五例に達している。それらを微視的に見れば、「違旨、違令、違判、違例」が十七例、「濫訴」が九例、「乱行」が六例、「瀆職」が二例、「謀判」が一例となっている。平安時代の古記録類における「言語道断」は、かかる「悪」を伴う対象と多く共起することが右の考察で明瞭になった。これは出典となる中国語がもとより、奈良時代及び平安時代の漢詩文とも顕著な違いを露呈している。続いて次の例を挙げてみよう。

10、衆徒向官軍合戦之条已非本意歟、誠言語道断不可記尽（中右記七、二八二上⑦）

「言語道断」はその対象が「衆徒向官軍合戦」という無慮な乱行となるが、「不可記尽（記し尽くせない）」という後続文の示す意味からあまりの悪行為を、言葉で言い表せないというよりも、寧ろその乱行がけしからぬ或いはとんでもないという意味として理解されよう。つまり、もし本来の「言葉で言い表せない」という意味として捉えるならば、それに続いている「不可記尽（記し尽くせない）」という句の表す文意とは重複してしまうことになる嫌いがある。「衆徒向官軍合戦」は誠にけしからぬことで記し尽くすことができないと解される。「言語道断」は意味にしても用法にしても形容動詞として用いているように見える。

11、放種々狂言云々所々、偏物氣所為也、言語道断不可説云々（台記一、七四上⑩）

「言語道断」は、「物氣」に因る「放種々狂言」という醜態が対象となるが、「不可説（言うことができない）」という後続文の表す意味を併せて考えると、例10と同じく（その醜態が）とんでもないという意味として用いている。

12、自本所居住自河東之百姓等、而令耕作自河東之公田者、云居地云作田、以何理号出作哉、言語道断、不可説事也（平安遺文四、一三五五下⑯）

「而令耕作自河東之公田」という違法の乱耕作が「言語道断」の示す対象となる。「言語道断」は例11と一致する後続文「不可説」の意味と共に分析すれば、（乱耕作が）理不尽であることを表している。

13、而今行隆依此訴以今案之詞、令結構申之条、奏□不実、還有其咎事候歟、行隆自餘等条、□無実之構申、言語道断、不可説候（同右九、三七六七下⑧）

「無実之構申」という対象と「不可説」の後続文の文意から推して、「言語道断」は（無実之構申が）以ての外であるという意味で用いると解される。つまり、「無実之構申」という乱訴がとんでもないことで「不可説（言うことができない）」となる。

以上、平安時代漢文における「言語道断」の意味用法について考察を加えてきたが、「言語道断」と共起する対象は本来の中国語と違って「悪」を内包するものが圧倒的に多かったことが判明した。形容動詞としての用法も確認されたようである。因って、「言語道断」の意義は以下のように記述できよう。

（一）ある事物の素晴らしさを言葉で表現し切れない
（二）ある出来事のあまりの悪さ、酷さを言葉で表現し切れない
（三）極めて乱行でとんでもない

と三つに分けられる。（一）と（二）の意義は「言語道断」の表す対象としては著しく対照的であるが、「言葉で表現し切れない」という意味特徴としては寧ろ共通すると言ってよい。これは本来の中国語及び奈良時代、平安時代の漢詩文と比較しても同じことを言うことができよう。即ち、「言語道断」の対象は、仏書という特定の文献群から一般の文章に転移したと共に、従来の仏教関係に限定した事物から多様な一般の物事に拡大したものの、その意味特徴は別に対象の広がりによって変わったわけでないのである。ところが、（一）と（二）の意義に対して、（三）の意義は「言葉で表現し切れない」という意味特徴が見えなくなった。この意味変化の発生は（二）の意義の示すように、あまりにも非道、悪行という対象と多く共起してその極めて悪く酷いことを表すのによく用いられることを土台にできたのではないかと思われる。いわば、非常に悪く酷いことと言葉で表現し切れないことという二つの要素がいつも共起、共用した結果、「言葉で表現し切れない」という部分が「悪く酷い」という要素によって吸収されて、言葉を絶するほどとんでもない、けしからぬ意味となって、（三）の意義は成立したのであろう。

平安時代文献では、「言語道断」は仏書という限定的領域を離れて一般の文章ジャンルに移転したことを契機に、出自となる中国語には確認できなかった新たな意味用法が生じた。その意味変化の起きた文献群は所謂和化漢文の古記録類である。これは以上の他節の考察で明らかになった結果と軌を一つにするものである。以下、鎌倉時代における「言語道断」について検討する。

ウ鎌倉時代

鎌倉時代になって、「言語道断」は上掲の表一の示すが如く、漢文の他に和漢混淆文にも登場して日常的用語として用いられているようになったかと思われる。先ず、漢文の「言語道断」を挙げてみよう。

1、大法《ノ》見聞、凡《ソ》言語道断《ナリ》。鼓《ク》楽《カク》歌讃之韻《ヰン》、沸《ワキ》レ天《ニ》（山密往来、二七七⑮）

「言語道断」は、その表す対象である法会の盛況振りについて言葉で言い表すことができないという意味で用い、中国語の原義と酷似する。

2、納玉佩一、以色々玉餝之、其体殊勝。言語道断者也（後伏見天皇宸記、三三九②）

「言語道断」は、その対象が例1が仏教関係であるのと違って、玉佩となるが、その玉佩のあまりにも立派であることに、言語を絶するという意味で用いられている。

3、此三鈷奉伝持事、凡心不期不計候、一期奉結縁値遇候事、不可思議、言語道断（鎌倉遺文十、三六〇上⑦）

法具としての金剛杵である三鈷の「不可思議」ほどの素晴らしさを言葉で説明できないという意味として「言語道断」が用いられている。

上記の三例の「言語道断」は、いずれも本来の意味を踏襲したものであるが、次の例文とは異なる。

4、又擬令押領当御薗之条、言語道断之無道也云々者（同右五、一二二上⑯）

5、凡事体甚以不穏便、不落居殊勝了、言語道断事也、未曽有之世也、狼藉之（玉葉一、一五下③）

6、何可称依例哉、無道之至、言語道断事也（鎌倉遺文三、三二九下⑦）

例1～3の素晴らしいことの内含と違って、例4～6は「無道、狼藉、違例」という「悪」を伴う対象となる。「言語道断」はその悪行の甚だしさを言葉で言い表すことができないという意味を示している。

7、山門衆徒濫訴、雖為流例、昨日次第、言語道断不足言（同右、二九四上⑩）

「言語道断」は、「不足言（言うに足りない）」という後続文の意味を併せて考えると、（山門の濫訴）以ての外であるという意味で用いると解される。

8、夫児干者是死人也、而為社司身令食死《カ》人、上代未聞之所行、至言語道断次第也（同右二、三〇七下⑲）

9、恣致種々狼藉（略）凡所行之至言語道断之次第也（同右四、八四上④）

「言語道断」を修飾する程度を表す副詞「至」の語用機能と共に考えると、「言語道断」は形容動詞として用いられ、「令食死人」「種々狼藉」という悪行が至ってけしからぬことであることを示していると理解される。

残りの「言語道断」について検討したところ、いずれも例7～9と同じように使用されることが分かる。これは「言語道断」と共起する対象から察知される。その対象を分類すれば、「乱行、悪行（殺人、不法侵入、土地等の掠奪、犯妻等）、違法、違令、濫訴、乱判及び腹黒、謀略」といったようなものからなる。鎌倉時代の漢文における「言語道断」はその示す対象として「悪」であることが圧倒的に多く、平安時代の古記録類のと一致して、それを継受したと言えよう。鎌倉時代漢文の「言語道断」の意義は右の考察で次のように記述できよう。

（一）ある事物の素晴らしさを言葉で表現し切れない
（二）ある出来事のあまりの悪さ、酷さを言葉で表現し切れない
（三）極めて乱行でとんでもない

と三つに大別でき、平安時代との共通点を見せており、それを踏襲したものであろう。鎌倉時代の漢文においても本来の中国語と端然と異なった（三）の意義は引き続き使用されるどころか、他の二つの意義よりは多用の傾向も際立っている。

次に、管見に入った和漢混淆文から検出できた十例の「言語道断」を全部挙げてその意味用法を検討する。

1、サテハ禅《ノ》法門コソ教外《ノ》別伝《ト》申テ言語道断《ノ》妙理《ニテ》候へ（延慶本平家物語第一末、八十一ウ①）

2、三千の衆徒踵を継ぎ、七社の神人袖をつらぬ。時々剋々の法施祈念、言語道断の事どもなり（覚一本平家物語巻一、願立、一二九①）

例1、2の「言語道断」は、その表す対象が本来の中国語のそれを彷彿させて、「法理」「法施祈念」という仏教関係のものとなり、（その対象の）神妙さ、荘厳さについて言語を絶することを表す。

3、仏法《ハ》言語道断《シ》心行処滅《ス》（沙石集巻十、四七三右②）

4、播州御化益のころ、弘峰の八幡宮にて言語道断心行処滅のこころをいはじただこと葉の道をすぐ〱とひとのこころの行ことなし（法然一遍上人語録、三一九⑦）

5、弘嶺八幡宮にて言語道断心行処滅のこころを（同右、播州法語集、三五二③）

6、至理は言語道断し、心行処滅なり（正法眼蔵、第七十二、安居、二六一⑰）

7、いはゆるもし言語道断、心行処滅を論ぜば、一切の治生産業みな言語道断し、心行処滅なり。言語道断とは一切の言語をいふ、心行処滅とは一切の心行をいふ（同右、二六二③）

cf、言語道断、心行処滅（華手経六）

例3～7の「言語道断」はその使用場面も対象も仏教関係で、参考例と同様に、深遠なる真理を言葉で言い表せないという意味で用いる。つまり、至上の仏法は言語を絶し、思慮を超えているものである。また、サ変動詞としての用法も初めて登場し、日本語化が進んでいる側面を見せている。

8、一念往生ノ義、京中ニモ粗流布スルトコロナリ。オオヨソ言語道断ノコトナリ。マコトニホトオド御問ニオヨブベカラザルナリ（法然一遍消息文、二〇二⑬）

浄土教を樹立した法然の思想は一念往生、つまり「称名は弥陀の本願ゆえ念仏を唱えれば誰でも往生できる」[5]ということである。亦、念仏は弥陀が選択した唯一の往生行ゆえ念仏以外では往生できないとも捉えられる。従って、例8の法然思想の主軸たる「一念往生」が都中に遍く伝播されていることは、法然にとっては誠にこの上なく有難いことであると推察される。文中の「言語道断」は「一念往生」が広く大衆に知られることの素晴らしさ、有難さを言葉で言い表せないという意味を示していると考えられる。和漢混淆文における「言語道断」の全用例について考察を施した。「言語道断」の表す対象は明らかに同時代の漢文（古記録類等）と異なり、「悪」ではなく、いずれも「素晴らしさ」を付随しているものとなる。殊に出自となる中国語と同じく仏教関係のものが目立ったことは、日本文献の他の文章ジャンルと対蹠的である。一方、他の文章ジャンルには見えなかったサ変動詞としての「言語道断」は、初登場して和漢混淆文としての特質を呈出している。以上の考察で、和漢混淆文の「言語道断」の意義を記述すれば、次の通りとなる。

（一）仏、仏法等の素晴らしさを言葉で表現し切れない

（二）ある事物の素晴らしさを言葉で表現し切れない

と二つに分けられるが、（一）の意義は紛れもなく中国語の原義をそのまま受容したものである上、和漢混淆文においては中心的な存在となる。和漢混淆文の語彙と言えば、一般として中国の漢語（漢文訓読語をも含む）、和文語、記録語及び当時の俗語といった四つの混淆によって構成されると理解される。和漢混淆文における「言語道断」の中心となる（一）の意義は、四つの混淆要素の一つである中国の漢文（漢訳仏典）から摂取したものであると看取される。それは和漢混淆文という文章ジャンルの特徴によるものであると同時に、和漢混淆文を構成する要素の一つである中国の漢文の表出ともなる。（一）の意義に対して（二）の意義は平安時代漢文の継承で、同じ鎌倉時代の漢文と一致する様相を呈する。しかし、同じ鎌倉時代の漢文においては既に平安時代に意味の変化を遂げた「言語道断」が多用されているにもかかわらず、和漢混淆文にはその所在が確認できなかった。この懸隔は両者の文章ジャンルの性格にその一因を求められるであろう。それでは、和漢混淆文では「言語道断」の「極めて乱行でとん

でもない」という変化義は如何なる表現によって分担されるのか。次の用例を見よう。

・西光法師申けるは、「山門の大衆みだりがはしきう（ッ）たへ仕事、今にはじめずと申ながら、今度は以外に覚候。是ほどの狼藉いまだ承り及候はず。よくよく御いましめ候へ」とぞ申しける（覚一本平家物語巻二、一五〇②）

・鳥羽院の御時も季教、季頼父子ともに朝家にめしつかはれ、（略）、皆身のほどをばふるまうてこそありしに、此御時の北面の輩は以外に過分にて、公卿殿上人をも者ともせず礼儀礼節もなし（同右巻一、一二六④）

のように、和漢混淆文では、「言語道断」の変化義の不在のため生じた空白が「以外（もってのほか）[6]」という語によって補足されているように思われる。

むすび

以上、日本文献における「言語道断」の意味用法を巡って時代別、文章ジャンル別に考究を加えてきたが、明らかになった点を纏めて言うと、以下の通りである。日本文献における「言語道断」は歴然として中国語由来の漢語である。但し、中国語では「言語道断」が仏書という特定の文章ジャンルに限って仏教用語として使用される。対して、日本語に進入した「言語道断」は、日本文献において奈良時代に中国語と同じく仏書の使用に止まったが、平安時代に下って仏書に限定することなく一般の文章ジャンルにも移入した結果、仏教用語から一般の用語に変身した。その変身によって「言語道断」の表す意味範囲が広くなったことを皮切りに、漢文という文章ジャンルで平安時代後期頃に意味の変化が発生した。鎌倉時代の漢文では変化義の方が中心的な存在として頻用されるようになった。しかしながら、同時代の和漢混淆文ではその使用が認められなかった、という文章ジャンルによる差異も存在している。尚、その意味変化の過程としては、先ず仏教用語から一般の用語への移転より始まって、それを契機に表現する意味範囲の拡大も伴ってくる。それによって良きにつけ悪しきにつけその程度の甚だしさを取り立てて表すことになった。更に、あまりの悪くて酷い出来事とは頻繁に共起して用いられている末、「言語道断」が「言葉で表現しきれない」という意味を捨象して、「極めて悪くて酷い」という意味のみを取り込んで、何とも言いようがないほどとんでもないことを表すようになった。亦、用法としては本来の中国語には見えず、形容動詞化、サ変動詞化した「言語道断」も出現し、日本語への同化が浮き彫りになった。

「言語道断」は平安時代後期から本来の中国語と違った意味が生じた。以下、その意味変化を発動させた要因について考えてみたい。先ず注目すべき要因は、他でもなく仏書から一般の文書への移動によって仏教用語から一般の用語に変容したことである。いわば、かかる不可欠な要因が有ってはじめて意味の変化が実現したと言えよう。では、その前提としての要因を基に、意味の変化を醸した他の誘因は如何なるものであろうか。一つは、原義と変化義との間に類似性が内存しているという言語内部の要因であると考えられる。つまり、原義と変化義に「言葉で表現しきれない」という意味特徴が共存して、それを基盤に、極めて悪くて酷い出来事という対象と頻用されていることから連想して、本来の意味と異なった意味が発生するようになった。

続いて、この言語内部の要因を誘発させたのは古記録類のような日本の事柄を詳細に書き記した内容が言語外部の要因の一つとなる。即ち、「言語道断」は古記録類において日本の公私に亘る出来事を記録するのに多用されるうちに、日本的な対象を表すために、言語内部の要因を土台に意味の変化を触発させたのであろう。もう一つは平安後期の社会、政治に一因を求めることができるようである。平安時代後期と言えば、日本政治の面では武士が台頭し政治の力が増強するようになった時代である。そのため、公卿との荘園の所有権等を巡っての争いが後を絶たない。亦、僧兵の出現に伴って寺家と武家、寺家と公家、寺家と寺家の間に抗争も絶えず起こる。つまり、いままで見られなかった新しい社会問題が頻発した。これは「言語道断」と共に用いる対象の内実からもその一斑を窺わせることができる。記録者から見れば、このように次々と多発する事件は乱行そのもので、糾弾すべきことである。それらを詳記するべく、記録者は古記録が全文漢字で綴るという文章の性格を配慮して和語の使用が不適切であり、また新しい語を作るのも不経済であると考え、[7]「言語道断」の意味を変化させることを選択したという結果に至った。その選択は言語内部の要因が働いたからこそできたのであろう。

「言語道断」は、本来の仏教用語から一般の用語に変わったことによって意味の一般化という変化が起きたことについて上述の考察で判明した。上述した意味の拡大化という見地に立ってみれば、「言語道断」の意味変化はそれに入れても決して不適格ではなかろう。亦、以下、考察の対象となる意味の価値の変化という視点から見れば、「意味の下落」としての一例と見做しても充分あり得ることであろう。しかしながら、その意味変化の発生は仏教用語から一般の用語への移動という要因がなくては、実現し難いことであろう。つまり、この移動は「言語道断」の意味変化を及ぼした前提であり、不可欠条件でもある。そこから考えると、「言語道断」を意味の一般化の一例として取り上げた方が妥当であると考えられる。かかる意味の一般化という変化は、日本語における漢語が和語及び他の語と意味変化の上で最も相違する類型の一つであろうと言ってよい。

注

（1）　鈴木修次『漢語と日本人』（みすず書房、昭五十三）

（2）　「〔言語道断〕仏家謂無上妙諦、非言語所能表達（仏家の謂う、無上の妙諦を言語で表現できるに非ず）」（筆者訳）（『辞源四』商務印書館、一九八三）

（3）　「〔言語道断〕ごんごどうだん、言語を超えていること、道は口でいうこと、真理ないし究極の境地は口（言語）や文字（文章）ではとても表し得ないほど奥深いことをいう」（中村元『仏教大辞典』東京書籍、昭五十）

（4）　峰岸明「『本朝文粋』の文章について—日本漢文体判定の基準を求めて—」（『国語と国文学』平成四年11月特集号）

（5）平雅行「法然の思想構造とその歴史的位置」（『日本史研究』198、昭五十四・二）
（6）拙稿「漢語の意味変化について―「以外」を中心に―」（『鎌倉時代語研究第十九輯』武蔵野書院、平八）
（7）「表現さるべき事がらにすべて新しい手段を作り出すことは不経済でもあるし、野暮な行き方である」（柴田省三『英語学大系7語彙論』の1「語彙研究の先駆者たち」三五頁、大修館書店、昭五十）と説いてある。

第二項　「譏（機）嫌」について

はじめに

本項では現代日本語において多用されている、仏教由来と言われる「譏（機）嫌」を取り上げて、その意味変化のパターンを中心に次の諸点について考察してみる。まず「譏（機）嫌」の素姓、つまり果たして仏教からの出自だったのか、また、「譏嫌」と「機嫌」とが別語であるのか、もし表記の交替による別語ではなかったならば、何故このような表記の変化が生じたのか、さらに、表記の混用が意味の変化とどのように関わっているのか、そして意味変化が生じたとすれば、如何なる文章ジャンルでいつの時代からだったのか、等の点を巡って中国と日本の文献を調査して得た具体例を挙げつつ考究してみたい。尚、上述したように、漢字表記は便宜上原則として常用漢字を用いることとする。

（一）中国文献における「譏嫌」

管見に及んだ中国文献では、下記の表一の示すように、散文、韻文及び仏書という三つの文章ジャンルからいずれも「譏嫌」を検出することができたが、「機嫌」の所在は確認できなかった。また、各文章ジャンルにおける「譏嫌」は使用頻度から見れば、明らかに仏書に偏り、散文と韻文のそれを大いに上回っており、顕著な格差を見せている。仏教伝来と漢訳仏典の時期を勘案して、「譏嫌」は仏典訳に用いられる前に既に既存の中国文献に登場し、使用されていたことが明らかである。しかし、今回調べた限りの中国文献では散文、韻文と比して仏書における「譏嫌」の使用量が圧倒的に多かったことも否めない。仏教用語的な性格が色濃く現れているとも言えよう。つまり、「譏嫌」は元来一般用語として使われていたが、経典を漢訳するために、仏典に多用され、仏教用語という素姓を具有するようになったと思われる。それは漢訳仏典と共に日本に渡って日本語に進入したと推定される。中国文献の「譏嫌」の使用分布状況は次の表一の通りである。

更に、中国文献における「譏嫌」の表記は、今回管見限りの資料では「譏嫌」という一通りのみであり、日本文献に頻用されている「機嫌」の所在が確認できなかった。次にまず「譏嫌」を構成する前部要素「譏」と後部要素「嫌」との意味を調べてみたい。

譏（略）〔説文〕誹也〔増韻〕誚也（略）〔班固典引〕司馬遷著書微文刺譏貶損当世　又〔広雅〕問也〔増韻〕伺察也（略）又〔玉篇〕嫌也〔広韻〕譴也（以下略）（康熙字典、用例、出典略もある）

嫌（略）〔説文〕不平於心也一曰疑也（略）〔集韻〕或作慊（同右）

と説かれている。尚、両字の意味については次に挙げる『観智院本類聚名義抄』に掲載されている、「譏」と「嫌」に対応する和訓からも推知される。

譏　居依反　ソシル　ハカル　ハカリコト　禾キ　イハク　トカム　キラフ　譴（略）事（略）（法上、五六⑦。声点略。以下同）

嫌　正慊　或胡兼反　キラフ　ウタカフ　ソネム　ニクム　恨　イタス　ウルハシ　禾ケム　（仏中、一二⑦）

とあるように、「譏」と「嫌」は「そしる」「きらう」等のようなマイナス的な意味として用いられていることが分

表一

用例数	中国文献	文章ジャンル
1	後漢書	散文
1	蜀志、孟光傳	
1	晋書、褚裒傳	
1	楊炯、恒州刺史王公神道碑	
1	李商隠文	
1	庾信、哀江南賦	韻文
1	王績詩	
7	計	
61	大正新修大蔵経（阿含部等一部）	仏書
68	合計	

かる。

次に、先ず中国文献の散文と韻文という中国古来の文章ジャンルにおける「譏嫌」を取り上げてその意味用法について考察してみる。

1、明徳皇后既立、厳（馬厳）乃閉門自守、猶復慮致譏嫌、遂更徒北地、断絶賓客（後漢書、馬援列傳、一四）

馬厳という臣下は、馬援の娘が皇后に冊封されること等に尽力し、その娘が本当に明徳皇后になってから避嫌のためにずっと自宅に閉じ籠もっているということから推して、「致譏嫌」は人々からの「そしる、きらう」ことを招くという意味で用いられている。つまり、馬厳は他人にそしられたり、きらわれたりするという結託の嫌疑を蒙るのではないかと心配するため、遂に北地に転居し、人との接触を絶ったと解される。

2、及曰吾好直言無所回避毎弾射利病為世人所譏嫌（蜀志、孟光傳）

博学で政治家である孟光は、ものごとを率直に言うという性格の持ち主であり、悪事や不正への非難、叱責を辞しない人物でもある。しかし、「利益のみに目が眩む」という悪習を糾弾する度毎に「為世人所譏嫌」となる。「為～所～」という受身を表す構文から「譏嫌」は人々にそしられ、きらわれるという意味として使われていると考えられる。つまり、「譏嫌」は例1と同じく、人をそしり、きらうというのではなく、人にそしられ、きらわれるというように受身的に使用されているのである。残りの例も同様であると思われる。これは「譏嫌」と共起する述語

「獲、防、絶、逢、招」の示す意味から察知される。いわば、人からの「そしる、きらう」ことを蒙り、防ぎ、避け、招くこととなる。

3、哀以近戚懼獲譏嫌上疏固請屈藩（晋書、褚裒傳）

4、逢鄂坂之譏嫌値郀門之征税（南北朝、庾信、哀江南賦）

5、三百篇之詩更無諷刺、二百年之史永絶譏嫌（唐、李商隠文）

6、防萋苡之譏嫌、絶簡書之流謗（唐、楊炯、恒州刺史王公神道碑）

7、位大招譏嫌、禄極生禍殃（唐、王績詩）

右の考察を通して、中国文献の散文と韻文における「譏嫌」は、一人称いわば話者が「そしる、きらう」のではなく、他人からの「そしり、きらい」を受けるというように用いられていることが明らかになる。つまり、人のことを「そしる、きらう」というより、寧ろ人に「そしられ、きらわれる」という受身的な意味用法として際立っている。

続いて、中国文献の仏書における「譏嫌」を挙げてその意味用法について考察する。上掲した表一の示すように、仏書から「譏嫌」を六十一例検出することができ、散文、韻文より圧倒的に多用されている。使用頻度から見れば「譏嫌」は仏教的な性格の濃厚な語と考えられる。

8、爾時施主唐捐飲食、便起譏嫌。此由食事過分。廃闕不寂静譏嫌煩悩。制斯学処（根本薩婆多部律撮巻十）

9、外道俗人見生譏嫌無慈愍心損生宅因種子及鬼神村事。以譏嫌無悲煩悩。制斯学処（同右巻九）

例8、9の「譏嫌」は、出家人の然るべきでない行いによって在家人（俗人）にそしられ、きらわれるという意味で用いると見られる。

10、復次，善男子有二種戒：一者、性重戒，二者、息世譏嫌戒。性重戒者，謂四禁也。息世譏嫌戒者，不作販売軽秤小斗欺誑於人、因他形勢取人財物、害心繫縛、破壊成功、燃明而臥、田宅種植、家業坐肆。（略）不食肉、不飲酒，五辛葷物悉不食之，是故其身無有臭穢，常為諸天、一切世人恭敬、供養、尊重、讃歎（大般涅槃経十一巻、聖行品第七）

「性重戒」の「四禁」（殺人、窃盗、淫乱、妄語を禁止すべき）に対して、「息世譏嫌戒」は「譏嫌戒」とも謂い、世の譏嫌を息める戒律となる。罪にならないことはいうまでもなく、世間の人に譏り嫌われるような、三十六種類もの所行を取らないために制定された戒律の一つである。例えば、「不食肉、不飲酒，五辛葷物悉不食之」のように、肉、五辛を食べること、酒を飲むことをしてはいけない。つまり、「性重戒」に対して人々が不愉快と思うような行動は慎むべきであるという自重、自戒を期する「軽い」戒律であると言えよう。

11、従重受名也、譏嫌戒亦如是（大般涅槃経集解巻十）

12、護譏嫌戒性重無別（天台菩薩戒疏巻中）

13、今販売人畜市易棺材招世譏嫌（同右）

「譏嫌戒」は、遮戒として自ら罪を犯す危険性を回避しようとする性戒とは異なり、慎んで相手の出方を見守るというものである。換言すれば、「譏嫌戒」は単に世人からそしられ、きらわれるということだけではなく、そしられたり、きらわれたりしないように、大衆の出方にも注意を払うべきといった意味特徴を含有している。これは日本語に入って人々の出方や世の動向を見守ったり、見極めたりするために、時機や機会を図るという新たな意味用法の産出の土台となっていると言ってよかろう。

あらゆる仏教体系において戒律が基本となる。理想を実現しようとする修業者としてはどのような生活態度を取り、如何なる生活規範を遵守せねばならないか、それを教え、導くのが戒律である。従って、仏門に帰依する以上、定められた戒律を守るべきである。いうまでもなく、「譏嫌戒」という遮戒も出家人にとって極めて大事な戒律の一つである。因って、「譏嫌戒」は戒律を唱える経典に限ることなく、他の経論にも説かれている所以である。
以上の考察を通じて中国文献における「譏嫌」の意義は次のように帰納できる。
・人にそしられ、きらわれること
となるが、人々からの「譏嫌」を招かないように自ら相手の出方にも気を付けるという意味特徴が見られている。
さて、かかる「譏嫌」は日本文献においてどのように摂取されていたのか、如何なる意味用法として使用されているのかという点について、次項で考究する。

（二）日本文献における「譏（機）嫌」

(1)「譏嫌」の出自について

日本文献の「譏嫌」の意味用法について考察するに先立ち、先ず日本文献における「譏嫌」の出自、漢字表記及びよみを巡って検討することとする。上述したように中国文献における「譏嫌」は各文章ジャンルに亘って用いられているが、日本語に入った「譏嫌」の由来は何処であろうか。以下、先ず日本文献における「譏嫌」の出自について考察してみる。

「譏嫌」は、日本文献に初出例として聖武天皇宸翰である『雑集』（作品数は一四五編、全て中国の六朝、唐代に書かれた作品であるとされる。天平勝宝八（七五六）年）に現れている。『雑集』は仏教に関連のある漢詩文を蒐集した作品集であり、奈良時代における仏教思想の受容を考える上で、欠かせない文献であると指摘されている。(1)

何為出世俗，本欲避塵喧。身尚如丘井，心猶似戯猿。蓋纏恒見蓋，煩悩更相煩。必願防三毒，応当備四怨。性重非無重，譏嫌尚有嫌。花中蛇本毒，刀上蜜非甜。熱来翻近火，渇急反求塩。寄語獼猴輩，莫被黐膠粘（王居士涅槃詩廿五首）

その中に、「性重非無重，譏嫌尚有嫌」（王居士涅槃詩廿五首）が転写されているが、「性重戒」（性重戒者，謂四禁也）に対して「息世譏嫌戒」という仏教用語としての「譏嫌」は夙に日本に伝来、注目されていたことが分かる。それに続いて、空海の代表的著述の一つである『秘密曼荼羅十住心論』にも、「初心大士声聞律儀。護譏嫌戒性重無別云々（譏嫌戒を護ること性重と別なし）」（第四巻、唯蘊無我住心）と、「性重戒と息世譏嫌戒」の関係を論じている。「譏嫌」は仏教の守るべき「息世譏嫌戒」という仏典出自の素姓を背負いながら、仏典という域を離脱し、平安後期の文人官吏である三善為康編著『後拾遺往生傳』や『今昔物語集』等の仏教説話文学に登場するようになった。このような背景があって、日本文献における「譏嫌」が仏教用語由来の漢語であると説かれているのである[2]と考えられよう。一方、上述したように、「譏嫌」は、中国文献では内典と外典を問わずに使用されているが、今回管見に及んだ日本文献では中国の外典文献から借用された用例の所在は確認できなかった。

・日暮ニ及テ道英食ヲ求ム道懋カ云ク聖人ハ食ヲ要シ給フ事无シト云ヘトモ譏嫌ノ為ニ求メ給フカト（鈴鹿本今昔物語集巻第七、河東僧道英知法語、五十一丁ウ⑩）

cf、日晩給食。懋謂曰上徳雖无食相豈不為息譏嫌（前田本冥報記（長治二（一一〇五）年書写）巻上第六話、唐河東の沙門道英が厳寒に黄河に落ちても死ななかったこと）

『冥報記』は、仏教説話集で唐の高宗時代（六五〇～六五五）に吏部尚書唐臨によって撰述され、早くも日本に伝来し、日本最大の説話集である『今昔物語集』の震旦部、主に巻七、巻九の有力な出典となっている。上記の『今昔物語集』に見えた「譏嫌」はその出典である『冥報記』から踏襲され、仏典由来のものであると言ってよい。一方、『後拾遺往生傳』の「譏嫌」も同様である。

・俊豪上人者。東塔南谷玉泉房之住僧也。修学寄名。乗戒倶緩。其性質直。如忘譏嫌（後拾遺往生傳巻上、六四八上⑥、天永二（一一一一）年頃成立か）

以上の考察で明らかになったように、最初に日本文献に受容された「讒嫌」は漢訳仏典出自のものであると考えられよう。いわば、仏教用語の性格が具わっている漢語である。

(2)「讒（機）嫌」の表記について

中国文献における「讒嫌」の表記が一種しかないことと異なり、日本文献では「讒嫌」の他には「機嫌」の方が多く見られるが、従来の研究、辞書記載と解釈及び文学作品における注釈等においてはいずれも意味変化の連続性という視点を中心に「讒嫌」と「機嫌」は別語ではなく一語として扱われているようである。(3) 例えば、『日本国語大辞典』（第二版）の「きげん（讒嫌・機嫌）」の条に記してある語誌に依れば、「「讒嫌」が本来の用字と思われる」と書いてある。つまり、両者は別語ではないと共通認識され、首肯されているとも言えよう。但し、意味変化によって表記が変わったという解釈については成り立ってはいるものの、本当に「讒嫌」と「機嫌」が用字の交替による同じ語だったとすれば、「讒嫌」と「機嫌」との交替が起きた実例があれば、一層説得力が増すのみならず、「讒嫌」と「機嫌」の別語ではないことを裏付けることもできよう。以下は先ず、別語として説かれている文献を挙げてみる。

伊勢貞丈著『安斎随筆』に「言偏の讒の字を用いて「讒嫌」と書たるは（略）人に讒られ嫌らはると云事なり。木偏の機字を用ひたるとは別の事なり」と説いて、「讒嫌」と「機嫌」を別語としているが、対して、『日本国語大辞典』（第二版）の「きげん（讒嫌・機嫌）」の条に記してある語誌に「疑問」と解されている。

さて、「讒嫌」と「機嫌」とは果たして別々の語だったであろうか。さもなければ、何故本来は「讒」と「機」は明らかに別字であったのに、両者の表記交替が発生したであろうか。次にこの二点について考察してみたい。まず、別語か否かについて検討するには、次の手続きが有効かと思われる。つまり、若し別語ではなく、単に文字表記のゆれだったとすれば、同じ文献であるが、異本によって「譏嫌」と「機嫌」とが混用される可能性がある。斯様な実例が確認できれば、「譏嫌」と「機嫌」の別語ではないことを検証できることになると考えられる。今回管見に及んだ日本文献には内典とも言える源空（法然上人）撰『黒谷上人語灯録』があって、大正新修大蔵経本（漢字と片仮名）と龍谷大学善本叢書（元亨元（一三二一）年刊本、漢字と平仮名）と二種類の伝本が見られたが、下記のような用例が確認できた。

・外相ヲハ機嫌ニシタガフヘキ也。機嫌ニシタガフガヨキ事ナレバトテ（大正新修大蔵経本叢書黒谷上人語灯録巻十二、一九六中⑥）

・外相をは譏嫌《きけん》にしたかふへきなり、譏嫌にしたかふかよき事なれはとて（龍谷大学善本叢書黒谷上人語灯録第二巻、一四六⑥）

とあるように、大正新修大蔵経本にある「機嫌」に対して、龍谷大学善本叢書に「譏嫌」と表記されていることが明らかである。また、次の例も同様、龍谷大学善本叢書は「譏嫌」となっているが、大正新修大蔵経本は「機嫌」と記されている。

・コレホトコマカニナリ候ヌ。機嫌ヲシリ候ハネハ（大正新修大蔵経本黒谷上人語灯録巻十四、二二二上㉘）

・これほとこまかになり候ぬ。譏嫌をしり候はねは（龍谷大学善本叢書黒谷上人語灯録第四巻、三〇〇③）

仏教説話集である『沙石集』にも下記のような混同例が見られる。

・而ニ律ハ、威儀ヲ本トシ、現益ヲ宗トシ、譏嫌ヲサリ、違犯ヲ制スル故ニ、縦其徳アレドモ、失ト交レバ、是ヲ制ス（日本古典文学大系本沙石集巻二、一一九⑧）

・律ハ仏法ヲ興隆シ威儀ヲ正シテ機嫌ヲツツシミ少シモ違犯アレハ（校訂底本沙石集、六五④、米沢図書館蔵古鈔十二帖本）

上記のように、同一文献で写本によって同箇所を「譏嫌」と「機嫌」で表していることが明白である。若し「譏嫌」と「機嫌」は別語であるとすれば、このような混用はあり得ないであろう。表記の違った同一語だからこそ、かかる表記の交替はできたと言ってよかろう。では、何故「譏」から「機」へという相互の代替を可能ならしめることができたのか。二つのことが考えられる。一つは「譏嫌」の意味変化によるものと推定されるが、この点については次項の「譏嫌」と「機嫌」の意味用法の考察において言及する。もう一つは「譏」と「機」の両字字形の類似と同音字に因由するかと考えられる。これは次に列挙する『遊仙窟』に「譏」と「機」とが混同されている用例からも示唆される。つまり、「譏」と「機」の代替は「譏嫌」と「機嫌」に止まることなく、他の語にも見られるのである。『遊仙窟』は唐の文人張文成が撰した伝記小説である。中国では早く散逸したが、日本には八世紀初期頃舶載され、幾つかの古写本が残存している。この『遊仙窟』には「機警」という言葉が用いられているが、写本によって「譏警」と記されている。

『醍醐寺本遊仙窟』（康永三（一三四四）年加点）：機警（二十一オ③。ヲコト点、傍注等略。以下同）、譏警（二十五オ③）

『陽明文庫本遊仙窟』（貞和五（一三四九）年と嘉慶三（一三八九）年写本）：譏警（二十ウ③）、譏警（二十四オ⑤）

『真福寺本遊仙窟』（文和二（一三五三）年加点）：機警（三十二オ③）、機警（三十七ウ③）

とあるように、「機警」という語においても「譏」と「機」が混用されていることが明らかである。しかしながら、意味的に考えれば、「譏警」よりも「機警」の方が文脈が通るし、中国語にはその所在も確認できる。いわば、「譏警」は「機」との字形類似と同音によって生じた文字の交替であろう。

・五嫂遂向菓子上作機警曰（醍醐寺本遊仙窟、二十一オ③）

「機警」は機才警敏という意味で用いられる。つまり、「機」は機知機敏のことを表しているが、「譏」は到底斯様な意味用法を有していない。それにもかかわらず、「機」と「譏」との混同は字義ではなく書写上において字形の相似性によって生じたゆれであろう。換言すれば、「譏嫌」と「機嫌」の混用と同じ理由とも考えられる。

しかるに、『三巻本色葉字類抄』のキの畳字に「譏嫌」を載せ、「気験」に同じかとしているが、今回管見に触れた中日両国文献には「気験」という表現の所在は確認できなかった。その代わりに「気嫌」は下記の例のように日本の中世資料において見出したのであるが、古辞書や『日本国語大辞典』（第二版）をはじめとする現代辞書等には収録されていない。「気験」と「気嫌」は「譏嫌」と如何なる関係を有しているのか、それについての考究は今後の課題とする。

・子夏問孝子曰色難有事（略）色難トハ孝子ノ顔色ト可見也。孝子ハ氣嫌悪サウニツラクサナトヲシテ、父母ノ前へ出ツヘカラス（応永二十七年本論語抄、為政第二、八八⑤）

・子曰君子易事而難説也　君子ニハ奉公シヤスシ。忠恕アリテ思ヤリアルホトニ也。機嫌ヲ取テ悦ハシムルコトハ大事ナリ（同右、子路第十三、五四五⑦）

とあるように、「気嫌」は『論語』にある孝子の「色難」についての注釈として機嫌が悪そうでつらい意味で用いられ、同じ文献にある「機嫌」と同じ意味を示している。[4] また、今回の調査で日本文献からは「機限」という語も見出したが、それについては「機嫌か」（日本古典文学大系『古今著聞集』巻第十三祝言第二十、三六〇頭注二）と「機嫌に同じ。時機・場合」（新潮日本古典集成『古今著聞集』巻第十三祝言第二十、一一一頭注七）と指摘されるように、「譏嫌」のもう一種類の漢字表記であるように思われる。しかし、古辞書及び現代国語辞書等においてはいずれも収録されていないらしい。

・流俗之習、触境随事、皆成佳祝、雖為浮詞、依其機限、多有符合者歟（古今著聞集巻第十三、祝言十二、三六〇②）

・大明神御垂迹以後、現人神御国家鎮護為眼前之処、鑑機限、御体隠居之刻（鎌倉遺文十、諏訪信重解状、八三上⑥）

とあるように、「機限」は潮時と場合という意味として用いられているが、「機嫌」の意味と重なっている。それに対して、同じ『古今著聞集』の新訂増補国史大系本では「機限」を「機根」と改められているが、「根、原作限、今意改」と注釈されている。このような表記のゆれは意味変化したことによって、本来の表記であった「譏嫌」を忘れられて、意味の近い同音字で宛てられたためであろうと推察される。

（3）「譏（機）嫌」のよみについて

日本文献における「譏（機）嫌」のよみについて先ず次の古辞書類を挙げて見よう。

氣験《キケム》　譏嫌《キゲム》（二巻本色葉字類抄巻下下、木重点・畳字、二十ウ⑦）

と収載されているが、原型本を基に増補、改訂が試みられた『世俗字類抄』（二巻本）には「気験」と「譏嫌」が収録されていない。その後に増補、改訂が続いた『二巻本色葉字類抄』（前田本）になると、重点・畳字の頭字語として「気験」と「譏嫌」は登場するようになったが、意味の注釈は付記されていない。[5]

一方、「頭字類聚の整理方式（二巻本）を捨てて、殊に音読語では意義類聚方式（三巻本）にその配列順序が改められている」（注、『三巻本色葉字類抄』（前田本）解説、一四頁）『三巻本色葉字類抄』においては

氣（去声点）験（上声濁点）《キケム》　譏嫌同歟　計形勢之儀也（巻下、畳字、六十三ウ⑥）

とあるが、「譏嫌」は「計形勢之儀」として用いられていることが明らかである。また、下記のように、この「計形勢之儀」に属する意味的類聚語グループから察知されるように、訪問や往来物等において相手の都合等を図ったり伺ったりするというような意味合いで使用されているように思われる。

仰望（声点略、以下同）　仰鬱　謹啓　謹言　驚啓　謹辞　謹解　欣悦　欣鬱　欣然（巻下、畳字、六十三ウ④）

右の字類抄の増補、改訂の過程から明らかになったように、「譏嫌」は院政期に字音よみの日常実用的漢語として日本文献に登場するようになった。続いて、「計形勢之儀」という意味の増補を敷衍した。このような意味はその出自となる中国語の「譏り嫌う」ことと歴然と異なっており、意味変化が生じたと言えよう。但し、その漢字表記は「譏嫌」のままで変わっていなかった。つまり、「譏嫌」は先に意味変化が発生してから、「機嫌」という表記の変化が起きたと考えられる。さらに、次項に列挙する用例の示すように、「譏嫌」と「機嫌」とは二通りの表記として鎌倉時代まで混用されていたが、中世以降からは下記の室町時代に成立した古辞書からも示唆されるように「譏嫌」は次第に姿を消して「機嫌」に取って代わられた。

氣験　キケム　譏嫌　同　計形勢之儀也（黒川本色葉字類抄下、畳字、五十二オ②）
譏嫌戒　在ㇾ経也（運歩色葉集、三三二③）
機嫌　キゲン（伊京集、一〇〇③）
機嫌　キケン（明応五年本節用集、一七九⑤）
機縁　キエン　―嫌（キ）ゲン（饅頭屋本節用集、一三八②）
機嫌　キゲン（運歩色葉集、三二一①）
機嫌　キケン（温故知新書、六六⑤）
機縁　キエン　―嫌（キ）ゲン（易林本節用集、一八九⑤）

の如く、室町時代に成立とされた古辞書では『運歩色葉集』に載っている「譏嫌戒」を除いてはいずれも「機嫌」と書き記されている。なお、『運歩色葉集』に掲載されている「譏嫌戒　在経也」の示すように、明らかに「譏嫌戒」を仏教用語として扱われていることが分かる。その反対に、同じ『運歩色葉集』に見える「機嫌」については

表二

用例数	文献	時代	文章ジャンル
1	・後拾遺往生傳	平安	漢文
1	右記		
2	計		
1	玉葉	鎌倉	
3	勘仲記		
1	後伏見天皇御記		
1	花園天皇宸記		
3	吾妻鏡		
18	鎌倉遺文		
1	・高山寺明恵上人行状		
3	高野山文書（1、4）		
2	高山寺古文書		
1	雑筆往来		
2	十二月往来		
1	御慶往来		
1	新札往来		
1	庭訓往来		
1	百也往来		
1	常途往来		
1	・教行信証		
42	計		
6	後愚昧記	室町	
15	園太暦		
1	親長卿記		
4	宣胤卿記		
8	多聞院日記		
2	言経卿記		
36	計		
1	・今昔物語集	院政	和漢混淆文
8	・黒谷上人語灯録	鎌倉	
1	・浄業和讃		
1	・正法眼蔵		
1	・沙石集		
2	・法然一遍消息文		
2	十訓抄		
3	延慶本平家物語		
1	長門本平家物語		
1	源平盛衰記		
1	六波羅殿御家訓		
22	計		
2	義経記	室町	
1	説経集		
4	毛詩抄		
1 [1]	応永二十七年本論語抄		
5	荘子抄		
4	山谷抄		
2	桂林抄		
5	室町物語集		
29	虎明本狂言集		
14 [4]	太閤記		
22	甲陽軍鑑		
94	計		
1	とはずがたり	鎌倉	その他
3	徒然草		
4	計		
200	合計		

（・は仏書または仏教的な文献、□は「気嫌」の例数を示す）

「在経也」という注釈が付いておらず、表記も仏教用語としての「譏嫌」と異なって一般の用語として認められていることを裏付けることになるであろう。また、『色葉字類抄』は往来語、記録語といった書き言葉の類を中心に収録してある作文実用の古辞書であると言われている。[6] 右掲の表二に依れば分かるように、今回調べた限りの日本文献における「譏（機）嫌」の用例は古記録、往来物に集中している。これは「譏嫌」が『色葉字類抄』に収載されたことと関連していると同時に、『色葉字類抄』の語収録の方針を反映する証左ともなり得よう。

中国文献では「譏嫌」が仏書に偏して多用されており、仏教的色合いの濃厚である性格の言葉として看做されるが、日本文献では表二に依れば、仏書または仏教的な文献に使用される「譏（機）嫌」が全用例の二〇〇例の中で、僅か十七例を占めている。つまり、日本文献における「譏（機）嫌」は中国文献と対照的で、仏書または仏教的な文献とそうでない一般の文献との使用量が逆転した現象が生じた。従って、日本文献では「譏（機）嫌」が本来の仏教的な用語から一般の用語に変身したと看取されてもよかろう。

以下、日本文献における「譏（機）嫌」の意味及び表記と意味との関係について考察する。

(4)「譏（機）嫌」の意味と表記について

管見に入る限りでは院政期に成立した『今昔物語集』、『後拾遺往生傳』という仏教説話集に見られる「譏嫌」は初出例となり、意味も中国語の「人にそしられ、きらわれること」というままとなり、仏教語的に用いられている。

1、日暮ニ及テ道英食ヲ求ム道懋カ云ク聖人ハ食ヲ要シ給フ事无シト云ヘトモ譏嫌ノ為ニ求メ給フカト（鈴鹿本今昔物語集巻第七、河東僧道英知法語、五十一丁ウ⑩）

上述したように、『今昔物語集』の「譏嫌」はその震旦部の重要な出典となる『冥報記』にある「譏嫌」を踏襲したと言えよう。『冥報記』は中国の隋朝及び唐朝初期の伝教信仰の姿を伝え、霊験説話を通して仏教流布の一翼を担ったものであるが、また、三階教信仰の実態も伝えた。日本への伝来は早かったものであり、日本の説話文学に極めて大きな影響を与えた存在である。『日本霊異記』は、その巻上の序に「昔漢地に冥報記を造り、大唐国に般若験記を作りき」と、二書の名を明記し、それらに倣って「自土の奇事」を記録したという。同書中に『冥報記』の類話が九話ほど見えるのは『冥報記』がすでに奈良時代に受容され、収載話も日本的な変容を遂げていたことを伺わせることができる。平安時代及び以降『今昔物語集』をはじめ、『打聞集』、『宇治拾遺物語』等にも『冥報記』に由来する説話が見える。

一方、『今昔物語集』とほぼ同年代に成立と言われる『後拾遺往生傳』に見られた「讖嫌」の例を挙げてみよう。

2、俊豪上人者。東塔南谷玉泉房之住僧也。修学寄名。乗戒倶緩。其性質直。如忘讖嫌（後拾遺往生傳巻上、六四八上⑥）

cf、不応説為説心常生愁怖不避於讖嫌而常往乞食（大正新修大蔵経十七冊、諸法集要経巻第八、四九八q㉖）

「讖嫌」は場面が仏教的で、使用人物が僧侶である俊豪上人となり、その上人の人柄、性格等を称えるために用いられている。つまり、俊豪上人は実直な性格で、人々に「そしられ、きらわれること」をせずに、宛も忘れてしまったようである。参考例と同じ意味で使われている。『後拾遺往生傳』は、為康は拾遺往を書いたのち、「世以知之、欲罷不能」（『後拾遺往生傳』巻上序、六四一下⑦）につき『拾遺往生傳』に続いて『後拾遺往生傳』三巻を著したのである。その成立頃、白河院政期後半から鳥羽院政期前半の時代、正に浄土教の爛熟期に当たっているのである。その内容はアミダの極楽浄土に往生するという信仰による利益を宣揚するという仏教的伝記である。

上記した例で明らかになるように、日本文献における「讖（機）嫌」はその初出例が仏書からの受容をした仏教用語であり、表記も現代日本語のような「機嫌」ではなく、「讖嫌」となり、その出自である中国語と一致しているし、また初出例より少し年代の下った『色葉字類抄』に収載されている「讖嫌」とも同じ表記である。つまり、初出例の出典及び意味を併せて考えれば、日本文献における「譏（機）嫌」は最初は現代日本語と異なり、「機嫌」ではなく、「譏嫌」だったことが明白となる。また明らかに仏教用語として日本文献に摂取されたと見られる。

上述したように、中国文献では「譏嫌」という表記のみとなっているが、日本文献では何故「譏嫌」と「機嫌」という二通りであるのか、また、両者の交替が何時、何のために起こったのか、さらに意味と如何なる関わりを持っているのか、以下それらの点を巡って考察する。

まず、漢文の古記録類における「譏（機）嫌」について考究してみよう。

3、只任冥衆之知見、仍強忌世間機嫌所催結縁之志也（玉葉三、五三〇下⑫、文治四（一一八八）年）

『玉葉』は仏書ではなく、藤原兼実の日記である。つまり、「機嫌」は仏教的な文献ではなく、一般の文章に使用されているのである。その意味は

cf、大界中。欲令大界精潔遮世譏嫌故（四分律行事鈔、資持記巻中）

の参考例の「譏嫌」と同じく世間にそしられ、きらわれることを忌むと解される。ところが、その表記は「譏嫌」ではなく、「機嫌」となっている。つまり、意味は本来のままであるが、表記は変わっている。管見に及んだ日本文献では原義を受け継いでいるものの、表記が「機嫌」となった例は右の『玉葉』の「機嫌」が最も早いものである。次の例も同様である。

4、無左右出現、不顧機嫌なといふ世上之謳歌（鎌倉遺文七、一八上⑫）

一方、意味も表記も中国語のままで用いられる「譏嫌」も見られる。

5、凡天下静謐之境節、不顧世上譏嫌、令致過分狼藉之条（同右十、三二二上⑤）

cf、処胎にて老年あり、出胎にても老年なり。しかあれども、時人の譏嫌をかえりみず、誓願の一志不退なれば、わづかに三歳をふるに、弁道現成するなり（正法眼蔵第十六、行持上、一七〇⑨）

それに対して、『色葉字類抄』に掲載されている「譏嫌」は「計形勢之儀也」という語義注釈の示すように明確に本来の「そしられ、きらわれること」という意味と異なり、いわば意味変化が起きたと言えよう。次の例も同様、表記は本来のままであるが、意味は中国語と違い、様子、時機等を表す。

6、御幸候之上、関東事出来之間、折節無譏嫌、遅遅次第（鎌倉遺文四、三〇八上⑧、建保七（一二一九）年）

表記が本来のままで意味が変わった「譏嫌」に対して、変化義を表す「機嫌」は早くから日本文献に登場するようになった。

7、僧都こと望申候へく候、恐此機嫌不中候也（同右七、一三一上⑪）

8、於蹴鞠者不論機嫌之由。雖令申給。終以令抑留給（吾妻鏡前篇、五九四⑪）

例7、8の「機嫌」は事を行う時機という意味で用いられている。以上の考察を通して日本文献では中国出自の「譏嫌」は遅くとも院政期に意味変化が発生した。それを契機に「機嫌」という表記が登場して、「譏嫌」と共存しながら定着していくと推定される。なお、意味の変化と表記の混同をもたらしたのは仏教的な文脈から古記録等のような一般的文脈への変化と、仏教用語から一般の用語への変身という素地があってはじめてできたであろう。さて、日本文献では何故このような表記の混同が生じたのか。ここでまず考えられるのは「譏」と「機」との二字が音通であるためであろう。日本人は漢文を綴るに際しては中国人と違い、漢字を想定しつつ書記するわけではなく、和文と同様にまず漢字の音から漢字を想起する。つまりその音に基づいて漢字を選定するといった漢文作成の思考過程ではないかと推察される。正に今日のワープロの漢字変換と似たような思考行為と思われる。ワープロで日本語の文章を作成する場合は仮名かまたはローマ字かを使って入力してから漢字変換を行う。しかし、同音の漢字が多いため、変換ミスが生じ、求めようとする漢字と違ったものが表れてくる。日本人が漢文作成に当たっては恐らくワープロと同じ方法で音から漢字を選ぶであろう。「譏嫌」が「機嫌」に変わったのはその漢字変換の時に意味との関連性も働いて発生したミスによるであろうと推測される。斯様な音通による漢字混用の例は「譏嫌」と「機嫌」のほかにもある。例えば、「言語道断」と「言語同断」[7]、「分際」と「分斉」[8]、「元気」と「減気、験気」[9]等が挙げられよう。これらの表記混同は漢字変換の過程において起きた変換ミスに一因を求めることができよう。「譏嫌」と「機嫌」との混用については上述したよう「譏」と「機」の字形がよく似通っていることにもその一因と考えられる。

続いて「譏（機）嫌」の意味について検討する。

9、御所中和歌御会可有之由。兼日雖有其沙汰。機嫌依不可然而被止之。但人々詠歌（吾妻鏡後篇、六〇⑫）

和歌御会を挙行するかすまいかについて述べる場面となるが、「機嫌」はそれと共に用いている述部「不可然」の状態、事態を示す意味から時機或いは情勢という意味で用いられていると判断される。つまり（和歌御会を行う）時機が「不可然（しかるべきではない）」で、「被止之」と解される。「機嫌」は「人にそしられ、きらわれる」という原義のままであれば、述部「不可然」との共起はしかねるであろう。「機嫌」は「譏嫌」との表記上の混同が生じたのみならず、本来「譏嫌」の示す意味とも異なっていると言えよう。

10、謹給了、伺其御機嫌、可□（一字脱落、以下同）持参言上候也、抑彼御注□心閑委細可令注進候（鎌倉遺文十六、一六七上③）

まず目を引くことは、敬意を表す接頭辞「御」を冠する「御機嫌」という語形の初登場として出自の中国語と違った一面を見せている。「譏嫌」から「機嫌」に変わり、更に「御機嫌」という語形も生まれた。これは「機嫌」が完全に日本語化を遂げたと言ってよかろう。「御機嫌」は書状という使用場面と共起する述語「伺」の意味及び後続文「可□持参言上候也」と併せて考えれば、「御都合」或いは「御時機」という意味で用いられていると考えられる。つまり、貴方様の御都合を伺って、「可□持参言上候」なりと解される。意味も形態も表記も紛れもなく本来の「讒嫌」と異なっている。

11、先参内暫祗候、其後頭卿参入、為奏事帰参仙洞、付吉田中納言所令奏也、而称無機嫌未奏達、仍参内府（勘仲記二、二一上⑭）

仙洞に奏するために帰参するという場面となるが、「機嫌」はその述語「無」と共に考えると、奏しようとしたが、その時機或いは機会が無いため、「未奏達」というように用いられている。

次に古往来における「讒（機）嫌」の意味用法について考察してみる。

12、面談可期何日哉。《近日》（寛本）御出仕之便路。必可預御尋。指可申入事候之間。欲企参拝依機嫌難測、頗令猶豫畢（常途往来、四〇〇④。訓注等略、以下同）

参拝を望もうという場面であるが、「機嫌」は（参拝の相手の）都合のことを表す。つまり、「参拝を企てんと欲すが、貴方の都合が測り難きに依って非常に躊躇した」と解される。

13、於有誘引者。可令同道也。以刻限、可令光臨給《也》（神本）。以剋限可有光臨（東本）機嫌早晩、讒嫌（上・東本）可被相計者也（雑筆往来、四二九⑫）

同遊同行を頼む場面において用いられている「機嫌」は例12と同じく（同遊同行してほしい相手の）都合または時機のことを表す。つまり、時機が早晩（いつか）について「可被相計者也（互いに相談して決めよう）」と考えられる。ここでも写本によって「機嫌」と「讒嫌」との混用が見られる。

14、兼亦、真如院御講事、以機嫌可伺試。先々儀存知事候。併期拝観者也（十二月消息、三二六⑩）

「機嫌」は共起する「可伺試」という述語の意味を併せて分析すれば、右の例と同様、やはり（書状を受ける相手の）都合或いは時機という意味で用いられていると判断される。

15、抑先日承候御手本、申出進之候。此間依御物忌、不伺得機嫌。于今遅引候了（御慶往来、六四五⑭）

「機嫌」は上掲の例10、14と同じく「伺」という述語と共起し、（書状を受ける相手の）都合或いは時機を示す意味となる。即ち、御手本を進上しようとするが、「御物忌」に依って貴方の都合を伺い得なかったため、「于今遅引候了」と解される。

16、奉行人《ノ》賄賂、衆中属《ノ》詫上衆秘計、（略）口入頭人、（略）内奏、（略）聶負窺二機嫌一可レ申レ之《ヲ》（庭訓往来、三一一⑨）

「機嫌」は、申文の提出の方法についての場面と、また、その共起する述語の「窺」の意味とを併せて考えれば、（申文を受理する先方の）都合またはその時機という意味を示していると思われる。上掲の例14、15、16のように、都合或いは時機という意味を表す「機嫌」は「伺、窺」といったような述語と共起しやすいように見える。

以上の考察を通して、平安鎌倉時代の古記録類等の漢文における「譏（機）嫌」の意義は次のように帰納できる。

（一）人にそしられ、きらわれること

（二）人と事柄の都合、時機、情勢

と二つに大別できるが、残りの用例はいずれもその以外の意味を確認することができなかった。古記録類における「譏（機）嫌」の意義分布は次の表三の通りである。

（一）の意義は本来の中国語のと一致しており、その受容であると言ってよいが、表記は表三の示すように、もともとの「譏嫌」の他に「機嫌」も登場するようになっている。即ち「譏嫌」と「機嫌」とが共存しながら（二）の意義を表すことになる。これは出自である中国語と好対照であり、日本語における特異性を見せている。「機嫌」は「譏嫌」を土台に所謂和化漢文—古記録類において和化漢文を作成した段階で新たに生成した漢字表記語であり、「譏嫌」と混用しているうちに、勢力が伸びた結果、本来の表記であった「譏嫌」に取って代わって中心的な表記となったと推定される。

亦、（一）の意義は仏書またはそれに近い仏教的な文献で仏教用語という特殊語として用いられるのが三例のみ

表三

時代	意味／文献	(一)人にそしられ、きらわれること	(二)人と事柄の都合、時機、情勢	用例数
平安、鎌倉	後拾遺往生傳	①		①
	右記		[1]	[1]
	玉葉	[1]		[1]
	勘仲記		[3]	[3]
	後伏見天皇御記	[1]		[1]
	花園天皇宸記		[1]	[1]
	高山寺明恵上人行状	①		①
	吾妻鏡	[1]	[2]	[3]
	鎌倉遺文	②	②[14]	④[14]
	高野山文書（1、4）	①	[2]	①[2]
	高山寺古文書		[2]	[2]
	雑筆往来		[1]	[1]
	十二月往来		[2]	[2]
	御慶往来		[1]	[1]
	新札往来		[1]	[1]
	庭訓往来		[1]	[1]
	百也往来		[1]	[1]
	常途往来		[1]◇1	[1]◇1
	教行信証	①		①
合計		⑥[3]	②[33]	⑧[36]

（注：○は「識嫌」を、□は「機嫌」を、◇は異本の「識嫌」を示す。尚、その中にある数字は用例数を示す）

であり、反対にそうでない文献で一般の用語として用いられるのが六例となっている。これは「識（機）嫌」が仏教用語から脱皮して一般化した語に変わったことを物語っているとも言えよう。（二）の意義は上述したように中国文献には確認できず、日本文献では表記と共に意味の変化によって生じたものであると看取される。更にその使用頻度から見れば、変化義の（二）は原義である（一）意義を大いに上回り、多用され、却って中心的な存在となっており、新たな意味としての定着振りを見せている。殊に古往来では八例とも（二）の意義で使われていることが注目に値することである。尚、(二)の意義はその表記としては『鎌倉遺文』の二例を除いて全て「機嫌」となり、中心的な働きが浮き彫りになっている。それは、本来の表記である「譏」の具わっている意味に比して新たな表記の「機」字の方が(二)の変化義を表すのにはより適切である所以であろう。一方、古記録類では「譏嫌」が少量ながら残存しており、古往来と対照的である。また、(二)の意義には、敬意を示す接頭辞「御」を冠する「御機嫌」という語形式が二例存しているが、(一)の意義には、かかる語形式が見えなかったのである。これはいうまでもなく(一)の意義が、敬意を表す「御機嫌」と共起しかねるためであろう。

以下、鎌倉時代の和漢混淆文における「譏(機)嫌」の意味及び表記について考察してみたい。右の表一に依れば、鎌倉時代の和漢混淆文に使用されている「譏(機)嫌」は二十一例となるが、書記用語として用いられていた古記録の域を超えて、日常的な用語に変容するようになったことを反映すると考えられる。

まず、仏教的色彩の濃厚な文献における「譏(機)嫌」を取り上げて検討する。

1、脇尊者処胎六十年、はじめて出胎せり。(略)まことに不群なりといへども、朽老は阿誰よりも朽老ならん。処胎にて老年あり、出胎にても老年なり。しかあれども、時人の譏嫌をかへりみず、誓願の一志不退なれば、わづかに三歳をふるに、弁現成するなり(正法眼蔵第十六、行持上、一七〇⑨)

cf、(脇尊者)年垂八十捨家染衣。城虫少年更誚之曰。愚夫朽老一何浅智。(略)時脇尊者聞諸譏議。因謝時人而自誓曰(大唐西域記巻二、二〇一八七中)

表記としては同じ個所であるが、享保十四年大本山永平寺所蔵本と宝暦七年静岡県最福寺蔵本では「譏嫌」ではなく、「機嫌」となっており、「機嫌」という表記の由来を改めて裏付けることになる。尚、意味としては、「譏嫌」がその出典と思わしき参考例の『大唐西域記』にある「譏議」と類似して、時の人にそしられ、きらわれることを表す。つまり、意味は原義のままであるものの、異本における表記は変わって「機嫌」となっている。

2、而《しかる》ニ律ハ、威儀《ゐぎ》ヲ本《もと》トシ、現益《げんやく》ヲ宗《ムネ》トシ、譏嫌《きげん》ヲサリ、違犯《ゐぼん》ヲ制スル故ニ、縦《たとひ》其《の》徳アレドモ、失《シツ》ト交《まじふ》レバ、是《これ》ヲ制《せい》ス。（日本古典文学大系本沙石集巻二、一二九⑧）

2′、律《ハ》威儀《ヲ》本トシ現益《ヲ》ムネトシ譏嫌《ヲ》サリ違犯《ヲ》制スル故《ニ》（慶長十年古活字本沙石集巻二、九二右⑧）

2″、律ハ仏法ヲ興隆シ威儀ヲ正シテ機嫌ヲツツシミ少シモ違犯アレハ（校訂底本沙石集、六五④、米沢図書館蔵古鈔十二帖本）

尚、内閣文庫本、神宮文庫文、岩瀬文庫文、慶長古活字十二行本等では当該箇所がいずれも「機嫌」と表記されている。つまり、表記は写本によって「譏嫌」と「機嫌」が混用されて区々となっている。仏教の律を解釈する場面に用いられている「譏嫌」は「息世譏嫌戒」の「譏嫌」と同じ世人からのそしり、きらいという意味を示す。意味としては「譏嫌」と表記すべきであるが、「機嫌」で記されている異本もある。これは例1と同様「機嫌」という語形式が仏教的文献においても「譏嫌」であるべき領域に侵入したことを物語る。次の例も同じである。

3、安楽国ニ往生ス永離身心悩内外ノ受楽ヒマモナシ大乗善根タレカ機嫌ノ名ヲキカムイロミナマコトノイロニシテ（日本歌謡集成四、浄業和讃、迎接讃、一〇五二上①）

『浄業和讃』は時宗用の和讃集である。一遍上人が平生を臨終と心得、念仏を以て宗意と為し、源信（慧心僧都）の六時讃並びに来迎讃及び古聖の讃を月の日々に配して諷謡したものであるが、日本語版の仏書とも言えよう。「機嫌」は世人にそしられ、きらわれるという本来の意味で用いられている。いわば、大乗善根界では人にそしられ、きらわれる名をすでに耳にされないであろう。意味にせよ、文献の性格にせよ、「譏嫌」という本来の表記であるべきところに、「機嫌」と書き記されている。「機嫌」の勢力が遂に「譏嫌」を使うべき仏書にも拡大したとも見られる。

以上の考察で仏教説話集のような仏教色の濃い文献における「譏（機）嫌」は意味としては原義のままであるが、

表記としては「讒嫌」と「機嫌」との混同が目立っていることが明らかである。次にその他の和漢混淆文に見えた「讒（機）嫌」を見よう。

4、スヘテ人ノ腹立タル時、コハク制スレハ、イヨ〳〵イカルサカリナル火ニ少水ヲカケンハ、其益ナカルヘシ。然者機嫌ヲハ、カテ、和ニイサムヘシ（十訓抄本文と索引、上一六六⑦）

4′、すべて人の腹立ちたる時こはく制すれば愈々いかる。盛りなる火に少なき水をかけん、その益なかるべし。然れば、讒嫌をはばかりてやはらかに諫むべし（十訓抄詳解、二三五）

4″、すべて、人の腹立ちたる時、強く制すれば、いよいよいかる。さかりなる火に少水をかけむは、その益なかるべし。しかれば、機嫌をはばかつて、和らかにいさむべし（日本古典文学全集十訓抄、二一〇⑩）

表記としては写本によって依然として「讒嫌」と「機嫌」とが混用されている。激怒している人を如何に諫めるかという場面に用いられている「讒（機）嫌」は無理強いに抑えようとすれば、却って一層怒りを募らせてしまうという前接文と、上手く何気なく諫めるべしという後接文及び共起している述語「はばかる」の意味を合わせて考えれば、怒っている人の気持ち、思わくという意味を示す。つまり、その人の気持ちをはかりながら柔らかく諫めると解される。例4の「讒（機）嫌」は上述した漢文がもとより、右に挙げた仏教色の濃い和漢混淆文にも見られず、「人と事柄の時機、都合」だけではなく、人の心の動き、つまり、心情や気持ちまで包含しているという新しく派生した意味で用いられるようになった。次の例5と例6の「讒（機）嫌」は斯様な複合的な意味として用いられていると見られる。

5、サレハトテ、トミノ事ナトノ出キタランニ、告知セサラン、又云カヒナシ。事ニヨリテヨク機嫌ヲハカラフヘキ也（十訓抄本文と索引、下六四③）

5′、さればとて、とみの事などの出で来らんに告げしらせざらんは又いひがひなし、ことによりてよくきげんを

はからふべきなり（十訓抄詳解、三八二）

5″、さればとて、とみのことなどの出で来たらむに、告げ知らせざらむ、またいふかひなし。ことによりて、よく機嫌をはからふべきなり（日本古典文学全集十訓抄、三四六①）

例5を通して、「機嫌」はその読みが同箇所の異本から「きげん」であることを再確認できた。

6、其モシカルベキ人ナンド寄リ合ヒテ隔心ナク乱レ遊バン砌ニテハ余ニ堅ク辞退スルモ、帰テニクビレテアレバ折節ニヨリテ機嫌ニ随フベキ也（六波羅殿御家訓、三一四⑤）

次の「譏（機）嫌」も人の気持ち、思わくという意味を示す。

7、帰京、其期をしらす候。されは、今一度、君を見まいらせんと存候て、きけんをかへり見候はす、推参仕て候（長門本平家物語巻第十四、朝綱重能有重被免事、一〇五五⑨）

7′、帰京其期ヲ不知。サレバ、今一度君ヲ奉見候ワムト存候テ、機嫌ヲ顧候ワズ、推参仕テ候（延慶本平家物語第三末、八十三オ①）

一方、以下の例は明らかに書写者が意味に基づき、「譏嫌」で原義を、「機嫌」で変化義を表そうとしているものである。

8、又かく申候へば、一づにこの世の人目をばいかにもありなんとて、人のそしりをかへり見ぬがよきぞと申べきにては候はず。ただし時にのぞみたる譏嫌のために、世間の人目をかへりみる事は候とも（法然一遍、消息文、二一二⑪）

「譏嫌」は人にそしられ、きらわれるという意味を示す。だから、世間の人目を顧みる必要があると解られる。それに対して、同じ文献では「機嫌」は人の気持ち、都合という意味で用いられている。

9、機嫌ヲシリ候ハヌハ、ハカラヒガタクテワビシクコソ候へ（同右、二〇一⑦）

同様のことは『延慶本平家物語』においても見られる。

10、様々ニ加持セラレケレトモ不叶シテヤミ給ニケルニ、今ノ法皇ノ御験者ニ御物ノ氣ノ譏嫌事、返々目出クソ覚ヘシ（延慶本平家物語第二本、三十五ウ①）

「譏嫌」は本来の意味に近く、御物の気が法皇の祈禱をそしり、きらうということを示すが、「機嫌」はそれと違い、変化義の「時機、機会」を表している。

11、就中相剋相生考《ヲカンカヘタルニ》、平党可滅亡。機嫌純熟、時ヲ得タリ（同右第二中、十七オ⑥）

「機嫌」はその述語「純熟」の示す意味から推して、時機という意味で用いられ、つまり、平党を滅ぼすべき時機が純熟となると解される。

以上の考察で、和漢混淆文においても依然として「譏嫌」と「機嫌」が混用され、統一されていないことが示唆される。それと同時に、編者や書写者は原義と変化義に応じて「譏嫌」と「機嫌」を使い分けようとする姿勢も見られる。

次に、擬古文と言われる『徒然草』における三例の「機嫌」を挙げてみよう。『徒然草』は確かに表記としては平仮名で綴られた随筆であるが、作者や内容及び受容実態は平安時代の仮名文学と異なる様相が多大にある。而も漢語の使用量も前の時代の和文を大いに上回って、異質を持つ文献であろう。

12、世にしたがはん人は先機嫌を知べし（徒然草、第一五五段）

13、但病をうけ、子うみ、死ぬる事のみ、機嫌をはからず、ついであしとてやむことなし（同右）

14、されば真俗につけて必はたし遂んと思はん事は機嫌をいふべからず（同右）

三例とも時機という意味で「機嫌」が用いられている。つまり、世間の大勢に順応して生きようとする人はまず時機を把握する必要である。ところが、病気になり、子供を産み、死ぬといったことだけは時機を計ることなく、順序が悪いからといって中止するわけにはいかない。亦、必ず成し遂げようというようなことは時機を問題にしてならない、と解される。

上述したように、平安時代の女流文学作品には「譏（機）嫌」が仏教用語であり漢語でもあるという素姓のため、表れていなかったが、鎌倉時代に下り、中世女流日記文学の代表作とも言える、後深草院二条の執筆になる回想自伝『とはずがたり』には登場するようになった。それは和漢混淆文という新たな文体の成立によって「譏（機）嫌」が仏教用語から脱却し、男女を問わずにその使用が一般化となっているためであろうと推察される。

15、かかる騒ぎのほどなれば、経沙汰もいよいよ機嫌悪しき心地して、津島の渡りといふことをして大神宮に参りぬ（日本古典文学全集とはずがたり巻四、四六四⑭）

「機嫌」は時機、折という意味を示す。つまり、このような騒ぎの際であるから、経供養のこともいよいよ折が悪い気がすると理解され、変化義として用いられている。

以上、和漢混淆文等における「譏（機）嫌」の意義について検討してきたところ、次のように帰納できよう。

（一）人にそしられ、きらわれること

（二）人と事柄の都合、時機、情勢

（三）人の気持ち、思わく

と三つに大別できるが、残りの「譏（機）嫌」の用例についてはいずれもその三つの意義のどれかに分類できると判断される。なお、その意義分布は次の表四のようになる。

表四に依れば、漢文と同様に「譏嫌」と「機嫌」とが依然として混用されているが、「機嫌」の方が優勢を見せている。殊に変化義の（二）と（三）は全て「機嫌」で記されている。反対に（一）の原義は異本では「機嫌」が用いられるものの、「譏嫌」が圧倒的に多用されている。意味によって「譏嫌」と「機嫌」が使い分けられている

という表記意識の表れであると指摘される。（一）は上述したように中国語のそれを受容したものであるが、（二）は中国出自ではなく、明らかに古記録類から摂取したものであると言えよう。一方、（三）の意義は、本来の中国語がもとより、右に考察した古記録類においても認められずに、和漢混淆文にあってはじめて発生したものである

表四

文章ジャンル	意味／文献	(一)人にそしられ、きらわれること	(二)人と事柄の都合、時機、情勢	(三)人の気持ち、思わく	用例数
和漢混淆文	浄業和讃	1⃞			1⃞
	法然一遍消息文	①		1⃞	①1⃞
	黒谷上人語灯録	△⑧			△⑧
	十訓抄			2⃞	2⃞
	正法眼蔵	△①			△①
	沙石集	△①			△①
	延慶本平家物語	①	1⃞	1⃞	①2⃞
	長門本平家物語			1⃞	1⃞
	源平盛衰記		1⃞		1⃞
	六波羅殿御家訓			1⃞	1⃞
その他	徒然草		3⃞		3⃞
合　計		⑫1⃞	5⃞	6⃞	⑫12⃞

（注：○は「譏嫌」を、□は「機嫌」を、△は異本の「機嫌」を示す。尚、その中にある数字は用例数を示す）

と言ってよかろう。つまり、日本文献では文章ジャンルによる「譏（機）嫌」の使用上の差異のみならず、意味上の懸隔も見られることが示唆される。

続いて、室町時代以降の文献に目を転じて「譏（機）嫌」の意味用法について考察してみる。先ず当該時代に成立した『邦訳日葡辞書』と『ロドリゲス日本大文典』に収録されている「きげん」の語釈を挙げてみよう。

Qiguen. キゲン（機嫌）顔つき.¶ Fitonoqiguenuotoru.（人の機嫌を取る）人を満足させる，または，人を喜ばせるように努める.¶ Qiguenuoyôsuru.（機嫌を良うする）良い顔，明るい顔つきを見せる.¶ Qiguenuosoconǒ.（機嫌を損ふ）人を不快にする，または，不快な顔つきをさせる（邦訳日葡辞書、四九五）

Vcagǒ（伺ふ）。〜 尋ねる，伺ふ，機会を待つ。例へば，（略）Guioyuo vcagǒ.（御意を伺ふ。）Quiguěuo vcagǒ（機嫌を伺ふ。）（ロドリゲス日本大文典、三八四）

Quiguenuo facarǒ.（機嫌をはからふ。）即ち，Mifacarǒ（見はからふ）の意（同右、三八二）

の如く、僅かながら鎌倉時代までまだ残存していた中国語出自の意味は既に姿を消して変化義のみが記述されている。表記は不明であるが、意味から判断すれば、編者が充てた「機嫌」は妥当であろう。尚、今回管見に及んだその他の室町時代以降の文献においても右に記した両文献の記載と同様な事象を呈出している。表記としても仮名表記の「きげん」の他にいずれも「機嫌」のみであり、「譏嫌」は確認できなかった。その代わりに前の時代には見られなかった「気嫌」という語形式も頭角を現すようになった。また、形容動詞としての「機嫌」が登場し、用法の多様化を見せている。次にこれらの点について具体例を挙げつつ検討する。先ず新たな表記として現れた「気嫌」について考えてみるが、次の例のように、同じ文献において「機嫌」と同じ意味として混用されている。

・諸事宜しく相計ひしかば、一として滞る事もなく調へ侍りし故、御氣嫌宜しく有て御茶被下けり（太閤記、一八二④）

・政所殿其外之御上々いづれ御膳あがり給ふて、御機嫌いと宜しくおはしまし（同右、四八三②）

・これやうのあやかり物おほかりければ、羽林の御氣嫌事外にぞよかりける（同右、四八二⑫）

・或異風躰に興ぜし有て、御機嫌事殊にぞ見えける（同右、四八三⑥）

「気嫌」と「機嫌」は両方とも敬意を表す「御」を冠しながら同じ述語と共起して尊敬すべき相手のお気持ち、ご気分という意味として用いられている。「気嫌」は人の気持ちや気分のよしあしという変化義の定着に伴って「譏嫌」の新たな語形として出現したと言ってよかろう。また、次の例のように、「機嫌」は明らかに形容動詞として使用されている。

・大乗院殿安土ヨリ御帰座了、一段御機嫌也云々（多聞院日記三、一九八下⑬）

・去三日ヨリ善性御使ニテ筑州并惟越へ御音信之処、一段機嫌にて仕合宜（同右三、三七一下③）

「機嫌」は程度副詞「一段」によって修飾されているため、形容動詞として殊の外喜んでいる様子であることを表す。

続いて、室町時代以降の「機嫌」は「人の気持ち、気分」という心の機微を示すほかに少量ながら前の時代に生まれた「出来事の情勢や人の都合、機会」という意味は受け継がれている。

1、木曾の冠者のもとにおはして、謀反の次第仰せあはされて都に上り、片ほとりの山科に知る人ありける所にわたらせ給ひて、京の機嫌をぞ窺ひける（義経記巻二、八一⑫）

2、国人此如注賜候、可然事候者、以機嫌申御沙汰可畏入候（教言卿記一、六三②）

3、返答云、誠驚入候、以御機嫌可伺申禁裏也云々（康富記一、一六三下⑮）

それに対してこの時代の「機嫌」は『邦訳日葡辞書』の注釈のように人の心の動きを表す「気持ち、気分」という意味が中心的な存在となっており、前の時代と対照的である。これは『大蔵虎明本狂言集』における二十九例の中で二十八例もの「機嫌」が下記の例のように「人の気持ち、気分」という意味で用いられていることからも察知される。

4、奉する者は、しうの機嫌のよひ時もあり、わるひ時もある物じや、きげんのあしひ時も、なをるはやし物がある（大蔵虎明本狂言集本文篇上、すゑひろがり、七一⑭）

5、よそへいてひざをかがめきげんを取て何せうぞ（同右中、みかづき、二四〇⑬）

むすび

以上、鎌倉時代までの日本文献における「譏（機）嫌」の意味と表記を中心に検討してきたが、以下のことが判明した。

一、中国文献では仏書に偏用される「譏嫌」は日本語に摂取されて、まず仏書或いはそれに近いような文献では意味も表記も本来の中国語のままで使用されていたが、仏書等から離脱してその他の一般の文献に浸入し、多用されるようになった。

二、その使用される文献の変化によって意味も変わることになった。

三、意味変化に伴って「譏嫌」から「機嫌」への表記の変化も生じたのである。

それは早くも鎌倉時代初期頃に端を発したのではないかと推定される。しかしながら、「譏嫌」と「機嫌」との二つの語形は鎌倉時代まで決して相互代替したのではなく、両者が混用されつつ、共存していたのである。但し、変化義の多用に伴い、「機嫌」という新たな表記が次第に増え、「譏嫌」に取って代わる傾向を呈出している。いわば、変化義の優勢は「機嫌」という語形式の定着に大いに与ったかと言えよう。一方、「機嫌」という表記の多用が更なる新たな意味の生成及び応用にも拍車をかけて大いに関わったと考えられる。つまり、新しい意味と表記とは両々相まった有機的な相関関係であろう。続いて、室町時代に下ると、「人の気持ち、気分」という意味が中心となっており、その意味をより適切で且つ明確に表すべく、新たな表記としての「気嫌」が登場するようになった。更に、形容動詞としての新用法も誕生した。中国語出自の「譏嫌」は意味も表記も用法も完全に日本語化の実現を遂げたと言えよう。

では、何故中国語の「譏嫌」は日本文献において意味変化が起きたのか、以下その要因について考えてみたい。先ず考えられるのは本来の仏教用語から一般の用語に変身したためである。この点については、上述したことで明らかになったように、日本文献でも仏書またはそれに近い文献においては「譏（機）嫌」が中国語のままで使用されていることによって裏付けられる。換言すれば、かかる変身が生じることなく仏書或いはそれに近い文献において仏教用語として用いられるのみならば、斯様な意味変化は起こり得なかったと言えよう。もう一つの要因と言えば、原義と変化義の間に関連性が内包されているためであると考えられる。つまり、原義にも変化義にも対人的な意味特徴が内在している。その原義は「息世譏嫌戒」（世の譏嫌を息める）という戒律であり、罪にならないことはもちろん、世間の人々から謗り嫌われない行動を取るために定められた戒律の一つで、いわば、人が不愉快と思うような言動は慎むべきである。その対人意識から世の動向、人や出来事の時機や機会はよいか否か、都合や気持ちは如何なるものか、という細かい心の動きを表す意味も発生した。言い換えれば、人にどう思われるか、果たして嫌われないか等を伺う、計らう、顧みるといったような本来の意味の「人のことに気を付ける」という意味特徴が依然として含有してある。その上、音通と字形上の類似によって「譏嫌」から「機嫌」へという表記の変化も意味変化を加速させることに一役を買ったと言ってよい。言語内部の要因に対して、言語外部の要因と言えば、先ず考えられるのは院政後期頃に仏教が一層普及され、庶民層にも浸透するようになった。それに伴って、仏教用語が日常化になったこともその一因ではないかと推察される。また、古記録類における「譏（機）嫌」は日本的なことを書き記すために言語内部の関連性を土台に連想が働いて意味の変化を誘発させたのではないかと考えられよう。

注

（1）安藤信廣「聖武天皇『雑集』所収「周趙王集」訳注Ⅰ」（『日本文学』93、平十二・三）等
（2）日本古典文学大系『今昔物語集』をはじめとする補注や注釈及び先行研究等に見られる。
（3）鈴木理枝子「「キゲン」の語史—「譏嫌」・「機嫌」・「気嫌」について—」（『日本文学ノート』1号、宮城学院女子大学日本文学会編、平二）、『日本国語大辞典』（第二版）（小学館）、『平家物語』（日本古典文学大系、岩波書店）等
（4）「近世に入ると、皆、「機嫌」となり、意味も気分のよしあしだけになった。そのような意味の変化との関連で「気嫌」のような表記の用例がみられたのは注目に値する。なぜなら、「キゲン」が気分のよしあしを意味する語として用いられるのを考えるなら、「機嫌」ではなく、「気嫌」のような表記があらわれるのは自然の成り行きだからである」と鈴木理枝子「「キゲン」の語史—「譏嫌」・「機嫌」・「気嫌」について—」（注（3））に説かれている。
（5）「世俗の実用文の作成のためということから、漢詩文の作成にも充分堪え得るようにという編纂意図の転換」（『二巻本色葉字類抄』（尊経閣本）についての解説、峰岸明執筆）が見えた。
（6）沖森卓也他編集『日本辞書辞典』（おうふう、平八）等
（7）佐藤喜代治『日本の漢語』（角川書店、昭五十四）
（8）同注（7）
（9）拙稿「「減氣・験氣・元氣」小考」（『国文学攷』第159号、平十・九）。本書第四章第三項参照。

結語

仏教が日本に将来して今日に至って千数百年も経過し日本人に独特な考え方、死生観等を与えて文化の骨子とな

り、それ自体も日本仏教としての独自の進展、深化を成し遂げ、日本社会の底辺にまで浸透、沈殿して、非仏教的なものとの区別に苦しむほどになった。言語においてもその影響が大となり、日常語の中に意識的に、また使用目的から何らの関係もなく使用されている仏書から伝わった漢語が多数ある。

　本来仏書にしか用いられない、またはそれに偏して多用されるという仏教用語としての漢語が仏教と共に日本に伝来して、日本語に入り、仏教という束縛から脱皮し一般の用語に変容して多用されるようになった。その結果、本来の意味を摂取した上で、新しい意味が生じてくるという意味変化が起きる。それについては上述の二項における考究を通じて明らかになったかと思う。かかる意味変化の要因と言えば、多岐で且つ複層的なものであると想到されるが、その中で最も中心的に働いたものはやはり本来仏書に限定使用される、或いはそれに偏って多用されるといったような仏教用語から一般の用語に変わったという要因である。因って、以上考察を加えた二例に関しては別の観点で分析すれば、その他の意味変化の類型に入れられるかもしれないが、仏教用語から一般の用語への転移ということが意味変化を惹起させた中心的な働きとなることから、やはり意味の一般化として分類した方が適確であると首肯されよう。

　かかる類型に入る漢語を更に挙げれば、次のような語がある。例えば、「精進」はその一つである。それは本来仏書において努力という意味として使用されるが、日本語に入って一般の用語に変わったことで、その努力を形にして表して人に見せるために身を清め心を慎むという意味が生じた。更にそれを土台に宗教家らしい生活を送ること、特に肉や魚を食わないことを「精進」と言うようになった。亦、「檀（旦）那」[1]もその一例と指摘できよう。仏書では布施、又布施する人（施主）という意味で用いられるが、仏教の布教と共に市井の庶民に使用されて、一般の用語に変容した結果、元来の「施主」の意味から「主人」、「顧客」という意味が派生するようになって、現代日本語において広く使われ、日常語として欠かせない表現となった。その他に「方便」[2]、「知識」[3]、「世間」等も挙げられる。

仏教が日本に渡来して僧侶等によって布教が行われるに際して、殊に中世では一層盛んだったと思うが、仏書の言葉—仏教用語を使うのは当然の出来事と理解される。そうなると、その仏教用語は一般の人々に知られ、用いられるのが然るべき流れであろう。文学者もそれを作品の中に生かしたのである。その集大成というほどの『今昔物語集』には数多くの仏教用語が現れている。亦、古記録類においても記録者がそれを頻用している。このような背景のもとで、元来の仏教用語が次々と一般の用語に変身していくようになる。それに伴って原義と異なる新たな意味が誕生して、意味の変化が生じる。日本語に多用される漢語にはこのような素姓を持つものも少なからぬと推定されよう。従って、日本語における漢語の意味変化の全容を究明するのには、一般化という意味変化の類型を等閑視してはならぬ研究対象とすべきである。

注

（1）片山晴賢「仏教語彙の日常語化の変遷過程—檀那の場合—」（『駒沢国文』8、駒沢大学文学部研究室、昭四十五・十）

（2）鈴木修次『漢語と日本人』（みすず書房、昭五十三）

（3）佐藤喜代治『日本の漢語』（角川書店、昭五十四）

第二章　意味の価値の変化

漢語の意味変化と言えば、和語と同様に多岐に亘るが、第一章で考究を行った意味の幅の変化の他には、ある語がある特定のコンテクストの中において殆ど規則的によい意味か悪い意味かのいずれかだけで用いられるものも存する。一般に意味が「よく」なったのを意味の向上、一方、意味が「悪く」なったのを意味の下落と称される。ここではこの種の意味変化を意味の価値の変化と名付けて取り扱うことにする。

意味が「よい」とか「悪い」とかいうのは主観的なことに絡んでくると言われるが(1)、使用例を中心に意味分析を行う場合は、その語の示す対象または内容等から見れば、「よい」意味と「悪い」意味とはどちらが多く使用されて、いずれかの傾向性を呈出するのかを判断することが可能となると考えられる。確かに語自体は何が「よい」か、何が「悪い」かということについては考えられ難いが、しかし、その語の表す内容及び対象と共に考えると、やはりそれの存在は否定できないであろう。それは世の中には目に見えない社会の一般としての規範を基にして成り立つ「よい」と「悪い」或いはいずれでもない中立的なものとしての反映対象が実在しているためである。語は社会を映す鏡としての存在である以上、社会に根付いている「よい」と「悪い」ということを表すのはいうまでもないことであろう。そう考えると、語の意味にも「よい」と「悪い」とが存しても決して不思議なことではないと思われる。漢語も無論例外ではなかろう。但し、その語の多くは最初からはそうだったのではなく、それがいつも同じような文脈において使われているうちに、「臨時的意味(2)」から「慣用的意味(3)」に至るという過程を経るものであると推定される。以下、意味の下落と意味の向上とに分けて、漢語の意味の価値についての変化を取り上げて考究する。

注

（1）池上嘉彦『意味の世界―現代言語学から視る』の第五章「意味の変化　8意味の向上と堕落」（日本放送出版協会、昭五十三）

（2）柴田省三『英語学大系7語彙論』の1「語彙研究の先駆者たち」（大修館書店、昭五十）

（3）同注（2）

第一節　意味の下落

第一項「張本」について

はじめに

本項では、先ず『延慶本平家物語』における「張本」を手掛かりとして取り上げ、日本で生じた意味とその意味の出所を解明することによって漢語の意味変化の一類型を求めたいと思う。この「張本」の意味について、例えば『大漢和辞典』には人名を除くと二つの意味が記されている。「(一)後に書く文章の本となるものを前に記したもの。伏線。又物事の原因（用例略以下同）。(二)悪事などを唱え起こすこと。又その人」とある。現行の国語辞書もほぼ同様である。(一)と(二)との間には「張本」に意味変化が生じているように見える。しかしながら、その意味変化は何時代から、如何なる文献群において起こったのか、又何故起こったかの要因等は説かれていない。正に、「語義変化を体系的に整理しようとするときには、変化の結果だけにとどまらず変化の理由を考えてゆくことが必要である」(1)のである。この配慮のもとに「張本」という漢語に関して正面から取り上げた先学の研究は管見に入らなかった。

（一）『延慶本平家物語』における「張本」の意味

『延慶本平家物語』（以下平家物語と略称する）から「張本」が合わせて六例確認された。以下その六例を列挙して意味を検討する。尚、意味分析に際して、文を構成する各構文要素と「張本」との関係に留意しつつ、「張本」の文脈的意味を考える。具体的に言えば、文中の「張本」の主体と連体修飾語と、「何々或いは誰某を」という部分（ここで対象と呼ぶ）とに注目する。更に「張本」の示す行為が「悪」の意識を伴うか、そうでないかという点にも目を注ぐ。以下、かかる方法を以て意味分析に当たる。

1、彼ノ湯屋ニ目代カ馬ヲ引入テ湯洗シケルヲ、寺小法師原、往古ヨリ此所ニ馬ノ湯洗ノ例無シ争カカヽル狼藉有ヘキトテ白山ノ中宮八院三社ノ惣長吏智積、覚明等ヲ張本トシテ目代ノ秘蔵ノ馬ノ尾ヲ切テケリ（延慶本平家物語第一本、七十二オ⑤）

「張本」の対象は智積、覚明等の僧侶で、いわば有情物となる。「張本」と共に起こった行為は目代の乱行を阻止するための一種の自衛的な「馬ノ尾ヲ切テケリ」とはいえ、僧侶の行為としては「悪」の意識が窺われる。「張本」は「馬ノ尾ヲ切テケリ」ということを起こした僧侶の中心人物という意味として用いている。

2、宇治殿ノ御時大衆張本トテ、頼寿良円等ヲ流サルヘキニテ有シニ（同右、八十ウ⑩）

cf、（長暦）同年二月十八日為家勅定山僧等悉下洛参高倉殿於西門成濫行出雲北院定清追捕大僧都教円為質向西坂本定清法師下獄及勘問三月九日依事権大僧都頼寿権少僧都良円阿闍梨皇慶被勘罪名（天台座主記、五八四下⑮）

「張本」を修飾する「大衆」が有情物となる。述語「流サル」と参考例の内容とを併せて考えれば、「張本」は濫行を起こした大衆の悪の首謀者として用いている。それ故に「流サル」ことになったわけであろう。

3、五月五日天台座主明雲僧正、公請ヲ止ラル、蔵人ヲ遣シテ如意輪ノ御本尊ヲ召返シ、御持僧ヲ改易セラル。即庁ノ使ヲ付テ今度御輿ヲ捧奉テ陣頭へ参タル大衆ノ張本ヲ被召㆒（同右第一末、二オ②）

例2と同じ「大衆」が「張本」を修飾する。行為は院政時代に頻発した悪僧の実力デモとも言える強訴—御輿を奉じて陣頭に迫ったという濫行である。「張本」はかかる濫行の大衆の悪の中心人物の意を示している。

4、違勅ノ罪科難遁《ハ》㆓所詮、祐慶今度三塔ノ張本ニ被差㆓テ被禁獄流罪㆒被首《ヲ》刎㆒事全《ク》痛存ヘカラス（同右、九ウ①）

「張本」の連体修飾語が三塔（の大衆）で、有情物となる。「張本」の起こす行為は「違勅ノ罪科」という「悪」のことと見られる。「張本」はその「悪」の行為を起こす「首謀者に名ざされて」「被差、被禁獄流罪、被首ヲ刎」ということとなる。

5、其後故卿殿海賊張本三十餘人搦メ出レタリシ勲功ノ賞ニ（同右、二十オ⑨）

「張本」を修飾する海賊と「搦メ出レタリシ」述語と「三十餘人」という人間を表す数量詞を併せて考えると、「張本」は多くの海賊の頭目かまたは中心人物となる人を表すと解される。

6、南都《ノ》大衆以外《ニ》騒動シケレハ入道相国餘《リニ》不安㆒事《ニ》被思ケレハ三井寺南都《ノ》衆徒《ノ》張本《ヲ》可被召禁㆒之由其沙汰有ケリ

（同右第二中、九十六ウ⑦）

「衆徒」という連体修飾語と述語「被召禁」と「以外ニ騒動」という行為との三者から「張本」はとんでもない騒動を起こした衆徒の首謀人物を示すことが分かる。

以上の文脈的意味分析によって次のことが判明する。「張本」の主体、連体修飾語、対象がいずれも有情物となる。これは「張本」の意味に大いに関与する。六例の中で僧侶が五例を占める。これは僧侶（或いは悪僧と言う方が適当であろう）が、貴族、武士の支配に抵抗するという院政期の世相の一反映ともなり得よう。亦、「張本」の示す行為は六例とも悪意識を随伴するものである。更にその行為の参加者はいずれも多人数である特徴もある。右の

考察から『平家物語』における「張本」の意味を次の如く認めることが出来る。

・悪事のもと或いは中心となる悪人

となるが、悪事を企て起こす多人数の中心となる人間そのもの、いわば有情物を表すという意味特徴を有すると看取される。

では、『平家物語』に見られた、斯様な意味の「張本」の源流は何処に求められようか。それは「張本」の素姓、受容過程を解明する上で、不可欠で且つ重要なことである。「張本」が漢語である以上、先ずその出自となる中国文献を検討する必要がある。尚、「張本」が漢語であり、字音よみされたことは次に挙げる古辞書と訓点資料から判明する。

張本（平声濁点）流例ト　チヤウホン（前田本色葉字類抄上、畳字、六十九ウ②）

張本《チヤウボン》《ハル　モト》（文明本節用集、一七五②）

為二見ー仏聞ー法之張ー本一（音合符付き）（久遠寺蔵本朝文粋巻十、六五①）

以下、中国文献における「張本」の意味を考察して『平家物語』の「張本」との関係を明らかにしたい。

（二）中国文献における「張本」の意味

中国文献を文章ジャンル別に調査してみたところ、「張本」は散文、韻文にその所在が確認されたが、管見に及んだ仏典からは検出できなかった。中国文献では、散文、韻文という中国元来の文章ジャンルによる「張本」の使用上の差異は認められない。次に今回中国文献から調査して得た全用例を挙げてその意味を検討してみる。

1、曲沃荘伯以鄭人刑人伐翼王使尹氏武氏助之翼侯奔随（晋、杜預注）尹氏武氏皆周世族大夫也晋内相攻伐不告乱故不書伝具其事為後晋事張本（十三経注疏左氏傳、隠公五年）

2、秋虢人侵晋冬虢人又侵晋（晋、杜預注）為伝明年晋将伐虢張本此年経伝各自言其事（同右、荘公二十六年）

「張本」は二例とも杜預注に現れている。「張本」の対象が「伝に其事を具ふ」こと、「虢人の晋を侵すことを記す」こと、亦連体修飾語が「後晋事」、「伐虢」となる。二例の「張本」は「後晋事」、「明年晋伐虢」のために、素地、根拠を設けるという意で用いられている。例1の「張本」に関しては、原編者が宋の盧陵の胡継宗である『書言故事』(2)に次の如く解釈されている。当該書は初学に便利な啓蒙書として江戸時代に最も広く行われた書であると言われている。

3、張本　預為後地曰張本　左隠五伝注晋内相攻伐。故不レ書。伝二具《フ》其《ノ》事。為《タリ》二後晋事張本一（巻六、評論類、一〇六上⑧）

「後地」とは素地、下地という意味を示す。

4、武臣曰諸子鮒曰乃者趙韓魏共幷知氏趙襄子之行賞先加具臣而後有功韓非書云夫子善之引以張本然後難之豈有不似哉然実非也（四部叢刊、孔叢子巻六、六四上③）

孔鮒が『韓非子』の難一に趙襄子の賞の行い方とそれを称えた孔子を批判したことについて批評する文である。難とは論難、非難のこと、その形式は先ずはじめに歴史上の美談佳話の類を一つ挙げ、ついである人が言うには、ということにして韓非子のその美談佳話に対する批評や感想が述べてある。例中の「韓非書云夫子善之」は難一の「仲尼聞之善賞哉」のことをいう。つまり仲尼がこれを聞いたときに言った。正しい賞の行い方であった。「引以張本」は韓非子が孔子の評価を、後に「故曰仲尼不レ知二善賞一」と難ずる根拠、素地として引用すると解される。

5、民得耕種不得買売以贍民弱以防兼幷且為制度張本不亦宜乎雖古今異制損益随時然紀綱幷大略其致一也（同右、前漢記巻八、五二下②）

例5は荀悦の除田租論にある文である。「張本」の対象が「民得耕種不得買売……」等の事で、無情物となる。行為は「悪」のことではない。「張本」は共に使用される「制度」の意味と対象の示す内容から根拠という意味で用いられていると判断される。

6、又如説安我所以天下存我所以厚蒼生都是為自張本做雑覇鎡基（朱子語類八中一三七巻、五二四八②）

朱子が門徒と、文中子という書物について対問する文である。文中子が隋の王通撰となる。王通の謚は文中子とも言う。例中の「張本」の対象は「是」いわば「如説」の内容の事で、無情物となる。「張本」は（王道のための）素地、下地という意味で用いる。

7、東南折帛銭者張本於建炎而加重於紹興（宋、李心傳、建炎以来朝野雑記甲集十四）

「折帛銭」は宋の時代紬絹に課した税金の一種である。「建炎」は南宋高宗の年号（一一二七～一一三〇）であるが、「紹興」も同様に南宋年号（一一三一～一一六二）の一つである。「張本」は（東南つまり南宋の「折帛銭」の）起源、出所という意味として用いられている。つまり「東南折帛銭」はその起源が建炎年間にあるが、「加重」が紹興年間にあると解される。

8、前言清風此言月出一篇張本在此（宋、蘇軾、前赤壁賦注）

「前赤壁賦」に「清風徐来水波不興（略）少焉月出於東山之上徘徊於斗牛之間」とある。「張本」を修飾する語が「一篇」（清風から月出までの文面）で、無情物となる。そこで「張本」は（一篇即ち「前赤壁賦」の）伏線という意味を示していると理解される。この意味は前出の例1、2のような事の素地、下地という意味から派生したものであろうと看取される。

9、歳暮夜長病中灯下聞盧尹夜飲以詩戯之且為来日張本也（白居易、長慶集六九篇詩題）

「張本」の対象が「詩」、連体修飾語が「来日」、両方とも無情物となる。「為来日張本」の文構造は右の例1と相似ている。「張本」は（この詩を寄せて戯れ）後日の根拠或いは用意という意で用いられている。

以上、『延慶本平家物語』より前に成立した中国文献の「張本」を考察した結果、次の諸点が判明する。「張本」

の主体、対象及び連体修飾語がいずれも無情物である。この点では上述した『平家物語』が全て有情物であったことと対照的である。これはいうまでもなく両者の意味上の異同にも関わることになる。亦、その行為も皆悪意識を伴わない。この点においても『平家物語』との対蹠が際立っている。更に、中国文献の「張本」の述語「為、在、引、於」等に対して、『平家物語』の「被召、被召禁、被禁獄、流サル」等の如く処罰的な意味を表すという違いからも示唆される。右の文脈的意味分析から中国文献における「張本」の意義を次のように認めることが出来る。

（一）事物の素地、根拠、起源

（二）文章の伏線

と二つに大別される。これは中国の古語辞書『辞源』に記されている「張本」の意味―「預為後来之地。也用以指写文章設伏筆」と重なるものであると思われる。尚、管見に及んだ、口語を大いに反映する「変文」からは「張本」が確認されなかった。中国文献の「張本」は事或いは文章のような無情物の素地、根拠、起源及び伏線を表すのに用いられるが、『平家物語』の悪事を起こす悪中心人物という有情物を示す「張本」と比較すれば、両者に顕著な相違のあることが一目瞭然である。従って、『平家物語』の「張本」は中国語出自であったとしても、意味としては直接に元来の中国語のそれを継受したとは言い難い。そこで、『平家物語』の「張本」の意味の受容対象を求めるために、『平家物語』より前の時代の日本文献にそれを探ることにする。

（三）『延慶本平家物語』以前の日本文献における「張本」の意味

では、『平家物語』の「張本」の意味は一体日本文献の如何なる文献群から受容したのか。それを解明するべく、日本文献を時代別、文章ジャンル別に調べた上で、意味について検討する。今回調査した限りの日本文献では「張本」が確認されたのは漢文と和漢混淆文のみであり、和文からはその所在を検出することが出来なかった。日本文献の「張本」は中国文献と異なって文章ジャンルによる使用上の差異が認められる。かかる異同は文章ジャンルの性格に起因すると思われる。

先ず、漢詩文の「張本」について検討してみる。漢詩文からは『久遠寺蔵本朝文粋』五例、『本朝文集』一例、合わせて六例の「張本」が認められた。前者には建治二（一二七六）年の訓点が施されてあり、読み方が分かる。調査した文献の用例数から言えば『平家物語』の一文献六例という数に比べて少なく、又次述の古記録類のそれに比しても少量であることは否めない。文章ジャンルによる使用量の格差も見られる。次に六例の「張本」を例示しつつ、その意味を考える。

1、故に列《ツラネ》二此会人于左一に為二後来之張本一と故に曰《フ》初会と（久遠寺蔵本朝文粋巻十、六二⑧。片仮名は傍訓、平仮名はヲコト点。以下同）

2、凡知《ソル》此会者　謂《モノハイ》て為二見仏聞法之張本一と（同右、六五①）

3、請　課《コフヲハセ》二宿習之文章将《マセント》に　来世之張本ト（同右、六七①）

4、聊記《シ》て本末を以作二　後日之張本《セントナリト》一と（同右巻十一、一二八⑩）

5、皆以二今日之善根一を将《マ》に為二来世之張《セン》本一と（同右巻十三、二四七⑥）

6、仰二三明之月一攀二七覚之花一宜レ為二来世之張本一（本朝文集、二九六上⑬）

先ず文構造に注目すれば、六例とも「〜を〜の張本と為、作、将」という構造となっていることが分かる。「張本」を修飾する語は共通性を持つ「後来（日）、来世」等のような無情物である。亦、対象となるのは「列此会人于左、知此会」等のような出来事という無情物である。文構造からも述語、連体修飾語及び対象からも上述した中国文献の「張本」の用例と共通した様相を見せて、『平家物語』のそれとは明白に異なる。更に漢詩文の「張本」と共に伴う行為も中国文献と軌を一つにして「悪」のことではなく、明らかに『平家物語』と相違する。意味から見れば例1、3、4、5、6は中国文献の例1「伝具其事為後晋事張本」、例9「為来日張本」と類似して、素地、根拠、用意という意で用いられている。一方、例2は中国文献の例7「張本於建炎」と変わらず、起源、もとの意として用いている。

因って漢詩文の「張本」は本来の中国語をそのまま踏襲した意味用法と言えよう。尚、直接に摂取した可能性の有る中国文献と言えば、上記の『十三経注疏左氏傳』の晋、杜預注と白楽天の『長慶集』ではないかと推測される。それは漢詩文の「張本」の意味といい文構造といい両文献と酷似していることから察知される。更に、両文献が夙に日本に伝来し、『日本国見在書目録』に記載され、古くから日本文学等に影響を及ぼしていることからも窺える。斯様な文献群では、意欲的且つ大量に中国の漢詩文を模倣し、継承している。その故に、それらが中国文献の「張本」に意味を変わることなく受容したのは寧ろ自然のことであろう。この結果は前述したように漢詩文では漢語の意味変化が生じにくいという指摘のもう一つの裏付けとなるであろう。

次に、古記録類における「張本」の意味用法について検討する。その使用状況は下記の表一の通りである。

表一

文章ジャンル	文献	用例数
古記録類	小右記	3
	春記	1
	水左記	6
	中右記	14
	長秋記	2
	殿暦	3
	猪隈関白記	24
	玉葉	34
	明月記	15
	山槐記	1
	勘仲記	13
	康富記	4
	平安遺文	32
	鎌倉遺文	182
	吾妻鏡	27
	本朝世紀	2
	扶桑略記	6
	百錬抄	10
	東大寺文書	10
	天台座主記	21
	雑筆往来	1
	山密往来	1
	尺素往来	1
	異制庭訓往来	1
計		414

表一の示すように「張本」は往生伝の類を除いて他の漢文の文章ジャンルに使用量の差こそあれ、散見されている。以下、具体例を列挙しながらその意味用法について考察する。

1、右、得彼寺去六月廿日解状称、寺家者聖武皇帝之所立、仏法興隆之張本也（平安遺文四、一五一八下⑧）

「張本」の主体と連体修飾語とが各々「寺家」と「仏法興隆」というような無情物となる。即ち「張本」は（寺家が仏法興隆の）基礎或いは根本という意味で用いられている。文構造も意味も上掲の漢詩文の例2「見佛聞法之張本」と相似ている。次の二例も同様な意味として使われている。

2、皆以七朝善根、将為来世張本、我等与衆生、皆共成仏道（鎌倉遺文十三、四五上⑩）

3、須結勝縁於此時、方期得脱於将来、仍仏子等十二輩聊為勧進之張本普訪親疎之知識（同右四十三、一三下⑧）

上記の三例はいずれも仏教的な文脈において「張本」が用いられて、本来の中国語の意味を受け継いでいると考えられる。つまり、鎌倉時代に下っても漢詩文と共に本来の意味も残存している。一方、以下の例のように、違った意味を表す「張本」も登場してきたのである。

4、昨都督両妻車論、前典侍大怒留、（略）車論張本藤原保相追却之由、有都督消息（小右記二、一一二⑪、寛弘三（一〇〇六）年）

「張本」の起こした行為は「車論」という騒動となり、「悪」の意識を伴うことである。「張本」は述語「追却」の意味と共に考えると、「車論」を引き起こした人という意味を示していると解される。つまり、車論のもととなる藤原保相を追放するということである。

5、検非違使依去夕宣旨追捕内大臣随身二人・雑色等、『内大臣随身雑色等被追捕事』先捕得随身延国・雑色二人、延国肱禁脱巾、追立馬前、将向濫行者宅、又随身延国参禅門・関白第、其後為令指申張本者拷訊雑色、又随身二人一人逃去、幷雑色等宅捜取内財物、壊其屋云々、又今日依延国口状日記、依番長近時申致濫行云々（同右七、一

九四⑨、万寿四（一〇二八）年）

「張本」の行為は「濫行」という「悪」の意識を伴うことである。「その後去夕の濫行を働いた「張本」を捜査するためには雑色を拷訊す」と解されるが、「張本」は濫行を起こした元となる人物の意で用いている。延国の口状日記に依って去夕の濫行は番長近時の指嗾せることが分かった。つまり、悪行を働いた「張本」―発頭人は番長近時である。

6、天台両門徒（山門派・寺門派）喧嘩無極、法成寺戒壇事也、而依慈覚大師（円仁）門徒（山門派）愁吟之聴被停止『依可有法成寺戒壇天台門徒喧嘩事』、但不止尼戒壇、猶有余忿云、権僧正慶命、大僧都深（尋）円張本之由入禅閤之聴云々、忿怒之詞逐日多々（同右、二二三⑫）

「張本」の主体が「慶命」と「尋円」両僧侶で、有情物となる。「張本」と共起する行為は「喧嘩」という「悪」のことである。「張本」は天台両門徒による喧嘩を起こした、もととなる人という意味で用いられている。つまり権僧正慶命・大僧都尋円が今度の騒擾の首謀者となることについては禅閤の「聴」に入った云々と解される。

7、去夜蔵人義綱為六位等被嘲弄云々、予候御前之間、一切不知耳、依其事執柄大怒、被勘当蔵人資成、章行了、件二人其張本之故（春記、二〇四下⑩、長久元（一〇四〇）年）

「張本」の主体が「件二人」で、有情物となる。「件二人」は蔵人義綱を嘲弄したという騒動を招いたものである。「張本」は六位等の多人数の中で「嘲弄」という悪行為を引き起こした首謀人物を表す。そのため、「件二人」が「張本」として「被勘当（勘当される）」。一方、「張本」でない「六位等」の「等」の人は「被勘当」の対象とならなかったのである。

8、中比《ナカノコロ》朱雀皇帝御宇承平七年平将ノ門為造意ノ之張本企謀反《ムホン》計略之日（平安遺文三、七七七上⑮、永承元（一〇四六）年。振り仮名は底本のまま）

「張本」の主体が「平将門」で、有情物となる。つまり平将門が造意の張本となり、謀反計略を企てる日と解される。「張本」は明らかに謀反という大悪行を働くものとして造意の発頭人物という意味で用いられている。

9、彼門徒無一人、更無可承引者、鎮当時嗷々者、可被補由内々依被仰、以梨本門徒被助成此事乎由、被中大原僧正以其書状被命門徒張本等之処（明月記三、九一上⑦）

新しい天台座主の補任についての例文である。「張本」を修飾する語が門徒という有情物となるが、「張本」と共起する行為は「助成此事」という「悪」の意識を伴わない事である。梨本（三千院の）門徒を以て「被助成此事（座主補任）乎由」となる。「被命門徒張本」は梨本門徒の首、中心人物と「被レ命」と解される。

右の考察で次のことが判明する。例1から3までの「張本」の主体、連体修飾語が無情物となって、中国文献と共通している。それに対して、例4～8の「張本」の主体、連体修飾語及び対象がそれぞれ有情物となり、例1～3との相違が歴然としている。而して「張本」の示す行為はいずれも「悪」の意識を伴うことである。これは出自となる中国語の「張本」との異同が顕著である。無論この著しい差異は両者の意味に大いに反映される。一方、例9の「張本」は有情物を表すが、それと共に生じる行為は例4～8と違って「悪」意識を伴わない。残りの古記録類における「張本」についても上記した方法を踏まえながら検討した結果、右述のものと合わせてその意義を次の如く帰納することが出来る。

（一）事物の素地、根拠、起源

（二）出来事のもと或いは中心となる人

（三）悪事のもと或いは中心となる悪人

表二の示すように、古記録類においては、「張本」は無情物を表すと同時に、有情物をも示して、同じ漢文としての漢詩文と好対照である。但し、その用例数から見れば、有情物の方が無情物より圧倒的に多いため、古記録類

の中心的な意味となるが、一方、無情物の方が寧ろ副次的な役割を果たすに過ぎないと言えよう。しかしながら、中国語の「張本」と比較すれば、無情物を示す（一）の意義の方が元来の中国語と一致して、それを受容したものであると見られる。他方、有情物を示す「張本」は中国文献には認められず、意味が変化したものと判断される。更に中国文献における「張本」は漢詩文も同様であるが、決して「悪」の意識を伴わないのに対して、古記録類の「張本」は有情物をも表すという変化と共に「悪」の意識を伴うようになる。意味の下落という変化が生じたと考えられる。

表二

文献＼意義	㈠事物の素地、根拠、起源	㈡出来事のもと或いは中心となる人	㈢悪事のもと或いは中心となる悪人	用例数
小右記			3　(1)	3
春記			1	1
水左記			6　(6)	6
中右記			14 (14)	14
長秋記			2　(2)	2
殿暦			3　(2)	3
猪隈関白記			24 (24)	24
玉葉			34 (29)	34
明月記		11	4　(2)	15
山槐記			1　(1)	1
勘仲記			13 (12)	13
康富記		1	3　(1)	4
平安遺文	1		31 (25)	32
鎌倉遺文	3	6	173 (110)	182
吾妻鏡			27 (12)	27
本朝世紀			2　(2)	2
扶桑略記			6　(2)	6
百錬抄			10　(9)	10
東大寺文書	1		9　(8)	10
天台座主記			21 (21)	21
雑筆往来			1　(1)	1
山密往来			1	1
尺素往来			1	1
異制庭訓往来			1	1
合　計	5	18	391 (284)	414

（注、（　）の数字は悪中心人物が僧侶である数を示す）

『平家物語』の「張本」は古記録類の（三）の意義と重なって、それを直接に摂取したものであることが明らかであろう。換言すれば、『平家物語』の「張本」は漢語とはいうものの、中国語の意味・用法のままではなく、古記録類において既に意味変化が起こったという過程を経た「張本」を継受したものである。従来『平家物語』の語彙についての説明は（一）中国漢文乃至それを日本において訓読した漢文訓読文語、（二）中古の和文語、（三）記録文語、（四）中世以降の俗語、の四つの要素の混淆という理解の上に立ってなされてきたように思われる。(3)『平家物語』の「張本」は（三）記録文語を受容したものであると考えるのが妥当であろう。

以上の考究を通して、「張本」という中国語出自の漢語は古記録類という文献群において意味変化が発生したことが明白となった。では、古記録の「張本」は一体何時、如何なる要因で元来の中国語と異なった意味が生じたのか。以下、それを巡って考えてみたい。

（四）「張本」の意味変化について

先ず、「張本」の意味変化の時代について考えてみたい。今回管見に及んだ日本文献では、前項に挙げた『小右記』の三例の「張本」は最も早く意味が変化したものであると判断される。即ち、十一世紀極初期が考えられるが、この点に関しては、今後一層資料を増やして究明に努めたい。

さて、十一世紀以前の日本文献においては、「張本」の示す有情物―事の中心人物或いは悪中心人物という意味が如何なる語によって担われていたのか。換言すれば、その「張本」の欠如によって生じるその意味分野の空白がどんな語で補足されていたのか。それについて検討を加える。次の例を見よう。

1、其時光定言付法之書、授二師、誰師為首、最澄法師云、上臈之師、可為衆首（平安遺文八、三三三一四上⑧、天長十（八三三）年）

2、内々依被仰、以梨本門徒被助成此事乎由、被申大原僧正以其書状被命門徒張本等之処（明月記三、九一上⑦、寛喜元（一二二九）年）

3、若従坐減謂共犯罪造意者為首従者減一等（律令、九①）

4、共犯罪造意者為首従者減一等（政事要略、四三九⑬、天暦二（九四八）年）

5、始謀未行事発者首処絞従者遠流（律令、五六⑨）

6、中比《ナカノコロ》朱雀皇帝御宇承平七年平ノ将門為造意之《ノ》張本企謀反《ムホン》計略之日（平安遺文三、七七七上⑮、永承元（一〇四六）年。振り仮名は底本のまま）

7、抑魁《クワイ》首将《マサ》門《カト》獣《ケモノ》心人面結ヒレ党《タウ》ヲ聚《アツム》レ徒ヲ公《アラハレ》行《ヲコナヘ》剽劫《ウケフ》（久遠寺蔵本朝文粋巻四、一二九⑧、天慶三（九四〇）年）

8、又天慶四年賊首藤原純友等乱入之時（平安遺文九、三五〇三下⑫、長保五（一〇〇三）年）

9、同六年六月南海張本ノ藤原ノ純友ト云者其徒党ヲ聚メ（続群書類従第二十輯、将門純友東西軍記、一上⑤）

先ず、例1と2とを比較してみる。例1の「首」の主体が「師」、連体修飾語が「衆」で、有情物となる。これは意味変化の起こった「張本」と類似する。「首」は衆の中心となる人を表すことになる。但し、例2の如く、十一世紀以降になれば、例1の「首」の替わりに「張本」もそれを表現することが出来るようになる。例3、4、5に登場してある「首」の起こす行為はいずれも「悪」のことであると考えられる。「首」はその悪行の中心人物の意で用いる。しかし、例3、4の「造意為首」と酷似する文構造の「為造意之張本」という十一世紀以降の例6は「首」に取って代わって「張本」が造意の中心人物という意味で使われる。尚、例7の示すように「悪中心人物」という意味分野には「魁首」という語も存することが分かる。例8と例9とを比べれば、歴史上では悪事を働いた同一悪中心人物である藤原純友に対して年代の古い例8では「賊首」を用いているが、年代の下った例9では「張本」が用いられ、時代の新古によって用語に相違が見られる。

右のことは「張本」の意味変化の発生が十一世紀からではないかという推定の一つの裏付けとなる。それは今回十一世紀以前の日本文献を調査したところ、上記の例の如く「事の中心人物或いは悪事の中心人物」という意味分野が「首、魁首、賊首」等のような語によって分担され、それに対して「張本」が漢詩文のように元来の中国語と同意に用いられていることからも示唆される。

では、何故十一世紀初頭から「張本」は意味変化が起きたのか。漢語の意味変化の要因には言語内と言語外（社会的、使用者の階層等）との二点が考えられる。そこでこのような視点から「張本」の意味変化の要因を探ってみる。

以上の考察で分かるように、本来の中国語の「張本」と意味変化した古記録類の「張本」との意味上の明白な異同は、前者が無情物、後者が有情物を示すという点に在る。但し、両者とも「もと、起源」という共通した意味特徴を有する。即ち、中国文献における「張本」は無情物が事のもと、根源となるが、一方、意味変化の生じた古記録類の「張本」は有情物が事或いは悪事のもと、根源となるということである。言い換えると、共通部分として「もと、起源」といった意味特徴が具わってはじめてそれを土台に、最上位にある「無情物」が「有情物」に置き換えられたことにより、「張本」の意味変化が発生したと理解することが出来よう。(4)「張本」の意味変化は原義と変化義との間に存する言語内の関連性―共有の意味特徴という要因によって実現したものである。但し語の意味変化は言語内の関連性という要因が不可欠且つ根本的であるが、それを誘発させる外因としての言語外の誘因も欠かせないものであると考えられる。

そこで、言語外の観点から考えてみるに、先ず一因として挙げられるのは日本の歴史上では十世紀中頃から武士の台頭と僧兵の登場によって僧侶間の抗争や悪僧の強訴等が頻発するという新しい社会的な現象が否応なしに現れたことに起因するのではないかと思われる。この悪僧の濫行に関しては白河法皇が「賀茂の河水双六ノ賽山法師是ソ我心ニ叶ハヌモノ」と嘆いた有名な話はその一斑を窺わせる。亦、上掲の表二の示すが如く、「悪事の中心人物」を表す「張本」が三九一例中二八四例も僧侶の悪中心人物を示すことからも察知される。尚、斯様な僧侶の悪中心人物を表現する語は管見に入った文献には「張本」のみである。少なくとも「張本」が悪事の中心人物を示すという「悪」の意味の獲得及び定着は表二の示すように圧倒的に多かった用例を占める僧侶の乱闘、強訴等という社会的出来事に一役を買って実現したと言えよう。(5)

十一世紀以前の文献には悪事の中心人物を表現するのに「首、賊首、魁首」等の語が使われているが、それらの語は今回調査した限りの文献では一般の人間にのみ用い、僧侶には使用されていないようである。ところが、十一世紀以後僧侶の抗争等が多発するようになって、当然なことながら乱行、騒動等を起こす悪中心人物が数多く現れてくるのである。これは表二から分かる。かかる僧侶による濫行等は上記した十一世紀以前の「首、賊首、魁首」によるものと比較すれば分かるように、主体はもちろんのこと、内実も形式も異なるのである。こういう性質の違った新しい社会現象を表すために、もし従来の表現―「首、賊首、魁首」等を使用すれば、その変わった性質を有する新たな社会現象という特性が見えなくなるので、異質性、示差性を効果的に表出し難いことになる。「張本」の意味を変化させたのは、言語内の関連性を母胎に性質の違った新しい社会現象としての僧侶の濫行等に現れる悪中心人物を的確に表現しようという必要に応ずるという言語外の要因によると考えられる。その傍証の一つとして、僧侶の手によって記された『天台座主記』において、前掲の表二の示す通り二十一例の「張本」が全部僧侶の濫行に登場した悪中心人物を表すことが挙げられる。

「張本」の意味変化の要因については以上の視点から以外にも、検討する余地が多々残っている。今後特に僧侶の手によって記録された資料等を充足させて、その要因の解明及び所論の補正に取り組んで行きたい。亦「張本」と類義関係を為す「首」等の語との意味関係について究明する必要もある。

最後に上述したように、悪事の中心人物を示す「張本」は現代語と異なって、「張本人」のような「人」の付かない形態が殆どであることに注目したい。つまり、「人」という後部要素が付着しなくても「張本」のみで現代語の「張本人」の意味を表出することになっている。寧ろ「人」の付かない方が古い表現形態ではないかと考えられる。今回調べた限りの日本文献では、「張本人」という形で用いる初出例は次に挙げる『中右記』の例であるが、「張本」よりその出現は遅かったのである。

・但止大会輩中最張本人必可被搦者（三、三九七下⑭、天仁元（一一〇八）年）

但し、「張本人」という語形態としての使用は何時現代語のように定着したのか。それを更に検討する必要もあるが、少なくとも『邦訳日葡辞書』には「張本」と「張本人」という両形態が共存している。しかしながら、「張本人」だけに収斂されていないようである。

・chŏbon. チヤウボン（張本）頭（かしら），または，長．例，Areua mufonninno chŏbongia.（あれは謀叛人の張本ぢや）あの男は反逆者の首領であり，大将である（一二五）

・chŏbonnin. チヤウボンニン（張本人）（同右）

「張本人」という形態は「張本」の有情物を表すという意味特徴を、「人」の付与によって明確に示差的に表出させるために成立したものではないかと推察される。尚、現代語の「張本人」は単数を示すのが一般であるが、次の例の「張本」の如く、古くは単数にも複数にも用いられていることからも知られる。

・頭左中弁語云御寺張本十三人依院宣可払大和国（中右記六、一三八下⑦）

・件僧都大悪人也度々為大衆張本（同右三、三一二上③）

むすび

以上の考究によって明らかになったことを纏めて言えば、『延慶本平家物語』の「張本」は中国語出自の漢語であったが、その意味が中国語のままではなく、既に意味変化の起こった古記録類より受容したものであることが判明した。亦、日本文献では、漢詩文の「張本」が中国文献のそれを継受したのに対して、古記録類の「張本」が元来の中国語の意味を継承しつつ、中国語と違った意味が生じたといった文章ジャンルによる意味の差異が見られる。更に「張本」の意味変化の発生は十一世紀極初頭からではないかと推定される。尚、「張本」の意味変化と言えば、中国文献の無情物から有情物に変わったと共に本来「悪」の意識を伴わない、所謂中立的な意味から「悪」の意識を伴う意味へという意味下落の変化も起こったのである。意味下落の変化をした「張本」は日本語における漢語の意味変化の一類型になると考えられよう。かかる類型に属すると思われる漢語として「喧嘩」(6)、「因果」(7)等が挙げられる。

注

(1) 前田富祺『国語語彙史研究』の第五章「語義変化とは」(明治書院、昭六十)

(2) 『書言故事大全』(和刻本類書集成第三輯、古典研究会、長澤規矩也編)の解題に拠る。

(3) 峰岸明「和漢混淆文の語彙」(『日本の説話7言葉と表現』東京美術、昭四十九)同「「秉燭に及びて」小考」(『佐伯博士古稀記念国語学論集』表現社、昭四十四)、築島裕「和漢混淆文」の項(『国語学大辞典』東京堂、昭五十五)、櫻井光昭「『平家物語』に見る和漢混淆現象」(『国語語彙史の研究五』和泉書院、昭五十九)

(4) このような意味変化については、国広哲弥『意味論の方法』(大修館、昭五十七)(「第三章多義と同音異義4多義の意味関係」一一九頁)に「比喩的転用」の「基本的比喩」として説かれている。

(5) 『延慶本平家物語』第一本(七十七オ⑥)に見える話であるが、当時北嶺・延暦寺の山法師の他には奈良法師と呼ばれた南都・興福寺、それに三井寺の寺法師が特に強力だった。南都は春日の神木、北嶺は日吉神社の神輿を奉じて朝廷等に要求を突き付けたり、相互に争ったりした。

（6）西村浩子「「ケンカ」の始まり」（『小林芳規博士退官記念国語学論集』汲古書院、平四）

（7）小野正弘「「因果」と「果報」の語史―中立的意味のマイナス化とプラス化―」（『国語学研究』24、昭五十九）

第二項　「謳歌」について

はじめに

本項で取り上げる「謳歌」[1]は意味の下落という変化類型の一例として考えられる。以下、その意味変化の時代、文献群、更に意味の変化を喚起する要因等の点を巡って検討を加える。

（一）「謳歌」のよみと表記

「謳歌」の意味が如何なるものかに先立って、先ずそのよみと表記を確定する手続きが必要である。次に掲げる古辞書と古文献を通して考察を進める。

謳〔唐韻〕〔集韻〕〔韻会〕〔正韻〕烏侯切音歐〔広雅〕歌也〔玉篇〕吟也（略）〔説文〕斉歌也（以下略）（康熙字典）

歐〔広韻〕〔集韻〕〔韻会〕〔正韻〕烏侯切音鷗与謳同氣出而歌也又歐歐声也（以下略）（同右）

歐　烏鉤切（略）氣出而歌也（略）或言謳歐嘔通按謳通作歐借嘔非（以下略）（正字通欠部十、五五二）

歌詞竝正多ハ用上ノ字ヲ（和刻本辞書字典集成干禄字書、九オ⑤）

謌葛羅反歌哥二字同（新撰字鏡巻三、一〇⑥）

運歌謡謳同亦乍哥謌（天理大学天理図書館蔵世俗字類抄下、二ウ⑧）

歌謌並正多用上字　古何反俗哥　非　ウタ　ウタフ　ウタウタフ（観智院本類聚名義抄僧中、四八⑥。声点略、以下同）

謌哥歌正ウタ謌谷（同右法上、五一⑦）

歌歌謌⿰哥各⿰哥句哥（異体字弁、五十八ウ②）

右の日中両国の古辞書の記載に依れば、「謳」と「歐」、「歌」と「謌」、「哥」が異体字関係として通字となることが明らかになる。以下、それらを全部考察の対象として取り上げる。亦、よみについては下記の古辞書と古文献に見えるように「オ（ヲ）ウカ」と音よみし、漢語として早くも日本語に登録されたのである。

謳歌《オホカ》（黒川本色葉字類抄中、畳字、六十九ウ⑤）

謳歌《ヲ、カ》ノ之説《セツ》非本説之義（伊京集、二九③）

謳歌《オフカ》（温故知新書、二六一④）

胸臆《クヲクノ》之説《セツ》　謳歌《ヲウカ》ノ之説　閭巷《リヨカウノ》之説以上三ハ非本説義（東京教育大学蔵古本下学集、一三九④）

謳歌《ヲウカ》ノ之説《セツ》非本説之義也（文明本節用集、二二八③）

謳歌《ヲウカ》ノ之説《セツ》非本説（塵芥上、四六オ⑦）

道路謳《ヲウ》歌《シ》多美皇化（久遠寺蔵本朝文粋巻六、二五三⑦）

欲《ル》決《セント》雌雄《ヲ》之由謳《ヲウ》歌《カシ》洛中《ニ》（延慶本平家物語第一本、七十九オ①）

(二) 中国文献における「謳歌」

日本語における「謳歌」の意味用法を考えるに先立って、先ずその出自となる中国語としての「謳歌」の意味について考究する必要がある。以下、中国文献を時代別、文章ジャンル別に調べて検出できた具体例に従って中国文献の「謳歌」を検討してみよう。

1、甯戚之謳歌兮斉桓聞以該輔（楚辞、離騒、第十三段）

cf、甯戚は牛口の匹夫たりながら、つひに国の政に臨む（十訓抄三）

cf、甯《ネイ》戚吓《ウ》（叩カ）角《カク》（長承本蒙求、72）

cf、甯戚扣㆓牛角㆒（閑吟集序）

「甯戚」という者は、春秋時代の衛の国の人であり、志を遂げずに、牛に餌を食わせる時に牛の角を叩いて歌を歌っているところを、春秋の五覇の一人である斉の桓公に聞かれて、見出され、登用された人物である。それは参考例の『十訓抄』の記述からも察知される。「謳歌」は参考例にもあるように甯戚が牛の角を叩きながら歌を歌うという意味を表す。

2、河間王夜飲妓女謳歌一曲下一金牌席終金牌盈坐（雲仙雑記）

3、若夫楽推所帰謳歌所集校之魏晋可謂収其実矣（南史、宋武帝紀論）

「謳歌」は、それと共に用いられている歌を数える表現「一曲」と「所集校」の意味から推して例1と同様、歌を歌うこと、歌そのものを表すと考えられる。

4、天下諸候朝覲者、不之尭之子、而之舜、訟獄者、不之尭之子、而之舜、謳歌者不謳歌尭之子、而謳歌舜。故曰、天也（孟子、万章上）

例4の「謳歌」は右の三例と違って具体的に歌を歌うのではなく、中国の伝説上の聖人の一人である舜の徳を人々が口々にほめたたえるという抽象的な意味で用いられている。つまり、「徳をたたえて歌う者は尭の子の徳を歌わないで、舜の徳を歌う」と解せられる。次に列挙する「謳歌」はいずれも帝王の徳政、仁政、国の繁栄、安泰などの称賛に値すべき内容と共起して用いられ、そのすばらしいことを多人数でほめたたえるという意味を表すと見られる。

5、禹崩、三年之喪畢、益避禹之子於箕山之陰。朝覲訟獄者、不之益、而之啓。曰、吾君之子也。謳歌者、不謳歌益、而謳歌啓、曰、吾君之子也（同右）

6、梁帝禅位於陳詔曰（略）獄訟有帰謳歌爰適（陳書、高祖紀）

7、六年仁政謳歌去、柳繞春堤処々聞（杜牧、寄牛相公詩、全唐詩巻五二七）

8、文物京華盛、謳歌国歩康（楊巨源、春日奉献聖寿無彊詞十首、同右巻三三三）

9、区宇神功立、謳歌帝業成（劉長卿、至徳三年春正月時謬蒙差摂海塩令聞王師収二京（略）五十韻）

以上の考察で中国文献における「謳歌」の意義については次の二つに帰納できるかと思う。(2)

（一）うた、うたをうたうこと

（二）（多人数で好ましいことを）ほめたたえること

（一）は「謳歌」の本義とも言えるもので、具体的で且つ中性的な性格であるのに対して、（二）は（一）の具体的という意味の特徴を土台に、比喩的に用いられ、抽象化して、評価すべきプラス的な意味として看取される。亦、「多人数の言語行為」いわば多くの人が口々にするという意味特徴を抽出することも出来よう。

次項では、日本語に流入した「謳歌」は如何にして使用されているのか、果たして意味の変化が生じるのであろうか、若し生じるならば、いつどのような文献であろうか、等の点を中心に検討を施す。

（三）日本文献における「謳歌」

日本文献を時代別、文章ジャンル別に調べたところ、日本文献における「謳歌」の使用状況は下掲の表一の通りとなる。

表一の示すが如く、「謳歌」は、奈良時代の文献からは検出できず、平安時代に入って勅撰漢詩集に始めてその使用が見えるようになる。亦、漢語という素姓のため、和文への浸入は出来ず、漢文、和漢混淆文にのみ現れている。但し、時代別に見れば、平安時代では「謳歌」が漢文に限って用い、書記用の文章語という性格を呈する。鎌倉時代になって和漢混淆文にも使用されるようになったとはいえ、依然として漢文に偏用される傾向が保たれてい

表一

時代	文章ジャンル	文献	用例数
平安	漢文	凌雲集	1
		都氏文集	1
		久遠寺蔵本朝文粋	2
		享禄本雲州往来	1
		本朝麗藻	1
		平安遺文	1
		台記	1
鎌倉	漢文	玉葉	45
		明月記	7
		三長記	1
		吾妻鏡	7
		吉記	1
		勘仲記	3
		花園·伏見天皇宸記	2
		鎌倉遺文	18
	和漢混淆文	延慶本平家物語	2
室町	漢文	後愚昧記	6
		宣胤卿記	1
		多聞院日記	1
		十二月消息	1
		百也往来	1
		閑吟集序	3
		園太暦	7
	和漢混淆文	太平記	1
		荘子抄	1
合計			116

る。室町時代にも同様のことが言えよう。

以下、日本文献における「謳歌」について表一に基づき、時代別、文章ジャンル別に考察を加える。先ず、今回調査した例の内で最も早い例となる『凌雲集』の例を始めとする漢詩文に見える五例を挙げてその意味を考える。

1、不レ異三沛中聞二漢筑一、謳歌濫続大風音（凌雲集、奉和聖製宿旧宮応製）

cf、楽思回斜日、歌詞継大風（唐、宋之問、奉和幸長安故城未央宮応製）

例1と参考例中の「大風」は漢高祖が歌った彼の著名な「大風歌」のことを指すが、「謳歌」は参考例の「歌詞」の意味と殆ど一致して、歌を歌うことを表すと考えられる。残りの四例はいずれも「徳政、皇徳」などのようなすばらしいことを人々が口をそろえて称賛するという意味とされる。

2、光華之運未レ尽、謳歌之声猶喧（都氏文集、七八六上①）

cf、声伝已覚謳歌遍、身到前知政令寛（蘇轍詩、送賈訥朝奉通判眉州）

3、道-路謳《ヲウ》-歌シ多美二皇化一（久遠寺蔵本朝文粋巻六、二五三⑦）

4、定継《メツカレ》去年之謳-歌（同右、二五四②）

5、両地聞レ名追慕多、遺文何日不二謳歌一（本朝麗藻、六三三下⑫）

漢詩文における「謳歌」は中国語の意味をそのまま踏襲していると言ってよい。これはほかでもなく漢詩文の作者が中国の漢詩文を積極的に模倣し、それに近づこうという創作の情熱と意識が働いているためであろう。換言すれば、彼様な作者の意識の下で漢詩文の漢語は他の文章ジャンルよりその意味の変化が起こり難いのではないかと思われる。この点については既に上述した章において裏付けられていると思われる。

次に、漢詩文と同じ表記形式を取る公家日記などの古記録類という和化漢文に見える「謳歌」の意味を検討する。果たして同じ表記形式の漢詩文と同様に使用されるのであろうか。先ず、藤原頼長の日記『台記』にある「謳歌」

の例を挙げてみよう。当日記は他の公家日記とは些か違って、貴族の不倫とも言える同性愛—男色のことについて憚ることなく多く書き記されているのである。(3)

6、人伝、参議忠基、教長等卿、中務少輔教良、今夕行二婚姻之礼一云々、三人兄弟、一夜婚姻、人以謳歌、也以嘲弄（台記一、二二二上⑰）

例6はまさに貴族間の男色のことを「謳歌、嘲弄」することについて記録する例である。「謳歌」は後続文の「嘲弄」の持つ意味と「謳歌」の内容—男色とを合わせて考えると、出自となる中国語はさることながら、同時代の漢詩文と相違して、称賛するどころか、寧ろ「嘲弄」すべき、好ましくない出来事として人々が口々にする。いわば噂、取り沙汰するといったような意味を表すと見られる。中国語及び漢詩文の意味と異なることになる。但し、ここでは決して頼長の漢才の不足による誤用ではなく、「謳歌」の本来の意味を熟知した上で、多人数の言語行為という意味特徴を生しつつ、「三人兄弟一夜婚姻」という猥らな男色について人々の興味本位な評判を効果的に表現しようと、本来の意味を比喩的に用いたのである。続いて、同じ公家日記の『玉葉』に見られた四十五例中の十例の「謳歌」のみを取り上げ、その意味について考察する。尚、意味分析に際して「謳歌」の内容（対象）、人物或いは場所、更に「謳歌」の内容（対象）に対しての評価などの点に注目しながら行う。それらを抽出して左記の表二のように纏めることが出来る。

7、六日丁卯関白可レ被レ迎二新妻一云々、入道太相国娘世号二白川殿一故摂政殿室家也世間謳哥、不レ知二実否一者也（玉葉一、二九七下⑳）

8、爰多武峰悪徒等、可レ入レ夜二打於南都一之由、普以謳歌、非三啻有二云々之説一其証拠已以多、因レ之、為二用心一守二関々一固二道々一（同右、三〇九下⑰）

9、又内裏修理事、頭弁辞退、重方兼光等奉行云々、長方之沙汰不レ叶二時務一之由、上下謳歌、仍所レ辞歟（同右、三六七上⑲）

10、日出之後参内云々、為レ任二右大将一、卒爾被レ仰下可レ献二辞状一之由上、仍太以周章云々、内府可レ被レ昇二太相一之由、此両三年謳歌、須下除目以前被上レ行二任大臣一（同右二、一〇下⑪）

11、除目之時、不レ被レ任二宿官一事、（略）、此事、外記、先例不レ被レ任二宿官一之由、依レ令申、不レ任レ之旨、天下謳歌、仍不レ耐二不審一尋問（同右、二二上⑱）

12、中宮同渡給、子細追可二尋記一、依二大衆事一駕二腰輿一卒爾行幸、為二物怯一之由、世上謳歌、令以符合歟、焼亡所々（同右、三六下②）

13、其後頗事似二和氣一、然而猶以有下可レ被レ搦召二院近臣等一之由謳歌上云々、凡近日［之］巷説縦横無レ極、難レ存二一定一歟（同右、三一〇上⑬）

14、問二遅怠之由一各陳云、近衛司只一人忠季参入、被二尋催一之間遅々、（略）、如レ此之間殆及二鐘鳴一、衆人称二奇異一、凡此貫首未練之由、天下謳歌、父卿年来其志深、此人又見来、而為レ人被二軽賤一、実以遺恨也、天性頗非二其器量一歟（同右三、二一三下⑬）

15、其状云、此事全非二彼懇望一、又非レ有二引級之思一、為レ身無二其益一只衆口之所レ寄（哥イ）、其仁在二彼人一、指余也、前摂政一切、不レ被レ知二万機一之由、世上謳哥、仍偏思二天下事及君御事一之故、所レ申出二此事一也（同右、二二四下⑥）

16、与二前摂政一不レ存二異心一、通二音信一之条、叡念之所レ慕也、汝可否随二人之所一レ言存レ之、謗之時ハ奇レ之感之時ハ悦レ之、今年之豊稔、万機之叶二天意一之由、所レ謳二哥世上一也、善悪事更無二深御意趣一早可存二其旨一者、余申云（同右、二四二上⑱）

表二の示すように、例16「謳歌」はその内容から見れば、仁政の象徴とも言える「豊稔」であることを世上つまり世間の人々が称揚するという意味と考えられる。それに対して、残りの「謳歌」は、その内容（対象）がいずれ

表二

	内容（対象）	人物或いは場所	内容の評価等
7	迎新妻、入道太相国娘	世間	不レ知二実否一
8	夜‐打二於南都一	普（遍く）	非三啻有二云々之説一
9	不レ叶二時務一	（朝廷）上下	所レ辞
10	可レ被レ昇二太相一	（朝廷）上下か	須下除目以前被上行二任大臣一
11	不レ被レ任二宿官一	天下	不レ耐二不審一尋問
12	為二物恠一	世上	令以符合
13	可レ被レ搦‐召二院近臣等一	（朝廷）上下か	難レ存二一定一
14	貫首未練	天下	天性頗非二其器量一
15	不レ被レ知二万機一	世上	非仁か
16	豊稔、万機之叶二天意一	世上	仁政か

も称えるべからざる、好ましくないものとなり、亦、その内容の評価などを見ても「不知実否、難存一定」などのような不確実というマイナス的イメージを伴ってくることと、更に「世間、世上、天下」などの「謳歌」の人物或いは場所とを合わせて考えると、ほめるべきでないマイナス的なことを人々が口々にするという意味で用いられているように看取される。

右の考察で平安時代文献における「謳歌」の意義としては、次の三つに帰納できようかと思う。

（一）うた、うたをうたうこと

（二）（多人数で好ましいことを）ほめたたえること

（三）（多人数で不確かな好ましくないことを）噂すること

残りの「謳歌」を同じ方法で検討したところ、いずれも三つの意義のいずれかで用いられていると判断される。

（一）、（二）は中国語の本来の意味を摂取したものであり、主として漢詩文に使用されている。一方、（三）は中国語には見えない、新しく派生した意義であり、公家日記などの和化漢文に偏用されている。つまり、平安時代の

「謳歌」は文章ジャンルによって意味上の差異を見せている。尚、（三）の新たな意義は多人数の言語行為という本来の意味特徴を依然として持っており、それを土台に、マイナス的な意味内容とよく共に使用されることによって生じたのであろうと思われる。即ち、多人数という言語行為のため、容易に不確かで、事実にそぐわないということが起きがちになる。このような下地によって「謳歌」は好ましくないことと共起しやすくなるのである。

「謳歌」は平安時代極後期頃から公家日記という文献群において意味の変化が起こるようになる。意味の変化に伴って、本来のプラス的な意味からマイナス的な意味に変わることになる。いわば、意味の下落という変化が生じた。但し、結果的に見ると、新しい意味の誕生によってその出自となる中国語より意味が増えて、示す意味範囲が広くなるという意味の拡大という上位分類に帰することとも可能となる。

次に鎌倉時代文献に目を転じて「謳歌」を考察する。鎌倉時代に下ると、「謳歌」は漢文に止まらず、和漢混淆文にも進入して、使用範囲が広まったと言ってよい。先ず、漢文における「謳歌」について平安時代と同じ意味分析の方法でその意味を考える。

17、抑日来可皇子降誕之由、或有霊夢、或依偏(瑞イ)天下一同謳哥之、亦御祈等超過先御例（三長記、一七上①）

「謳歌」は「皇子降誕」という慶賀に値すべき内容、「天下一同」という多人数、「御祈」という評価を合わせて考えると、前の時代の（二）の意味を表すと思われる。つまり、前の時代に続いて中国語の本来の意味は鎌倉時代にも受け継がれているのである。次の例も同様である。

18、又両御願寺新造事。依㆓此火災㆒延引。為㆓第一徳政㆒之由。世以謳謌云々（吾妻鏡後篇、一一一⑭）

「謳歌」は「徳政」を世の人がほめたたえることを表す。

19、本自為㆑先㆓猛悪㆒。令㆑懐㆓諸人愁㆒之由謳歌。近日殊又有違勅之科㆒（同右前篇、一六〇⑫）

20、及秀衡入道男等者。各令㆓同心合力㆒。擬㆑発㆓向鎌倉㆒之由。有㆓謳歌説㆒云々（同右、三六四⑮）

21、近日取入法皇媚中子細等、世以謳哥、内々施種々秘計云々、人以莫不弾指（吉記一、四二一上⑬）

22、今度重輔自関東持参物一巻書之、是今度為勅使宣房卿下向所持云々、但文体非詔非宣、又作名也、関東者戎夷也、天下管領不可然、率土之民皆荷重恩、不可称聖主之謀叛、但有陰謀之輩、任法可尋沙汰之由被載之、多被引本文、其文体如宋朝之文章、不可説々々々、此上者、日来謳歌之説無子細歟、但此書猶難信用（花園天皇宸記二、一〇二下⑦）

例19～22の「謳歌」は「諸人愁」「擬発向鎌倉」「取入法皇媚」「不審な書」といったような好ましくない内容から推して前の時代に生まれた（三）の新しい意味で用いられているとされる。

右の例に依れば鎌倉時代の漢文における「謳歌」は平安時代の意味をそのまま摂取して、漢文の継承性を反映している。残りの同時代の漢文に見える「謳歌」についても同じ意味分析の方法で検討した結果、いずれも右に挙げた各例と同じ意味として使われていることが明らかになる。

ところで、右の例20、22の「謳歌説」「謳歌之説」という表現形式が平安時代には確認できないことから、鎌倉時代に新しく生成したと言えよう。この表現形式は中国語の本来の意味ではなく変化した意味として用いられる新たな言い方である。だから、管見に入った中国文献には彼様な表現が認められなかったのである。「謳歌（之）説」は已に鎌倉時代に登場したため、上記した室町時代成立の古辞書には一つの熟語として記載されており、その定着振りを物語る。「謳歌（之）説」という表現形式は平安時代に新たに生じた「謳歌」の意味を更に強く適確に表現しようという意図で誕生した語形態であろう。亦、「謳歌」のみより「説」の付加によって名詞化し、類義表現である「巷説」「風説」「閭巷説」の意味を連想させながら原義か変化義かを聞き手または読み手がはっきりと弁別することが出来るという働きもあると考えられる。

続いて、鎌倉時代の和漢混淆文における「謳歌」の意味用法について考えてみよう。

23、而《ルニ》勇《ヨウ》士競《キヲテ》レ鋒、欲《ル》三決《セント》二雌雄《ヲ》一之由謳《ヲウ》二歌《カシ》洛中《ニ》一、風聞山上既非《ニズ》二叡慮《ニ》一（延慶本平家物語第一本、七十九オ①）

「謳歌」はサ変動詞として使用され、完全に日本語化したと言えよう。意味は対句の下句たる「風聞」と類似し、「合戦」という内容から都中に噂、取り沙汰されていることを表すと思われる。「謳歌」は本来の意味との関連性によって意味が変わっていても、口々にするという「言う」の方に重きが置かれるのに対して「風聞」は風の便りで耳にするという「聞く」の方に傾くように見える。両者の共通したところは不確かな情報を表す点にある。

24、太政入道失給シ後、天下ニ不思議ノ事共謳歌セリ（同右第三本、四十ウ⑥）

cf、入道相国被レ薨《クワセミノシツノヲ》怪賤男賤女迄《ニマテ》争愁《カサルヘキ》是何様《ハニモ》天狗所為《ノト》云沙汰有（平松家本平家物語巻第六、十三ウ③）

cf、入道相国薨《コウ》セラレヌ、アヤシノ賤男《ノ》賤《シツ》ノ妻ニ至マテ争カ愁ヘサルヘキ、是ハイカサマニモ天狗ノ所為ト云沙汰アリ（百二十句本平家物語巻第六、三九五⑦）

「謳歌」はサ変動調として参考例の示すようなことをも含めての「不思議な事」が世間に言いふらされることを表し、参考例の「云沙汰有」に近い意味のように思われる。

和漢混淆文の「謳歌」は漢文と違って平安時代に変化した意味のみで、しかも、新たに登場したサ変動詞として用いられている。つまり、鎌倉時代における「謳歌」は全般的に見れば平安時代の意味を継承したが、文章ジャンルによる意味使用の偏りも存する。

次に室町時代文献における「謳歌」に目を向けてその意味について考察する。先ず『閑吟集』序に見られた三例の「謳歌」を掲げてみよう。

25、夫謳歌之為レ道、自二乾坤定剛柔成一以降、聖君之至徳、賢王之要道（閑吟集序）

26、動二天地一、感二鬼神一、莫レ近二於詩一。々者志之所レ之也。詩変成レ謡謳歌（同右）

27、爰有二一狂客一編二三百余首謳歌一、名曰二閑吟集一（同右）

「謳歌」は中国語の本来の「うた、うたをうたうこと」という意味として使われており、次に挙げる『邦訳日葡辞書』の「謳歌」に関する注釈と一致する。

Vôca. ヲウカ（謳歌） Vta.Vta.（謳・歌）歌謡，または，詩歌，文書語（邦訳日葡辞書、六九七）

但し、『邦訳日葡辞書』に載っている意味の他には今回調査した文献から次のような意味も見られる。

28、其人の徳カ道路ニ充チテ其人ノ徳ヲ謳歌スルソ（荘子抄巻二、二二一②）

29、謳歌ト云フハ、其君ノ徳ヲ歌ニツクリテモホメテ歌フゾ。コレヲ謳歌ト云ゾ（三略抄四）

30、四月三日神事、今年結構之由。謳歌《ヲウカ》之間（十二月消息、三一五⑧）

三例のように、「謳歌」は帝王の徳、熊野祭の盛況という称賛すべき、喜ばしいことをほめたたえることを表す。『邦訳日葡辞書』には記されていないが、中国語の本来の意味で用いられていると言えよう。何故『邦訳日葡辞書』における「謳歌」は「歌謡または詩歌」という意味だけとなっているのか、これについては更に検討する必要がある。それは今後の課題とする。

右の例に依れば、室町時代に下っても「謳歌」は鎌倉時代に続いて依然として中国語の本来の意味を受け継いで使用されていることが明白となる。一方、左記の例のように平安時代に生まれた新しい意味としての「謳歌」も見られる。

31、後聞、前関白抜刀（名小狐名、誉物也）、打払雷公云々、依之無別事之由風聞、此説大略為実事欤、日来好被武藝、果而而（衍か）亦如此、無止之事也、世上謳歌（見消）之云々（後愚昧記一、二三一⑫）

32、相逐将軍、其辺次第相近云々、随又明日又可有合戦之旨、武士等謳歌云々（園太暦巻三、四一二①）

33、以上三人被殺云々、言語道断事也、与冬光知行相論、定其故歟云々、希代之沙汰、世間之謳歌、唯此事也（宣胤卿記一、二四〇上⑯）

三例の「謳歌」は、それと共起する、前関白の不可解な行動、合戦之旨、言語道断事といったようなマイナス的な内容から見れば、その好ましくない出来事を噂、取り沙汰するという意味と判断される。つまり室町時代にも鎌倉時代に続いて変化した意味が存続している。それのみならず、鎌倉時代に新たに形成した「謳歌（之）説」も室町時代において引き続きその所在が確認される。そこで、室町時代成立の古辞書には見出し語として「謳歌（之）説」が収載されているわけである。

34、皆己《オノレ》ガ国々へ逃下《ニゲクダツ》テ義兵ヲ挙《アゲ》、国中《コクチユウ》ヲ打順《ウチシタガ》ヘテ候ナル間、天下ノ反覆《ハンプク》遠カラジト、謳歌説《オウカノセツ》満《ミチ》レ耳ニ候（太平記巻十八、先帝潜二幸芳野一事、二二九③）

cf、謳歌ノ説巷説ト云モ同ジ意ナリ。誰レガ云フトモ正体ノナキ説ナリ（太平記抄十八）

参考例の示すように、「謳歌説」は「巷説」と同じ、誰が言うともない不確実な説、いわば巷に噂、取り沙汰されることを表すことが分かる。尚、今回の調査で「巷説」の他に次の如き漢語類義表現も検出できた。それらを列挙する。

・既奉出大渡之由有其説、武士騒動、然而虚説也（伏見天皇宸記、三一七上⑧）
・実否ハ不知之、一向虚説也、ウソ也（多聞院日記二、二〇五下⑭）
・寺内事外騒動、於京都門跡ニ付テ雑説有之、後刻聴テ静了、虚説也云々（言経卿記四、一七三②）
・仍有此召之由有巷説云々、於智暁者、朝夕寓直禁裏、又行武家辺、有漏達之事之由、同以閭巷之風聞也、後聞、此両人不下向于関東云々、若是荒説歟、何是何非、真偽難弁、凡近日此事種々説如此、毎事非信用之限、街談巷説雖万端、実少虚多者也（花園天皇宸記二、一〇一上⑫）
・此間人々不安、荒説満耳、当時仕朝廷之人、大略此人数之由有風聞、諸人如踏氷云々、但大略浮説歟、関東早馬帰洛後、可有沙汰之由風聞、紛々之巷説等不能記尽而已（同右、九八上⑮）

・世上嗷々事。定以令二聞及一給歟。閭巷之説雖レ不レ可レ有二御信受一如レ此人口先々不レ空歟（吾妻鏡前篇、二二二⑦）
・洛中群盗蜂起之由。依有二風聞一（同右後篇、二六八⑪）
・武家南山和親等事、縦横説未聞食之間（園太暦三、四六三②）
・晩より大雪ニ成候、大納言様御帰候由風説也（家忠日記、四四九⑤）

右に挙げた表現はいずれも多人数で不確であるという意味特徴を持っていると看取される。だから、場合によって表現の重複を避けるため、筆者が斯様な類義表現を書き並べて使うことも考えられる。例えば、右記の『花園天皇宸記』に見えた例のように「巷説」「風聞」「荒説」「種々説」「街談」「浮説」などが併用されていることからも裏付けられよう。無論、これらの表現には各々意味上の差異が全くないわけではない。詳細については今後の研究に委ねることになるが、以下気付いたことを述べてみる。一つは不確かな程度に差があるのではないかと思われる。例えば、「虚説」に関しては右の『多聞院日記』の例にある「ウソ也」という割注の示すように全く信憑性のないという程度の甚だしい表現である。これは右の『言経卿記』に見える「雑説」と「虚説」との意味上の違いからも察知される。「虚説」は恐らく右に列挙したいくつかの類義表現の中で不確実さの最も強い表現であろう。それに近い意味を持つのは「浮説」「荒説」ではないかと考えられる。また、これらの表現を構成する各形態素の意味による違いも見られるようである。例えば、「風聞」と「風説」とはその後部要素の「聞」と「説」によって、「耳にする（される）」と「口にする（される）」という差が見受けられる。「雑説」は「雑」の持っている様々という意味によってその不確かさが生じてくるのである。「種々説」に近い表現と見える。「巷説」「閭巷説」「街談」「縦横説」はそれらを構成する空間を表す前部要素の広狭によって意味の微差が生じるように思われる。

右記の表現の反対語として次のような表現が見られる。

・戊日有レ憚之条無二本説一之由（吾妻鏡脱漏、三〇⑫）

・可祈禱之由女房等諷諫、未聞本説、不見由緒（花園天皇宸記一、二八六上④）
・史記儒林伝ニハ七十餘国ト云ハ、実説ニアラス（応永二十七年本論語抄、二五二⑩）

「謳歌」の意味変化の要因と変わった意味を考える場合、右に列挙した類義表現と反対表現を合わせて検討する必要がある。

室町時代における「謳歌」は鎌倉時代の意味用法を継承しながら使用されていることが右の考察で明らかになる。つまり、日本文献の「謳歌」は平安時代に中国語の本来の意味を受容した上で、新しい意味が生まれた。中国語から受け継いだ意味と新たに派生した意味は鎌倉時代を経て室町時代に至ってもそのまま保たれていると言ってよい。しかしながら、下記の『新潮現代国語辞典』の「謳歌」の注釈に依れば、平安時代に新しく生じた意味が見えなくなり、寧ろ中国語の本来の意味のみとなっているように思われる。

謳歌　（一）声をそろえてほめたたえること。（二）よい境遇にあることの喜びを外に表すこと。（例略）（一四六）

さて、平安時代に新しく生まれた「謳歌」の意味はいつ消えたのか。それは恐らく江戸時代に入ってからではないかと推定される。これは右記の『邦訳日葡辞書』には已に「歌謡、または、詩歌」という意味だけで、変化した意味が記されていないことと、左記の『明治期漢語辞書大全』にも「ウタフ」という意味しか記載されていないことからも裏付けられよう。

謳歌《ヲウカ》　ウタウ（謳ヲウ）謡エウ上ニ同シ（大増補漢語大全下、三六五丁ウ③、明治期漢語辞書大全十三）

更に、左記の室町時代末期書写と言われる『印度本節用集』永禄二年本等の三本には「謳歌説」が載っているが、江戸時代後期書写の弘治二年本には「謳歌」のみで、「謳歌説」という変化した意味の生成に伴って生まれ、それの強調且つ明瞭たる表現形式が掲載されていないことからも示唆される。つまり、室町時代まで続いた平安時代に新たに誕生した「謳歌」の意味が消えたため、それの変種形式である「謳歌説」も存続の基盤を失って終に姿を消したのであろう。

室町時代後期書写本

謳歌《ヲウカ》（永禄二年本節用集、六六③）

謳歌《ヲウカ》之《ノ》説《セツ》 非レ本説ノ之義也（同右、六九③）

謳歌《ヲウカ》之《ノ》説 非本説之義（堯空本節用集、六〇⑦）

江戸時代後期書写本

謳歌《ヲウカ》（両足院本節用集、七一③）

謳歌《ヲウカ》之《ノ》説 非本説之義也（同右、七四③）

謳歌《ヲウカ》（弘治二年本節用集、六八⑧）

室町時代以降の「謳歌」の意味については、更に資料等を充実させて右に推定したことを裏付ける必要がある。

むすび

以上、中国語と比較しながら、中日両国語における「謳歌」の意味について考察を施して次の諸点が判明したかと思う。それを簡単に纏めて言えば、次の通りとなる。

「謳歌」は中国語に出典を持つ漢語であるが、奈良時代の文献にはその使用が認められず、平安時代初期の勅撰漢詩集という所謂純漢文に初登場し、中国語の本来の意味がそのまま用いられている。平安中後期になると、漢詩文に止まらず、公家日記などの和化漢文の世界にも移入するようになるが、漢語という性質のため、同時代の和文には入ることができなかった。文章ジャンルによる使用上の相違を見せる。亦、中国語の本来の意味を受容しながら中国語には見えない、新しい意味は平安時代極後期頃に公家日記という文献群において生まれた。但し、同時代の所謂漢詩文には彼様な意味の変化が発生していない。文章ジャンルによる意味の差異も見られる。鎌倉時代に入って「謳歌」は漢字によって綴られた漢文のみならず、和漢混淆文にもその使用が拡大する。室町時代に下っても同じことが言える。書記用語的性格からの脱皮を見せている。

「謳歌」の使用範囲の拡大に伴って、意味の変化が起きた。その意味の変化は本来の意味と変化した意味の間に、「多人数の言語行為」という共通した意味特徴という内部の関連性が有って、その表す内容のマイナス化によって出来たのであろう。下落という意味変化の起きた意味は、平安時代から鎌倉時代を経て室町時代まで用い続けられたが、江戸時代以降にはその使用が見えなくなって、今日に至る。

「謳歌」は、日本語における漢語の意味下落という意味変化類型の一例であると考えられてよいであろう。

注

（1）「謳歌」についての先行研究としては管見に及んだところ、佐藤喜代治の『日本の漢語』（角川書店、昭五十四）の中世の漢語の概観において指摘されているのみである。それに依れば「『吾妻鏡』では、人々のうわさ、風説という意味に用いている」と記されている。

（2）「謳歌　亦作謳謌。（1）歌唱（例略、以下同）。（2）歌頌（ほめたたえる、筆者訳）。（3）頌歌。」（『漢語大詞典』漢語大詞典出版社、一九八八）

（3）拙稿「漢語の意味変化について—「濫吹」を中心に—」（『鎌倉時代語研究第十八輯』武蔵野書院、平成七。本書次項「「濫吹」について」）を参照されたい。

第三項　「濫吹」について

はじめに

前項に続いて、本項では「濫吹」を手掛かりに意味の下落という類型の一例として取り上げ、日本で生じた意味とその意味の出所を解明することによって、日本語における漢語の意味の下落という意味変化を求めたいと思う。この「濫吹」の意味について、例えば『大漢和辞典』[1]には、「みだりに竽を吹くこと、才能なくして其の位に居るをいふ」（用例略以下同）という意味が記されている。但し、現行の国語辞典においては、右の意味の以外に「みだりなこと、乱暴」という意味もある。辞書の意味記述から「濫吹」の意味変化が生じているように見える。しかしながら、その意味変化は何時代から、如何なる文献に起こったのか、また何故起こったかの要因等については説かれていない。意味変化で大事なことは、意味がAからBに変化したそのことのみならず、どのような道筋を辿って変化していったか（変遷過程）、更にその原因が何かという点にある。この配慮のもとに「濫吹」という漢語に関しての先行研究は管見に入らなかった。

上述したように、漢語の意味変化の類型の一つに、ある語がある特定のコンテクストの中で殆ど規則的によい意味か悪い意味かのいずれかのみで用いられるものが存する。以下、これを分析の視点として「濫吹」について検討を施す。

（一）「濫吹」のよみと表記

「濫吹」の意味に関する考察に先立って、先ず漢語であるか否か、更にそのよみ及び表記を明らかにすると同時に確認する必要がある。「濫吹」のよみについては、次に挙げる古辞書と訓点資料から判明できる。

濫悪　闘乱卩ランアク　乱逆同ランケキ　濫吹同ランスイ（黒川本色葉字類抄中、畳字、四十一ウ⑧）

濫觴《ランシヤウ》—吹《スイ》—訴《ソ》—妨《バウ》—漫《マン》（易林本節用集、一一三②）

濫吹《ランスイ》胡乱《ウロン》之義（伊京集、五五⑤）

ここに特に注目したいのは、『黒川本色葉字類抄』における「濫吹」が「闘乱部」に所属していることと、亦同じ「闘乱部」に掲出されている語の意味ということである。つまり、「濫吹」は既に悪の意識を伴う語として扱われていることが明白となる。

請—託由《タクヨ》レ是《に》間《マ》—起《ヲコリ》　濫—吹為《に》レ之繁《シケク》—生《ナル》（久遠寺蔵本朝文粋巻二、四五②。平仮名はヲコト点、以下同）

の如く、「濫—吹」に付している音合符から「濫吹」は字音よみで、二字からなる漢語として用いられていることが分かる。尚、日本文献では、「濫吹」と「亂（乱）吹」との二通りの表記が今回の調査で確認された。何故、かかる二種の表記が併用されているのか。これは恐らく「濫」と「亂（乱）」とが両字とも「みだれ」という意味を共有する上、音韻上においても通っているため、このような混用を可能ならしめたのであろうと推定される。そこで、以下両者とも考究の対象として検討を加えたい。「濫吹」は漢語である以上、その意味変化があるか否かを考えるためには、先ず中国語におけるその本来の意味が如何なるものかを明らかにすることが必要となる。次項では中国文献における「濫吹」を考察する。

（二）中国文献における「濫吹」

中国文献を文章ジャンル別に調査した結果、「濫吹」は、仏書からはその用例を見出すことが出来なかったが、中国元来の文章ジャンルである韻文、散文には確認された。但し、管見に入った両文章ジャンルから検出できた「濫吹」は僅か十三例に止まる。これは無論調査の不足に因るところが多いと思うが、使用頻度としてはやはり高いとは言えないであろう。殊に日本文献のそれと比較してみれば、なおさら明晰となる。中国文献における「濫吹」の使用状況は次の表一の通りとなる。

次に「濫吹」の用例を列挙して、その意味を検討する。尚、意味分析に際して「濫吹」の使用場面、示す内容、主体等に着目し、それらを意味分析の指標として検討を加えよう。

1、覊旅去旧京、感遇踰琴瑟、自顧非杞梓、勉力在無逸、更以畏友朋、濫吹乖名実（文選、雑体詩三十首盧中郎諶感交）

その使用場面は、劉琨に仕えた盧諶が劉琨との交情を有難く思うこととなる。「濫吹」の主体が詩の作者である盧諶となり、その示す内容は盧諶自身が劉琨の知遇の恩を有難く思うこととなる。「ただ自分のことを考えてみると、杞梓（良い材）のようなものではないので、楽しみに耽って怠ることのないようにと心がけ、努力してきたし、更には亦他の友から非難されはせぬかと気遣った。下手な吹き鳴らし方では（即ちせっかく与えられた地位の仕事を果たす才能がなくては）名に相応しい裏付けとなる実質がないとて譏られるから、そのようなことがないように、（つまりそのようなことがあっては貴君に相済まぬから）と」というふうに解される。「濫吹」は、盧

表一

文章ジャンル	文献	用例数
韻文	文選、雑体詩三十首	1
	北周詩	1
	王融浄行頌	1
	北斉詩	2
	張正見詩	1
	虞世南詩	1
	劉禹錫詩	1
	駱賓王上張司啓	1
	柳貫尊経詩	1
散文	王禹偁小畜集	1
	欧陽脩謝校勘啓	1
	冊府元亀	1
合計		13

謙が才能があるのに、才能が足らずにその職に堪えられぬことを謙って言うことを表す。

2、弱齢参顧問、疇昔濫吹嘘。緑槐垂学市、長楊映直盧（北周詩巻四、二三九〇、庾信、奉和永豊殿下言志詩十首）

庾信が自分の若い時から優遇されていることを言う場面である。主体が詩の作者庾信である。「濫吹」の示す内容は自分が才能なくしてその位に居る（官職を勤める）ことを遜って言うとなる。つまり、「濫吹」は上司（或いは主君）に対してその主体が自らの無能を貶すという一種の謙遜的な表現とも捉えられる。例1と同様に用いる。

3、天宮初動磬、緹室已飛灰。暮風吹竹起、陽雲覆石来。拆氷開荔色、除雪出蘭栽。慙無宋玉弁、濫吹楚王台

（北斉詩巻二、二二七八、奉和冬至応教詩安徳王高延宗）

蕭愨が主君の詩句に和韻する時の心情を描く場面である。主体が詩の作者自身である。「濫吹」の示す内容は自分が弁を作った彼の著名たる楚国の宋玉のような才能がなく、下手な詩を作って主君の詩の和韻に相応しくない（いわば大事な地位を賜った自分がそれを果たす能力を持っていないという気持ちをも暗示する）といったことを言う。例1、2と同じく重要な位に就いているものの、それを履行する才能がないという話者の自らの卑下的な表現として比喩的に使われている。

今回調査した限りの中国文献から検出できた「濫吹」は、十三例となるが、右に挙げた三例のように、ある官職に就いている人間が自ら自分の才能、器量が不足して、その職（位）に堪えられぬことを貶すといった、謙遜的な意味として用いるのが十一例に達している。つまり、中国文献において中心義を成していると考えられる。残りの二例は次の例の如く使用される。

4、十五年冬詔曰（略）置楽官実須任職不得仍令濫吹也遂簡置焉（冊府元亀五六七）

『冊府元亀』は宋の景徳二（一〇〇二）年、王欽若等奉勅撰、『太平御覧』と並んで、宋代の類書を代表するものである。三十一部一千一百部門、歴代君主の事迹を収録し、六経子史を主として、小説の類は一切入れない。書名

は『晋書』の葛洪伝の「紬二奇冊府一、総二百代之遺編一」と『尚書』の大禹謨の「昆命二于元亀一」の二語とを併せ取るという。例4の場面としては楽官を置くための詔書の内容を言う。「濫吹」の主体は右に列挙した三例の如き詩の作者自身いわば一人称と違って楽官という三人称である。その示す内容は例1、2、3のように、自分がその位に居る才能があるのに、謙って、ないという謙遜的意味ではなく、楽官たる者が才能なくしてその位に就くことをせしめてはならぬといったことを言う。つまり、自ら自己を貶めるような卑下的表現ではなく、本当に才能がなくその位に就いていることを示す。

以上の文脈的意味分析を通して、次の諸点が判明する。即ち、中国文献における「濫吹」の主体はその殆どが一人称で、亦ある地位、官職を持っている所謂官吏階層の人となる。「濫吹」と共に伴ってくる行為は、一種の謙遜的出来事がその殆どを占める。つまり、才能・実力を具備して、課せられた職務を果たすことが出来るが、主君・上司への忠誠・謙遜という意識から、卑下的に自らを貶し無能であることを主張する。これは悪の意識を伴うどころか、寧ろ一種の美徳として把捉されるように思われる。

右の意味分析から「濫吹」の意義は次のように帰納できよう。

（一）定められた官務、職務を完うできるのに、謙遜的にできないということ（十一例）

（二）定められた官務、職務を完うできないのに、その位に在ること（二例）

と二つに大別できるが、（一）の意義は使用例から見れば、圧倒的に多くて、中心的なものとなる。亦、決して悪の意識を伴わないものである。（一）と（二）との両者の弁別的な意義特徴は謙遜的かそうでないかという点に在る。それを捨象して、両者の間には「ある定められた状態から逸脱してその位に就く[2]」という共通的な意義特徴も認められる。

尚、「濫吹」という語の生成については『韓非子』の内儲説上七術倒言を出典にして成り立ったものとされてい

る。それを挙げてみると、

　斉宣王使人吹竽。必三百人。南郭処士請為王吹竽。宣王説之。廩食以数百人。宣王死。湣王立。好一一聴之。

　処士逃。一曰、韓昭侯曰。吹竽者衆無以知其善者。

「濫吹」は、南郭処士が竽を吹くことが出来ないのに、みんなに紛れて竽を吹く位に就いたという故事を下地に形成したのではないかと見られる。尚、右の故事を土台に、「濫吹」とほぼ同意で用いるもう一語も出来たのである。それは「濫竽」という語となる。この「濫竽」の例を挙げてみよう。

　朱丹既定、雌黄有別、使夫懐鼠知慚、濫竽自耻（梁書、庾肩吾傳太子与湘東王書）

のように「濫竽」は「濫吹」の（一）の意義と同じく用いていると判断される。亦、「濫竽」も「濫吹」と同じ日本文献に現れて、中国語と同じ意味として使用される。

　但以二口説不レ詳忘遺多矣不レ昇二貪レ善之至一懐示濫竽之我後生賢者幸勿嗤嗤焉（日本霊異記上序）

「濫竽」は編者景戒が無能の自分が才能のあるように見せかける仕業（本書を作ることを指す）を謙って言うことを表す。次の例も同じ意味で用いる。

　招妄伝之罪致藍竽（濫竽か）之誚（東大寺諷誦文稿の国語学的研究、三〇〇）

「濫竽」は、管見に入った日本文献には確認できた用例が右に挙げた二例だけで、「濫吹」と比べれば、その使用量が遥かに少ない。その上、その意味も本来の中国語のままとなる。

　では、何故同じ意味を示す二語が日本文献においては使用上の格差が生じたのか。それは恐らく日本人が漢語を導入するのに当たって、特に類義語を選択する場合はどれを選んで使うかという、日本人なりの選別意識が働くためではないかと推測される。つまり、決して無区別で手当たり次第に摂取したわけではない。今日の当用漢字の選択と相似ていることであろう。そのため、ありとあらゆる中国語は日本語に採用されなかったのであろう。具体的に「濫竽」の日本文献における使用量の極少と意味の不変化と言えば、「濫竽」を構成する「竽」という楽器の後部要素に制約されて一般化できなかったと言えよう。つまり、「竽」は中国の独特の楽器で、日本に受け入れられ難く、あまり知られていないためであると考えられる。それに対して、「濫吹」の「吹」は「竽」と比較すると、認知度が高くて日常的によく使用される表現である。そこで、「濫吹」は「濫竽」より日本文献において多用されるのであると看取される。一方、中国文献では、「濫吹」と「濫竽」とには日本文献のような使用上の格差を認めることが出来ないが、寧ろ「濫竽」の方が一般的であろう。それは「濫竽」を本にして「濫竽充数」という四字熟語まで構成したことからも察知される。特に現代中国語では、「濫吹」が姿を消して、「濫竽充数」のみが用いられている。(3)

（三）日本文献における「濫（亂・乱）吹」

前項の考察で明らかになったように、中国文献における「濫吹」は官吏と共起して使用されている。中国文化を学び、中国の官制を摂取した日本においても、「濫吹」の示すような現象が日本の官吏の間に生じて然るべきであろうと推定される。それを表すために「濫吹」を日本語に導入したのであろう。

日本文献を、時代別、文章ジャンル別に調べたが、「濫吹」を検出できたのは漢文に限ってであり、和文と和漢混淆文からは確認できなかった。日本文献では、文章ジャンルによって「濫吹」の使用上における差異が認められる。漢文にのみ用いられる「濫吹」は書記用の漢語で、日常用語に至っていないと言ってよい。但し、書記用語と言っても、大きく分けてみれば、よく使われるものとあまり使われないものとがあると考えられる。次に掲示する表二の示すように、「濫吹」は、古記録類での多用と、亦平安時代末期における通用の用語を収録し、日常的実用文の作成に供されたとされている『色葉字類抄』にも掲載されることとを併考すると、書記用の常用語として認めた方が妥当ではないか。これについては、三保忠夫氏が「色葉字類抄畳字門語彙についての試論―「闘乱部」語彙の場合―」[4]という題の論文において、古文書、古記録を中心として「闘乱部」に載っている畳字語を実際の使用例と照合して、「闘乱部」にある「濫吹」が書記用の「常用語」として分類されたという結論を出された。更に、畳字門語彙について山田俊雄氏にも論考があり、「単純に日常的といふには遠く」、「極めて高度の書記言語的行為における日常性を考えねばならない」ことを指摘されている。[5] 両氏の御論考と今回調査した結果とを合わせて考えれば、「濫吹」は鎌倉時代まで依然として書記言語という域に止まり、その常用語として用いられていたと見られる。日本文献における「濫（亂・乱）吹」の使用状況は次の表二の通りとなる。

表二に依れば、「濫吹」は已に奈良時代から日本文献に登場して、その伝来の早かったことを物語る。但し、調

表二

時代	文章ジャンル	文献	用例数
奈良	漢文	懐風藻	1
平安	漢文	続日本紀	1
平安	漢文	日本後紀	1
平安	漢文	日本三代実録	2
平安	漢文	類聚三代格	3
平安	漢文	政事要略	2
平安	漢文	本朝世紀	1
平安	漢文	朝野群載	2
平安	漢文	日本紀略	1
平安	漢文	扶桑略紀	2
平安	漢文	平安遺文	32
平安	漢文	東南院文書	6
平安	漢文	小右記	24
平安	漢文	春記	9
平安	漢文	中右記	1
平安	漢文	長秋記	1
平安	漢文	台記	5
平安	漢文	吉記	1
平安	漢文	経国集	1
平安	漢文	久遠寺蔵本朝文粋	1
平安	漢文	明衡往来	1
平安	漢文	計	98
鎌倉	漢文	玉葉	17
鎌倉	漢文	明月記	2
鎌倉	漢文	吾妻鏡	17
鎌倉	漢文	鎌倉遺文	165
鎌倉	漢文	高野山文書（1、4）	7
鎌倉	漢文	古事談	2
鎌倉	漢文	雑筆往来	1
鎌倉	漢文	百也往来	1
鎌倉	漢文	計	212
合計			310

査の不足に由来するかも知れないが、管見に及んだ奈良時代文献から僅か一例しか検出できなかった。ところが、平安時代になってその使用量が大いに増加して、史書、古文書、古記録、古往来、漢詩文等の文章ジャンルに亘って使用されている。これは単に平安時代の日本人の言語生活が隆盛になってきたために過ぎないであろうか。それとも「濫吹」の意味にも関わってくるであろうか。この点について以下の検討で触れてみたい。「濫吹」の増加の勢いが鎌倉時代に至っても依然と衰えていない。つまり、「濫吹」は鎌倉時代まで書記用語として多用されていることは疑を入れないことであろう。そのため、『色葉字類抄』に収録されたのであろう。

確かに中国語と日本語との使用量についての比較は難しいが、どちらかと言うと、日本語の方が「濫吹」を多用しているのではないかと見られる。語の意味変化は多様な条件が必要となるが、多く用いることが一つの肝要な条件として挙げられる。日本文献における「濫吹」としては已に多用という条件を満すことになっている。

ア奈良時代

次に、奈良時代の「濫吹」の意味を考えよう。「濫吹」は日本人が始めて作成した漢詩集『懐風藻』に見えた例である。

1、堤上飄絲柳、波中浮錦鱗、濫吹陪恩席、含毫愧才貧（懐風藻、五言春日侍宴安倍朝臣広庭）

cf、更以畏友朋、濫吹乖名実（文選、雑体詩三十首盧中郎諶感交）

cf、微臣同濫吹、謬得仰鈞天（虞世南、奉和献歳宴宮臣）

春日侍宴という場面となり、参考例と酷似している。「濫吹」の主体は宴席に加わった安倍朝臣広庭自身である。これも元来の中国語と一致すると言える。「濫吹」の示す内容は、自分が才能のないのにみだりに君恩の厚い宴に侍って、筆を口に銜えて（つまり筆を取って）詩を作ろうとするが、才の乏しいことを恥じ入るばかりとなる。詩の作者安倍は自らを貶す謙遜的な表現であると看做される。「濫吹」はその使用場面といい、主体といい、示す内容といい、意味といい、いずれも参考例乃至本来の中国語と変わることなく、中国語をそのまま受容したものであると言えよう。これは、漢語が日本に伝来した当初は本来の中国語のままで用いることを反映することになる。亦、中国文化、政治等を摂取するに際して中国語を必要とすることも示唆される。

『懐風藻』は漢風を讃美し、学び取り、所謂「漢風謳歌時代」となる時に出来上がった漢詩集である。当時日本に渡来した『文選』『藝文類聚』等を参考にしたり、模倣したりしたのである。『懐風藻』における「濫吹」はその使用場面からも意味からも参考例の『文選』と初唐の虞世南詩における「濫吹」を彷彿させ、その継承振りを見せる。

イ平安時代

以下、平安時代における「濫吹」の意味について検討する。先ず、漢詩文の「濫吹」を挙げてみよう。上記の表二に示すが如く、今回調査した限りの漢詩文から「濫吹」を二例のみ検出できた。一例は天長年間に成立した三大勅撰集の一つ『経国集』の序に見えたものである。もう一例は平安中期に成立した、日本漢文の精粋を集録し、後代に多大なる影響を及ぼした『本朝文粋』にあるものである。この二例を列挙して考えてみよう。

1、爰詔正三位行中納言兼右近衛大将春宮大夫良岑安世、令臣等鳩訪斯文也。詞有精麁、濫吹須弁、文非一骨、備善維雑（経国集、五一五上①）

詩文を訪ね、収集し、選択するように努めるという場面となる。「濫吹」はその主体が詩文を作る人で、示す内容が無能を才能の有るが如く見せかけるために作った見せかけの詩ということを言う。つまり、規範に外れた詩を判別すべきであると解される。一人称の謙った表現ではなく、三人称の、才能がないのに、あるように装って詩を作ることを示す。

2、於是に博士等毎に至ル貢《コウ》挙《キヨ》之時に唯以歴名を薦《ススム》士を曽《カツテ》不問才之高下人之労逸《イツ》は請託《タク》由《ヨ》是に間《マ》起《ヲコリ》濫吹為に之繁《シケク》生《ナル》（久遠寺蔵本朝文粋巻二、四五②）

博士等が唯学生名簿を以て士を推薦することを言う場面である。「濫吹」の主体が推薦を受けた士となる。「濫吹」の示す内容が学生名簿のみを頼って、才の高下、人の勤怠を問わないことによって請託の弊が間々起こり、才学なきものが多く生じたことを言う。つまり、「濫吹」は才学がないのに貢挙者になることを示す。

漢詩文における「濫吹」はその主体も示す内容も本来の中国語と相似ている。意味も上記の中国語の（二）の意義と一致し、それを踏襲したと看取される。それはほかでもなく中国の漢詩文を模範とし、それに近づこうという漢詩文の撰述者の意識が大いに作用するためであろう。

次に古文書などの古記録類における「濫吹」の意味を検討する。古記録類は、表現形式としては漢詩文と共通するが、表現内容としては中国の古典文を模倣、継承しようとする漢詩文と異なって、日本の事情を有りのまま記録するといった相違が存すると考えられる。表現内容の違いによって、漢詩文よりも寧ろ古記録類に用いる漢語の方がその意味変化が発生しやすいのではないかと、前述において言及してあるところである。以下、先ず平安初期の「濫吹」を挙げてその意味を考える。

1、詔。治部省奏。授公験僧尼多有濫吹。唯成学業者一十五人。宜授公験（続日本紀巻八、八二④、傍注等略）

2、今聞。頃年受戒之輩。事多不法。只以戒牒。専為公験。自称真僧。眩人耳目。因茲邦家少輸貢之民。都鄙多濫吹之僧。伏望自今以後。受戒之日。省寮威従共向戒場。子細勘会官符度縁。即令登壇受戒（日本三代実録巻四十二、五二二⑭）

二例とも僧の受戒、戒牒管理の強化を言う場面となる。「濫吹」の主体は僧侶という三人称となり、本来の中国語の官吏より更に使用範囲が拡大したとも言えよう。「濫吹」の示す内容は只戒牒、公験を以て真僧と標榜し、無能を才能の有るように見せかけることを言う。つまり、有名無実なのに、僧侶の地位に居ることを表す。意味としては右に例示した同時代の漢詩文と変わらない。

3、大僧都伝灯大法師位等定言（略）恥方濫吹。恐同践火。是以懸車之歳。（略）伏願去大僧都（日本後紀、二六⑮）

定言が自ら大僧都を免ずるように希求する場面となる。「濫吹」は、その主体が大僧都定言自身のことで、その示す内容が年を取った自分が大僧都という職務を勤める力量がもはやないのにその位に居ることを謙って言う。いわば、定められた大僧都の僧務を果たすことが出来ないが、しかしその地位に止まっていることを卑下的に表す。

4、長賢昔植善因。幸生聖代。忝備濫吹。誤預二会（類聚三代格巻二、六五⑤）

維摩、最勝両会立義者の選びという場面となる。「濫吹」の主体が法隆寺別当長賢自身となる。「濫吹」の示す内容は長賢が自分の才能がなく両会の立義に加わったことを遜って言う。「濫吹」は例3と同じく自らを見下すという謙遜的な表現として用いられている。

5、望請。准式部省。置件書生者。被右大臣宣偁。奉勅。式部省書生惣卅人。宜停其十人。依件令補。試其身才。然後補之。不得令濫吹輩輙備其員（同右巻四、一七一⑧）

書生を如何にして補任するかという場面である。「濫吹」の主体が書生という三人称となる。「濫吹」の示す内容は、才能に応じて選抜して、有名無実の書生を採用、抜擢しないようにするとなる。「濫吹」は定められた書生の職務を完うすることが出来ないのに、その位に就くことを表す。

右に列挙した「濫吹」は、その使用場面、主体、示す内容が本来の中国語のそれと相似ていて、意味が奈良時代と同様に中国語をそのまま継受したと思われる。ところが、同じ平安初期の「濫吹」には次のような例も見られた。

6、運載之法。何応一同。須楹榑卅二材。歩板八枚。簀子十枚。以此為定。復旧之後。改従恒例。不得因此更令濫吹。長官相承。厳加督察（日本三代実録巻十一、一六四②）

車運載法が恒例に則るべきであることを言う場面となる。「濫吹」の主体が車の製造者で、元来の中国語の、ある位に就く主体より品位が下がったと言えよう。「濫吹」の示す内容は定められた車運載法に違反して濫りに車を改造することを言う。「濫吹」は違法に恣に製造することを表し、「悪」の意識を伴ってくる意味となると考えられる。元来の中国語より「悪」の方向に傾斜するように見える。

今回管見に入った平安初期の「濫吹」は本来の中国語と異なった意味を示すのが例6の一例だけで、残りはいずれも中国語と同じ意味で用いられると判断される。つまり、平安初期にはその意味の変化が生じたように見える「濫吹」はその意味がまだ「臨時的」なもので、「慣用的」に至っていないと言えよう。次に平安初期以降の「濫吹」を見よう。公家日記としての『小右記』（天元五（九八二）年～長元五（一〇三二）年）に見えた二十四例の「濫吹」を中心に、その意味を検討する。二十四例を全部例示した上で、各用例から使用場面、主体、示す内容、意味を分析、抽出して、それらを表の形で示すという方法を取ることとする。

1、日者陣中不閑、濫吹之徒恣心出入、又有不善之輩云々尤有驚御（小右記一、四二⑪）

2、随身久木去十六日為陣官濫吹事、是殴雑仕女、（略）此男酒狂者也、時々有如此之事（同右、二六七②）

3、又上卿不仰座事、昨日數其座、違例事也其座近衛官人及人々随身着之、事々濫吹不可勝計（同右、二八六⑭）

4、華山院近衛面人数十人、具兵杖出来、乍令持榻捕籠牛童、又雑人等走来飛礫（略）左府被示華山院濫吹之事（同右二、三三①）

5、京内上下挙首乱入后宮中、風[凡]見物濫吹無極（同右、九⑥）

6、予仰云、所申不当、其故者、使官人禊祭日参院之事、若有濫吹之事為糾行也（同右三、九⑫）

7、近衛等或以弓打、或以杖打、不耐打追雑人盈満御前、走向右相撲屋方、（略）事之濫吹未有此比、諸卿或弾指、或歎息（同右、一三六⑩）

8、今日之事多渉濫吹、非御前儀（同右、一三六⑭）

9、彼宮人打陵看督長、又主[至キ]放免付縄打調、仲[件キ]犯人者彼宮下部、（略）宮曰、無所犯者、信[紀]明所行濫吹者（同右四、二⑩）

10、殴凌宗相妻云々非常事、摂政前々濫吹事、無終始之戒、仍積慣歟（同右、一七一⑤）

11、為時召遣之間、逃隠不応召、仍搦取宅主法師持[将カ]来、寺家法師、童子六十七人許到佐保殿罵辱為時、次及濫吹、為時無所陳、忽令拷搦所司[召カ]公使者、奇[寄]事於使者監[濫シナ]吹所為歟（同右五、七⑩）

12、兼房朝臣罵辱定頼不可取云、以足蹴散定頼前菓子、右少弁資業云、事太狼藉、可被起退者、仍定頼起座、次侍従悉起、兼房欲取定頼冠、仍定頼逃走入宿所、以石打宿所如雨、其後兼房昇殿上弥以放罵辱詞云々、（略）雖驚罵者之濫吹、被罵之人和甚哉（同右、一〇⑨）

13、今日興福寺別当大僧都林懐停寺務之宣旨下之云々、因佐保殿濫行事云々、長者最初春日之日有此濫吹、随又被停別当釐務不吉事歟（同右、一〇⑭）

14、正方有太奇氣、又従者濫行無比、饗饌間下部不可堪、又責預者取続松無筭、傍持[将]等従者慣之濫吹（同右、二九⑫）

15、只於近処依致濫吹重所召勘、又可従追却（同右、一六五⑪）

16、抜刀走寄、片手又執件男髪打臥、抜刀□[指カ]充腹、他瀧口等相共縛、母命婦走来、奪抱子男□、此間濫吹不可敢言（同右六、二二四①）

17、関白領千代庄等雑人越来辛嶋牧、推作田畠、致濫吹、呼為職朝臣示禅室坂門牧事（同右七、二三一⑤）

18、去夕主殿允久頼為東宮蔵人内助俊経於上東門内被打調幷刃傷（略）濫吹之事（同右、二三三⑨）

19、昨日右京権大夫道雅三位到帯刀長高階順業宅博戯、賭物車之間有濫吹、件順成（業）乳母夫兼任朝臣与件道雅卿拏攫、引破狩衣袖先、初与順業有濫吹道路雑人成市、拏攫之間放呼言《事カ》云々（同右八、七④）

20、諸人所申、俊孝近曽有事縁下向但州、行不善事、為国致濫吹（同右、七四④）

21、故雖位貴者無一銭則歩三経、雖品賤者富浮雲則開高門、俗之濫吹、国之彫弊、職此之由、理不得然（同右、一八二⑧）

22、尋事実正、非損破安行宅之事、只依閇頼行門戸、欲通経安行宅内之間、有濫吹事也（同右、二四八⑮）

23、家仕丁与宅主男拏攫、従法住寺内法師童数多提刀杖出来、欲追打（略）仕丁等所為濫吹尤甚（同右九、六⑩）

左の表三に依れば、使用場面は、本来の中国語はもとより、奈良時代、平安初期にも見られなかった場面が多く現れて、その多様性を見せている。又、「濫吹」の主体が各階層の人からなることが分かる。官吏から平民まで、僧侶から在俗まで、更に一人もあれば、一人以上の複数もある。斯様な多様多彩の主体は官吏を中心とする元来の中国語のそれと顕著な差異を呈出する。主体の多様化となったことは当然のことながらその意味にも大いに関与してくることになると推定される。尚、主体の多様化によって、その示す内容も元来の中国語と違って、様々なものからなる。しかしながら、そのいずれも定められたこと—秩序、法、戒、先例、儀法等を乱す悪の行為、行動、出来事といった共通点を有する。つまり、「悪」の意識を伴う内容となっていると言えよう。出自となる中国語及び奈良、平安初期に見られた謙遜的な内容が見えなくなった。内容の変化も主体と同様に「濫吹」の意味に強く作用すると考えられる。

以上、平安時代における「濫吹」について検討を施してきた。その意味の考察に基づいて、「濫吹」の意義は次のように帰納できよう。

表三

	場面	主体	内容	意味
1	宮中衛府不閑	雑人（不善之徒）	不善之徒が宮中衛府に乱入	不法の乱入のこと
2	宮中衛府	随身の久木	雑女を殴打	乱行
3	宮中儀式	近衛官、随身等	儀式の例に違う	違例のこと
4	后宮	華山院供奉人公任等	兵杖を持って濫行	騒乱のこと
5	見物	京内上下（人々）	后宮に乱入して騒がしい	違法の行為
6	禊祭日院に参る	検非違使	儀礼に反する	違例の行い
7	相撲を見る	近衛等	秩序を乱し雑人追打	例に外れた悪行
8	相撲勝負の評判	官吏	御前の儀に外れて騒乱	違例のこと
9	乱行の裁判	彼宮人	陵看督長を殴打	乱暴の所業
10	乱行の報告	皇太后の侍	宗相の妻を凌轢	不埒な行い
11	佐保殿での乱行	為時と興福寺衆徒	罵辱、紛争	喧嘩
12	宴席	兼房朝臣	定頼を罵辱、追打	違例の悪行
13	佐保殿事件の処分	興福寺衆徒	為時の罵辱、騒動の引き起こし	乱暴な行為
14	宴席	藤原兼経の従者	違法のことをいつも働く	違法行為
15	乱入についての処分	随身秦吉	頼直第内に乱入	不法侵入
16	殿上の事件	少将命婦の男二人	刀を抜いて人を指す	乱行
17	関白領地の出来事	千代庄等雑人	辛嶋牧を侵す	違法の行為
18	上東門での事件	東宮蔵人内助俊経	久頼に傷害を加える	違法の暴挙
19	賭物の争い	道雅、順業等四人	賭物の争いで格闘	乱闘、騒乱
20	百姓濫訴	俊孝	悪事を働く	違法行為
21	時弊の糾正	世の中の人	奢侈の邸宅の建築	違禁の建築
22	乱入についての処分	実資家二人	安行の宅に乱入	不法侵入
23	実資の盆使いの事	仕丁等	宅主の男に乱暴を加える	乱暴狼藉の行為

（一）定められた官務、職務を完うできるのに、謙遜的にできないということ
（二）定められた官務、職務を完うできないのに、その位に在ること
（三）定められたことに反する乱行、悪行

と三つに大別できる。これを踏まえて、残りの平安時代の「濫吹」を分析、検討したところ、いずれもその三つの意義のどれかに合致することになると判断される。但し、その中には次のような聊か異例と思われる五つの例が存する。五例とも藤原頼長の残した日記である『台記』（保延二（一一三六）年〜久寿二（一一五五）年）に現れたものである。

「悪左府、悪左の大臣」と呼ばれる藤原頼長は『保元物語』において崇徳上皇を擁し、後白河天皇に対して兵を挙げ、為朝の夜襲の動議を退け、逆に夜襲を受け、上皇の方を敗戦に導いた人物として知られている。亦、慈円はその著『愚管抄』で、彼を「日本第一大学生、和漢ノオニトミテ、ハラアシクヨロヅニキハドキ人ナリケル」と酷評している。彼の日記『台記』は他の公家日記と異なり、誠に異色の日記であると言える。抑日記というものは、どこかで他人が読むことを期待して記されているものであるが、この『台記』には本来人に言ってはならず、秘すべきことが露骨に語られている。例えば、同日記に羞恥と思われる程の同性愛の記述が多いことはその一つと言えよう。実はこの五例の「濫吹」が全部頼長の自らの男色のことを述べるのに用いられている。近年の研究(6)に拠ると、頼長のお相手役は貴族だけでも七人に上る。貴族以外にも視野を広げると、頼長の相手を勤めた男たちの輪は更に広がる。

確かに『台記』には、多くの男色関係が子細に記録されているが、それはどうも当時の貴族として、とりわけ猥雑で不倫なことではなかったらしい。寧ろ当時の一風習のように思われる。これは、鳥羽上皇も、後白河上皇も、頼長の父・忠実も、兄・忠通も彼に勝るとも劣らぬ男色愛好者だったことからも伺える。それ故当時の人間関係を

考えるには、この男色関係の的確な把握が必要であろう。頼長の男色に関する特色は男色の克明な記録を残したことと、男色に耽った後に、難解な本を読んでいることにある。更に、「男色の行い」を「濫吹」と呼び、男色の相手を「三品羽林」等と呼んだ点に、慈円の言うように、さすが彼が日本一の大学者であったことが察せられるのであろう。『台記』の「濫吹」を挙げると、次の通りである。

1、五日癸亥、或羽林卿来、亥終、良久言談、有濫吹、人不知（台記一、八五上⑰）

2、六日壬午、或人来、相互行濫吹（同右四、一三五下⑪）

3、夜闌、或卿三来有濫吹（同右五、一四二下⑩）

4、亥刻向華山逢或士、讃、相楽、楽八本作互似是行濫吹、希有之事也、過夜半帰宅（同右六、一八〇下⑨）

5、入夜向華山逢讃、両度行濫吹、及天明帰（同右、一八一下①）

の如く、「濫吹」は「男色の行い」として用いられているが、右に分類した三つの意義と異なる様相を示す。但し、常識に外れた行為という点から考えると（三）の意義に入れられる方が妥当のように思われる。

平安時代における「濫吹」の意義分布は次の表四の通りとなる。

（一）（二）の意義は本来の中国語と一致するもので、それを踏襲したと言えよう。但し、（三）の意義は本の中国語にはなく、「悪」の意識を伴うものである。即ち、元来の中国語より「悪」の方向に下落したという意味変化が起きたのである。（一）（二）の意義は本来の中国語のままで用いるが、表四に示すように使用量が少なく、更に平安初期に集中している。一方、（三）の意義は、既に平安初期頃に発生したが、一例のみで「臨時的」に過ぎず、平安中期以降に使用量が大いに増えて、ついに本義である（一）（二）の方を上回って、中心義となった。平安初期の「臨時的」意味から「慣用的」意味に変わったことになると言ってよい。平安時代の「濫吹」は奈良時代よりその使用量の多かったのが意味の変化に大いに関係しているであろう。変化した（三）の意義が「慣用的」になっ

表四

文章ジャンル	意義＼文献	㈠定められた官務、職務を完うできるのに、謙遜的にできないということ	㈡定められた官務、職務を完うできないのに、その位に在ること	㈢定められたことに反する乱行、悪行	用例数
漢文	続日本紀		1		1
	日本後紀	1			1
	日本三代実録		1	1	2
	類聚三代格	1	2		3
	政事要略		2		2
	本朝世紀			1	1
	朝野群載			2	2
	日本紀略			1	1
	扶桑略紀			2	2
	平安遺文			32	32
	東南院文書			6	6
	小右記			24	24
	春記		1	8	9
	中右記			1	1
	長秋記			1	1
	台記			5	5
	吉記			1	1
	経国集		1		1
	久遠寺蔵本朝文粋		1		1
	明衡往来			1	1
合計		2	9	86	97

たため、「濫吹」は『色葉字類抄』において闘乱部の畳字として収録されているのである。換言すれば、「濫吹」が闘乱の意味を表すことを物語ることにもなる。表四に依れば、平安時代では、㈢の意義の方は本義である（一）（二）よりその使用頻度が高いが、（一）（二）の意義も少量ながら存在するのが事実である。つまり、平安時代には本義と転義とが併存しているのである。

ウ鎌倉時代

次に、鎌倉時代における「濫吹」について検討を加えよう。『吾妻鏡』に見えた十七例を全部列挙してその意味を考える。

1、今日。伊豆山専当捧二衆徒状馳参路次一。兵革之間、軍兵等以二当山結界之地一。為二往反路一之間。狼藉不レ可二断絶一歟。為二之如何一云々仍可レ停二止諸人濫吹一之旨（前篇、五一⑤）

2、其間互及二過言一忽欲レ企二闘諍一（略）爰義連奔来叱二義実一云々。依二入御一。義澄勵二経営一。此時争可レ好二濫吹一乎。若老狂之所レ致歟（同右、七三⑧）

3、又称二其使節一。押二妨権門庄民等一。此事当時人庶之所レ愁也。既達二関東御遠聞一之間。号二之物狂女房一。且停二止彼濫吹一。且可レ搦二進相順族一之由（同右、一四〇②）

4、釈門人争現二邪狂一哉。早可レ停二止如レ然濫吹一之由（同右、一六三⑥）

5、被レ献二右府一御書曰。（略）但平家奉レ背レ君。旁奉結二遺恨一。偏企二濫吹一候。世以無レ隠候（同右、一八八③）

6、且為二傍輩向後一。被レ召二禁其身一。且被レ下二別御使一。欲レ被レ停二止自由濫吹一矣（同右、二五八⑯）

7、早可レ塞二彼前途一。不レ然者、訴二申乏一由。停二止濫吹一。可レ被レ越二此山一云々（同右、三四一⑪）

8、貫首与二宮主一如何。如二義仲一。有二不レ措レ所之者。不レ出二山門訴一。仰崇有レ餘之時。乗レ勝企二濫吹訴一。後代濫吹。兼以所二推察一也（同右、四四〇⑤）

9、所詮於レ乏令二用意一給者。雖二末代一。不レ可レ有二濫吹儀一之旨（同右、五六〇②）

10、以本所沙汰人等濫吹事。無二左右一難レ覃二御裁許一之由治定（同右、六六四⑨）

11、被レ仰下可レ鎮二世上濫吹一之由上上。驚二去夜騒動一。招二寄義村一（同右後篇、二一⑦）

12、僧徒兵杖禁制事。度々被レ下二綸旨一畢。猶為二自由濫吹一者。任レ法可レ行者（同右、二三八⑫）

13、夫談二人過一則悪言来二身上一。企二敵論一且濫吹遮二眼前一（同右、二四五④）

14、追二放譜代書生因所職人一之由。所々訴出来間。有二其沙汰一。相二尋子細一。慥可レ停二止件濫吹一（同右、四一七④）

15、諸御家人等或褊二惣領主一。或背二守護人一之間。属二其方一。（略）近年頻望申。綷已濫吹之基也（同右、四五三③）

16、是昨御出路次供奉之間。背下被二定下一之旨上。依レ有二濫吹事一也（同右、六九七⑭）

右に挙げた例から「濫吹」の使用場面、主体、示す内容を抽出し、意味を分析した。その結果を表五のように纏めてみた。

表五に依れば、使用場面は相変わらず様々であることが分かる。主体は前の時代のと同じく多様化を見せており、武士社会の徴証とも言えるが、武士または武家政権に関する出来事の方が目立つようになる。内容は法、戒、先例、儀法、秩序等のような定められたことを乱すことである。その上、その乱れに対する処分も伴っている。使用場面も主体も内容も平安時代の『小右記』と類似して、古記録類の継承性を伺わせることが出来よう。以上の考察に基づいて「濫吹」の意義を帰納すれば、

・定められたことに反する乱行、悪行

となるように一つだけとなる。残りの鎌倉時代における「濫吹」については同じ方法で考察したところ、そのいずれも右に帰納した意義と一致していることが明らかになる。つまり、鎌倉時代の「濫吹」は、平安時代に「悪」の方向に下落したという変化の起こった意義のみで用いられて、平安時代にまで併存していた本々の中国語の意義いわば本義の方が却って消失してしまうことになる。「濫吹」は平安時代という変化の過度期を経て、鎌倉時代になって意味が完全に「悪く」なったと言えよう。同じ日本文献というものの、奈良と平安、平安と鎌倉三時代の間

表五

	場面	主体	内容	意味
1	寺領乱入の処分	武士	寺領の乱入狼藉	不法乱入のこと
2	恩賜の場	武将	恩賞を巡っての紛争	儀式に外れた行い
3	土地強要	物狂女房及び使節	不法手段を以て土地奪取	違法の土地押妨
4	寺領の処分	僧侶	不法手段を以て寺領獲得	違法の寺領拡張
5	平家の罪状をいう	平家	世を乱す	君に背くこと
6	地方官吏の上表	筑前太郎家重	横行都乃郡打開官庫、押取所納米等	違法の悪行
7	主人への諫	傍輩（みかた）	軍事行動の妨害	作戦に反する行動
8	訴訟への処理	僧侶	騒動を企てる	違法の所業
9	羽林儀式	官吏	儀式に違う	違例の行い
10	解文への処分	吉田庄地下沙汰人	本所の事務の妨害	不埒な行為
11	武士の蜂起	武士	騒乱を引き起こす	無法の出来事
12	事件の評議	僧侶	兵杖を持って乱行	禁制を破った騒動
13	結縁補任事	僧侶	乱り騒がしい	騒乱
14	地頭の処分	両国地頭	譜代書生田所職人の追放	乱暴な行い
15	家人乱用の処分	諸家人	雑人乱用	領主に背く行為
16	事件の処分	通重、行佐（武士）	所定の道順に背く	違例の行動

にそれぞれ使用量の格差のみならず、意味上の時代差も存する。「濫吹」は、完全に元来の中国語から離脱して、日本語化を遂げて、和化漢語に変容したとも言える。

鎌倉時代では、「濫吹」は意味の下落という変化した意義だけで用いることが天正十五年写本の『消息詞』(7)では標目語「無道」の下に位置することからも示唆される。標目語「無道」のもとに掲出される語を見れば、「濫吹」は「悪」の方向に全く傾いた意味が一層明白となる。その「無道」の下に収録する語を挙げてみよう。

無《ブ》道《たう》　非《ひ》道　非法《ひほう》　悪行《あくきやう》　僻事　乱行《らんきやう》　濫吹《ランスイ》　濫妨　狼藉《らうぜき》　押妨《アウハウ》ヲシテサマタク　押領《アウリヤウ》　（消息詞、三八五⑭）

の如くいずれも社会の規範に反して非難すべき悪の行為と出来事である。

以上の考察を通じて、鎌倉時代における「濫吹」は已に本義が忘却されて転義のみが用いられることが明らかになる。それでは、意味変化によって消えていった「濫吹」の本来の意味が如何なる表現によって代替されるであろうか。つまり意味変化によって生じた空白が何によって補足されるのか。この点については次の用例を見よう。

・所レ対其理可レ然、余無二敢言一、欲レ咎レ人誤還表二吾恥一、寔以小人居二大位一之所レ致也（台記一、一三五下⑦）

・非器之輩連々社務之間、社内狼藉（鎌倉遺文四、一四二上⑫）

とあるように文中の波線が付けてある表現、語等によって消失した本来の中国語の意味が表されるのではないかと見られる。この点に関しては更に考究する余地がある。

次に、何故「濫吹」は日本文献において意味の下落という意味変化が起こったのか。その要因について考えてみたい。ここで先ず考えられることは、変化した意味（転義）と本来の意味（本義）との間には関連性が内存するという言語内部の要因である。即ち、転義と本義との両者には、「定められた状態から逸脱する」という類似性が共有しているためである。そういう言語内部の要因を土台に、更に言語外部の要因による誘発も加えた結果、意味変化が生じたのではないかと考えられる。では、その言語外部の誘因は如何なるものであるのかを考えてみたい。以上の考察で明らかになるように、「濫吹」の示す内容は本来の中国語と全く異なり、実に多種多様で、その上秩序、法、戒、先例などのような定められたことを乱すという悪の行為、出来事からなるものである。かかる広範囲に亘る悪の内容を表すのには、勿論抽象度の高い表現が必要となる。しかし、本来の日本語―和語にはそういう内容を表現するための相応しい語が欠如しているように思われる。たとえ有るとしても、意味変化の生じた古記録類は、全文が漢字で書かれるという性格から考えると、和語より漢語の方が適当であろう。かかる言語外部からの必要によって、言語内部の要因を誘発させて意味の変化が実現できたかと考える。尚、多様な定められたことを乱す悪の行為、出来事を醸したのは平安後期から鎌倉時代までの日本が激動の社会で、混乱に陥っていたという社会の背景にも一因を求めることが出来よう(8)。

むすび

以上、奈良、平安、鎌倉時代までの「濫吹」について、その出自となる中国語と比較して、考究を施してきた。それによって次の諸点が判明した。中国語の「濫吹」は中国文化、政治等と共に日本に渡来して、早くも奈良時代の日本文献に登場している。漢語という素姓のため、漢文にのみ現れて、和文にも和漢混淆文にもその用例が確認されておらず、終始書記用の常用語として用いられていたことが明らかになる。元来の中国語と違って、文章ジャンルによる使用上の異同が認められる。尚、意味としては、奈良時代文献と平安時代の漢詩文における「濫吹」は本の中国語と一致して、それを受容したものである。しかしながら、同じ平安時代の、日本の政治や社会等を詳細に記す古記録類では、「濫吹」が本来の中国語の意味を継受したと同時に、平安中期頃から意味の下落という意味変化が発生した。それのみならず、変化した意味が多用され、本来の意味に取って替わって中心義となる。とはいうものの、平安時代には本来の意味が少量ながら残存していた。しかし、鎌倉時代になって終に本の中国語の意味が完全に消えて、変化した意味だけが使われるようになった。同じ古記録類とはいえ、時代によって意味上の差異が存する。日本文献における「濫吹」が中国文献より多用されるのはその意味変化に起因するのではないか。

今後、更に資料を増やして所論の補正に努めると同時に、鎌倉時代以降の「濫吹」の意味用法及びその消長をも考究する必要がある。亦、「濫吹」の意味変化の必然性を解明するために、「濫吹」と類義関係を成す「乱行」「濫妨」等との意味関係を明らかにする必要もある。

日本文献における「濫吹」はその意味が完全に「悪く」なった。意味の下落という変化が生じたと言える。日本語における漢語の意味下落という変化の一例として認められてよかろう。

注

（1）諸橋轍次『大漢和辞典』七巻（大修館書店）

（2）「濫吹」虚在其位、名不副実」（『辞源』商務印書館）の語釈と合致する。

（3）現行の現代中国語辞書には「濫竽充数」が掲載されているが、「濫吹」が載っていないことからも伺える。

（4）三保忠夫「色葉字類抄畳字門語彙についての試論―「闘乱部」語彙の場合―」（『国語語彙史の研究八』和泉書院、昭六十二）

（5）山田俊雄「色葉字類抄畳字門の訓読の語の性格―古辞書研究の意義にふれて―」（『成城文芸』第三号、昭三十）、亦、「色葉字類抄畳字門の漢語とその用字―その二訓読の語―」（『成城文芸』第三十九号、昭四十）

（6）五味文彦『院政期社会の研究』（山川出版社、昭五十九）において、「源成雅、藤原忠通、藤原公能、藤原隆季、藤原家明、藤原為道、藤原成親」という七人の貴公子が挙げられている。

（7）『消息詞』は大蔵卿菅原為長作、鎌倉時代に成立したと言われる（『日本教科書大系・往来篇』二の解題に拠る）。

（8）杦浦勝「「濫妨」から「乱暴」へ―悪の意識展開―」（『国語語彙史の研究五』和泉書院、昭五十九）

結　語

第一項「張本」、第二項「謳歌」及び第三項「濫吹」という三つの漢語を取り上げてその意味変化を巡って考究を施してきた。三語はその出自たる中国語と比べると、完全に「悪」の意味として用いられるようになる。いわば、意味の下落という意味変化が生じたことが明白となる。斯様な意味の下落は当時の社会において非難、糾弾等を浴びるべき悪行為、悪事といつも共起しながら成り立ったのである。尚、別の観点から意味分析すれば、具体化とか縮小化とかいう意味の変化としても考えられるものの、原義が姿を消して、変化義のみが用いられているという結果を踏まえれば、やはり意味の下落として認められた方が適切であると思われる。

意味の下落と意味の向上とではいずれがより一般的であろうか。言い換えれば、どちらが発生しやすいのか。これを解明するのには日本語における漢語全体の意味変化について考察、究明すべきである。その上に立って初めて実現できることになると考えられるが、この種の問題に関する先行研究では、どうも悪くなる方が多いのではないかとされている。これは「意味変化に見るかぎり、人間「性悪説」の方が有力なようである[1]」ためであろう。また、対人評価表現の「性向語彙」においてもプラスよりマイナス評価語の方が圧倒的に多い[2]ということからもその一斑を窺わせることができる。

尚、意味の下落という類型としての漢語を挙げれば、以下のようなものがある。例えば、「狼藉」は、その出自となる中国語においては「散乱不整貌[3]」（散乱している様）という意味で用いる。一方、日本語においては当初「落花狼藉風狂後」（『和漢朗詠集』上、紅葉）のように中国語と同意で使用されていたが、中世になって意味が「悪」の方向に傾斜して無法な仕業、乱暴という悪意識を伴う意味が発生したのである[4]。

亦、三巻本『色葉字類抄』の畳字門の「闘乱部」に「口舌」という漢語が収録されている。つまり、「口舌」という漢語には既に平安後期頃に闘乱という悪意識が付随していることが分かる。しかし、本来の中国語としての「口舌」(5)は「口と舌」、亦「くちさき、言葉、言論する」という意味を示し、闘乱という悪い意味が認められない。更に「下手」という漢語がある。平安時代から既に殺害、闘乱等に及ぶ行為またはその犯人を表す(6)。それで、三巻本『色葉字類抄』の「闘乱部」に収載されているわけである。ところが、中国語では「下手」が「手を下す、自分でやる、手を付ける」という意味で用いられて、闘乱のような悪意識を全く伴わないのである。

注

(1) 池上嘉彦『意味の世界—現代言語学から視る』(日本放送出版協会、昭五十三)
(2) 室山敏昭『「ヨコ」社会の構造と意味—方言性向語彙に見る—』(和泉書院、平十三)、施暉・欒竹民『中日韓三国「性向語彙」及文化比較研究』(外研社、二〇一七)等
(3) 『辞源』(商務印書館)に拠る。
(4) 杦浦勝「〈狼藉〉について—語にみる中世意識の展開(その三)—」(『大阪工業高専紀要』8、昭五十)
(5) 同注(3)
(6) 三保忠夫「色葉字類抄畳字門語彙についての試論—「闘乱部」語彙の場合—」(『国語語彙史の研究八』和泉書院、昭六十二)

第二節　意味の向上

漢語の意味変化と言えば、和語と同様に多岐に亘るが、意味の幅（増幅と縮小）の変化の他に、ある語がある特定のコンテクストの中で殆ど規則的によい（プラス）意味か悪い（マイナス）意味のいずれかで用いられるようになった事例が存する。

前節において意味の価値の変化における意味の下落について考究してきたが、この節では、その対極にある意味の向上という意味変化を巡って論を進めて行きたい。意味の向上とは前述したようにその出自となる中国語と比較すれば、日本語における漢語が何らかの理由で、規則的に「よい」意味で用いられており、本来の中国語と異なった意味の変化を見せる。つまり、その示す意味が社会の一般として「よい」と認知されるというコンセンサスを伴っているように見える。尚、この種の意味変化には意味の下落と共に大いに社会的な背景等に関わっていることが少なくなかろうと見られる。

前述した如く、意味が「よい」とか「悪い」とかいうのは個人的な認識に関わってくるとされるが、具体文例を中心に考える場合、その語の示す対象或いは内容から見て「よい」意味と「悪い」意味のどちらが多く使用され、いずれの傾向性が呈出するのかということから意味の「よい」か「悪い」か判断出来ると思われる。確かに何が「よい」か、「悪い」かがなかなか判断しかねるが、その語の表出する内容、素材及び時代背景等と共に考えると、やはり意味の向上と下落という意味変化の存在は否定できないのであろう。それは、世の中には人々の行動を内外から規制、制御する社会的規範を基にして生成、慣習化している「よい」「悪い」或いは「どちらでもない」中立的なものといった反映対象が実在しているのである。語はその社会の表象と投影としての存在である以上、社会に顕在化している「よい」と「悪い」を示すのはいうまでもなく、語義にも「よい」と「悪い」とがあると考えられても妥当で、漢語も無論例外ではなかろう。

第一項　「馳走」について

はじめに

近年来「馳走三昧」などのような日本料理の看板が中国各地の街に登場し、また料理屋の情報としても中国のインターネット上に発信されたりしている。ここの「馳走」という表現は明らかに現代日本語の「食事などを出して相手をもてなすこと。また、そのための料理[1]」ということを示すものとして用いられている。かかる意味を為している「馳走」または「御馳走」がネット、マスコミといった媒体を介して中国に逆輸入されたのであろう。「馳走」は下記に列挙してある日本語の古辞書や古文献からも察知できるように、歴然たる中国語出自の漢語であるが、中国語に典拠を求めることが出来る「馳走」は現代中国語辞典などには収録されていないようである[2]。つまり、「馳走」はもともと漢語であるというものの、現代中国語においては日本語のように常用されていない現状であると言ってよかろう。だから、「馳走三昧」という名称は日本語の「馳走」を下地に付けられたものだと考えられ、また、これによって日本料理のイメージも一層浮き彫りにさせることになる。

現代日本語では、美味しい食べ物等で人を持て成すことを「(御)馳走」すると言い、また、立派な、美味しい食事、食べ物を「(御)馳走」とも言うように、いつも「馳走」はよい意味で用いられるのである。美味しい食べ物を以て人に振る舞うことにせよ、振る舞うために設えられる美味な食べ物であるにせよ、いずれも「よい」または「プラス」という語感を随伴する意味としての「馳走」となると首肯されよう。この点に関しては既に江戸時代の伊勢貞丈著『貞丈雑記』の巻六飲食においても次のように言及されている。「馳走といひ又奔走と云心は馳走奔三字ともにはしるとよむ字なり客人のもてなしに亭主はしり廻りて珍物をもとめ食物のあんばい等に心をつくすを云客人もてなしに限らず精を出し心をつくし物事を取調ぶるを馳走とも奔走とも云なり」とあるように、「馳走」と「奔走」の類義関係にも触れている。尚、『新村出全集第四巻』の「「馳走」といふ語の歴史のため」には、「この語が原義で用ゐられはじめたのは鎌倉時代にでもあらうか。『東鑑』にも原意の儘で、「馳走」の語がみえた。(略)即ち饗応の意で確かに用ゐられ始めた年代は、いつであらうか。尚ほよく調査せずばなるまい」と述べられている。(3)

さて、「馳走」という漢語はいつの時代にどのように日本語に進入したのか、更に、日本語に入って、どのように使用され、現代日本語のように変容してきたのか。以下にこれらの点を巡って中国語との対照を行いながら考究を加えてみたい。それに先立ち、先ず「馳走」のよみについて考えてみよう。

(一)「馳走」のよみについて

古辞書、古文献及び訓点資料に確認されている「馳走」を列挙してそのよみについて検討してみよう。先ず、古辞書における「馳走」を挙げてみる。

馳走(二巻本世俗字類抄巻上、畳字、三十九オ⑦)

馳走(二巻本色葉字類抄巻上、畳字、三十九オ⑥)

馳（去声）走（平声）チソウ（前田本色葉字類抄巻上、畳字、七十一オ①）

の如く、「馳走」は、畳字として扱われ、「チソウ」と字音よみされていることから、夙に平安時代に一熟語として認知され、辞書に採録されていたと言えよう。その背景には漢文訓読の場においては「馳走」が一語として音よみされることが確立できたのであろう。例えば、

恐怖し馳走して象王の所に詣（り）て（東大寺本地蔵十輪経三之一、元慶七（八八三）年点、中田祝夫解読による。平仮名はヲコト点を、（　）は補読を示す。以下同）

飢渇に逼（め）所れて叫喚し、馳走す（龍光院本妙法蓮華経譬喩品、平安後期加点）

とあるように、「馳走」が字音よみのみならず、更に日本語化が進み、サ変動詞としても使用されていることが明らかになる。但し、同じ訓点資料では訓よみの「馳走」の所在も確認される。例えば、

嶮難（の）《「ノ」》処《「ニ」》に於《し》て、馳《「ハセ」》「｜」（訓合符）走《「シテ」》して食《「ヲ」》を求む《「ムル」》（最明寺本往生要集巻上、二十三ウ⑦、院政時代または院政時代末期加点、築島裕解読による。墨点の仮名等は「　」で示す）

のように、訓よみを示す訓合符から「馳走」は文意に沿って訓よみされていることが分かる。(4) 尚、江戸時代に下っても訓よみの例も依然として見られる。

飛脚馳《ハセ》二（訓合符）走《ハシリ》東｜西一（寛永版吾妻鏡、建保二年四月二十三日条）

以上の考察から「馳走」は日本語に入って、訓よみと音よみとの二通りのよみ方が存在していたが、早い時期に字音よみの方が主流となり、今日に至っている。この点については中世以降の古辞書に掲載されている「馳走」はいずれも「チソウ」と字音よみされることから示唆される。例えば、

馳《チ》走《ソウ》（伊京集、二二②）
馳《チ》走《ソウ》（明応五年本節用集、四〇⑦）

馳走《チソウ》（饅頭屋本節用集、三五⑧）
馳走《チソウ》（黒本本節用集、四一②）
馳走《ちそう》　ほんそう也（和漢通用集、九五⑥）
奔走《ほんそう》　馳走《ちそう》也（同右、六一④）
答拝《たつはい》　奔走《ほんそう》也（同右、一七八④）
取持《とりもつ》　ちそう也（同右、八〇②）

とあるように、「馳走」は字音よみとなっていることが明らかである。それのみならず、『和漢通用集』に示されるように、「奔走」「取持つ」「答拝」は「馳走」との類義関係も分かることになる。このことは下記の『邦訳日葡辞書』における「馳走」「奔走」「取持つ」「答拝」の注釈からも看取される。

Chisô. チソゥ（馳走）**Vaxiru.**（走る）世話をし，手厚くもてなすこと（一二四）

Fonsô. ホンソゥ（奔走）歓待．例，**Tôzaini fonsôsuru.**（東西に奔走する）親切に心を配り，てきぱきと動き回って，非常に手厚く持て成す．招宴の座中では，時としては，褒めて次のように言うことがある．**Coto nai gofonsô degozaru.**（殊ない御奔走でござる）われわれに対して御主人は大変なもてなしをなさる，などの意（二六一）

Torimochi, tçu, otta. トリモチ，ツ，ッタ（取り持ち，つ，つた）すなわち，**Torifayasu. I, Chisô suru.**（取りはやす．または，馳走する）手厚いもてなしをする（六六七）

Tappai. タッパイ（答拝）**Cotaye vogamu.**（答へ拝む）非常に手厚い取り扱いをし敬うこと．¶ **Chisô tappai uo tçucusu.**（馳走答拝を尽す）非常に手厚いもてなしをし，深い愛情と尊敬の念を示す（六一二）

以下に「馳走」を中心に「奔走」と関連させつつ考究を進めて行く。先ず中国文献における「馳走」を巡って具体例を挙げながらその意味用法を考えることとする。

（二）中国文献における「馳走」の意味用法

「馳走」は中国文献の散文、韻文、漢訳仏典、敦煌変文などの各文章ジャンルに現れているため、所謂文体による使用の差異は見られないと言ってもよい。先ず管見に及んだ散文と韻文にある「馳走」を列挙して考察してみよう。尚、意味分析に当たって、次のことに目を注ぎたい。つまり、「馳走」の主体、目的（如何なるもの、何のために、どのようにするまたはされる）等に焦点を当てて検討を加える。

1、嗇夫馳、庶人走（杜預注：車馬曰馳、歩曰走）（春秋左氏傳、昭公十七年）

のように、「馳走」を構成する前部要素の「馳」が馬と車馬が疾走すること、後部要素の「走」が人の足早な歩き方いわば走ることを表すことは明らかであるが、やがてその使い分けが無くなって、「馳走」は馬、車馬、人などを区別することなくその疾走、疾馳を表すのに用いられるようになった。この点については下記の用例から看取されうる。

2、於是項王乃上馬騎、麾下壮士騎従者八百余人、直夜潰囲南出、馳走（史記、項羽本紀）

「馳走」は、騎乗するものも歩行するものも包囲網を突き破って南へ出て、ひた走りに走った。換言すれば、一目散に遁走した意で用いられている。

3、能馳走之物、生有蹄足之形、馳走不能飛昇、飛昇不能馳走、禀性受氣、形体殊別也。今人禀馳走之性、故生無毛羽之兆（論衡、道虚第二十四）

文中の「馳走」は四例とも「生まれつき蹄足をもっている」ものであるということに示されているように、人間を含めての動物が疾走することを表す意となる。無論、次の三例のように車馬を走らせたり、馬が馳せたりするという意味の「馳走」も確認できる。
4、馳道、正道、如今御路也。是君馳走車馬之処、故曰馳道也（礼記、曲礼下）
5、朱虚侯則従与載、因節信馳走、斬長楽衛尉呂更始（史記、呂后本紀）
6、山下常有白馬群行、悲鳴則河決、馳走則山崩（水経注、河水五）
一方、例7、8は人間が走り回るという意味としての「馳走」となる。
7、安得一生各相守，焼船破桟休馳走（温庭筠、東郊行）
8、夾道馳走、喧呼不禁（宋、周輝、清波別志巻一）
上記の「馳走」は散文と韻文を問わずに疾走することまたは走らせることを表すが、次の用例は、単なる疾走ではなく、何らかの理由或いは目的を伴ってくるように見えるか、または明らかな目的を持って「馳走」するものである。(5)
9、夫蕭何安坐、樊酈馳走、封不及馳走而先安坐者、（略）衆将馳走者、何駆之也（論衡、効力第三十七）
主君である高祖劉邦の天下取りという目的のために、猟犬のように必死に戦場を駆け回って働く、尽力するという意を表す「馳走」であろう。
10、賢儒処下、受馳走之使（論衡、状留第四十）
「賢儒が下役になって、追い使われるようになる」と解されるが、「馳走」は酷使される、いわば何かの目的に追われて懸命に働かされるという意味で用いられている。
11、親在獄中、罪疑未定、孝子馳走以救其難（論衡、薄葬第六十七）
「馳走」は、投獄された親を助けるためにあちらこちらに奔走して、「以救其難」のために全力を尽くすという意を表す。

12、（崇讓論曰）才高守道之士日退、馳走有勢之門日多矣（晋書、劉寔傳）

自分の出世或いは私利私欲という欲望を満たすために、「有勢之門」に走り回る。「馳走」は、迅速にするのではなく、苦労を厭わずに多くの「有勢之門」に幾度も立ち回るという意味として用いられている。このような「馳走」は清王朝に至っても存続しているようである。かかる意味用法の「馳走」は下記の日本文献にも多く検出できた。

13、而妄意相与之徒、謂其獲交寵於大君子之門、而能為之馳走者、此固先生之所不罪也（清、呉敏樹、己未上曽侍郎書）

類似的な意味を示す「奔走」も見られる。例えば、次の例がある。

・祀于周廟、邦甸侯衛、駿奔走、執豆籩（書、武成）

・永之人争奔走焉（唐、柳宗元、捕蛇者説）

・不見林与蘇、飢寒自奔走（宋、蘇軾、林子中以詩寄文与可及余与可既歿追和其韻）

文中の「奔走」はいずれもある目的を達成すべく尽力するという意味で使用されている。かかる「奔走」は近代に下っても依然として健在である。これは下記の用例と現代語辞典の語釈からも察知されよう。(6)

・去到処奔走事情是他最怕的事（老舍、四世同堂）

・学校急需拡建，又是靠她的多方奔走，学校最終才得以征地拡建（特区晩報、二〇〇六年二月二十二日）

しかし、現代中国語における「馳走」は「奔走」と違い、現代語辞典には収録もされていないようである。つまり、現代中国語では「馳走」と「奔走」の曽ての類義関係が消失して、「奔走」のみが本来の意味を保っていると言えよう。次に敦煌変文や漢訳仏典に検出できた「馳走」について考察してみる。

14、乃見己妻荒迷散髪拊膝悲号逼迫哀声周行馳走（大正新修大蔵経、金色童子因縁経巻四、八七一b㉑）

「馳走」は上接の「周行」の意味と共に考えると、慌てて駆け走るという意を表す。

15、船人曰、子至呉国、入於都市、泥塗其面、披髪獐狂、東西馳走、大哭三声（敦煌変文集、伍子胥変文）

「馳走」は上接の「東西」の意味から、例14と同じくあちらこちらを走り回ることを示していると解される。以下の用例は前掲した散文のそれと同様、単に駆け走るだけではなく、何かの目的のためかまたはそれに追われて全力を挙げて行動するといった意味合いも伴っている。

16、乃至従阿毘至大地獄出、出已馳走（大正新修大蔵経、起世経第十二、三八三b⑨）

17、心各勇鋭互相推排競共馳走争出火宅（龍光院本妙法蓮華経、譬喩品、傍注等略。以下同）

「馳走」は地獄と火宅から速く脱出しようという目的のために一所懸命に駆け走ると解釈されよう。

以上、中国文献における「馳走」の用例を掲出しつつ考究したところ、「馳走」の主体は、「馳走」を構成する前部要素「馳」と後部要素「走」の各々示す意味のように、馬、人間及び人間の利用する車馬となっている。尚、「馳走」の目的を見てみると、突発した出来事や予想外の事件などによって仰天した揚句、途方に暮れて慌てて走り回ったり、逃げ惑ったりするように、これといった意図はない場合も有れば、例11、12、13の如く「以救其難」「出世、昇進」「大君の寵愛の獲得」などのような歴然たる狙いと共起するものもある。以上の考察を通して中国文献の「馳走」の意義については次のように帰納できよう。

（一）人や馬等が走るまたは走り回ること。また、車馬を駆って走らせること

（二）ある目的のために労苦を厭わずに走り回って、力を尽くすこと

中国語の「馳走」は、（一）は「馳走」という二字の持っている「速度が速い」という意味特徴に対して、（二）の意義には明らかにその目的の達成のために「馳走」の「速い速度」から「忙しく、頻繁に、何度も」ということに傾斜して、それを苦にせぬという含意が内包されていると言ってよい。換言すれば、具体的な人馬の「疾走」と

いう（一）の意義から抽象的な「尽力」という（二）の比喩的な意義へと転用したこととなる。この（二）の意義こそ「奔走」のそれと類似して相通じるのである。しかしながら、右に触れたように、（二）の意義の「馳走」は現代中国語では姿が消えたらしい。それどころか、「馳走」は使用率の低下と使用範囲の縮小のためか、現代中国語の最もポピュラーな『現代漢語詞典』には収録されていない所以であるが、下記の例のように、使用されていても、（一）の意義のみで用いられているようである。

18、小四輪馳走大世界（中国城郷金融網、二〇〇六年十一月二十三日）

19、即便是王太子、也不能随便出宮在街上馳走（史傑鵬、亭長小武第十二章）

20、書法家筆一上手、就龍蛇馳走、令観者無不快意（光明日報、二〇〇六年十一月二十三日）

とあるように、現代中国語では、「馳走」はあくまで上述の原義である（一）の意味として用いられているだけであり、（二）の比喩的な意味は「奔走」に取って代わられたようである。それは、現代社会では馬または人馬が疾走したりするということがなくなったため、「馳走」というよりも人間が走り回ったりする「奔走」の方が現実をよく投影するからであろう。中国文献における「馳走」の意味用法については、右の考察で明らかであるが、中国語出自と思わしき現代日本語の「馳走」と比較すれば、双方間の違いが明白となる。即ち、中国語出自というものの、現代日本語における「馳走」は中国語の本来の意味と異なって、意味の変化が生じていると言えよう。さて、「馳走」は日本語に入って、一体いつの時代、如何なる文章ジャンルにおいて意味が変わったのか、更に、意味変化のメカニズムと要因とは如何なるものか、などの諸点を巡って、次項では日本文献に見られた具体例を挙げて検討を加えてみる。

（三）日本文献における「馳走」の意味用法

この項では日本文献における「馳走」の意味用法について考えることとする。先ず、日本文献での「馳走」の使用状況を見てみると、次頁の表一から分かるように、「馳走」の漢語という素姓のため、原則として漢語を好まない和文ではその所在を確認出来なかった。「馳走」は主として日本人が作成した所謂和化漢文―古記録類に偏って使われて、僅かながら和漢混淆文にも検出されている、といった文章ジャンルに因る使用上の懸隔が認められて、中国文献と著しい対照を為す。使用率とその範囲によれば、鎌倉時代までの「馳走」は、『色葉字類抄』に掲載されたことと古記録類での多用とを併せて考えると、書記用語の性格が具わって、書記上の常用語とも言えると考えられる。つまり、鎌倉時代以前の「馳走」は決して現代日本語のように日常必要の用語として認知されずに、使用範囲が限定されていたと言えよう。室町時代に下っても、管見に入った資料に限って見れば、「馳走」の使用は依然として公家日記を中心とする古記録類に集中する傾向が強そうである。それは『多聞院日記』には七十八例もの「馳走」を検出できたことからもその一端を窺い得る。但し、前の時代と比べて使用範囲は明らかに広まったと言えよう。

次頁の表一に依れば、鎌倉時代以降の「馳走」は使用量といい、使用範囲といい、前時代のそれを上回っていることが浮き彫りになる。それは当時代の言語活動が一層盛んになるに伴って、漢語の使用も拡大するようになったからではないかと推察されよう。亦、「馳走」は夙に奈良時代文献に登場しているため、日本語への進入が早かったことを物語っている。(7)

ア奈良時代

次に先ず奈良時代文献における「馳走」の例を挙げ、その意味用法を検討する。

1、看テ二群卿ノ儲ノ細馬ヲ於跡見駅家ノ道ノ頭ニ一皆令二馳走一（日本書紀（北野本）巻二十九、天武天皇八年）

表一

用例数	文献	文章ジャンル	時代
1	日本書紀	漢文	奈良
6	法華経義疏		
1	日本三代実録		平安
1	春記		
1	吉記		
2	山槐記		
2	中右記		
1	往生要集		
15	計		
3	吾妻鏡		院政鎌倉
3	玉葉		
15	明月記		
3	勘仲記		
13	鎌倉遺文		
2	百錬抄		
1	山密往来		
1	帝王編年記		
2	今昔物語集	和漢混淆文	
1	延慶本平家物語		
4	正法眼蔵随聞記		
48	計		
5	後愚昧記	漢文	室町以降
2	康富記		
7	宣胤卿記		
78	多聞院日記		
2	上井覚兼日記		
9	言経卿記		
3	高山寺古文書		
2	武家家訓		
1	会席往来		
1	消息往来		
1	蒙求臂鷹往来		
3	曽我物語	和漢混淆文	
1	応永二十七年本論語抄		
7	荘子抄		
1	毛詩抄		
2	中華若木詩抄		
1	詩学大成抄		
1	御伽草子集		
1	伊曽保物語		
1	エソポのハブラス		
1	室町物語集		
13	狂言記		
27	甲陽軍鑑		
4	太閤記		
11	捷解新語		
185	計		
248	合計		

cf、馳道、正道、如今御路也。是君馳走車馬之処、故曰馳道也（礼記、曲礼下）

文中の「馳走」はその対象「細馬（良き馬）」から推して、参考例の中国語と同じく「走らせる」という意味で用いていると考えられる。つまり、群卿百官の良馬を駆って走らせると解されるが、残りの六例はいずれも伝聖徳太子撰『法華経義疏』に現れているもので、その注釈対象である『法華経』に使われる「馳走」と同意味で用いられていると判断される。例えば、

2、譬生内凡夫善根競共馳走者（法華経義疏巻二、二八〇中⑤）

3、而此四句但適頌競共馳走諍出火宅二句（同右、二八七上⑤⑥）

4、三句競共馳走（同右巻二、二九四下⑰、二九六下⑤）

cf、心各勇鋭互相推排競共馳走争出火宅（龍光院本妙法蓮華経、譬喩品）

5、棵棟譬六識言此六識縦横馳走六塵（法華経義疏巻二、二七七中⑳）

cf、諸悪虫輩交横馳走（龍光院本妙法蓮華経、譬喩品）

の如く、「馳走」は、参考例と同じく本来の中国語のままで用いられて、共起している「競共（競って共に）」の示している意味から、「駆け走る」という意味の他に「速度の速い」という意味合いも内含していると考えられる。つまり、火宅を脱出すべく競って必死に「馳走」することである。

奈良時代文献における「馳走」は僅かな使用量であるが、いずれも本来の中国語と同じ意味用法で用いることが判明した。即ち、本来の意味をそのままで受容し、使っていると言える。換言すれば、奈良時代文献には現代日本語のような「馳走」の意味用法がまだ出現していないということにもなる。次に平安時代文献での「馳走」を挙げてその意味用法を検討する。尚、管見に及んだ平安時代文献から「馳走」は下記の八例しか検出できず、奈良時代に続き依然として使用量が少なかった。

イ平安時代

1、御二右近衛府馬埒庭一。令レ馳二走左右馬寮御馬一（日本三代実録巻四十九、六二一⑫）

光孝天皇が行幸するに当たって、武備を奨励するために、左右馬寮に飼育されている御馬を「馳走」させ、御覧に及んだ。「馳走」は前掲の『日本書紀』と同じく「御馬」を右近衛府馬埒庭において走らせたという意味として用いられている。

2、仍小藹車共迷下馳走太周章也（春記、三三五上⑤）

上官が下車したため、下藹の「車」が迷って「馳走」し、大騒ぎとなった。「馳走」は車馬を駆って走ることを表すのみで、何かの目的を伴っていない。

3、予一身在座、称神服闕如之由、空経数剋、召縫殿寮年預、雖処勘氣、諸国不済、称力不及之由、又雖語女工所、無物之間、中難構成之由、弁仰官掌馳走東西、近代公事尤以不便（吉記一、二八三上⑮）

「神服闕如」してその補充をするため、弁少納言はその神服等を司る「官掌」に仰せ、東西に馳走する。前文の「中難構成之由」から推して、「馳走」は神服の用意のために「あちらこちら」を走り回ることを表しているが、しかし、ただ単に急速に「馳走」するのではなく、目的の達成のために忙しく懸命に奔走するということも読み取れる。

4、今夜猶武士囲之、女房等裸形東西馳走、可悲々々（山槐記三、九三上⑦）

武士に包囲された「女房等」が裸のまま蜘蛛の子を散らすが如く慌てて四方八方に「馳走」する。ここでの「馳走」はあたふたと逃げ回る意味で用いている。

5、大津悪僧人籠欲叛官兵、仍平家軍兵馳走河原、明暁可向大津云々（同右三、一四〇下②）

を表す。

「馳走」は平家軍兵が悪僧の叛乱を鎮圧するために「河原」に駆け走る、いわば、押っ取り刀で馳せ参じること

6、夜半許帰家、一寝之間車馬馳走道路、乍驚聞之新女院御悩甚重（中右記一、三七〇下⑥）[8]

新女院が病膏肓に入ることを聞いた百官は「馳参院」のため、車馬が道路を馳走する。「馳走」は公卿達が車馬を駆って走らせる意味として使われている。次の例も同じような意味で用いている。

7、南京大衆已企参洛者、聞此語京中上下騒動、天下武士馳走道路（同右七、二七六下⑬）

「武士馳走」は、騎馬兵が馬を駆って走らせたり、歩兵が駆け走ったりすることを表し、鎌倉時代文献にもよく見られる表現形式である。

8、嶮難（の）《「ノ」》処に《「ニ」し》於て、馳《「ハセ」》「|」（訓合符）走して《「シテ」》食を《「ヲ」》求む《「ムル」》（最明寺本往生要集巻上、二十三ウ、院政時代または院政時代末期加点、築島裕解読による。墨点の仮名等は「　」で示す）

「馳走」は走り回る意味として用いる。つまり、食を求めるために危なく険しいところを駆け回ると解釈される。「危険を恐れず懸命に食を求める」ことが「馳走」の目的となるのは今回調べた限りの日本文献の中で右の『往生要集』の例が最も早いものとなる。

以上、平安時代文献に見られた「馳走」の全用例について考察を施したところ、平安時代における「馳走」の意味用法は前の時代と変わることなく、それを継承したことが明らかになった。いわば、奈良時代と同様に本来の中国語の意味をそのまま摂取して、車馬またはそれに乗じる人をも含める使用に集中しているとも言えよう。但し、中国文献にも奈良時代文献にも確認されなかった、『往生要集』に現れている「馳走」の「求食」という目的は初めて登場したと見られる。後程言及することであるが、このことは、現代日本語の「馳走」の意味が生まれる契機であり、素地の一つでもあるとなると考えられる。平安時代文献の「馳走」の意味には依然として何かの目的のた

めに力一杯に努力するという意味的特徴も看取されるが、奈良時代と同様、中国文献の（二）の意味に相当する「馳走」はまだ見当たらないようである。そのような意味は下記の例のように「奔走」などによって分担されていると思われる。

・妻子漸倦裁縫之苦、僮僕長厭奔走之役（久遠寺蔵本朝文粋巻十二、一五五⑩。傍注等略）

・如御書到来者、御節料不相叶候歟、雖然令奔波東西、随尋得小柑子三百、所令進上候也（平安遺文五、一七九九下①）

・社司等奔営東西借用借上物（同右八、三二一二上②）

・為官仕企京上候事者、以此両郷励微力、奔営仕候之処、被抑召候之条（同右十、一八一一上⑤）

・号海判官代、奔営東西、表丁寧志（中右記三、四五一上⑦）

のように、文中の「奔走」や「奔営」等はある目的のために走り回って、尽力するという意味で使用されている。つまり、平安時代では、前掲した室町時代に成立した古辞書のように「馳走」と「奔走」との類義関係はさほど強くないように思われる。

ウ鎌倉時代

次に鎌倉時代文献に目を転じて「馳走」を考察する。鎌倉時代文献では、「馳走」は前の時代に続いた古記録類とこの時代になって初めて完成期を迎えた和漢混淆文とに用いられて、使用範囲の広がりを見せる。古記録類に見えた「馳走」はいうまでもなく前の時代の継承であるが、和漢混淆文に使用されている「馳走」は和文にはその所在が確認できなかったので、和文からの受容とは考え難く、古記録類のそれを受け継いだものであると考えるのが自然である。先ず、古記録類における「馳走」の意味用法について検討を加えてみる。本来の「馬」が走るか駆け回るかの意味を表す「馳走」を挙げよう。

1、又輔通馬馳走懸右大将下﨟随身御馬之間（明月記三、四八三下⑨）

cf、夜前今朝車馬奔走（同右一、三七四上③）

「馳走」は参考例の「奔走」と同じく用いられているように思える。[9] つまり、日本語では「馬」や「車馬」が走るか駆け回るといった意味においても両語の類似点が見られる。

2、雖達天聴、已無勅許、只今参内可奏去夜院宣云々、即馳走内了（玉葉二、二一九上⑤）

太子の事について、「去夜の院宣を奏すべし」のため、「内（裏）に馳走」する。「馳走」は忽ち宮中に馳せたことを表し、「速度の速い」という意味特徴が備わっている。

3、人告云、東軍已付勢多、未渡西地云々、相次人云、田原手已着宇治云々、詞未訖、六条川原武士等馳走云々、
仍遣人令見之処、事已実（同右三、四下②）

範頼、義経の軍勢が宇治に到り、義仲の軍を破って上洛し、六条川原に已に軍勢が見えた。「武士等馳走」は合戦のため、武士等が激しく迅速に走り回っていることを述べている。平安時代に続く「武士等馳走」という表現形式であるが、武士だから、当然のことながら、歩兵が疾走し、騎馬兵が馬を駆って走らせることになる。つまり、「馳走」の本来の意味で用いられている。

4、人伝云、為搦義行武士東西馳走云々（同右三、二一〇下⑦）

「馳走」は義行を逮捕するために、武士が疾くに町中に繰り出すことを表す。例2と同様、「馳走」が「武士」と共起した語形式で、原義のままで使われる。次の例も「武士馳走」となる。

5、今日未剋許路頭騒動、武士馳走、日吉北野神輿重可奉振之由、有巷説、皇居武士群参云々（勘仲記一、一九九下⑫）

6、閭巷物騒、武士等捧干戈馳走東西、不知何由緒、馳集武家之由有其説（同右二、一六九上⑩）

7、武士馳走、天王寺別当猶可被付山門之由衆徒訴申（百錬抄、一八六④）

8、武士馳走京中、申剋於六波羅合戦（帝王編年記、四二四⑮）

9、巷説嗷々、武士馳走（明月記一、三三一上③）

鎌倉時代の文献に多用されている「武士馳走」という表現形式はほかでもなく武士社会の特色を投影するものであろう。下記の例は「馳走」の主体は「武士」ではないが、迅速に走るまたは走り回るという意味は変わっていない。

10、関東飛脚参洛、洛中馳走（百錬抄、一九〇⑬）

11、官兵宿廬各放火、数箇所焼亡、運命限今夜之由、都人皆迷惑、非存非亡、各馳走東西、不異秦項之災（吾妻鏡前篇、七七六③）

cf、火災盜賊、大衆兵乱、上下騒動、緇素奔走、誠是乱世之至也（玉葉二、三七上①）

参考例では例11と同じ火災に見舞われた場面であるが、人々が慌てふためいて一刻も早く逃走することを表す「奔走」は「馳走」と同じく用いられ、類義関係となる。

12、所飼給之小鳥飛去自籠内、在庭前橘之梢、若君周章給之間、諸大夫侍等雖馳走、無所于欲取（吾妻鏡後篇、二二三⑯）

脱走した若君の小鳥を捕まえるための「馳走」は、速度が速いだけでなく、全力で庭中をあちらこちら走り回るという意味と解されよう。つまり、一所懸命に捕捉することに励むという含意も読み取れる。次の例も苦労を厭わずに雨の夜に駆け回りながら奉納用の写経を十部「奉埋」したという内容である。

13、於横川号殿下御願被書如法経、十部、一昨日奉納、雨夜馳走、所々奉埋之（明月記三、四八〇上⑬）

14、参院、奏聞臨時祭条々事、庭座公卿殿上人日来無領状、仍昨今終日催促馳走、次参内、次参殿下（勘仲記二、四七上⑯）

臨時祭に関する「領状」の提出を催促するために、「馳走」は、昨今二日間に亘って宮中をはじめとする関係者の家々に忙しく回る、いわば全力疾走することを表す。ここの「馳走」の意味は中国語の（二）に極めて近づき、「馳走」の持っている本来の「速い速度」という意味特徴が希薄となると考えられる。以下、『明月記』に見えた例は更に進んで中国語の（二）と同意味を示すものである。これは参考例として挙げる「奔走」からも示唆される。先ず、昇階または昇進のために「除目」、「小除目」及び「直物」などに際しての猟官活動に精を出して働く「馳走」の例を挙げてみよう。

15、明日小除目云々、貴賤馳走、成功者多可有雑任云々（明月記一、三四二下⑧）

cf、依弁官昇進、天下貴賤或申身望、或挙子息、東西奔走、予独絶望（同右一、二九二上⑥）

「馳走」は「小除目」に当って、朝廷の上下の人々が猟官運動に励むことを表し、その結果として「成功者多可有雑任」となる。一方、参考例の「奔走」を見れば、「弁官昇進」に依って、「天下貴賤」が或いは自身のため、或いは子息のため、任官できるように東奔西走する。つまり、「馳走」と同じく四方八方に走って懸命に猟官運動を展開させたことを表す。

16、除目近々、上下馳走、入夜帰参、今夜書状一通付清範、為家中侍従事也（同右一、四八〇下⑭）

cf、除目近々、人々奔走（同右二、四五下⑬）

猟官運動と言えば、今も昔も多種多彩で様々な営為と想定されるが、その複雑な概念を簡潔に表すべく「馳走」がそれを担うことになるかと思われる。例16のように、「馳走」の目的である任官、昇階に関する活動の一つとも思しきこととして、定家は次男の為家を侍従にするため、時の内蔵権頭「清範」に依頼の書状を書き、働きかけたと考えられる。さて、除目等に際して、一体如何にして「上下馳走」が展開されたのか、つまり「馳走」の実態はどのようなものか。これについては、時代を再度遡上した『枕草子』の記述からもその片鱗が窺えよう。

・除目の頃など、内裏わたりいとをかし。雪降り、いみじうこほりたるに、申文もてありく。四位五位わかやかに心地よげなるはいとたのもしげなり、老いてかしらしろきなどが人に案内いひ、女房の局などによりて、おのが身のかしこきよしなど、心ひとつをやりて説ききかするを、わかき人々はまねをしわらへど、いかでか知らん。「よきに奏し給へ、啓し給へ」などいひても、得たるはいとよし、得ずなりぬるこそいとあはれなれ（枕草子、二段）

正月には地方官を補任する県召である「除目」は中下流貴族の受領階級に属する作者にとっては一族郎等挙げて最大の関心事である。換言すれば、叙任、任官できるか否かは一族の繁栄、俸禄に関わる最重要な出来事であると言ってよい。だからこそ、全力を傾けて苦労をものともせずに猟官活動に励むといった「馳走」が欠かせないのである。文中の「申文もてありく」のように、任官申請の文書を持ちながら、後宮の后妃や大臣・納言・参議などの有力者の伝手を求めて所々に立ち回ること、「人に案内いひ」のように縁故を求めて取り次ぎを依頼すること、「よきに奏し給へ、啓し給へ」のように、どうぞよろしく主上に言上くださいませ。皇后様にも申し上げてくださいませなどと陳情すること、それらはほかでもなく「馳走」の内実の一部であると同時に、「馳走」の風景も如実に投影している。言い換えれば、「馳走」一語のみで斯様な猟官運動の在り方を実によく活写したのであろう。除目の「馳走」の光景について下記の菅原道真の詩にも示唆されている。

・除目明朝丞相家、無人無馬復無車、況乎一旦薨已後、門下応看枳棘花（菅家文草巻二、春日過丞相家門）

いつの時代も変わらぬ官界の虚偽、無情を辛辣に批判している内容であるが、詩の「県召の除目の明朝は、大臣の家は前日の慌ただしい雑鬧と打って変わってひっそりとして人影もなく馬も居らず、また牛車も居なかった」という上の二句からも、除目のために大臣の門前市を成すが如く、「人」「馬」「牛車」の必死たる「馳走」の情景が生き生きと伝わってくるように思われる。

17、直物近々上下馳走云々、巷説、親長可被棄（明月記三、一一〇上⑤）

cf、又除目之由、門々戸々奔走、是可有任大臣之故也（同右二、一〇九下①）

cf、明後日除書所望之輩奔走（同右一、三三七下②）

除目の結果を記した召名の誤りを改め直す、いわば任官の見直しである「直物」に近づき、諸々の関係者が力を振り絞って最後の追い込みをかけるという意味の「馳走」となるが、しかし、その懸命な活動が必ずしも報いられるとは限らず、「親長可被棄」という空しい結末もある。

18、明日可有小除目、（略）、頭被補通忠歟、有親馳走、御氣色宜云々（同右三、一九四上⑪）

正に猟官運動の結実と言ってよいが、「平有親」の「馳走」のため「源通忠」が「蔵人頭」と補された。それでその「有親」が「御氣色宜」。「馳走」は他人の昇階のために一肌を脱ぐ、いわば昇進の世話をすることを表す。以上の例は官位のための「馳走」であるが、次の例は公務、公用のために忙しく懸命に働くという「馳走」となる。

19、辞退了、毎事馳走、頗過身分限、欲相触騎馬、所労出来由云々（同右三、二六〇下⑦）

20、参院御鞠名謁、今日列見無人、午時催無人由、依無僮僕不能参、所々鞠興被裁切立、日々馳走云々（同右三、三五六下⑧）

21、申終許有長朝臣来臨、自去春不音信、驚謁種々病悩無其隙、聊得減之時、被召出馳走又更発（同右三、三三七上⑪）

cf、相励無益之身、奔走貧老之身、病与不具（同右一、二六三下⑭）

例21のように、有長は「病が聊か減を得るの時、召し出され馳走し又更に発る」と解され、「馳走」は官吏としての職務を懸命に全うする意味として用いられる。その故に折角軽減した病気は再び重くなった。参考例の「奔走」も同じく病身を顧みず職務に励むことを意味する。

次の「馳走」は懸命に得難い物を求めたり不可欠な物を用意、世話したりする意味で使われる。

22、近年天子上皇皆好鳩給、長房卿、保教等本自養鳩、得時而馳走、登旧塔鐘楼求取鳩（同右二、九四下⑤）

鳩を求め取るために時を得て「馳走」する。その「馳走」振りは、「旧塔鐘楼」に登ったりして努力を惜しまない。次の「馳走」は猟官の計略のため奔走することを表す。

23、権官之輩遇選別当闕之時、（略）、求媚時権之処、追従賄賂之営、馳走計略之苦、宛費身命（鎌倉遺文四、二四一下⑯）

24、亥時触催、当時無公事之時、陣座無畳、出納俊基主殿寮年預専一者、馳走、掌灯敷座云々（明月記二、一四九下⑧）

「俊基」は、割注に依れば、内裏における消耗品の管理、供給を掌る職掌とした主殿寮であるため、陣座を敷く畳を用意、或いは用意の世話をする責任を負うのである。「馳走」は陣座用の畳を用意したり、敷いたりすることなどの世話をする意味を表すかと考えられる。

25、於片野狩猟之興、幕府公雅卿尊実僧都供奉馳走云々（同右三、七下⑨）

「狩猟之興」に供奉するための「馳走」は供として加わり、世話する意味として用いられる。次の『鎌倉遺文』の「馳走」も同様の意味を表す。

26、法師只今雖馳走（候）、臨時雑役事、不催□出令安候（鎌倉遺文三、五三下⑭）

27、雖不始今事、世間、只禅室之任意歟、供物馳走者之外無有恕憐愍事（明月記三、五〇〇下⑮）

「馳走」は「供物」の調え、用意または世話をすることを示すかと思われる。

28、毎事、無兼日之用意者。弥可為臨時之纏頭歟、仍馳走奔営之外、無他候（山密往来、二八一⑧）

「馳走」は臨時の纏頭を忙しく懸命に調えるという意味として用いられている。次の「馳走」は上記のいずれの例を異にし、馬、車馬でもなければ、人間でもなく、情報または噂が速く広まるという意味として用いられているように見える。

29、未時許右馬権頭来談、移時刻夕帰、修理亮時氏於関東受病、大略如待時、京畿馳走云々此家猶可有事歟、尤不便（明月記三、二二七上⑪）

北条時氏は二十二歳で上洛、第二代六波羅北方探題となった。安貞元（一二二七）年四月二十日に修理亮に任官され、以後六波羅修理亮・匠作と称された。寛喜二（一二三〇）年四月十一日に叔父北条重時と交替して鎌倉に下向、ところが、五月二十七日病を発し、六月十八日二十八歳の若さで没した。死期の来るのを待つような時氏の重病説が京畿の人々にとって一大事であったため、忽ち京畿の巷に広がったと解される。

以上、鎌倉時代の古記録類における「馳走」の意味用法について考察を施してきた。「馳走」は、前の時代の意味用法を踏襲している一方、主体や目的の多様化によってある事態や出来事に善処すべく、その関係者や関係するところを忙しく懸命に駆け回ることから、ある事態や出来事のために力を尽くしたり、ある物を努力して用意したりするということを表すようになり、中国語の（二）の意味と重なったところもあれば、一致しないところもある。

次に和漢混淆文に見えた「馳走」を挙げてその意味用法について検討してみよう。前述の表に示されるように、管見に及んだ和漢混淆文から「馳走」は僅か七例しか検出できなかった。以下にその七例をすべて列挙して考察する。

1、（餓鬼ガ）手ヲ以テ自ラ手ヲ摑ミ音ヲ挙テ吼エ叫テ東西ニ馳走ス（鈴鹿本今昔物語集巻二、七十五ウ③）

cf、飢渇所逼叫喚馳走（妙法蓮華経、譬喩品）

「馳走」は参考例と同様、餓鬼があちらこちらに走り回ることを示すが、次の例は明確な目的のために力を惜しまずに求め廻るという「馳走」である。

2、笋ノ盛リナル時ニハ求メ得ル事易シ笋ノ不生サル時ニハ東西ニ馳走シテ掘リ出シテ母ヲ養フ（鈴鹿本今昔物語集巻九、五オ⑪）

『孝子伝』『古本蒙求』及び『注好選』などにも見られる、著名な孟宗の親孝行の美談佳話である。「馳走」は、孟宗が母の好きな筍を得るべく、苦心してあちらこちら走り回って探し求めるという意味を表すと考えられる。(10) 前掲した『往生要集』の「馳走求食」と一脈相通じる。次の例はより明確に「食」に奔走することを表す「馳走」となる。

3、仏言ク、「衣鉢ノ外ハ寸分モ不レ貯。乞食ノ餘分、飢タル衆生ニ施ス。」直饒受来ルトモ、寸分モ不レ可レ貯。況ヤ馳走有ンヤ（正法眼蔵随聞記第二、三四七⑧）

cf、衆各所レ用ノ衣粮等ノ事、予ガ与ルト思コト無レ。皆是諸天ノ供ズル所也。我ハ取リ次人ニ当タルバカリ也。又、各々一期ノ命分具足ス。勿ニ奔走一（同右第三、三六一③）

cf、諸天応供ノ衣食アリ。又天然生得ノ命分アリ。不ニ求思一、任運トシテ可レ有命分也。直饒走リ求テ財ヲモチタリトモ、無常忽ニ来ラン時如何（同右第三、三六一⑫）

「馳走」は明らかに食物のために手を尽くし力を惜しまずに求める意味として用いられる。つまり、たとえ余分にもらってきても、すこしでも貯えてはならない。ましてや食のために奔走することがあってはいけないと解され、参考例の「奔走、走り求める」と類義関係を成す。現代日本語の「馳走」の意味発生は斯様な食のために苦心して手に入れようとする「馳走」に要因の一つを求められるし、意味変化の契機とも言えよう。

4、いはんやいたづらに小国の王民につかはれて、東西に馳走するあひだ、千辛万苦いくばくの身心をかくるし

むる（正法眼蔵第十六、行持下、一九八⑱）

文中の「馳走」は、香厳禅師の言っている「百計千万只為身（あらゆる手立てをめぐらすのはただ身のためである）」という意味で用いられ、つまり、千辛万苦を厭わずに尽力することと考えられる。次の「世俗馳走」も同じであろう。

5、昔シ終南山ニオワセシ時ハ、一向下化衆生ノ心ヲ先トシテ、世俗馳走ノ思モナカリシカバ、内外共ニ清浄ナリキ（延慶本平家物語第二本、十五ウ④）

前文の「下化」に対して「馳走」は俗事のために苦心して努力するということを示す。次の二例も同様に用いられて、参考例の「馳騁」と似通っている。

6、たとひ百歳の日月は声色の奴婢と馳走すとも、そのなかの一日の行持を行取せば、一生の百歳を行取するのみにあらず（正法眼蔵第十六、行持上、一八三③）

7、いたづらに向外の馳走を帰家の行履とあやまれるのみなり（同右第三十五、神通、四一〇⑦）

cf、いたづらなる声色の名利に馳騁することなかれ（同右第十六、行持下、二二一⑥）

以上、鎌倉時代文献における「馳走」について具体例を列挙しつつその意味用法を考察してきた。当該時代の「馳走」は前の時代の意味用法を継承する一方、新たな意味も発生するようになったことが明らかになる。以上の考究に基づき、鎌倉時代の「馳走」の意義は次のように記述できるかと思う。

（一）人や馬等が走るまたは走り回ること。また、車馬を駆って走らせること

（二）ある目的のために労苦を厭わずに走り回って、力を尽くすこと

（三）苦心してある物を調えたり用意または世話したりすること

（一）（二）のように本来の中国語のそれを摂取した上、更に（三）の「苦心してある物を調えたり用意または世

話したりすること」という新しい意味用法も生じてきた。尚、前掲したように、(二)の「馳走」は「奔走」と意味的には重なると考えられる。せっせと怠らず物事を進めるという(二)の意義から(三)の意義が発生したと考えられる。つまり、何かの目的のために物事をはやくするように努めることの「はやくするように努める」が具体化して(三)が生まれたのであろう。これと類似した意味派生を見せたのは和語の「急ぐ」である。「急ぐ」は目的を果たすためにはやく事を行うことから、下記の例の示しているように物事を行う準備を進めたり、用意したりするといった意味が生じたと思われる。「馳走」も「急ぐ」も両者とも共通した「はやく忙しくする」という意味特徴を備えているため、(三)のような同じ意味産出がなされたのであろう。つまり、いずれの意味も「馳走」の意味属性の一部が共有された形で属性の連鎖が生じていて、全体が家族的類似を構成していると解されよう。[11]

・導師の前の物、政所いそぐ（日本古典文学全集宇津保物語、嵯峨の院、三五一⑧）
・御仏名果てて、つごもりになりぬれば、正月の御装束いそぎたまふ（同右、三五一⑮）
・としのくれにはむ月の御さうそくなと宮はたゝこの君ひと所の御ことをましることとなういそいたまふ（略）ついたちなとにはかならすしも内へまいるましう思ひ給ふるになにゝかくいそかせ給らんときこえ給へは（源氏物語、少女、七〇一⑬）

上述のように、鎌倉時代までの文献における「馳走」の意味用法について考察を加えてきたが、現代日本語のような意味は確認できなかった。換言すれば、中国語にはなかった、現代日本語の「馳走」の意味は鎌倉時代に下っても依然として現れていないと言ってよいであろう。但し、その意味発生の素地とも言える(二)と(三)のような意味は見られる。つまり、人のために懸命に方々に走り回って、食または物を求めたり、用意したりするといった発生条件が具わるようになった。さて、鎌倉時代まで現代日本語の「馳走」の持つ意味は如何なる表現によって示されているのか。それは次に挙げるような語などが担うかと考えられる。

・摂政御宿所被儲饗饌、近江守経頼所用意云々（小右記五、二二二⑤）
・別当法印儲饗（御堂関白記下、二五一⑩）
・右聊可三饗二応相撲人等一ヲ（享禄本雲州往来巻上、二七往状、一五オ②）
・相撲人ニ可レ賜《タマフ》レ食ヲ（同右、二八返状、一五オ⑨）
・さて仕うまつる百官人々、あるしいかめしう仕うまつる（竹取物語、三十八ウ⑥）
・ふねのむつかしさに、ふねよりひとのいへにうつる。このひとのいへ、よろこべるやうにて、あるじしたり。
このあるじの、またあるじのよきをみるに、うたておもほゆ（土左日記、二月十五日、五六⑯）
・博士のうちつづき女子生ませたる。方たがへにいきたるに、あるじせぬ所（枕草子、二十五段、六四⑬）
・オどもの饗《あるじ》のこと、また禄ども、ものの節（日本古典文学全集宇津保物語、嵯峨の院、三三四④）

右に引いた「饗饌、饗応、饗」等の表現は「馳走」の現代日本語の意味を表しているのではないかと推定される。この点に関しては『貞丈雑記』にも触れている。

あるじもふけといふは客人に食物をくわす事なり馳走することを云饗応の二字をあるじもふけとももてなしとも又あるじと計ももふけ計もいふ也又みあへとも云饗の字なりみは御也（巻六、二二一⑪）

と記されている。亦、『観智院本類聚名義抄』と『三巻本色葉字類抄』からも推察される。

饗　許両反　アルシ大将―　又アヘス　又アフ食也（観智院本類聚名義抄僧上、一〇七⑧）

饗撰（飲食）ト　キヤウセン（三巻本色葉字類抄下、六十三オ⑥）

つまり、「饗饌、饗応、饗」等は「馳走」より早く現代日本語の「馳走」のような意味を表していたのである。いわば、双方は新旧関係にあるものであると見られる。現代語のような意味は「馳走」が生じるまで「饗饌、饗応、饗」等によって分担されていたと言えるが、「馳走」に現代語のような意味変化が起きた後は、双方の関係が如何なるものとなったのであろうか。少なくとも現代日本語では「新」の「馳走」の方が日常語として中心的に用いられているが、他方の「旧」の「饗饌、饗」が脱落して、「饗応」のみが残存しているものの、改まった、文章用語として特殊的で周辺的な存在となっているように思われる。即ち、双方が主と従の関係にある。

ともあれ、現代日本語の「馳走」の示す意味用法は鎌倉時代に至ってもまだ生じていなかった。次に室町時代に下ってそれを探ってみたい。

エ室町時代

先ず、当時代の言語資料として不可欠な好資料である『邦訳日葡辞書』における「馳走」の解釈を挙げてみよう。

Chisô. チソゥ（馳走）Vaxiru.（走る）世話をし，手厚くもてなすこと（一二四）

Chisô nin. チソゥニン（馳走人）人の世話をし，手厚くもてなしをする人（一二四）

Tôzaini chisô suru.（東西に馳走する）すなわち，あちこちへ動き回りながら大いに歓待する（六七四）

のように、「馳走」は本来の中国語の意味を踏襲してはいるが、前の時代には見られなかった、やや現代日本語に似ているような意味が発生していると言えよう。一方、鎌倉時代の（二）と（三）の意味は影を潜めたようである。つまり、多様性に富んでいた使用対象の（二）（三）はここへきて限定化する様相を見せたのである。このようになった「馳走」は下記のように「奔走」と意味的に類似することになる。つまり、室町時代に至っても「馳走」も「奔走」も変わることなく類義語として使われていたことが明らかである。

Fonsô. ホンソゥ（奔走）　歓待．例，Tôzaini fonsôsuru.（東西に奔走する）親切に心を配り，てきぱきと動き回って，非常に手厚く持て成す．招宴の座中では，時としては，褒めて次のように言うことがある．Coto nai go-fonsô degozaru.（殊ない御奔走でござる）われわれに対して御主人は大変なもてなしをなさる，などの意（二六

一）

馳走《ちそう》　ほんそう也（和漢通用集、九五⑥）

奔走《ほんそう》　馳走《ちそう》也（同右、六一④）

次に管見に及んだ室町時代と近世初頭の文献から検出した「馳走」を考察してみよう。先ず、この時代の中国語文献はもちろんのこと前の時代にも見えなかった、敬意を示す接頭辞「御」を冠した「御馳走」、「馳走人」「馳走顔」[12]といった語形態を挙げてみる。

1、抑就御入洛、早々可被進御馬候、可有御馳走之由以御神名御申候（多聞院日記一、一八一上⑩）

2、猶々、亀山へ必可参候間、万々御馳走頼申候（言経卿記二、二一一⑤）

3、是へ参れば、よふ来たと有て御馳走はなさるれ共（新日本古典文学大系狂言記、続狂言記、居杭、三五三上⑥）

cf、ここに日ごろ、お目をかけさせらるるお方がござるが（日本古典文学大系狂言集、居杭、三九九⑨）

のように、「御馳走」は室町時代文献に多数見られ、日本語化が進んでいることを呈している。意味は「世話」を受けるかまたはするかとなるが、次の例は紛れもなく現代語の食事か食べ物のもてなし（をする）という意味で用いられている。

4、今日はいかひ御馳走でござる、殊にお茶と申、御酒と申、忝かしこまり候（新日本古典文学大系狂言記、続狂言記、鱸庖丁、三八八上⑰）

5、かゆから御斎迄食べ、点心を食ふて、御馳走にあふは、出家の身として、是に上越す思ひ出は有まい（同右、どちはぐれ、四三五下⑱）

6、そのうへ、座敷の飾り物、何々御こしらへおき候ふや。御馳走の品々を、いかにも結構めされつつ（御伽草子、猿源氏草紙、一三四⑨）

の「御馳走」は「苦心してある物を調えたり用意したりすること」という前の時代の「物」を「食べ物や食事」に限定させて、もてなしたり接待したりするというような意味が新たに派生したと思われる。この点については下記の『捷解新語（四本和文対照）』(13)から察知される。

（1）けうわこのやうにあしらわしらるお（巻二）

・こんにちわかやうに御ちそうの御ざつたこと

・こんにちわかやうに御ちそうの御ざつたこと

・今日はケ様に御馳走の御座つた事を

（2）まかないしゆよりも御ねんころなことで（巻六）

・まかないしゆよりも御ねんころなことて

・御ちそうかたよりも御ねんころなことて

・御馳走方よりも御念比な事て

（3）せつたいのやうすとこのざッしやうのとうりお（巻七）

・御ちそうのやうすとこの御ていねいのおもむきお

・（欠文）

・（欠文）

のように「御馳走」は「あしらふ」「まかなう」「接待」と同じ意味で用いられていることが明らかになる。つまり、現代日本語の食事などを出して相手をもてなすという意味用法は室町時代に発生、形成されたと言えよう。斯様な新しい意味は「御馳走」という語形態に限らず「馳走」にも見られる。

7、仍《チ》供奉《ノ》月卿雲客、其《ノ》外地下《ノ》役人、随身以下、用意《シ》二之《ガ》馳走《ヲ》一、至二于今《ニ》一無《キ》二休踵《ノ》間一（蒙求臂鷹往来、三六五⑬）

8、ことにたのふだ人は、先上座へあげてちそうを致所で、われらまでうれしう御ざる（大蔵虎明本狂言集の研究本文篇上、はりだこ、八〇②）

9、舅殿も機嫌がよふて、馳走に会ふた（新日本古典文学大系狂言記、岡大夫聟、三九三⑬）

亦、「馳走人」は下記のような例を検出できた。

10、今度薪ニ上間、則大乗院殿馳走人之間、宗喜遣（多聞院日記三、二〇三上⑭）

のような実用例があって初めて『邦訳日葡辞書』に「馳走人」が収録され得たのであろう。「馳走顔」は下記のような用例が見えた。

11、人の親疎をわきまへず、我方より馳走顔こそはなはだもつておかしき事なれ（伊曽保物語、馬と犬との事）

次に古記録などのような和化漢文と和漢混淆文における「馳走」の意味について検討を加えてみたい。

1、依此事京中馳走、持運資財雑具事以外事云々（宣胤卿記二、二〇〇下⑪）

2、此日肝付雑説聞得候、就夫、諸所へ軍衆馳走被成（上井覚兼日記一、一三九⑩）

3、弓、手火矢馳走、此外諸条如常（同右、二五九①）

4、学テハ問イ、問テハ学。カクスレハ我心ヨソへ散乱馳走セスシテ、本心ヲ不失（応永二十七年本論語抄、六九三⑤）

5、上下万民喜び身に余り、足の踏みども覚えいで、馳走奔走をして（エソポのハブラス、四三一⑰）

上記の五例は、3と4は比喩的に用いられているが、前の時代に続く「人や馬等が走るまたは走り回ること。また、車馬を駆って走らせること」という本来の意味として使われる「馳走」と考えられる[14]。但し、管見に入った室町時代文献にはこのような意味を示す「馳走」は前の時代と比較すれば、使用量が極めて少なくなり、周辺的な存在となっているとも言える。次に列挙する用例は前の時代に多用されていた「ある目的のために労苦を厭わずに走り回って、力を尽くすこと」という「馳走」となる。

6、此十日計持病虫腹更発以外候間、不能出頭候、尚々歓楽失為方候之間、自身不及馳走候（康富記四、一六下①）

7、いそがしい体ぞ。東西南北、馳走する者があるぞ（毛詩抄巻十三、一八一⑪）

8、心ヲ労シ身力ヲ馳走スルヲ云（荘子抄巻三、四十一ウ①）

9、誰黄泉のせめをまぬかれん。是によつて馳走す、所得いくばくの利ぞや（曽我物語巻十一、三九九④）

10、成身院宗慶法印往生了、八十二歳歟、近来ノ果報者也、（略）若年ヨリ種々預馳走、蒙扶持、今更悲涙無極処也（多聞院日記一、四二九下⑫）

右に挙げた「馳走」はいずれも尽力したり、尽力されたりすること、「預馳走」の示すように尽力を授け、いわば世話になることを表すことになる。次の例は「預馳走」に対しての返礼として用いられる「馳走（の）礼」という固定的な表現となる。

11、新参衆七人、今度会式馳走ノ礼ニ二荷・三種持各来了（同右三、一三三上⑪）

12、宝寿院職付、今度馳走礼トテ、杉原一束持礼ニ来了（同右三、一六七上⑱）

次の「馳走」は前の時代に成立した「用意、世話」という意味として使われる例であろう。

13、助二郎堺へ為配膳追々可越之由フレアリト、内儀ニテ申理了、辻源馳走了（多聞院日記二、一六七下③）

14、大儀共候。相応之御用之事、被仰越、可令馳走候。相構（会席往来、五六五⑦）

斯様な「馳走」は前掲したこの時代に成立した古辞書に示されているように「奔走」と類義関係を成していることについて以下の「奔走」の意味から示唆される。

・行人ノ毎日区々トシテ名利ノ塵ニ奔走スルヲ欺キ笑フヤウナルソ（中華若木詩抄巻四）

・是によつて馳走す、所得いくばくの利ぞや（曽我物語巻十一、三九九④）
・赤衣事種々雖致奔走、遂難得之間（康富記四、一九二下⑧）
・明禅房得業種々馳走ニテ則今日被成御渡了（多聞院日記三、二九六上①）

のように、「馳走」も「奔走」も前の時代に続き、「ある目的のために労苦を厭わずに走り回って、力を尽くすこと」ということを表している。それのみならず、次の例の如く「奔走」は室町時代に発生した「馳走」の「もてなし」という意味においてもそれとの類似性が見られるが、使用の量としては管見に及んだ文献に限って見れば、「馳走」より事例も極めて少なかったようである。これは「奔走」が「馳走」のように「立派な食事」という新たな意味の派生には至らなかった理由の一つでもあると考えられよう。

・吾ガ家デ酒サカナ色々ホンソウヲシテ、モテナイテ、フネニノセテフナ津デイトマゴイナドトシテ、家エ帰リタレバ（詩学大成抄巻五）

以上の考察によって室町時代の「馳走」は前の時代の意味用法を継承している一方、現代語と同じく新たな意味も生じたことが判明した。

一方、「馳走」の美味しい料理即ちもてなしのための立派な食事などというもう一つの現代語の意味用法は室町時代にはまだ発生していないようである。それの出現は次の例から分かるように江戸時代に下ってからではないかと考えられる。

・これお　みまるせうために　しんしやくおこッそしまるせんせつたいの御ちそうよのつねにならず（四本和文対照捷解新語巻六）
・これおみまッせうために御じぎいたしません　せつたいの御ちそうよのつねなりませぬ（同右）
・御じぎいたしません　御ちそうよのつねなりませぬ（同右）

・御辞儀致しません　御馳走尋常成りませぬ（同右）

原刊本と改修本の「御馳走」はその修飾語「接待」のための肴または料理という意味として用いられ、そのものが「よのつねにならぬ」ほどの立派なものである。次の「御馳走」も同じく使われているかと考えられる。

・さくしッつわしゆしゆ御ちそうのふるまい　まことにもつてかたじけなくぞんじたてまつり候（同右巻十）

・さくしッつわしゆしゆ御ちそうのふるまい　まことにもつてかたじけなくぞんじたてまつり候（同右）

・さくじッつわしゆしゆ御ちそう　まことにもつてかたじけなくぞんじたてまつり候（同右）

・昨日者種々御馳走誠以忝奉存候（同右）

「振舞後賀状」に現れた「御馳走」は、その修飾語「種々」と掛かる言葉「ふるまい」の意味から「ふるまい」のための立派な肴或いは食事そのものを表すと解される。かかる振る舞った「種々御馳走」に対して「まことにもつてかたじけなくぞんじたてまつり候」と感謝の意を表している。ここにきて「馳走」は「食事などを振る舞ってもてなす」という意味から振る舞ってもてなすための料理や食事そのものを指すという新たな意味が生じるようになった。このような意味転用は「提喩（シネクドキ）」として一方のカテゴリーから他方のカテゴリーへ意味が伸縮する現象であるとされるように認知言語学的にも説明できる。[15]「馳走」は、室町時代以降に生まれた新しい意味用法が次第に勢力を増すと共に、本来の意味の方が減退の一途を辿った結果、現代語に至って完全にその姿を消してしまった。更に、それによって室町時代まで類義関係であった「奔走」の「もてなし」という意味領域も侵された。その替わりに「馳走」の本来の意味は「奔走」によって担われるようになる。その結果、現代日本語における「馳走」と「奔走」の間には類義関係が存在しなくなっているのである。尚、何故、「馳走」はその意味変化が止まることなく、「立派な食事」という新しい意味も派生したが、一方、類義表現である「奔走」は斯様な意味変化を遂げることができなかったか。それは上述したように、「馳走」の多用に対して「奔走」の使用の少なかったという両者の使用量の格差に一因が求められよう。また、両者の原義の差異にも関わるかと思う。つまり、人間だけで走り回る「奔走」に対して、「馳走」は馬または人馬共に疾走するといった行為であるから、対人関係から見れば、より高く評価される対象となるであろう。更に言えば、「奔走」より「馳走」の方が一層「迅速、尽力」であることが人の目に映りやすいし、その「馳走」によって調えられる物も「奔走」以上に「振る舞う」側と「振る舞われる」側のどちらにとっても有り難いであろう。かかる対人的な差異が「馳走」の「立派な食事」という意味を生成させた理由の一つとも考えられる。

むすび

平安時代までの「馳走」は基本的に出自となる中国語を継受していたが、鎌倉時代に下ると本来の中国語を受け継ぐ一方、出自たる中国語には確認できなかった新しい意味用法が生まれたのである。室町時代に入って、中国語はもちろんのこと、鎌倉時代までにも見られなかった「御馳走」という新たな用法と「酒食などを設け、もてなす」という意味も現れた。更に、近世初頭頃に「立派な料理や食事」という意味が新たに発生するようになった。いわば、意味の向上という変化が明らかに生じたのである。それ以降は変化した意味用法が「馳走」の中心的なものとなるに伴って、本来の意味は消失して行き、現代日本語に至って完全に消えた。斯様な日本語化した「馳走」は現代の中国人にとっては理解し難く日本的なイメージが強そうである。

さて、「馳走」は何故かかる意味変化が生じたのか。その要因について探ってみたい。日本文献では鎌倉時代に入ると、「馳走」の目的が本来の中国語より多様化した。特に人のために懸命に走り回って「求食」、「物品の用意」などをしたり、人の昇進任官などのために方々に駆け巡って働きかけるという世話をしたりする「馳走」が多く検出された。このような「馳走」を土台に、武士の儀礼が一段と整理され、また公家化されて行く室町時代になって腐心して求めた酒食で人をもてなす意味、続いてその立派な料理、食事という意味を生じさせたであろうと考えられる。つまり、人のために懸命にするという本意と転意との間に共有される関連性を下地に連想して意味の変化が起こったのであろう。なお、「振る舞い」や「饗応」などの既存語には八方手を尽くし方々に奔走して求めるという人に感じさせる「一所懸命さ」いわば、「有り難さ」という意味特徴がないために、「馳走」との弁別差が生じたからであると思われる。

注

（1）北原保雄『明鏡国語辞典』（大修館書店、平十四）

（2）中国では発行数も使用範囲もいずれもトップである『現代漢語詞典』及び『中国語大辞典』（大東文化大学中国語大辞典編纂室編、角川書店、平五）、『中日大辞典増訂版』（愛知大学中日大辞典編纂処編、大修館書店、昭六十一）などには「馳走」が掲載されていない。

（3）尚、国田百合子は、「ちそう（馳走）ごちぃそう（御馳走）ごちそうさま（御馳走様）」（『講座日本語の語彙10語誌Ⅱ』明治書院、昭五十八）において「馳走」については、中国語出自の漢語として捉えられ、馬を駆って走らせる意を表し、日本語に入って南北朝ごろまでは「馬を駆けて走り廻る意とともに、ただ、走り廻る意にも用いている」とされているが、室町時代に入り、本来の意味が保たれていながら、「走り廻ることが他の好意の表明であるという解釈が加えられ、世話をする、もてなす、または、手を尽くすの意が派生している」が、江戸時代に入ると「走り廻る意がほとんど用いられなくなり、酒肴・酒食の有無にかかわらず、もてなす、接待する意に限定して用いられるようになった」と、「馳走」の意味変化の過程を簡潔に跡付けられている。

（4）左傍注の仮名から重箱読みの可能性も否めない。

（5）『漢語大詞典』（漢語大詞典出版社、一九九四）「馳走」の条に「①快跑。疾馳。②猶奔走。為一定目的而進行活動。（用例略）」と注釈されているが、特に②の「猶奔走」との解釈に注目すべきことである。即ち、中国語においても

「為一定目的而進行活動（ある目的のために働く（筆者訳））」という意味としての「馳走」は「奔走」と類義関係を為していたように見え、中世に成立した日本語の古辞書における「馳走」と「奔走」の意味が類似していることと趣が同じであろう。

（6）「②為一定目的而到処活動」『現代漢語詞典』、「②奔走する、（一定の目的のために）走り回る、活動する、忙しく用事をする、使い走りする」『中国語大辞典』（注（2））

（7）先行研究はもちろんのこと、『日本国語大辞典』（第二版）においても列挙されている「馳走」は『中右記』の例を最古とする。つまり、いずれも平安時代後期の挙例に止まる。

（8）『中右記』には、本文に挙例している二例の外に「馳送」という表記である一例も存するが、『日本国語大辞典』（第二版）では、それを「馳走」の「②（世話するためにかけまわる意から）世話すること。面倒をみること」という意味の最も古い例として挙げている。「暗夜尋路行三四町下人屋、爰外宮禰宜雅行初聞此事、令走下人云、早可宿我宿館者、予答云、神宮之辺寄宿有恐、又無先例、只留此小屋可待天明也、次畳三枚馬草菓子等少々所馳送也、是雖下人有此用意歟」の「馳送」は「馳走」の異字表記というよりも、寧ろ小屋での一泊を凌ぐための「畳三枚馬草菓子等」を急いで届けるという字面通りに解された方が妥当かと思われる。

（9）中国語では基本的に「奔走」は人間を中心に走るなどの意味を表し、「馳走」との使い分けがされているようである。

（10）ここでの「馳走」の注釈について日本古典文学大系『今昔物語集』などにおいて「走り回る。奔走する」とされている。尚、現代日本語の「奔走」に関しては「物事の実現に向けて走り回って努力すること」（北原保雄『明鏡国語辞典』大修館書店、平十四）と意味注釈されている。

（11）吉村公宏『はじめての認知言語学』（研究社、平二十七）等

（12）「御馳走」について『時代別国語大辞典　室町時代篇』には掲載されておらず、『日本国語大辞典』（第二版）には虎明本狂言に見えたものが古い例として挙げられている。「馳走人」に関しては『時代別国語大辞典　室町時代篇』と『日本国語大辞典』（第二版）において初出例として『邦訳日葡辞書』の例を列挙してある。

（13）一六二五年からおよそ十年ほどの間に成立したとされる「原刊活字本」に続き、十八世紀に入って、二回ほど改訂

が行われ、改修本、重刊本が刊行され、更に日本語本文のみを抜粋して、これを漢字仮名交じり表記に改めた『捷解新語文釈』も上梓された。

(14) かかる「馳走」については『時代別国語大辞典　室町時代篇』には掲載されていない。

(15) 瀬戸賢一『認識のレトリック』(海鳴社、平九)

第二項　「結構」について

はじめに

現代日本語では「結構なお土産」とか「結構なお住まい」というように「結構」は明らかに「立派、優れている」という「よい」意味で用いられている。この点について先行研究は「『結構』という語も建築などの構成について言う動作語であるが、その結構がみごとであるという意味で『結構な』という形容詞としての用法が生じたと考えられる(1)」と指摘している。本項では「結構」を意味の向上という意味変化の一例として、中国語と対照することによって通時的に考究し、その意味変化のプロセスを解明してみたい。

(一)「結構」のよみについて

この項では、古辞書類などの記述を通して「結構」は漢語であるか否かを確認した上、意味の注釈も考えてみたい。先ず「結構」の漢字表記について触れることとするが、今回調査した両国の文献における「結構」の語形としては二種類が見られた。一つは「結構」の「構」が木偏となっていて使用量が圧倒的に多いが、もう一つは「結構」の「搆」が手偏となっており使用量が甚だ少ないようである。つまり「結構」の前部要素は漢字表記一種類のみであるが後部要素は二通りの表記となっており、この二種類の漢字表記については下記の古辞書の記述に依れば分かるように木偏の「構」字は正字、一方手偏の「搆」字は「構」の異体字、つまり俗字である。「構」と「搆」とは正俗関係にあるため以下両者とも考察の対象として扱うが、論述に際しては便宜上、正字の「結構」だけを用いることとする。更に引用例の漢字表記に関しては基本的に現行の漢字に改めて書き記すこととした。

構　蓋也、従木冓声（略）（説文解字）

構カマフ字従木也（大般若経抄、二十五オ④）

搆　俗構字（観智院本類聚名義抄仏下本、五一⑦）

続いて古辞書と古文献を挙げて「結構」のよみについて考える。

（結）搆（世俗字類抄下、畳字、四十一丁ウ②）

結構（尊経閣善本影印集成二巻本色葉字類抄下上、畳字、三十六ウ②）

結構　伎藝卩　工匠ト（黒川本色葉字類抄中、畳字、九十九ウ⑥）

結構《ケツコウ》（明応五年本節用集、一三七②）

此地之不《ノサルことをヨロシカラ》レ宜　結-搆《コウ》（久遠寺蔵本朝文粋巻五、一九九⑥。片仮名は傍注、平仮名はヲコト点。以下同）

右に列挙した用例から「結構」は畳字として字音よみされて、漢語であることが明らかである。また、『黒川本色葉字類抄』の意味による部分別の分類から当該辞書の成立した時代の日本文献における「結構」は下述したように中国語の本来の意味用法を踏襲しているように思われ、現代日本語のそれと相違していることも示唆される。次に室町時代に編纂された古辞書の「結構」を挙げてみよう。

結構《ケツコウ》　奔走義（増刊下学集、五十七オ②）

結構　ケツコウ　奔走（図書寮本節用集、二一⑨）
結構　ケツコウ　奔走（天正十七年本節用集、八十七ウ⑤）
結構　ケツコウ　奔走義同（大谷大学本節用集、六三⑥）
奔走　ほんそう　馳走《ちそう》也（和漢通用集、六一④）
馳走　ちそう　ほんそう也（同右、九五⑥）
花美　くわび　けつかうの義　花麗　くわれい同義（同右、二五九⑤）
尽美　じんび　けつこうを云（同右、四二一⑤）
寄羅美　きらびやか　けつこうの義（同右、三七六①）

その注釈に依れば、「結構」は「奔走」と同じ義を為し、更に「奔走」が「馳走」なりということが分かる。つまり、室町時代では前の時代と違って「結構」には「奔走」、「馳走」と類義関係があり、同時に「花美」、「花麗」、「尽美」、「寄羅美」とも意味的に相似通っているように見受けられる。従って「結構」の意味変化について考究に際して「馳走」と「奔走」の意味用法にも留意する必要がある。

以上の考察によって、「結構」は漢語であることが判明した。次項では中国文献における「結構」の意味用法を巡って用例を列挙しつつ検討してみる。

（二）中国文献における「結構」

中国文献を調べたところ、「結構」は韻文、散文などに現れて仏教用語出自ではないことが明らかになった。今回管見に及んだ中国文献で最も早期の用例として見えたのは『文選』にも収録されている、漢の時代の王延寿が作った不朽の名作「魯霊光殿賦」における「結構」である。前漢景帝の子である魯の恭王劉余は数多くの宮殿を建造したが、戦火により全てが失われ、ただ霊光殿だけが焼失を免れた。賦はこの霊光殿を詠んだものとされる。南郡の王逸は霊光殿の賦を詠もうと思い、息子の王延寿がかつて魯国に遊学したことがあったので霊光殿がどのような造作、風格であったかと訊ねた。延寿が韻を踏みながら霊光殿の様子を説明すると、王逸は「お前の言葉がそのまま賦になっておる。しかも、わしの力量ではそれ以上のものは作れそうにないよ」と言った。また逸話として後年、蔡邕もまた霊光殿の賦を作ろうと試行錯誤していたが、あとで王延寿の作品を見て大層立派なものに驚き自分の試作は投げ捨ててしまったと『後漢書集解』の「襄陽記」に記されている。周知の如く『文選』は日本への伝来が古く、人々に愛読されて清少納言に「ふみは文集、文選」と並称されるほど日本文学への影響が大きかった。「結構」という漢語も恐らく『文選』と共に夙に日本語に流入したと推測される。

1、於是詳察其棟宇、観其結構、規矩応天、上憲觜陬、倔佹雲起（魯霊光殿賦）

文中の「其棟宇」は霊光殿のことを指し、「其結構」はほかでもなく棟宇の「結構」を言う。従って「結構」は霊光殿という建築物の造り、構造、組み立てという意味で用いられている。その組み立てを見れば「能く天文星宿に応じて造られ、高く雲外に聳え衆木錯綜し」と見事な筆致で描いていて、つまり霊光殿の造りまたは組み立ては実に趣向を凝らした素晴らしいものであると称賛することになる。従って「結構」は単なる組み立てというだけではなく、巧みな組み立てによって出来上がったものの善美なる意味合いを包含しているのであろう。次の例は「三都賦」を世に問うたところ「洛陽紙貴」という逸話が生じた左思の詩にあるものである。

2、杖策招隠士、荒塗横古今、巌穴無結構、丘中有鳴琴（招隠二首）

「巌穴無結構」は隠者の住まいである岩窟には立派な組み立てを為している建物がないと解されるが、「結構」は例1と同義で比喩的に立派な建築物として用いられている。

3、結構何迢遰，曠望極高深（東晋、謝朓、郡内高斎閑望答呂法曹詩）

「結構」は例1と同じく建物の構造の意で、立派さと巧みさを伴っている。次に『抱朴子』に見えた用例を挙げてみよう。『抱朴子』の著者は晋の葛洪で紀元三七〇年頃成立とされる道家の古典である。内篇二十巻は仙道を説き、外篇五十巻は儒家の立場で世間風俗の得失を論破した。「結構」はその外篇の「勖学」巻にも表れている。

4、文梓干雲而不可名台榭者、未加班輸之結構也（抱朴子、勖学）

文中の「文梓」は木目の美しい梓で「干雲」は大木のことを言い、「台榭」はうてなと高殿のことを指し、「班輸」は中国古代の名工匠である。「班輸」の「結構」を未だ加えていないため美しい木目の梓の大木と雖も、「台榭」となることが出来ないと解される。「結構」は「班輸」が「台榭」を組み立てることを表し、名工匠と素晴らしい材料を併せて考えれば、組み立てられるものは見事で、立派であると推察される。

5、爾其結構、則脩梁彩制、下褰上奇、桁梧複畳、勢合形離（文選、何晏、景福殿賦）

「景福殿」は魏の太和六（二三二）年に魏の都の許昌に建造した宮殿の名である。何晏はそれを讃えるために賦を作った。「其結構」はほかでもなく景福殿という殿宇の木組み、組み立てのことを指す。その後続文は「其結構」の素晴らしさ、美しさを賛美するもので、「それを観れば、長梁に彩色を施していて、下に向かって広がり、上の方は美しい」と解されるであろう。次の二例も同様な意味で用いられている。

6、梁棟宏可愛、結構麗匪過（韓愈、昌黎集、合江亭詩）

7、結構方殊絶、高低更合宜（姚合、題鳳翔西郭新亭）

以上に列挙した「結構」はいずれも名詞として建物の構造、様式、組み立てといった意味で、而も「見事、立派」という意味特徴を具有している。次に挙げる「結構」は名詞ではなく動詞として使用されている。それは日本語に流入した「結構」のサ変動詞としての使用と相通じるのであろう。

8、新亭結構罷、隠見清湖陰、跡籍台観旧、氣冥海嶽深（杜甫、同李太守登歴下古城員外新亭）

「結構」は「新亭」を組み立てることを表す。つまり、新しい亭がこの度出来上がって、それが清らかな鵲山湖の南に見え隠れしている。亭の設けられた場所は元からあった台観のあとにそっくりに建てられたものであり、その辺りには雲気が暗くたちこめ遠く海嶽が横たわっている、となる。そこから「結構」された新亭もその周囲の景観も素晴らしいものであると看取される。

前掲した用例から建物を建築するかまたは組み立てられた建築物の構造か、組み立てか、いずれにも「建物」に関わるという具象的な意味特徴が見られ、これは「結構」という語の本来の意味合いであると言ってよい。これは前掲した日本語の古辞書『黒川本色葉字類抄』の「伎藝部工匠分」という意味分類の依拠となる。下記の例は具象性を伴っているものの、建築物ではなく、文章、書などに用いられる。

9、此『論語』『孟子』較分暁精深、結構得密（朱子語類巻九）

「結構」は後続文の「得密」の綿密という意から工夫して立てた文章の構造、内容という意味で使われている。次の「結構」は巧みに書いた文字の形態、構造の組み合わせといったような意味を示す。

10、又有六種用筆、結構円備如篆法、飄颺灑落如章草（晋、衛夫人筆陣図）

「結構」は書の筆致、形が滑らかで且つ和やかであることを表す。尚、ここの「結構」について同じ晋の王羲之『題衛夫人筆陣図後』には、結構者、謀略也と注記されている。つまり書や絵等を如何に書くかについて構想、工夫するということを言っているかと考えられるが、次に挙げる例は書などのための「謀略」ではなく、出来事に用いられ、更に一般化が進んだと言えよう。

11、霞寓深怨、遂内外結構、出為郴州刺史（唐、李翺、右仆射楊公墓誌）

12、今者再責宝参、特縁別有結構、陛下親自尋究、審得事情所与連謀（唐、陸宣公集、十九奏議宝参等官状）

右の例と異なり「結構」と共起するのは建物ではなく、人間の不審な行為となる。上接文の「内外」「特縁」という意味と共に考え合わせると「内外」と結託、「特別な縁」を利用して謀略を巡らすという意味で「結構」が用いられている。それに加えて本来のプラス的な意味特徴を失ってマイナス的な意味合いを随伴してくる。以下の例も同じく使われている。

13、忠言因牛昭容転相結構、事下翰林（宋、孔平仲、続世説奸佞）

14、江南反了三鎮、雲南郡太守雍闓、結構不韋城呂凱、又有雲門関太守杜旗（三国志平話巻下）

15、兀那大夫人、你豈不知夫乃身之主、你怎生結構奸夫（元曲、争報恩）

16、他説是你結構的歹人（同右）

以上に挙げた具体例に基づいて「結構」について意味分析を行ってみたところ、中国文献における「結構」の意義は次のように帰納することが出来た。

（一）建物等を組み立てること。また、建物などの組み立て、仕組み、構造

（二）文章や書等を構想すること。また文章や書などの組み立て、形態

（三）好ましくないことの結託、企て(2)

と三つに大別できる。（一）の意義は「結構」の原義であると判定される。それを下地にして（二）更に（三）の意義が生じたと推定され、いわば意義が具象化から抽象化へ傾斜したのである。尚、このような変化を実現させたのは三者とも工夫、趣向を凝らすという人間の思考行為という意味特徴を内包していたからと考えられる。更に原義となる（一）の「結構」は右の考察を通して判明したように「見事、立派」という含意も付随しているが、それは「結構」を構成する前部要素「結」と後部要素「構」の各々に具わっている意味からも察知されよう。例えば『文選』における右記の王延寿作「霊光殿賦」の注に「善曰、高誘呂氏春秋曰、結、交也、構、架也」とあるように「結構」は単に「作る」「立てる」だけではなく、材料などを上手に組み合わせたり組み立てたりする、つまり、

工夫も必要なので「結構」したものは「見事、立派」というイメージを伴うのである。但し現代日本語のように「結構」自体が「立派」という意味を示すには至っておらず、更に用法から見ても中国文献における「結構」は動詞または名詞として使用されるのみであるが、現代日本語のように形容動詞としての用法は見られなかった。

（三）日本文献における「結構」

管見の限りの日本文献を調べたところ、「結構」は和文からはその用例を検出することができず、漢文と和漢混淆文にのみその所在が確認できた。日本文献では「結構」の漢語という素姓のため、文章ジャンルによる使用上の差異が認められたのである。この点についてはその出自となる中国文献と異なる日本文献の特徴とも言えよう。尚、日本文献（奈良時代～鎌倉時代）における「結構」の使用状況は次頁の表一の通りとなる。

表一に拠れば、「結構」は、漢文特に日本の諸事情を詳細に記録、描出する所謂和化漢文の古記録類において多用されて使用頻度も高く、書記用語としての常用語とも考えられる。これは「結構」が上記した『色葉字類抄』に収録されていることからも察知される。また夙に奈良時代文献に登場し、日本語での使用の早かったことも窺うことができた(3)。使用量から見れば文献の制約などもあって、奈良時代文献での使用量は僅か一例のみであり、次の時代に比して極めて低い。一方、平安時代に下ると使用の量と頻度とも前の時代を大いに上回るようになった。それは当該時代の言語活動が多様化して文献量も大幅に増えたためでもあろうと推察される。更に、鎌倉時代では使用量はもちろんのこと、使用範囲も前の両時代より圧倒的に多くまた広くなったと言えよう。特に平安時代まで漢文という文章ジャンルで書記用語としてしか使われていなかった「結構」が漢文という世界から離脱して、鎌倉時代に完成期を迎えたと言われる和漢混淆文に多用されていることは特徴的であり、書記用語から日常語に傾斜したかと思われる。このような使用上の変貌はいうまでもなく意味変化をもたらす、不可欠な素地の一つとなったと言っ

表一

時代	文章ジャンル	文献	用例数
奈良	漢文	寧楽遺文	1
		計	1
平安	漢文	続日本後紀	1
		日本三代実録	3
		類聚三代格	1
		日本紀略	1
		扶桑略記	5
		朝野群載	1
		本朝世紀	1
		古金石逸文	1
		平安遺文	49
		東大寺文書	5
		小右記	1
		水左記	1
		兵範記	1
		台記	1
		中右記	1
		山槐記	3
		凌雲集	1
		経国集	1
		久遠寺蔵本朝文粋	2
		本朝文集	2
		法成寺金堂供養願文	1
		計	83
鎌倉〜南北朝	漢文	玉葉	62
		明月記	23
		吉記	7
		猪隈関白記	2
		平戸記	14
		勘仲記	4
		高山寺古文書	5
		高野山文書（1、4）	6
		百錬抄	9
		鎌倉遺文	310
		吾妻鏡	51
		園太暦	18
		天台座主記	3
		雑筆往来	1
		異本十二月往来	4
		垂髪往来	3
		貴嶺往来	1
		庭訓往来	3
		尺素往来	2
		十二月消息	1
		南都往来	2
		計	531
	和漢混淆文	平治物語	1
		延慶本平家物語	13
		覚一本平家物語	[13]
		源平盛衰記	14
		愚管抄	1
		正法眼蔵	4
		古今著聞集	1
		沙石集	1
		塵袋	3
		計	38
合計			653

（[13]：重複13例を除く。以下同）

てよかろう。

ア奈良、平安時代

先ず初出例と思しき奈良時代文献の「結構」の意味について検討してみよう。

1、散金花於玉堂、則梵音揚響、結構之功、誰窮妙於往年（寧楽遺文下、金石文、九七九下⑤）

「結構」は寺を組み立てるという意味で用いられ、「結構之功」の「功」から寺を建立したという営為と建立された寺の見事なことを賛美すると解される。つまり「結構」は中国文献と同じ意味として使われ、そのまま受容したと看做される。

以下、平安時代文献に目を転じて「結構」の意味用法について考察を加えてみる。先ず、漢詩文から検出できた「結構」七例を全部取り上げて考えよう。尚、漢詩文に最も早く見られた例は平安時代初期に編纂された三大勅撰漢詩集の嚆矢となった『凌雲集』にある「結構」である。

1、釣台新結構、浮柱出従深（凌雲集、四八三上⑯）

cf、新亭結構罷、隠見清湖陰（杜甫、同李太守登歴下古城員外新亭）

用例の上句の構文が参考例の杜甫の詩文と相似ていることからも、「結構」も参考例と同じく「釣台」という建築物を建てる意味として用いられていることが分かる。これは「三勅撰詩集の序文を通してそれぞれの主張を眺め、その主張を示す表現が数多くの漢籍と云う借用物による部分の多いことが明らかになり」、「詩集として編纂したことは、やはり中国の文学観に同化した当時の文学観を如実に示すものと云えよう(4)」と指摘されているように、『凌雲集』が中国漢詩文を模範にして作られたことの一投影ともなる。

2、鳳閣将成歳、龍楼結構辰（経国集、五五五下⑯）

「結構」は例1と同様「龍楼」という建築物を構築するという意味で用いられている。上記の参考例と同じ文構造で動詞用法としている。

3、此地之《ノ》不《サル》レことを宜《ヨロシカラ》　結‐搆《コウ》不レ幾《イクラ》　遂に遭《アヒ》二所《ソ》‐天之長《ク》‐逝《ユク》一（久遠寺蔵本朝文粋巻五、一九九⑥。注、両字の「‐」音合符、「‐」訓合符、平仮名はヲコト点。以下同）

cf、疏鑿出人意、結構得地宜（白氏文集巻六十二、裴侍中晋公以集賢林亭）

例3はこの地で「結構」が宜しからず、対して参考例は「結構」が地の宜しきを得ることとなる。両者は構文といい文意といい類似していると見られ、本例の「結構」は参考例と同じく建物を作り上げるという意味として用いられている。

4、爰白‐黒之衆相‐議《キシ》て欲《ス》三結‐搆《セント》二堂‐舎一を（久遠寺蔵本朝文粋巻十二、一九三④）

cf、結構池西廊、疏理池東樹（白氏文集巻八、池畔二首）

「結構」はその動作の対象「堂舎」と共起することから参考例の「池の西廊を結構す」の「結構」と同義で、建造するという意味と判断される。尚、用法としては「結構」の右傍に付してある訓注からもサ変動詞としての用法が明らかになり日本語化の側面を見せている。

5、華堂結構。不日之功已成（本朝文集、藤原後生補多楽寺修法会願文、一六三下⑨）

cf、結構罩群崖、廻環駆万象（柳宗元詩、法華寺石門精室三十韻）

「結構」はその対象「華堂」を建立するということで用いるが、亦、組み立てる「華堂」の示す意味から見事、立派というような意味合いも伴うようになったと推察される。

6、昼夜時日、種々所作、一々有之、彼皆供養先畢、末起者金堂也、即企大廈之結構（法成寺金堂供養願文、治安二（一〇二二）年、二七一上⑧）

例6は藤原広業が藤原道長の法成寺金堂を供養するために撰述した願文であるが、文の「結構」はその連体修飾語「大廈」から、建立するという意味を示すと考えられる。例5と同様、大廈を組み立てることから見事、立派という含みも随伴してくるように思われ、本来の中国語のそれを踏襲しているとも言えよう。

7、遂課短毫。愁成狂簡。凡二千九百五十言。除重点三十七字。但恥結構是疎。採椽之材不削（本朝文集、三善為康童蒙頌韻序、一三三八上⑩）

例7は文章のことについて論説されている場面で「結構」は文章の組み立て、構造の意味で用いられている。

以上、平安時代の漢詩文における「結構」の意味用法について考察してきたところ、漢詩文の「結構」は出自の中国語の意味用法を受容して使われていることが分かり、この点は右に挙げた参考例からも示唆されている。のみならず、その参考例を通して漢詩文にある「結構」の出所が何処にあるかを彷彿とさせる。亦、漢詩文の「結構」の建築物を組み立てるという意味には中国語と同様「見事、立派」というような含意が内包されていることも認められる。

次に漢詩文以外の古記録、史書、古文書等に見られた「結構」は如何なる意味用法で使用されるのかについて、具体例を挙げつつ考究を進める。

1、則大象之背、結構小台。（続日本後紀、一七⑪）

2、大仏殿第一層上結構棚閣。更施舞台。天人天女。彩衣霓裳（日本三代実録巻五、七三⑬）

3、件寺（略）元慶元年中依大后御願所建立也。今奉仰旨云。結構既成（類聚三代格巻三、六三⑧）

例1、2、3の「結構」は動詞用法として使用場面とその対象「小台、棚閣、寺」を合わせて見れば同時代の漢詩文と同じく、組み立てる、建造するということを表現していると考えられ、いわば本来の中国語の意味をそのまま継承するという形で用いられている。

4、依有本願、籠金峰山之辺、結構一新堂（扶桑略記、二二三⑤）

5、行幸彼寺、結構多宝塔一基（同右、二四一①）

例中の「結構」は上記の例と変わることなく動詞として「新堂、多宝塔」を建立する意味で用いられているが、その対象「新堂、多宝塔」は立派だけではなく仏教の建築物として神聖なるイメージも伴ってくるのに対し次の二例はその趣を異にしている。

6、造一間草庵住之、結構卑微、山木留皮（同右、二六七⑭）

「結構」は名詞として結んだ「草庵」の構造或いは様式、用材を表すのに用いられているが「卑微」という述語と「草庵」から推して「結構」には見事、神聖であるどころか、寧ろ素朴且つ陋狭な意味合いも込められていると看取される。

7、西府倉屋破壊特基、（略）伐神社之木、充結構之用（日本三代実録巻五、六九⑭）

「結構」は破壊した「倉屋」を修繕するという意味として用いられているが、見事、立派であるような含みは共起しかねる。

8、瞻仰遠近七個之精舎、結構今後二世之因縁者（扶桑略記、二二五⑧）

「結構」はその対象となるものが上記のような建造物と異なり観念的な「因縁」となり、それを結び付けるということを示している。つまり「結構」するものとしては具体的なものから抽象的なものへと広まったとも言えよう。

9、於東寺舎利供養事、別当闍梨結構云々（本朝世紀、三三〇⑧）

ここでの「結構」は動詞用法でその対象が「東寺における舎利供養の事」となり、本来の中国語の建立物や文章などのような物と異なり、事を仕組む、或いは計画するという意味としている。但し「物」であろうと「事」であろうとそれを「結構」するのには、いずれも創意工夫を要するという人間の思索行為が不可欠のものとなるであろう。更に言えば事を仕組む、計画するということは建築物、文章等を組み立てたりする意味から派生してきたのであろう。加えて「結構」するのは「舎利供養」という出来事から推して決して悪事ではなく寧ろプラス的な事であると見るべきである。下記の例も同じ意味で用いられる。

10、七月十五日広大善根之日也、為盂蘭盆善根、奉写法華一品経、令開講演説、報七世四恩併法界之恩云々、爰当寺大檀那大法師寛智心染善根、勤有功徳、早肯受結構之（平安遺文八、二九五七上⑧）

「盂蘭盆善根」のために「奉写法華一品経、令開講演説」を「結構」する。「結構」は明らかに善たることを計画、支度することを示している。しかし次の例文の「結構」は違って、良くも悪くもなく中性的な意味合いで用いられているように思われる。

11、（延暦園城興福寺衆徒可奉迎取法皇之由支度云々）延暦寺総大衆不成此議、恵光房阿闍梨珍慶結構、又園城寺同結構云々、此風聞之後法印実慶逐電云々、可奉迎取両院之由結構云々者（山槐記三、四五上①）

例11の三つの「結構」は例9と同様、仕組む、計画することを示すが「迎取法皇」という事を企てようとするのである。対して下記の「結構」は明らかにマイナス的な意味として使われる。

12、横募西金堂（構）威令行珍勝濫悪、皆以頼友等（所為）結構也、罪科尤不軽（平安遺文五、二〇四四下⑧）

「結構」はその後続文の「罪科尤も軽くからぬ」と前文の「濫悪」を併せて考えれば、悪事を企てたことを表している。前述した中国語の（三）の意味と相通じるものであると見られるが、次の二例も同様である。

13、就中東塔一所、殊結蜂起、欲企狼藉云々、両山衆徒、一塔結構歟、早加制止、不承引者慥可注進張本也（同右六、二二〇六下⑧）

14、被院宣云、延暦寺西塔衆大法師弁円年来之間、忘善神之冥鑑、為悪夜之張本、山上洛中之濫行、五畿七道之悪逆、十之八九無非彼之結構（同右七、二八七三上③）

二例とも「悪事、濫行」を企て、実施するという意味で「結構」が用いられている。

以上、平安時代文献における「結構」の意味用法について具体例に基づいて分析、検討を加えてきた。「結構」は中国語と変わることなく動詞と名詞として用いられているが、動詞としてそれと共起する対象は中国語のそれより多様化したように見受けられ、それは「結構」の意味に大いに作用することになるであろう。亦、同じ対象の建築物と言っても中国語のように見事、立派なものもあれば、質素、粗末なものもある。更に中国文献には見られない仏教的対象である「因縁」も認められ、マイナス的な対象としては「悪事、濫行」なども挙げられる。右の考察を踏まえて「結構」の意義を帰納すれば、次のようになる。

（一）建物等を組み立てること。また、建物などの組み立て、仕組み、構造

（二）文章や書等を構想すること。また、文章や書などの組み立て、形態

（三）好ましくないことの企て、働き等

（四）物事の仕組み、計画

という四つに分類できるが、残りの平安時代文献に見えた「結構」についても考察を通じて全てそのいずれかの意味で使用されていることが明らかになる。（一）と（二）はいうまでもなくその出自である中国語のそれをそのまま受け継いだものであると言えるが、（三）と（四）は（一）（二）に内包されている創意工夫を要するという人間の思索、思考行為を下地に派生したものであると考えられ、中性的な出来事を「結構」すれば（四）の意味となり、一方、悪行等のような好ましからぬことを「結構」すると、（三）の意味で用いられる。尚、（三）は前述した中国語の（三）の意義と重なったものであり、それを受容したかと考えられる。以上の意義に基づいて平安時代文献にある「結構」について分類を行うと、次の表二のような分布となる。

表二に依れば、先ず言えることは平安時代文献において文章ジャンルによる意味上の差異が見られる。つまり、

表二

文章ジャンル	意義／文献	(一)建物等を組み立てること。また、建物などの組み立て、仕組み、構造	(二)文章や書等を構想すること。また、文章や書などの組み立て、形態	(三)好ましくないことの企て、働き等	(四)物事の仕組み、計画	用例数
史書・古文書・古記録	続日本後紀	1				1
	日本三代実録	3				3
	類聚三代格	1				1
	日本紀略	1				1
	扶桑略記	4		1		5
	朝野群載	1				1
	本朝世紀	1				1
	古金石逸文	1				1
	平安遺文	7	2	34	6	49
	東大寺文書	1		2	2	5
	小右記	1				1
	水左記				1	1
	兵範記			1		1
	台記			1		1
	中右記			1		1
	山槐記			3		3
漢詩文	凌雲集	1				1
	経国集	1				1
	久遠寺蔵本朝文粋	2				2
	本朝文集	1	1			2
	法成寺金堂供養願文	1				1
合計		28	3	43	9	83

中国の漢詩文を規範にそれを模倣して綴った漢詩文では、中国語の意味用法をありのまま継受している。一方、専ら日本の歴史、政治、社会及び日本人の私的な出来事等を詳記した史書、古文書、古記録等においては本来の中国

語の意味を踏襲した上で、それを土台に新しい意味が生まれたのである。尚、使用頻度から見れば、(三)の意義としての「結構」は最多量に達して当時代の中心的な存在となっているが、現代語と比べれば意味の向上どころか、寧ろ下落の方向に傾いてしまったことに留意すべきである。確かに(三)の意義は中国語のそれと類似したところも多いというものの、その使用量としては中国語と違った一面を見せている。(三)の意義と異なり(一)の意義は平安時代に亘って各文章ジャンルにおいて満遍なく使用されており、(三)の意義に次ぐ位の使用頻度を有する。他方、中国語には見えず、新しい意味としての(四)はその使用頻度が低く、周辺的な役割を果たしていると思われる。

イ鎌倉時代

鎌倉時代文献に目を転じてそれにおける「結構」の意味用法を巡って考究してみよう。前掲した表一が示す如く、鎌倉時代になって「結構」は漢文に止まらずこの時代に完遂を遂げ、隆盛期を迎えた和漢混淆文にも浸透した。使用範囲は前の時代より拡大したと言って妥当であろう。先ず当時代の漢文における「結構」を挙げてその意味用法を考えてみたい。

1、同年戊辰初結構堂奉安置薬師仏像（天台座主記、五六八上⑰）
2、次於神楽岳西吉田社北建立重閣構堂結構数宇雑舎（同右、五七九上⑯）
3、頻結構城郭云々（鎌倉遺文三十一、二八八上②）
4、起大塔婆之洪基、弘仁以降四五箇度焉、礎石守跡般爾之結構一十六丈矣（同右三十五、三四五上⑤）
5、又左右二尊者夫婦二人之結構也（同右四十、二三四上⑦）
6、宝塔穿雲、迎万代結構、珠殿承日（同右六、九〇下⑫）

7、大将送馬一疋牛一頭、今日、大理於彼亭結構造泉之間、所立之牛馬也（玉葉三、七二一下⑩）

七例いずれも「結構」は「堂、雑舎、城郭、大塔、仏像、宝塔、造泉」等を組み立て、作るという意味で用いているが、次の例は立派な建物ではなく微小化、具体化したものを作ったり調えたりするというような意味としての「結構」となる。

8、若干炭竈結構之間（鎌倉遺文十四、八六上⑫）

のように、炭を焼く竈を作る意味の「結構」である。

9、卓ショク・机ツクヘ、卓《ハ》貫差ヌキサシ結構《スルヲ》云。机《ハ》四足斗有也（庭訓往来、九月状、三二〇④）

「結構」は「卓」と「机」との違いについての注釈文に使用されている。つまり「卓」と「机」との違ったところと言えば、「貫差」を「結構」するか否かにある。従って、「結構」は「貫差」を設えたり据え付けたりするという意味で用いると見られる。一方、以下の「結構」は好ましくない文書を企てたり、作成したりする意味として用いられているが、前述した本来の（二）の意義よりマイナス的な方向へ傾斜している。

10、（不顧以前契状）捧結構偽書、成競望之刻（鎌倉遺文二十五、二二九下②）

11、院中落書結構之人、必顕其失（玉葉三、七二四下⑪）

12、爰帯北条御下文之状語、河田入道私領宇佐美三郎可知行云々、而子息と云文字入筆也、是可謂結構之文哉（鎌倉遺文一、一八下⑤）

「結構」は、例10で前文にある「以前契約」を顧みずに「偽書」、例11で「落書」、例12で偽造の文書を作成したということを示している。以下の例は単に建築するだけではなく、その計画も含まれているように看取される。

13、東大寺大仏御身雖全、御首焼損遠近見聞之輩、莫不驚眼、雖如形可造掩仮仏殿之由、寺僧等、欲結構之処（玉葉二、四八九下②）

14、於講堂、可被行維摩会、仍年内可造畢之由、長者結構、仍金堂已下事（同右二、四九六下⑳）

「結構」は「仮仏殿」と「講堂」を造り掩したりすると同時に計画もしたりすることを示す。亦、次の例のように、建造物に止まらず抽象的なものや具象的なものを調えたり用意したりするというような意味の「結構」もある。

15、去年冬、教長入道結構和歌合、件判者、彼朝臣也（同右一、二九一下⑧）

16、明日於建春門院可有和歌会云々、隆季実定卿等結構云々（同右一、一〇五上⑫）

17、抑及打之会者、勝遊之始也。少人殊有結構。諸僧各蒙招引（垂髪往来、二三八②）

18、勝長寿院一切経会、結構舞楽、羽林出御（吾妻鏡前篇、五七四⑪）

19、於御所人々取孔子致経営、結構引出物等云々（同右後篇、二八⑥）

以上のように、和歌会、毬打会、舞楽、引出物を計画或いは準備したりしたことを示している「結構」も存在した。以下の例は見事な装飾、食事等について趣向を凝らして拵えたりするというような意味の「結構」となる。

20、加之、非調菜羹於周備之味、多加薬種於唐様之膳、連々結構、日々倍増（鎌倉遺文三十、三一五上⑨）

「周備之味」と「唐様之膳」を次々と「結構」する。つまり、拵えたり、用意したりすることを示している。

21、（可停止稲荷、日吉祭、祇園御霊会過差事）仰、馬長馬上之結構、神宝神物之過差或装色々之綾羅、或鏤種々之珍宝（同右六、三二七上⑫）

祇園会に登場する「馬長」と「馬上鉾」の衣装、装飾等としては「色々之綾羅」、「種々之珍宝」というように、「結構」の示す意味が着飾られたり、拵えられたりしてあって、あまりにも贅沢なものとなる。その故に、「停止」すべきだと訴えている。

22、内女房局女院可御覧由兼披露、毎局結構、求美服懸竿、儲厨子置物具（明月記二、四八三上⑯）

女院が女房の局を御覧ずる場面となるが、その各々の「局」は「求美服懸竿、儲厨子置物具」というように、見事に設けられ装飾されている。「結構」はきちんと用意したり、調えたりするという意味で用いられている。次の例もいずれも見事、立派に準備、支度する「結構」となる。

23、今日御霊祭也、将軍家於今出河殿、御見物間、渡物風流、結構異例云々（吾妻鏡後篇、一二一八⑫）
24、近江入道虚仮立御所奉入、御儲結構無比類云々（同右、一二三〇⑮）
25、是皆御行始之儀也、面々御儲太結構、御引出物及風流云々（同右、一二九五⑨）
26、馬場之儀結構同去年、希代壮観也（同右、三五〇④）

かかる立派な趣向、仕組、装飾等を設えたり、拵えたりするというような意味の「結構」に対して、この時代の古記録では下記の例のように上述した（三）「好ましくないことの企て、働き」というマイナス的な意味として用いられている「結構」の方が前の時代と同じく依然として圧倒的に多く、中心的な役割を果たしていると言えよう。これは『鎌倉遺文』における三一〇例の中で（三）のマイナス的な意味の「結構」が二七二例に達していることからも示唆される。のみならず、「結構」する好ましくない事柄も下記の例の如く「狼藉、悪事、乱行、欲奪寺領、無道、乱妨、殺人」などといった多様化傾向をも見せている。

27、長忠五師以下梟悪之輩、所令結構狼藉也（鎌倉遺文六、四六下⑩）
28、若雖非自身他寺僧等、衆議結構悪事之条（同右四、三二二下①）
29、入籠兇徒等於住宅、兼結構乱行云々（同右三、二九一下③）
30、還欲奪寺領、結構之旨罪科弥重（同右三、一七下⑭）
31、上人譲状旨、永停松沢入道無道結構（同右四、三一七上⑮）
32、須彼寺之無道、結構四人殺害之時（同右九、七四上⑰）

次の「結構」は上接文の「魔界、邪魔波旬」と参考例から推して悪魔の計略かまたは仕業というようなことを表すと思われる。

33、もしこれ祖神の御計歟、怨霊のかまへか、魔界の結構か、疑給はし（同右九、三〇八下⑩）

34、明時御政、忽難変哉、誠是邪魔波旬之結構也（同右五、四三五下④）

cf、衆徒の濫悪を致すは魔縁の所行なり（覚一本平家物語巻一、一三八⑩）

次の「結構」は悪人と手を組む、いわば出自の中国語の意味（三）「結託」という意味で用いられているように見える。

35、此又偏に、弘法、慈覚、智証等の三大師の法華経誹謗の科と、達磨、善導、律僧等の一乗誹謗の科と、此等の人々を結構せさせ給国主の科と（鎌倉遺文十九、一三八下⑫）

36、内裏盗人結構法師事（玉葉三、七〇〇下③）

亦、前の時代には見られなかった「御結構」という語形態も登場して、日本語との同化振りが浮き彫りになっている。

37、是偏奉為大明神御結構事也（鎌倉遺文七、三六九上⑦）

38、是偏法皇御結構云々（玉葉一、二九八上⑪）

39、此新殿下ハ全非御懇望、非御結構（同右三、二二二上⑤）

「御」と「結構」との結合でその行為をなす者に対して敬意を表しているが中国文献には斯様な用法が存していない。

以上、具体例を挙げて鎌倉時代の漢文における「結構」の意味用法について考察してきた。前の時代と比べて使用量の増加に伴い、「結構」の対象としては一層多様多彩の様相を見せたため、意味用法としても多様化、具象化の傾向が表れており、「用意、支度」という意味には、工夫、趣向を凝らしてその物事を見事、立派に拵えたり、調えたりするというような含みも付随していると思われる。これは出自の中国語における創意工夫をして建物を見事、立派に組み立てるという意味特徴と一脈相通じるものであると言えよう。

以下、鎌倉時代の和漢混淆文における「結構」について検討してみよう。

1、末世の愚人、いたづらに堂閣の結構につかるゝことなかれ、仏祖いまだ堂閣をねがはず。自己の眼目いまだあきらめず、いたづらに殿堂精藍を結構する、またく諸仏に仏宇を供養せんとにはあらず、おのれが名利の窟宅とせんがためなり（正法眼蔵第十六、行持下、二〇九①）

二つの「結構」はその連体修飾語「堂閣」と対象の「殿堂精藍」という建築物から、本来の中国語の意味を踏襲して建立するということを示していると考えられる。つまり、「末法の世に生きる愚かな人間は、徒に立派な建物の建立のため疲労困憊してはならない。仏祖は立派な建物を願わなかった。自己の法の眼を明らかにせず徒に立派な寺院を建立しようとする者は、全く諸仏に仏の家を供養しようというのではなく、それを自分の名利の住み家にしようとしている」と解される。

2、サレバ何科ノ怠ニヨリテ、当家ヲ可滅二之由ノ御結構アリケルヤラム、サレドモ微運ノ尽ザルニヨリテ、此事顕テ迎申タリ。日来ノ御結構ノ次第今直ニ承候ベシト、（略）、成親卿ヲ始トシテ、俊寛ガ鹿谷坊ニテ平家ヲ滅スベキ結構ノ次第、法皇御幸、康頼ガ答返（延慶本平家物語第一末、二十二オ①）

2′、何の遺恨をもて此一門ほろぼすべき由。御結構は候けるやらん。（略）。然共当家の運命つきぬによて、むかへ奉たり。日来の御結構の次第、直に承らむとぞ給ひける（覚一本平家物語巻二、一五七⑥）

cf、此一門ほろぼすべき由の結構は候ひけるやらん。（略）しかれども当家の運命つきぬによツて、むかへ奉ツたり。日比のあらましの次第、直に承らんとぞ宣ひける（日本古典文学全集平家物語巻二、一一六③）

上記の「日来の御結構」は計画、企てというような意味で用いるが、一方、参考例のように、同じ場面において他の写本では「結構」の代わりに「あらまし」と記されていることが分かる。つまり、「結構」は「あらまし」と同じ意味を示している。下記の「結構」はサ変動詞として、計画する、企てることを示す。

3、尋《レ》根元《ヲ》一者義仲結二構《シテ》悪心《ヲ》一（延慶本平家物語第四、五十三オ③）

「結構」は上述した同時代の古記録の「悪事、狼藉」等と同様、マイナス的な意味の「悪心」という対象と共起してそれを企てることとなる。次の「結構」は異本にある「所為」と同じかまたはそれに近い意味として用いられるかと思われ、かかる「結構」は前掲した古記録にも表れている。

4、偏《ニ》是《レ》所天魔《ノ》結構一《スル》歟（同右、五十三ウ⑧）

4′、誠是魔縁之結構（源平盛衰記巻十四、四七〇③）

cf、是偏に天魔の所為とぞみえし（覚一本平家物語巻一、一二三⑨）

亦、古記録と同様、下記の例のように、「結構」は具体的な物ではなく、「舞楽」というような娯楽の対象となり、それをよく整えたり、見事に仕上げたりする。

5、舞楽結構シテ、童舞ナレバ、珍キ事ニテ、殊ニ見物ノ男女多カリケリ（日本古典文学大系本沙石集巻六、二六五⑥。傍注略）

次の「結構」は前掲した名詞またはサ変動詞としての例と異なり、明らかに形容動詞として用いられている。換言すれば、新たな品詞性が獲得されて登場するようになった。

6、あるとき、しうちがまへに飯をけつこうにすへ、悪源太の前には無菜の飯をすへたり（金刀比羅本平治物語下、二六八⑥、悪源太誅せらるる事）

6′、或時主ガ前ニハ飯ヲ結構シテ居（据）、悪源太ノ御前ニ閣御前ニ候無斎（菜）ノ飯ヲ取（半井本平治物語下巻、十九オ④）

6″、或る時、須智が前には飯を結構して供へ、悪源太の前には無菜の飯を据ゑたり（陽明文庫蔵本平治物語下巻、五三二③、悪源太誅せらるる事）

古態本に分類される半井本と陽明文庫蔵本にあるサ変動詞としての「結構して」に対して、流布本系と称される金刀比羅本においては「結構に」という形態で「据へる」を修飾し、明らかに形容動詞として用いられてプラス的評価の意味を示している。つまり、「須智の前に膳を立派に添えて悪源太の前におかずの付いていない粗末な飯を置く」と解されるが、一方「結構して」は立派な膳を用意して添えるというように、見事、立派という含みを伴っているが、「用意」という意味も依然として残っている。但し、「結構に」はそれと違って原義である「用意」が捨象されて、「立派」という意味だけとなり、後接の「据へる」を連用修飾している。この「結構に」からも『金刀比羅本平治物語』が室町時代以降と思しき後出本であることが示唆される。このような写本年代の新旧によって「結構」の意味を異にするのみならず、下記の例の如く、他の表現から「結構」の意味判断にも役立つことになる。

7、（是は法皇の山攻めらるべき事）ないきよげなる布衣たをやかにきなし、あざやかなる車にのり、侍三四人めしぐして、雑色牛飼に至るまで、つねよりも引つくろはれたり（覚一本平家物語巻二、一五三⑧）

cf、法皇の比叡の山を攻めさせられうとあるを申し止むるために呼ばるるとお心得あって結構な車に乗り侍三四人連れて（天草版平家物語、二四④）

同じ場面において覚一本では「あざやかな車」に対して、天草版では「結構な車」と表現されているが、「結構」は明らかに「あざやか」と同じ意味で形容動詞として用いられて、プラス評価の意味合いを表しているのである。

以上、鎌倉時代の文献における「結構」について文章ジャンルを分けて考察を行ってきたところ、その意味用法として基本的に前の時代の用法を踏襲していると判明したが、新たな「御結構」という日本語の特有の表現形式も登場し、日本語へ同化しつつある側面も浮かび上がった。亦、上述した和漢混淆文における例6のように「結構に」という形容動詞として用いられる用法も見られ、一例のみであるが立派、見事というプラス的評価の意味の「結構」もあった。かかる意味はほかでもなく意趣、工夫を凝らして仕組んだり設えたりするといったような含意がその発生源となると考えられよう。とはいえ、見事、立派というプラス評価意味として定着したのは次の室町時代になってからである。右の考察を通して、鎌倉時代の文献における「結構」の意義は次のように記述、帰納できよう。

（一）建物等を組み立てること。また、建物などの組み立て、仕組み、構造
（二）文章や書等を構想すること。また、文章や書などの組み立て、形態
（三）好ましくないことの企て、働き等
（四）物事の仕組み、計画

平安時代と同様、四つに大別できるが、残りの「結構」についても検討を加えたところ、いずれも右の分類に入ることができると分かった。鎌倉時代文献における「結構」の意味の分布状況は次の表三のようになっている。亦、表三から以下のことが考えられる。

表三の意味分布に依れば、鎌倉時代文献では、漢文といい和漢混淆文といい、中国語を受容した（一）と（二）の意味用法は少量でありながら依然として存在してはいるが、その使用量は明らかに前の時代を下回っており時代の変化を見せている。一方、平安時代に中心的な存在であった（三）の意義は、鎌倉時代に下っても変わることなく本義となる（一）、（二）の意義はもちろんのこと、（四）の新生した意義をも上回って中心的な働きを成している。尚、その使用状況から見れば（三）の意味用法は『鎌倉遺文』をはじめとする古記録に偏っているが古往来等にはあまり見られない。和漢混淆文においても同じく文章ジャンルによる使用の傾向性を見せている。つまり（三）の意味用法は軍記物に集中しており、その他には殆どその所在が見当たらないようである。以上の分析、考

表三

文章ジャンル	文献＼意義	(一)建物等を組み立てること。また、建物などの組み立て、仕組み、構造	(二)文章や書等を構想すること。また、文章や書などの組み立て、形態	(三)好ましくないことの企て、働き等	(四)物事の仕組み、計画	用例数
漢文	玉葉	1		33	28	62
	明月記			11	12	23
	吉記			4	3	7
	猪隈関白記				2	2
	平戸記	2		7	5	14
	勘仲記			2	2	4
	高山寺古文書		1	4		5
	高野山文書（1、4）			4	2	6
	百錬抄	2		3	4	9
	鎌倉遺文	12	1	272	25	310
	吾妻鏡			17	34	51
	園大暦			8	10	18
	天台座主記	2			1	3
	雑筆往来				1	1
	垂髪往来				3	3
	貴嶺往来	1				1
	庭訓往来	1			2	3
	尺素往来				2	2
	異本十二月往来				4	4
	十二月消息				1	1
	南都往来				2	2
和漢混淆文	平治物語				1	1
	延慶本平家物語			11	2	13
	源平盛衰記			13	1	14
	正法眼蔵	2			2	4
	愚管抄				1	1
	古今著聞集				1	1
	沙石集				1	1
	塵袋				3	3
合計		23	2	389	155	569

察を通して中国語の工夫、趣向を凝らして物事を立派、見事に「結構」するという意味特徴が一貫して継承されているが現代語のような形容動詞として「立派、見事」であることを表すには至っていない。但し、右に挙げた『平治物語』にある「結構に」という形容動詞の連用修飾という用法が見られ、プラス評価の意味として用いられる用例もあった。一例のみであるが次の時代に「結構」の「見事、立派」というプラスの新たな意味が派生する前兆となり、素地でもあると言えよう。以下、室町時代に目を転じて「結構」の意味用法を考察してみる。それに先立って（一）の意義を示す「結構」が不在または減少に伴って生じる意味の空白が如何なる語によって補完されているであろうかについて考えてみたい。次の例を挙げて見よう。

・観音院見中宮御堂造作（御堂関白記上、五三⑧）
・造作之間、臨時工等給禄、大工則季馬給之云々（後二條師通記二、二六六②）
・慈徳寺見作造（御堂関白記上、二九②）
・伊豆国北条内、被企伽藍営作（吾妻鏡前篇、三二九⑦）
・件所世亳法師日来造営（高野山文書四、四六八①）
・新宮ノ衆徒等一味同心シテ城郭ヲ構テ相待ケリ（延慶本平家物語第二中、二十四オ①）

「造作、作造、営作、造営、構ふ」等のような語が「結構」の（一）の意義と類似して、「結構」の不在や消長によって生じる意味領域の空白を補足することになると考えられる。

ウ室町時代以降

室町時代の文献における「結構」の意味用法について用例を挙げて考察してみよう。先ず『邦訳日葡辞書』に収録されている「結構」を見ることとする。その意味用法について全部項目を立てて下記のような注釈を加えている。

Qeccô. ケッコゥ（結構）Musubi, camayuru.（結び，構ゆる）何か物事の準備をすること，あるいは，備えること．例，Monouo qeccô suru.（物を結構する）¶また，立派で華やかな物を見事に整えて飾ること（四七九。以下同）

Qeccôgaraxe, suru, eta. ケッコゥガラセ，スル，セタ（結構がらせ，する，せた）褒められようと思って，物を見せたがる，あるいは，誇示したがる．

Qeccôna. ケッコゥナ（結構ナ）よく整えてあったりして，立派であったり，美しかったりする（こと）．Qeccôni.（結構に）Qeccôsa.（結構さ）

Qeccôxa. ケッコゥシャ（結構者）すなわち，Qeccônafito.（結構な人）すぐれた人．

と上記にあるが如く、用法としては前の時代に見えなかった「結構がらせ、する、せた」と「結構者」というものが新たに登場してきた。一方、意味として注釈に出ている最初の意味項目は明らかに前の時代に意味分類されている本義（一）（二）及び（四）を踏襲しているが、中心的な存在としての（三）については全く収録されていない。つまりマイナス的な意味用法は姿を消したように見えるが、下記の室町時代の文献にある用例の示すようにそれらはまだ生き延びている。他方、鎌倉時代の文献にプラス評価の意味としてかろうじて一例のみ見えた「結構」は形容動詞として完全に形成されたと共に、「立派、見事」というプラス意味も確立するようになったと言ってよい。のみならず「結構がらせ、結構者」などのような鎌倉時代までには見られなかった新たな用法も生まれた。『邦訳日葡辞書』において斯様な意味注釈はいうまでもなく下記のような室町時代の文献にそのような具体例が存在していてはじめて可能となったであろう。

　それでは鎌倉時代までには見られなかった新たな意味用法について更に考察してみたい。まず、前の時代に用いられた（一）「建物等を組み立てること。また、建物などの組み立て、仕組み、構造」という意味を表す用例を挙げてみよう。

1、宮殿ヲ結構シ、美人ヲタクワユル事ヲ諷ジタゾ（三体詩抄、一ノ二）
2、諸方ソトハノケツコウ事尽了、大曼陀ラ供（多聞院日記三、三七八上⑬）
3、五尺ノ仏ヲ耳カキニスル譬ソ、セントコシラエテ結構セウトシタレハ（荘子抄巻二、二三八④）

次の例は少量ながら鎌倉時代の文献に使われている意味分類の（二）に近い意味としての「結構」と解される。

4、越州ヨリ宗喜・教浄帰了、雖無一途ケツコウノ返事也（多聞院日記三、三八一上①）

文章ではないが、返事が整ったり筋が通ったりすることを表している。次の「結構」は上掲した（三）「好ましくないことを企てたりする」という意味で用いられている用例であろう。

5、又語云、宇治平等院領カワラノ庄大閤良基公可没収之由、及結構之間、寺官等数十人上洛、雖嘆申、不承引云々（後愚昧記二、一一二⑨）
6、諸大名等可退治彼朝臣之結構等有之（同右三、七⑬）

尚、鎌倉時代の文献にある（四）の意味としての「結構」も見られる。

7、籩豆ノ器ヲ結構スルハ、小事ヲ務ル也（応永二十七年本論語抄、三六二⑧）
8、我等がやうなる福伝にいかにもお仏供を結構して（狂言記、福の神、三四二②）

例7は宗廟を祭祀するためのお供えの器物である「籩豆」を、例8は「お仏供」を用意したり、調えたりすることを表している「結構」となる。以下に列挙する「結構」はいずれも形容動詞として「立派、見事」という意味用法の例であろう。

9、子-華カ結構ニシテアルカハ、不孝ノ者也（応永二十七年本論語抄、二六九④）
10、御面像スケナク見ヘテ、結構ニ綵色タルヲ拝之了、殊勝々々（多聞院日記三、一三三下③）
11、鼎（ヲ）テ五ツ立テ、色々ノ結構ナルクイ物ヲサセテクウテ（湯山連句抄、四十七ウ①）

12、門ヨリ中へ入ツ出ツスルホドノ者ハ何タルケツコウナ宝デモアレ（句双紙抄、三ウ③）
13、結構に船を飾り舞楽を奏し、糸竹を調べ（エソポのハブラス、四三一⑰）
14、ある馬に一段結構な鞍を置き、花やかにしてさいて通るに（同右、四五九㉒）
15、結構な者也（略）宝也（杜詩続翠抄九、三十七ウ③）
16、又其次に、結構な蒔絵の重箱に色々の肴を入て持て出ました（狂言記、菊の花、三七五⑰）
17、結構にできました、則仏を負ふて下りませう（同右、金津地蔵、二九九⑮）

次の例は古記録に見られている「結構」であるが連体修飾として用いられて、上記の形容動詞としての「結構な」と同じく「立派、見事」という意味を表している。

18、抑御進物蠟燭令執進候了、被遣書候之間、目出候、結構之蠟燭にて候程に（略）悦喜無申計候（高野山文書一、嘉慶元（一三八七）年、五四〇⑫）

御進物としての「蠟燭」を執進し終わった場面である。「結構」は、その御進物である「蠟燭」を修飾することと後接文の御進物に対して「悦喜無申計候」の意味とを併せて考えれば、よく整えられて用意されていた、というよりも寧ろ「立派、綺麗」という意味で用いていると理解されるのが妥当で、素晴らしい「蠟燭」の御進物でこの上なく喜ぶと解される。次の「結構」も同様である。

19、参伏見殿、候御読、自宮御方御葩五被レ下了、結構之物驚目畏入者也（康富記一、二七二上②）

「候御読」のご褒美として宮御方より御葩（花形の金具）五つを「被レ下了」という場面であろう。「結構之物」の「物」とはいうまでもなく五つの御葩であって、素晴らしい贈物であることは想像に難くない。「結構」はその修飾する「物（御葩）」と、それによっての「驚目畏入」という驚喜の心情を吐露するというような後接文とを考え合わせると、「（よく作られて）見事、立派」という意味で用いられていると解されるであろう。つまり素晴らしい物る。

（御葩）で「驚目畏入」となったのである。次の『康富記』に見える「結構」も同様に使用されていると考えられる。

20、談論語序了、給暮食後退出了、御懺法之葩ニ被与了、結構之物也（同右一、二六九⑪）

むすび

以上、日本文献における「結構」の意味用法を巡ってその出自となった中国語との比較を行いつつ考察してきたところ、次のような諸点が判明した。

一、結構は漢語という「素姓」のためすぐ和文には浸透せず、しばらくの間漢文と和漢混淆文にのみ用いられ、仮名を中心とした和文には用いられていないなど文章ジャンルによる使用上の隔たりが認められており、すべての文章ジャンルに使われていた中国文献と好対照を成す。尚、文章ジャンルによる差異は使用の有無に限らず意味の上にも反映されている。

二、即ち「結構」は同じ漢文でありながら漢詩文では中国語の意味をそのまま受容して用いられているのに対して、古記録では本来の意味を継受しつつ、中国文献には見られなかった「物事の仕組み、計画」という新たな意味を包有するようになった、といったような異同を見せている。

三、更に時代による使用上と意味上の違いも表れている。平安時代と比べて鎌倉時代ではマイナス的な意味の「好ましくないことの企て、働き等」は使用頻度が最多となり、マイナスの語感が中心となり、その存在が一層際立ってきた。平安時代では本来の意味（建造する）が変化した意味（抽象的な「組み立て」）より多用されているが、鎌倉時代に下るとマイナス的な意味の使用が増え、両者の使用量が逆転するという変化が起きたのである。

尚、日本文献における「結構」の意味変化を来した要因と言えば、本来の意味と変化の意味との間に「工夫を凝らす」という類似性が共存しているためである。斯様な言語内部の関連性を土台に連想して工夫を要する「物事の仕組み、計画」という意味を誕生させたのであろうと考えられ(5)、いわば「意味的有契性（有縁性）(6)」に因る転義と言ってよいのではないか。また、かかる意味変化の生じた文章ジャンルは所謂純漢文ではなく、日本人の手によって作成され、日本的内容が記された古記録類という和化漢文であった。つまり、斯様な日本的内容を専ら記録するためということは意味変化をもたらした言語外部の要因の一つとなろう。亦、既有の「美し、鮮やか、良し」などのような和語とは異なり工夫、趣向を凝らすことによって生じる「見事、立派」であることを示差的且つ弁別的に表すためといった要因も考えられる。

更に時代が下がって室町時代になるとプラス的評価としての「見事、立派」という新たな意味が生成、定着し、意味の向上というような意味変化が起こった。つまり同じ日本文献とはいえ、時代によって意味の差が存している と思われる。それでは何故建築等の「組み立て、仕組み、構造」という原意から「見事、立派」というプラス評価の意味が生まれたのか。一つは中国文献における「結構」が名詞と動詞としてだけ用いられることと違い、日本文献では形容動詞としての用法も発生したことと大いに関わるもので、いわば意味変化と新たな用法とは相まった関係にある。

尚、上掲した室町時代の成立と言われる古辞書では前の時代と違って「結構」は「奔走」、「馳走」と類義関係があることが明らかになる。実は「結構、馳走、奔走」という中国の出自となる三語はいずれも日本語に入り意味変化が生じたと同時に、その意味変化において共通のメカニズムが根底にあると考えられる。つまり、何かまたは誰かのために力を惜しまずに走り回ったりする「馳走」「奔走」と何か或いは誰かのために考えを巡らしたり、工夫を凝らしたりする「結構」は三者とも「懸命に努力する」という意味特徴が含まれていると言ってよい。それを素地に「馳走」は「懸命に努力する」ことによって出来たものもその行為自体も見事、立派になる。一方「結構」は「懸命に努力する」という行為またはその結果が見事、立派なものになったため、形容動詞的な用法も派生したのであると考えられる。

注

（1）佐藤喜代治『日本の漢語』（角川書店、昭五十）一〇四頁に解かれている。また、遠藤好英『講座日本語の語彙10』（明治書院、昭五十八）において「結構」について通時的に考察、その意味変化の過程が明らかにされており、拙稿もこれに負うところが多かった。尚、その内容に関して筆者なりに纏めてみれば下記のように説明出来る。「結構」は中国語出自の漢語として漢文において「家屋又は文章などを組み立てること、かまえ作ること。又そのさま」という意味で用いられて近代に至るまで存続していたと指摘されている。日本文献における初出例として『兵範記』に見えた「結構」の用例が挙げられているが、管見に及んだ日本文献では夙に奈良時代に登場し、続いて平安時代初期の漢詩文や史書などに散見している。当該論文では日本文献における「結構」の意味については出典となる中国語の本来の意味用法を受容する一方、それと異なるもの、つまり「我が国の例の特有の意味」も生じ、「その第一は建物や文章でなく心の中に「結び構える」企てやたくらみ、特に計画の意味である」と言明されている。更に「（上記の例に）代って多くなったのが第二の場合で「準備、用意する」意味の例である。この意味の例も早く記録体の文章に見える」と指摘され、その上、中世以来の「結構」の用意という意味は中古以来の計画の意と違うと併せて特徴付けられている。尚、「すばらしい」の意味変化は中世以後に記録体、候文以外の文章で起こり、「結構」が形容動詞として連用修飾語、連体修飾語として用いられる点が説明されている。

佐藤亨『近世語彙の歴史的研究』（桜楓社、昭五十五）の第三章の三項において仮名草子における仏典の意味と異なって用いられている語としての「結構」について「仮名草子で（用例二例略）とそれぞれ「意匠」「立派」の意に用いている」と、更に「本邦にも漢籍と同義の例が多く存するが、省略する。いずれにしろ、「結構」は仏典、漢籍とでは異なった意味であると言いうる」と論じられている。

張琳「「けっこう」の意味機能の多様性―漢語「結構」からの変容―」（『東洋大学院紀要』五十一巻、平二十六）において現代語の「けっこう」を主な分析対象としつつ、中日両国語の古文献における「結構」を考察の射程に入れたが、それについての用例採集及び意味用法の分類、考察を巡って再考する余地も残っている。

（2）『現代漢語詞典』における「結構」の注釈に依れば、名詞として「1、ものの組み合わせ、組み立て、2、建築物の構造、動詞として3、組み立てること。組み合わせること（筆者訳）」、と記されているが（三）のような意義は収録されておらず現代中国語では既に使われなくなったと言えよう。しかし唐代から元代にかける文献を中心に編輯された『近代漢語詞典』には（三）の意義が掲載されている。一方、先行研究では「我が国の例の特有の意味の場合である。その第一は建物や文章でなく、心の中に「結び構える」企てやたくらみ、時に計画の場合である」（遠藤好英「けっこう（結構）」、『講座日本語の語彙10』二六頁、明治書院、昭五十八）と指摘されているが、その出自である中国語にも「企てやたくらみ」という意味用法として用いられているように思われる。

（3）今回調べた限りの日本文献における「結構」は初出例として『寧楽遺文』の例となる。一方、『日本国語大辞典』第二版では『小右記』の例を最古とされている。

（4）小島憲之『上代日本文学と中国文学下』（塙書房、平五、八版）一五三三頁、一五三九頁

（5）佐藤喜代治『日本の漢語』（角川書店、昭五十四）一〇四頁に「「結構」という語も建築などの構成について言う動作語であるが、その結構がみごとであるという意味で、「結構な」という、形容語としての用法が生じたと考えられる」と説かれている。また、遠藤好英『講座日本語の語彙10』（注（2））二八頁においても「すでに、「すばらしい」の意味になっている。この意味の変化は中世以後に記録体・候文以外の文章で起こり、「結構」が形容動詞として連用修飾語・連体修飾語として用いられる点」と説明されている。

（6）池上嘉彦『意味論―意味構造の分析と記述』（大修館書店、平五、七版）二二六頁において「意味的有契性」について「ある語の意味から他の意味が新しく派生される場合、原義と転義との間には後者の派生のきっかけとなった何らかの連想関係が存在しているということから生じてくる」と説かれている。

結語

以上、「馳走」と「結構」を取り上げてその考究を通じて日本語に同化した中国語の出自である漢語には、意味変化によって本義と比べて意味が「よく」なったという意味の向上を表す類型化が認められる。無論、その意味の向上という意味の変化と共に、本来の意味より意味の拡大或いは縮小などのような事象も絡み合っていることも否定できない。漢語のみならず、言葉の意味変化はいつも単純ではなく、複雑で多様な要素がクロスしていると考えられる。但し、多岐に亘る要素を弁別するのには相互の示差的な点に注目してそれを軸に分類する必要がある。意味の向上または下落という分類は他の分類と比べると正に弁別性と示差性を呈出してくるように見えるものである。因って、縦しんば意味が「よく」なった或いは「悪く」なったに伴って他の要素が混在しているとしても意味の向上、下落という分類を行うのが有効ではないかと看做されよう。

意味の向上、下落という意味変化は言語内部の要因はいうまでもなく文化、社会及び政治等のような言語外部に起因するところが多いであろう。就中、意味の下落の方が以上の考察で明らかになったように、他の類型より一層社会変動等といった事情に左右されやすく、それらをよく反映することが多い[1]ように思われる。その他に「婉曲話法」「比喩」等が意味の向上、下落の言語外部の誘因になることもある。特に意味の下落がそれによることが少なからぬようである[2]。

意味の向上という類型に適合する漢語を挙げると、次のようなものが見られる。例えば、「景気[3]」という漢語は、「雲鬢年顔老、霜庭景氣秋」（『白氏文集』の秋寒という題の詩）の如く中国文献では自然の景色、有様を示す意味として用いられるが、日本語に入って当初は中国語のままで使われていて、時代と使用の変化に伴って人間の外貌、容姿という意味が派生してきた。更に変化によって形成した人間の外見上の様子という意味から人間をも含めての物事の威勢、活況、活発という「よく」なる意味が生まれた。それの意味範囲を縮小させた結果、今日の経済上のよき状態という意味も生じてきたと看取される。

亦、「果報」(4)という漢語もその一例と考えられる。因果応報の略で形成した語といわれる。「果報不可不信、革因乞受菩薩戒」（南史、江革傳）という例の示すように、因縁の結果、報いというのが本来の意味のようである。しかし、日本語に進入して使用されているうちに「したる所作もなくてそらに果報を期せんこと」（十訓抄七の序）の示すが如く、本義としての前世後世の所為による因縁を払拭して現世における幸運、幸福という意味も発生してくるように思われる。元来の因果の応報、報いという意味から幸福、幸せという意味に変わって、意味が「よく」なるという意味の変化が起きたと言えよう。

更に、「器用」も同様である。「器用」は「其材不足以備器用、則君不挙焉」（春秋左氏傳、隠公五年）のように、役に立つ道具類が本義となり、又、比喩表現として「夫賢者国家之器用」（王褒、聖主得賢臣頌）の如く、才幹の用いるべきものという意味もある。ところが、日本語に同化した「器用」は出自となる中国語には見られない、手先が上手いこと、要領のよいことといったような意味が派生して、意味の向上という意味の変化が発生したかと考えられる。

「景気」「果報」「器用」は意味変化の結果として本義と比しては意味が「よく」なるという意味の向上が実現したと考えられるが、いつの時代、如何なる文献、どのようにして、何故かかる意味の変化が起きたのか、等の点については更に検討を要すべきである。

注

（1）池上嘉彦『意味の世界—現代言語学から視る』（日本放送出版協会、昭五十三）

（2）同注（1）

（3）佐藤亨『近世語彙の歴史的研究』（桜楓社、昭五十五）の第10章「「景気」とその周辺の語」に、「「景気」は漢籍で自然の景色、有様を示すが、語義の変化は認められない。しかし我が国においては自然の様子→建物の有様→人間の外見上の様子→威勢、活況→経済上の状態（狭義）というように変化をする」と説かれている。

（4）佐竹昭広「意味の変遷」6の四「「孝」・「果報」・「因果」など」（岩波講座『日本語9語彙と意味』岩波書店、昭五十二）

第三章　意味の転用

第一章と第二章においてそれぞれ意味の幅の変化と意味の価値の変化について論じてきたが、漢語の意味変化は和語及びその他と同じく、意味の幅と価値の変化だけではその全てを包括することが出来ないであろう。換言すれば、意味の幅と価値の変化のいずれにも該当しないという意味の変化が存在している。即ち、本々ある意味分野に属する語が意味の変化によってその分野の域を超えて別の意味分野に入るということになる。更に付言すれば、原義に対して変化義が幅の変化であるとも価値の変化であるとも言い難く、寧ろ全く別の系列の意味概念へと移行したと理解される例もある。ここにおいては斯様な意味変化を「意味の転用」(1)と称する。尚、ここで言う「転用」とは無色の意味で用いられるものとして、意図的とか無意図的、突然或いは漸次的な変化の性質を何も含意しておらず、只意味の幅の変化と意味の価値の変化とだけを対照してある。かかる意味変化については、Stern が（規則的）転移として分類して「これは日常の談話の過程で、形、位置、機能の類似などから名称が一つの指示物から他へ移る事である」、更に「言語の歴史の過程での意味の変化はこの型に基づくことが多い(2)」と指摘されている。

亦、「意味の転用」は他の変化類型と同様に、決して単純なものではなく、意味の幅とか価値とかの変化等というような要素と同時に絡み合ってくる場合もあり得ると考えられる。尤も、意味変化の結果として考える場合は示差性を反映する「意味の転用」と見做されるのが妥当である。更に「意味の転用」の名実を踏まえて下位的に細分類することが出来ると考えられる。例えば、連鎖的転用、対義的転用及び比喩的転用等が挙げられるが、ここではそれらを一括して取り扱い、上位レベルでの「意味の転用」として論を進めることとする。今後、上位分類としての「意味の転用」という類型を確立した上で細分化の意味分類を図って行く。

注

（1）田中章夫『国語語彙論』（明治書院、昭五十三）の第十章「語彙の変化」、国広哲弥『意味論の方法』（大修館書店、昭五十七）、尚、「転移」という術語を用いる研究者もいるが、例えば、S.ウルマン（『意味論』山口秀夫訳、紀伊国屋書店、昭三十九）、Paul（柴田省三『英語学大系7語彙論』大修館書店、昭五十）、前田富祺（『国語語彙研究』の第五章、明治書院、昭六十）、池上嘉彦（『意味の世界─現代言語学から視る』の第五章「意味の変化」、日本放送出版協会、昭五十三）等の諸先達が挙げられる。

（2）柴田省三『英語学大系7語彙論』の1「語彙研究の先駆者たち」一〇五頁（注（1））

第一節 「成敗」について

はじめに

漢語の日常語化[1]に伴い、本来の意味を変化させた所謂和化漢語が現れたり、中国語にはない日本独自の所謂和製漢語が作られたりするなど、様々な現象が見られる。このような漢語の諸問題に関しては、夙に注目され、多くの先学の研究によってある程度明らかにされている。しかし、前述したように、個々の漢語の意味変化の発生過程、時代、類型等についてはまだ不明な点が少なくないと思われる。漢語の意味変化を考えるに際しては、その意味が変化した時代や、変化を起こした文献群を解明する必要があり、そのために、日本文献を時代別、文章ジャンル別に分かち、それに基づいて詳細に考究しなければならない。更に問題とする漢語と類義関係を成す他の語との差異性を検討すると共に、その出自となった中国語における意味、用法と比較することも必要である。

本節では、かかる意図に基づいて「成敗」を対象として取り上げ、日本で生じた意味、その意味の出所、時代等を解明することによって、日本語における漢語の意味変化としての「意味の転用」という類型を求めたいと思う。

「成敗」の意味について、例えば、『日本国語大辞典』（第二版、小学館）には、（一）政治を行うこと、政務を執ること、執政、政務（用例略以下同）、（二）とりはからうこと、処置すること、工夫、計画、（三）さばくこと、裁決すること、さばき、裁断、（四）こらしめること、処罰すること、しおき、（五）特に罪人を斬罪に処すること、打ち首にすること、お手討、（六）事の成ることと敗れること、成功と失敗、成功するか失敗するかということ、勝負、という六つの意味が記されている。現行の他の国語辞書もほぼ同様である。六つの意味の間には「成敗」の意味変化が生じているように見える。しかしながら、その意味変化は何時代から、如何なる文献群において起こったのか、又何故起こったかの要因等は説かれていない。正に「語義変化を体系的に整理しようとする時には、変化の結果だけにとどまらず変化の理由を考えてゆくことが必要である」(2)のである。この配慮のもとに「成敗」という漢語に関して正面から取り上げた先学の研究は管見に入らなかった。

右に説いているように、漢語を考察する場合は、その考察対象が漢語であることを確定すると同時に、そのよみも明らかにしなくてはならない。「成敗」が漢語であること、またそのよみが「セイハ（バ）イ」であることは次の古辞書と古文献から判明する。

善悪 両合门 成敗 セイハイ （前田本色葉字類抄下、畳字、一一二オ⑥）

察《ア》三其所二録《シルス》一為《タメ》図《ハカル》二成|敗《を》一 （久遠寺蔵本朝文粋巻二、一八⑧。平仮名はヲコト点。以下同）

「成敗」が漢語であることを確認した上で、先ず中国文献における「成敗」の意味用法を検討する。

（一）中国文献における「成敗」の意味用法

中国文献を文章ジャンル別に調査してみたところ、「成敗」は中国文献のいずれの文章ジャンルにも使用されていて、文章ジャンルによる使用上の差異は認められなかったことが明らかである。以下、今回の調査によって得た用例を挙げ、「成敗」の意味用法を検討する。尚、意味分析に際しては、「成敗」と共起する前後の構文要素、使用場面等に着目する方法を講じることとする。

1、然農有水旱、商有得失、工有成敗、仕有遇否、命使然也（列子、力命六）

「工有成敗」という構文からこの「成敗」は名詞用法であろうと思われる。その前後文の「得失」「遇否」という対義的な意味の語と共に現れる「成敗」もそれと同様に「技術工作には出来不出来があり」という対義的意味で使われている。

2、伏羲已来三十餘万歳、賢愚好醜成敗是非、無不消滅（同右、楊朱七）

「～成敗～無不消滅」という構文からこの「成敗」も名詞として用いられていることが分かる。意味としては共起している「賢愚、好醜、是非」の示す意味から「なることとやぶれること」という対義的意味を示していると判断される。

3、凡望氣、有大将氣、有小将氣、有往氣、有来氣、有敗氣、能得明此者、可知成敗吉凶（墨子、迎敵祠）

「可知成敗吉凶」の「成敗」は名詞用法である。共起している「吉凶」を合わせて考えると「成敗」は「勝か負か」という意味を示す。

4、成康継文武之業、守明堂之制、観存亡之迹、見成敗之変、非道不言、非義不行（淮南子、主術訓）

「見成敗之変」という構文から「成敗」は名詞として使用されていることが分かる。前文の「存亡」と共に考えれば、「成功か失敗か」という対義的意味で用いられている。

5、定生死勝、定成敗勝、定依奇勝（管子巻三、幼官第八）

「成敗」は「定成敗」という構文の示すように名詞で用いられて、上接文の「生死」から「成功と失敗」という対義的意味を示すことが考えられる。

6、子銭家以為侯邑国在関東、関東成敗未決莫肯与（史記、貨殖傳）

「成敗」は「成敗未決」の構文の示すが如く名詞用法として「なるかやぶれるか」が未だ決まっていないという意味で用いられている。

7、今釈廟勝之策而決成敗於一戦（後漢書、袁紹劉表列傳六四上、二三三③）

「成敗」は「決成敗」の構文から名詞で使われて、「勝か負か」を決すという意味を示す。例5、6、7のような「成敗」が「決」、「定」という「決定、判断する」等の意味の述語と共起する例は次の表一の示すように多く見られる。これは人間が何かを行うときいつも成功か失敗か或いは勝か負か或いは出来るか出来ないかという選択または決定に直面するためであろう。

8、仏告諸比丘。欲従如来聞知是天地成敗時不。諸比丘白仏言。唯天中天。今正時。応為諸比丘説、知天地成敗時。比丘従仏聞（大楼炭経、二七七上⑫）

「成敗」は経典にも用いられているが、右に挙げた例と同じ名詞用法である。「天地つまり世界の生起と壊滅」という対義的意味を示す。(3)

右の考察で次の点が判明した。「成敗」は名詞としての用法である。使用場面はある事柄のなることとやぶれることをいうものである。「成敗」と共起する述語の多くは「決、定、断」等のようなものである。その「成敗」の意義を帰納すれば、

・事のなることとやぶれること

となる。これは『大漢和辞典』(4)の「成敗」の意味記述と重なる。中国文献における「成敗」の使用状況と共起する述語或いは述部は次の表一のようである。

中国文献の「成敗」はそれを構成する前部要素「成」と後部要素「敗」がそれぞれ対義的な関係を持つ独立した二語の名詞であると考えられる。では、中国語の「成敗」は日本語に入って、どのように用いられているのか。以下日本文献における「成敗」の意味用法を検討する。

表一

意味	用法	述語或いは述部	用例数	文献
事のなることとやぶれること	名	有、無不消滅	2	列子
	名	守、記、有、定、議	5	管子
	名	知	1	墨子
	名	也	1	春秋穀梁傳
	名	見、生	2	淮南子
	名	観（２例）、決、知、在於決、断、転変、明、於	9	史記
	名	図（２例）、在（２例）、也、観望、銘書、同、為、知、不存、至、決、引	14	後漢書
	名	繫	1	論衡
	名	御	1	揚子法言
	名	者、取足於信頼	2	嵆康集
	名	著	1	文心雕龍
	名	不可乱、慮在、何疾	3	阮籍集
	名	叙	1	世説新語
	名	察、示、観、録、各有由焉、鑑、在於所染、尋、知	9	貞観政要
	名	豈敢、如何	2	杜詩
	名	能　言、通、堕、蔵、観、経、口論、矣	8	佩文韻府
	名	無窮	1	漢詩大観
	名	劫（５例）、不（４例）、想、宣、不可称計、無数、是、知	15	大正新修大蔵経（阿含部等一部）
計			78	

（二）日本文献における「成敗」の意味用法

日本文献の「成敗」の意味用法等を解明するために、日本文献を時代別、文章ジャンル別に調査した上で、意味用法を巡って検討を施す必要がある。管見に入った日本文献から「成敗」が確認されたのは漢文と和漢混淆文のみであり、和文からは「成敗」を検出することが出来なかった。日本文献の「成敗」は中国文献と異なって文章ジャンルによる使用上の差異が認められる。かかる異同は各文章ジャンルの性格に起因すると思われる。日本文献の「成敗」の使用状況は次頁の表二の通りである。

ア奈良時代

先ず今回調査した奈良時代文献から検出できた三例の「成敗」の意味用法を検討する。

1、九曰。信是義本。毎事有信。其善悪成敗。要在于信（日本書紀、推古天皇、一四四④）

cf、君挙必記善悪成敗無不存焉（後漢書、荀韓鍾陳列傳五十二、一四右③）

cf、命以信順成、亦以不信順敗矣。若命之成敗取足於信順（嵆康集巻九、二九七⑫）

2、国之大事。安危成敗必在於斯（日本書紀、神功皇后、二四四⑨）

cf、（呉漢曰）、成敗之機在此一挙（後漢書、呉蓋陳臧列傳第八、八九⑥）

cf、易者所以守凶吉成敗也（管子、山権数、七五⑪）

3、中大兄曰吾成敗在汝、汝宜努力（寧楽遺文、家傳上、八七六下⑨）

右に挙げた三例の「成敗」は「善悪成敗要在于信」「安危成敗必在於斯」「成敗在汝」という構文から名詞として用いられていることが分かる。意味としては、参考例と、「成敗」に付随する「善悪、安危」をも合わせて考えれ

表二

計	用例数	文献	文章ジャンル	時代
3	2	日本書紀	漢文	奈良
	1	寧楽遺文		
19（5）	2	都氏文集		平安
	①	久遠寺蔵本朝文粋		
	4（3）	平安遺文		
	1	小右記		
	9（2）	吉記		
	2	明衡往来		
346（177）	71（17）	玉葉		鎌倉
	10（1）	明月記		
	86（35）	吾妻鏡		
	12	御成敗式目		
	20	御成敗式目追加		
	124（124）	鎌倉遺文（１～10、16）		
	2	古事談		
	1	垂髪往来		
	1	貴嶺往来		
	1	常途往来		
	1	雑筆往来		
	1	百也往来		
	2	庭訓往来		
	1	消息往来		
	5	延慶本平家物語	和漢混淆文	
	3	覚一本平家物語		
	1	沙石集		
	4	六波羅殿御家訓		
368（182）		合計		

（注：（　）の数字は訴訟に関する解文等に用いられている「成敗」の数を示すものである。〇の数字は重複例を示す）

ば、「成功と失敗」という対義的意味を示すと考えられる。奈良時代文献の「成敗」は中国文献と同様に名詞の用法で、使用場面も意味も中国文献と同然であると看取される。したがって当該時代の「成敗」は中国文献の参考例の示すように本来の中国語をそのまま受容したと言えよう。次に平安時代文献の「成敗」の意味用法を検討する。

イ平安時代

先ず漢詩文における「成敗」を取り上げて検討してみよう。今回の調査で次の三例（重複の一例を含めて）を見出すことが出来た。

1、諸事大小。皆在二目前一。察二其所レ縁為図二成敗一（都氏文集、七九一上⑩）

cf、公孫不吐哺走迎国士、与図成敗、反修飾辺幅（後漢書、馬援列傳第十四、一三⑤）

2、偏旁之説。理存二浮虚一成敗之機。関之冥数（都氏文集、七九九上⑤）

cf、成敗之機在於今日（蜀志、諸葛亮傳）

cf、成敗之機在於察言（後漢書、陳王列傳五十六、一〇左②）

3、察《ア》三其所二録《シルス》一為《タメ》図《ハカル》二成-敗一を（久遠寺蔵本朝文粋巻二、一八⑧、都良香、応早速討滅夷賊事）

右の三例の「成敗」は「図成敗」「成敗之機」「図成敗」という構文から名詞として使用されていることが推察される。中国文献及び奈良時代文献と同様である。意味は中国文献の参考例をも考え合わせると「成功と失敗」という対義的意味を示すと見られる。平安時代の漢詩文における「成敗」は意味も用法も本来の中国語並びに奈良時代文献と一致しているため、その中国語の意味用法をそのまま摂取したものと言えよう。これは前述したように漢詩文という文献群が大いに中国の漢詩文を模倣し、継承しているという性格によるであろう。

次に漢詩文以外の漢文の文章ジャンルにおける「成敗」を検討する。前述したように、それらの文章ジャンルはいずれも記録性を持つという共通点が存するため、ここで古記録類として一括して考究する。この古記録類は漢詩文と同様に漢字を駆使して綴った漢文体の文章であるが、その内容は漢詩文と相違する。専ら日本の政治、社会等を如実に反映するものである。本来中国の政治、社会、文化等を反映している漢語がこのような古記録類に摂取される場合ではその反映の対象の違いが意味変化の誘因となる可能性が高いと、以上の考察で明らかになる。以下、今回調査によって抽出し得た平安時代の古記録類における十六例の「成敗」を挙げ、その意味用法を検討する。

1、件米、従去応和三年可春充者也者。然而且以御□《(脱字)》内奏随成敗耳、若不被免者、自三年税帳可□《(脱字)》、主税助以此由被申了、為之如何之（平安遺文一、四二二下③）

「随成敗」という構文から「成敗」は名詞として用いられていることが判断される。件米の処置はどうするかという場面であろう。「随成敗」は御□《(脱字)》内奏を以て「可か不可かに随う」という意味を示すと考えられる。使用場面と前後文から「成敗」はその「可か不可か」の意味には「処置、決定」のような含意も内包していると思われる。

2、十九日、辛丑、大納言御消息状云、納言左大弁必定云々、二位宰相若加可任欤、宰相不可任云々、宰相・左中弁等来、弁云、昇進事未承成敗、昨申入道殿、無左右命、今夕可取案内（小右記五、二二二④）

cf、件調庸料物、依員究進、更無未進（略）与不事未承一定、祈禱仏神御、与否之事自然定歟（平安遺文一、四二一上⑭）

「未承成敗」の構文から「成敗」は例1と同じく名詞として用いられていることが言える。経通昇任の可不可をいう場面である。「未承成敗」は昇進の事については未だ成るか成らないかを承っていないという意味を示す。但し、使用場面と前後文の意味から「成敗」は例1と同様に参考例の「未承一定」の「一定」の意味に傾斜しているように思われる。

3、以前三箇条、被致御沙汰、為被裁断、度度難言上、敢無其沙汰、偏可被棄置当御庄者、承左右一方、可随国衙也、仍□《(脱字)》今度成敗、為令進止、重勒子細、言上如件、以解（平安遺文五、二六二一上⑨）

訴訟に関する内容を持つ解文で、是非の判決を要する場面である。「今度成敗」は「為被裁断度々雖言上敢無其沙汰」のため、今度解文を申して、沙汰の判決を求めるという意味で用いられている。「成敗」は前文の「裁断」

と殆ど同意であると解される。「成敗」はこのように訴訟を要求するという特殊な文脈において本来の中国語と異なった意味で用いられるようになった。しかし、「語が新しい意味で一回だけ使われた場合は未だ言語の発達の上からはたいした意味はない」(5)と言われるように、これは場面と文脈による「臨時的意味」で、意味変化への過渡的なものに過ぎない。臨時的な意味が繰り返して用いられている語と新しい意味との間に永続的な結合が出来て始めて「慣用的意味」として確立する。その時に意味の変化が生じると言えよう。

4、右件三昧供、嵯峨天皇御施入当山幷金剛頂寺之間、各三百三十三石也、然於金剛頂寺者、任員見下于今不絶、於金剛福寺者、存立用無実、依之古法性寺入道殿下当国成敗之刻、引旧例改之三斗代免田（同右、二七四一上⑨春解）

例3と同じく訴状的な解文で、三昧供幷修造料の裁断を言う場面である。「当国成敗之刻」は当事国の国司が「引旧例改之」の下接文の意味から「なるかならないか」というより「裁断する」と理解する方が妥当であろう。「成敗」はサ変動詞的な用法と思われる。

5、所令申給之粉河寺領粟栖庄事、是則往古之寺領也、不可及新儀之妨事歟、早任寺解可令成敗給之由所候也（同右八、三一八一上⑧）

寺領の確保の訴えを言う場面である。「可令成敗給」という構文から「成敗」はサ変動詞的な用法であることが分かる。意味としては早く寺解に任せて裁断すべしとなる。

6、被停越訴事、代々停止之宣旨雖為分明、一向被停止越訴之条、非無人愁、但又為祭官成敗事、不叙用甲乙人等訴申之条（吉記二、三八七上⑤）

訴訟の場面である。「成敗」は例3、4、5と同じ裁断という意で用いられている。

7、越訴事、以正直之沙汰、成敗之由雖相存、可賢者之一失、（略）即奏聞、一度一失又恩渉成敗事等可為顕然

（同右、三八七下③）

直訴の事をいう場面である。「成敗」は裁断、処置等のような意味で用いられている。

8、五日丁亥、天晴、旁繁務等成敗了、午後参殿下（同右一、一〇八下④）

政務の処理を言う場面である。「成敗」はサ変動詞的に用いられて、共起する「繁務等」という対象の示す意味から「繁務等をとりはからう」という意味を表すと考えられる。以下例9～14の「成敗」も例8と同様にその使用場面や「成敗」と共起する対象がいずれも政務等に関する事柄となることから政務等を処理、処置する意味で用いられていると察知される。

9、今日種々成敗如雲霞、先欲参殿下之処御出了云々（同右一、一五一上⑤）

10、廿一日丁酉、賓客臈札等成敗之後午斜参院（同右、一六七上⑦）

11、廿三日己亥、毎事成敗了、未剋参院（同右、一六七下⑦）

12、雖可早参、申文等追々到来成敗之間、頗所遅々也（同右、二五一上⑩）

13、又目録合御点下給之、或以詞仰給、成敗区分不能一二、逐電参内（同右、二五一下⑨）

14、欲早参之処、成敗旁多之間、自然及停午参院（同右二、一〇六下⑩）

いずれもサ変動詞としての用法であると看取される。

15、賀茂祭《ノリ》以後可《キ》有《ル》㆓小除目《コヂモク》㆒之由云々。所望之事成敗《ト》難㆑計。豈非㆓天運㆒哉（明衡往来、二七七⑤）

cf、伝聞、今日延引、来五日拍子合并国司除目云々、為家所望事度々令付左近、未知許否之由、今日猶示送（明月記二、一九六上⑧）

小除目の昇進を期待する場面である。「成敗」は参考例の「未知許否」とほぼ同意で、所望の事―昇進が出来るか出来ないか「難㆑計」という意味を表す。

16、巳《ミ》年男《ノ》寛本其年男所望《ノ》成敗如何寛本如レ件（明衡往来、一三三〇③）

場面は例15と同じく「成敗」は昇進になるかならないかという意味で用いられている。

以上、今回調査した平安時代の古記録類における「成敗」を検討してみたところ、次の点が判明した。用法としては本来の中国語の名詞以外にはサ変動詞的なものもある。使用場面は訴訟、昇進、政務等の判定、処置を言うものも現れている。これは中国文献と異なった様相を呈している。この異同は両者の意味の差異に大いに影響を及ぼすことになる。その「成敗」の意義を帰納すれば

（一）事のなることとやぶれること

（二）事の処置、判決、処理

と二つに大別できる。（一）は本来の中国語の意味を踏襲したものであるが、（二）は本の中国語の「決（定、断）成敗」という二つの意味が、「成敗」単独で表され、変化が生じたと見られる。この変化の発生は元来の中国語の名詞用法と異なったサ変動詞的な用法が現れたことに大きく関与していると思われる。

平安時代における「成敗」は、漢詩文においては中国文献の意味用法を受容したが、古記録類では本来の中国語を継受しつつ、新しい意味用法が派生してきた。但し、その新しい意味用法として使用されている文献と用例との量がまだ少なかったことから見れば、それが定着したとは言い難かろう。いわば「慣用的意味」として揺れている段階に在るとも言えよう。次に鎌倉時代文献の「成敗」の意味用法に検討を加える。

ウ鎌倉時代

鎌倉時代になって「成敗」は右に挙げた表二に示した如く使用文献と用例数は前の両時代を遥かに上回っていることが明らかになる。特に和漢混淆文にも「成敗」が使われていることは中国語出自で、前の両時代で書記言語と

してしか用いられていなかった「成敗」が日常的用語に変身しつつあることを表すものであろう。その多用の一因は「成敗」の日常語化に求められよう。亦、貞永年間に成立した鎌倉幕府の基本法典が『御成敗式目』[6]と名付けられたことも当時代の「成敗」の汎用振りをよく物語る傍証となり得よう。以下、先ず古記録類の「成敗」の意味用法について、康永二年に書写された『御成敗式目』（古典保存会）の「成敗」を中心に検討する。周知の如く『御成敗式目』は全文五十一カ条からなり、武家法の公家法に対する自立を自覚した鎌倉幕府の裁判規範である。斯様な『御成敗式目』には「成敗」が十二例見えた。

1、於二先々成敗一者。不レ論二理非一不レ及二改沙汰一。至二自今後一者可レ守二此状一也（群書類従本、一上①）

2、第六国司領家成敗不レ及二関東御口入ニ一事（康永二年本）

3、次不レ帯レ本所挙状致レ越訴一事諸国庄園幷神社仏寺領以テ二本所挙状ヲ一可レ経訴訟一之処不レ帯其状者既背レ道理歟自今以後不レ及二成敗一矣（同右）

4、但当時給人有レ罪科一之時本主守レ其次一企ニ訴訟一事不レ能二禁制ニ一歟次代々御成敗畢後擬二申乱一事依レ無レ其理被レ棄置之輩歴レ歳月之後企レ訴訟之条存知之旨罪科不レ軽自今以後不レ顧レ代々成敗ヲ一猥致レ面々濫訴者須《すべから》ク《ベシ》以二不実之子細ヲ一被三書載二所帯ノ之証文ヲ一矣（同右）

5、（二十六）右可レ任二父母之意ニ一之由具以テ載二先条一畢仍就二先判之譲一雖レ給ト二安堵御下文ヲ一其親悔還之於譲ニ二他子一者任二後判之譲ニ一可レ有二御成敗一矣（同右）

6、卅遂《トクル》二問注ヲ一輩不レ相二待御成敗一執二進権門ノ之書状ヲ一事（同右）

7、卅一依テレ無キニ二道理一不レ蒙二裁許一輩為二奉行人之偏頗ハ一由訴申事（同右）

7'、依レ無道理不蒙御成敗輩為奉行人偏頗由訴申事（中世政治社会思想上、御成敗式目、一二五）

7^{II}、依無道理不蒙御成敗輩為奉行人偏頗由訴申事（鎌倉遺文六、御成敗式目、三七九下⑮）

7^{III}、依レ無二道理一不レ蒙二御裁許一之輩為二奉行人偏頗一之由訴申事（群書類従本、七下④）

8、（卅六）猛《マウ》悪之輩動《ヤヽモスレハ》企二謀訴《ヲ》一成ー敗之処非無《スナキニ》二其煩《ライ》一自今以後遣二実撿使《ヲ》一糺ー明本跡一（康永二年本）

9、（卅五）右無二糺ー決之儀一有二御成敗一者不レ謂二犯否一定貽二欝ー憤一歟者早究二淵底一可レ被二禁断《ム》一矣（同右）

10、卅六所領得《トク》ー替《タイノ》之時前司新司沙汰事右於二所当年貢一者可レ為二新司之成敗一至二私ー物雑ー具幷所ー従牛ー馬等《ニ》一者新司不及二抑ー留一（同右）

11、卅九両方証《ノ》ー文理ー非顕然時擬レ遂《ト》二封決《ヲ》一事右彼此証ー文理ー非懸隔《ケムカクノ》之時者雖レ不レ遂二対決《ヲ》一直可有二御成敗一矣（同右）

12、凡御評定之間於二理非《ニ》一者不レ可レ有二親ー疎一不レ可レ有二好ー悪一只道ー理之所レ推《ヲス》心中存知不レ憚二傍輩《ニ》一不レ恐二権門一可出二詞也御成敗事切之条々（同右）

右に例示した『御成敗式目』の「成敗」はいずれも訴訟に関する場面で用いられていて、幕府の訴訟等に対しての判決或いは処理という意味を示すと考えられる。これは例7のように康永二年本及び群書類従本の「裁許」に対して『鎌倉遺文』と日本思想大系本が「成敗」となっていることから「成敗」が「裁許」の意味を表していることからも察知される。貞永より数年後に新規定追加をした『御成敗式目追加』に用いられている二十例の「成敗」も同じ意味で使用されていると考えられる。これは「成敗」が武家法という文章ジャンルには多用されて、平安時代に派生した新しい意味の固定化を見せているとも言えよう。尚、用法としては本来の中国語はもちろんのこと、奈良、平安両時代文献にも見えなかった、敬意を示す接頭辞「御」を冠する「御成敗」が現れてきた。これはいうまでもなく「成敗」の日常語化の現れの一つとなり、所謂和化漢語に変容したことを示唆する。

次に鎌倉時代の他の古記録類における「成敗」を見てみよう。

13、帯㆓院宣㆒、巡㆓撿畿内近国㆒成㆓敗土民訴訟㆒（吾妻鏡前篇、一六〇⑩）

「成敗」はサ変動詞として用いられて、土民の訴訟を裁断或いは処理するという意味を示す。

14、依□（脱字）日仰相触摂政之処、猶不能成敗朝務之由（玉葉三、一六一下③）

「成敗」は例13と同じサ変動詞の用法で、それと共起する対象「朝務」の示す意味から「朝務」を取りはからう意で用いられていることが考えられる。

15、抃文書許ハ雖令内覧、万機ハ不可成敗云々（同右、一六〇上⑳）

「成敗」はサ変動詞として用いられて、万機即ち種々の政務を執るという意味を示す。

残りの鎌倉時代の古記録類における「成敗」も右の方法を以て検討してみたところ、いずれも右に例示した「成敗」の意味用法と一致しているものと判断される。つまり鎌倉時代の古記録類での「成敗」は

・事の処置、判決、処理

という一つの意味のみで使用されている。本来の中国語の意味は完全に消えていることが言えよう。そうすると、本来の中国語の「成敗」の意味は如何なる語によって表されるのか、という疑問が現れてくる。この点については後程に言及したいと思う。同じ古記録類というものの、平安と鎌倉両時代の間には意味と使用量との顕著な格差が存在していると考えられる。では、何故このような異同が発生したのか。それについては次の三点が考えられる。

一つは貴族社会から武士社会に変わったという社会の変革によるものではないかと考えられる。『古事談』（新訂増補国史大系第十八巻）に次のエピソードが記されている。

覚猷僧正臨終之時。可㆓処分㆒之由。弟子等勧㆑之。再三之後。乞㆓寄硯紙等㆒書之其状云。処分ハ可㆑依㆓腕力㆒云々。遂入滅。其後白川院聞㆓食此事㆒。房中可㆑然弟子後見ナドヲ召寄テ。令㆑注㆓遺財等㆒。エモイハズ分配給云々（第三僧行、七一①）

この説話の中で弟子に勧められて遺言状に「処分は腕力に依るべし」と記したという覚猷僧正とは、かの著名な『鳥獣戯画』の作者と見做されている人物である。白河院はこれを聞き伝えて、「腕力」で以て遺財を奪い、処分したという。中世とは正にこの「腕力」(7)こそが物を言った社会である。腕力に優れた人間が世の中を制し、遂に武士の社会が作られた。だが「腕力」のみがすべてではなかった。覚猷が再三乞われた末に、あの文言を処分状に書いたことからも窺えるように、常に文書なるものが作成される必要があり、その「文書の理」(8)が「腕力」ともども変革を遂げた中世社会を支配したとも言えよう。例えば、この時期の訴訟は証文を副えて「調度文書理」等に任せて裁下されることを要求するのが通例であったらしい。「腕力」が中世社会の最も代表的な特徴の一つであると雖も、この「文書の理」を真っ向から否定するわけにはいかなかったのであろう。中世社会において手続といい、法理といい、著しく発展をみた訴訟制度もこの「文書の理」と深く関係している。「成敗」の多用は社会変革をもたらした「腕力」と「文書の理」に一因を求めることが出来よう。これは表二の示すように『鎌倉遺文』を中心とする一二四例及び他文献に用いられている五十三例の「成敗」が「腕力」に対して「文書の理」による訴状的な性格を持つ解文等に現れていることからも察知される。

中世は律令制的古代国家と幕府の中世国家との併存した社会(9)のため、両権力が相互に組み込まれており、様々な軋轢が起こってくる。特に王朝・公家の土台である公領荘園に幕府の代理人としての守護、地頭が置かれたことによって、荘園の経済等を巡って両権力の間には葛藤、紛糾が絶えなかった。それに伴って、訴訟が次に挙げる例のように「文書の理」に則って各自に行われる。「成敗」を多用させたもう一つの要因はそういう二重の社会体制にも求められようか。

・因茲寺僧等雖致訴訟、未預裁断之間、業資忽率数多之軍兵、猥擬殺害寺家使者之処、（略）仍且経奏聞、已令触沙汰前右大将軍（源頼朝）、業資所行不当之由有成敗、已是伽藍之敵人也、（略）望請庁裁（鎌倉遺文二、八九

上⑧、八條院暲子内親王庁下文）
・□(以)前条々内、蓮妙者帯宰府之裁断、家門者□(帯カ)守護之成敗、府宣之上、雖不及子細、社司之訴難黙而止之間（同右三、一三五上③、関東下知状）

更にもう一つは、政治の中心となった武士が『御成敗式目』の示すが如く支配権と統治権を確保するために司法権を確立させ、公家法と異なる表現を求め、武家法の特色を鮮明に打ち出そうという意識にも「成敗」の多用の一因が考えられよう。これは『御成敗式目』が直接に影響を受けた『法曹至要抄』及び『法曹至要抄』が継受した『律令』、更に平安後期に成立したと言われる他の公家法『法曹類林』には「成敗」が見えず、次のように「判断」「裁断」「裁」等の表現が使われていることからも伺える。特に鎌倉初期、坂上明基撰の法制書『裁判至要抄』では、出挙売買、相続などの民事裁判に関する条項三十三条を収め、律令格式に拘ることなく、『御成敗式目』に近付いているところもあり(10)、社会の現実に合わせようとしている。時期にせよ、内容にせよ、『御成敗式目』と相似ている点が多く存しているにもかかわらず、『裁判至要抄』には「成敗」が見えずに、その替わりに「断」等の表現が用いられている。これは『御成敗式目』の撰者北条重時等が「成敗」を以て公家法との違いを表現しようとする意識をよく反映してくるものであろう。

・凡競田判得已耕種者。（略）後雖二改判一。苗入二種人一。（略）耕而未レ種者。酬二其功力一。未レ経二断決一強耕種者。苗従二地判一（令義解巻三、田令第九）
・先奏請議。議定奏裁（律巻一、名例律第一）
・案レ之監臨之官雖レ受二有人財一。判断不二為曲レ法者也（群書類従第四輯、法曹至要抄上、九一上⑩）
・不レ論二人之高下一。（略）彼勘断。然而五位以上留レ身聴裁（略）然後随レ裁下行之（同右中、一〇五上⑤）
・若未レ被二裁判之間一。甲強耕種者不レ可レ頒并可レ与レ乙也。所謂従レ地判是也（同右中、一一三下⑫）

・按レ之。相論未レ断之間。強而耕種者。得レ理之者取二其作毛一可二領知一（同右、裁判至要抄、八一八①）
・而毎度以二勅定一被裁許者也（新訂増補国史大系二十七巻、法曹類林、公務八、三一⑥）
・凡厥諸司之政、須レ請二官之判一也（同右、三八④）

尚、「成敗」が使用されている文章が将軍幕府等に関するものの多いことからも武家法の特色が伺える。例えば次の例の如く同じ『鎌倉遺文』では、将軍の書状には「成敗」、天皇、院の宣旨、院庁文には「天裁」「庁裁」が使い分けられていることはその証左の一つとなる。

・仍衆徒可停止重家之結構之旨、雖触遺候、云彼云是、其以庄領候、依不能私成敗候（鎌倉遺文一、一六下⑧、源頼朝書状）
・致御年貢已下沙汰事、右、諸国請庄地頭成敗之係者、鎌倉進止也（同右、三四上⑫、源頼朝下文）
・且依故右大将家御成敗旨、停止甲乙輩濫妨（同右三、二四〇上①、関東下知状案）
・云彼云此、理致若斯、裁断之処、誰謂非拠哉、望請天裁（同右二、二一上⑩、天皇宣旨）
・事為傍例、被裁断謂非拠乎、望請庁裁准傍例（同右、三三一上⑫、後鳥羽院庁下文）

鎌倉時代の古記録類における「成敗」が平安時代より多く用いられている原因は右に挙げた三点ではないかと考えられる。以下和漢混淆文での「成敗」の意味用法を検討する。

先ず、北条重時家訓となる『六波羅殿御家訓』（日本思想大系本）等の四例の「成敗」を挙げてみよう。

1、人ノ過ヲ讒言スル者アランニ、其ヲ聞テ、無二左右一成敗スル事、努々アルベカラズ。何ニ不思議ニ思トモ能心ヲ静テ、今一方ニ、是ニヨリ猶道理ヤアルラント思ヒテ、両方ヲ聞合セテ、是非ニ付テ成敗スベシ。全ク親疎ニヨルベカラズ。タヾ道理ニヨルベキ也（三一三④）

「成敗」は明らかにサ変動詞として用いられて、人の讒言を聞いて即座に判断することが決してあってはならず、両方の話しを聞き合わせた上で処置すべきであるという意味として用いられている。次の二例も例1と同じく判断、処置の意味を示す。

2、ワ殿原ノ身ニハ、成敗ヨクシテ、物ノ道理ヲ知リ、中ニモ弓箭ノ道ヲタテガラスベシ。（三一四②）

3、人の成敗わろからんは、後に人に申あはすべし（極楽寺殿御消息、三二八⑮）

右の「成敗」の意味用法は重時等の撰した『御成敗式目』と相通じているものであると思われる。次に他の和漢混淆文の「成敗」を検討する。

4、イカナル賢王聖主ノ御政モ摂政関白ノ成敗ヲモ人ノキカヌ所ニテハナニトナク代ニアマサレタルイタツラ者ノカタフケ申事ハ常習也（延慶本平家物語第一本、二十五ウ②）

4'、又いかなる賢王賢主の御政も摂政関白の御成敗も、世にあまされたるいたづら者な（ン）どの、人のきかぬ所にて、なにとなうそしり傾け申事はつねの習なれども（覚一本平家物語巻一、九一⑤）

「成敗」は前接文の帝王の「御政」に対して摂政関白の「政務を執る或いは処置する」という意味を示す。

5、依状《テニ》一案《ルニ》子細在《ヲマシマス》二神明一和-合而点《シルニ》二定シテ吉日《ヲ》一進二発旅-路《ニ》一次以《ニテ》二人-力《ヲ》一不四可三成敗《ス》二之《レヲ》一（延慶本平家物語第一本、七十三ウ⑦）

6、三千人一同ニ僉議スト聞エケレハ山門ノ上綱ヲ召テ衆徒申所《ロ》可有御成敗一之由被二仰下一（同右、百二ウ⑤）

「成敗」はサ変動詞の用法で、「之を判断する」という意味で用いられている。

「成敗」は「衆徒申所」に対しての裁断を示す。以下の「成敗」の意味用法も右に挙げた例と変わることなく事の処置、判決、処理という意で使われていると考えられる。

7、騒ガヌ躰ニテ宣ケルハ「衆徒ノ所被申一尤其謂レアリ但人ヲ損ルハ君ノ御歎タルヘキ非例ヲ被訴申一間《タ》御裁許遅々スル事ハ国家ノ法也一サレドモ今御成敗有ヘキ由被仰下一之上ハ衆徒強チニ被成《ン》嗔《サヲ》一哉」トテ（同右、百三ウ

④)

8、「山門ノ衆徒ハ発向ノ喧《カマビス》シキ計リ歟トコソ存ツレ理ヲモ知タリケルニコソ争御《カ》成敗無ルヘキ」ナト各申合ケリ（同右、百四オ⑧）

9、其比の叙位除目と申は院内の御はからひにも非ず、摂政関白の御成敗にも及ばず（覚一本平家物語巻一、一二二⑬）

10、今度山門の御訴訟、理運の条勿論に候。御成敗遅々こそよそにても遺恨に覚候へ（同右、一三五⑥）

11、まづ南都炎上の事故入道の成敗にもあらず、重衡が愚意の発起にあらず（同右十、二六一⑥）

12、弟讓文手《ヲ》ニ《ニ》キリテ中上共《ハ》其《ニ》イヒアリ成敗シカタシトテ（沙石集巻三、一一二左④）

今回調査した和漢混淆文での「成敗」は右の考察で明らかになるように、同時代の古記録類の意味用法と同様に本来の中国語の「事のなることとやぶれること」という意味が見られなくなり、「事の処置、判決、処理」という新しく発生した意味のみが使用されている。尚、用法も本来の中国語の名詞の他にはサ変動詞と敬意を表す「御」を冠する「御成敗」が見られる。特に例7、8等のように「成敗」が会話文にも現れているといったことはまぎれもなく「成敗」の日常語化したことを物語るであろう。「成敗」は平安時代から本来の中国語と異なる意味が発生し始めたが、「慣用的意味」に至ったのは鎌倉時代になってからではないかと考えられる。つまり日本で変化を見せた「成敗」の意味は鎌倉時代にその定着を実現したのである。それは、鎌倉時代文献において、「成敗」の変化した意味のみが用いられていることと、その使用量と文献数が平安時代より大いに増加していることとから察知される。

「成敗」は変化した意味としてのみ使われているため、本来の中国語の「事のなることとやぶれること」という意味が如何なる語によって代替されるのか。次の例を見てみよう。

・此間頼政、重成、信兼等、重遣白川了、彼是合戦已及雌雄由使者参奏（兵範記二、一一七下⑰）
・法皇白河此事聞召テ、「甚穏便ナラス。最手・腋ナトニ昇進シヌルモノヲハ、公家ナヲ輒ク雌雄ヲ決セラレス。何況私ノ勝負狼藉ノ至也」ト仰ラレテ（十訓抄三上、一〇六⑩）
・勇《ヨウ》士競《キヲテ》レ鋒欲《ル》三決《セント》二雌雄《ヲ》一之由謳《ヲウ》二歌《カシ》洛中《ニ》一風聞《ニ》二山上《ニ》一（延慶本平家物語第一本、七十九オ①）
・客人と申すは白山妙利権現にておはします。申せば父子の御中なり。先沙汰の成否はしらず、生前の御悦只此事にあり（覚一本平家物語巻一、一二八⑪）
・両方百騎づゝ陣の面にすゝんだり。互に勝負をせんとはやりけれども、源氏の方よりせいして勝負をせさせず（同右七、七三③）
・弘光申、「加様ノ手合ハサノミコソ侍レ。勝負ハ是ニヨルヘカラス。一サシツカウマツルヘシ」と云テ（十訓抄三上、一〇五③）
・何事にても、勝負に負けたらん時は、いそぎふるまうべし。我勝ちたらん時はせむべからず。ゆめゆめ勝負の事を申いだす事なかれ（極楽寺殿御消息、三三九①）

右に挙げた例のように、「雌雄」「成否」「勝負」等の語は「成敗」の替わりに「事のなることとやぶれること」という本来の意味を表していることが明らかになる。いわば「成敗」の意味変化によって生じたその空白が例示したような語によって補足されていることになる。

それでは、「成敗」の意味変化が起こる前に「事の処置、判決、処理」という意味が如何なる語によって担われていたのかについて考えてみる。

・謹録二事状一。伏聴二天裁一、奏可（日本三代実録巻十、一四六⑨）
・抑言上解文於官自有裁定歟（九暦、二〇三⑪）

・右、得彼僧(寺脱カ)慈親状偁、件山不遵禁制、民恣伐損、仍請処分者、国判（平安遺文一、四上⑨）

・牒、件塩山者、頃年之間与他相諍、既所切損、今依本官符幷村里刀禰等証申而重宛行、国郡判許於寺家已畢（同右、四下⑤）

・任図欲正判矣、仍録患田、以請国裁、謹牒（同右、三二下③）

・件田□(脱字)行耕作、而今上件□(脱字)呂等偁、已墾田防妨、於心不穏□(脱字)、仍請郡裁者（同右、七下⑪）

・仍請処分者、宮依解状、謹請官裁者、右大臣宣（同右、八五下⑪）

・仍録可沽却状、請綱裁、以牒上（同右、一七上⑦）

・申請本寺政所裁之事（略）然則不可強取由之国判給事明白也（同右、二八八下⑤）

右に挙げた例の如く、「事の処置、判決、処理」という意味は「成敗」の意味が変化する前に「裁」「裁定」「判許」「処分」等によって表されていることが明らかになる。亦、その事柄の処置等を行う所によって右の例の示すように「天・官・国・国郡・郡・綱・寺政所」等が明記されている。が、今回調査した文献では意味の変化した「成敗」には、このような用法が確認されなかった。これも武家法或いは武士社会に関する文書等によく用いられている「成敗」の意味用法の特性を裏付けるであろう。

では、何故本来の中国語の「事のなることとやぶれること」という意味から「事の処置、判決、処理」という意味が発生したのか。以下その意味変化の要因について考えてみたい。言葉の意味変化の要因は、多種多様であるが、大きく分けると言語内部と言語外部とによると言われている。尚、両者の関係は言語内部の要因が本を成すのに対して言語外部の要因は媒介的な働きをすると考えられる。換言すれば、本義と転義との間に何らかの関連性が内在して始めて意味変化が生じる。但しその関連性は自発的に起こるものではなく、言語外部（社会、政治、階層等）からの誘発が必要である。具体的に「成敗」の意味変化をもたらした言語内と外の要因を挙げると次のように考えられる。

「成敗」の意味を変化させた言語内部の関連性とは本来の中国語の意味と変化した意味との間に共通の要素が内含されている。つまり「成敗」の「事の成功と失敗、可か不可、勝と負」等の意味特徴は変化した意味にも依然として内在している。いわば「事の処置、判決、処理」の内容はとりもなおさずその事の「成否、可否」等の事である。かかる言語内部の共通した要素を基盤に、本来の中国語の「成敗」が「決、定、断」等のような述語とよく共に使用されていることから連想して「事のなることとやぶれること」の意味から「事の処置、判決、処理」という意味が発生したと考えられる。では、言語内の関連性を誘発させた言語外の要因は如何なるものであろう。以上の考察で明らかになるように「成敗」は意味変化の固定化が中世に発生し、『御成敗式目』の如く幕府、武士の訴訟等に関する文書に多用されている。これは、中国は無論のこと、前の時代にも見られなかった新しい社会の現象であると考えられる。いままでの社会と区別し、新しい社会の現象を表すために「成敗」の意味変化を完成させたと思われる。つまり世の中に新しい事象が次々と出現するものの、「表現さるべき事がらにすべて新しい手段を作りだすことは不経済でもあるし、野暮な行き方である[11]」ため、新しい表現を作らずに、本来の「成敗」の意味を変化、定着させて、新しい社会の現象を表出したことになる。

尚、室町時代に下って、下記の『邦訳日葡辞書』等の示すように、鎌倉時代に確定された、しかるべき「事の処置、判決、処理」を施すという変化義を下地に、法や掟等に則って事の是非を裁決し、罪科を裁定すること、また罪科に応じて処罰、処刑したり、死刑に処したりするといったような派生義も生じるようになった。

・Xeibai. セイバイ（成敗）殺すこと，または，処刑すること．¶ Xeibaiuo suru, I, cuuayuru.（成敗をする，または，加ゆる）死刑に処する（邦訳日葡辞書、七四四）

・任二雌雄是非ニ一、奉行人令レ取リ二捨テ事書ヲ一、於二引付ニ一窺二御評定之ノ異見ヲ一。所レ令二成敗一也（庭訓往来、三一二⑤）

・童部誤殺害朋友等者、不可及成敗。但於十三已後之輩者、難遁其咎（武田信玄事蹟考全、甲州法度之次第、二四五②。返点等略）

・言語道断にくひやつじや、太刀おこせひ成敗せう（大蔵虎明本狂言集の研究本文篇上、人間川、一六二⑨）

とあるが、室町時代以降の「成敗」に関しては更なる調査、考察を要すべきであろう。

「成敗」は意味変化によって本来中国語の「決（定、断等）成、敗」という二つの意味内容がその単独で表されるようになった。つまり「習慣的に結びつけられた二つの語のうち一つが消失して残りが全体を代表する[12]」ものの一例と考えられる。その類例と言えば、「下若（之）酒」→「下若」、「会稽（之）恥」→「会稽」[13]、「白波（之）賊」→「白波」[14]などが挙げられる。

むすび

以上、奈良、平安、鎌倉時代までの「成敗」の意味用法を巡って、その出自となる中国語と比較して検討を施してみた結果、次のことが判明した。奈良時代文献と平安時代の漢詩文における「成敗」は本の中国語の意味用法と一致して、それを受容したものである。但し、同じ平安時代の、日本の政治、社会等を詳細に書き記す古記録類では、「成敗」は本来の中国語の意味を継受したと同時に、その表す対象が変わったことによって、中国語と異なる意味も平安末期頃に発生し、文章ジャンルによる意味の差異も見せている。しかし、その変化した意味の定着は鎌倉時代であろう。本来の中国語の意味は当時代において既に消失して、新しく発生した意味のみが用いられている。用法としては中国語の名詞用法を継承した上で、「成敗ス」というサ変動詞と敬意を示す「御」を冠する「御成敗」という日本語の独自なものも生じ、中国語出自の漢語「成敗」が完全に日本語に同化したことを反映する。今後、更に資料を増して所論の補正に努めると同時に、鎌倉時代以降の「成敗」の意味用法をも考究する。亦、「成敗」

と類義関係を成す「裁、判」、「沙汰」、「処分」等との意味関係を明らかにする必要もある。

日本文献における「成敗」はその意味変化のため、「成功と失敗、勝と負」等のような元来の中国語の属する対義的意味分野から「事の取り計らい、決め」という意味分野に移ったことになる。このように意味の転用された「成敗」は日本語における漢語の意味変化の一類型と考えられる。かかる類型に属すると思われる漢語として「善悪」「是非」「決定」[15]等が挙げられる。

漢語研究を行う上で、漢語の意味変化は等閑視できない研究課題の一つである。多様な漢語の意味変化の全貌を把握するために以上の如き方法を以て個々の漢語を考究し、その中から類型的なものを抽出して、意味変化の類型を記述、解明することは欠かせない課題である。

注

（1）前田富祺「漢語副詞の変遷」（『国語語彙史の研究四』和泉書院、昭五十八）

（2）前田富祺『国語語彙史研究』の第五章「語義変化とは」（明治書院、昭六十）

（3）中村元『仏教語大辞典』（東京書籍株式会社）上巻七四五頁に「「成敗」じょうはい・交互に起こる世界の生起と壊滅。無常であること」と記されている。

（4）諸橋轍次『大漢和辞典』（大修館書店）五巻一六頁に「「成敗」事のなることとやぶれること。勝と負」と記されている。

（5）柴田省三『英語学大系7語彙論』の1「語彙研究の先駆者たち」（大修館書店、昭五十）

（6）『御成敗式目』は『関東式目』ともいうが、古写本の題名はすべて『御成敗式目（条）』で、例外はない。『日本古典文学大辞典』（岩波書店）の「貞永式目」の解説に拠る。

（7）五味文彦『院政期社会の研究』（山川出版社、昭五十九）

（8）同注（7）

(9) 松本新八郎『中世の社会と思想上』のⅠ「中世社会の概観」(校倉書房、昭五十八)
(10)『国史大辞典』(吉川弘文館) 6の田中稔の『裁判至要抄』に関する解説に拠る。
(11) 同注(5)
(12) 同注(5)
(13) 原卓志「本邦における漢語の意味用法の変化—固有名詞出自漢語を例として—」(『国文学攷』第112号、昭五十六・十二)
(14) 原卓志「白波—盗賊異名の成立—」(『広島大学文学部紀要』第四十五巻、昭六十一・一)
(15) 原卓志「漢語「善悪」「是非」「決定」「必定」の副詞用法について」(『鎌倉時代語研究第十四輯』武蔵野書院、平三)

第二節 「心神」について

はじめに

「心神」の意味についての考究に先立って、先ず中日両国語における「心」と「神」との各自の意味概念を巡って概略的に触れておく必要がある。それは「心神」の意味を把握、解明するのに有益なことであると考えられる。

中国思想での「心」はその生成、深化等において大体三段階を経て成り立っているが、一段階は仏教伝来以前の「心」であり、中国の思想等を反映する心となる。二段階は仏教伝来後の「心」、いわば、仏家より仏教の心を枢軸とした宇宙体系的な心の哲学として構築された心である。三段階は宋の時代に「天地物を生ずるを以て心を為す。而して人、物生ずるは又各々かの天地の心を得て心を為すものなり」（朱文公文集）という環宇宙的性格を有する心である。仏教伝来前、即ち六朝以前の「心」と言えば、次のような特質が挙げられる。例えば、『孟子』の尽心のくだりでは、心は人の神明と注釈されるが、それは心の本体を指して言ったものであるとされる。尚、『素問霊蘭秘典論』に「心者生之本神之変也」と、亦、「心者君主之官也」と説かれている。『礼記』の礼運に「人なるもの天地の心」ともある。更に『易』得卦にも「天地の心」が見える。この「天地の心」については程子が「これを天地、物を生ずるを以て心を為す」と敷衍したのである。朱子もこの「天地がこの心を普く万物に及ぼしているから、人はこれを得てついに人の心とし、物はこれを得てついに物の心とし、草木禽獣はこれを得てついに草木禽獣の心とするが、つまりは一つの天地なのだ」（朱子語類一、一八）と分かりやすく解き明かしている。『易』に説いている

「天地の心」という中国古来の思想的な「心」は仏教の「衆生之心、猶如大地五穀五果従大地生」（大乗本生心地観経八）という「心」に相通じているところがある。

仏教伝来以前の中国における「心」は右に挙げた思想的概念としての「心」の他に、『易』繫辞上「二人同心、其利断金」、『詩経』小雅巧言「他人有心予忖度之」のように、思想、意念、感情といった通称を示す「心」、亦、『礼記』田礼下「凡奉（捧）者当心、提者当帯」のように、心臓の位置、胸部を示す「心」、尚、東晋の干宝が著した『捜神記』十一韓馮妻「日出当心」のように、物の中心、中央を示す「心」等もある。中国の「心」の特質については、日本の心に対しては「（イ）として環宇宙的性格のほか、（ロ）に虚霊、活発的である、（ハ）に本体論をもつ、というこの三つに要約できるであろう(2)」と指摘されている。

それに対して日本では思想の中で「心」が占める比重は「「自然」と共に、隠然と重い、つまり「心」は「おのずから」と「みずから」を合一させる媒体因素であり、かついったん合一したあとは、その合一によって概念として自立性を獲得し、「おのずから」と「みずから」を包含する主体となるものであろうかと思われる」と、又、日本では「心」と「自然」は相互依存的に自立しながら「理」「道」「天」に浸透し、それぞれにアスペクトを与え、それぞれを関連づけている、というそのかぎりで主宰的概念であるが、この「おのずから、みずから」的な「自然」と「心」とを主宰概念とするというそのことにより、日本の思想にはセオリマティックなシステムが存在せず、そのため、日本の思想は多様、個別的、相対的であり、人々は思想的に自立的であり自由であった(3)」とも説いている。更に相良亨氏は日本の「心」の特質についても以下のような指摘があり、「日本人の心はその純粋さ、その深さが追求されるべき〝おかれた場（状況、関係）における主観的心情、情緒〟を意味していたのではなかろうか」、更に「日本には、現実と現実を超えるものという考え方が基本的にない。景物的自然はそれ自体が形而上的意味をもち、人倫的現実もこの形而上的自然と切れたものでなく、なれるものとして背後に形而上的な拡がりをもっていた」(4)と。

亦、思想的ではなく、一般の「心」としては「ココロは臓器でもあり物思う所でもあると考えられていたことを示す上代の例は二節にあげた。しかし、一般には喜怒悲愁につけて動悸したり痛んだりするムネのあたりやその働きが漠然とココロであると思われていたのかもしれない」(5)とも指摘されている。つまり、「心」は肉体的、精神的な中枢となるように理解されよう。

続いて、中国の「神」について触れてみよう。「祭如在、祭神如神在」(論語、八佾篇)の「祭神」は祭祀の対象としての「神」であり、宗教的意味概念が具わっている。尚、『詩経』、『尚書』に見える「神」もそれと重なっている。例えば、「苾芬孝祀、神嗜飲食」(詩経、小雅、楚茨)、「靖共爾位、好是正直、神之聴之、爾介景福」(詩経、小雅、小明)、「望于山川、徧于群神」(尚書、舜典)とあるが、これらはいずれも時に祭られる「神」であり、又、超越的存在として人間に禍福を与えるものであり、或いは人間の生活を支配する霊力を有するものとして宗教的意義を内含するものである。更に宗教的意味概念が失われて単に理想的な存在としての「神」もある。例えば、『荀子』の王制篇には「上以飾賢良、下以養百姓、而安楽之、夫是之謂大神」の「大神」は宗教的ではなく、政治的意味合いのものとなり、宛も理想的な君主を標榜するようにさえ見える。亦、「積善成徳、而神明自得、聖心備焉」(荀子、勧学篇)、「君子養心、莫善於誠、(略)誠心守仁則形、形則神、神則能化矣」(荀子、不苟篇)にある「神」は前述のような超越的存在者としての意味のものではなく、そうした存在者の具わる人間の及ばない不思議な働き、或いは単に理想的な優れた能力を持つものである。更に『荀子』では「知而険、賊而神、為詐而巧」(非十二子篇)と説いている「神」は「賊」と共起していることから神格的意味から離脱して、単なる形容詞として扱われていることが分かる。

「神」の意味概念については如上の他に人間のメンタルなものもある。『荀子』の天論篇の「天職既立、天功既成、形具而神生、好悪喜怒哀楽蔵焉、夫是之謂天情、耳目鼻口形能、各有接而不能也、夫是之謂天官、心居中虚、以治五官、夫是之謂天君」という「神」は「形」に対してメンタルなものを意味するように思われる。この点については次の文例から一層明確に察知される。「心者形之君也、而神明之主也」（荀子、解蔽篇）の「神明」は「形」の対語としてメンタルなものを示すと解されるが、「心」はこの場合に「神」よりも高い地位に位置付けられて、それを主宰するものとして捉えられるように見える。一方、それに対して、道家の言説においては最も多く見られるものであるが、「神」は「心」を超越して殊に崇高な価値を付与する概念として把捉されるのが常である。例えば、『荘子』の在宥篇では「目無所見、耳無所聞、心無所知、女神将守形」の如く、「神」は「心」及び感官から区別せられて、特別な上位的地位として与えられているものである。同じ『荘子』の達生篇にも「夫酔者之墜車、雖疾不死、骨節与人同、而犯害与人異、其神全也」の「神」が登場しているが、心理的に異常状態にある酔者に全き「神」の力を認めているので、そこにも「神」の別格なあり方が見られる。他方、『淮南子』の精神訓には「精神澹然無極、不与物散、而天下自服、故心者形之主也、而神者心之宝也」とあり、「神者心之宝也」は「心者形之主也」という対句から推して、その「神」が「心」の世界にあって最高たる地位を占めるように理解される。もしそこに「心」より「神」を見上げる道家的な思想が認められるならば、前述の『荀子』の解蔽篇に説いてある「心者形之君也、而神明之主也」という考え方と比較して、両者の「神」と「心」とに対する対蹠的な扱い方が看取されるであろう。ところが、「神」にせよ、「心」にせよ人間のメンタルなものを表すという意味概念の存することが変わっていないようである。これが「心神」という熟語が形成できた下地であろう。

尚、古くから「心」を神の宿る場所として考えられていた。例えば、『太平御覧』では、『韓詩外傳』を引いて「何謂五蔵、精蔵於腎、神蔵於心、魂蔵於肝、魄蔵於肺、志蔵於脾」とある。亦、丹波康頼が編述した『医心方』

に引用してある病源論に「心為諸蔵主而蔵神」（第六巻）、「若驚恐則傷神心蔵神也」（第九巻）というように説いている。このように神の宿る臓器としての五臓のうち「心」は最高位とされる。「心」は精神と肉体の中枢として扱われていると理解される。しかしながら、「東洋医学では、精神活動の座は五臓（とくに心臓）にあるとするのが主流であった。わが国では、ほぼこれにしたがい、近世にいたって、西洋の解剖書が入り、つづいて実地に開臓が試みられ、心臓は精神的な機能を営む場所ではなく、血液循環をつかさどる臓器であることを知るようになった」(6)。「心神」という語は「心は神を蔵する」ものとして把握すべきであろう。日本でも「心」が五臓の第一となることに従い、心臓は五臓の「君主」「王」「君子」或いは「かしら」「親玉」に擬えられて長い間身心の中心と見做されていたのである。

但し、「神」と「心」とが同時に一つの文中に用いられている場合も屢々である。それは単に表記上では使い分けられているものの、意味的には示差性が殆ど認められ難く、「神」が「心」の地位に近づき、実質的には全く混同されていることが少なくない。例えば、「不能為君者、傷形費神、愁心勞耳目」（呂氏春秋、仲春紀当染篇）、「故心詹子之察、苦心傷神」（韓非子、解老篇）、「聖人心平志易、精神内守、物莫足以惑之」（淮南子、氾論訓）等のように見える。このように「心」「神」「精」等が同時に用いられていることは修辞上の理由もあるが、それらの文字が異なった観念としてというよりも既に内容上において混同せられているため、相伴って現れていると解されよう。但し、上記の文例においても「心」には「愁、苦」等が、「神」と「精」には「守、傷」等の表現が共起していることから各々には本来具わっている性質上の相違の痕跡も見出されるであろう。亦、人間のメンタルな意味での「神」に関しては、『呂氏春秋』に「大喜大怒大憂大恐大哀五者接神則生害矣、大寒大熱大燥大湿大風大霖大霧七者動精則生害矣」（季春紀、尽数篇）とあるように、生理、心理的に解釈されよう。

「心」は儒家及び道家を通じて終始人間の肉体と相即する意味においてのメンタルなるものがその内容であった。

時に感情的色彩が濃厚になり、或いは知的要素がそれを占める場合もある。これを「神」と比較すれば、大いなる相違点が看取される。「神」は、元来の、祭祀の対象とされ、人間に禍福を与え、人間と対立する存在としての宗教的カテゴリーのものから、そのような宗教的色合いが希薄になり、単に霊妙な力を有する超越的存在を意味するようになる。更にそのような能力自体が「神」と見做され、或いは斯様な性能を示す形容詞としても用いられる。そして竟に「神」は人間のメンタルな機能を表すに至り、表現内容上「心」とは異なるところが殆ど無くなるように変遷を遂げてきたのである。

一方、上代の日本人がカミの語によって表現したものには、宗教的呪術的意味において中国の「神」の語の示すところとほぼ一致するものが有る。カミが人の形態に見えていないものであること、そのうちには祭祀及び呪術の対象とされるもの、呪力もしくはそれを持つとされるものがあるということも、又中国の神と重なる。これらは古い時代の宗教思想においては普遍的なことであるとされるため、日本人と中国人がそのいずれの思想にも共通しているものであったのは寧ろ当然なことであろう。そうはいうものの、日本人は天そのものを、またはそこに天の精霊というようなもののあることを認めて、それをカミといったらしい形跡は見られず、そういうものを祭ったこともないようである。亦、人の死後に残っている霊魂をカミと崇めたというように見えない。その代わりに、政治的君主に宗教的な力が付随しているとしてその君主の地位をカミと呼んだ事実が存する。だから、これらの点においては、カミと宗教的意味における中国の「神」との間に不一致のところもあると指摘できよう。

右の如く、民族的宗教においてのカミについてのレビューであるが、神代の物語等を紐解いて、その中に現れている知識人の思想としてはカミに新たな意味概念が付与され、またはカミの新用法が生じているので、それは概して言うと、名称の上だけでありながら、カミが人格を与えられ、人の形態を持っている場合があること、抽象的観念の神格化されたものがあること、それらのカミのうちには天上にいるように考えられたもののあること、又、神代の説話に見える人物をカミと称する場合のあること、などである。これらのうちには直接にかまたは間接に中国思想の影響を受けているものがあり、特にカミが天上にあるとされたことは、そういう例の一つである、アメノミナカヌシノカミの名等には、道教に関する知識に由来する点もあろうと思われる。(7) しかし、知識人においてもカミの語は宗教的意義においてのみ用いられたため、宇宙の霊妙なる働きとか、人の心の奥にあって心を働かせ、人を働かせるものとかいう意味での中国語の神の観念はカミには適用されなかった。そういう認識は神代の物語等を撰述した時代の知識人にはまだ受け入れられなかった。その故にか中国語の「心神」というような表現は生成されかねて、早くも日本語に導入された契機の一つとなったのであろう。

要するに文字の上では中国思想が色々に摂取されているが、その文字を用いた知識人の思想としても、宗教的には意味概念のないことが少なくないのである。ただ、神に人格が与えられ、人の形態が付与されたり、天上にそういう神があると考えられてきたりすることは、官府における宗教的儀礼等に伴って、その思想の上に漸次の働きを現してくる傾向があり、祝詞にもそれは見えている。しかしながら、それとても一般の民間信仰にはさしたる影響を及ぼさない。ただ、神が人格化され、人の形態を持つようになったことはそういう神と宗教的性質を持たない物語上の人物との区別を、神代の物語の創作上において曖昧にする様相が呈出していた。例えば、物語の上の人物、殊にある家の始祖とされたものは観念上、遠い上代に生存していたもの、換言すれば、死者として取り扱われているのであるから、それが神とされたとしても、その初は本来の宗教的意味での神とは性質が違っていたはずであるが、既に神として祭られた上は、この弁別は明らかに考えられず、同じく祭祀の対象となるものとして同一視されるる。続いて平安時代になったら、新たに輸入された密教の思想の浸透に伴って神がインドの神に比擬されるようになったのである。

以上、中日両国における「心」と「神」とが単独として示す意味概念について概略的に言及してきた。次に

「心」と「神」によって構成された「心神」を対象として取り上げ、中国語と比較しながら日本で生じた意味、その意味の出所、時代等を解明することによって、日本語における漢語の意味変化の「意味の転用」という一例として究明したいと思う。

注

(1) 溝口雄三「中国の「心」」(『文学』昭六十三・六、岩波書店)
(2) 同注(1)
(3) 同注(1)
(4) 相良亨「日本の「心」」上・下(『文学』昭六十三・六・七、岩波書店)
(5) 宮地敦子『身心語彙の史的研究』の第四章「漢語の定着――「こころ」「心の臓」「心臓」ほか――」(明治書院、昭五十四)
(6) 同注(5)
(7) 津田左右吉『日本古典の研究』(岩波書店、昭四十七)

(一)「心神」のよみについて

漢語を考究するときは、その対象が漢語であることを確定すると同時にそのよみも明らかにする必要もある。「心神」は漢語であることとよみが次の古辞書と訓点資料から分かる。

人情――冂　思慮同シリヨ　思惟同シユイ　心(平声)神(平声)タマシヒ(人情冂)同(前田本色葉字類抄下、畳字、八十一オ)
⑥

と示すように、「心神」は人情部に分類されて「思慮」「思惟」と類義関係を為しているように思われる。

（心《シン》）神《シン》（書言字考節用集、第五冊、三三一⑧）

進‐退有ㇾ懼《ヲソレ》心‐神不ㇾ安《カラ》（久遠寺蔵本朝文粋巻十二、池亭記、一七九④）

心（去声）‐神（上声濁）怳‐惚《クヰヤウコツトシテ》（六地蔵寺本性霊集巻一、一二〇⑳）

心（去声）‐神（上声濁）怳‐焉《キヤウエントシテ》（同右巻三、九七⑱）

無計《シ》慰《ル》心‐神（金沢文庫本白氏文集第九巻、0319、四〇）

心‐神無二《シ》誠（去声）（金沢文庫本群書治要、蜀志二十九巻、一八四）

心（平声）神（平声）怳惚《キヤウコツ》（東寺観智院本性霊集巻一）

右に列挙した古辞書と訓点資料の「心神」はそれに付いた声点と音合符とから音よみであることが分かる。亦、「心神」の呉音と漢音とのよみは次の呉音と漢音資料から明らかに出来る。

心（去声、上声）シン　ココロ　ナカコ　ムネ　ホシ（法華経音訓、423）

神（去声濁）シン　カミ　タマシイ「ヒ」アヤシ（同右、1644）

心《シム》（平声）酔《スイ》（去声）（長承本蒙求、114）

銭神《シン》（平声）（同右、32）

尚、「心神」二字の韻尾については次の『新訂韻鏡』から分かる。

心　息林　内転第三十八開深摂103歯音清四等平声侵韻-jəm

神　外転第十七開臻摂120歯音濁三等平真-jĕn

「心神」は、呉音よみ「シムジン」で、漢音よみ「シムシン」となり、漢語であると認定できるため、研究の対象として適当であると判断される。

（二）中国文献における「心神」

中国文献を文章ジャンル別に調査したところ、「心神」は各文章ジャンルからその用例が確認されたため、中国文献においては文章ジャンルによる使用上の相違が認められないと言えよう。以下、具体的な用例を挙げて「心神」の意味について検討を加えよう。先ず、散文における「心神」を見よう。

1、暗昧滞乎心神則不信有周孔於在昔矣（抱朴子、内篇巻二、論仙）

内篇巻二の論仙には、ある人が神仙不死ということの実否について質したのに対して、常人の常識や経験を超えたものとしての不死の仙人が存在することを説く、という内容となる。「心神」は、その「暗昧滞」の上接文と「不信」という下接文から推して、正常な判断力の源を表す意味と考えられる。つまり、心神がくもらされると周公、孔子が存在したというような明白な事実をすら信じることが出来なくなると解される。上掲した『前田本色葉字類抄』に意味分類されている「心神」と重なっているように見える。

2、休祐死後、吾将其内外左右、問以情状、方知言語漏泄犴具之由、弥日懊惋心神萎孰（宋書、列傳三二、文九王始安王休仁、一八七六⑦）

「心神」は、前接の「懊惋（なやみなげく）」と述語の「萎孰」との意味を考え合わせると、精神的な機能を営む所という意味を示すように思われる。即ち、日増しに懊惋して精神的に落ち込んでしまうとなる。

3、六師戦懼驚嗟、心神恍忽（敦煌変文彙録、降魔変文、二三八⑦）

cf、項羽帳中盛寝之次、不覚精神恍惚、神思不安（同右、漢八年楚滅漢興王陵変文、三五九⑨）

敦煌の石室で発見された数多くの重要な古籍の中では、最も重要なものの一つは「変文」と言っても過言ではない。長い間に失綜した「変文」は、中国における全ての伝唱文学の始祖であるのみならず、古代と近代との俗文学を有機的に連結させる接点でもあるためである。更に当時の口頭語などを研究するのにも絶好な資料となる。斯様な「変文」における例3の「心神」は、前文の「驚嗟」と述語「恍忽（惚）（物事に心を取られて、うっとりするさま、ぼんやりして自失するさま）」との意味と共に考えると、参考例の「精神」と同様に判断力の本という意味で用いると判断される。つまり、余りの驚きで呆然自失すると解される。

4、寡人自買此園、久淹年歳三春叢柳、周青翠而垂条。九夏名花遍池亭而照灼。足可消愁適悶悦暢心神（同右、降魔変文、二二一⑤）

「心神」は、前文の「消愁適悶（愁いを消し悶えを和らげる）」と述語の「悦暢（行き亘って喜ばす）」との意味から、心情或いは気持ちという意味を示すと考えられる。

5、経始東山廬、果下自成榛、前有寒泉井、聊可瑩心神（文選、左太沖、招隠詩二首）

「心神」はその述語「瑩（きよめる）」という意味と共に考えれば、精神という意味で用いられる。つまり、その泉の水を飲むと、わが心の底まできよめると解される。

次に韻文の「心神」を挙げてみよう。

6、憶昨《ムカシ》為吏日折レ腰多苦-辛《シ》帰レ家不自適《ミヤ》無《シ》計慰心-神（去声）手栽両樹-松聊以当嘉賓（金沢文庫本白氏文集、0399㊵）

「心神」は「慰（なぐさめる）」という意味を示す述語から、気持ち或いは心情を表す意味で用いると考えられる。即ち、わが憂うつなる気持ちを慰める術がないとなる。

右に例示した「心神」は中国固有の文章ジャンルである散文と韻文とに用いられている用例である。次に仏書という外来の文化の影響を受けて成立した文章ジャンルにおける「心神」を挙げてその意味について考察する。

7、太子出外遊観園林。見一病人形色痩悪。心神不安太子不識。問言何人。瑜誐答言。此是病人（大正新修大蔵

経第一冊毘婆戸仏経上、一五四b㉖）

「心神」はその述語「不安」と共に考えれば、右記の六例と同じく肉体的ではなく、精神的なもの—気持ちという意味を示すと判断される。

8、夫衆生心神不定。遇悪縁転利為鈍（同右、第三十四冊妙法蓮華経文句巻第四上、四七a①）

「心神」はその「不定」という述語から、霊妙な心性という意味を示すと考えられる。

以上、中国文献における「心神」の用例を挙げて、その意味について分析を行ったところ、次のことが判明した。「心神」と共起する述語は、精神、感情、判断などを表すという特徴が認められる。これはいうまでもなく「心神」の示す意味に大いに関与することになる。更に、「心神」を構成する後部要素の「神」は本来の宗教的意味が全く見えず、いずれも精神的に用いられている。いわば、その前部要素となる「心」の示す知・情・意という意味と重なるとも言える。斯様な「心」と「神」との結合によって形成された「心神」は各々単独の意味より一層強くなるという表現効果が考えられる。残りの「心神」の例については、右の方法で検討した結果、いずれも前記した八例と同じ意味で用いることが明らかになる。以上の意味分析に基づいて中国文献における「心神」の意義は次のように一つに帰納できる。

・人間の精神、感情、判断、意識などの心的活動

の如く、精神的に用いられるという特徴が見られる(1)。続いて日本文献に焦点を当てて考察する。

(三) 日本文献における「心神」

この項目では日本文献における「心神」を取り上げて検討する。日本文献を時代別、文章ジャンル別に調査したところ、「心神」は管見に入った限りの和文からはその用例を検出できず、漢文と和漢混淆文とのみに確認されて

いる。つまり、日本文献では、文章ジャンルによる使用上の差異が認められ、その出自となる中国文献と異なった点を見せている。尚、日本文献における斯様な異同は各文章ジャンルの性格に由来するのではないかと考えられる。日本文献での「心神」はその使用状況が次頁の表一のようになる。

表一に依れば、「心神」という漢語は、已に奈良時代の文献に登場しており、日本語への流入が早かったことと鎌倉時代に至ってよく用いられていることとが明らかになる。又、平安時代になると前の時代より使用範囲が拡大すると共に、使用量も激増した、という時代差も認められる。更に、同じ平安時代の漢文とはいえ、使用量から見れば、公家日記が他の文章ジャンルを大いに上回っているといった格差も呈出する。この懸隔は公家日記の内容に由来するのではないかと推定される。この点については後程に言及する。

平安時代の「心神」は、漢文にのみ多用されているため、結局、書記言語の框内に止まって、書記の常用語と性格づけられる。そういう背景があるため、記録語などを大いに反映する前記の『前田本色葉字類抄』には「心神」が畳字として掲載されているわけである。鎌倉時代の「心神」は、漢文のみならず、和漢混淆文にも使われるようになり、使用範囲が平安時代より更に拡大したという時代差が見え、書記用の漢語から日常的漢語になるか或いはなりつつあると言えよう。尤も、使用量から見れば、漢文における「心神」は和漢混淆文より遥かに多く、書記言語としての性格が依然として強いのである。

ア奈良時代

次に先ず奈良時代文献から見出し得た五例（重複の二例を含めて）の「心神」を列挙してその意味を考えよう。

1、伏惟尊君道済迷途、神遊浄国、見在郡主、心神朗慧、福祚無疆（大日本古文書二、正倉院文書、藤原夫人阿難四事経奥書、天平十二（七四〇）年、二五三⑦）

表一

用例数	文献	文章ジャンル	時代
2	大日本古文書、正倉院文書(1-25)	漢文	奈良
②	寧楽遺文		
1	天平二年吉田宜書状		
5	計		
2	続日本後紀		平安
2	文徳天皇実録		
4	日本三代実録		
1	類聚三代格		
2	日本紀略		
4	政事要略		
8	扶桑略紀		
2	本朝世紀		
5	本朝文集		
3	朝野群載		
7	平安遺文		
12	貞信公記		
8	九暦		
1	村上天皇御記		
6	西宮記		
130	小右記		
21	権記		
30	御堂関白記		
23	春記		
3	左経記		
7	水左記		
1	後二條師通記		
1	帥記		
2	中右記		
3	兵範記		
2	台記		
2	吉記		
5	山槐記		
1	尾張国解文		
2	日本往生極楽記		
2	大日本国法華験記		
1	高野山宝寿院蔵日本法花験記		
4	拾遺往生傳		
5	後拾遺往生傳		
1	本朝新修往生傳		
1	高野山往生傳		
4	性霊集		
1	新撰字鏡序		
1	菅家文草		
4	久遠寺蔵本朝文粋		
1	本朝無題詩		
1	狐媚記		
2	続浦島子傳		
1	釈氏往来		
329	計		
21	玉葉		鎌倉
290	明月記		
1	勘仲記		
11	花園・伏見天皇宸記		
13	吾妻鏡		
2	帝王編年記		
17	鎌倉遺文		
1	諸山縁起		
1	菅丞相往来		
1	弟子僧往来集		
358	計		
1	今昔物語集	和漢混淆文	院政
1	発心集		鎌倉
1	光言句義釈聴集記		
1	十訓抄		
3	古今著聞集		
1	北野天神縁起		
1	延慶本平家物語		
9	計		
701	合計		

(注：○の数は重複例を示す)

2、伏惟尊府君道済迷途、神遊浄国、見在郡主心神朗慧、福祚無窮（寧楽遺文下、六一六上⑬）
cf、含生同志趣。保益啓心神（大正新修大蔵経五十三冊、法苑珠林巻三十四、五五六a⑱）
cf、舎利弗見邪徒折伏、悦暢心神（敦煌変文集、目連変文、二四〇⑥）
例1、2の「心神」は、天平十二年三月藤原夫人藤原房前の女が天平九年四月十七日に薨去した父左大臣房前とその所生の皇女の為に書写した一切経の奥書に現れ、その述語「朗慧」の示す「ほがらか」「さはやか、あきらか」であるという意味と共に考えると、気持ち、心情という意味を示し、参考例の中国文献の「心神」と同意で用いられていると判断される。
3、仰願現在之身停於千秋之林、心神凝於万春団、而六度軽舫設於三会之津（大日本古文書二十四、正倉院文書、僧賢証書写瑜伽師地論願文、天平二（七三〇）年二月十四日）
4、仰願現在之身於千秋之林、心神凝於万春団（寧楽遺文下、六一一下⑨）
cf、心常遊息此処所中。或安心神於是道理処所中故（大正新修大蔵経三十四冊、妙法蓮華経玄賛第九本、八一九c⑪）
例3、4の「心神」は（信者の）霊妙な心という意味で、参考例と同じように用いると考えられる。
5、宜啓伏奉二四月六日賜書一跪開二封函一拝二読芳藻一心神開朗似レ懐二泰初之月一（天平二（七三〇）年七月吉田宜書状）
cf、心神極為朗。此名為般特（大正新修大蔵経二冊、増壹阿含経巻二十二、六六二b㉗）
cf、喜見淳朴俗、坦然心神舒（杜詩巻六、二二二⑩）
「心神」はその述語「開朗」の示す「ひろびろとしてほがらか」であるという意味から推して、気持ち、気分という精神的意味で用いると理解される。参考例の「心神」と同様に使われている。

以上、管見に入った奈良時代文献における「心神」を列挙してその意味について分析を加えた。「心神」と共起する述語は本来の中国語と類似性を持っていることが明らかになる。それは参考として例示した中国文献の例からも察知できる。意味としては、列挙した中国文献の参考例から分かるように中国語と同じく気持ち、心情等の精神的なものを示し、中国語のそれを受容したと言える。

イ平安時代

次に平安時代文献における「心神」を取り上げてその意味を検討してみよう。先ず漢詩文における「心神」の用例を挙げてその意味について考察する。

1、神（平声）泉《ニ》（平声濁）観《ミル》二物（入声濁）候《ヲ》（去声）一心（去声）神（上声濁）恍惚《クキヤウコツトシテ》　不レ能レ帰《ルコト》（六地蔵寺本性霊集巻一、一二〇）

2、屯《トムノ》（上声濁）綿《ヲ》（入声）一兼賜《テタマフ》二七（去声）言《ノ》（去声濁）詩篇《ヲ》（平声）一謹奉《テ》二対《シテ》（平声）鴻（平声）沢《ニ》（入声）一心（去声）神（上声濁）恍焉《キヤウエンシテ》　喜（去声）謝《スルニ》（平声）無レ地《トコロ》（同右巻三、九七）

cf、六師戦懼驚嗟、心神恍忽（敦煌変文彙録、降魔変文、二三八⑦）

cf、王陵奏曰、到界首精神恍惚、神思不安（同右、漢八年楚滅漢興王陵変文、三五九⑨）

例1、2の「心神」はその述語「恍惚」「恍焉」が参考例の中国文献の「恍忽（惚）」と同じ、「うっとりする」という意味を示し、それを合わせて考えれば、参考例の「精神恍惚」の「精神」とほぼ同意で用いると判断される。

3、年経《シテ》六（入声）序《ヲ》（去声）未　遂《タストケ》衆（上声）願《ヲ》（平声濁）一朝（平声）夕《ニ》（入声）抑忍《ヲサヘテ》心（去声）神（上声濁）銷鑠《セウシヤクス》（六地蔵寺本性霊集巻四、二九九）

cf、心神已弊晷刻増悲（北周、庚子集、代人乞致仕表）

cf、弥日懊惋心神萎孰（宋書、列傳三二、文九王始安王休仁、一八七六⑦）

cf、朱解当時心大怪愕然直得失精神（敦煌変文集、捉季布変文、三四二⑧）

例3の「心神」は、その述語「銷鑠」が参考例としての中国文献の「弊」「萎孰」と類似して「消え失せるさま」を示すことから推して、参考例の「失精神」と殆んど同じ意味で用いると考えられる。

4、心神《ト》衆生《ト》不二異《アラス》（平声）同《ニ》（去声濁）因縁《ニシテ》而顕《ル、コトヲ》猶《シ》如レ響《キノ》（六地蔵寺本性霊集巻十、四〇五）

cf、心仏及衆生。是三無差別（大正新修大蔵経九冊、華厳経）

例4の「心神」は、その構文が参考例と相似して、参考例の「心」とほぼ同意で用いるが、「神」の附加によって単独の「心」より霊妙な意味も伴ってくる。

5、於是書疏閇於胸臆文字闇諸心神也（天治本新撰字鏡序）

「心神」は、対句としての上句「胸臆」と述語「闇」の意味と共に考えると、思惟、判断の本という意味を表すと考えられる。

6、次陳下天皇弃二宝位一之情上披読之中心神迷乱雖レ似二急々《ニ》一不レ能レ不レ言（菅家文草、散文、五八一）

cf、皆由放散情慮擾乱心神。似風裏之灯（大正新修大蔵経五十四冊、諸経要集巻十、九〇a⑳）

昌泰二年十月屢々宇多上皇は太上皇の尊号を辞し、終に二十四日に大僧都益信を戒師として仁和寺において落髪入道して、法名を金剛覚と名付けたのである。例6はその前後の太上皇の尊号の辞状である。「心神」は、その述語「迷乱」が参考例の「擾乱」と類似して、その示す意味から判断、思慮という意味で用いると解される。

7、有心《の》神詰《ナシ》眼《の》神云夫《ソレ》心《は》者身之王也眼《は》者心之佐《サナリ》也（久遠寺蔵本朝文粋巻十二、一五八⑦一。片仮名は傍訓、平仮名はヲコト点。以下同）

「心神」は「身之王」である心の神として用いられる。「神」の添加によって、「心」の示す「知・情・意」という働きを一層際立たせることになる。

8、君其念《レヘ》レ之を於是《ココ》に心の神惝怳《シャウキャウトシ》て 失《ナヒ》レ度を（同右、一六二①）

cf、臣乃駐馬観瞻、忽覚心神戦慴（敦煌変文集、降魔変文、二二一③）

例8の「心神」は、その述語「惝怳」が例1の「怳惚」及び参考例「戦慴」と類同して、「がっかりする、安らかでない、ぼんやりするさま」を示すことから推して、気持ち、心情という意味として用いると考えられる。

9、語《コト》未《サルニ》レ終《ラ》心の神起《タ》て拝唱て言《シ》て曰《ク》（久遠寺蔵本朝文粋巻十二、一六二⑦）

「心神」は例7のそれと同じ意味で用いられて、「語未だ終わらざるに心の神起ちて拝唱して」と解される。

10、進退有《ヲソレ》レ懼 心神不レ安 譬《カラ》は猶《ヘシ》三鳥雀之近《チカツクキヨウセン》二 鷹鸇《ハシタカ》一 矣（同右、一七九④）

cf、太子出外遊観園林。見一病人形色痩悪。心神不安太子不識（大正新修大蔵経第一冊、毘婆尸仏経上、一五四b㉖）

「心神」は、その述語「不安」が参考例と同じ、その示す意味と共に考えれば、参考例と同意で、気持ち、精神ということを表すとなる。

11、長楽禅庭四絶レ隣。優遊幾許谷心神。葉迷二纐纈一林寒レ雨。俗出二喧囂一道遠レ塵（本朝無題詩、七四〇下⑪、大江佐国）

cf、帰家不自適無計慰《ミヤシ》心神（去声）（金沢文庫本白氏文集、0399㊵）

cf、画師亦無数、好手不可遇、封此融心神、知君重毫素（杜詩巻四、奉先劉少府新画山水障歌、八⑧）

例11の「心神」は、その述語「谷」が参考例の「慰」「融」と類似して、「やしなう、そだてる」という意味を示すことから、気持ち或いは心情という意味で用いると考えられる。

右、平安時代の漢詩文における「心神」の意味を巡って、その全用例を例示しつつ考察してきた。漢詩文での

「心神」は前の時代と同様に、その出自となる中国語の意味と一致しており、それを踏襲したと言えよう。これは「心神」と共起する述語が参考として列挙した中国文献の例と類同していることからも示唆される。尚、この結果はほかでもなく漢詩文の表現内容、性格及び撰者の意識に因由するのではないかと推定される。

次に、中国の漢詩文を規範に、それを模倣、継承した漢詩文に対して、内容として日本の事柄を中心に、詳細に記録した古記録類における「心神」を検討しよう。表現内容としては古記録類は、漢詩文との径庭が大きく見られるが、しかし、それが「心神」の意味にどう関与するのか、ということを考慮に入れつつ、以下、『御堂関白記』を中心に、その全用例を挙げ、「心神」と共起する述語或いは述部と、「心神不覚」などのような状態を喚起させる事由とに着目して意味分析を行う。

『御堂関白記』などに記された平安中期の世は道長を中心とする摂関政治の隆盛時代であった。王朝貴族の代表的人物と言えば、誰しもが「この世をばわが世とぞ思ふ」と望月の歌を詠じ、一家三后の栄を誇り、わが世の春を謳歌した藤原道長を指すであろう。この時代の貴族としては「虚弱な体格を持ち、繊細な神経質の性格、月の傾くのに涙を流し、こおろぎの鳴声に物のあわれを感ずる感傷的な人々」[2]となる。その代表格とも言える道長も例外ではなかろう。

1、亥時許忽悩霍乱、心神不覚、通夜辛苦（御堂関白記上、九八⑨）

2、七日、丁未、従暁痢病、心神非例、仍罷出、作文停云〻（同右、一八四⑬）

3、十一日、辛亥、物忌重、大蔵卿(正光)被籠、日来心神尚不有例、召業遠朝臣(高階)（同右、一八五③）

4、巳時許慶命僧都来云、山侍間、此暁馬頭(顕信)出家、来給無動寺坐、為之如何者、命云、有本意所為にこそあらめ、今無云益、早返上、可然事等於きて、可置(×置か)給者也、左衛門督など登山、人〻多来問、渡近衛御門母(明子)・乳母不覚、付見心神不覚也（同右中、一三三⑬）

5、今夜一品宮(脩子内親王)渡三条宮、奉御車、金作、入夜雨下、心神依悩、不参彼宮（同右、一九九⑥）

6、従朝非心神如初悩（同右、二二三⑫）

7、十日、庚子、家奉御生養、庁官・侍・女官等給禄、有□[各カ]差、如前着座間、忽有悩事、心神失度、一二時□御座、着座巡行、自余如常（同右、二三三⑯）

8、五節拝後、欲奉宣命・見参間、弓場殿方人〻走経営、問案内、申云、有火、余仰云、荒涼事歟、非可譟、抑何所乎、申云、弘徽殿者、御入、女官撤膳、内竪撤大[台]盤、此間上下心神不覚、其間又申云、滅了云〻（同右、二五一⑭）

9、還御間従京人走来云、釆女町火付焼了、件火欲付西廊間、人多上滅了、心神不覚、先思東宮御在所、而申無事由（同右、二五四④）

10、而依有悩事不参、（略）欲参、心神不例、仍令申不参由了（同右下、一二⑯）

11、十日、丁亥、従午時許非心神(脱アルカ)是咳病歟（同右、二二④）

12、十七日、癸亥、依物忌籠居、亥時許人為職、申云、有大[内]裏火出来者、驚出見、奇[寄カ]南方、馳参間、従南廊焼、宣陽門南方許焼、仍馳北陣方、入中重、玄輝門下東宮(敦成親王)御〻輦出会給、安心神、令御縫殿寮（同右、三二⑭）

13、廿四日、甲午、初読経、心神依非例、不参院御仏名、小雨下、左中弁宮奏（同右、八四⑮）

14、廿七日、丙寅、風病発動、不宜心神、吉平朝臣申云、来月十九日可立法興院御堂（同右、九七⑪）

15、三日、庚子、済政朝臣非時、施宿衣、従今朝心神非例、終日有悩、四日、辛丑、心神尚不宜、雨下、五日、壬寅、心神雖宜非例（同右、一〇二⑮）

16、今[日脱]除目儀、従内退出、参中宮、右大臣被来、有被示事、其後風病発動、心神不宜（同右、一三八⑮）

17、有悩氣、事々不能相示、被人〻来、心神依無宜、不相会（同右、一三九④）

18、辰時許与女房出従中宮、後終日有悩事、無其所(×云カ)心神不覚、不知為方（同右、一五三⑫）
19、通夜心神猶不覚、従今朝頗宜、終日雨降、午後深雨（同右、一五四①）
20、按(察脱)大納言・四条大納言・侍(行成)従中納言等来、終日被座、仍心神雖不宜、相合、清談雑事（同右、一五四③）
21、上達部参(×入)入後御出、有攤事、参上、心神不宜、不座則退下（同右、一五七⑬）
22、参太(大)内、参中宮、行土御門、晩景帰来、後非心神例、従此日女方初仁王講（同右、一五九⑧）
23、十五日、丁未、水満、従戌時許通夜悩胸、心神不覚、暁方(ママ)十六日、戊申、土満、心神尚悩不覚、入夜参法性寺五大堂（同右、一六〇⑥）
24、十八日、己卯、土成、又胸発動、極不堪、（略）廿一日、壬午、木閉、心神頗宜（同右、一六三⑮）
25、依心神宜(不歟)、不参法興院（同右、一六九⑤）
26、入夜与女方(倫子)参内、亥時辰巳方有火、従其後心神不覚、如霍乱、不知前後、仍罷出（同右、一九四⑧）
27、四日、壬辰、有悩氣、（略）六日、甲午、心神如常、而目尚不見、二三尺相去人顔不見、只手取物許見之（同右、一九四⑬）

右に列挙した『御堂関白記』の「心神」の全用例から、「心神」と共起する述語或いは述部とその事由を抽出して次の表に纏めることが出来る。

次頁の表二に依れば、述語或いは述部が類型的な様相が明らかになる。「宜、不（無）宜」九例、「不覚」八例、「非、不（非）例」六例、「悩」「非」それぞれ二例となる。尚、同時代の藤原実資の記した『小右記』にも同様の事象が確認される。『小右記』から一三〇例の「心神」を検出することができるが、「心神」と共起する述語或いは述部がそれぞれ十例以上となるものを挙げてみると、「悩」四十例、「宜、不宜」三十六例、「例、不（非）例」十九例、「不覚」十一例の如く、四者を合わせて一〇六例に達しており、その類型性を呈出している。斯様な現象は

表二

用例番号	述語或いは述部	事由
1	不覚	霍乱
2	非例	痢病
3	（有）不例	痢病
4	不覚	息子の出家か
5	（依）悩	胸病
6	非	初悩
7	失度	有悩事
8	不覚	火事
9	不覚	火事
10	不例	風病
11	非	咳病
12	安	東宮の心配
13	（依）非例	胸病か
14	不宜	風病
15	非例、不宜、宜	有悩
16	不宜	風病
17	（依）無宜	有悩気
18	不覚	有悩気（胸病）
19	不覚	悩胸
20	（雖）不宜	悩胸
21	不宜	悩胸
22	非──例	悩胸
23	不覚、悩	悩胸
24	宜	悩胸
25	不宜	胸病か
26	不覚	胸病
27	如常	悩胸

前述の中国文献乃至奈良時代文献及び同時代の漢詩文には見られないもので、顕著な差異が認められる。尚、事由も同じく類型的な様相を見せている。右の表二の示すが如く、事由を大きく分けると、突発的出来事の四例に対して、人間の肉体的疾患の二十六例となる。同事象が『小右記』にも見られる。この人間の肉体的疾患の事由は、中国文献がもとより奈良時代文献及び同時代の漢詩文には見られずに而も使用量も圧倒的に多いことで、古記録類の独自性が浮き彫りになっている。又、その出自となる中国語との懸隔も際立っている。この差異はいうまでもなく「心神」の意味にも大きく関与することになる。

次に具体的に述語或いは述部を考え、「心神」の意味を検討する。先ず、一例のみの「安」を見よう。それが中国文献及び漢詩文にも見られる。突然の火事で道長にとって最も大事な東宮─敦成親王の安否を心配していることと共に考えると、「心神安」は、藤原道長が東宮の御無事であることの分かった時の安堵感を表す。かかる「安」に対して、九例の「宜、不（無）宜」を考えよう。「心神不（無）宜」を喚起させる事由を見ると、「心神安」と異なって、いずれも身体の因由によって発病したという体の内部の疾患となっている。亦、この時代には「宜、不（無）宜」が病が「直る、全快する」又「直っていない或いは体の具合が悪い」という意味を示すことも合わせて考えると、「宜、不（無）宜」と共起する「心神」は肉体的な病という意味で用いると理解してよい。更に八例の「不覚」を見ると、「火事」などによって生じた「心神不覚」は突発的なことで、ものの判断がつかなくなることを表す。一方「霍乱、悩胸」などによる「心神不覚」は、その病が重く、ものも覚えないこと、いわば人事不省という意味で用いる。亦、六例の「非、不（非）例」と共起する「心神」は、「痢病、風病」などのような肉体的疾患という事由を考え合わせると体の健康状態という意味を表すと判断される。

それでは、「心神不覚、不（非）例、不宜」の示す肉体的疾患とは一体如何なるものであろうか。先ず、それを引き起こした「胸病（悩胸）」に注目したい。道長の「胸病」は寛仁二（一〇一八）年四月九日に発病し、同日の『御堂関白記』には、「従亥時許悩胸病甚重、丑時許頗宜」と記し、ついで、十日に「心神不覚」、十一日に「心神猶不覚」、十二日に「心神雖不宜」などと記録し、閏四月十六日条には、「心神尚悩不覚、入夜参法性寺五大堂」と記し、このような胸病による苦しみが六月末迄に、三十回にも及んでいる事が『御堂関白記』、『小右記』によって知ることができる。七月以降『御堂関白記』はこれを記載していないが、発作が無かったのか、それとも軽症で記すほどではなかったのかは定かでない。『小右記』も七月以降九月末迄欠落し、これを明らかにし得ないが、恐らく斯様な疾苦はある程度持続していたものと想像される。さて、この胸病とはどんな病気であったのか。その解明は「心神」の意味把握に役立つものであると思われる。『小右記』寛仁二年閏四月十七日条には、「大殿御心地太思悩、去夜悩給之間、叫給声甚高似邪氣」（五、二二⑤）とあり、更に、『小右記』同年閏四月二十四日条には、「按察大納言、四条大納言及他卿相多参入、於簾前被談雑事、如尋常、不幾俄御胸病発動、重悩苦給、声太高如叫、僧等相集加持」と、胸病の病状を記している。平素の如く人々と雑談中、突然苦しみ、大声を揚げて叫喚する有様で、一応、狭心症とか心筋梗塞等のごとき重篤な病気が想像される。しかし、このような病気であったとすれば、三十回にもわたって発作の繰り返す筈もなく、したがって、一応心臓神経症のごとき病気が考えられる。今日、胸病といえば呼吸器系疾患のごとく考えられるが、当時では胸部にある肺、心臓の病気も亦胸病といわれたことはいうまでもない。果して心臓神経症と断定し得るや否やは別として、一応このような病気を想定することが妥当であろう。(3)

とされる。「心神不（非）例、宜、不宜」などを引き起こす「胸病」が心臓病の一種と理解されるならば、それによって発生する「心神不（非）例、宜、不宜」の「心神」は肉体としての心臓のことを示すのではないかと考えられ、「不（非）例、宜、不宜」と共起すると、肉体としての心臓が不正常か或いは病気となることか、又それが直るという意味を表すことになる。少なくとも「胸病」によって起こった「心神不（非）例、宜、不宜」はこの意味で使用されているかと思う。それは「中古以降の文献によると、臓器としてのココロの例を見出すことはむずかしい」(4)と説かれていることからも察知される。では、「ココロ」に替わって、肉体としての心臓を表すため、如何なる語が使われていたのであろうか。右の考察で明らかになるように、「心神」がその一語として考えられる。「胸病」の他に「痢病、風病、咳病」等によって起こった「心神不（非）例、宜、不宜」は、肉体としての心臓と断定し難いが、肉体的疾患となるか又は直るという意味として理解することがよかろう。

道長は「胸病」を除いて今日で言う糖尿病、白内障という持病にも悩んでいたことが『小右記』から分かる。「講説間被坐仏前、中間必入給簾中、若被飲水歟、紅顔減無氣力、似可被慎、其期不遠歟」（四、一八七⑦）と綴っているように、この頃道長は盛に水を飲み、顔色も悪く無気力な状態にあったと思われる。このような道長の病状は当時飲水病と言われた病気で、今日の糖尿病に当たることと考えられる。更に、道長は寛仁二年一月頃より視力が衰え、同年十月十七日条の『小右記』には、「大殿被清談次命目不見由、近則汝顔不殊見、申云晩景与昼時如何、命云、不因昏時、白昼、只殊不見也」（五、五六③）と記し、視力の衰えを明らかにすると共に鳥眼でなかったことも明白となる。道長自身も『御堂関白記』、同年十一月六日条に「出東河解除、是月来間目不明、仍所秡也、吉平朝臣従今日初也」と、視力の衰えを認めている。恐らく糖尿病に併発した白内障に罹っていたものと思われる。このような持病という「悩」によって「心神不（非）例、不宜、宜」となるのである。尚、斯様な持病の他には、「霍乱、痢病」等の突発的病気にも悩んでいた。平安時代の貴族の代表人物たる藤原道長は如何に体が虚弱かが右の考察で分かるであろう。

以上の意味分析を通して、『御堂関白記』における「心神」の意義について次のように帰納できる。

（一）人間の精神、感情、判断、意識などの心的活動

（二）人間の肉体としての心臓或いはそれを含めての体の状態

と二つに大別できる。（一）は奈良時代文献及び漢詩文と同様に本来の中国語のそれを継受したものと考えられる。それに対して（二）は中国文献どころか奈良時代文献と漢詩文にも認められず、新しく生じたものである。つまり、意味の変化が発生した。残りの平安時代の古記録に見えた「心神」についても右の方法で検討した結果、（一）（二）の意義以外のものが確認できなかった。平安時代の古記録類における「心神」の意義の分布状況は次頁の表三のようになる。

表三に依れば、その出自となる中国語と異なって変化した（二）の意義は、本来の意義（一）を大いに上回って、中心義となる。即ち、本義と転義との使用量においては逆転現象が起こって、本義（一）の方が却って周辺的な存在となり、奈良時代文献との時代差が見られる。亦、同じ平安時代の漢詩文との差異も認められる。更に表三を熟

表三

意義／文献	(一)人間の精神、感情、判断、意識などの心的活動	(二)人間の肉体としての心臓或いはそれを含めての体の状態	用例数
続日本後紀	2		2
文徳天皇実録	2		2
日本三代実録	4		4
類聚三代格	1		1
日本紀略	2		2
政事要略	4		4
扶桑略紀	8		8
本朝世紀	1	1	2
本朝文集	5		5
朝野群載	3		3
平安遺文	5	2	7
貞信公記		12	12
九暦	1	7	8
村上天皇御記	1		1
西宮記	1	5	6
小右記	15	115	130
権記	9	12	21
御堂関白記	10	20	30
春記	8	15	23
左経記	1	2	3
水左記	2	5	7
後二條師通記		1	1
帥記	1		1
中右記	1	1	2
兵範記		3	3
台記		2	2
吉記	1	1	2
山槐記	1	4	5
尾張国解文	1		1
日本往生極楽記	1	1	2
大日本国法華験記	2		2
高野山宝寿院蔵日本法花験記	1		1
拾遺往生傳	1	3	4
後拾遺往生傳	2	3	5
本朝新修往生傳		1	1
高野山往生傳		1	1
狐媚記	1		1
続浦島子傳	2		2
釈氏往来	1		1
合　計	101	217	318

視するならば、こういう逆転現象が只公家日記という文章ジャンルにおいてのみ生じることが分かる。逆にその他の文章ジャンルでは、本義（一）の方が中心となっている。この格差の発生は各文章ジャンルの内容によるところが大きいと思われる。公家日記は、記録者の日常生活から朝廷の大事までの公私ともの出来事を、日を追って詳細に記すものである。就中、書き手の私生活については他の文章ジャンルには見られず、細緻に記載されていることが特徴的である。かかる公家日記では、「心神」に意味の変化が生じた上で、その変化義も中心となっている。それは公家日記の記録する内容の必要に由来すると考えられる。

中国語出自の「心神」は、平安時代になって公家日記という文章ジャンルにおいて中国語にはなかった新しい意味が誕生した。尚、意味変化によって、「心神」は、本来中国語において、人間の「知・情・意」という精神活動の意味分野から身体状態を表す意味分野に転移したことになる。いわば、意味の転用が発生したのである。

ウ鎌倉時代

以下、鎌倉時代文献における「心神」についてその意味を考える。「心神」は、鎌倉時代に下って平安時代の継承として古記録類において依然と多用されている。それのみならず、鎌倉時代に入って形成期を経て完成期を迎えた和漢混淆文においても使用される。前の時代と比較すると、その使用範囲が拡大して、時代の懸隔が見られる。

先ず、古記録類における「心神」の意味について『明月記』を中心に検討を施す。前掲の表一に示すように、『明月記』から二九〇例もの「心神」を検出することが出来た。用例数から見れば、今回管見に及んだ日本文献の中で『明月記』が群を抜いて多い。何故『明月記』に「心神」が多用されているのか。これに関しては意味を分析、検討した上で、後程に触れてみたい。

1、五日（略）咳病又不快、沐浴之後心神猶悩、六日、天陰、辰後晴、心神殊悩、扶重病今日書訖旧記七巻、依宿習之催、不顧病悩終功了、七日（略）咳病殊無術、心神甚悩、九日（略）心神猶悩、終夜辛苦、十日（略）心神猶悩、咳病無術（明月記一、六五上③）

「心神」と共に用いる述語は「悩」で、平安時代の公家日記によく使われて、それを踏襲しているものである。が、中国文献及び奈良時代文献には見られなかったのである。「心神悩」を喚起させた事由は連日発作の続く「咳病」となる。「心神悩」はその事由と述語「悩」の意味とを合わせて考えると、肉体的疾苦という意味として理解されよう。『明月記』の二九〇例の中には、「悩」という述語と共起する「心神」が一一七例を占めている。平安時代と同様に述語の類型的な様相を見せている。

2、廿六日、天晴、心神不例、辛苦沐浴、不出仕、廿七日、雨降、心神殊悩、不食痢病、相共不快（同右、三八上②）

「心神」と伴った「不例」という述語は「悩」と同じく平安時代のそれを継承しているものであり、その使用例が「悩」に次ぎ、五十二例となっている。「心神不例」は「痢病」によって起こることと述語の「不例」の意味とを共に考えると体の状態が不正常であるという意味で用いると判断される。

3、十四日、自暁雨止朝後晴、心神猶不快、脚氣之所致歟、不出仕（同右、二四下⑮）

「不快」という述語は「不宜」とほぼ同意で、病気或いは気分がすぐれないという意味を示す。「心神不快」を喚起させたのは「脚気」となる。「脚気」という病気は心臓を侵して、胸内苦悶などの病状が生じる。かかる「脚気」によって発生した「心神不快」の「心神」は肉体としての心臓という意味で用いると考えてよいであろう。尚、このような「心神」が「宜、不宜、不快」と共起するものは四十一例存する。

4、遠隔囂塵不聞車馬喧、心神甚楽（同右、四〇四上⑧）

「心神」はその述語「楽」の示す意味から、右に引いた三例と異なって、気持ち或いは心情という意味で用いていると判断される。

5、十九日、天晴、老尼之通身無故辛苦、心神恍忽、而徒在臥内（同右二、二七五下②）

例5の「心神」は、その述語「恍忽（惚）」が前出の中国文献の例3及び日本文献の漢詩文の例1と一致して、ぼんやりして自失するさまという意味を示すことから、判断、思惟の本となる心の意味として用いられると考えられる。

右に挙げた「心神」について検討を加えたところ、その意味は平安時代の公家日記と一致して、その継承性を窺うことが出来る。同じ方法を以て残りの『明月記』の用例と他の古記録類における「心神」について考察した結果、いずれも右に列挙した五例の意味と重なっていると判断される。換言すれば、鎌倉時代の古記録類における「心神」は平安時代の意味をそのまま継受していると言えよう。「心神」は平安鎌倉両時代に亘って書記言語として同じ意味で多用されている。鎌倉時代の古記録類での「心神」はその意義分布が上の表四の通りとなる。

表四

文献＼意義	(一)人間の精神、感情、判断、意識などの心的活動	(二)人間の肉体としての心臓或いはそれを含めての体の状態	計
玉葉	3	18	21
明月記	49	241	290
勘仲記		1	1
花園・伏見天皇宸記		11	11
吾妻鏡	2	11	13
帝王編年記	2		2
鎌倉遺文	15	2	17
諸山縁起	1		1
菅丞相往来	1		1
弟子僧往来集	1		1
合計	74	284	358

表四に依れば、(二)の変化した意義は、鎌倉時代になっても平安時代のそれと同様

に、依然として中心義となるが、（一）の本義は副次的働きをすることが明らかになる。即ち、本義と転義との逆転現象が鎌倉時代においても相変わらず続いている。尚、この逆転現象が平安時代と同じく、公家日記に止まっており、公家日記の相承性の一端を窺うことが出来る。公家日記における「心神」の（二）の意義が多用されているのは日記の内容の必要に応えたためであると思われる。殊に鎌倉時代になっても、平安時代と変わることなく、臓器としての心臓を表す表現が形成されずに、その空白が「心神」の（二）の意義によって補足されると見られる。これも「心神」の（二）の変化した意義の多用の一因となり得よう。

さて、何故『明月記』では、「心神」、特に（二）の意義の「心神」が多く使われているのか、以下その点について考えてみたい。それは、『明月記』の記し手である藤原定家が『御堂関白記』を書き記した藤原道長と同様に病身であったためではないかと指摘できる。この病弱の体質が定家の肉体としての心臓に大いに影響している。定家の病身及びそれによって心臓に与えた負担の大きいことについては次の『明月記』の記述からも察知される。「未時許自河陽還御云々、此間心神猶不快、甚不得心、疑是魔姓之為歟、予自少年常有如此病、臨長年之後、忍而不加護身、態不思入、或念誦、或奉公、以之不為病、然而毎迎冬節心不快、度々又及重病、今年身衰愁深、閑居冷然之間、弥如此悪事得力歟、心神常違乱、時々刻々辛苦、又有無為隙心歟、難奇思、忍而不言之」と、これは建保元（一二一三）年十二月二十三日の『明月記』の一節であるが、亦、同月十七日条に「十七日、天晴、風病更発、心神太悩」と、同十八日条に「風病更発」と、同十九日条に「依所労無術不参」と、同二十二日条に「心神猶悩、終日在臥内、寒風所為歟」とある。これらの記述は定家の闘病生活の痛ましさを如実に物語っていると共に、彼が少年の頃より原因不明の「心神不快」に悩まされていることをも示している。この「自少年常有如此病」については、「予昔安元元年二月赤斑、同三年三月之間皰、共如赴他界、皰瘡癒以後雖蘇生、諸根多缺、身体如無、其後五十年、存外寿考至于今、非常尋身」（安貞元年十一月十一日）とあるなかの安元三年に皰瘡を病んで以後のことをさすのかもしれない」[5]と述べられている。しかし、前記の建保元年十二月二十三日条の「毎迎冬節心不快」という記録から推して、「自少年常有如此病」の「病」は「赤班」「皰瘡」ではないように思われる。それは、「赤斑」といい「皰瘡」といい毎年冬になると罹る病気ではないし、人間の心臓を侵して「心神不快、違乱」を引き起こすことが出来ないものであるためであろう。そうすると、考えられるのは「自少年常有如此病」という二十三日条より六日前の十七日、亦十八日、二十二日の条に見える「風病」ではないか。「風病」は、いつも又何回とも患う病気、特に、冬に罹りやすいという特徴が考えられるため、「毎迎冬節心不快」という記述に合致するのである。

では、「風病」とは如何なるものか。それについて『医心方』巻三の「風病証候第一」に次のように記されている。「黄帝大素経云風者百病之長也至其変化為他病也無常方楊上善云百病因風而生変為万病又云人之生也感風氣以生其為病也因風氣為病」とあり、亦、「(風)蔵於皮膚之間内不得通外不得泄其入経脈行於五臟者各随臟府而生病焉」と記し、更に、「心中風但得偃臥、不得傾側」とある。右記の『明月記』の「心神猶悩、終日在臥内、寒風所為歟」という二十二日条は正に『医心方』の「心中風但得偃臥」と同じことを言っていると看取される。「心神猶悩」は「心中風」と同じく、肉体としての心臓が「風」の入ったことによって侵されて「生病」という意味を示す。尚、『医心方』の「治一切風病方第二」には、「風病」の症状について次のように書かれている。「又云治男女老小一切風病病風之状頭重痛眼闇四支沈重不挙不随頭悶心悶煩躁手足疼痛腫気不能多食嗔怒憂思健忘夢悟惛惛只欲睡臥嬾起面目失色房事転弱漸自痩不能労動々々万病即発」とある。文中の「心悶煩躁」という「風病」の症状は宛も『明月記』に定家の記した自分の「風病」による「心神不快」のことを言っているように思われる。定家は少年の頃より風病或いはそれによる併発症に悩まされる病身であったかと推察される。風病の他には、十四歳の時の二月に赤斑という病気になり、十六歳の時の三月に皰瘡を病んだ。少なくともそれ以後、定家は普通人と異なる健康状態にあったと言えよう。治承四（一一八〇）年十九歳の時に始まる厖大な日記の中で、病気の記事が見えないのは僅かに文治四年、建久元年、同八年、建保二年、同四年、同五年、同六年、貞永元年だけである。定家の病気はその日記に見られるところでは、前記のように、少年時に赤斑、皰瘡、風病を患った他に、頭、眼、鼻、歯、喉、肩、手、腹、腰、脚、肛門等、身体各部に亘っており、肩以下には中風の気があった。亦、「咳病」という記録は日記の至る所に見出される。定家は、多病の身のため、その病気に如何に苦しんでいたかを表すのには、「心神悩」を始めとする表現の「心神」を日記の随所に使用したわけである。

次に　和漢混淆文における「心神」の意味については今回調査して得た九例を全部挙げて吟味を加える。

1、師ノ曰《イハ》ク、「我レ、心神不変《カハラ》ズ。正《マサ》シク音楽ノ音有リ」ト。弟子《デシ》等、此レヲ恠《アヤ》シビ思フ間ニ、明《アク》ル日、明祐和上、心不違《タガハ》ズシテ念仏ヲ唱ヘテ失《ウセ》ニケリ（今昔物語集巻十五、三五一⑫）

「心神」はその「不変」という述語の示す意味から、和上の霊妙な心という意味で用いていると考えられる。つまり、その心が動揺せずに、正に音楽が聞こえると解される。

2、我身になき徳を讃嘆《さんだん》せば、是を恐れ驚く事、盗殺の無実を負《お》ふがごとくすべし。身の毛よだつばかりをのゝき、心神やすからずして、即ち三宝を念ぜよ（発心集、二一九⑧）

3、其《その》時唯蓮房心神やすくなりて、恐るゝ事なし（古今著聞集、四六七⑬）

4、妙音院殿は琵琶を弾じ給けり。孝博、「心神安楽なり」とぞ申ける（同右、三九〇⑦）

cf、太子出外遊観園林。見一病人形色瘦悪。心神不安太子不識（大正新修大蔵経第一冊毘婆戸仏経上、一五四b㉖）

cf、進-退有レ懼《ヲソレ》、心-神不レ安　譬《カラ》ヘは猶シ三鳥-雀之近《チカツク》二鷹-鸇《ヰヨウセン》《ハシタカ》一矣（久遠寺蔵本朝文粋巻十二、一七九④）

例2、3、4の「心神」はその「やすからずして」「やすくなりて」「安楽なりて」という述語が参考例のそれと類同して、意味も参考例と一致して、気持ち或いは心情を示す。つまり、外部からの刺激で、気持ちが落ち着かないかまたは落ち着くかということと解される。

5、六神通五神通等ト云時キ神ハ是等持《トウチ》、通ハ謂ク擁《キヨウ》（平声）塞《ソク》（入声）ナシナント云テ神通各別ニ釈セリ、又心神融ス等ト云ヘリ（光言句義釈聴集記上、二七三）

cf、画師亦無数、好手不可遇、封此融心神、知君重毫素（杜詩巻四、奉先劉少府新画山水障歌、八⑧）

例5の「心神」は参考例と同じく思惟、判断を行う心として用いられている。

6、八幡ノ楽人元正、当宮領備中国吉河保二季御神楽ニ下向シテ上洛之間、樫生ノ泊ニテ心神違乱如亡行（片）鬢雪ノ如ク変ス（十訓抄十、下一一六⑨）

7、龍猶吐《ホキ》レ氣《ヲ》、害将《ニ》レ及《バントニ》レ身。観海大恐《ニレ》、心神迷惑《シ》、則帰《チ》二命井《シテニ》一（古今著聞集、八〇⑦）

8、而怨敵満国中《テ》一郎-従無相従《キコト》二之間心神迷山野《ニ》一東西《ニ》不覚往反《ヲ》（延慶本平家物語第三末、四十七ウ①）

例6、7、8の「心神」はその「違乱」「迷惑」「迷」という述語の示す意味から、判断、意識という働きを果たす心として用いると考えられる。

9、わが生前に最重の犯罪に五あり。みなこれ太政威徳天のことより出たり。一には、父の法皇を嶮路にあゆませ奉り、心神を困苦せしめたりし也（北野天神縁起、一六〇⑯）

『北野天神縁起』は、菅原道真が学問才芸を以て宇多、醍醐両天皇に信任されて栄達したことから左遷、病没、霊の祟り、北野の地の天満大自在天神、学問の神として崇められるに至った経過を述べた縁起である。文中の「心神」はその述語「困苦」と共に考えると、感情、気持ちという意味で用いていることとなる。

右、和漢混淆文における「心神」の意味について検討したところ、古記録類特に公家日記に多用されている（二）の「人間の肉体としての心臓或いはそれを含めての体の状態」という意義を表す「心神」は確認できず、（一）の「人間の精神、感情、判断、意識などの心的活動」という意義としてのみ「心神」が使用されている、といったことが明らかになる。それは「心神」と共起する述語からも推知される。和漢混淆文における「心神」は已に奈良時代から受容し始めた中国語の意味をそのまま継承しているが、平安時代の古記録類で意味変化が起こり、鎌倉時代の古記録類においても依然として多く使用され、変化した意味を継受しなかった。文章ジャンルによる相違点が見られ、和漢混淆文で使われる語としての特性が露呈している。

むすび

以上、中日両国語における「心神」の意味について考究して、明らかになることを簡単に纏めて言えば、次のようになる。

日本語に見られる「心神」は、中国語出自の漢語で、夙に奈良時代文献に登場しており、その流入の早かったことが分かる。但し「心神」は、漢語という素姓のため、中国語と異なって和語を中心とする和文への浸透が出来ず、漢文と和漢混淆文にのみ使用されて、文章ジャンルによる使用上の差異が認められる。尚、使用頻度から見れば、漢文は和漢混淆文を遥かに上回っている。就中、公家日記を中心とする古記録類において多用されて書記言語としての常用語と位置付けられよう。意味としては奈良時代文献では中国語の意味をそのまま受容したが、平安鎌倉時代文献では本来の中国語の意味を継受した上で、更に新しい意味が生まれた、といった時代による意味の相違が見られる。亦、同じ平安時代の漢文というものの、中国の漢詩文を規範としてそれを彷彿させるような漢詩文では「心神」が元来の中国語のままで用いられて、中国の漢詩文の模倣の一斑を窺うことが出来よう。その漢詩文に対して、日本の事を詳記する古記録類においては中国語には見られなかった意味が発生した。いわば、意味の変化が起こって、文章ジャンルによる意味の違いも見られた。

「心神」は、日本文献において平安時代中期頃より古記録類という和化漢文で本来の中国語と異なる意味が誕生するようになった。その意味変化によって、中国語における精神活動の意味分野から身体状態を表す意味分野に移ったという意味の転用が認められる。

それでは、何故、「心神」は公家日記を中心とする古記録類において意味が変化したのか。以下、それについて考えてみたい。先ず、考えられるのは、本来の意味と変化した意味との間に関連性が内在するという言語内部の要因である。関連性とは両方とも共有する人間の「心」という意味特徴である。それを土台にして、中国語の本来の知・情・意という心的活動の意味から肉体としての心臓或いはそれを含めての体の状態という意味が派生したのである。

尚、言語内部の要因を誘発させる触媒的な働きをする言語外部の要因は次の二点が考えられる。一つは以上の考察で明らかになるように、「心神」の意味変化が起こった公家日記の、公私の出来事を詳細に記載する必要による。つまり、日記の記録者が職務などの公事に深く関わる己の肉体としての心臓または体の疾患を書き記すために、言語内部の要因―関連性を本に、意味の変化を引き起こしたことになると考えられる。

「心」はいつも精神と肉体とが絡み合うという綜合的な意味概念として用いられている(6)。しかし、以上の考察を通して明白となるように、精神を伴わず単なる肉体としての「心神」という使用場面が多く見られている。それらを表すのには、綜合的な意味概念としての「心」を用いると、肉体のみという示差性が現れてこないのである。加えて、肉体としての「心臓」という表現も鎌倉時代までの日本文献にはまだ登場していないとされる(7)。そこで、「心臓」の不在と「心」の肉体としてのみの示差性、弁別性の欠いたことを補足し、臓器としての「心」が多用される場面、内容を表すために、「心神」が用いられ、而も、言語内部の要因を働かせて、意味の変化を齎した。これは言語外部の要因のもう一つとなるのではないかと考えられる。

漢語研究を行う上で、漢語の意味変化は閑却できない研究課題である。多様な漢語の意味変化の全容を把捉するために個々の漢語を考究し、その中から法則性を抽出して、意味変化の類型を記述、解明する必要がある。意味の転用という変化が起こった「心神」は日本語における漢語の意味変化の一類型であると指摘できよう。

注

（1）「〔心神〕（一）心思与精力。（用例省略、以下同）（二）心情与精神。」（『辞源』商務印書館）、「〔心神〕しんじん、心《こころ》、衆生の霊妙な心性。衆生の心は霊妙であるから神という字をつけ加えていう。（用例省略）」（中村元編『仏教語大辞典』東京書籍株式会社）
（2）服部敏良「平安時代の心身症―藤原道長を中心として―」（『日本医史学雑誌』第二十三巻第三号、昭五十二・七）
（3）同注（2）
（4）宮地敦子『身心語彙の史的研究』第四章「漢語の定着―「こころ」「心の臓」「心臓」ほか―」（明治書院、昭五十四）
（5）安田章生『藤原定家研究』第一章「定家の人間像」（至文堂、昭四十二）
（6）同注（4）
（7）同注（4）

第三節　結　語

第一節「成敗」と第二節「心神」についての考究を行ったところ、両漢語はその出自となる中国語と比べてみると、意味変化が起こった上で、本来所属する意味分野も転移したことが判明した。両漢語を意味の転用という変化として認めることが出来よう。但し、語の意味変化は幾つかの要素が絡み合いながら発生するのが屢々である。漢語も例外ではない。これに関しては第一章、第二章における考察で明らかになっている。「成敗」「心神」は本来の中国語と照合すれば、意味の拡大とも考えられはしないのではないが、しかし、意味変化の示差性と弁別性という見地から考えると、意味の拡大の結果として意味の転用という変化が生じたと認められて妥当であろう。いわば、意味の拡大という前提があって、意味の転用という変化が実現したということである。

尚、意味の転用という類型に入り得る漢語を挙げれば、次のようなものがあると考えられる。例えば、「沙汰」[1]という漢語は中国語においては「詔書沙汰刺史二千石、更選清能吏」（後漢書、賈琮傳）、「欲沙汰郎官、非其才者罷之」（晋書、魏舒傳）、「沙汰、切韻、沙亦汰也、汰、考声云、濤汰也、洗也、案、即如沙中濤洗其金、取精妙者」（続一切経音義十一）とあるように、米を水で淘げて沙石を去ること、または善と悪とを選り分けるというような意味で用いられる。斯様な「沙汰」は日本語に入って中国語の原義を基にして、夙に平安初期頃より「其政績有聞、執掌無廃者、亦当甄録擢以顕栄、所司宜詳沙汰、明作条例奏聞」（続日本紀、延暦五（七八六）年四月十一日）の如く、「沙汰」には公務の処理という新たな意味が発生するようになった。その意味変化によって原義の属する善悪の選択という意味分野から物事の処理、処置または取り扱いというような意味分野に移って、意味の転用という変化が生じたことになる。

亦、「下若」という漢語もある。中国語では「輿地志曰南岸曰上若北岸曰下若乃村名也村人取若下水以醸酒醇美勝於雲陽」（太平御覧、六五地部、三〇）の示すように、村名で酒の名産地として使用されている。しかし、かかる「下若」は日本語に進入して「盧橘之珍、下若之酒」（声点等略、以下例同）（享禄本雲州往来中、三十八ウ⑨）の如く、「下若」は美酒の産地となり、いつも「酒」と共起して使用される結果、「酒」の意味まで吸収して美酒という意味を獲得、定着するようになった。それは次の用例から裏付けられる。「遇王言一二三者酌下若而得上寿」（久遠寺蔵本朝文粋巻三、九〇⑭）、「面々相具下若等、向静旅宿、玩酒催宴、郢曲尽妙」（吾妻鏡、文治二（一一八六）年五月十四日）にある「下若」は紛れもなく美酒の意味として使われている。中国語の由来である「下若」は日本語において意味の変化が発生したことによって、本来の村名という固有名詞に属する意味分野から美酒としての酒類という意味分野に転移した結果となった。いわば、意味の転用という変化が生じたのである。更に意味の転用という類型に属する漢語は「会稽」[2]「白波」[3]「経済」[4]「述懐」[5]「器量」[6]等も挙げることが出来よう。

注

（1）佐藤武義「さた（沙汰）」（佐藤喜代治編『講座日本語の語彙10語誌Ⅱ』明治書院、昭五十八）
（2）原卓志「本邦に於ける漢語の意味用法の変化―固有名詞出自漢語を例として―」（『国文学攷』112号、昭五十六・十二）
（3）原卓志「白波―盗賊異名の成立―」（『広島大学文学部紀要』第45巻、昭六十一・一）
（4）竹浪聡「けいざい（経済）」（佐藤喜代治編『講座日本語の語彙10語誌Ⅱ』注（1））
（5）片野達郎「じゅっかい（述懐）」（佐藤喜代治編『講座日本語の語彙10語誌Ⅱ』注（1））
（6）拙稿「「器量」の続貂」（『国文学攷』第255号、令五・十二）

第四章　形態による意味変化

漢語の意味変化は前述したように意味の類似と近接によって発生するのみならず、形態の関連性によるものも考えられる。形態と言えば、音韻、語法及び用字等からなるものと措定されよう。音韻については先ず同一語として呉音と漢音による意味の懸隔が想到される。彼の呉音と漢音とのよみの違いのため生じる意味の違いを巡って既に先学研究において屢説されていることである。しかしながら、呉音と漢音による意味の異同はあくまで日本語に止まって見られる言語現象に過ぎず、その出自となる中国語と比較してみる場合は、中国語にはそれが認められ難いのである。例えば、「利益」という漢語は、呉音よみが「リヤク」で、「①仏・菩薩などが人々に功徳を授けること、また、その功徳、利生。②益になること、ためになること（用例略以下同）」[1]という意味とされる。対して、漢音よみの「リエキ」が「事業などによって得る、金銭上のもうけ。利潤。ためになること。得になること」[2]というような意味を示すように、両よみによる意味上の相違を呈出している。ところが、本来の中国語の「利益」は「liyi」という一つよみでありながらも日本語の呉音と漢音との両よみが表す意味を共有するのである。「民得利益焉」（後漢書、衛颯傳）のように、漢音よみの意味を示している。一方、「乃人之情、非崇信其法、求福田利益也」（韓愈与孟尚書書）の「利益」は呉音よみとしての意味で用いる。つまり、日本語における呉音と漢音のよみによって生じる意味上の差異は中国語音が日本伝来の時代、経路または文章ジャンルの違いに由来するのではないかと思われる。

これは「日本漢字音の特徴としてよくその層別伝承ということが言われる」[3]と指摘されている通りである。即ち、呉音にしろ漢音にしろ時代と方処とを異にする体系的中国語音が日本に間歇的に移植され、定着し、それを融合したり混淆したりすることなく、日本語史上を綿々として生き続けているのである。それに対して、元来の中国語音は確かに上古音から中古音そして近世音に至るという多層性が認められるものの、それは日本漢字音と異なって、各層が混合せずに共存するわけではなく、前者が後者に取って代わる、いわば、代替、更新という特徴を呈するのである。従って、中国語音は、日本漢字音の如く一つの漢字に呉音、漢音乃至唐音などで示されて、各々異なった音形が伝承されていないのである。その故に、呉音と漢音とのよみによる意味の異同が中国語においては考えられかねることになる。因って、日本語における漢語の意味変化について考究するに際して、就中、中国語と比較しながらそれを検討する場合は呉音と漢音による意味の相違ということを意味変化として認め難く、比較対象にも相応しくないように思われる。

ここで音韻による意味変化と考えられるのは、漢語がその出自となる中国語との音韻上の関連性と、一つの漢語ともう一つの漢語との音韻上の関連性とによって発生する意味の変化である。尚、音韻と語形とが有機的関係を成しているため、相互に絡み、判然としない場合もあると推察される。つまり、意味の変化を発動させるのは双方の作用によるものとしていずれかを判別し難いということである。

語法と言えば、漢語は和語と相違し、主として品詞の変化による意味の変化が考えられる。最も一般的なのは漢語がサ変動詞化する[4]という品詞の変化である。その他には形容動詞化[5]、副詞化[6]等の変化も見られる。尤も、それらの変化は必ずしも意味の変化を及ぼすとは限らない。

更に日本語において独自的に漢字表記を選んで形成された漢語（和製漢語、漢字表記語）は中国語と異なった意味が生じる語も見られる。かかる用字による意味の違いを形態の変化として扱うこととする。

注

（1）『明鏡国語辞典』（大修館書店、平十四）の「利益」の記載による。
（2）同注（1）
（3）沼本克明『日本漢字音の歴史』（東京堂出版、昭六十一）
（4）山田孝雄『国語の中に於ける漢語の研究』（宝文館、昭三十三、訂正版）、佐藤武義「中古の物語に於ける漢語サ変動詞」（『国語学研究』3、昭三十八・六）、森下喜一「〈率る〉と〈具す〉について」（『野州国文学』10、昭四十七・九）、大野透「〈愛〉〈愛す〉に就いて」（『国語学』126集、昭五十六・九）、藤原浩史「漢語サ変動詞〈具す〉の和化過程」（『国語学研究』27、昭六十二・十二）、柚木靖史「平安・鎌倉時代に於ける「念ス」の意味・用法—「オモフ」と比較して—」（『国文学攷』第129号、平三・三）等
（5）同注（4）
（6）同注（4）、前田富祺「漢語副詞の変遷」（『国語語彙史の研究四』和泉書院、昭五十八）、鳴海伸一『日本語における漢語の変容の研究—副詞化を中心として—』（ひつじ書房、平二十七）等

第一節　音韻による意味変化

言葉の意味変化の発生要因については多岐に亘るものであると指摘されている。漢語も無論例外ではない。前述したように、漢語の意味変化の要因には言語内部のものとして形態による意味変化が存すると考えられる。具体的に言えば、「音韻によるもの」と「語法によるもの」とである。「音韻によるもの」として、例えば、漢字表記は一致するが、よみの違いによって意味変化が生じる場合、音韻の類似や近接によって意味変化を発生させる場合などが考えられる。

第一項　「心地」について

――「気分」との意味関係も考察する――

はじめに

第一章の第一節において「気分」についての考察を通して、現代語の「気分」の示す「人間の生理的情緒」という意味は平安鎌倉時代文献にはまだ生成していないことが明らかになった。この項では「気分」の替わりにその意味を表現する「心地」を検討すると同時に、よみによる意味変化の一例として論を進めて行きたい。周知のように、日本語就中漢字で綴った日本文献においては漢字で表記される和語、いわば漢字表記語と真の漢語（純漢語）とが併存し、共用されている。漢語の意味変化について考究するには斯様な言語現象は看過できないことである。さて、「心地」は果たして孰れであろうか。以下、それを解明しながら、その意味について考察していく。加えて、「気分」との意味関係を併せて考えてみたい。

次に『延慶本平家物語』における「心地」を手掛かりとしてその素姓及び意味を明らかにしてみる。

（一）『延慶本平家物語』における漢字表記語「心地」のよみについて

『延慶本平家物語』（以下延慶本と称す）は「所謂和漢混淆文の上乗なるもので」、「そのよく漢語を用ゐて国文に調和せしめたる伎倆はわが文章史上に於ける偉観なり」(1)と評されている。そこには多種多様の漢語が使用されて、表現、描写が微に入り細を穿つことになる。その漢語に関していままで色々な角度から研究が展開されてきた。しかしながら尚考究を要する課題が残っている。その一つとして漢字で表記されている語は果たして漢語であるのか、更にそれを如何に読むのか、同じ表記である真の漢語との関係は如何なるものか、等という点であると考えられる。ここで取り上げる漢字表記語「心地」はその一例であると言ってよい。『延慶本平家物語』から合わせて八十四例（『心地観経』という固有名詞としての「心地」一例を除く）の漢字で記されている「心地」は検出できたが、そのよみを判明できる仮名注記、連続符、声点及び借音表記等のような手がかりがないのである。そこで、八十四例の漢字表記語「心地」は如何に読むか、漢語と認定され得るか、さもなければ、如何なる語なのか、という問題が生じてくる。以下、その漢字表記語「心地」を例示しつつ、意味分析を通じてそのよみについて検討を加える。

1、冷《キ》木陰《ヲ》行時《ハ》九品《ノ》鳥居《ヲ》只今トヲルト思ナシ大ナル木《ノ》本《ニ》立寄テハ上品上生《ノ》心地発心門トモ観念ス（延慶本平家物語第一末、八十五オ⑩）

2、一旦背《シヲ》世二之憂《ヘニク》已闇心地之月《ニ》一百年偕老之契《リ》不異《ナラ》夢露之花《ニ》一（同右第二末、七オ④）
3、日《ヲ》経ツ、思食沈《ミテ》供御《モ》ハカハカシクマヒラス御寝《モ》打解《テ》ナラス常《ハ》御心地ナヤマシトテ夜ノオトヽニ入セオハシマセハ（第二本、百二ウ⑧）
4、祭文読畢《リ》ニケレハイツヨリモ信心肝銘《ニシ》五躰汗《ニ》イヨタチテ権現金剛童子《ノ》御影響忽《ニ》アル心地シテ山風スコク吹ヲロシ木々《ノ》梢モサタカナラス木葉カツチリケルニ（第一末、九十一オ⑤）

とある。右の四例の漢字表記語「心地」はいずれも「ココチ」とも「シムヂ」とも読む可能性があるように思われる。一体和語として「ココチ」と訓よみするのか、それとも漢語として「シムヂ」と音よみするのか。以下、それについて考えてみる。

先ず、古辞書と『延慶本平家物語』以前の古文献においては「心地」は如何に読まれているか、果たして「ココチ」と「シムヂ」と読み分けられているのかを調べてみよう。

・心地《ココチ》（言辞、一六〇③）
・心性《シムシヤウ》（心）地《ヂ》（言辞、二一六②）（易林本節用集）
・託《ツケ》二其根《ネ》を於心‐地一に（久遠寺蔵本朝文粋十一巻、一三八⑩。建治二（一二七六）年加点。「心‐地」に音合符が付いている。平仮名はヲコト点。以下同）
・抜《ヌキイテ》心（上声点）‐地（去声点）ノ之蟄《チツ》（入声点）字ヲ（六地蔵寺本性霊集巻三、三六。正嘉二（一二五八）年加点）
・昨日ニ今日マサル心《コヽ》チシヲヰタリケルニ（光長寺本宝物集一、二一⑦）
・いきてきて身なからあらぬここ地せしかな（梅沢本栄花物語五、三〇③）
・即（ち）附‐子《毒草の名字》を食す然（り）雖（も）更に心‐地《ダニども》損（はれ）不（醍醐寺蔵探要法華験記、一〇五下③。
（ ）は補読を示す。嘉禎二（一二三六）年加点。その点図に依れば「心‐地」に付いている合符は訓合符であることが

分かる）

と示しているように、古辞書や古文献では「心地」という漢字表記語は確実に「ココチ」と「シムヂ」という二通りのよみが存していることが明らかになる。

では、上掲した延慶本の「心地」のよみは一体どれであろうか。先ず例1の「心地」について検討してみよう。仏教的な趣の濃厚な文脈であると思われるが、文中の「上品上生ノ心地」は「九品」と対応し、「鳥居」は「発心門」と対応している。「九品」とは『観無量寿経』に説く九品往生のことを指して、仏教用語と首肯される。その「九品」と対応する「上品上生ノ心地」は九品往生の一つとして極楽の九階級の中の最高級のことを指し、上上品とも言う。そこで、「上品上生ノ心地」も仏教用語と認定して支障がないであろう。仏教用語としての「上生心地」は『最明寺本往生要集』に、

・如来《ノ》勧進《シタマヘルニ》　兜率答《ヲ》此《レ》亦无違《シスルコト》　誰遮《カサセム》　上生心地（巻上、八一オ④）

と見えている。尚、『往生院本選択本願念仏集』にも、

・兜率《ツ》西方ニ教住滅前後者《トハ》謂上生心地（一〇八④）

と記してあるが、文中の「上生心地」のように音合符が付いていることから「心地」は仏教用語のため、呉音よみとして「シムヂ」と音よみされる可能性は極めて高いと考えられる。それは呉音資料の『法華経音訓』からも察知される。

心《シン》（上声点、去声点）ココロ　ムネ　ナカコ　ホシ（423）

地《チ》《タイ》（平声濁点）ツチ　カワ（ハ）ル　ヤスシ（1542）

尚、「心」の韻尾は『新訂韻鏡』に依れば分かるように、

心　内転第三十八開深摂103歯音清四等平侵-jem

「m」となっている。それで、「心地」の呉音よみは「シムヂ」ということになる。『往生院本選択本願念仏集』と同じく延慶本にある仏教用語としての「上生ノ心地」の「心地」は音よみとして「シムヂ」と呉音よみするのが妥当であろう。

続いて、延慶本の例2について考察してみる。実は例2とほぼ同じ文脈「心地」が『久遠寺蔵本朝文粋』にも見られる。それを挙げてみれば、

・一旦《タレ》に背《ソムク》レ世を之憂已《ヘ》に残《ノコシ》二心-地之焰《ホノホ》を一百-年偕-老之契不《リ》三異《ナラ》二夢-路之花一に（巻十四、為中務卿親王家室卌十九日願文、二八一⑭）

とあるように、両者の成立時代から勘案すれば、延慶本の例2は『久遠寺蔵本朝文粋』のそれを出典とするものであるとも言えよう。延慶本の構成として『久遠寺蔵本朝文粋』を典拠とすることについては既に先学の研究(2)に指摘されているところである。ここで注目されたいのは『久遠寺蔵本朝文粋』の「心地」に付いている音合符のことである。『久遠寺蔵本朝文粋』に使用されている音合符に関しては、その先行研究(3)に依れば、上下の漢字のほぼ中央を結ぶ音合符は漢音よみを示すものである。それに対して、上下の漢字の右側を結ぶ音合符は呉音よみを表す印であるとされる。それに則って『久遠寺蔵本朝文粋』の「心地」に付してある音合符は「心」と「地」の真ん中に位置しているため、漢音よみを示すものであることが明らかである。尚、「心地」の漢音よみについて漢音資料と言われる『長承本蒙求』の記述から分かることになる。

郭弈心《シム》酔（114）　長房縮地《チ》（113）

の如く、「シムチ」と読まれるかと判断されるが、呉音よみと異なり、「チ」が濁らないようである。因って、『久遠寺蔵本朝文粋』を一つの典拠として成立した『延慶本平家物語』の例2の「心地」は「シムチ」と漢音よみするのが適当ではないかと推定される。

次に上記の例3の「心地」を考えてみよう。文脈の全体から見れば、例1、2と対蹠的で、和文的な情趣の滲み出ている文意のものであると看取される。例3の「心地ナヤマシ」と同じ表現が『梅沢本栄花物語』にも用いられている。例えば、

・この牛ほとけなにとなく心地なやましけにおほしけれは（巻二十五、九⑳）
・大殿の御ここちなやましうおほしたれはよろつにおそろしき事にて（巻三、二九①）
・十二月になりぬ宮の御心ちなやましうおほされて（巻七、三⑳）

とあるように、『梅沢本栄花物語』の漢字表記である「心地」が「ココチ」と訓よみされていることが分かる。文脈をも考え合わせると、延慶本の例3の漢字表記語「心地」は例1、2と違って、和文の『梅沢本栄花物語』のそれと同様、「ココチ」と訓よみするのが適確であろう。

さて、例4の「心地」は如何であろうか。文脈としては例3と異なって、仏教的なもののように見えるが、それと類似する仏教的な文脈と思われる『梅沢本栄花物語』においても「心地シテ」という表現が見られる。

・かの釈尊〈の御〉入滅のここちして大師入滅我随入滅と憍梵波提かいひて水になりてなかれけん心地する人いとおほかり（巻三、三四⑳）

のように、「心地」と訓よみされている。故に、延慶本の例4の漢字表記である「心地」は『梅沢本栄花物語』のと同じく「ココチ」訓よみする方が妥当ではないかと考えられる。

以上の考察で『延慶本平家物語』における漢字表記語「心地」は音よみ（呉音よみ「シムヂ」、漢音よみ「シムチ」）と訓よみ（「ココチ」）という二種類三通りのよみが共存していることが判明した。では、何故一つの漢字表記語「心地」が音と訓の二通りのよみを共有しているのか。亦、そのよみの違いが両者の意味にどのように関わってくるのか。以下、その二点を巡って検討を加えてみたい。その方法については、先ず『延慶本平家物語』成立以前の

文献における「心地」の使用状況を文章ジャンル別に精査してその意味を記述する。その上で、『延慶本平家物語』の「心地」について意味を分析、記述する。それによって得られた意味を綜合的に比較して両よみ（音よみと訓よみ）の意味上の差異と受容を求めようというような手立てを講じる。その上に立って、「気分」との意味比較を通じて平安鎌倉時代の「人間の生理的情緒」という意味を示す語について迫ってみる。

（二）和文における「心地」のよみと意味

次に和文における漢字表記語「心地」のよみと意味について『梅沢本栄花物語』を中心に検討していきたい。

1、とのの御心地にもさもやとおほしける人まいりたまひて（巻二、二③）

2、公家の御心ちにも又女院の御夢なとにもこの事とかなかるへきさまにおもはせ奉らせ給へ（巻五、五②）

3、かくて前斎宮いとわかき御ここちにこのことといとききにくくおほさるれは（巻十三、一③）

のように、例中の「心地」は「ココチ」と読まれ、その「ココチ」という和語の漢字表記であることが明らかになる。その意味について例3を検討する。「御ここち」を修飾する属性を示す形容詞「わかき」と「御ここち」の思惟等の人の心の働きを表現する述語「おほさる」及びそれに付いている抽象的な場所を表す助詞「に」を併せて考えれば、「御ここち」は（前斎宮の若い）心という意味で用いられている。例1、2も例3と同じ、俗世にいる一般の人間の心を示す意味となる。

4、君たちとしころの御心地むつかしうむすほほれたまへり（巻二、一六⑯）

5、御心ちさはやかにならせ給ぬれはとのの御まへうへなとうれしくおほしめされたり（巻十二、一四⑨）

6、松のこすゑもすこしいろかはりてここちよけなるに（巻十四、八⑫）

とあるように、例中の「心地」は例1、2、3と同様、「ココチ」という和語の漢字表記であることが明らかである。その意味について例4を分析してみる。「心地」は、それと共起する述語「むつかしうむすほほれ（たまへり）」がいつも「気持ちが晴れ晴れしくないとか鬱陶しいとか」いうような意味を示すことから（君たちのとしごろの）御気持ちが（晴れ晴れしくない）ということを表していると解される。つまり、「心地」は何かによって伴ってくる人の心の状態を示すという意味として用いられる。例5、6も同意であろう。

7、五月十一日よりここちまことにあしうおほえければそのつとめてむすめとものいへにいきて心地のあしうおほえはへれはくるしうなるは（巻四、三二⑯）

文中の「心地」は前出例と変わることなく和語である「ココチ」の漢字表記である。その意味はその共起する述語の「あしう」と後続文の「くるしう」の示す意味から気分または体調を表し、つまり、気分がよくない、くるしいと解釈される。言い換えれば、人間の生理的情緒という意味として用いられていると考えられる。

8、ほりかはとの御心地いとゝをもりてたのもしけなきよしを世にもうす（巻二、九⑳）

9、御心ちもやうやうおこたらせ給へはうれしくおほしめさる（巻三十七、三⑲）

10、関白殿の御ここちいとおもし四月六日出家せさせたまふ（巻四、二三⑮）

例8の「心地」は、和語「ココチ」の漢字表記であることが明白であり、それと共起する病気、病状の重くなるという意味の述語「おもる」と、期待できない或いは助けようがないということを示す「たのもしけなき」という後続文とを考え合わせると、（ほりかはとの）ご病気またはご病状（が一層重くなって）という意味を表していると見られる。例9、10も同意として人間の病気或いは病状を表す意味に用いられる。人間の病気（或いは病状）という意味の和語「ココチ」が訓点資料にも使用されているが、例えば、『図書寮本日本書紀』[4]には、

天皇得－病《オホムココチソコナヒタマヒト》還入於宮（巻第二十一、二二㉛）

とある。文中の「天皇得病」に対して「オホムココチソコナヒタマヒ」と訓読されている。「オホム」は天皇に対

する尊敬の意を示す接頭辞「御」であると思われ、例8の「ほりかはとの御心地」の「御」と同じ機能を成している。「オホムココチ」の「ココチ」は「得病」の「病」に対しての訓であると考えても差し支えなかろう。

和語である「ココチ」は漢字表記されていてもその意味が変わっていないようである。次に「心地ス」というサ変動詞化した例を挙げてその意味を検討してみよう。サ変動詞としての「心地ス」は和文には多出している。『梅沢本栄花物語』も例外ではなく、三一七例の「ココチ」の中で「心地ス」が一〇五例を占めている。

11、大納言かくときくにむねふたかるここちして物をたにもくはすなりにけり（巻一、七⑳）

12、夢のうつつに成たる心ちせさせ給ことかきりなし（巻五、二七⑩）

13、其上のいきの松原いきてきて身なからあらぬここ地せしかな（巻五、三〇③）

14、とりとものあしたかにてたてまつるもあしての心地して（巻三十六、二〇⑪）

のように、漢字表記されている「心地ス」は「ココチス」と読まれることが明瞭となる。その意味について例11を分析してみる。当該例の文構造から見れば、大納言が「かくときく」ということによって、「むねふたかるここちして」という後続文を伴ってくるのである。続いて「物をたにもくはすなりにけり」という文にも繋がっていることになる。そこから「ここちして」は大納言が「かくときく」ことで自ずと「胸が塞がるような感じ（気）がして」という意味として用いられていると解される。その他の三例「心地ス」も例11と同様に、何かによって自然に伴ってくるそういうような感じ（気）がするという意味を示しているであろう。

以上の考察を通して、『梅沢本栄花物語』における「心地」は和語である「ここち」の漢字表記語であり、いわば、真の漢語ではなく漢字表記される和語であることが明確となるが、その意義については以下のように記述することが出来よう。

（一）一般の人間の心（知、情、意という三方面の知が中心となる）

（二）何かによって伴ってくる人の心の状態
（三）人間の生理的情緒
（四）人間の病気（または病状）
（五）その人が何かによって自然に生じてくるそういうような感じ（がする）

と五つに大別できる。その分類に基づき、『梅沢本栄花物語』の未分析の例と和文の他の文献における「心地」を検討してみた結果、いずれも右の分類のどれかに合致するものであることが判明した。和文における「心地」の意義分布は次頁の表一の通りである。

尚、品詞という視点から見れば、表一の示すが如く、和文においては「心地ス」というサ変動詞形態が多用されており、和語「ココチ」の一特徴とも言えよう。亦、名詞と言っても、敬意を表す接頭辞「御」を冠する「御心地」という名詞形も多く見える。これは上掲した『梅沢本栄花物語』の例からも明らかになる。

以上の考察によって、和文における漢字表記の「心地」は漢語ではなく単に和語「ココチ」の漢字表記語に過ぎず、たとえ漢字表記されたとしても意味としては仮名表記と変わらないのである。「心地」と「ココチ」とは和語と、それに対応する漢字表記との関係である。亦、和文では、現代語の「気分」の担っている「気分がいい（わるい）」の「人間の生理的情緒」という意味は表一の示すように、「ココチ」によって分担されて、その意味分野の空白が埋め合わされると考えられる。

（三）漢文における「心地」のよみと意味

右の考察を通じて明らかになったように、漢字表記の「心地」は音よみと訓よみという二通りのよみが共存、併用されている。では、漢文における「心地」は如何によむのか、それを解明すべく次のような方法は有効ではない

表一

文章ジャンル	文献＼意義	(一)一般の人間の心	(二)何かによって伴ってくる人の心の状態	(三)人間の生理的情緒	(四)人間の病気（または病状）	(五)その人が何かによって自然に生じてくるそういうような感じ（がする）	用例数
和文	竹取物語	1	2	3	1	6	13/　4
	伊勢物語		1		1	1	3/　1
	土左日記		1	2		1	4/　1
	大和物語	3	2	1		10	16/　7
	宇津保物語	15	72	15	3	93	198/ 70
	落窪物語	4	20	15	4	24	67/ 22
	かげろふ日記	9	28	11	2	53	103/ 28
	平中物語	1				1	2/　1
	枕草子	6	22	5	5	38	76/ 25
	源氏物語	38	125	99	28	388	678/407
	和泉式部日記		3	2		9	14/　8
	紫式部日記	2	7	1		12	22/ 10
	大鏡		5	9	5	16	35/　8
	栄花物語	21	55	64	72	105	317/ 57
	狭衣物語	9	42	32	36	141	260/114
	夜の寝覚	8	48	34	55	140	285/ 79
	更級日記	1	12	2		8	23/　3
合　計		118	445	295	212	1046	2116/845

（注：/の後に付いている数字は当文献のサ変動詞「心地ス」の用例数を示す）

かと考えられる。つまり、先ず漢文における「心地」のよみが判明できる連続符、声点等の付いている文献を手掛かりにして、その文献に現れた「心地」の意味について検討、分類した上で、その分類を踏まえながら、よみ不明の文献における「心地」について意味分類する。更に、その意味分類によって得られたよみの判明した「心地」とよみの不明の「心地」との意味を比較して、両者の意味が合致するならば、よみの分からない「心地」がよみの明確である「心地」と同じよみと判定されるといった方法である。無論、両者の比較に際して、比較対象となる文献の時代のことをも考慮に入れておくべきである。以下、斯様な方法を以て先ず漢文の漢詩文における「心地」のよみと意味について検討を加える。ここで『久遠寺蔵本朝文粋』のよみの分かる四例の「心地」を中心に考察を進める。四例の「心地」はいずれも音合符の付いているものであるが、次にその二例を挙げて考えてみよう。

1、一旦《タレ》に背《ソムク》レ世を之憂《へ》已に残《ノコシ》二心地之焔《ホノホ》を一百年偕老之契《リ》不三異《ナラ》二夢路之花一に（巻十四、為中務卿親王家室卌十九日願文、二八一⑭）

文中の「心地」は「伴侶である妻に死なれて中務卿親王の心に悲しみが募っている」という中務卿親王の心を示す意味として用いられる。尚、前述したように、「心地」の音合符についてはその両漢字のほぼ中央に付いている音合符が漢音よみを表すものであることが分かる。漢音よみの「心地」は以上の考察で明らかになったように、「シムチ」となって濁らないのである。

2、正直心地為《シ》国界と無漏善根を為林聚と若能了《ク》二達《シヌレ》于是理一に華池宝樹在胸中に（巻十二、西方極楽讃、一六三②）

文中の「正直心地」は『華厳経』十地品に説く「正直心」のことを指すかと思われる。その対句形式の文脈から見れば、「正直」に対して、「無漏」、「心地」に対して、「善根」と対応している。「善根」は紛れもなく仏教用語であるため、それに呼応する「心地」も同じく仏教用語と見做されるのが適確であろう。これは「心地」に付いている呉音よみを示す音合符からも察知される。仏教用語としての例2の「心地」は例1の俗世に生きる一般の人の心という意味に対して、仏教という宗教色に染まった心という意味として使用されている。この呉音よみの「心地」は例1の「シムチ」という濁らない漢音よみと異なって、「シムヂ」と読み、濁るのであろう。

右の検討から『久遠寺蔵本朝文粋』の「心地」は和語ではなく漢語であることが分かり、その意義として次のよ

表二

文章ジャンル	文献＼意義	(一)仏教での心（シムヂ）	(二)一般の人間の心（シムチ）	用例数
漢詩文	遍照発揮性霊集	2	1	3
	菅家文草菅家後集		3	3
	扶桑集		2	2
	久遠寺蔵本朝文粋	1	3	4
	本朝文集	2	2	4
合計		5	11	16

うに記述できよう。

（一）仏教での心

（二）一般の人間の心

と二つに分けられる。そのよみは漢音よみ「シムチ」と呉音よみ「シムヂ」との二通りとなっている。前述した『延慶本平家物語』における「心地」に漢音と呉音との二通りのよみが併存しているのは『延慶本平家物語』が『本朝文粋』のような日本漢詩文を受容していることを裏付けることになる。右の意義分類に基づき、残りの漢詩文に見えた「心地」について考究したところ、いずれもその意義分類と一致すると判断される。漢詩文における「心地」意義分布は上の表二の通りとなる。

尚、表二に示すよみについては、『久遠寺蔵本朝文粋』の「心地」の意味とよみとの対応関係に応じて呉音よみと漢音よみに分けることができたのである。それでは、漢詩文の呉音よみと漢音よみを有する「心地」は何処に求められるのか。この点については後文において触れることとする。

漢詩文における「心地」は漢語であり、名詞としてのみ用いられる。一方、和文における和語の漢字表記語「心地（ココチ）」は名詞の他に、サ変動詞と接頭辞「御」の付く語形式も多用されている。両者は位相による品詞上の差異を呈しているようである。更に、両者の意味を比較すれば、そのよみによる意味上の相違点も顕著である。それは何に起因するのであろうか、後程に言及する。

以下、漢文の古記録類における漢字表記の「心地」を巡ってそのよみと意味について検討する。古記録類と言えば、漢字で綴られる文章であるが、漢詩文のように加点されたりする文献は皆無に近いと言っても過言ではない。従って、古記録自体から「心地」のよみを究明することは至難の業であるとも言えよう。そこで、ここでは次のような方法を取って「心地」のよみについて推定するのが有効ではないかと考えられる。つまり、先ず古記録類の「心地」の意味を分析、分類する。その上で、その意味を、右の考察で判明した二通りのよみを持つ漢語と漢字表記語の「心地（ココチ）」の意味と比べる。その意味の重なりようによって古記録類の「心地」のよみの解明に迫るという手法である。

次に先ず公家日記における「心地」の意味について『御堂関白記』を中心に検討を進めることとする。

1、十八日、丙辰、賭弓、依咳病不参、三度云〻、（略）二十日、戊午、参大内、着左丈（杖）座、有召参上、召硯等、有叙位事、随仰書了、退下奏宣命草、（略）未事了前退出、依不心地宜也（御堂関白記上、二〇七⑦）

例中の「不心地宜」は十八日の「咳病」によるものと考えられる。つまり、二日前の「咳病」が二十日になっても全癒していないため、その上、当日の雑多な政務に追われて、道長がとうとう気分が悪くなったと解される。それで、政務が未了するうちに早々と退出したのである。「心地」は（道長の）生理的情緒（不宜）という意味に用いられる。

2、依上（穆子）重悩給、渡給、其後渡法興院、上達部十四人被来、入夜参内、是無便事也、然而為違方忌、依日来候也、三日、乙巳、天氣猶陰、為職（菅原）従一条通消息、老者（穆子）御心地従昨日重者（同右下、六七⑤）

「心地」は（二日の）重悩と述語「重」とを考え合わせると、道長の義母である穆子の病気或いは病状という意味を示している。つまり、穆子のご病気が昨日より重くなったということである。「心地」と共起する述語「重」とその付いている接頭辞「御」から右に列挙した『梅沢本栄花物語』の例8の「ほりかはとの御心地いととをもりて」が想起される。両方は構文上類似しているし、意味も相似ている。

3、奏了退出、次立文台於庭中、須召人《文》後早立、而舞間不立之、此間東泉渡殿、三后《彰子・妍子・威子》有御対面《マヽ》、見者感悦多端、姫宮《禎子御親王》同御、母《倫子》〻・女《嬉子》三位同参候、我心地不覚有生《マヽ》者也、難尽言語、未曽有事也（同右、一八二⑤）

例3は例1、2にある「咳病」や「重悩」等のような意味判断用の手立てが見えない文脈である。寧ろ、道長が政治的に一成功者としての心境を吐露するというような文脈かと思われる。即ち、道長は今日の自分の地位と皇后または皇太后になった娘たちの「三后有御対面」という我が一族の栄華を極める場面に臨んでいる自分が今生きているとは覚えないほどの夢うつつのような心の状態を表すことである。文中の「心地」は道長の夢見の如き心情を示す意味として用いられている。かかる意味の「心地」は「覚」という人間の心の活動を表現する述語と共起しやすいであろう。

右の検討で『御堂関白記』の「心地」の意義について次のように記述できよう。

（一）人間の生理的情緒
（二）人間の病気（または病状）
（三）何かによって伴ってくる人の心の状態

と三つに分けられる。品詞としては名詞用法のみであるが、敬意を表す接頭辞「御」を冠する「御心地」という語形式が登場することは、前述した和文と共通している。一方、漢詩文とは異なる。右の分類に従って、その他の古記録類における「心地」を検討したところ、多くはその分類に当てはまると判断されるが、下記のような「仏教での心」という意味として用いる「心地」は三例のみ検出できた。

・東ニハ瑠璃浄刹トシテ造営東大寺総国分寺、西ニハ九重曼荼羅八葉蓮中トシテ建立花宮、彼心地安置我霊影、今者成大峰八大金剛童子（鎌倉遺文一、一七四上⑩）

・立伽藍於孤□□雲示丹棘於心地之露（同右三、三七〇上⑫）

・大悲之誓願、誇讃同帰者、法性之心地、由此理故（同右九、三〇七上⑥）

尚、「仏教での心」としての「心地」については次項の中国文献における「心地」の考察において触れることとする。

古記録類における「心地」の意義分布は次の表三の通りである。

以上の考察によって得られた古記録類における漢字表記の「心地」の意義は、『鎌倉遺文』に三例しか見られな

表三

文章ジャンル	意義／文献	(一)人間の生理的情緒	(二)人間の病気（または病状）	(三)何かによって伴ってくる人の心の状態	用例数
漢文の古記録類	小右記	18	28		46
	御堂関白記	3	12	1	16
	権記	2	3		5
	左経記	5	9		14
	春記	3	2		5
	水経記	22	44		66
	中右記	2	9		11
	帥記	1	1		2
	後二條師通記		1		1
	永昌記		1		1
	玉葉	9	26		35
	台記	1	2		3
	長秋記	1	5		6
	兵範記		7		7
	明月記	9	28		37
	山槐記	1	3		4
	勘仲記	1	1		2
	平安遺文		1	1	2
	鎌倉遺文	7	9	13	29
	大日本国法華験記		1		1
	後拾遺往生傳	1			1
	円城寺傳記			1	1
	天台座主記		1		1
合計		86	194	16	296

かった「仏教としての心」を表す「心地」を除くと、上述した漢詩文における音よみの漢語としての「心地」とは異なり、和文の訓よみである「ここち（心地）」の意義と一致していると看取される。即ち、古記録類の「心地」は和文と同様に、単に「ココチ」という和語の漢字表記に過ぎず、実は「ココチ」たる和語として使用されているのである。従って、古記録類の「心地」は殆ど漢語ではなく、漢字表記語として「ココチ」と訓よみされる可能性が充分あり得る。それは古記録類において和文と同じく「御心地」という語形式も見られるが漢詩文にはその所在が確認できないという用法上の異同からも窺える。対して三例の「仏教での心」という意味としての「心地」は前述した漢詩文のそれと同様、呉音よみとして「シムヂ」と音よみされる可能性が極めて高いようである。

古記録類の「心地（ココチ）」の意義は和文のそれと比較すれば、確かに重なっているものの、和文の五つの意義全部ではなくその中の（二）、（三）、（四）という三つに止まり、残りの（一）と（五）の意義については古記録類から検出できなかった。殊に和文において多用される意義（五）が古記録類には存在していないことは同じ和語「心地（ココチ）」の使用と雖も、和文と古記録類という文章ジャンルによる対照的な差異を見せていると考えられる。更に両方の重なった意義に目を転じて見よう。古記録類では（一）「人間の生理的情緒」と（二）「人間の病気（または病状）」という両意義が中心的に用いられている。それに対して、和文では（二）「何かによって伴ってくる人の心の状態」と（五）「その人が何かによって自然に生じてくるそういうような感じ（がする）」という二つの意義が中心的な存在となっている。両者の意味の開きは他でもなく文章ジャンルに起因することであろう。

以上の考察で明らかになったように、平安鎌倉時代の漢文（漢詩文を除く）では漢字表記語「心地（ココチ）」が「人間の生理的情緒」という意味を表している。従って、平安鎌倉時代の漢文における「気分」の「人間の生理的情緒」という内面的意味を表さないことによって生じてくるその意味分野の空白が「心地（ココチ）」によって補足されていると言えよう。両者は相互補完しながら共存する関係である。それは平安鎌倉時代の漢文での「気分」

の「人間の生理的情緒」という内面的意味がまだ成立していないことを物語ることにもなる。

日本文献における「心地」の出自は何処に求められるのか。殊に漢文の音よみの「心地」はその典拠が何処に在るのか。以下、それを解明するために中国文献における「心地」について検討する。次項において中国語の「心地」を取り上げてその意味用法について考察を進める。

（四）中国文献における「心地」の意味

中国文献における「心地」について文章ジャンル別に調べたところ、散文、韻文及び仏書にそれぞれ現れていることが明らかになる。但し、その用例数を微視的に観察すれば、「心地」は仏書に偏って圧倒的に多用される。つまり、今回管見に及んだ中国文献における「心地」は仏教用語か、または仏教偏用語ではないかと推察される。これは漢訳仏典の中で重要な位置を占める『大乗本生心地観経』（心地観経とも言う）の信奉、崇拝及び浸透とも関わることであろう。この点については尚検討する余地がある。次に先ず仏書における「心地」の意味について考えてみよう。

1、心地者仏言三界之中心為主衆生之心猶如大地五穀五果従大地生如是心法生世出世善悪五趣三乗以是因縁三界唯心故名心地（釈氏要覧、九一中③）

三界の森羅万象が唯心の働きに因るもの、それは大地が五穀、五果を生ずるが如く、三界が心を根本とするのである。故に心を心地と称するという文意となる。文中の「心地」は仏教において仏教的特別な意味として用いられていると考えられる。かかる仏教での心という意味を示す「心地」は仏教自体の変容、宗派等によって意味内容において変化を露呈するが、これはあくまで仏教内部に止まるものである。いわば、「仏教で」という意味特徴は変わっていないことであろう。例えば、天台宗の『天台戒疏』においては「三業之中意業為主身口居次拠勝為心地」

とあるように、「心地」は三業中の意業のことを指して、上記の例1と違った意味を表している。しかしながら、両方とも「仏教で」用いられる「心」という意味特徴が変化を見せていないように思える。因って、仏書における「心地」は上位的に意味を記述すれば、「仏教での心」と一つに帰納でき、仏教の「心田」という表現と類義的になる。上掲した『鎌倉遺文』に見えた三例の「彼心地安置我霊影」等の「心地」の意味はほかでもなく仏教において三界の唯心たる「心」を万物の生ずる「大地」として喩えて言う「心地」と重なるのである。

次に韻文と散文の「心地」の意味について考察する。

2、耳根得聴琴初暢、心地忘機酒半酣（白氏文集巻五十七、琴酒）

「心地」はその共起する述語「忘」を併せて考えれば、人間の思、考、感覚などの働きをする心という意味として用いると解される。

3、幹告以必有真実心地、刻苦工夫而後可、基悚惕受命、於是随事誘掖、得聞淵源之懿（宋史、列傳一九七、儒林巻八何基傳、一二九七九）

父の伯慧が自分の上官である黄幹に息子の何基の師となってほしいと懇願するという場面である。文中の「心地」は何基の具わっている誠実なる心を示している。例1の仏教での心に対して、例2、3の「心地」は俗世に生きる一般の人間の心という意味として用いると考えられる。右の考察を通じて中国文献における「心地」の意義は次のように記述できよう。

(一) 仏教での心

(二) 一般の人間の心

と二つに分かつことが出来る。亦、中国文献の「心地」は上記の用例の示すように、名詞用法のみであるばかりか、漢語表記語としての「心地」のような「御心地」という語形式も確認できなかった。この点については日本文献の漢詩文と一致する様相を呈出している。右の分類を踏まえて他の中国文献の「心地」の意味を検討した結果、いずれも違った意味を検出できなかったのである。その意義分布は次の表四の通りである。

表四の示すように、日本文献の漢詩文における「心地」は、その意義が中国語のそれと一致するのみならず、そのよみが音よみであることと、名詞用法のみであるという品詞上の共通点とを考え合わせると、中国語出自の漢語であり、それを受容したものであると判定される。尚、その漢詩文に呉音よみと漢音よみという二通りのよみが併存するのはいうまでもなく中国文献の内典と外典から各々摂取したためであろうと考えられる。『延慶本平家物語』に見られた「心地」の呉漢両よみの共存もその受容の継承であり、表出でもあろう。今回検索した限りの日本文献では、最も早く受容した文献が弘法大師空海著『遍照発揮性霊集』であると推測される。『遍照発揮性霊集』には

表四

用例数	(二)一般の人間の心	(一)仏教での心	意義＼文献	文章ジャンル
1		1	杜詩	韻文、散文
6	6		白氏文集	
1	1		李頎詩	
1	1		張継詩	
1	1		韓偓詩（玉山樵人集）	
1	1		斉己詩（白蓮集）	
1	1		司空図詩（司空表聖詩集）	
3	2	1	何氏歴代詩話	
1	1		蘇軾傳	
10	10		朱子語類口語語彙	
1	1		宋史、列傳儒林巻八何基傳	
170		170	大乗本生心地観経及び他39経典	仏書
197	25	172	合計	

「仏教での心」と「一般の人間の心」を示す「心地」が共存している。それを挙げて見れば、

盧舎那如来千百億国《ノ》釈迦尊《ト》与《ト》四十心地《ノ》法門眷属（六地蔵寺本性霊集巻八、四三三）

抜《ヌキイテ》心（上声点）－地《ノ》（去声点）之蟄《チツ》（入声点）字折《ヲヲリテ》《サタメテ》六（入声点）－書《ノ》（平声点）之萃（去声点）－楚《ソヲ》一（上声点）（同右巻三、三六）

とあるように、中国文献の内典と外典に長けている空海は「仏教での心」と「一般の人間の心」を示す「心地」をそれぞれ踏襲したのは寧ろ自然な成り行きであろう。「心地」という漢語が初出例として何時、如何なる日本文献に登場したのかという問題については再検討する余地が残り、後考を俟つ。

日本文献の漢詩文における「心地」は中国語由来の漢語であり、漢字表記語「心地（ココチ）」のよみの違いとそのよみによる意味の異同は漢語と和語との位相差に起因するものであろう。両者の漢字表記は同じ「心地」であるものの、一つは和語「ココチ」の漢字表記に対して、一つは中国語から借用した漢語「心地」である。日本文献における「心地」は表記同様であるが、よみによって意味の相違を見せる一例となると言ってよかろう。

さて、何故和語の「ココチ」に「心地」という漢字表記が充てられて用いられてきたのか。それは恐らく「ココチ」が中国語の「心地」の示す「一般の人間の心」という意味も具わっているため、その漢字表記として「心地」を充てたのではないかと推測される。両者は漢字表記としては同じとはいえ、漢語と和語という素姓の異同による意味の違いは著しく存している。亦、漢詩文を除く古記録類における「心地」はその意味を中国語のそれと比べれば、双方の相違が際立っているため、漢詩文と異なって、和文と同様に和語「ココチ」の漢字表記であると見做されて妥当であろう。つまり、全文が漢字で書き記された漢文（古記録類等）に混在する和語の一つである。(5) そういう漢字で表記される和語の存在については日本文献の和文、特に漢文の語彙研究等において決して等閑視できないことであろう。

（五）『延慶本平家物語』の「心地」

上述したように、和漢混淆文においても「気分」は具象的な意味を示すのみで、「人間の生理的情緒」という意味を表さない。そこで、和漢混淆文では「気分」の替わりに如何なる語がその意味を分担しているのか。以下、『延慶本平家物語』を中心に、「心地」及びその受容の有りようについて検討を加えた上で、和漢混淆文の「人間の生理的情緒」という意味を示す表現についても考えることとする。

それに先立ち、先ず品詞という視座に立って、『延慶本平家物語』の「心地」を見よう。接頭辞「御」を冠する「御心地」の語形式と「心地ス」というサ変動詞形態が多く存している。就中サ変動詞化の「心地ス」が多用される。この点については和文と一致するが、中国語及び日本文献の漢詩文とは対蹠的である。

（ア）名詞（「御心地」の四例も含む）十九例

（イ）サ変動詞（（「心地」＋助詞類＋ス）の十九例も含む）六十五例

となっている。次にその「心地」の意味を考察する。

1、冷《キ》木陰《ヲ》行時《ハ》九品《ノ》鳥居《ヲ》只今トヲルト思ナシ大ナル木《ノ》本《ニ》立寄テハ上品上生《ノ》心地発心門トモ観念ス（延慶本平家物語第一末、八十五オ⑩）

文中の「心地」は既に前出の問題提起の例1として検討したところ、呉音よみの仏教用語であることが明らかになった。熊野権現を信奉する康頼が油黄嶋に身を置いてそれに参詣できなく、心の中で信仰の念が募るという場面である。その故に、「涼しい木陰を通る時は九品の鳥居を通ると思いなし、大きい木の本に立ち寄れば、上品上生心地の発心門に立ち寄ると観念する」と解される。「心地」は極楽の九階級の最高位の心という意味として用いられている。いわば、仏教の中で使われる心を表す仏教用語である。上述した本来の中国語及び日本文献の漢詩文の

「仏教での心」という意味と重なって、そのよみを併せて勘案すれば、例1の「心地」は中国語出自の漢語であると判断される。

2、一旦背世《シヲ》之憂已闇《ヘニク》心地之月《ニ》百年偕老之契《リ》不異《ナラ》夢露之花《ニ》（同右第二末、七オ④）

「心地」のよみについては上記の問題点として挙げた例2を検討したところ漢音よみであることが判明した。夫に死なれた文学という尼の悲痛を訴える場面である。夫の死去によって生じてくる悲しみのあまりに、月に喩えられる心が黒闇に包まれる。「心地」は俗世間の人の心を表す意味に用いられる。そのよみをも考え合わせると、例2の「心地」は例1と同様、中国語出自の漢語であると看取される。

3、今ハ我身《ノ》御上ト思食《ス》日数《ノ》経《ル》ママニハ都ノ遠サカリ行モ心細《ク》況一宮《ノ》御事思食出《ルニ》付テハイトト消入御心地ナリ（同右第一末、百七ウ④）

新院が讃岐国に移された時の心境について描く場面である。例中の「心地」は新院が一宮のことを思い出される時の「消入る」という心の状態を示すと思われる。敬意を表す接頭辞「御」の付く「御心地」という語形式をも考え合わせると、例3の「心地」は例1、2とは異なって、和文の「ココチ」の「何かによって伴ってくる人の心の状態」という意味と一致しており、和語「ココチ」の漢字表記に過ぎず、漢語ではないと推定される。

4、日経《ヲ》ツヽ思食沈《ミテ》供御《モ》ハカハカシクマヒラス御寝《モ》打解《テ》ナラス常《ハ》御心地ナヤマシトテ夜ノオトヽニ入セオハシマセハ（同右第二本、百二ウ⑧）

「御心地」の上接文「気が鬱いでよく寝られない」ことと、共起する「ナヤマシ」という「気分が悪い」意味を示す述語とを併せて考えれば、例4の「御心地」は法皇の生理的情緒を示し、いわば、法皇は御気分が悪いと解され、和語の「ココチ」の漢字表記として用いられている。

5、入道大相国例ナラヌ心地出来タルヨシ有ケレハケシカラシト云人有《モ》ケリ又年来《モ》片時《モ》不例《ノ》事オワセサリツル人

ノカヤウニオワスレハ（略）廿八日《ニハ》太政入道重病《ヲ》受給《ヘリトテ》（同右第三本、三十七オ⑥）

太政入道が病を罹患した場面である。「心地」の後続文「片時《モ》不例《ノ》事」と「重病《ヲ》受給《ヘリ》」から推して「心地」は入道相国がいつもと違った病気（または病状）を示すと解され、和文の「ココチ」の「人間の病気（または病状）」という意味と一致すると考えられる。例5の「心地」は例4と同じく「ココチ」という和語の漢字表記であると看取される。

6、祭文読畢《リ》ニケレハイツヨリモ信心肝《ニ》銘《シ》五躰《ニ》汗イヨタチテ権現金剛童子《ノ》御影響忽《ニ》アル心地シテ山風スコク吹ヲロシ木々《ノ》梢モサタカナラス木葉カツチリケルニ（同右第一末、九十一オ⑤）

康頼が熊野権現への祭文を読了した後の場面となる。文脈に即してみれば、祭文を読み終わったら、いつもより信心が肝に銘じ、五躰にも汗をかいてくる。更に山風が強く吹き下ろし、木々の梢が揺れ始め、木葉がぱらぱら落ちるようになる。そういう忽然に現れた自然現象の変化に、康頼は権現金剛童子の霊験が忽ち現れているような幻覚がすると解釈される。例6の「心地」は和文の「ココチス」の「その人が何かによって自然に生じてくるそういうような感じがする」という意味と同じく、和語「ココチ」の漢字表記として用いられる。

以上の考察を通じて『延慶本平家物語』における「心地」の意義を次のように記述できよう。

（一）仏教での心
（二）一般の人間の心
（三）何かによって伴ってくる人の心の状態
（四）人間の生理的情緒
（五）人間の病気（または病状）
（六）その人が何かによって自然に生じてくるそういうような感じ（がする）

表五

用例数	意　義	よみ
1	（一）仏教での心	シムヂ
1	（二）一般の人間の心	シムチ
11	（三）何かによって伴ってくる人の心の状態	ココチ
3	（四）人間の生理的情緒	
3	（五）人間の病気（または病状）	
65	（六）その人が何かによって自然に生じてくるそういうような感じ（がする）	
84	合　計	

と六つに大別できる。それに基づき、『延慶本平家物語』の残りの漢字表記「心地」について検討したところ、上の表五の示すように、いずれも右の意義分類に合致すると認定される。

表五に依れば『延慶本平家物語』における「心地」は、一つが中国語出自の漢語で音よみとなり、一つが和語で「ココチ」と訓よみするという異なった素姓を持つ漢字表記語であることが明らかになる。両者はその位相差によってよみも意味も相違っている。

では、何故『延慶本平家物語』においては一つの漢字表記語「心地」が和語と漢語との両面性を見せているのか。それについて次の二点に起因するのではないかと考えられる。一つは和語「ココチ」と漢語「心地」との対応関係が定着に至ったためではないか。いわば、「ココチ」が「心地」の定訓となることによって、「心地」という漢語と区別せずに用いられ得るからであろう。そのよみ分けは意味に依るように思える。もう一つは和漢混淆文を構成する語彙の多様性に一因を求めることができる。和漢混淆文の語彙とは上述したように、和文語、漢文語（漢文訓読語も含めて）、記録語及び当時の俗語からなると言われる。[6]この多様な語彙の混淆によって和漢混淆文という文体が形成される。漢字表記語「心地」が漢語と和語という二つの性格を有することは和漢混淆文たる『延慶本平家物語』を成す語彙の多様性の現出であろう。但し、ここで注目を要することがある。従来いわれる和漢混淆文における和文語と漢文語はそれぞれ語形が異なるものである。しかしながら、以上考察してきた『延慶本平家物語』の「心地」のように、一つの同語形の語に和語と漢語という二つの顔があるということは先行研究の説いている和漢混淆文における語形の異なる和語、漢語と相違点を呈出している。和漢混淆文の語彙研究を行うに際しては「心地」のような一語に両性格を共有する語にも留意すべきかと思われる。

右の考察を通じて『延慶本平家物語』における「心地」は前時代の文献のそれを受容した上で形成されたものであると明らかになった。その受容関係を図示すれば、次の通りである。

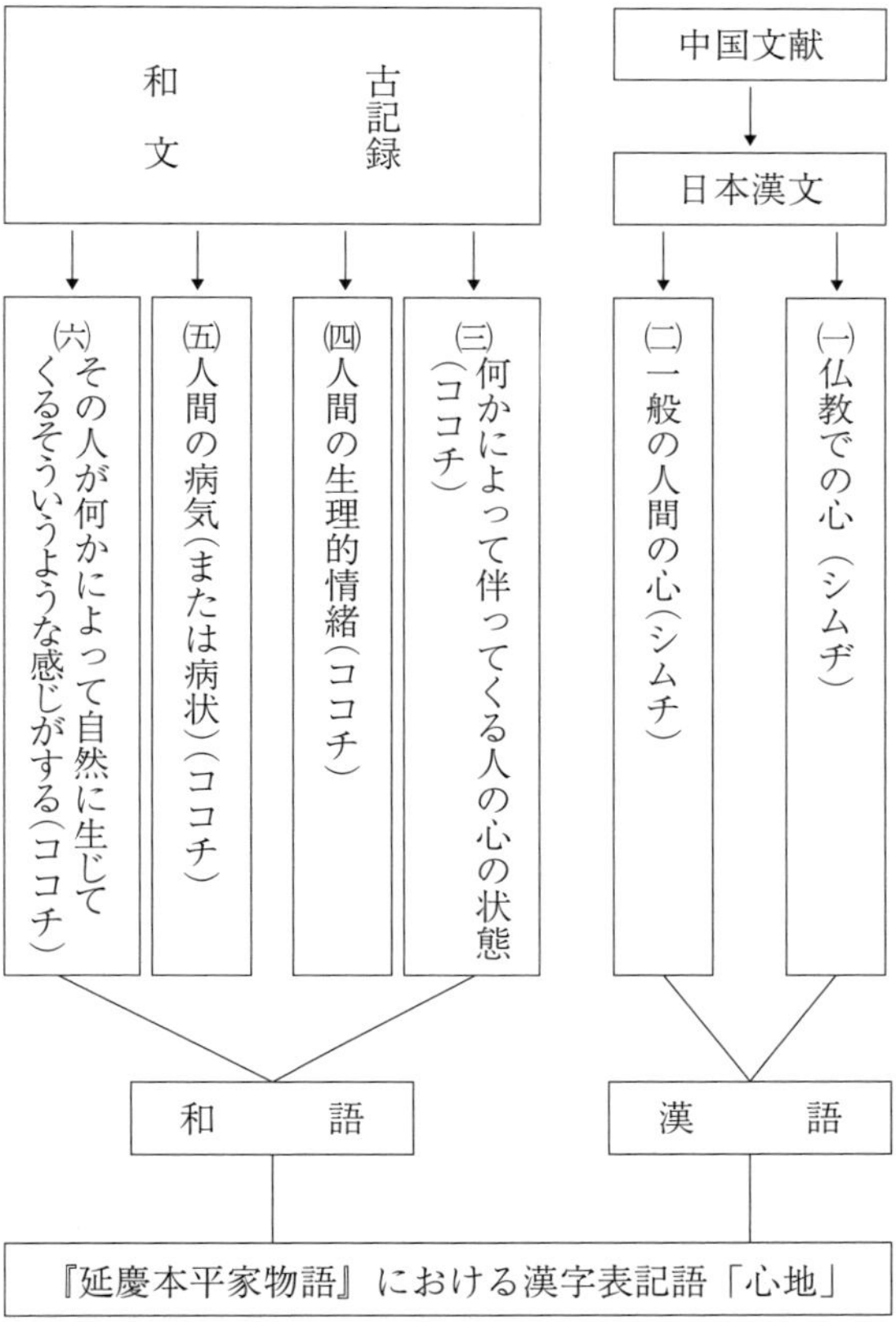

一つの漢字表記語に和語と漢語との二つの素姓があり、亦その位相差によるよみも意味も異なるという事象は『延慶本平家物語』はもとより、他の和漢混淆文の語彙を研究する上でも考慮に入れるべきことではないかと思われる。斯様な個々の漢語表記語の性格を解明することを通じて和漢混淆文の語彙構成について研究するのに資すると同時に有意義なこととなろう。

『延慶本平家物語』の「心地」の意義分類に従ってその他の和漢混淆文における「心地」を検討してみた結果、いずれもその意義分類と重なっていることが分かる。その意義分布は下記の表六のようになる。

表六の示すように、和漢混淆文においても和文、漢文と同様に、「人間の生理的情緒」という意味が和語「心地

表六

文章ジャンル	意義／文献	㈠何かによって伴ってくる人の心の状態	㈡人間の生理的情緒	㈢人間の病気（または病状）	用例数
和漢混淆文	今昔物語集	61	32	5	98
	古本説話集	12	6	4	22
	法華百座聞書抄	1			1
	三宝絵詞		1		1
	打聞集		1		1
	保元物語	1		1	2
	平治物語	4			4
	十訓抄	11			11
	宝物集	4	1		5
	発心集	9	7	2	18
	沙石集	28	8	4	40
	明恵上人夢記	13			13
	却廃忘記	2			2
	源平盛衰記	41	3	9	53
	閑居友	2		1	3
	東関紀行	7			7
合計		196	59	26	281

（ココチ）」によって分担されていることが明らかである。つまり、和漢混淆文における「気分」が現代語のように「人間の生理的情緒」という意味を担っていないことによって生じてくるその意味分野の空白を「心地（ココチ）」が補足することになる。

第一章とこの章との考察によって平安鎌倉時代における「気分」と「心地（ココチ）」とが相補う意味関係にあることが明白となった。「気分」は平安鎌倉時代においては現代語の「人間の生理的情緒」という意味の発生しなかったということが「心地（ココチ）」の存在に深く関わっていると考えられる。

注

（1）佐藤喜代治「平家物語と記録体の文章」（『日本文章史の研究』明治書院、昭四十一）、佐藤武義「『平家物語』における漢語研究」（『宮城教育大学紀要』5、昭四十六・三）、櫻井光昭「『平家物語』に見る和漢混淆現象」（『国語語彙史の研究五』和泉書院、昭五十九）等

（2）水原一『延慶本平家物語論考』（加藤中道館、昭五十四）

（3）柏谷嘉弘「身延本本朝文粋の漢語」（『松村明教授古稀記念国語研究論集』明治書院、昭六十一）、山本秀人「音合符における漢音、呉音の区別について―久遠寺蔵本朝文粋を中心に―」（国語学会中国四国支部第三十一回大会研究発表、昭六十一・十一）

（4）石塚晴通『図書寮本日本書紀』（美季出版社、昭五十五）

（5）峰岸明『平安時代古記録の国語学的研究』（東京大学出版会、昭六十一）の第二章「古記録の語彙」において「心地」は「ココチ」と読むとの指摘もある。

（6）築島裕「和漢混淆文」の項（『国語学大辞典』東京堂出版、昭五十五）等

第二項　「神心」について

はじめに

本項では、前項の「心地」に続いて「神心」を「音韻によるもの」の一例として取り上げて検討を加えてみるとする。尚、「神心」を構成する「神」と「心」とが各々の示す意味概念については既に前章にて触れているので、ここで再度言及しないことにする。

それでは、先ず次の「神心」の例を挙げてみよう。この『北野天神縁起』に見える「神心」は、菅家伝に依れば、延喜三（九〇三）年正月に菅原道真が病床に付いて「臨レ薨、今号二後集一、封緘送二中納言紀長谷雄一」とあるが如く、病臥する場面において使用されている。

1、後集と名付て、延喜三年正月の比ほひ、漸神心例にたがひ給しに、箱のうちに納めて中納言長谷雄卿のもとへ遣しき（北野天神縁起、一五三⑤）

しかし、同じ場面で国宝と指定された承久本及び弘安本『北野天神縁起絵巻』には詞書として「神心」ではなくて「心神」が用いられている。

2、後集と名て延喜三年のころをひ漸心神例にたかひ給しに箱の内に納めて中納言長谷雄卿の許へ送りつかはしき（承久本北野天神縁起絵巻、四②）

3、後集と名けて延喜三年正月の比、心神漸く例にそむき給ふ間、箱の中に納、紀中納言長谷雄卿のもとへ送つかはしき（弘安本北野天神縁起絵巻、第十一段③）

とあるように、ここでは「心神」と「神心」との間には意味の違いは全く認められずに、同意語として用いられていることが明らかになる。意味上の相通じることがあって始めて右の例のような混用現象が生じうるのである。しかしながら、「神心」と「心神」は漢字表記上では字順が明らかに異なるものである。何故両者の相互替用が出来たのか(1)。それについて、以下考察を施すこととする。「神心」と「心神」の他に、語形上の相異なる漢語が同じ意味として互いに替用する例も見られる。

4、不可変其志《トテ》　身心潔斎《シテ》　誠《ヲ》致（高山寺蔵栂尾明恵上人物語、三三三③）

同じ明恵上人の伝記の一つであって、右の『栂尾明恵上人物語』と近い関係にあるものと認められる『栂尾明恵上人傳』では同じ個所として「身心」ではなく、「心神」が使用されている。

5、志不可変《トテ》　心神潔斎《シテ》　誠《ヲ》至《テ》（栂尾明恵上人傳上、二九二④）

とあるように、同人物、同事態であるが、写本によって「身心」と「心神」が同じ意味として併用されていることが分かる。

さて、例1「神心」は如何なる意味で用いられているのかについて考えてみよう。菅家伝などによると、延喜三年正月頃に菅原道真が重病を患って、病床に付いたとある。例1の「神心例にたがひ給ひしに」は正に道真の病臥した状態を描いたものであろうと推測される。「神心」はその述語「例にたがひ」の意味を合わせて考えると生理的心を含めての体の状態という意味として用いられている。とすれば、「神心」の替わりに用いた例2「心神」も同じ意味を表すことになるものであろう(2)。

さて、「神心」の出自となる中国語では果たして斯様な意味を確認できようか、さもなければ、どのような意味として用いられているのか、などの点について中国文献における「神心」を列挙しつつ考察を加えてみたい。尚、「神心」は、漢語か否かについては管見に触れた古辞書に掲載されていないため確定するのには至らないが、九条本

『文選古訓集』と寛永版『吾妻鏡』には音符号と濁音符付きの音よみであると思われる例が見られることから、漢語であると判断される。

・神心怖覆ス（九条本文選古訓集、五三二上③。ヲコト点略）

・両眼忽《ガンタチマチクシテ》暗。而神心（去濁声点）惘然《バウゼンタリ》（寛永版吾妻鏡巻四、十七ウ⑨）

又、「神心」の「心」の濁音よみは、次の呉音と漢音の資料から「心」字が呉音も漢音も清音であることが分かるように、所謂本濁ではなく、上字「神」の鼻韻尾によって連濁したものであると思われる。

神（去濁声点）シンカミ　タマシイ「ヒ」アヤシ（法華経音訓、1644）

心（上、去声点）シンココロ　ムネ　ホシ（同右、423）

銭神《シン》（平声点）（長承本蒙求、32）

心《シム》（平声点）酔（同右、114）

「心」字の清音は『新訂韻鏡』からも察知される。

心　息林　内転第三十八開深摂103歯音清四等平声侵韻-iəm

次項では中国文献における「神心」の意味用法について検討してみる。

（一）中国文献における「神心」

中国文献を文章ジャンル別に調べたところ、「神心」は各文章ジャンルにその使用が確認できた。以下、各文章ジャンルに見えた用例を挙げつつ「神心」の意味用法について考究してみたい。

1、神心忽恍、経緯万方、事繋諸道、徳仁義礼、乃撰問神（四部叢刊、揚子法言十九巻、十四法言序、三四上①）

「神心」は後接文の「問神」から推して神の心という意味を示していると考えられるが、「神」とは、文中の「諸道徳仁義礼」という理想的人物の条件から「聖人」のことを言っていると思われる。そうすると、「神心」は聖人の心となる。つまり、聖人は神秘な形容し難き心の働きで天地四方を治めるが、その事業は道徳、仁義に関係する。ここの処が道家説などと異なる点で、そこで「問神」篇を作ると解される。

2、開日月之明、運独断之慮、援立皇統、奉承大宗、聖策定於神心、休列垂於不朽、本非臣等所能万一（後漢書、鄧寇傳六、一七⑤）

「神心」は文中の「皇統、大宗、聖策」という帝王に使われる表現と述語「定」の意味を考え合わせると、天子の心という意味を表すと推測される。即ち、聖策は陛下の御心によって定められるとされる。

3、貽宴好会、不常厥数、神心所受、不言而喩（文選、応吉甫、晋、武帝華林園集詩）

・（呂向注）言天子遺其宴会者、不常其数、但聖心所与者、不言而自暁（四庫全書本六臣注文選巻二十、六五③）

例中の「貽宴」は天子が宴を賜わることを言う。「神心」は呂向注によると「聖心」、つまり、天子の心を示す。天子は宴を賜わってよき会合を成し、その礼を厚くする。そこに深き御心が表れているから、ことさらに（陛下が）何もいわなくとも（臣下は）自ずとその厚い御心が分かると解される。

右に引いた三例の「神心」の「心」はいずれも思惟、判断、感情などの抽象的意味で用いられていると見られる。一方、「神」は前述した『荀子』王制篇等において説かれている宗教的ではなく理想的な君主という意味を示している。次の例を見よう。

4、志態横出、不可勝記、意離未絶、神心怖覆、礼不遑訖、辞不及究（文選、宋玉、神女賦）

神女との別れの場面である。「神心」は神女と別れる、私の心を示すと考えられる。つまり、心は離れようとしてまだ絶えず、いつ絶えることかと、私は何度もびくびくすると解釈される。「神心」の「神」は右の三例と違って、「聖人、天子」というのではなく、上述したように、「心」とほぼ同じ意味で用いられている。「故心者形之主也、神者心之宝也」（淮南子、精神訓）の示すように、「神」と「心」によって構成した「神心」は単独の「心」より「心」の意味を強く表すことになると考えられる。例4の「神心」の使用によって神女と別れるときの「私」の心情が一層強烈に表出されてくるのであろう。

5、又難云、羊舌母聴聞児啼、而審其喪家、復請問何由知之、為神心独悟、闇語而当耶（嵆康集五、声無哀楽論、二一三③）

「神心」は例4と同じ心という意味で用いられて、「独悟」という述語の示す意味から心の「知・情・意」三者の「知」の働きをする心の意味を表すと思われる。

6、青陽奏、発朱明、歌西皓、唱玄冥、大礼罄、広楽成、神心懌、将遠征、飾龍駕（北斉詩、高明楽太祝送神祀五帝於明堂楽歌十一首）

7、祀事孔明、百神允穆、神心乃顧、保茲介福（同右、高明登歌楽迎神奏）

8、上徳不宰、神心有応、龍化無待、義征九服（同右、武徳楽昭烈舞高祖神武皇帝室）

例6、7、8の「神心」は各々の詩題の示すように神の心という意味で用いられている。

9、神心遺魏闕、中想顧汾陽、粛景懐辰豫、捐玦翦山楊（謝宣城詩巻五、奉和随王殿下詩三）

「神心」はその述語「遺」（思う）から推して、意志、感情を表す精神活動の元である心の意味を示すと判断される。つまり、心が依然として王室を思うと解される。管見の及んだ散文と韻文における「神心」は右に例示した通りである。意味としては神、聖人の心と「知・情・意」という抽象的意味を示す心となる。次に仏書に見えた「神心」を挙げつつ、その意味用法を考えてみよう。

10、凡夫積善法、恭敬於三宝、身壊命終時。資神心安楽（雑阿含経五十、三七三b⑮）

「神心」はその述語「安楽」の示す意味と前接文「命終時」と共に考えると、「知・情・意」の意を示す心の意味として用いると判断される。つまり、臨終の時に心が乱れないように資けると解される。

11、覚知深義而入其中、是謂浴神心（尊婆須蜜菩薩所集論巻八、七八七a㉙）

「神心」はその述語「浴」（恩徳などを受ける、蒙る）の意味と前接文とを合わせて考えれば、神の心に浴するという意味で用いられている。

12、何能契神於有無之間哉、是以至人通神心於無窮（肇論不真空論第二、一五二a④）

13、神心智也、出分別故無窮理也（肇論新疏巻上、二〇八b②）

14、謂体究神心也、即神者即我之心為神聖矣（同右、二一二b㉗）

例13、14は例12に対しての註疏であると見られる。その註疏たる例13と14の「神心」に対して「智也」「我之心」という注の示すが如く、「神心」は心の「知・情・意」三者の「知」を表す心の意味で用いていると考えられる。以下は同じ『肇論不真空論』と『肇論新疏』における「神心」の例である。意味は例12、13、14と一致すると見られる。

15、以仰述陛下無名致、豈曰関詣神心。窮究遠当（肇論不真空論第四、一五七b⑬）

16、是以致人通神心於無窮下第三合明境智相契会也以神心観無窮之理、故云通神心於無窮（肇論新疏上、一七一a⑦）

17、冥機謂神心潜用、不勤労也（同右中、一八六c⑫）

18、豈曰関詣神心。自言不能関渉造詣姚主之心也（同右、一九一a㉙）

19、是以致人通神心於無窮、所不能滞（同右、二〇八b②）

20、神明即上神心意云即物之虚証之不能滞。応之不能制。抑何累於神明哉（同右、二〇八b⑨）

21、前云通神心等。云何通耶、故此云乗真心而理順等（同右、二〇八b⑰）

22、豈曰関詣神心窮究遠当聊以擬議法玄門（同右、二二九a㉔）

以上、今回管見に上った中国文献における「神心」の全用例を例示してその意味について検討を加えてみたところ、次のことが判明した。「神心」を構成する前部要素の「神」は霊妙で神聖な働きを持つものとして用いられる一方、又、後部要素の「心」と同じ意味を表すことも出来るのであるが、単独の「心」より「神」と「心」との結合によって形成された「神心」の方が「心」の強調形としてその意味が一層強くなる。尚、「心」の意味としての「神心」はいずれも「知・情・意」という抽象的意味で使用される。これはそれと共起する述語或いは述部からも伺える。以上の考察から中国文献における「神心」の意義は次のように帰納することが出来る。

（一）神、天子、聖人の心

（二）人間の精神、感情、判断などの心的活動

と二つに大別できる。（一）は「神」と「心」とが各自の持っている意味を各々表すが、（二）は「神」と「心」とが合わせて「心」の意味を示す。但し、両意義は「知・情・意」という精神的意味の「心」を示して、生理的な身心という具体的意味を持っていないという共通の意味特徴が認められる。それは右に挙げた「心神」と殆ど同意味で用いられる『北野天神縁起』の「神心」と明らかに違う。いわば、当該の「神心」の意味はその出自たる中国文献には検出できず、日本文献において新たに獲得したものであると考えられよう。さて、その新しい意味はいつの時代にどういう文献群で如何に発生したのか。これらの諸点について次項では日本文献における「神心」の意味用法を巡って検討する

（二）日本文献における「神心」

以下、先ず日本文献での「神心」の使用状況を見よう。日本文献を時代別、文章ジャンル別に調査してみたとこ

ろ、次のことが明らかになった。「神心」は、和文からはその用例を検出できず、漢文と和漢混淆文とのみにその所在が確認された。日本文献では、「神心」の漢語という素姓のため、文体による使用上の差異が認められている。

日本文献における「神心」の使用状況は次の表一の通りとなる。

表一から次のことが言える。「神心」は已に奈良時代文献に現れて、日本語への流入が早かったことを物語る。平安時代になって、「神心」は史書、古文書、古記録、漢詩文などに用いられているが、更に熟視すれば、その使用量としては公家日記に多用されているという傾向も見られる。この傾向は次の鎌倉時代にも続いている。従って、漢文とはいえ、表現内容によって使用上の異同が存している。「神心」は平安時代まで漢文にのみ使用されていたが、鎌倉時代に入って、和漢混淆文にも登場するようになり、漢文からの離脱が実現できたように思われる。

以下、奈良時代文献に見えた「神心」の意味について、具体例を挙げて検討する。

表一

時代	文章ジャンル	文献	用例数
奈良	漢文	日本書紀	1
奈良	漢文	元興寺伽藍縁起	4
奈良	漢文	計	5
平安	漢文	令集解	2
平安	漢文	日本三代実録	2
平安	漢文	政事要略	1
平安	漢文	平安遺文	1
平安	漢文	扶桑略紀	1
平安	漢文	左経記	4
平安	漢文	後二條師通記	1
平安	漢文	中右記	26
平安	漢文	長秋記	1
平安	漢文	都氏文集	1
平安	漢文	本朝麗藻	1
平安	漢文	計	41(1)
鎌倉	漢文	玉葉	40
鎌倉	漢文	吾妻鏡	1
鎌倉	漢文	高野山往生傳	1
鎌倉	和漢混淆文	発心集	1
鎌倉	和漢混淆文	北野天神縁起	1
鎌倉		計	44
合計			90(1)

(注（　）は重複の例を示す)

ア奈良時代

1、秋九月庚午朔己卯。令諸国集船舶練兵甲。時軍卒難集。皇后曰。必神心《ノミココロ》焉。則立大三輪社以奉刀矛矣（日本書紀巻九、神功皇后、二四五⑤）

cf、何船不進。熊鰐奏之曰。御船所以不得進者。非臣罪。是浦口有男女二神。男神曰大倉主。女神曰菟夫羅媛。必是神之心歟天皇則禱祈之（同右巻八、仲哀天皇、二三五①）

cf、辛亥。蘇我大臣患疾問於卜者。卜者対言。祟於父時所祭仏神之心《ホトケノミココロ》也（同右巻廿、敏達天皇、一一四③）

「神心」は参考例の「神之心」と同様に神の心という意味で用いられる。つまり、「神心」は宗教的で、人間の及ばない超越的な存在としての神の意志を示して、その神の意志のため、軍隊を召集し難かったと解される。また、「神心《ノミココロ》」の傍注に付いたよみと意味を含めて考えると、「神心」は一語としての音よみではなく、参考例の「神之心」と類似して「神」と「心」の修飾と被修飾関係にある連語形式の訓よみであると言えよう。即ち「神心」は日本語に流入した当初は音よみとしての一語扱いではなく、中国語の意味のままで用いられていたと言えよう。次に挙げる同時代の四例の「神心」がいずれも神の心という意味で用いられていることからも示唆される。

2、然後百済人高麗人漢人、弘（私）少々為修行在《キ》、爾時一年隔《テ》、数々神心発《キ》、時余臣等言《ク》、如是神心数々発者《ハ》、他国神礼《ヲスル》罪也（元興寺伽藍縁起、三二八上⑳）

例2の「神心」は例1と同じく神の心という意味を示す。神は人間の及ばない不思議な力を具えるものである。その神の心がしばしば怒ることは他国の神を礼拝する罪のためなりと解される。

3、然後辛卯年、神心増益、国内病死人多在《キ》（同右、三二八下⑰）

4、稲目大臣子馬古足禰、得《テ》国内災坐問《ト》時言《ク》是父《ノ》世《ニ》祠神心也（同右、三二九上⑬）

例3「神の心（いかり）増益し」、例4「これ父の世に祠る神の心なり」と解釈されるが、右の例1、2の「神心」と同様に神の心という意味として用いられる。

奈良時代文献における「神心」は右の考察で分かるようにいずれも神の心として用いられる。つまり、「神」と「心」とが各々己の意味を表しているのである。「神」は宗教的で人間の及ばない霊妙な働きを持つもので、「心」はそれの「知・情・意」という抽象的意味を示す。奈良時代文献の「神心」は本来の中国語の意味を受容したと言えよう。

次に平安時代文献における「神心」について考察する。

イ平安時代

ここで先ず表現内容としては他の漢文文献と異なる漢詩文から検出できた二例の「神心」の意味用法について検討しておこう。

1、是非如決、子罵鬼口沸。捜神心深。佇得明論。以解幽藴（都氏文集、七九九上⑧）

「神心」はその述語「深」（深邃さ）の意味から精神の意味として用いると考えられる。つまり、あなたは幽魂をゆるがす程に熱心に論じ、精神の深さを求め、明確な見解を得るのを待ち、その奥深い考えを解釈しなさいと解される。

2、晴沙岸上暮江干、欝々林蘿陰社壇、応是神心嫌苦熱。浪声松響夏中寒（本朝麗藻、海浜神祠、六二七下②）

cf、上徳不宰、神心有応（北斉詩、武徳楽昭烈舞高祖神武皇帝室）

「神心」はその詩題「海浜神祠」から考えると、参考例と同じく、中古から「和歌の神」と崇敬された住吉大社の神の心という意味と判断される。尚、「神心」の述語「嫌」の意味と共に考えれば、神の感覚という働きをする心となる。つまり、これは住吉の神が酷暑を厭うからなのであろうと解釈される。

管見に及んだ漢詩文の「神心」は二例だけであるが、二例とも本来の中国語と同じ意味で用いられていて、それを継受したと理解してよいのであろう。平安時代の漢詩文は中国の漢詩文を模範にして作られたものが多いと言われる。だから、漢詩文の「神心」は中国語の本来の意味のままで用いられているのが寧ろ自然なことであろう。この点については前述の通りである。

次に漢詩文に対して記録性という共通点を持つ史書、類書、公家日記などの古記録類における「神心」の意味用法について見て行くこととする。

3、祝部謂為祭主賛辞者也。其祝者。国司於神戸中簡定。（略）問。賛詞之意何。答。助神詞告於人。助人詞申神心耳（令集解巻二、職員令、二九⑩）

「神心」は祭祀の対象となる神の心として用いられている。奈良時代の意味と重なって、それの踏襲と考えられる。

4、（風神祭）世草木五穀等。風吹而枯壊之。此時不知彼神心即天皇斎戒（同右、神祇令、一九六⑤）

「神心」は例3と同様に祭祀の対象となる風神の心という意味で用いられる。

5、十四日庚申。神祇官奏言。肥後国阿蘇大神懐二蔵怒氣一。由レ是。可下発二疫癘一憂中隣境兵上。勅。国司潔斎。至誠奉幣。幷転二読金剛般若経千巻。般若心経万巻。大宰府司於二城山四王院一。転読金剛般若経三千巻。般若心経三万巻。以奉レ謝二神心一消伏二兵疫一。十六日壬戌。勅。遣十一僧。向二於摂津国住吉神社一。転中読金剛般若経三千巻。般若経三万巻上。以奉レ謝二神心一消伏二兵疫一（日本三代実録巻十二、一七七⑤）

「神心」は文中の肥後国阿蘇大神の心を示す。経を転読して、神の心を奉謝することとなる。例5の「神心」は例3、4と共に奈良文献のそれと同じ意味で使われている。

6、豈非天鑑照明、不愛其道神心顕著、在感斯通（政事要略、一〇三⑦）

「神心」は前接文の「天鑑」と述語「顕著」と共に考えると同じ神の心という意味と推定される。右に列挙した史書、類書の「神心」は五例とも宗教的で祭祀の対象としての「神」の精神、感情などの働きをする心という意味用法と考えられる。奈良時代文献及び同時代の漢詩文と同様に本来の中国語の意味を継受しているると見られる。さて、公家日記における「神心」は如何に使用されているのか。次にそれについて検討する。今回調査した限りの公家日記から見出した「神心」の例の中で最も早い例は、『小右記』とほぼ年代を同じくしている、一條、三條、後一條、後朱雀天皇の四代に歴事した参議左大弁経頼の日記である『左経記』に見えたものである。先ずそれを抄出して考えてみよう。

7、（長和五年四月）卅日参内、御物語次、摂政殿被仰云、日来之間神心不例、就中飡水、是古人所重慎也（左経記、一九下⑬）

cf、（長和五年四月廿九日）摂政温軆乖例、恙氣不軽、（略）卅日关夘従午剋許、身熱心神不宜、所疑若是風氣所致歟（小右記四、一八四①）

cf、長和五年四月廿九日、道長病ム（史料総覧）

『史料総覧』の参考例に依れば道長の病気を言う場面では『左経記』に「神心」、参考例としての『小右記』に「心神」が用いられていることが明らかである。文中の「就中飡水」のことを考慮に入れると、病気とは、恐らく先述した「心神」において触れたように今日で言う糖尿病という道長の持病でないかと推測される。だから「就中飡水、是古人所重慎也」。ともかくとして道長の身体が健康状態でないことは疑いを入れないであろう。使用場面と「神心」と共に用いている述語「不例」の意味とを合わせて考えれば、「神心」は肉体的心を含めての身体状態いわば体調という意味で使われているかと思われる。それは、「神心不例」が「就中飡水」「風氣所致」といった原因によることからも推察される。尚、「神心不例」に対してその同じ表現対象である道長のことを表す参考例の『小右記』では「心神不宜」となっている。即ち、同じ日、同一人物、同一事態に対して文献によって「神心」と「心神」とが併用されていて、両語が「神」と「心」の順序を逆にしても同じ意味を示していることが言えよう。これは上記の『北野天神縁起』に見えた例の「神心」と「心神」との同意味としての混用という事象が已に平安中期に発生したことを裏付けている。

8、（長元四年正月十一日）間《此カ》胸忽苦神心違例、（略）、依難堪不参入、又不知何事、及不深夜頗宜、相扶退出之間、（略）、十二日庚申、神心不宜、仍休息（左経記、二六四下⑰）

cf、（長元四年正月）十三日辛酉（略）一昨日右大弁経頼候内之間、俄煩胸病、相扶退出（小右記八、二一五⑫）

日記の記し手である経頼が胸病を煩うという場面である。「神心」はその述語「違例」とその原因となる「胸忽苦」とを考え合わせると、例7と同じく用いられていると考えられる。

9、十五日辛丑天晴、問右武衛、返報云、悲歎之間神心依違、不堪委聞云々、（十六日）右武衛蒙思之後、此両三日神心相違、時々返血、今朝俄薨者（左経記、三六八下⑫）

参議従三位源朝任が長女をなくして、あまりの「悲歎」のため「神心違例」となる。とすれば、「神心違例」はやはり生理的な心を含めての体調がいつもと異なった、非健康状態ということを示すと解されるが、「時々返血」という内臓出血による吐血という後接文から考えれば、「神心」は、精神的な心は勿論のこと、体全体というよりも胸か心臓という限定的な意味として用いられていると理解しても差し支えないであろう。つまり、神心相違って時々返血するということである。

10、或者云、民部卿夜前自鬼所被帰之間神心違例、夜半許氣断、于今不温云々（同右、四二六下①）

cf、春宮権大進成行朝臣、去十七日夜馳向焼亡所之間、忽自馬落、心神背例、同十九日昼以卒去、人々云、是逢

如鬼神之悪物歟云々（同右、四二三下⑭）

「自鬼所被帰」という原因から「神心違例」は体の病的状態ではなく理性的な心が乱れるという意味で用いると理解してよかろう。亦、使用場面も意味も参考例の「心神背例」と変わらないように見える。

右に挙げた『左経記』では「神心」は、本来中国語をそのまま受容した奈良時代文献、同時代の漢詩文に見えた宗教的で祭祀の対象としての「神の心」という意味は確認できなかったが、中国文献にはなかった生理的な心を含めての体の状態即ち体調を示すといった意味用法が新たに生まれたのである。それは「神心」と共起する述語「不例」「違例」「相違」等の意味からも察知される。かかる述語は、元来の中国語がもとより奈良時代文献、同時代の漢詩文にも見えず、公家日記の特有のものであると言えよう。

次に、官は右大臣に至った藤原宗忠の日記である『中右記』から検出できた「神心」の意味用法を検討してみる。

11、入夜乱心地更発、大略神心屈歟、終夜辛苦（中右記一、二六七上②）

12、十三日戊剋蚫出来、極勢之比雖不可驚思、奉行太神事間、又依有恐令卜筮之処、不浄之由、陰陽助家栄所告送也、神心失度、恐思無極、乱心地猶不例（同右、二六七上⑤）

13、従去年廿二日御身有温氣、兼又令労邪氣給也、伝聞進退美麗、風容甚盛、性本寛仁、接心好施、因之上皇殊他子也、（略）、（此子）今当斯時已令崩給、（略）、上皇此後御神心迷乱不知東西給云々、吁嗟哀哉（同右、三七一上⑫）

14、人々過御桟敷前間、氣色建《違カ》例神心失度（同右二、二九五上③）

15、又令申給事等雖有其詞、神心屈了入夜退出（同右、二九六下⑧）

16、玉体不豫之事不似例御風、従去十一日已及今日十六日、或宜或否、如此之間御神心令屈御也、就中此一両日弥以不快、承此事誠神心迷乱者也（同右三、三〇下①）

17、又々被催公卿之間、下官有病氣、神心不例、（略）、逐電退出（同右、七一上⑯）
18、昨今之間主上御風頗宜御之由、帥三位所被談也、聞此事、心中大慶何事如乎哉、但従去年三月之比御風氣連々不絶、倩思此事、神心如春、身体如権（同右、一四一下③）
19、予早参及数刻、老骨頗屈、神心不堪、仍竊忩退出、不見餘儀（同右五、二八四上①）
20、夜前依所労忩退出後神心不例仍不可能参仕由申了（同右、二八四下④）
21、訪申若君御悩事、殿下被仰云、従去廿四日申時有温氣身上無別事也、只神心有苦氣也、但卜筮無殊恐也（同右、三三七上⑨）
22、人々退出、及秉燭可其還御、予神心屈畢、不能帰参（同右六、九八上⑭）
23、予神心屈了早以退出、不見残儀（同右、二七八下⑧）
24、舞了間《之カ》予神心屈了、竊以退出、不見餘儀（同右、二九七上⑤）
25、予以下諸卿八人立之、風大吹、神心屈了、竊以退出（同右、三四三上⑬）
26、臨深更、予神心屈了、触人退出了、不見餘事（同右、三五二下③）
27、午後帰家、晩景天晴、神心屈了、不能出仕（同右七、九上⑬）
28、右府被尋内記、々々不参之間、被相尋頗以遅々、予神心屈了、竊以退出、不見餘儀（同右、一二上⑥）
29、未時帰家、終日北風聊吹、神心屈了（同右、二七下⑤）
30、大略未習申歟、仍及数刻、予神心屈了、誠無術計（同右、二九下⑩）
31、于時丑刻也、衰老之身神心屈畢、雖然為勤公事相扶勤仕畢（同右、八八下⑫）
32、予不例之間、相扶参入、終日祗候之間、所労更発、今夜終夜不例、八日今朝無別事、大略神心屈歟（同右、一五六下⑮）

33、従午時許神心不例、不能着装束、無術之由申殿下之処（同右、一七五下⑬）
34、院御八条之間、数度往反、内院程遠、及暁更仰旨不聞、大略無指裁許歟、神心屈了帰家（同右、一九四下⑯）
35、予聞此事神心迷乱、但心中不誤之由祈念許也（同右、二七九下⑨）

右に列挙した『中右記』における「神心」の用例の中では、例13、16のように、中国文献は然ることながら奈良時代の文献及び『中右記』と同時代の漢詩文にも見られなかった「御神心」という日本語的語形式の所在が認められた。従って、語形態としては、「神心」は敬意を表す接頭辞「御」を冠することによって、日本語化を遂げたことになるとも言えよう。

『中右記』に見えた「神心」と共起する述語或いは述部、更にそれを喚起させる事由を抽出して、左の如く纏め

表二

用例番号	事　由	述語或いは述部
11	乱心地更発	屈
12	有恐、恐思無極	失度
13	愛子の死	迷乱
14	有恐か	失度
15	激務による疲労か	屈（了）
16	御風、玉体不豫事を聞く	（令）屈、迷乱
17	有病気	不例
18	主上御病を思う	如春
19	身労	不堪
20	所労	不例
21	御悩事	有苦気
22	疲労か	屈（畢）
23	疲労か	屈（了）
24	疲労か	屈（了）
25	大風に見舞われる	屈（了）
26	疲労か	屈（了）
27	疲労か	屈（了）
28	疲労か	屈（了）
29	北風に吹かれる	屈（了）
30	疲労か	屈（了）
31	衰労、疲労	屈（畢）
32	所労更発	屈
33	所労	不例
34	疲労	屈（了）
35	聞此	迷乱

ることができる。

先ず、「神心」と共起する述語或いは述部を見れば、二十六例の中で「屈（了、畢）」が十五例を占めている。それに次ぐものは「不例」で、三例となる。右に引いた『左経記』の「不例」または意味的には「不例」と類同する「違例（相違）」といったことを含めて考えると、公家日記における「神心」の述語或いは述部は類型性を呈して、中国文献及び奈良時代の文献などと異なる。尚「屈」という述語の意味については、小山登久氏が「屈す」は「身体（心を含めて）が悪い状態になる」意を表しているもの」と、亦、「悪い状態」とは「すなわち「疲れる」ある場合には「からだが弱る」の意味(3)」と説いている。つまり、「屈」は肉体としての心またはそれによって司られる体が疲れたり弱ったりするといった非健康の状態を示すと看取される。それは、疲労、所労などのような体の健康でない状態が「神心屈（了、畢）」を惹起させる原因からも裏付けられる。かかる述語、原因と共起する「神心」は生理的心をも含めての身体又は体調という意味を示すと理解して妥当であろう。

亦、「不例」の意味については已に前述したように、身体が普通の状態ではない、病気ということを示す。尚、「神心不例」の原因を見れば、三例とも病気となっている。「不例」の意味と原因とを考え合わせると、「神心」は「神心屈（了、畢）」の「神心」と同じく用いられていると考えられよう。但し、「不例」という述部と共用すると「神心屈（了、畢）」の示す、疲れたり弱ったりする状態より一層酷くて、病の状態となると見られる。就中、例33「神心不例」は一段と顕著にそれを表している。「不能着装束」は、朝廷などの儀式に際して定められた礼服である「装束」を着用することができないほど健康状態が悪化しているとする。その理由は「神心不例」のためである。つまり、礼服の着用すら出来ないほど「神心不例」となり、肉体的心を含めての体が病の状態に陥った。更に例19「不堪」と共起する「神心」はその原因「身労」を考慮に入れると、右の「神心屈（了、畢）」「神心不例」の「神心」と同じ意味で用いると考えられる。亦、例21の「神心有苦気」を見ると、それの原因「御悩事」と「身上無別事」という前接文の意味と共に考えれば、「神心」は、前接文の「身上」という体全体に対して生理的な心という限定的な意味用法と考えられる。

残りの「迷乱」三例、「失度」二例、「如春」一例といった述語、述部は右の「屈、不例、不堪」等と違って、人間の判断、感情などと共用しやすいものである。更に「神心迷乱、失度、如春」の原因を見ても、体の状態ではなく、「恐、思、聞」などのような人間の感情、感覚、思惟を示すものとなっている。「神心」は斯様な述語或いは述部と原因と共に使われているため、感情、精神、判断等の働きをする心という意味を表すと思われる。

右の考察を通して、公家日記における「神心」はいつも「不正常の状態」を伴うという使用上の特徴があることが言える。これは「神心」と共起する述語或いは述部を見れば、理解できることであって、前章で考究した「心神」と同じ様相を示している。

以上、平安時代の文献における「神心」について検討を加えて、その意義は次の三つに帰納できよう。

(一) 神、聖人の心
(二) 人間の精神、感情、判断等の心的活動
(三) 肉体的心を含めての体の状態

とある。(一)(二)は奈良時代に続いて本来の中国語の意味を継受したものと見られるが、(三)は中国文献には確認できず、平安時代になって始めて発生した新しいものである。換言すれば、平安時代では「神心」は意味の変化が起こったということになる。尚、意味変化の生じた文献群は公家日記という和化漢文であると言える。公家日記に用いられている「神心」は語形態といい意味といい日本語に同化して、所謂和化漢語への変容が出来たかと考えられる。

残りの平安時代の文献における「神心」についても右記と同じ方法で検討してみた結果、いずれも右に帰納した

表三

文章ジャンル	文献＼意義	㈠神、聖人の心	㈡人間の精神、感情、判断などの心的活動	㈢肉体的心を含めての体の状態	用例数
注釈書	令集解	2			2
史　書	日本三代実録	2			2
	扶桑略紀			1	1
古文書	平安遺文		1		1
類　書	政事要略	1			1
公家日記	左経記			4	4
	後二條師通記			1	1
	中右記		6	20	26
	長秋記			1	1
漢詩文	都氏文集		1		1
	本朝麗藻	1			1
合　計		6	8	27	41

意義に入り、例外はないことが明らかになる。さて、平安時代の文献における「神心」の意義分布状況については上の表三の通りとなる。

表三からは、本来の中国語より受容した（一）（二）の意義は公家日記以外の文献に集中して使用され、一方、本来の中国語と異なる（三）の変化した意義は公家日記に偏用されていることが分かる。同じ漢文というものの、そういう異同が見られるのである。これは公家日記が記録内容としては他の類書、史書等と相違して私的生活要素を随所に書き記していることに起因するかと思われる。亦、使用量から見れば、（三）の変化義の方が（一）（二）の本来の意義を上回って逆転現象が生じてきた。

「神心」は、平安時代中期以降に意味の変化が起こったということを右の考察によって明らかに出来たかと思うが、さて、鎌倉時代では如何にして使用されているのか。以下、それについて鎌倉時代文献に目を転じて考究してみる。

ウ鎌倉時代

「神心」は、平安時代まで漢文に限って使われていたが、鎌倉時代になって漢文の域を出て和漢混淆文にも用いられるようになった。次に先ず、鎌倉時代の漢文に見えた「神心」の意味について検討する。

1、其後軍士等乱入御船。或者欲奉開賢所。于時両眼忽暗而神心惘然。平大納言時忠加制止之間（吾妻鏡前篇、一四三⑪）

cf、而已七旬余。莫未獲弓手物。而今心神惘然太迷惑（同右、四九〇⑥）

cf、善信聞之。愁嘆之余。落涙数行。心神為惘然（同右、六三九⑫）

壇の浦合戦の最終段階になる場面である。三種神器の「神鏡」を祭ってある「賢所」を「欲奉開」時、その「神鏡」の神力で、「欲奉開賢所」者の「神心」がぼんやりして理性を失う羽目になった。「神心」はその述語「惘然」の意味と共に考えれば、理性、判断の力を持つ心という意味で用いられる。「神心」は同一文献で、同じ述語「惘然」と共用する参考例の「心神」と同じ意味を示すと考えられる。

2、十三宝生房数尋。（略）。行灌頂。依衆流。然間神心背例。終焉迎期（高野山往生傳、六九九下⑱）

cf、其後心神不例。病痾相侵（同右、六九六下⑭）

「神心」と共用する述語「背例」は平安時代の「不例」「違例」の意味と相似て、身体が普通の状態でない、病気のことを示す。「神心」はその述語「背例」と「終焉迎期」（死ぬ時を迎える）という後接文の意味とを考慮に入れると、内臓の一つである心を含めての体の状態という意味を示して、参考例の「心神」と変わることなく用いられると考えられる。例1、2の「神心」はそれぞれ平安時代の（二）（三）の意義を踏襲していると見られる。

3、（摂政参給之間）前駆等悉引落自馬了云々、神心不覚是非不弁（玉葉一、一一〇上⑰）

「神心」はその述語「不覚」と後接文「是非不弁」と原因の「落馬」と共に考えると、物事を判断する心として

用いると理解できる。つまり、「神心不覚」とは今日でいう失神、いわば意識不明という状態に近いと考えられる。(4)

4、自去廿二日俄以倍増一切不食、神心不快辛苦悩乱更不可堪（同右、二一二下⑲）

「神心」はその述語「不快」と「所悩倍増、一切不食」という原因から推して肉体としての心を含めての体の状態という意味で用いると考えられる。

5、（廿六日）自朝神心不快、猶以念誦及酉刻所労増氣、温氣如火、前後不覚、終夜悩乱（同右二、五〇上③）

cf、（廿七日）温氣未散、心神猶同（同右、五〇上⑤）

cf、（廿八日）温氣頗散、心神猶不快、但不似一昨日（同右、五〇上⑧）

「神心」はその述語「不快」と「所労増氣」という原因とを考え合わせると、例4と同じ意味ではないかと考えられる。参考例を見て分かるように、同一人物で、亦同じ述語も用いられている翌日、翌々日の記録では、「神心」の替わりに「心神」となっている。これは「神心」が「心神」と同じように用いられていることを物語ることになるのであろう。

『玉葉』においては「神心」と「心神」は各々四十例と三十四例を検出できた。つまり、両者は使用率としてはほぼ拮抗していると言えようが、使用年代別に見れば、文治年間以降は「神心」が偏用される傾向が見える。尚、両者は右の例5の「神心」と参考例の「心神」のように同じく使用されていると看取される。それは両者と共起する述語（部）の共通した点からも伺える。両者の共起する述語（部）の使用順位の一、二位を数えるものを挙げてみれば、「神心」は快、不快十四例、悩、悩乱、苦悩八例に対して「心神」は悩、悩乱、散乱十二例、悦、快、不快八例であるように、両者とも上位の二位までの述語（部）が人間の非健康的状態を表すものとなって、類型的な様相を見せている。かかる述語或いは述部と共起する「神心」は肉体としての心をも含めての身体状態という意味として用いると理解してよい。残りの述語或いは述部はいずれも意志、判断、感情などのような精神活動を示すものであるように思われる。それらは「見、聞、哀傷、恐」などのような人間の感覚、感情という事由と呼応している。従って、このような述語或いは述部、事由と共起する「神心」は、「知・情・意」という働きをする心として用いると考えられる。

以上の考察から、鎌倉時代の漢文における「神心」は、平安時代の（二）（三）の意義を継承していることが明らかになる。さて、和漢混淆文では「神心」が如何に使用されているのか、以下それについては、管見に入った僅か二例（一例前掲）の「神心」の用例を挙げて検討を加える。

1、ゆたかなる時、衣《ころも》を厚く（着）、薬を服《ふく》して（壁代《かべしろ》）をひき、様々身をいたはるには、（常《つね》）に風熱《ふうねつ》きほひ発《おこ》りて、神心やすき事なし（発心集、二〇三⑮）

文中の「神心やすき事なし」という状態が「風熱」という病が相ついで発るため生じたことであろう。「風熱」は風に犯かされて悪寒発熱し、咳などが出る病状を有する病気である。このような病気によって起こった「神心やすき事なし」の「神心」は、同時代の公家日記と同じく生理的な心を含めての体の状態という意味であると解されれば、文意に叶う。もう一例は右記の『北野天神縁』に見えた「神心」である。その「神心例にたがひ給しに」は前掲の『左経記』例8、9に見えた「神心違例、神心相違」という表現を彷彿させて、意味もそれと同様であろう。

以上、鎌倉時代における「神心」について検討を加えたところ、次のことが判明した。即ち、当時代の「神心」は平安時代の（二）（三）の意義を踏襲している。しかし、平安時代まで使用量が減ったとはいえ、依然として存在していた（一）の中国語の本来の意義は、鎌倉時代になってもはや確認できず、消えたと言えよう。意義としては、鎌倉時代における「神心」は平安時代のそれを継承した一方、亦それとの相違点も認められる。

尚、今回調査した用例には次のような存疑例と思しきものが一例存する。それは和漢混淆文の『源平盛衰記』に見えた例である。以下それについて触れてみたい。先ず、有朋堂文庫本を見よう。

・大納言は、僧も法も軽《かろく》て神心《しんじん》がなければこそ神も不法の祈誓《きせい》をとがめて、加様の懈怠《けだい》もあれとて（巻三、七三⑧）

のように、「神心」となるが、但し同じ個所は、名古屋市蓬左文庫蔵本（古典研究会）と内閣文庫蔵慶長活字版を底本とする中世の文学（三弥井書店）においては、

・僧《そう》も法《ホウ》も軽《カロ》くて信心《シンシン》かなければこそ神《カミ》も不法《フホウ》の祈誓《キセイ》をとかめて（巻三、一六④）

・僧モ法モ軽テ信心ガナケレバコソ神モ不法ノ祈誓ヲトガメテ加様ノ懈怠モアレトテ（巻三、八二⑫）

の如く「信心」と表記されている。つまり、同一個所は「神心」と「信心」という二通りの表記がなされている。どちらが妥当かについてはなかなか断定し難いが、以上検討した「神心」の意味のみに限って考えれば、ここでは、「神心」よりも「信心」の方が文意に合致するのではないかと推察される。何故このような表記上の異同が生じたのか。これは恐らく「神心」と「信心」とが音韻上類似することに因由するものであろうと推察される。尚、このような音韻上の類似による表記上の異同例は次のようなものも見られる。

・ここに無動寺《ムドウジ》法師《ボウシ》、乗円律師《ジョウエンリツシ》が童《わらは》、鶴丸《ツルマル》とて、生年十八歳になるが、身心《シンジン》をくるしめ、五体に汗を流ひて、俄《にはか》に狂ひ出《いで》たり（新日本古典文学大系平家物語巻二、一行阿闍梨之沙汰）

・ここに、無動寺《むどうじ》の法師《ほつし》の中に、乗円律師《じようゑんりつし》が童《わらは》に、鶴丸《つるまる》とて十八歳になりしが、身心くるしみ、五体に汗をながしてにはかに狂ひ出でたり（新潮日本古典集成平家物語巻二、第十二句明雲帰山）

のように、「身心」となっている所を、旧林泉文庫蔵（現在市立米沢図書館蔵）『平家物語』十二冊を底本とした『平家物語全注釈』（冨倉徳次郎、角川書店）では次の例の如く「心身」を以て表記されている。

・爰《ここ》に無動寺《むどうじ》法師《ぼふし》、乗円律師が童《わらは》に、鶴丸《つるまる》とて生年《しやうねん》十八歳になりけるが、心身《しんじん》を苦しめ、五体に汗を流いて、俄《にはか》に狂ひ出でたり（巻二、一行沙汰）

「身心」が「心身」と転倒した例も諸本の『方丈記』に見られる。例えば、古本系統の代表的な伝本―大福光寺本では

・身心ノクルシミヲシレヽバクルシム時ハヤスメツマメナレバツカフ（大福光寺本方丈記、二四⑦）

とあるように「身心」となっているが、一方、正親町家本、保最本、氏孝本、名古屋図書館本などでは「心身のくるしみ」のように「心身」と表記されている。「身心」と「心身」とは語源的には異なり、意味も異にする別語で(5)あるが、両者の音韻上の類似のため、併用できるようになった結果、同じ意味を表すことが出来ることとなった。いわば、意味の変化が生じたのである。

むすび

以上、中国語と比較しながら日本文献における「神心」の意味用法について考究を加えた。次のことが判明したかと思う。先ず、日本文献では「神心」が漢語という性格のため和文にはその使用が確認できなかったという文章ジャンルによる使用上の差異を見せている。亦、奈良時代における「神心」は本来の中国語のままで用いられ、よみとしては訓よみだったように思われる。平安時代になって、「神心」は本来の中国語の意味を受容しつつ、中国語にはなかった新しい意味が派生し、意味の変化が生じた。尚、意味の変化が公家日記という和化漢文において発生し、変化義の使用も公家日記に集中している。つまり、同じ漢字によって書記された文献とはいうものの、その表現内容によって使用上の異同が見られたのである。鎌倉時代における「神心」は平安時代の意味を継受しているが、平安時代まで使われていた「神、天子、聖人の心」という本来の意味用法が見えなくなるという時代差も存する。

さて、「神心」は何故斯様な意味の変化が起きたのかについて考えてみる。以上の考察を通して、「神心」は変化

義として「心神」と区別することなく、混用されていることが明らかになる。但し、両者の意味変化の発生時期を見れば、「心神」が「神心」より早かったし、使用量も多かったことについては前章において「心神」の考察によって明らかにされたのである。つまり、先に意味変化の生じた「心神」は公家日記の常用語として頻用されて、変化義の定着に伴って、「シンシン」という漢字音との対応関係も固定するようになる。一方、日記の記録者—公家たちは、日記を書く時には、机の上に広げた用紙に向かって脳裏には可視的な記号としての漢字と共にその漢字のよみを想起しながら、それに基づいて今日ワープロなどのように漢字に変換するという書記行為が考えられよう。「神心」と「心神」との相互併用は正に斯様な書記行為を前提に両者の音韻上の類似性によって発生したことである。つまり、生理的な心を含めての体の状態が健康か或いは不健康かを日記に書き記すに際しては、記し手の脳裏に「心神」の音よみが浮かび、それに対応する漢字で記せば、本来「心神」と書くべきところにそれと音韻上に酷似する「神心」をつい知らず知らず書き記してしまった。勿論「神心」と「心神」との漢字表記上においての近接性も両者の混用の一因と考えられる。このようにして、「神心」は、「心神」と同じように用いられるようになったのみならず、「心神」の意味までを獲得することも出来て、意味の変化が生じたのである。そればかりか、本来の意味も消失して、「心神」と同じく使用されるに至った(6)。だから、同個所、同事態、同人物については書写年代、諸本によって「神心」と「心神」とが、両者の区別することなく併用されている例が見られたわけである。「神心」の意味変化は「心神」を媒介に、それとの音韻上の類似性という言語内部の要因によって実現できたのであろう。それに対して言語外部の因由と言えば、先ず考えられることは意味変化の起きた公家日記等の記録内容に一因が求められる。

更に、奈良時代では「神心」と前述した「心神」とがいずれも中国語の原義のままで用いられており、肉体としての心—心臓という意味概念を獲得していないようである。それでは、心臓という意味は如何なる語によって表されていたのか。その点については、宮地敦子氏が「ココロは、動悸し（万葉集四〇八九番歌、興福寺本霊異記訓など）、痛み（万葉集三五四二番歌など）、くだける（万葉集三八一一番歌など）ものであった。このばあいのココロは臓器―今日の「心臓《シンゾウ》」―をあらわす側面をもっていたとみとめられるであろう[7]」と指摘している。つまり、奈良時代においては「神心」または「心神」の替わりに「心（こころ）」が肉体としての臓器の一つである心臓という意味を表していたのであろう。ところが、斯様な「心」は平安時代つまり中古以降も果たして上代と同様に用いられていたのであろうか。これは「神心」「心神」の意味変化に直接に関係することであると考えられる。つまり、もし「心」は中古以降になって依然として心臓の意味を保持しているならば、この時代に肉体としての「心」という意味が発生した「神心」「心神」の意味変化の必然性に疑問を抱かざるを得なくなるのである。少なくとも双方の意味上の相違点を考える必要が出てくるように思える。実は「中古以降の文献によると、臓器としてのココロの例を見出すことは難しい[8]」と説かれているように、中古以降の「心」は専ら精神活動の場所として使用され、上代のような心臓としての側面がなくなったと看取される。さすれば、中古以降になって心臓としての「心」の示す対象も消えたのかまたはその「ココロ」が他の表現によって取って代わったのか、といったような問が自ずと生じてくるのであろう。答えは上代の「ココロ」の示す肉体としての心臓という臓器が中古以降になっても変わることなく存続しているはずである。ただ、それは「心」の替わりに「神心」「心神」によって分担されるようになった。確かに日本人は牧畜民族のように家畜の解体等により、動物等の内臓が日常生活に密着できず、現実の暮らしにおいて内臓に接する機会も少ないと雖も、「心」に関する病―心臓病等は牧畜民族であろうと日本人であろうと、肉身である人間ならば誰しも患う虞のある病気の一つである。これは「神心」「心神」についての考察で明らかになったことである。「神心」「心神」の意味変化は上代の「ココロ」の替わりにより弁別的に肉体としての心という臓器を示すべく生じたのであろう。換言すれば、「神心」「心神」の意味変化の発生は上代の「ココロ」の示す心臓という側面が中古以降に消失したということと大いに相関する。

しかし、中世以降に下り、

・黄鐘調と申すは心の臓より出づる息の響也、此臓の音は逆に乙の音より高甲の音に上る間、脾臓の上音に同す（源平盛衰記巻十八、六〇六⑫）

とあるように、「心の臓」という表現が登場して、正に今日の「心臓」と同じ意味として用いられている。この「心の臓」という新たな言葉の出現によって「神心」「心神」の使用が次第に減少して行く。それは今回管見に入った室町時代に成立した古辞書には「神心」「心神」が掲載されておらず、「心の臓」が収録されていることからも察知される。

注

（1）公家日記などにおいて音通や語形の近接性による漢字表記形式の異同を非規範的表記形式として捉えて、「音通による宛字と思われるものが多いが、それらの中には「禄・緑」（以下例略）のように字形の類似したものが特に多いところを見ると、『御堂関白記』の記主藤原道長の不注意による誤字なのか、それとも音通による宛字なのかはにわかに決定し難い」と述べられている。（小山登久『平安時代公家日記の国語学的研究』九四頁、おうふう、平八）

（2）拙稿「漢語の意味変化について—「心神」を一例として—」（『国文学攷』第142号、平六・四。本書第三章第二節）

（3）小山登久「「屈」と「窮屈」—平安時代の公家日記を中心に—」（『語文』第四十二輯、昭五十八・十一）、尚、「平安時代の公家日記に見えるところの、単独用法の「屈す」の語や、人を意味する語や牛馬などの語がその主語となる場合の「屈す」の語の意味は「疲れる」（又は「体が弱る」）の意味であり、換言すれば、「精神の力・肉体の力が尽きる」の意味であった。その場合の「精神」とは、体の機能や組織の面に於ける精神であり、言い換えれば、生理的な方面での精神である」とも指摘されている。（小山登久『平安時代公家日記の国語学的研究』五九八頁、注（1））

（4）病気のために意識を失うこと、意識が乱れることなどの意味を示す「不覚」とされる。（中山緑朗『平安・鎌倉時

代古記録の語彙』の「前後不覚」一〇二頁、恵宛社、平七）
（5）青木伶子「大福光寺方丈記に於ける「身心」について」（『成蹊国文』昭四十七・三）
（6）異音・異義・異表記である別語から、田島優『近代漢字表記語の研究』（和泉書院、平十）序章、一二頁において説かれている「異音・同義・異表記（いわゆる同義語）」に変わったと言えよう。
（7）宮地敦子『身心語彙の史的研究』の第四章「漢語の定着―「こころ」「心の臓」「心臓」ほか―」（明治書院、昭五十四）
（8）同注（7）

第三項　「元（減・験）気」について

はじめに

「元気になった」とか「お元気ですか」といったような表現は現代日本語では日常的に頻用され、耳にするものである。いわば、「元気」は日常用語として使用されていると言えよう。では、かかる「元気」は奈良、平安、鎌倉時代に遡っては果たして現代語の如く用いられるか、さもなければ、如何なる語によって代替されるのか。この点については従来の研究の有り方を、私に整理してみると、概ね次の三説に分けられようかと思う。それを要約して言えば、一、「元気」→「元気」(1)、「減気」→「元気」(2)、「験気」→「元気」(3)といった三種の変わり方が見られる。以下、斯様な変化が何時、如何なる文献群で、何故起こったのかという点を巡って先行研究の言説を検証しつつ音韻による意味変化の一例として検討を加えよう。それに先立ち、先ず「元気・減気・験気」のよみを確認する必要がある。三者のよみについては次のように古辞書や訓点資料から判明する。

減《ケン》氣違例—（塵芥下、十三オ①）

減《ゲン》少《セウ》《ヲトルスクナシ》—損《ソン》《ソコナウ》—氣《キ》《イキ》（文明本節用集、六〇二⑤）

減氣《ゲンキ》（弘治二年本節用集、一七七⑤）

験氣《ゲンキ》　疾‐病所㆑言（書言字考節用集、言辞第十一冊、一四⑥）

元氣《ゲンキ》　血氣《ケツキ》（同右、肢体氣形第五冊、二二④）

元（平濁声）氣（去声）倏《シク》（入声）‐動《トウシテ》（平濁声）（六地蔵寺本性霊集巻二、一五九）

吐《ハク》㆓元‐氣之精（平声）‐液《エキ》㆒（久遠寺蔵本朝文粋巻十二、一八六⑬）

とあるように、字音よみとなっている。

（一）中国文献における「元気」

中国文献を時代別、文章ジャンル別に調査したところ、「元気」は各文章ジャンルからその用例を検出することが出来たが、「減気」「験気」という語は確認できなかった。故に「減気」と「験気」とは「元気」と異なり、中国語出自の漢語ではなく、日本で作られた所謂和製漢語[4]である可能性が十分考えられる。これは「気」が日本に伝来して形態上の変化が生じたものと言えよう。

以下、今回調べて得た「元気」の用例を挙げてその意味を考えよう。

1、元氣転三統五行於下（漢書、律暦志）

2、倶稟元氣、或独為人、或為禽獣（論衡、幸偶）

3、上古之世太素之時元氣窈冥未有形兆（潜夫論、巻六本訓第三十二）

4、元氣者、天地之始、万物之祖（唐、陳子昂、諫政理書）

右の「元気」は天地未分の前の渾然一体たる気である。いわば、天地自然を成す根本のエネルギーとして用いられる。これは正に中国の戦国時代に出現した気一元論のことを言う。つまり、天地宇宙の一切を気に還元して把捉する思想である。ここでいう「気」はほかでもなく「元気」、「精気」で、亦、『管子』内業篇に述べている「精」と同質のものである。「凡物之精、此（比）則為レ生。下生二五穀一、上為二列星一流二於天地之間一、謂二之鬼神一。蔵二於胸中一、謂二之聖人一」とある。「元気」は人と宇宙を貫いて流動無形の根源的存在である。

5、夫亡者、元氣去体、貞魂游散（後漢書、趙咨傳）

6、守神保元氣、動息随天罡（張籍歌詩、学仙巻七、四四六）

7、（柳）公度善摂生（略）曰吾初無術、但未嘗以元氣佐喜怒（旧唐書一六五、柳公綽傳）

8、穀氣勝元氣、其人肥而不寿（太平御覧八三七、晋、楊泉物理論）

9、凡人元氣重十六両、慚老而耗（蘇轍、龍川別志）

10、譬諸疾病者、元氣已虚、邪氣已甚、姑以平和湯剤扶持之可也（宋、龔鼎臣、東原録）

右に列挙した「元気」は人体生命活動のあらゆる現象の根源、機能として用いる。即ち、人間の生命力の源となる。これについては『荘子』外篇に次のように解き明かされている。「変而有レ氣。氣変而有レ形、形変而有レ生。今又変而之レ死」と。

以上の考察で中国文献における「元気」の意義は次のように帰納できる。

・人間をも含めての万物を構成する源泉（5）

となる。つまり『荘子』外篇に説いている「天下を通じて一気のみ」という「気一元論」の「一気」と解される。日本では江戸時代になって朱子学の「理気二元論」を批判し、「天地の間一元気のみ」を主張した。それは「気一元論」のことであり、その「元気」はほかでもなく中国の「元気」を指すのである。だから、当時（江戸時代）の「気一元論」とそれに関わる思想論争とが、荘子の時代の中国の思想の「復古」と言われた所以である。

中国の「元気」と現代日本語の「元気」とを比較すれば、両者の意味上の径庭が大きく存在する。そこで、現代日本語に常用される「元気」は果たしてそのまま中国語の「元気」を継受したのかという疑問を持たざるをえない。その答えを探るべく日本文献における「元気」に目を向けよう。

（二）日本文献における「元（減・験）気」

前項の考察で明らかになるが如く、「元気」は中国語に見られて、それの出自となると考えてよい。以下、考察を加える和製漢語の「減気」と「験気」とは位相上の差異が明白に存する。日本文献を時代別、文章ジャンル別に調べた結果、奈良時代文献からはその所在を確認できず、平安鎌倉時代文献には四例現れるが主として漢文に集中している。これは今回調査不足によるかも知れないが、「元気」はその使用量と使用の文章ジャンルから考えると、非日常の書記用語に過ぎないと言ってもよかろう。現代語のように日常用語として多用される「元気」と性格が端的に異なっている。では、その検出した四例の「元気」を挙げて意味について考えよう。

1、元（平濁声）氣（去声）倏《シク》（入声）ー動《トウシテ》（平声）葦《ヰ》《アシ》（平声）ー牙《ケ》《カヒ》乍《タチマチ》ー驚《ロク》（六地蔵寺本性霊集巻二、一五九）

cf、元氣否塞、玄黄噴薄、辰星乱逆（曹植文集巻十、一六〇⑬、魏徳論）

2、体《テイス》二陰陽之氣ー候《に》一（略）吐《ハク》三元ー氣之精（平声）ー液《エキ》一《を》（久遠寺蔵本朝文粋巻十二、[6]一八六⑬。平仮名はヲコト点）

3、一天之下、均含元氣、神人古今、其心雖異、同即之中（鎌倉遺文二、三二六⑧）

cf、昇霊台望元氣（後漢書、明帝紀）

4、孔老教《ノ》元《ニ》氣道《ヨリ》生《シ》、万物天地《ヨリナル》、混沌《ノ》一氣、五運転《ニ》反《シテ》（高山寺明恵上人行状上、五十九オ）

右に引いた、鎌倉時代までの日本文献に見えた「元気」は四例とも天地自然に広がり、万物を創出する精気という意味として用いられる。これは参考例の示すように本来の中国語の「元気」と同じ意味で、それを継承したと言えよう。意味といい、使用量といい、現代日本語の「元気」は平安鎌倉時代の「元気」との間には大きく隔たりが存在して、それを直接に継受したと到底考えられ難い。

次に中国語には見られなかった「減気」と「験気」について検討を加える。先ず、「験気」を見よう。今回調査した限りの鎌倉時代までの日本文献では、「験気」は右記の「元気」より使用量が尚少なく、僅か一例しか検出できなかった。使用頻度から見れば、「験気」は「元気」と同じ非日常用語と言ってよいであろう。この点では現代日本語の「元気」と明白に相違する。その一例の「験気」を挙げて意味を考えよう。

1、熊野御山下向人其験氣之利生奪取者三所在（諸山縁起、三四七上⑱）

例中の「験気」は祈禱、加持などの効果という意味で用いて、次の「効験気」と殆ど同じ意味であると考えられる。

・雖有二祈療治一無二效験氣一（百錬抄、一七六①）

右の考察で、意味からも使用量からも現代語の「元気」は「験気」との格差が余りにも大きいため、それから派生したものであると言い難かろう。意味変化の条件とも言えるが、多用されなければ、意味が変化しかねることからも考えると、「元気」と「験気」の間には意味変化がそのファクターが乏しくて起こり難いのではないかと推察される。次に「減気」について検討を施そう。

今回調べた日本文献では、「減気」は和文からは確認されず、漢文と和漢混淆文とのみにその用例を検出できた。が、その使用範囲から見れば、右に考察した「元気」「験気」より拡大したと言えよう。尚、使用状況は次頁の表の通りとなる。

表

時代	文章ジャンル	文献	用例数
平安	漢文	小右記	13
		御堂関白記	1
		春記	6
		水左記	14
		中右記	5
		長秋記	3
		殿暦	8
		兵範記	1
		台記	2
		吉記	4
		三長記	1
		後拾遺往生傳	1
		計	59
鎌倉		平戸記	4
		玉葉	22
		明月記	6
		花園・伏見天皇宸記	1
		猪隈関白記	7
		吾妻鏡	12
		鎌倉遺文	24
		南都往来	1
		計	77
院政	和漢混淆文	今昔物語集	3
鎌倉		正法眼蔵随聞記	1
		栂尾明恵上人傳	1
		計	5
		合　　計	141

表に依れば、次の諸点が言えよう。「減気」は、その使用量が「元気」「験気」を遥かに上回っている。亦、「減気」は奈良時代文献にはまだ登場しておらず、平安時代になって初めてその漢文に現れるようになった。但し、平安時代漢文のすべてではなく、公家日記に偏用される傾向性を見せる。それは鎌倉時代になっても依然として続く。従って、平安鎌倉時代における「減気」は先ず書記の常用語として認められようが、和漢混淆文にも見えたことによって、書記用語から離脱して一般の日常的用語に変身したのではないかと言えよう。だから、使用量にせよ、使用範囲にせよ「減気」は「元気」「験気」と違って、現代語の「元気」と類似する側面を呈する。

ア平安時代

次に先ず平安時代文献の「減気」の意味について、『小右記』に見えた十三例を中心に検討してみたい。

1、冷泉院如霍乱悩御坐、（略）冷泉院従去夕頗減氣御坐者（小右記二、一八九⑨）

「減気」の「減」字はその意味用法が次に挙げる古辞書から分かる。

減、損也又姓漢有減宣（広韻）

減（略）〔説文〕損也〔玉篇〕少也軽也（略）又水名（略）又姓（略）俗作減非（康熙字典。用例、出典略もある）

減、任斬反、省、軽、損、倦（高山寺本篆隷万象名義五帖、百オ⑥）

衰オトロフ耗減損芫萎（黒川本色葉字類抄中、人体、六十五ウ④）

減谷減字オトス　ヘリ　ヘス　禾ゲム（観智院本類聚名義抄法上、三三⑧）

と説いてあるように物事の状態、量がかるく、少なくなったり、おとろえたりするという意味として用いられる。それに対して、日本の和化漢文を今回調べてみたところでは「減」字は主として病状のおとろえるのに偏用するといった独特な用字法を見せている。「減」は「気」とのみならず、「平、損、少（小）」なども結合して「平減、減平、減損、少減、小減」等の語形が形成され、病態がよくなったりすることを表す。

2、御目更不御減氣云々（小右記四、一七⑧）

3、主上御目未御減氣（同右、七九⑭）

4、大納言所悩（略）晩頭大納言更無減氣（同右、二〇三⑬）

5、座主所被労無減氣（同右五、一八八⑮）

6、和尚所悩従昨弥重、（略）報云、更無減氣（同右、一八九⑨）

7、座主所悩事早旦取案内、々供報云、未有減氣者（同右、一八九④）

8、去夕重煩、修諷誦所□(々カ)其後頗宜、然而熱氣未散者、（略）未有減氣者（同右六、一八一⑬）

9、資房熱氣少許減（略）資房已有減氣（同右、一八五⑭）
10、療治如昨、聊有減氣（略）余所労面疵似愈合（同右、二〇七④）
11、相成云、春宮大夫所労従昨日有減氣（同右七、二〇七⑨）
12、戸部病重云々、（略）無敢減氣者（同右、二四六③）
13、従去夕亜将有悩氣、似風病、但頭打頗熱、時疫歟（略）従晩有減氣（同右九、二③）

右に列挙した「減気」の用例から次のことが明らかになる。「減気」はいずれも人間の体の非健康な状態或いは病気と共起して用いられるという共通点を持つ。亦、敬意を表する「御」を冠する「御減気」も現れて、現代語の「御元気」を彷彿させる。残りの平安時代文献の「減気」も全て『小右記』と同じく「労、御邪気、病、温気、御違例、御不例、瘡、御心地、病悩、腫物」などのような体の非健康な状態と共に用いられる。但し、一例のみが病気ではなく、「奇星」の状態と一緒に使われる。

14、今夕奇星頗有減氣（中右記三、九三上⑫）

「減気」は奇異な星の勢いが衰え、弱くなることを示す。「減気」の対象は違うものの、述語「有」と「オトロフ」という意味は右記の十三例と共通している。

以上の考察を通して「減気」の意義は次のように帰納できよう。

（一）病勢が衰えて、快方に向かう

（二）物事の状態が弱くなる

と二つに大別できる。残りの平安時代文献の「減気」を検討した結果、いずれも右記に分類した二つの意義と一致すると判断されるが、使用頻度から見れば、平安時代文献では、（二）の意義を示す「減気」は一例のみで、それ以外は全部（一）の意義となるという顕著な格差が見られる。従って、（一）の意義は中心義となるが、（二）の意義は周辺的な働きを成す。

尚、公家日記においては、「減気」に対して病状或いは事態が重く、わるくなることを表す「増気」という表現も存する。両者が対義的関係で一進一退の病状、事態を簡潔明瞭に表すのに用いられる。更に「増気」も「減気」と同様に日本で作られた和製漢語であると思われる。

・三位病無増氣云々（小右記二、一三二⑤）

・所労有増氣、未能起居者（同右六、一六五⑦）

・去夜奇星又出、但随日数頗長増氣（中右記三、八八上①）

亦、病態というものは「減気」と「増気」の示すが如く、軽くよくまたは重くわるくなるのみならず、時にはよくもわるくもなく、そのままの状態を保つということもある。斯様な場合は公家日記等において次のように表象されている。

・中将来云禅室無増減由、（略）依禅室病悩至急（小右記八、四二⑤）

・御心地無増減之氣（水左記、五六上⑬）

とある。

更に、古記録類では、「減気」と類義的な表現も多く用いられる。それらは「減気」の意味用法や生成について考究する上で看過できない存在であると考えられ、今後の研究課題とする。それらを列挙すると、次の通りとなる。

・参中宮今日頗有平損之氣義海律師云、（略）有御病減損氣云々（貞信公記、二〇九④）

・自旧年所労本病未平損（九暦、三六⑤）

・日来所悩不減（小右記一、二八一⑫）

・近江守朝臣日者病悩、自昨夕似減平者（同右二、九四⑭）

・唯瘡氣頗伏者、（略）式光今日有平減氣（同右六、二二六⑮）
・後心地宜禰（弥）有減氣色（殿暦三、一四七⑬）
・御心地頗有宜氣（水左記、五三上①）

「減気」より更に病状がよくなり、全快に達する、即ち、病が治り、平常の健康状態に戻ることを表す表現として下記のようなものが見られる。

・朕見二疲労一惻二隠於心一思二其平復一計無レ所出（続日本紀巻八、七六⑤）
・所悩平復但食頗減（小右記二、三九⑤）
・依有所労奉仮文、猶不平愈（同右一、一二四⑪）
・昨日以後有平愈氣者（同右三、四三⑤）
・日来煩胸病、昨日頗有平氣（同右四、一五四⑦）
・此間御薬少有二平痊之氣一（扶桑略紀、三〇五⑩）

[7]とあるが、現代語の「全治、全快、全癒」というような言葉は現れていないように見える。尚、ここで例中の「平気」という表現に注目すべきである。「元気」と同様に現代語に日常用語として用いられている「平気」の由来等を考察する上においては等閑視できないように思われる。

　さて、「減気」の見えなかった和文では「減気」の表す意味合いが如何なる表現によって担われているであろうか。

・病にいといたうわづらひて、すこしをこたりて内にまゐりたりけり（大和物語、百一段、二七九）
・かの山てらの人はよろしくなりていて給にけり（源氏物語、若紫、一七六⑫）
・病ひありて、東山なる所に侍りけるを、よろしく成て後、いかがと人のとひ侍りける（千載和歌集、一一四一

番歌詞書）

・御ものゝけともいとこゝろあはたゝしけなれは御いのりのかたはさりともとおほさるゝにうちつけにやすこしかるませたまふやうなれは（栄花物語巻十三、二⑲）

とあるような表現は「減気」の不在によって生じた空白を補完するように思われる。

イ鎌倉時代

以上、平安時代文献における「減気」について検討してきた。次に鎌倉時代文献の「減気」を見よう。先ず、漢文における「減気」について『吾妻鏡』に見えた十二例を中心に考究を加える。

1、御不例減氣之間（吾妻鏡前篇、五一一⑫）

2、前奥州義時病悩。日者御心神雖レ令二違乱一。又無二殊事一。而今度已及二危急一。（略）可下令属二減氣一給上之由（同右後篇、一八⑤）

3、将軍家御不例御減氣之間。有二御沐浴之儀一云々（同右、四七⑧）

4、将軍家御不例之御祈。（略）自二今日一聊有二御減氣一云々（同右、五四②）

5、日来不例依レ属二減氣一。今日沐浴云々（同右、七三④）

6、祈二今出河入道相国痬病一。忽令レ属二減氣一旁顕二効験一之由云々（同右、三〇七⑤）

7、若君御前御不例減氣之後（同右、三一三⑭）

8、御不例亶。聊有二御減氣一云々（同右、三五三③）

9、（痢病）有忽減氣属之可レ賜之由（同右、四七五⑧）

10、武州室所労減氣之間（同右、六一九⑮）

11、武州病患属二減氣一。汗太降云々（同右、七五四⑨）

12、御悩㚑。（略）可レ有二御減氣一之由（同右、八七一③）

右記に例示した『吾妻鏡』の「減気」を検討してみると、そのいずれも「御不例、病悩、痔病、所労、病患、御悩」などのような人間の体の非健康的状態或いは病気と共に用いることが分かる。尚、残りの鎌倉時代漢文の「減気」の用例を考察したところ、そのすべては『吾妻鏡』と同様に人間の病気等と共起して使われていることが分かる。だから、鎌倉時代漢文における「減気」は、平安時代の（一）の「病勢が衰え、快方に向かう」という意義として用いられて、古記録の継承性を反映する一方、平安時代の（二）の意義は消失して時代の差異も呈出する。亦、平安時代の「減気」と対義的に使用される「増気」という表現は鎌倉時代になっても変わることなく見られる。これは次に挙げる用例から分かる。

・将軍家御不例。追レ日増氣（吾妻鏡前篇、六〇三⑬）

・二位家御不例自二去七日一御増氣（同右後篇、三〇⑥）

次に和漢混淆文に現れた五例の「減気」を挙げてその意味を考えよう。

1、而《シカ》ル間、日来《ヒゴロ》ヲ経《ヘ》テ此ノ病少《スコ》シ減氣《ゲンキ》有リ（今昔物語集巻十三、二四八⑥）

2、師ノ病頗ル減氣《ゲンキ》有《アリ》テ、祭験《ノシルシアル》有ニ似タリ（同右巻十九、一一二⑨）

3、母少シ病減氣《ゲンキ》有《アリ》ケレバ、弟ノ僧、三条京極ノ辺《ホトリ》ニ、師ノ有《アリ》ケル所ヘトテ行《ユキニケ》リ（同右巻二十七、五二三⑨）

cf、傍ニ有ル人、病、頗《スコブル》、減ズル氣有《アリ》ト見ル程ニ（同右巻十五、三五六⑨）

例1、2、3、の「減気《ゲンキ》」は参考例の「減ズル気」と、文の構造として類似性を見せるし、又意味としても同じく病気がよくなるということを示す。その故に、「減気」という和製漢語は「減ズル気」から形成されたのではないかと推定される[8]。但し、何時成立したかについては尚検討を要することである。

4、其後種々ニ療治スレバ、少シキ減氣《げんき》在リシカドモ、又増氣《ぞうき》在リテ（正法眼蔵随聞記、三二二⑯）

5、上人所労少減氣出来被《レニ》ケリ（栂尾明恵上人傳上、二八七⑤）

右記に引いた和漢混淆文に現れた「減気」は五例とも「病、所労」と共起して用いて、前述した平安鎌倉時代漢文と共通している。意義も漢文と同じく病勢が衰えて、快方に向かうことを表して、漢文の踏襲と看取される。殊に「減気有（在）リ」という構文を見ると、漢文に多用される「有減気」を彷彿させてそれを訓読したように見える。

尚、病気の全快することを表す表現は右記の平安時代のそれを継承する一方、次のようなものも現れている。

・出家の故にや宿病次第に本復して、翌年の夏の比、一門の人々面々に悦事をなしける（有朋堂文庫本平治物語、清盛出家の事、二三七③）

以上、鎌倉時代までの「減気」を巡って考究してきた。次のことが明らかになる。「減気」は意味も使用量と範囲も現代語の「元気」と酷似する。一方、「元気」「験気」は意味にしろ使用量にしろ現代語の「元気」との懸隔が大きく、双方の間に存する意味上の連続性が「減気」より非常に希薄であると考えられる。従って、現代語の「元気」は「減気」より派生したものであると考えれば、自然ではないか。

さて、「減気」は何時「元気」になり、又何故そうなったのか。以下、それについて考えてみたい。先ず、「減気」から「元気」に変形した時代とその過程とを検討してみよう。右記の考察で明らかになるように、鎌倉時代まで「減気」と「元気」とは使用量の差こそあれ、両者が併存していた。時代が下って、室町時代文献に目を向けてみると、前掲した、文明六（一四七四）年の頃に『下学集』を本に再編された『文明本節用集』には「減気」が依然として掲載されている。つまり、『文明本節用集』の成立時代に「減気」がまだ存在していることが明らかになる。これに関しては『文明本節用集』と同時代の公家日記に「減気」が使用されていることから察知される。

1、御邪氣御減氣御之間（康富記一、三七八上⑧）

2、女房自今暁例所労血懐、実発、已難儀之由告来間、急予罷向了、自晩聊得減氣了（親長卿記一、七上①）

3、御不豫去夜御増氣以外云々、近臣等大略祇候、今日聊御減氣云々、珍重々々（宣胤卿記一、一二八上⑫）

尚、「減気」に対してその反対の意味を表す「増気」も依然として用いられる。

・御不豫又有御増氣云々（親長卿記二、六七下④）

・室町殿御歓楽以外御増氣（宣胤卿記一、二三三上⑩）

時代が更に下り、弘治二（一五五六）年本、天正十七（一五八九）年本『節用集』にも「減気」が尚載っている。これは同年代の文献に「減気」が使用されていることからも分かる。

4、晴、向東庵、病氣大概減氣也（実隆公記七、二四九④）

5、則一薬進候、今日者被得減氣候（言継卿記一、二四三上⑮）

とあるように、意味としても「減気」は相変わらず平安鎌倉時代のそれと同じように病気と共に用いられ、病勢が衰えて、快方に向かうことを表す。

しかし、同時代の古辞書には収録されていない「験気」が「減気」と同じ意味で文献に現れている。

・孔子《ノ》死《ノ》玉《フ》時、子路衛《ハノ》乱《ニ》死《シテイサリシ》　也。胡氏曰此必夫子失㆓司寇㆒之後云々病間曰―病間《トハ》歓薬《ノチト》験氣《ナル》時《ヲ》云。病中　病《トハノ》間断。小《ナシ》□《イエ差タル》　時《ハノ》病間断《アリ》。故少差病間《ヲノトル》云也（応永二十七年本論語抄、四〇〇⑧）

・梨門之御雑熱尋申、御見参御雑談有之、過半御験氣之由有之（言継卿記四、三〇九下⑤）

同じ『言継卿記』では右記の例5の「減気」と同じ意味で、「験気」も併用されている。これは両者の相互替代が始まっていることを意味すると見受けられる。斯様な現象は「減気」と「験気」に止まらず、次の例の示すように「減」と「験」との間にも生じている。

・腰痛平癒熱氣少散、猶頭痛云々、少減也（言継卿記三、三三九上⑯）
・御阿子昨夕之薬にて少験収云々、尚薬之事承候間又三服進之（同右三、二九八下②）
・遠成同前、乍去少減之由、宗也薬（多聞院日記二、一四七下⑱）
・煩以之外也、笠方昨日下薬にて少験由也（同右、一四七下⑧）
・従去月二十一日宝光院朦氣、于今無減之由沙汰有之（同右一、四〇八下⑮）
・発心院へ見廻申了、御朦氣御験也、珍重々々（同右、四一一上⑬）

のように、例中の「減」と「験」は、表記が異なるものの、意味用法としては同じと見られる。これは「減」が「験」へ変わろうとするという表記変化の過渡期のため、両者併用という現象が発生したのであろう。但し、鎌倉時代に遡ってみれば、「験」と「減」も決して右例のように、同じ意味として両者が混用されることなく、別々の意味用法として使い分けされている。例えば、次の例のように、「験」は（仏神の加護の）しるし、「減」は（病状が）かるくなるという異なった意味を表す。

・去夜心神落居、仏神之験歟（玉葉三、三九下⑬）
・邪氣快渡然而神心猶無減。日数浅之故也（同右、四〇上②）

尚、時代が更に下ると、「験気」は「減気」より使用率が高くなる。例えば、右記の『言継卿記』の記録者山科言継の息子である言経が書き記した『言経卿記』（天正四（一五七六）年～天正十九（一五九一）年、巻一、二及び四）のみを調べてみたところ、同じ意味として「験気」は二一三例も現れているのに対して「減気」は僅か一例しか確認できない。即ち、「減気」が次第に「験気」という表現に取って代わっていくと考えられる。これはいうまでもなく江戸時代の成立した古辞書には「減気」の替わりに「験気」が収録されている背景となると看取される。

「減気」が右例から分かるように室町時代になって、「験気」によって表記されるようになったことは次に挙げる所謂明恵上人の伝記系諸本からも察知される。これらの伝記系諸本は、内容としては共通の性格を持つものの、その説話単位の出入り等において著しい相異も有するとされる。亦書写年代としては時代の格差が多く見られる。

・栂尾明恵上人傳（書写年代　鎌倉時代末期）
文覚上人所労難治由同法《ヨリ》告給《タヒタリシカハ》、今一度為向顔有高尾《ヘ》罷《シテ》、上人所労少減氣出来被《レニケリ》、告云、深思様有（高山寺資料叢書第一冊、明恵上人資料第一、十ウ⑤）

・栂尾明恵上人物語（書写年代　室町時代）
文覚上人所労難治之由同朋《ヨリ》告《タリシカハ》　今一度為向顔一又高尾《ヘ》罷《タリシニ》　上人所労少減氣《ノ》被《ケリ》出来一告曰深《ク》思様《アリ》（同右、十二オ③）

・栂尾明恵上人傳（書写年代　慶長十四（一六〇九）年）
文覚上人所労難治《ノ》由《シ》同法《ノ》許《ヨリ》告来《シカハ》　今一度向顔為《ノタメニ》　又高雄《ニ》帰《リヌニ》　然上人《ノ》所労少減氣《セリ》　上人告云深《ク》思様《アリ》（同右、十二ウ④）

・栂尾明恵上人傳記（書写年代　慶長四（一五九九）年）
文覚上人所労難治《ノ》之由同宿《ノ》方《ヨリ》告《タリシカハ》、今一度向顔《ノ》為《ニ》高尾《ヘマカリシニ》　上人所労少験氣《ヲ》得《ラレニケリ》　告曰、深思様《アリ》（同右、三ウ⑤）

のように、内容はいずれも明恵上人十四歳の時文覚上人が病を患って、それに伴って起きたことについて描いている。しかし、書写年代によって、本来意味としても「減気」と書くべきところが「験気」に変わっている。右記の例から「減気」が「験気」によって表記されることに対して疑いを容れる余地がなかろうと言えよう。更に、慶長十四年書写の例中にある「減気」は明らかにサ変動詞として用いられて、用法の多様化を呈する。

さて、「験気」は「減気」の替わりに室町時代に登場するようになったが、何故当時の古辞書（管見に入る限りのもの）には収録されていないのか。これは一つ古辞書編纂上の連続性、継承性に一因があると思われる。もう一つはそれらの古辞書の成立の時には「験気」が「減気」ほど表記としてはまだ一般化に至っておらず、周辺的な存在だったということにも因由するのではないか。例えば、『親長卿記』（文明二（一四七〇）年～明応七（一四九八）年）には「減気」が二十一例現れているが、「験気」が一例も見えないということは一つの証左でもあろう。

しかし、江戸時代に下って、慶長頃より元和、寛永頃の成立と言われる『和漢通用集』と、享保二（一七一七）年版の『書言字考節用集』とには「減気」が已に記載されておらず、その替わりに「験気」が登録されている。

病《やまい》　験氣《のげんき》（和漢通用集、一五五上②）

験氣《げんき》疾-病所レ言（書言字考節用集、第十一冊、一四⑥）

の如く、「験気」は「減気」と同様に病気と共起しているし、意味も恐らく「減気」と変わらないのであろう。つまり、「減気」は意味が変わらずに、表記のみが変わって、「験気」となったと考えられる。室町時代に「験気」は、確かに「減気」のようにまだ一般的ではないが、時代の下るに伴って、使用量が次第に増えるため、江戸時代成立の古辞書に収録されたのであろう。

・四百四病は、世に名医ありて験氣をえたる事かならずなり（新編日本古典文学全集井原西鶴三、日本永代蔵、八五②。傍注略、以下同）

・大病を引かけ、次第に枕あがらず。生薬を与へつれども、更に験氣のなき事を悲しく（同右四、新可笑記、六一九⑰）

・すくやかな男にはかにかはきの病とりつき、食へども〳〵あきたらず。祈禱、願立、医者もんぢやく、のこる方なくしけれども、露ほども験氣なく、今をかぎりのとき（日本古典文学大系江戸笑話集、かはきの病、三三四⑥）

とあるように、例中の「験気」が同じく病気と共起する。亦、構文から見ても「験気をえたる」「験気のなき」が前の時代の「得減気」（前掲の『言継卿記』の例等）「無減気」と酷似してそれの訓読のように見える。更に意味としても「減気」と同じである。だから、ここの「験気」は決して前の時代に僅かに見えた、祈禱、加持などの効果という意味を表す「験気」ではなく、単に「減気」の別の漢字表記として用いられると理解してよかろう。それが出来たのは江戸時代になって「減気」と「験気」とが音韻上においては全く相通じることによるものであると思われる。

更に、「減気」に替わって「験気」が登場したため、『邦訳日葡辞書』の編訳者は「ゲンキ」に「験気」を充てたのであろう。亦、先学研究として現代語の「元気」が「験気」からの由来だったという説もここから起因したのではないかと推察される。しかし、通時的に見れば、「験気」が「元気」に変わる前に、先ず「減気」からの変容が起こったのであろう。換言すれば、「減気」は「元気」に変わるまで「験気」として表記されるという介在の時期も存在していたのである。

続いて、「元気」について考察してみよう。西鶴の『日本永代蔵』とほぼ同年代の貞享年間に刊行した『地蔵菩薩霊験記』（一四巻本、三弥井書店）には、意味としては「減気」或いは「験気」と表記すべきところであるが、下記のように「元気」となっている。

・我等《ワレラ》ノ夫《ヲット》モ、此百日アマリ悩《ナヤ》ミ伏《フ》シタリシモ、此ノ酒ニテ元氣《ゲンキ》ヲ得タルコト（一四巻本地蔵菩薩霊験記巻三、一六三⑮）

cf、十三日辛丑雨下、予自一昨日病悩、今日得減氣（康富記一、二七五上⑨）

cf、女官栂脈取之、験氣也（言継卿記三、三五二下⑧）

・正和五年ノ夏、左吉病ニ犯《ヲカサ》レテ、月ヲ超《コエ》テ元氣《ゲンキ》ス（一四巻本地蔵菩薩霊験記巻四、二三二①）

「元気」は病気と共に用い、参考例の「得減氣」を「元氣ヲ得タル」と訓み下すが如く「減気」「験気」と同じく病気が快方に向かうという意味を表す。これは本来の中国語のままで万物を成す精気という意味を示す前の時代の「元気」と著しく異なる。だから、右例の「元気」は前の時代に極小量に現れた「元気」ではなく、「減気」或いは「験気」の漢字表記としての代替であろう。(9)

言葉の変化は決してある日に一斉に行われるものではなく、徐々に変わっていくのである。従って、「減気と験気」「験気と元気」が併存する時期が有るのは寧ろ自然の成り行きであろうと考えられる。

むすび

以上の考究で、「減気」は和製漢語として平安時代に和化漢文に生まれて、鎌倉時代まで変わることなく使用されていたが、室町時代に下って一時期に「験気」で表記されたことがある。最後に「元気」に変化したのが近世になってからではないかと推定できよう。以来、そのままで日本語に定着して今日に至る。その故に、中国語及び中国語の由来である「元気」とは意味用法上の差異が顕著なものとなっているわけである。尚、斯様な変容が出来たのは三者の音韻上における類似性―音通に因由するものである。これは言語内部の第一の要因として考えられるが、その他に意味上の関連性による理由も挙げられる。(10)

1、Guenqi. ゲンキ（験氣）病氣がなおること，または，快方に向かうこと，例：Guenqiouru.（験氣を得る）

2、Guenqina. Guenqinigozaru. ゲンキナ．または，ゲンキニゴザル（験氣な．または，験氣にござる）健康である，または，病氣が一層よくなる（邦訳日葡辞書、二九六）

「減気」は以上の考察で明らかになるように、いずれも人間の体の非健康的な状態或いは病気と共起して、その病勢が衰えて、快方に向かうという意味として用いる。これは右記の『邦訳日葡辞書』の1の意味と一致すると見られる。が、『邦訳日葡辞書』に挙げてある2の意味を見ると、病気に関連せず、単に身体が健やかであることとなる。「減気」が近世になって、表記として「元気」に変わったのは、病気の回復が本来の身体的な気力を取り戻すことになるためではなく、病気に全く関わることなく、只人間の体が健康であることのみを示す意味の出現にも一因を求めることが出来ようかと思う。即ち「減気」は病勢が衰えて快方に向かうという意味を表すのには、「減」字の働きによるものであるが、病気と関係なしに、只健康であるという意味が派生したため、依然として「減」字でそれを表現すれば、「減」の「衰える」等の意味に束縛されて、健康であるという意味を連想しかねる。そのため、「減気」が「元気」になったのであろう。それでは、「減気」が「元気」に変わった背景は何か、いわば、如何なる言語外部の要因がその変化を触発させたのか。これについては次の諸点が考えられる。一つは、江戸時代になって、朱子学の「理気二元論」を批判し、「気一元論」を主張するという思想論争が熾烈な権力闘争と共に盛に乗じて、養生のための著書を出して、その中で「気」「元気」を説明し、その「元気」を大事にするのが何よりの養生であると鼓吹した。例えば、貝原益軒の『養生訓』においては、人は天地の「元気」を受けてこの気を以って生の源、命の主とするのであるから、気の充足を計り減退を防がねばならぬと説かれている。更に養生の道は気を整えるにあり、胃の気は「元気」の別名とし、毒は気を塞ぐもの、薬とは気の偏とするとされる。「元気」は斯様な社会的な背景によって、市民権を得るようになったのであろう。亦一つは宗教の隆盛によるところもある。臨済禅を復興した人━白隠慧鶴は布教のために養生書を著して、「気一元論」を宣伝した。[13]「元気」はこういう言語外の要因によって、過去のどの時代よりも使用語彙として知られるようになった。[14]

[11] / 展開されたことによって、「元気」がよく用いられて、幅広く知られたことである。もう一つは、江戸時代の社会の安定によって、人々が養生つまり健康への関心が高まったことによる。[12]「気一元論」を唱える思想家はその気運

日本文献では、中国語出自の「元気」と和製漢語の「減（験）気」とが長い間にそれぞれ各自の意味を保ちなが

ら、共存していた。ところが、近世になって、「減(験)気」は意味の変化が発生して、音韻上の類似性を土台に、「元気」で書き表すようになった。元来別々の語がこれによって合体するという形になった。これによって、本来の中国語のままで連綿と変化しなかった「人間をも含めての萬物を構成する源泉」という意味の「元気」は更に「減(験)気」の表す意味を獲得できたのである。現代日本語の「元気」の意味はその両者を合わせて形成したものであると思う。「減(験)気」は長年に亘って日本文献において使用されていたが、「元気」で表記されたため、近代または現代の日本語には姿を消して全く見えなくなった。室町時代までよく用いられていた「減気」が突然に日本語から消失してしまったのはそのためであろう。

注

(1) 鈴木修次『漢語と日本人』(みすず書房、昭五十四)等

(2) 原田芳起『平安時代文学語彙の研究』(風間書房、昭三十九)、佐藤喜代治『日本の漢語』(角川書店、昭五十四)等

(3) 大槻文彦編『大言海』(昭七)

(4) 同注(2)に「(減気)「おこたる気」を漢字に移して音読するに至ったものであると思われる」と書かれている。但し、『三巻本色葉字類抄』『観智院本類聚名義抄』等の古辞書を調べてみたところでは、「ヲコタル」と「減」の対応関係を確認できない。本文に掲げたように、「オトロフ」に対して「減」が充てられている。

(5) 「[元氣](一)指天地未分前混一之氣。(二)指人的精神、生命力的本原」(『辞源』商務印書館)

(6) 今回調査した『鎌倉遺文』には「臨時之課役以下被皆免了者、元氣(天氣か?)如此、悉之状」(二五七三条、順徳天皇宣旨)という存疑とされる一例もあるが、「元気」は文意と順徳天皇宣旨という使用場面とを勘案すれば、「天気」の誤写ではないかと推定される。尚、「天気」の意味用法については拙稿「漢語の意味変化について―「天気」

を中心に―」（『広島国際研究』第1巻、平七・三）を参照されたい。

（7）榊原邦彦「平安時代の「オコタル」について」において「記録体では左経記の万寿三年五月四日の条に、「御悩猶不怠、是御寸白云々」と「怠」の語が見えるが、普通は「平復」、「平癒」、「平愈」、「平損」、「減平」などが多い、これらは仮名作品の「おこたる」に対応し、治るの意であろう。「宜成」「有減気」「有減」なども見られる」（『松村博司先生古稀記念国語国文学論集』笠間書院、昭五十四）と指摘されている。（注、用例の出処省略、筆者）

（8）小野正弘「元気」（『日本語学』明治書院、平五・十二・六）にも彼様なご指摘が見られる。

（9）「わが国で古くから用いてきた「げんき」が「元気」という語と結びついて一つになったことも考慮に入れる必要がある」と述べている。（佐藤喜代治『日本の漢語』（注2））

（10）「病気平癒のために加治、祈禱や医薬による治療を加え、その効果のあらわれとして快方に向かう意で「験気」の字も用い、また、病気の回復は本来の身体的気力を取り戻すことであるから、「元気」の字も用いるに至っている」と書かれている。（『時代別国語大辞典　室町時代編二』の「減気・験気・元気」の条、三省堂、平元）

（11）木村清孝「禅と「気」―白隠禅の活力―」（『気の世界』東京大学出版会、平二）、赤塚行雄『気の文化論』の5「社会に於ける「気」の展開」（創拓社、平二）

（12）貝原益軒『養生訓』（正徳三（一七一三）年）

（13）同注（11）

（14）尚　要因としては、「これも「福恵全書」に、非㆔加以㆓数十年之培養㆒元気終末㆑易㆑復也。（巻五）（一例略）とあるが、このやうな例を見れば、この語が広く行なわれ、それがやがてわが国にも行なわれるに至ったと考へることは決して無理でなかろう」（佐藤喜代治「頼山陽の書簡に見える漢語について」『国語と国文学』昭四十五・十）と、「近世におびただしく出版された中国医学の書における「元気」を、日本の医者が採りいれ、それが広まった結果、現在のような「元気」の用法が行なわれるに至ったという路筋が推定できそうに思われる」（同注8）とも挙げられている。

結　語

第一項「心地」、第二項「神心」、第三項「元（減・験）気」を取り上げてその意味用法について考究を加えてきた。三者とも出自となる中国語と比較すれば、意味の相違点が認められる。その意味の変化を惹起させたのは三者には多少異なった点こそあれ、いずれも音韻上の類似性を媒介とする要因が主として働いたためであると看取される。それは前述した他の章節と明白な違いを呈出している。音韻による意味の変化は漢語の意味変化の類型の一つとして認定されてよいのであろう。尚、いうまでもなく、この音韻による意味変化は上述した他の類型と同様に決して単純なるものではなく、クロス的要素も具わっている。いわば、意味の拡大または縮小、亦語形の変化等も随伴しているものである。しかし、それはあくまでも副次的な一側面であり、中心となるのはやはり音韻上の相似性による役割である。

斯様な音韻による意味変化は他の外来語にはあまり見られず、表意文字である漢語の特質に大いに関わるものであると考えられる。これは日本語には漢語の同音異語が数多く存することの一因ともなり得よう。更に、日本人が漢語を駆使して漢文を作成する方法にも起因するのではないかと推察される。つまり、中国人は文章を書く場合、漢字の発音のことを考えずに、漢字そのものを思い浮かべつつ筆を走らせる。それに対して、日本人は漢字のみならず漢字の発音も想起して、漢字に変換しつつ、漢文を綴るかと想定される。そこで、音韻上の類似性、字体の近接性によって表記も変わって、意味の変化も招くことになる。

尚、音韻による意味変化の例を挙げてみると、下記のような漢語も考えられる。例えば、「謀反」と「謀叛」という漢語は、両語とも呉音が「ムホン」、漢音が「ボウヘン」となり、音韻上では相通じる関係である。但し、中国語における両語の意味としては下記の例の示すように、明らかに異なっている。「人有上変事告楚王信謀反」（史記、高祖紀）、「謀反誅党与死者数万人」（漢書、武帝紀）とある。「謀反」の意味は『唐律』に依れば、「（謀反）謂謀危社稷」となる。つまり、国家を転覆することを謀り、今の内乱罪に当たることとなる。日本語に入った「謀反」は最初「一曰。謀反。謂謀危国家」（名例律）のように、本来の中国語をそのまま踏襲していた。一方、「謀叛」は、「（謀叛）謂謀背国従偽」（唐律、名例篇十悪、謀叛注）、亦、その『疏議』には「有人謀背本朝、将投蕃国或欲婁城従偽或以地外奔」と記してあるように、君国に背いて偽朝に従うことを企み、今の外患罪に相当する意味となる。この「謀叛」も日本の律令制度では中国語の原義と同じく使用されていた。「三曰。謀叛。謂背国従偽」（名例律）の例からも察知できる。しかしながら、両語は日本語として使われているうちに、音通のため混用するようになって、意味も混同することになると見られる。例えば、同じ平将門の働いた悪事については、『平将門』においては「終殞版泉之地永遺謀叛之名矣」（傍注略、真福寺本、五〇二）の如く、「謀叛」と表記されているが、一方、「中比朱雀皇帝御宇承平七年将門為造意之張本企謀反計略」（平安遺文三、七七七上⑮）とあるように、「謀反」が用いられており、両語の混用を見せている。この混用によって両語は元来の中国語の意味との違いが生じたのである。

亦、「中にも徳大寺殿は一の大納言にて花族、栄耀、才学雄長、家嫡にてましましけるが、超えられ給ひけるこそ遺恨なれ」（覚一本平家物語、鹿谷）のように、「才学」(1)という語が用いられ、才能と学識という意味を示している。ところが、その該当部分として『源平盛衰記』には、「其中に後徳大寺の実定は一の大納言にて才覚優長にましくしける上は、家の重代也」（巻三、七四）とあり、亦、『延慶本平家物語』にも、「中ニモ徳大寺、大納言ニテ才覚優長シ家重代ニテ被越給シコソ不便ナリシカ」（第一本、六四）とあるように、「才学」と書くべきところに、共に「才覚」と表記されている。つまり、「才覚」は「才学」と同意で混用されていると言ってよい。

「順。字孝山。京兆覇陵人也。和安間以才学見称」（後漢書、蘇順傳）、「僕以竭心思尽才学」（晋書、夏侯湛傳）と

あるように、中国語における「才学」は才能及び学識という意味で用いる。しかし、「才覚」は中国語にはその所在が確認できなかったため、「才学」との音韻上の類似性によって形成された和製漢語である可能性が極めて高いと考えられる。尚、この「才覚」は、「尹大納言光忠入道、追儺の上卿をつとめられけるに、洞院右大臣殿に次第を申し受けられければ、「又五郎男を師とするより外の才覚候はじ」とぞのたまひける」（徒然草、百二段）の如く、本来の「才学」を異にして才智、工夫という意味をも示すようになり、意味の変化を露呈する。

更に、音韻による意味変化が起きた例を挙げると、「比興（卑怯）」(2)、「時宜（辞儀）」(3)、「同前（同然）」(4)、「進退（身体）」(5)、「境界（彊界）」(6)等も認められよう。

注

（1）佐藤喜代治『日本の漢語』（角川書店、昭五十四）
（2）同注（1）
（3）同注（1）
（4）鈴木修次『漢語と日本人』（みすず書房、昭五十四）
（5）同注（1）
（6）同注（1）

第二節　音よみと訓よみによる意味変化

同じ漢字表記語であるが、音よみと訓よみによってその出自となる中国語と意味が異なる。このような意味変化は日本語における独特な意味変化の類型の一つとも言えよう。漢語の意味変化について考究する上において等閑視できない課題となる。音よみと訓よみとはいえ、音韻というカテゴリーに入るが、日本語の音韻上における特質の現れとなるため、第一節「音韻による意味変化」と相対化するべく、敢えて新たな一節を立てて論じることとする。

第一項「仰天」について

はじめに

日本語に流入した漢語には、よみによって意味が変わるというようなものが存在している。本項で取り上げる「仰天」もその一例として考えられる。

さて、日本文献における「仰天」は一体どのように訓まれるのであろうか。先ずその点について古辞書と古文献の用例を挙げながら考えてみよう。但し、今回管見の限りでは、鎌倉時代以前成立の古辞書には「仰天」が収録されず、節用集を中心とする室町時代の古辞書には殆どその存在を確認できた。何故、「仰天」は鎌倉時代以前の古辞書に載っていないのか。それは、次に掲げる日本文献における「仰天」の使用状況を示す表から分かるように「仰天」が日本語に進入した当初は一語としてではなく「天ニ（ヲ）仰グ」のように連語形式で使用されていて、語単位としては扱われなかったため、掲載されなかったのではないかと見られる。また、鎌倉時代までの「仰天」は辞書に収録されうるほどに使用されていなかったことも理由の一つとして考えられよう。一方、鎌倉時代あたりから「仰天ス」という字音よみが登場するようになったため、一語として室町時代の古辞書には掲載されたわけである。古辞書における「仰天」のよみを挙げてみる。

仰天《ギヤウテン》或作二狂顚《キヤウテント》一驚怖《アボグソラ》ノ義也（文明本節用集、八三三①）
仰天《キヤウテン》　狂顚《キヤウテン》（明応五年本節用集、一七九⑦）
仰天《ギヤウテン》おどろく也（和漢通用集、三七一②）
仰天潰レ膽《ギヤウテンツブスキモヲ》（書言字考節用集、言辞第十二冊、一①）

のように、今回調査したかぎりの古辞書ではいずれも「仰天」を字音よみの一漢語として扱われている。それに対して　古文献における「仰天」は次の例の示すが如く「仰天ス」という字音よみの他に連語として扱って、「天ニ仰グ」と訓読される例も認められる。（1）無論よみの不明な「仰天」も少なからず見える。

跪《Ⓒテ》て拝《Ⓒヲカム》二四《Ⓒヨモ》一方《Ⓒ》を。仰《ⒸレⒷア》天《Ⓐアメ》一にて而祈《Ⓐコヒ給ⒷコヒタⒸマフ》。即雷《ⒶイⒷイ》て大《ⒶヒサメフルⒷヒサメフル》雨（Ⓐ平安中期末点Ⓑ院政期点Ⓒ室町時代宝徳三年点及文明六年点。以下同）（岩崎本日本書紀巻二十四、皇極紀、六八。平仮名はヲコト点。以下同）
王祥仰天《テニ》一詔好《ウタテカフ》（中山法華経寺蔵三教指帰注、三十八ウ③）
仰《テ》レ天《ニト》屠裂《レツスレトモ》（六地蔵寺本性霊集巻五、一七八②）
仰（返点）天《ニ》高《シテ》声《ヲ》（東寺観智院蔵注好選上、十六オ①）

仰テ（返点）天ニ嘆曰ク（同右上、二十四ウ②）
仰テ天ニ思維ス（金剛寺蔵注好選中、十六ウ⑤）
臥地ニ一仰テ天ニ二云ク（高山寺明恵上人行状（上山本）巻中、一一六⑨）
先仰天シテ敬畏テ（明恵上人資料第一、栂尾明恵上人物語、三三七①）
陰陽師《をんやうじ》、心得ず仰天《ぎやうてん》して（宇治拾遺物語、三三四③）

日本文献における「仰天」は右記の用例のように二通りのよみが存在していることが明らかになる。では、両種類のよみが「仰天」の意味にどう関わるのか。果たしてそのよみの違いによって意味の差異が認められるか否かについて検討してみたい。それに先立って、その出自となる中国語の本来の意味は如何なるものかを先に明らかにしておく必要がある。

（一）中国文献における「仰天」

この項では具体例を挙げながら中国語の「仰天」の意味用法について考究してみたい。

1、南郭子綦隠几而坐、仰天而嘘（荘子、斉物論第二）

南郭子綦は楚の昭王の庶弟であり、南郭は子綦が住んでいた所を指す。「仰天」は子綦が門人の子游と問答する場面で使われている。「南郭子綦がひじかけに凭れて坐り、天を仰いでほっと息を吐いた」という文意とされる。従って「仰天」は顔を上に向けて上の方を見るという意味を表すと考えられる。

2、晏子仰天歎曰、嬰所不唯忠於君利社稷者是与、有如上帝（春秋左氏傳、襄公二十五年）

崔杼が景公を君に立て自分はその宰相となり、慶封を左相に任命した。そして斉の国の人に対して大公の廟で盟い、「崔、慶に味方しない者があったら、上帝の罰を受けるであろう」といった。そういう崔、慶の野望に対して、晏子は「仰天歎」つまり、空を仰いで歎息しながら「この私がひたすら君に忠に国のために働く者に味方しないことがあったらこれを照覧する上帝の罰を受けるであろう」と、立ち向かった。「仰天」は例1と同じ意味用法で使われている。

3、使者至て召望之を。仰レ天に嘆て曰、吾嘗備り位に将相に。年踰たり六十に矣（金沢文庫本群書治要巻第十九、漢書七、蕭望之傳、五一五。平仮名、句読点はヲコト点）

cf、使者至、召望之。望之欲自殺、其夫人止之、以為非天子意。望之以問門下生朱雲。雲者好節士、勤望之自裁。於是望之印（仰）天歎曰、吾嘗備位将相、年踰六十矣（漢書七十八、蕭望之傳、三二八八③）

「仰天」は例3の「天ニ仰グ」のように一熟語ではなく述語と目的語という関係を成す連語形式で用いられている。日本語に入った「仰天」は当初はかかる連語形式の用法だったと思われる。だから、次に挙げる日本文献では連語形式としての「天ニ仰グ」という訓よみは一語としての「仰天ス」の字音よみより先に登場しているのである。例3の「仰天」も例1、2と同じく上（空）を向いて見るという意味を表す。換言すれば、後続する「歎」という感情を表出する時の状態とも言えよう。

4、鄒衍無罪、見拘於燕、当夏五月、仰天而哭、天為之隕霜（論衡五、感虚）

「仰天」は「哭」という哀痛の感情を表現する時の状態として用いられて、つまり「天を仰ぎながら号泣する」とされる。

右記した四例のように「仰天」は意味的に連語形式として使用され、その後に付く「嘘、歎（嘆）、哭」のような感情表出の状態を表す働きをする。それによって感情がより強く生き生きとして表れ得ることになる。次の用例も同様のことが言える。

5、伍子胥仰天嘆曰、嗟乎讒臣嚭為乱矣、王乃反誅我（史記、伍子胥列傳第六、二一八〇②）

6、慊慊仰天歎、愁心将何愬（曹植、浮萍篇）
7、仰天大笑出門去、我輩豈是蓬蒿人（李白詩、南陵別児童入京）
8、歌罷仰天歎四座涙縦横（杜甫詩、羌村三首）
9、抬望眼、仰天長嘯、壮懐激烈（宋、岳飛、満江紅）
10、剣撃風雲向夜悲、楫誓山河仰天泣（明、劉炳、予昔与孟思魯参戎事於衢監司宋公幕府及兵潰得間道還郷遂帰休之志故歴叙之）

の如く、「仰天」は「歎、笑、嘯、泣」という喜怒哀楽、歎息などの感情表現と共起して用いられている。このような用法上の特徴は『史記』における「仰天」からも察知できる。『史記』から「仰天」を十四例検出できたが、この中十二例もの「仰天」が右に列挙した例のように「歎（五例）、太息（二例）、大笑（二例）、悲號（一例）、大哭（一例）、大呼（一例）」といったような感情を表す表現と共に用いられている。中国文献における「仰天」はかかる使用上の特徴を有しているため、『漢語大詞典』の「仰天」の意味用法について「仰望天空（空を仰いで見る、筆者訳）。多為人抒発抑欝或激動心情時的状態（多くは人が抑鬱したり感激、感動したりする情感を表す時の状態に多用される。筆者訳）(2)」といったような語釈が施されているわけである。但し、「仰天」は次の例のように感情表現と共に用いられない場合もある。

11、衛平乃援式而起、仰天而視月之光、観斗所指、定日処郷（史記、亀策傳第六十八、三二二九⑦）
12、古生仰天以手拍脳数四曰、此事大不易（唐、無双傳、八三④）
13、上憑肩而望、因仰天感牛女事（唐、楊太真外傳、四五⑥）

以上の考察を通して中国文献における「仰天」の意義について次のように帰納できるかと思う。

・顔を上に向けて上（空）の方を見る

このような一つの意義となるが、歎息、詠嘆などのような感情を表す表現とよく共起して使用されるといった用法上の特徴も見られる。また、右例3の「天ニ仰グ」の示すように中国語の「仰天」は目的語「天」と述語「仰」によって構成された連語形式として用いられることも指摘できよう。かかる「仰天」は日本文献において如何に用いられているであろうか。以下日本文献における「仰天」に目を注ぐ。

（二）日本文献における「仰天」

「仰天」の意味用法について考察するのに先立って日本文献における「仰天」の使用状況及びよみのあり方を示す表を先ず掲げてみよう。次頁の表から次のことが言える。「仰天」は早くも奈良時代文献に登場して、日本語への進入の早かったことを物語っている。爾来、日本文献において、和文を除いた他の文章ジャンルに使用されていた。平安時代まで史書、公家日記などの所謂和化漢文に偏用されて、記録用の文章語としての性格を呈出している。鎌倉時代以降になると、和漢混淆文、特にその会話文にも用いられるようになったため、日常的用語に変わったように思える。更に、よみ方を見ると、連語形式としての「天ニ（ヲ）仰グ」は一語としての「仰天ス」より早く日本文献に現れている。つまり、中国語の「仰天」は日本語に入って依然として連語形式として受容されて、「天ニ（ヲ）仰グ」という形で対応していた。「仰天ス」はそれを土台に後に生まれたものであると考えられる。

以下、日本文献に見える「仰天」の意味用法について考える。その手続きとして先ずよみの確定できた「仰天」を別々に取り上げて、各々の意味用法を検討、解明する上で、よみによる意味の差異が有るか否かを比べてみる。更に、よみの不明な「仰天」を中心にその意味用法について考察を加えて、よみの明らかな「仰天」との関連を探る。よみの明らかな「仰天」とそうでない「仰天」との意味上の重なりようによって、よみの明らかでない「仰天」のよみを求めようとする。そこで次に先ず「天ニ（ヲ）仰グ」を巡って考察する。

表

用例数	仰天ス	天ニ(ヲ)仰グ	仰天	考察対象／文献	文章ジャンル	時代
2		2		日本書紀	漢文	奈良
2			2	小右記		平安
1			1	一條天皇御記		
1			1	中右記		
4（1）		1（1）	3	平安遺文		
1			1	高野山文書（1、4）		
1		1		六地蔵寺本性霊集		
5		5		東寺観智院蔵注好選		
5			5	玉葉		鎌倉
1			1	明月記		
1			1	三長記		
7			7	平戸記		
2			2	吾妻鏡		
36（1）	1		35（1）	鎌倉遺文		
1		1		高山寺明恵上人行状		
5		5		今昔物語集	和漢混淆文	院政
1		1		中山法華経寺蔵三教指帰注		鎌倉
2		2		十訓抄		
1	1			栂尾明恵上人物語		
1	1			栂尾明恵上人傳		
13		13		延慶本平家物語		
1	1			宇治拾遺物語		
1		1		宝物集		
1	1			愚管抄		
2			2	宝簡集	漢文	室町
1			1	後愚昧記		
3			3	親長卿記		
4			4	宣胤卿記		
13			13	園太暦		
2			2	教言卿記（1）		
17	2	1	14	多聞院日記（1－3）		
2			2	地蔵菩薩霊験記	和漢混淆文	
1			1	堺記		
1	1			大平記		
2		2		室町物語集		
3	2	1		天理図書館蔵伊曽保物語		
147（2）	10	36（1）	101（1）	合　計		

（注、（　）内の数字は重複例の数を示す）

ア「天ニ（ヲ）仰グ」の意味

時代別に具体例を挙げながら考える。奈良時代の漢文文献から二例を検出できたが、その二例とも『日本書紀』に見えるものである。

1、我国《アガノ》法《ハ》違二背所《ニ》レ盟《チカウ》。雖レ曰二国王《ノ》一当《ト》レ受《ニ》二奴手《ヤツコガテノニ》一（略）明天仰《テ》レ天《ニ》大息《ニナゲキイ》涕泣《サツ》。許諾《ユルシテ》曰（国史大系日本書紀巻十九、欽明天皇、八五③）

cf、（樊）於期仰天太息流涕曰、於期毎念之、常痛於骨髄、顧計不知所出耳（史記、刺客列傳、荊軻傳第二十六、二五三二⑦）

2、八月の甲申の朔に天皇幸ⓒ二南淵の河ⓒ一上に跪て拝ⓒ二四ⓒ一方を《ⓒテⓒヲカムⓒヨモ》。仰ⓒレ天《Ⓐアメ Ⓑア》に而ⓒて祈《Ⓐコヒ給 Ⓑコヒタ ⓒマフ》。即雷て大《Ⓐイ Ⓑイ》雨《Ⓐヒサメフル Ⓑヒサメフル》（岩崎本日本書紀巻二十四、皇極紀、六八）

cf、太守憂民仰天祝、願曙氛霾看晴旭（韓琦、広陵大雪詩）

「仰天」は参考例と同じように中国語の本来の意味用法で用いられていると考えられる。特に、例1の如く前文の恐怖と後続文の歎息を表す表現と共に使われて、その状態を示すことは出自となる中国語と変わらない使用上の特徴を見せている。次に平安時代文献に目を向けてみよう。

3、空海偶《タマ〳〵》登二崑《コン》（平声点）—嶽《カクニ》（入声濁点）一未《タ》レ得《エ》レ満《ツルコトフトコロニ》レ懐　仰《テ》レ天屠《ニト》　裂《レツスレトモ》　無《シ》レ人知《ルニ》レ我《レヲ》（六地蔵寺本性霊集巻五、一七八②）

「仰天」は前文「未レ得満レ懐」の失意感によって生じた、「屠裂」の悲痛の極まりという比喩的な感情を表現する状態として用いられている。奈良時代のと同様に中国語の本来の意味用法のままで使われている。

4、方今幸承御補之由、仰天欣感取譬無喩（平安遺文三、八八五上⑪）

「仰天」は「欣感」の欣喜、感動という気持ちによって顔を挙げて空を見るという状態を表す。

5、孟宗忽《ニ》到竹薗（返点）捕《ヘテ》其枝《ヲ》（返点）仰天《ニ》（返点）高《シテ》声《ヲ》（返点）泣《キ》悲《フ》（東寺観智院蔵注好選上、十六オ①）
6、自負江《テ》水《ヲ》（返点）供《ス》母《ニ》。大旱遂仰天《テ》（返点）泣《カハ》（同右上、十五ウ①）
7、童子涙《リ》至《テ》河中《ニ》（返点）仰《テ》天《ヲ》(3)（返点）嘆曰《ク》（同右上、二十四ウ②）
8、丹仰《シカハ》天（返点）首白烏来《キ》伏《リ》地《シカハ》（返点）馬角《ニ》生《ヒテ》来《リキ》也（同右上、二十七ウ②）
cf、跪《ニ》而二一仰《シカハ》者（衍）天烏《ヲカラス》為二之《レカ》一（補入）白二首一（楊守敬旧蔵本将門記二十七）
9、即王仰天《テ》（返点）高《ク》泣《カハ》天為之《ニカ》（返点）乗雲《テニ》（返点）下来《テ》（東寺観智院蔵注好選上、三十三ウ②）

のように、「仰天」は「泣悲、泣、歎」のような感情表現と共起してその状態を表し、その気持ちをつよく感じさせる。例8の「仰天」は「伏地」と対をなして用いられ、天を見上げたり地にうつぶしたりして身悶えしながら祈念するさまを表す。「仰天伏地」(4)は慣用的な表現として次の鎌倉、室町時代文献にも多く用いられている。また、「仰天臥地」「仰天倒地」更に「臥地仰天」を反転した類型的な表現も見られる。「仰天」よりは悲歎などの気持ちをより強く鮮明に表出することになる。

平安時代の「天ニ（ヲ）仰グ」は奈良時代のそれと同じ中国語の意味用法をそのまま摂取していると言える。尚、「天ニ（ヲ）仰グ」を確認できなかった和文には「空を仰ぐ」という表現が見えて、顔を上に向けて空を見ることを表す。「天ニ（ヲ）仰グ」の欠如によるその意味分野の空白を補完すると考えられる。

・そらをあふきてなかめ給ゆふ（源氏物語、柏木、一二六〇⑭）
・女はらも空をあふきてなむそなたにむきてよろこひきこえける（同右、蓬生、五三九⑨）
・かしこの御手やと空をあふきてなかめ給（同右、葵、三一六⑫）
・さりともあふぎて空を憑哉月日のいまだおちぬ世なれば（風雅和歌集、巻十七、一八〇三番歌）

次に院政、鎌倉時代文献における「天ニ（ヲ）仰グ」を考察する。先ず漢文に見える用例を挙げてみる。

10、爰上人同交テ此中ニ一瞻仰之処、悲泣愁嘆シテ臥地ニ仰テ天ニ二云ク（高山寺明恵上人行状（漢文行状）（上山本）巻中、一一六⑨）

10′、爰上人同交リ二此ノ中ニ一瞻二仰之ヲ一処、悲-泣愁-歎シテ臥スレ地ニ仰テレ天ニ云（同右（報恩院本）巻中、一八五④）

「伏地」ではなく「臥地」となり、而も「仰天臥地」を「臥地仰天」と反転した例である。語形は変わったものの、意味用法は「仰天伏地」と変わらないであろう。続いて和漢混淆文の「天ニ（ヲ）仰グ」を検討する。管見に及んだ和漢混淆文から二十四例の「天ニ（ヲ）仰グ」を見出したが、その中の九例は「天ニ（ヲ）仰地ニ伏（臥・倒）」」といったような慣用的表現となっている。それらはいずれも平安時代のそれと同じくあまりの悲痛、愁歎のため身悶えするさまを表す。

11、燕丹、此レヲ聞《キキ》テ、泣キ悲《カナシ》ムデ、天ニ仰《アフギ》テ願フニ、忽ニ白キ烏ノ頭《カシラ》ヲ得《エ》タリ、地ニ伏《フシ》テ請フニ、角生《オヒ》タル馬来レリ（今昔物語集巻十、三三九⑧）

12、天ニ仰ギ地ニ臥テ、又ヲメキサケブ（延慶本平家物語第二本、二十二ウ①）

13、是ヲ具テハ、天ニ仰地ニ倒テヲメキ叫者多カリケリ（同右第四、六十ウ⑤）

例11は右記の『東寺観智院蔵注好選』例8と類似している。

14、国王、此ヲ歎キテ天ニ仰《アフギ》テ祈請《キシヤウ》シ、薬ヲ以テ療治スト云ヘドモ、煩《ワヅラ》フ事弥《イヨイ》ヨ増《マサリ》テ喩《イユ》ル事无《ナ》シ（今昔物語集巻四、三二〇⑤）

15、「形皃美麗《ギヤウメウビレイ》ナル児《チゴ》、泣キ悲《カナシ》ムデ、此ノ河ヲ渡《ワタリ》ツル間、河中《ノナカバ》ニ至《イタリ》テ天ニ仰《アフギ》テ歎《ナゲキ》テ云《イハ》ク（同右巻九、二一四⑦）

16、聖人、獄《ヒトヤ》ニ被禁《イマシメラレ》タリト云ヘドモ、更ニ云フ事无《ナク》シテ、天ニ仰《アフギ》テ、泣《ナクナ》ヽク誓《チカヒ》テ云《イハ》ク（同右巻二十、一五六⑮）

17、母、此ヲ見、火丸ガ髪ヲ捕《トラヘ》テ、天ニ仰《アフギ》テ、泣《ナクナ》ヽク云《イハ》ク（同右、一九七③）

18、母魚（ト）江ノ水ツト好フ事アリキ、王祥仰天《テニ》一詔《ウタテ》好《カフ》（中山法華経寺蔵本三教指帰注、三十八ウ③）

19、牛頭馬頭ヵハケシキコヱキクニキモソウシナフ天ニアウヒテ（仰）ナカムトスレトモ涙ヲチス（書陵部蔵宝物集、七ウ⑨）

20、なにの益かあらんと、天に仰ぎてさけびて（彰考館蔵十訓抄中、九五⑭）

21、経範天に仰ぎてかなしみて（同右、一〇五⑥）

のように、「天ニ（ヲ）仰グ」は前の時代に続いて依然として本来の中国語と変わることなく感情表現「泣、悲、歎」、情感を訴える「祈請、詔好、叫」などの表現と共起してそれらの状態を表す。残りの和漢混淆文に見える「天ニ（ヲ）仰グ」についても検討してみたところ、いずれも右記の用例と同じように用いられていると判断される。

右の考察で明らかになるように院政、鎌倉時代文献における「天ニ（ヲ）仰グ」は奈良、平安両時代と変わることなく中国語の意味用法を継承している。そればかりか、次のような類型的で、意味上も似通った表現も確認できた。

・此レニ依《ヨリ》テ、母、食《ジキノ》時ヲ過グト云ヘドモ、不飲食《オンジキセ》ズシテ、歎《ナゲキ》テ居《ヰ》タリ。孟宗、此レヲ見テ、天ニ向《ムカヒ》テ(5)歎《ナゲキ》テ云《イハ》ク（今昔物語集巻九、一九〇④）

「天ニ向テ」となっているが、同じ説話で、上記した例5の『注好選』では、「天ニ仰グ」で表現されている。つまり、「天ニ向テ」は「天ニ仰グ」と類義表現であると言えよう。また、

・我鎮西ニ被流一之後、偏仰ニ仏天ニ一願ゼシ様ハ（延慶本平家物語第四、十四オ⑦）

・我山仏法、将以滅之逃也。汰而有余一。仰蒼天ニ而押涙。悲而何為（同右第一本、七十八オ⑤）

という表現も見られる。更に和文に見える「空を仰ぐ」と同じものも存しているが、感情表現と共に用いられている点では和文の「空を仰ぐ」と相違しているようである。

・此ニ依《ヨリ》テ、上中下ノ人、空ヲ仰《アフギ》テ歎キ合ヘル事、无限《カギリナ》シ（今昔物語集巻十七、五一六⑭）
・勧メテ遣《ヤリ》タルニ、其レドモ、亦返来《カヘリキタリ》テ、空ヲ仰《アフギ》テ、極《イミジ》ク心《ココロ》不得《エ》ヌ氣《ケ》色《シキナリ》（同右巻二十、一六二⑫）

室町時代に降っても「天ニ（ヲ）仰グ」は前の時代に続いて依然として中国語の本来の意味用法で用いられる。それは管見に入った限りの当時代文献から検出できた四例の「天ニ（ヲ）仰グ」を挙げてみれば明らかにされるのである。

22、傍ニ十才計ノ童一人悲涙無限、天ヲ仰地ニ伏シ声ヲハカリニ歎息（多聞院日記一、三五六上⑰）
23、舟の底にうち伏し、天に仰ぎ地に伏して、悶え焦かれ給ふ（室町物語集上、二一六⑤）
24、「何となりたる事ぞや」と天に仰ぎ地に伏し、歎く有様あはれなり（同右、三三五⑩）

のように、四例中の三例は「天ニ（ヲ）仰地ニ伏」という、已に平安時代に見える慣用的な表現として用いられている。慣用的な傾向が保たれていると言えよう。それのみならず、慣用句としての度合も一段と強まっているようである。それは例23からも察知できる。例23の示すように、先ず、舟の上では「地に伏」すことが出来ないし、また、既に舟の底にうち伏しているため、どうして「地に伏せる」のかといったことから、「天ニ（ヲ）仰地ニ伏」は、本来の「天を見上げたり頭などを地につけたりする」という具体的な動作性を失って、悲痛、歎息などの感情表現を修飾してその程度の甚だしさを表すようになっていることが考えられる。いわば、連用修飾的な用法として用いられている。

25、「もっとも然るべし」とて各天に仰、「我主人を与へ給へ」と祈誓す（伊曽保物語中、八三⑥）

「天ニ仰グ」は本来の意味用法で使われている。つまり、空を見上げて祈って誓いを立てるという意味である。

以上、室町時代までの「天ニ（ヲ）仰グ」について具体例を列挙しながら検討してきたところ、その意味用法は、訓読された中国語の「仰天」のそれをあるがまま受け継いでいることが明白になる。特に「天ニ（ヲ）仰地ニ伏

（臥、倒）」という慣用的表現が多用されることは注目に値する。それは「天ニ（ヲ）仰グ」よりつよい表現効果を表出するものである。

イ「仰天ス」の意味

以下、「仰天ス」について具体例を挙げて考察を加える。今回管見に入った日本文献から検出できた「仰天ス」の用例はいずれも鎌倉時代以降のものばかりである。調査の不足によることもあるが、現段階としては「仰天ス」は「天ニ（ヲ）仰グ」より後に出現した字音よみであると言ってもよい。即ち、日本語に吸収された「仰天」は先ず「天ニ（ヲ）仰グ」と訓読されて、その後にまた「仰天ス」の音よみが生まれたといったよみの変化過程を経たかと推定できる。但し、「天ニ（ヲ）仰グ」は「仰天ス」の登場によって消えたのではなく、「仰天ス」と共存している。それは何故であろうか。後に触れておく。

1、泰時朝臣先年此上人ノ徳ヲ聞及給シカハ先仰天シテ敬畏テ席ヲ去テ奉居（明恵上人資料第一、栂尾明恵上人物語、三三七①）

1´、泰時先年六波羅ニ被住時、此上人之徳ヲ聞及給シカハ、先仰天シテ敬ヒ畏テ席ヲ去テ上ニ居ヘ奉ル（同右、栂尾明恵上人傳、三九五④）

「仰天ス」と字音よみとして用いられている。上人の大徳を聞いた前文と敬畏して席を立った後続文との内容を考え合わせると、「仰天ス」は本来の「天を見上げる」という意味ではなく、大いに驚嘆することを表すと考えられる。つまり、「泰時が上人の賢徳を聞いて、大いに驚嘆し、畏席を立った」と解せられる。「仰天ス」が「大いに驚嘆する」という意味として用いられていることは、次に挙げる、右の二例とほぼ同じ内容の『明恵上人行状（絵傳記）』に見えた同場面の例によって証され得る。

・泰時、此上人の徳を日来聞及給しかは、大に驚き、畏席を避て、上に請し奉られけり（明恵上人資料第一、四八〇⑮）

のように、内容としては殆ど一致しているが、「仰天シテ」のところに「大に驚き」を入れ換えて、「仰天シテ」の示す意味を担っている。従って、右例の「仰天ス」は「大いに驚嘆する」ことを表しているのが紛う方ないであろう。かかる意味は以上の考察で明らかになったように「天ニ（ヲ）仰グ」には見られず、「仰天ス」の独自のものであると言える。つまり、「仰天ス」と「天ニ（ヲ）仰グ」とは、同じ中国出自というものの、そのよみの違いによって意味上の差異が明らかに存している。更に、「大いに驚嘆する」という新しい意味は「仰天ス」という字音よみに伴って発生したものであるとも言えよう。尚、中国語と比較してみれば、意味の変化も起こっているように見える。さて、「大いに驚嘆する」という新たな意味は果たして鎌倉時代に生じたのか、この点については漢字表記の「仰天」を合わせて考える必要がある。

次に残りの「仰天ス」の用例を検討する。いずれも右例と同様に用いられていると判断される。

2、上人声をあげて大に泣《なき》て、陰陽師にとりかゝれば、陰陽師《をんやうじ》、心得ず仰天《ぎやうてん》して、祓をしさして、「是《これ》はいかに」といふ（宇治拾遺物語、三三四③）

cf、此レヲ聞《キキ》テ音《コヱ》ヲ放チ大キニ叫《サケビ》テ、陰陽師ニ取リ懸《カカ》レバ、陰陽師心《ココロ》モ不得《エ》ズシテ、手ヲ捧《ササゲ》テ(6)秡《ハラヘ》ヲモ不為《セズ》シテ「何《イカ》ニ何《イカ》ニ」ト云フ（今昔物語集巻十九、六一⑫）

「仰天ス」は突然声をあげて号泣してとりかかるという前文から推して非常に驚くという意味で用いられていると思われる。つまり、「陰陽師が上人に突然大声で泣かれ、とりかかられて大いに驚く」と解釈される。人間の「驚く」は、不安、恐怖、怒り、感心などの基礎にあると考えられる情動であり、大きな物音や新奇な、突発的なことなどが起こって生じる感情的な行為であるように思われる。例1、2の「仰天ス」は正にかかる条件下で生じた「驚く」情動であろう。例1は上人の賢徳に対しての感心、例2は突然のことによる不安といったような感情が働いているため、「大いに驚く」ことが生じるのは自然ではないかと思われる。次の「仰天ス」は会話文に使われていて、日常用語的な性格が現れているように見える。

3、「(略)コノヤウヲ申候ハヾ、イヨ〳〵腹立シ候ハヾ不孝ニモ候べシ。チヽノ申候ヘバトテ承諾シ候ハヾ世ノタメ不忠ニナリ候ヌベシ。仰天シテ候」ナド申サレタリケルヲツカハサレタリケレバ（愚管抄四、二一三③）

頼長に摂籙の座を譲与することについて父忠実と長男忠通とが正面衝突となる。「仰天ス」は両者のやりとりにおいて用いられて大いに驚き歎くことを表す。

4、結句寄手東西の坂より追つ立てられ、引き退きたる兵どもは京中にもなほ足を留めず、十方へ落ち行きけるあひだ、洛中以つての外に無勢に成つて、いかがはせんと仰天す（太平記十七、京都両度軍の事、一八八⑩）

軍勢が不意に洛中に充満しているという非常事態に対して、武家方ではどうしたものかという場面に使われている「仰天ス」は大変驚いたり歎いたりする意味で用いられている。

5、内ヘナワニ取付テ子ノ母取上ニ入ル、既ニ引上テ母トモニ取ントスルニ、井筒ノキワヨリ又中ヘ落入ル、扨ヽト思ヒ仰天シテ、夢心ニ情ニ不入故ニ如比（多聞院日記二、一九一下⑮）

6、知足屋ニ泊ノ夢ニ、大風広ニワノ池ノアリシカ、則時ニ水減、大地震、仰天シテニワニ出レハ、クソヲフミ、足ヲ洗ト見了、不吉也云々（同右三、一八九下⑪）

二例とも夢に突然起こった恐怖を感じる事件に「仰天ス」が用いられている。「仰天ス」は非常に驚き慌てることを表している。前述の同じ『多聞院日記』の例22「天ヲ仰（グ）」と比べてみれば、両者は意味が明らかに異なっている。これは室町時代になって、「仰天ス」という字音よみによる変化義が已に存していても、「天ニ（ヲ）仰グ」が全くその影響を受けずに、依然として本来の意味のままで使用されていることを投影している。つまり

「天ニ（ヲ）仰グ」と「仰天ス」は相互排斥という関係ではなく、各々の意味範囲を保ちながら、共存関係を維持していると言えよう。それは『伊曽保物語』における「天ニ仰グ」と「仰天ス」の意味関係からも明らかにされる。

7、其時シヤント仰天して、ひそかにイソポを近づけ（伊曽保物語上、三三②）

8、その庭鳥をさし放し、あとを見かへるひまに、庭鳥すでに木にのぼれば、狐おほきに仰天して、むなしく山へぞ帰りける（同右下、一〇四①）

「仰天ス」は大変びっくりすることを示し、同物語に見える右記の例25「天ニ仰グ」と意味の違いが歴然としている。

「仰天ス」は「大いに驚いたり歎いたりする」という意味として日本文献に用いられているため、右掲した室町時代成立の古辞書には「仰天」に対して「驚怖、おどろく」などの注釈が付けられている所以である。また、『邦訳日葡辞書』にも次のような解釈が与えられている。

Guiǒten.（仰天）Tenniauogu.（天に仰ぐ）すなわち，vodorogu.（驚く）驚愕．guiǒtensuru.（仰天する）驚く．（三〇二）

更に次に挙げる用例の「驚天ス、驚顛ス」のように、本来「仰天」で表記すべきところに、意味に基づいた表記を可能ならしめたかと考えられる。

・師弟もろともに驚天しておはします（赤木文庫蔵愛宕地蔵之物語、五〇六下⑥）

・矍鑠トツ、ラヌニシテマツコウテアツ、ルヲ下見、而俄見アツト驚顛シテツ、ケテ人ヲ見タ皃也（杜詩続翠抄十、二九二⑤）

以上、「天ニ（ヲ）仰グ」と「仰天ス」についてその意味用法を考察してきた。日本語に流入した「仰天」の両よみの成立についての先後関係及びよみによる意味の違いなどの点が判明したかと思う。以下、その結果を踏まえながら、漢字表記でよみの不明である「仰天」を巡ってその意味用法を検討し、意味の比較によってよみの確定を試みる。

ウ漢字表記の「仰天」の意味

漢字表記の「仰天」は平安時代から室町時代にかけて公家日記などの古記録類に使用されている。その意味用法は「天ニ（ヲ）仰グ」「仰天ス」と異なる独特なものなのか、それとも両者との関連性を持っているものなのか。以下、それらの点について考究を進める。先ず今回検出できた漢字表記の最も早い「仰天」の例を挙げてその意味用法を考える。

1、十五日、己未、左衛門督頼通卿参春日、雲上侍臣、北下四位五位六位悉以催役随身参入、為不饗応、除結忿〔深〕怨云々、大和国司輔尹、仰天抱膝、無方供給云々（小右記二、一六八⑤、寛弘八（一〇一一）年二月十五日）

cf、毎晨夕従容、常抱膝長嘯（裴松之注引三国魏魚豢魏略）

cf、縄状纙《キヤウ》負《セレハ》　獄《ノ》傍《ノ》盗士抱《ハ》膝仰歎《キク》（大谷大学本三教指帰注集巻下、三オ①）

「仰天」は参入者があまりに多いという前文と「無方供給」の後続文とを合わせて考えると、大和国司藤原輔尹が単に天を見上げるだけではなく、参考例の「抱膝」に続いた感情表現のように「歎息」または思いのほか多い参入者に「驚く」というような気持ちも込められているように思われる。但し、「仰天ス」のような意味には至っていないが、その方向に傾斜している。「仰天」は「抱膝」と対を成して用いられているため、「顔を上げて上の方を見る」という具体的な動作性を保っているように見える。従って、文中の「仰天」は「天ニ（ヲ）仰グ」と訓読された方が妥当ではないかと考えられる。

2、蝗虫遍満国々摂津・伊勢・近江・越前・播磨云々、又是所聞之国々、災禍旁起、貴賤仰天、今日不可聞食内

論議之由（小右記四、二二三②、寛仁元（一〇一七）年八月三日）

cf、蝗虫遍満、到摂津国者、是只所聞及、諸国一同、天災歟、時務非理、災殃得所歟、悲哉（同右、二二二⑪、寛仁元（一〇一七）年八月二日）

cf、近日山城、丹波蝗虫成災万人愁苦（同右、二一一⑨、寛仁元（一〇一七）年七月二十八日）

参考例のように蝗虫の災についての報告を受けて「悲」「愁苦」の感情を表出している。しかし、同じ災禍を書き記した例2を見ると「仰天」のみで、あるべき感情表現は見当たらない。また、右の考察で分かるように「天ニ（ヲ）仰グ」は「詠嘆、歎息」などの感情表現と共起するのが一般的であるが、例2では「仰天」を以て文を切っている。更に「災禍旁起」という突発的で不安を感じる前文をも考え合わせると、「仰天」は「天ニ（ヲ）仰グ」の示す「顔を上げて上（空）の方を見る」というよりも寧ろ「歎、愁、驚」などのような情感を表す意味が濃厚であるように思われる。かかる意味用法の「仰天」は「仰天ス」と一語として扱われる方が自然ではないか。但し、意味としては鎌倉時代に見られた「大いに驚く」という意味のみならず、「歎、愁」なども内包していると言える。

3、凡近代従去春三月以後、大弁上卿已絶了、七弁之憂、仰天伏地訴此事也（中右記三、一六一下⑩）

「仰天」は「伏地」と共に用いられている。右に考察した「天ニ（ヲ）仰地ニ伏」という慣用的表現は「仰天伏地」という漢語表現があって、それを訓読して初めて形成できたのである。例3の「仰天伏地」は「天ニ（ヲ）仰地ニ伏」と同じ意味用法で、あまりの悲痛に身悶えしながら、「訴此事」と解される。「仰天伏（臥）地」は鎌倉時代の文献にも散見する。

4、十三日御喪事一定云々、哀慟之至、無物取喩、年来偸待再覲、今已聞此事、仰天伏地、迷惑之外無他耳（平戸記一、二二〇下⑤）

5、仰天臥地令泣涕申云（鎌倉遺文八、三三九下⑬）

6、持参硯蓋、経公卿前入階間置御座前中央、仰天置之（一條天皇御記、二六四⑤）

朝廷という場と「置御座前中央」という前文から推して、例6「仰天」の「天」は空間の「天」ではなく、「天皇」の意味を表すのである。「仰天」は「天皇ニ仰グ」意味で用いられる。つまり、硯蓋を御座中央に置く場合は天皇を拝謁してから「置之」のが礼法に適う作法であろう。このような「仰天」は『玉葉』にも見られる。

7、相論之間、泰親朝臣仰天而請天判、若泰親申非彗、申彗者可蒙天罰（玉葉三、六二下⑯）

「仰天」の「天」は例中の「天判」の「天」と同様に「天皇」のことを指すかと思われる。かかる「天」の成立は「天皇」という日本的な称号に由来していると考えられる。「天皇ニ仰グ」ことを表す「仰天」は、中国語には確認できず、日本文献においても右の例の示すが如く古記録類に偏用されているように見える。

8、天下事起自倉卒、人皆仰天云々（同右、九三三上⑦）

「天下の事倉卒より起り」という前文の突発的な出来事に対して用いられていることと、感情を伴わずに、単独で使われていることとを合わせて考えると、「仰天」は「倉卒より起こったことに」大いに驚き歎くということを表して、「仰天ス」と字音よみすることが適確であると考えられる。

9、前右大将家令レ下二向関東一給。前後随兵以下供奉人如二御入洛之時一。但駿河守広綱今暁忽逐電。家人等皆不レ知レ之。仰天云々（吾妻鏡前篇、四二八⑦）

相随して関東に帰るべき駿河守広綱が「忽逐電」したのに対して、例8と同じく大変驚くという気持ちは強烈であるが、困惑、歎息するような心情も含んでいると見られる。但し、次の『吾妻鏡』の「仰天」は只「大いに驚く」ということを表すのみで用いられて、意味内容の限定化を見せている。同時代の和漢混淆文における「大いに驚く」ことのみを示す「仰天ス」も合わせて考えると、鎌倉時代の「仰天ス」は平安時代のような「歎、愁」などの内含的な意味を捨象して「大いに驚く」だけで用いられるようになったのではないかと推定される。

10、（五月廿九日）相州。武州等卒二大軍一上洛事。今日達二叡聞一云々。院中上下消レ魂云々。（六月一日）為レ傾二官軍一参洛之東士不レ知二幾千万一之由申之。院中諸人仰天之外無レ他云々（同右、七七〇⑨）

同じ関東の大軍が上洛することに対して、五月廿九日条に「院中上下」が「消レ魂」、一方、六月一日条に「院中諸人」が「仰天」と、類義的な表現が別々に用いられている。それは、記録者の同じ心境を表すために表現上の重複を避けようという意識が働いたものであろう。「仰天」は「消レ魂」の示す「非常に驚く」の意味と同じと理解できる。

11、災変最前之政途、其法可然哉、凡未曽有事也、如此御政一切不可叶事也、凡世間之法、諸人仰天之外無他歟、世上鉗口、莫言々々（平戸記二、五七下①）

cf、今有此事、希異之変災也、心詞不及云々、此事返々可恐々々天下之様尤不審也、（略）不能具記、驚恐之外無他（同右、六七上②）

同じ災変（彗星の出現）に例11に「仰天」と参考例に「驚恐」とが用いられて、いずれも「大いに驚き怖れる」という気持ちを表している。

以上、平安、鎌倉時代文献における漢字表記の「仰天」について考察してみた。意味用法としては「仰天ス」と、「天ニ（ヲ）仰グ」と重なるものもあれば、「天皇ニ仰グ」という漢字表記「仰天」の独特なものもある。尚、「仰天ス」と類似した意味には、「大いに驚く」というものもあれば、「歎、愁」なども含めているものも多くある。

さて、室町時代の漢字表記「仰天」は如何にして用いられるであろうか。次に十四例も検出できた『多聞院日記』（一～三）における「仰天」を中心に検討を加えよう。

12、今日四過ニ郡山ニテ順慶腹切ス（ト、脱カ）申来、以外仰天ノ処順慶ニテハナシ、伝五ニ腹切セ了ト申来、肝消ス処ソレモウソ也（多聞院日記三、二二六下⑪）

「仰天」は同じ「腹切」に対して用いる「肝消ス」と同じ非常に驚愕することを表している。記録者の同事件について同じ言葉を使わないように類義的な表現で描写しようという工夫が伺える。

13、去六日戊ノ終ニ、両度マテ大地震、仰天畢、帝尺動云々（同右一、二六八上⑩）

「仰天」は二度もあった「大地震」に大変驚いたことを表す。『多聞院日記』（一～三）に見える漢字表記の「仰天」は例12の「腹切」のような意外で、突発的な事件によるものが八例で、例13の「大地震」などの自然災害の突然発生によるものが六例となっている。「仰天」を生じさせた出来事から見れば、十四例の「仰天」はいずれも「大いに驚く」という意味を表し、意味内容の限定化を遂げたかと思う。但し、室町時代の漢字表記の「仰天」は、すべて右例のような意味用法で使われるのではなく、次の例のように「天ニ（ヲ）仰グ」という訓よみとして、中国語の本来の意味用法を継承しているものも見られる。

14、道路ヲ失ヒ仰天拭涙伏地叫ケリ（続群書類従（二巻本）地蔵菩薩霊験記中、五〇下⑤）

14′、道路《タウロ》ヲ失《ウシナ》ヒ、仰《アヲギ》レ天拭《ヲノゴイ》レ涙《ナンダヲ》　伏《フシテ》レ地《チニ》叫《サケビ》ケリ（一四巻本地蔵菩薩霊験記巻二、九五⑨）

15、歓喜ノ眉ヲ開ン。諸仏モ亦然ント示シ給フカト思ヘバ夢覚ヌ。藤次仰天信心ヲ至シ（続群書類従（二巻本）上、三〇下②）

15′、歓《クハンギ》 喜ノ眉《マユ》ヲ開《ヒラカ》ン。諸仏モ亦《マタ》然ン」ト示シ給フカト思ヘバ、夢覚ヌ。藤次仰《アヲキ》レ天《ヲ》信心ヲ至《イタ》シ（一四巻本地蔵菩薩霊験記巻一、三七①）

以上、よみの明らかでない漢字表記の「仰天」について考察してきた。分析に基づけばその意義は次のように帰納できる。

（一）顔を上に向けて上（空）の方を見る

（二）敬って天皇を見上げる

（三）大いに驚き歎く

残りの漢字表記の「仰天」を分析してみたところ、いずれも以上の三つの意義として用いられていると判断される。尚、「仰天」のよみについては、よみの明らかな「天ニ（ヲ）仰グ」「仰天ス」の意味と比較してみれば、（一）と（三）の意義を表す「仰天」は各々「天ニ（ヲ）仰グ」「仰天ス」と意味的には重なっているため、それと同じようなよみをすると推定される。一方、（二）の意義の「仰天」は「仰グ」対象は（一）のと異なるが、意味的に考えれば、「仰天ス」より「天ニ（ヲ）仰グ」と同じように訓む方が適当ではないかと判定されよう。

むすび

以上の考察を通して本項の主旨は次のように纏めることが出来る。中国語に出典を持つ「仰天」は早くも奈良時代文献に現れて、中国語の本来の意味用法のままで用いられ、「天ニ（ヲ）仰グ」というよみ方を以て中国語の連語形式に対応した。以来、平安、鎌倉時代を経て室町時代に至っても「天ニ（ヲ）仰グ」というよみは存続しつづけて、意味も中国語の本来のものと変わらなかった。「天ニ（ヲ）仰グ」に続いて「仰天ス」という字音よみが生まれてきた。「仰天ス」はその字音よみの登場に伴って、「天ニ（ヲ）仰グ」と異なり、中国語には見えない新しい意味が発生した。いわば、よみによる意味変化が起こった。この二種類のよみはそれぞれ違った意味を表すため、共存の道を歩みつづける。尚、斯様な意味変化は、中国語の「仰天」も日本語の「天ニ（ヲ）仰グ」も多くは「歎、驚」などの感情表現と共起してその状態を表すという用法上の特徴がその土台となって、「天ニ（ヲ）仰グ」の連語形式から「仰天ス」という一語に変容したことに伴って、常に共起する感情表現の意味まで吸収して出来たのではないかと考えられる。いわば、本来の意味と変化した意味との間に用法上の関連性が内在していることは意味変化の一因かと思われる。また、生々しい強い表現効果を狙おうという表現意識も作用しているようである。つまり、

「仰天ス」を使うと、本来の「天ニ（ヲ）仰グ」という具象性を想起させながら「驚く」を表すことになり、単に「驚く」と言うよりその「驚き」がつよくて如実に感じられることになる。それは右記の例1の「仰天ス」を使う所に、参考例では「驚く」ではなく「大いに驚く」を用いていることからも示唆されよう。また、「驚、歎、愁」などの多様な感情を表出するだけではなく、それらの程度の甚だしさをも表すことが出来る。斯様な表現上の幅をきかせる適応性、便宜性も「仰天」の意味を変化させた背景の一つと言えよう。

「仰天」はよみによる意味変化が生じた漢語の一例であることが明らかになる。漢語の意味変化の要因を考える場合、よみによることにも注目を要する。

注

（1）『万葉集』にも「仰レ天」（巻九、1809）が一例見られて「天《あめ》仰ぎ」と訓まれている。

（2）『漢語大詞典』（上海辞書出版社、一二〇八頁）

（3）今回調査した限りの奈良時代から室町時代までの日本文献では、「天ニ仰グ」が殆どであるが、上記した例7とcfのように「天ヲ仰グ」と訓読される例も二例見える。「天ニ仰グ」と「天ヲ仰グ」は統語上では「ニ」と「ヲ」との違いが存しているが、意味的には両者とも「空（上）を見上げる」という意味を表し、特に弁別的な意味の差異がないように見える。従って、本項では両者を意味的に分けることなく扱うことにする次第である。敢えて差異を求めるならば、「天ニ仰グ」は、方向性を際立たせるのに対して、「天ヲ仰グ」は「仰グ」という動作を直接に受ける目的語に重点を置いて表現するといった機能的な微差が感じられる。

（4）「Tẽnniauogui, chinifusu.（天に仰ぎ，地に伏す）非常に煩悶している時とか，何物かを切望する時とかに，あるいは天を見上げ，あるいは地上に腹ばいになる」のように説かれている。（邦訳日葡辞書、四〇）

（5）岩波書店『今昔物語集』（日本古典文学大系本）の当該個所の頭注によれば「天ニ仰テ」と同義とされる。

（6）岩波書店『今昔物語集』（日本古典文学大系本）の頭注によれば、「手ヲ捧テ」は「拱手傍観の意か」とされるが、小学館『今昔物語集』（新編日本古典文学全集）では「驚きあわてるさま」と頭注されている。

第二項　「以外」について

はじめに

前項に続いて、本項では、漢語「以外」を「形態による意味変化」、いわば音よみと訓よみによる意味変化の一例として取り挙げて、検討を加えつつそのプロセスについて解明したいと思う。

（一）中国文献における「以外」の意味用法

この項では、中国文献における「以外」の意味用法について検討してみたい。それに先立って先ず「以外」という表現を構成する前部要素である「以」字の意味用法を考察する必要がある。それは次項で日本語の「以外」のよみを検討するのには欠かせない手順となるためである。

先ず『助字弁略』[1]における「以外」の「以」字を見てみよう。

此以字、語助不為義也（巻三、一三〇）（此の「以」字は語助にて、義を為さざる也）（筆者訳）

と論じてある。例としては次のようなものが挙げられている。

・自有生民以来（孟子）
・幽厲以往尚矣（史記、天官書）

・南浮江漢以下（史記、高帝紀）

の如く、「以」字は、実質的な意味を欠き、形式的な造語要素に過ぎないのである。これは『詞詮』(2)の注釈及び引用例からも裏付けられる。

陪従連詞　下接「往」「来」「上」「下」「内」「外」「東」「西」「南」「北」諸字（巻七、三一五）

・凡雨、自三日以往為霖（左傳、隠公九年）

・聊摂以東、姑尤以西、其為人也多矣（左傳、昭公二十年）

・中人以上、可以語上也、中人以下、不可以語上也（論語、雍也）

とある。「以」字は「上」「下」「内」「外」等の方角を表す語に直接上接して、時間、方位、範囲等の意味を示す。但し、このような意味は、「以」字と殆ど関係せず、「以」字に下接する語に由来するものであると考えられる。実質的な意味を伴わず、ただ語調を整えるのみの職能を持つことについては、日本側の平安時代初期に加点された『地蔵十輪経』（元慶七年点本）に見える「以往《カナタ》」（七、183）と『東大寺諷誦文稿』に見える「以後《ノチ》」（363）「以前《サキ》」（363）の示すように、「以」字が「不為義」のため、訓まれておらず、それに承接する「往」「後」「前」だけが訓まれていることからも察知される。以上の考察で明らかになるように、「以外」の「以」字は、実質的な意味を持つ「外」を補助するという造語的職能で用いられている。この点に関しては、次に列挙する「以外」の具体例に徴して分かることである。

1、七年春王正月曁斉平、平者成也、曁猶曁曁也、曁者不得已也、以外及内曰曁（春秋穀梁傳、昭公七年）

2、唐対曰。臣聞上古王者之遣将也。跪而推轂曰。閫以内者、寡人制之。閫以外者、将軍制之（史記、張釋之馮唐列傳）

のように、「内」と「外」が対を成して用いられていることから「以外」はものの外側、外面という意味として使われていることが分かる。

3、天子之国以外五百里甸服（史記、夏本紀第三）

天子の国を五服に分けたことについて言う場面である。例3は、「王城の外の方五百里四方を甸服という」と解せられる。この「以外」は例1、2と同様に、外側の意味で用いられている。

4、如此諸賢、故為上品、以外率多田里閑人、音辞鄙陋風操蚩拙（顔氏家訓第八、勉学篇）

例4の「以外」は例1、2、3と違って、「上品」の人々に対してそうでない人、つまり「上品」の人を除くその他という意味を示すと考えられる。例4の文意としては、次のように解釈できよう。「以上に列挙した方々は、もともと第一級の人物であるのだが、他の連中ときたら大抵は田舎者で、用語は野卑できたないし、気品とか節度といったものにまるで無頓着である」と。

5、如是五日方散王甚喜以純錦五疋別施法師以外各々有差（大慈恩寺三蔵法師傳巻二、二二一）

cf、是(反)(ノ)如(ク)シテ五日ニ方ニ散ス、王甚(タ)喜(フ)。純-錦五疋《ヲ》(反)以(テ)別ニ法師《ニ》(反)施ス、以外各々差《シナ》(反)有(リ)（『興福寺本大慈恩寺三蔵法師傳古点の国語学的研究』の訓読文より）

6、〔小官〕権留麾下、替他掌百官之朝参、通各国之使命、以外運籌設計（元、氣英布）

の二例の「以外」は例4と同じように用いられている。例5は法師よりほかの人々、例6は「各国の使命に通ずる」などのことを除いてそのほか、という意味を表す「以外」であると思われる。

以上、「以外」の用例について意味分析を行ってみたところ、中国文献における「以外」の意義は次の如く帰納できる。[3]

（一）ある範囲の外側

（二）ある事物を除くその他の事物

また、「以外」はいずれも名詞という品詞で用いられている。尚、（二）の意味を示す「以外」の場合は、「〜を除くそのほか（は・の）〜」という用法として使用されている。

さて、中国文献の「以外」は、日本語において如何に受容、使用されているのか。これを巡って次項において検討を施したい。

（二）日本文献における「以外」のよみと意味用法

日本文献を時代別、文章ジャンル別に分かち、「以外」を調査したところ、次のことが分かる。管見に入った和文には「以外」という漢字表記の所在が確認できなかった。これは原則として漢語を好まず、仮名を中心に使用するという和文の表現意識に由来するものであると言ってよかろう。和文に対して、漢文と和漢混淆文からは「以外」の用例を見出すことが出来た。日本文献においては文章ジャンルによる「以外」の使用上の偏りが見られる。それのみならず、漢文、和漢混淆文における「以外」は、その時代によってよみと意味用法の差異も見受けられる。以下、それらの異同が発生した時代、文章ジャンル、更にその要因等を中心に検討を加えたい。

先ず、奈良時代文献における「以外」について具体例を挙げながら考えてみよう。

ア奈良時代

管見に入る限りの奈良時代の文献から次のような用例を検出できた。

1、是以て諸僧尼惶懼《ヲソルヲチ　カシコマリ》て　以不レ知二所《セン》如《スヘ》一　仰願其除二悪逆《ノソヒアシキモノ　アシキワサセル》を　者一以外《ホカ》の僧尼は悉赦《ユルシ》　而勿レ罪《ナツミシ玉ソ》（天理図書館善本叢書日本書紀兼右本巻二十二、三十一ウ①。片仮名は傍訓、平仮名はヲコト点、以下同。以下兼右本と書く）

1′、是以《テ》諸僧《ノ》尼惶懼《テ　ヲソレヲチカシコマリ〔岩〕》以不レ知二所如《セムスベ》一。仰願《テハ　アフキネカハクハソノ》其　除《テ　ノソヒテアシキモノ〔北〕ワサセル〔岩〕》二　悪逆者《ノ》一以外《ホカノ〔岩〕アダシ〔北〕》僧尼《ヲバ》。悉赦《ニテ　ユルシテ〔北〕》而勿《ナツミシタマヒソ》　レ罪（国史大系寛文九年刊本。〔北〕は京都北野神社所蔵の所謂兼永本、巻第廿二より巻第廿七に至る六巻は平安朝院政初期のものと推定せられる。〔岩〕は東洋文庫蔵岩崎本。以下国史大系本と書く）

1″、是以て諸の僧尼、惶《ⒶⒷカシコマリ》ー懼て以下《ⒸヘヲソレⒸヲチテ》レ知所ー如《ⒶⒷセムスへ》。仰て願は其除《Ⓒノソヒテ》悪《Ⓒアシキ》逆《ⒶワサセルⒷワサキル》者《モノ》を一て以ー外《Ⓒホカ》の僧ー尼をは悉に赦《Ⓒユルシ》而勿ー罪《ⒶⒷナⒸツミシ玉Ⓐ給ソⒷソ》（東洋文庫蔵岩崎本）（Ⓒは室町時代の加点を示す）

1‴、是以て諸の僧尼惶懼て以不知所を如《セムスへ》。仰て願は其除悪逆の者一て以外の僧悉に赦而勿罪《ナツミシタマヒソ》（図書寮本永治二年頃点）

「以外」はその傍訓に依れば、現代語のように即字的に音よみされず、意訓的に訓よみされていることが分かる。意訳的なよみだからこそ「ホカ」「アダシ」という二通りのよみが出来たのであろう。また、「以外」の意味はそれに付してある傍訓から「その他」ということを示すことが明らかになる。

2、可《ことは》レ使《ヘイツタマフ》二万ー民《オホンタカラ》一を天皇耳《ノミ》別に以二入《ル》ー部及所ー封《ヨサセル》民一を簡二ー充《エラヒアテンツカヘ》仕ー丁一に従《シタン》二前の処ー分《コト》に自ー餘《ハリコレ》以ー外《ヨリホカ》は恐二私に駈《ツカ》二ー役を《ハンコト》（巻二十五、二十ウ④（兼右本））

2′、可《〔北〕ヘイ》レ使《イコトツタマフ》二万民一。唯天皇耳。別以二入部及所封民一《ニテルヨサセルヲ》簡二宛《エラビアテム》仕丁《ツカヘノヨホロニム》一。従二前処分《コトハリニ》一。自餘以外《〔北〕コレヨリホカ》《ホカ》。恐私駈役《ハニツカハムコトヲ》（巻二十五、二三三⑤（国史大系本））

3、天ー皇新に平《ムケタマント云》二天の下一を初之即《アマツヒツキシロシメス》ー位　由レ是に除二賀《オイテヨロコヒ》ー使一以外は不レ召（巻二十九、四オ①（兼右本））

3′、初之即《アマツヒツキシロシメス》位。由レ是唯除二賀使《テニオイテヨロヲ》一。以外《〔北〕ソノホカハ》不レ召（巻二十九、三三四①（国史大系本））

のように、同じ北野本とはいえ、例1と違って、ここでは「以外」が「ホカ」「ソノホカ」と訓まれていることが分かる。これはいうまでもなく「以外」のよみについて意訳的なよみの意識が働いていることを反映することになるであろう。ここの「以外」は、意味も用法も例1と同じく、前項に挙げている中国文献の例4、5と一致していると看取される。尚、次に列挙する「以外」はそのいずれも例1、2、3と同様に用いられていると判断される。

4、且莫レ食二牛馬犬猿雞之完一を以ー外は不レ在《イ》二禁例《カキリ》一に（巻二十九、八ウ①（兼右本））

4′、且莫レ食ニ牛馬犬猿雞之《ノ》完一。以外《ハ》不レ在ニ禁例《カキリ》《〔北〕イカキリ》一（巻二十九、三三八④（国史大系本））

5、甲子詔て曰凡任《マ》ニ国司一の《ミ》者除《オイテ》ニ畿内及陸奥長門以外は皆任《マケタマヘリ》ニ大山位以下の人一を（巻二十九、十ウ①（兼右本））

5′、甲子。詔《テ》曰。凡任《マケコトハ》ニ国司《〔北〕ノミ》一者。除《オイテ》ニ畿内及陸奥。長門国《ヲ》一。以外《ハ》皆任ニ大山位以下《ノ》人一（巻二十九、三四〇③（国史大系本））

6、辛亥詔て曰四方に為《セン》ニ大解《ハラヘ》除一用《モチインモノ》物は則国別に国造輸《イタセハラヘツモノ》ニ祓柱一一匹布一常以外《コレヨリ》は郡の司各刀一口鹿皮一張《ヒラ》（巻二十九、十二オ⑧（兼右本））

6′、辛亥。詔曰。四方為《ニセム》ニ大解除《ハラヘ》一。用《モチヰシ》物《モノハ》則国別国造輸《イ》ニ祓柱《ハラヘツモノ》一。馬一匹。布一常《キタ》。以外《ノ》郡司《ハ》各刀《タチ》一口。鹿皮一張《ヒラ》（巻二十九、三四二②（国史大系本））

7、戊子詔て曰凡当ニ正月之節《トキ》一に諸王諸臣及百寮者除《オイテ》ニ兄姉《コノカミ》《イロトヨリ》以上《イロネヨリ》ノ親《ウカラ》及己氏長《カウチノカミ》以外は莫レ拝《レ》を（巻二十九、十九オ①（兼右本））

7′、戊子。詔曰。凡当《テ》ニ正月之節《トキ》一に。諸王。諸臣及百寮者。除《オイテ》ニ兄姉《コノカミイロト》以上《ノ》親《ウカラ》及己《ガ》氏長《ウヂノカミ》一。以外《ハ》莫レ拝《コト》焉（巻二十九、三四八④（国史大系本））

8、是月勅凡諸寺は者自レ今以後除《オイテ》下為《ニ》ニ国大寺一二三上を以外は官司莫レ治《レ》こと（巻二十九、二十四オ⑦（兼右本））

8′、是月。勅。凡諸寺者。自レ今以後。除《テ》下為《ヲ》ニ国大寺一二三上以外《ヲ》《ハ》。官司莫レ治《コト》（巻二十九、三五三⑤（国史大系本））

9、土地豊沃西辺松二株以外茅莎薺頭蒿蕗等之類生靡（風土記、嶋、一三八⑥）

10、東辺神社以外悉皆百姓之家（同右、一三八⑨）

以上、奈食時代の文献から検出し得た「以外」の全用例を挙げて、そのよみと意味用法を巡って考察を加えた。この時代の「以外」のよみは現代語のように即字的な音よみではなく、意に基づいて訓よみされているように思われる。「以外」の「以」の字は、右の用例に付してある傍訓の示すように、正に先引の『助字弁略』の「此以字語助不為義也」という解釈の通りに、無意味に近く、ただ語調を整えるための造語要素に過ぎないといった働きを成している。品詞も用法もその出自となる中国語の「以外」と同じく、名詞として「〜を除くそのほか（は・の）〜」というように用いられる。意義については、以上の考察で次のように一つに帰納できる。

・ある事物を除くその他の事物

これはほかでもなく元来の中国語の意味をそのまま踏襲しているとも言えよう。前述したように、奈良時代における漢語はその意味変化が発生し難いと考えられるが、「以外」はその一傍証となり得よう。そうはいうものの、中国文献の「ある範囲の外側」という意味の「以外」は、奈良時代の文献にはその存在を確認できなかった。無論、それは調査の不足によるところであるかも知れない。そればかりか、右に列挙した「以外」の実例を細見すれば、次のことが分かってくる。即ち、「以外」は、十例の中の七例も禁止、否定を表す「莫、勿、不」、程度を表す副詞「悉、皆、悉皆」というような表現と共に使用されている。このことは「以外」に上接する前句よりその後に承接する後句の示す事物を取り立てて言おうという傾向性を見せているのである。かようなことは上記の中国文献には見受けられなかった。柏原司郎氏は「『焼けない前』と『焼けぬ先』と」(4)と題する論文において、否定辞を伴う「ホカ」について「意外性の強調になる」「非論理的表現」と指摘されている。禁止、否定表現と共起する「以外」についても同じことが言えるであろう。

次に平安時代の文献における「以外」のよみと意味用法について考察してみよう。

イ平安時代

先ず、平安時代中期以前の「以外」を見よう。今回調査した限りの当該時代の資料から、合わせて二十二例の

「以外」の用例を見出すことが出来た。それらの例は史書、法書等の漢文に集中して使用され、偏りが見られる。以下、「以外」の全用例を挙げながら、その意味用法について考察する。

1、国別分為《ニテ》㆓十番《ト》㆒。毎番十日。教《ヘシメテ》㆓習武藝《ヲ》㆒。必使《ム》㆓斉整《ナヲ》㆒。令条以外《ハ》。不㆑得㆓雑使《ヘコトヲ》㆒（続日本紀巻三、二〇⑭）

「以外」は諸国兵士の軍団への上番などを定めた勅に使用されている。「軍防令、営繕令などで兵士を役する条項よりほかは雑に使うことを得ない」と解せられる例である。「以外」は名詞として前句と後句との間に介在して用いられて、その他という意味を示すと考えられる。

2、或《ハ》本主亡者《ハ》。不㆑得㆓豫選《ヲ》㆒皆還《セ》㆓本色《ニ》㆒。但欲《スル》㆓廻《シテ》入《ラント》㆒者《ハ》聴《セ》。以外《ハ》如㆑令《ノ》（同右巻五、四五⑨）

帳内、資人に対する位階授与を制限する制の第三項に「以外」が用いられている。「その帳内、資人は選に預からない。みなそれ以前の身分にもどす。但し、他主の帳内、資人になることを願う者はこれを許す。そのほかは令の通りとする」いうふうに解釈できる。「以外」は例1と同じ意味用法で使われていると考えられる。

3、又制《ス》㆓蓄銭叙位之《ノ》法《ヲ》㆒。无位《ハ》七貫。白丁《ハ》十貫。並為《ニ》㆓入限《ト》㆒。以外《ハ》如㆑前《ノ》（同右、四七⑧）

この例は十月甲子の蓄銭叙位令に対しての追加改正を言う例である。即ち、官に出仕しているもので位のない無位は七貫、位がなく出仕していない白丁については十貫を少初位下に叙せられる額としたものである。これにより有位と無位との間にも差が設けられることになった。そのほかは「如㆑前」なり。「以外」は例1、2と同じ意味用法として使われている。

4、詔《シテ》曰。人足《レハ》㆓衣食《ニ》㆒。共知《ニリ》㆓礼節《ヲ》㆒。身苦《メハ》㆓貧窮《ニ》㆒。競為《テス》㆓奸詐《ヲ》㆒。宜《ク》㆘今輸《スノ》㆓絁絲綿布調《ノヲ》㆒国等《ハ》。調庸以外《ハ》。毎㆑人《ニ》儲《ヘテ》㆓絲一斤。綿二斤。布六段（同右巻六、五五④）

貧苦を防ぐため、人民に各自糸、綿、布を貯えさせることを命じた詔に「以外」が現れている。「国等が調庸よりほかに人毎に糸一斤、綿二斤、布六段を儲けて」という文意から「以外」の意味用法は右の例1、2、3と一致する。

5、又阿波《ノ》国山背《ノ》国陸田者《ハ》不レ問《ハ》二高下《ヲ》一。皆悉《ク》還《シテ》レ公。即《チ》給《ヘ》二当土《ノ》百姓《ニ》一。但《シ》在《ル》二山背国《ニ》一三位已上《ノ》陸田者《ハ》。具《ニ》録《シテ》二町段《ヲ》一附《テ》レ使《ニ》上奏《セヨ》。以外《ハ》尽《クニ》収《メン》（同右巻十、一二一⑨）

阿波、山背二国の陸田の処置について悉く収公し当土の百姓に口分田として班給するという官奏の第六項の例である。「以外」はその他という意味で用いられている。つまり、「山背国に在る三位已上の陸田は、具に町段を録して使に附けて上奏せしむ。そのほかは悉く収めむ」と解せられる。

右に列挙した五例の「以外」はいずれも名詞として「その他」という意味を示すのに用いられていると考えられる。残りの十七例の「以外」についても同じ方法で考察してみたところ、全部右記の五例と同じ意味用法で使われていることが明白となる。以下に用例のみ掲げておく。

6、勅《シテ》令《ム》下諸国《ヲシテ》雑色《ノ》官稲除《ク》二駅起稲《ヲ》一以外《ハ》悉《ニ》混中合《セシム》正税《ニ》上（続日本紀巻十一、一三三⑦）

7、自レ今已後。宜《ク》レ令《ム》下所司《ヲシテ》除《キ》二有位《ノ》人《ヲ》一以外《ハ》不上得レ入《ルコトヲ》二簡試《ノ》例《ニ》一（同右巻二十、二二九⑧）

8、其一王臣《ノ》馬《ノ》数。依《ルニ》レ格《ニ》有《リ》レ限。過《ル》レ此《ヲ》以外。不レ得レ蓄《カフコトヲ》レ馬《ヲ》（同右、二三二⑯）

9、其二依《ルニ》レ令《ニ》。随身《ノ》之兵。各々有《リ》二儲法一。過《クル》レ此《ヲ》以外。亦不《レ》レ得レ蓄《コトヲ》（同右、二三二⑯）

10、其三除《ク》二武官《ヲ》一以外。不レ得《ルコト》二京裏《ニ》持《スルコトヲ》レ兵《ヲ》一（同右、二三三①）

11、自レ今已後。王公《ヨリ》以下。除《ク》二供祭療患《ヲ》一以外。不レ得《レ》飲酒《スルコトヲ》一（同右、二四六②）

12、六位已下《ハ》解《カン》二見任《ヲ》一。已外（以カ）《ハ》決杖八十（同右、二四六③）

13、太政官処分《スラク》。智行具足《シテ》。情願《フモノハ》二借《ニ》住《ムコトヲ》一。宜《ク》二依《テ》レ願《ニ》聴《ス》一。以外《ハ》悉《ク》還《セト》焉（同右巻三十五、四五一⑦）

14、二位以下。五位以上《ハ》並浅紫《キノ》衣。以外《ハ》皆同《シ》二一位《ノ》服《ニ》一（令義解、衣服令、二一三⑩）

15、五位《ハ》。浅緋《キノ》衣。以外《ハ》並同《シ》二一位《ノ》服《ニ》一（同右、二一四④）

16、五位以上《ハ》。去《ステヨ》二宝髻及褶舃《ヲ》一。（略）以外《ハ》並同《シ》二礼服《ニ》一（同右、二一七①）

17、唯得レ用二勅旨及便奏一。以外大事。不レ得二施行一（同右、公式令、二五四①）

18、各給《ヘ》二写《ウツス》程《ヲ》一。五十紙以下《ハ》一日程。過《テノ》レ此《レニ》以外《ホカハ》毎《ニ》二五十紙以上一。加《ヘヨ》二一日程《ヲ》一（同右、二五九④）

19、四位以下先《ニ》レ姓《ヲ》後《ニ》レ名《ヲ》。以外《ハ》三位以上直《ハタヽニ》称《セヨ》レ姓《ヲ》（同右、二六一③）

20、大嘗条凡大嘗者毎世《に》一年、国司行事以《よ》外《は》毎年所司行事《よ》（古簡集影令義解、神祇令、四ウ③）（鎌倉時代写本）

21、自今而後。以二蔭子孫一補レ之。其位子者、依レ令簡試、以下容止端正工二於書筭一者上補レ之、但自レ非レ有二別勅一以外。不レ得下妄以二雑色及畿外人一補上之者。今右大臣宣。奉レ勅。除二蔭子孫一以外、一切停補（類聚三代格巻四、一九〇⑥）

以上、二十二例の「以外」の実例を挙げてその意味用法について考察を施した。平安時代中期以前の「以外」は奈良時代と同じ意味用法で用いられていることが明らかになり、それを継承したものと考えられる。また、よみに関しては、資料の制約によって明確に断定できないが、右に引いた例18の「以外」に付いている「ホカ」という傍訓と、また、奈良時代と一致する意味用法とを合わせて考えれば、平安時代中期以前の「以外」は奈良時代と同じく依然として意訳的に訓よみされているのではないかと推定される。また、当時代の「以外」は相変わらず名詞として前句と後句の間に置かれて用いられている。「以外」の後句を見ると、禁止を示す「不得」、程度を示す副詞「尽、悉、並、皆、一切」と共に使用される「以外」が二十二例中の十六例に達していることが分かる。つまり、奈良時代に続いて、平安時代初中期にも後句を取り立てて強く表現しようという傾向が変わることなく見られるのである。かかる傾向は何を意味するのか、この点については後に触れてみたい。

次に平安時代中期以降から院政期までの文献における「以外」のよみと意味用法について検討する。先ず、古記録、古文書等の漢文から拾われた全用例を挙げて考察してみる。

1、被申旨同入道太政大臣、以此旨令申也、内々被命云、若被尋所思之氣色者、以外非道之由所申也、仍可在勅定之由申也（山槐記一、一五七上⑩）

2、而不顧寺領、不憚領主、藤井庄恣打入条、以外非道也（平安遺文八、二九四七上⑥）

cf、而《シカ》ルヲ、汝ヂ、人ノ伝ヘテ可居《キルベ》キ所ヲ、人ヲ愕《オビ》ヤカシテ不令住《スマシメ》ズシテ、押居《オシキ》テ領スル、極《キハメ》テ非道也（今昔物語集巻二十七、五二〇⑭）

例1、2の「以外」は、構文上では以前の時代のような「〜を除く以外（は・の）〜」という構文形式と明らかに違って、情態的な意味の「非道」を修飾して、副詞的な用法で用いられている。用法上の変化に伴って、意味としても以前の時代と変わって、参考例の「極めて」に近いものと考えられる。

3、去頃、件事若被レ仰レ之、不レ可二仰下一之由、職事ともに、兼日被レ仰よと、内々被レ申けるよし、女房説ニテ承侍者也、以外支度也、然者非レ無二其恐一侍者（宇槐記抄中、一八七上⑭）

例3の「以外」も例1、2と同じ副詞的な用法として「支度」を修飾する。「支度」が予想を超えて程度の甚だしいこととなる。つまり、文中の「件事（節会）」に対してその「支度」が予想を超えて程度の並々ならぬこととなる。

4、季長朝臣任二大宮亮一、以外之慶也（玉葉三、七三下⑥）

予想外の尋常ではないという意味として「以外」が用いられている。

5、先例専不聞東大寺領之由、又寺領四至内有公私他領之由、以外僻事也（平安遺文八、二九四八上③）

6、就中板蝿杣者四至内惣名也、而有□西端為笠間川西方之由注置之条、以外謀計也（同右、二九四八上⑯）

7、夜陰、泰親来、有二天変一云々、以外大事、公家重御厄云々（玉葉一、一八上④）

8、凡被二仰下一之旨、不レ能二左右一、別儀候歟、以外御詞等候、内々為二御用意一所レ申也（同右二、四五上⑯）

9、更行二請印一、以外大事也（同右三、一四六下⑤）

10、終日終夜不レ減以外大事也云々（同右、一八八上⑳）

11、以外大事こそ有ものをあふなく被二仰出一にける、尤御後悔也、かくまて被二驚申一以外大事也（同右、二四〇上⑥）

12、今度除目、曽不レ可レ達二叡聞一、仍不レ可レ有二伝奏之人一者、重奏云、此事以外大事候（同右、七八五下⑩）

例5～12の「以外」はいずれも事態を表す「僻事、謀計、大事、御詞」という表現を修飾して、程度の甚だしいことを示すのに用いられている。

以上、平安時代中期以降から院政期にかけての漢文に現れている「以外」の全用例を挙げてその意味用法について考察してみたところ、次のことが判明した。まず用法としては、「～を除く以外（は・の）～」という名詞用法と異なって、副詞的に「以外」に下接する語を修飾する用法が派生してきたと言える。更に「以外」によって修飾されている被修飾語に着目してみると、殆ど非難すべき事態、望ましくない事態を示す表現であるという特徴が見られる。換言すれば、「以外」は副詞的にいつも非難すべき、好ましくない事態を示す表現を修飾するのに用いられている。これは当時代に使用されている程度副詞との弁別的意味特徴の一つとも成り得よう。意味としては、右の意味分析を通して次のように一つに帰納できよう。

・（物事が常識や予想を超えた）程度の甚だしいこと、またそのさま

しかし、このような意味は、上述の如く以前の時代には全く確認できず、新しく誕生したものであると言ってよい。その替わりに、平安時代中期以前に使用されていた、中国語本来の意味を表す「以外」は平安時代中期以降から院政期までの文献にはその存在が認められず、姿を消したように思われる。言い換えると、「以外」は、平安時代中期以降になると、意味の変化が起きたと同時に以前の時代に用いられていた意味が消失したと考えられるので

ある。何故、斯様な変化が生じたのか、この点については後に考えてみたい。

さて、「以外」に意味変化が起きて、平安時代中期以前まで使用されていた意味が消えたことによって生じてくるその意味の空白は如何にして補充されているのか。即ち、「以外」の替わりにどういう表現が用いられているのか。これについて、次に用例を挙げながら考える。

先ず、『台記』において本来の「以外」の意味を示すのに如何なる表現が使用されているのか、次の用例を見よう。

・乗レ車、前駆聞進参、顕憲、俊通来、仮随身武道、下臈公春外、又無二来人一、路間、前駆多来（台記一、一一上①）

のように、「外」という語が本来の「以外」の「～を除くその他～」という意味を表現するのではないかと考えられる。つまり、「下臈公春のほかは、又来人無し」と解せられる。

・勅曰、早可レ参、即参二向八省一、土御門大納言、左武衛之外、卿相不参、次第存二恒例一（同右三、八三上⑮）

・巳刻参レ官、依二列見一、中納言公能、季成卿、参議経定朝臣之外、上達部不参、少納言三人参、右大弁俊雅朝臣、左中弁資信朝臣之外、弁官不参（同右六、一七四上⑫）

・午三刻着聴、蔵人式部丞成佐着二青色一、自餘式部丞皆称レ障不参、仍用レ代、此外無レ代（同右六、一七四上⑲）

のように、「之外」「此外」という表現が「～を除くその他～」という「以外」の本来の意味を示していることが分かる。

右の用例で明らかになるように、『台記』では、意味の変化のために消失した「以外」の本来の意味は、「外」「之外」「此外」等のような表現によって表されている。つまり、「以外」の意味変化による空白が「外」「之外」「此外」によって補足されていると言える。これは『台記』に止まらず、当時代の他の文献においても同じことが

言える。例えば、

・長曰御修法之外聖人百口供料為御沙汰之由、令覚悟、其外御祈不審思食者（平安遺文十、三八八三上①）

・此外弁官殿上人少々来（玉葉二、一下⑨）

・各自由之誡、天鑑如何、此外或見病（同右三、四一〇上⑲）

とあるように「之外」或いは「外」が指示代名詞に下接する表現―「此外」「其外」が「以外」の替わりに用いられている。但し、これまでの時代に多用されていた「除〜以外〜」という構文形式が「除〜（之・此・其）外〜」のように変形して継受されることはなかったようである。いわば、「除〜以外〜」という構文形式も「以外」の意味変化と共に姿が見えなくなったのではないかと推測される。それでは、意味が変化し、本来の意味が消えてしまったというような「以外」は、果たして以前の時代と同じように訓まれているのであるか。さもなければ、一体如何に訓まれるのか。更に、よみと意味変化との間に何かの因果関係が存在していないだろうか。以下、これらの点について考察を進める。先ず、意味の変化した「以外」のよみについて考えよう。原則として漢字のみで表記してある古記録、古文書等の漢文では個々の単語のよみを決定するのが困難である。ここで「以外」のよみを明らかにするために、先ず、第一に考えられる方法は当時の書記言語生活に用いる言葉を蒐集した好資料の『三巻本色葉字類抄』を調べることである。しかし、当辞書には「以外」という語が登録されていないため、「以外」のよみの確定は不可能である。そこで、次に考えられるのは、ほぼ同時代か或いは聊か下った時代に抄写または加点された文献に目を向け、それらを調査して、そこからよみを解明する手がかりを求める方法である。今回調査したところでは、中山法華経寺蔵本『三教指帰注』から次のような用例を検出できた。本文書写の時期については、院政末期(5)ではないかと推定されている。今回当文献から見出した例は語句の注解のところに現れているものである。それを挙げてみよう。

1、詞非殺将《(ト)》 云《(フ)ハ》 大唐盧《(魯)ニロノ》忠《(仲)ト》連云《(ヒ)シ》 モノハ高名文《ノ》武共物《ノ(者)》也、者《(物)》書（ノ）武者也、時寮《(聊)ニレウセイト》城 云《(ヒ)シ》 城《ヲ》トシニ行ク、時《ニ》城内以《テノ》外《ニ》コハシ、ヲトスヘキ様更無《ニシ》（中山法華経寺蔵本三教指帰注、十三ウ③）

cf、斉田単攻聊城歳餘士卒多死而聊城不下魯仲連乃為書約之矢以射城中（史記、魯仲連鄒陽列傳）

cf、筆謝除痾。詞非殺将（三教指帰巻上）

参考例を見ると、分かるように、「以テノ外」は「詞非殺将」という語句について行われている注釈文に見えているため、もとの『三教指帰』にも、その語句の出典となる『史記』にも存在しない。但し、その注解は、『史記』の魯仲連鄒陽列傳を参考にして成されたように見える。つまり、『史記』の「聊城不下」ということについて、「ヲトスヘキ様更ニ無シ」と解釈してある。「城内以テノ外ニコハシ」は、何故「聊城不下」なのか、という理由を述べていると考えられる。そこから推して、「コハシ」を修飾する「以テノ外」は副詞として程度の甚だしいことを示すのに用いられていると看取される。意味といい、用法といい、「以テノ外」は、上述の意味の変化した「以外」と一致するところを見せている。とはいえ、「以外」と「以テノ外」との間には、表記上の相違が存していることは否めないため、直ちに「以外」は「以テノ外」と訓むと断定しかねる。つまり、「以外」のよみについては依然として不明の点が残っていると言える。それを解明すべく、次に時代の下った例を挙げてみよう。

2、アナカチニ歎中人アレハ心ヨハク此計〳〵と度々被申ケルホトニ以外ニ大ナル事ニイロヒテ（慶長十年古活字本沙石集巻六、二九七左⑦）

2′、アナガチニ歎中人アレバ、心ヨハク、「此斗〳〵」ト度々ニ被レ申ケル程ニ、以外ニ大ナル事ニイロヒ被レ申ケル時（日本古典文学大系本沙石集巻九、三九二⑭。傍注略）

2″、アナカチニ歎《ナゲキ》中人アレハ、心ヨハク、是計《コレハカリ》々々度々《と、》申サレケル程ニ、以《モツテ》ノ外《ホカ》ニ大事ニイロイ申サレケル時（米沢本沙石集（室町中期以後写本）巻七、二四一②）

のように、漢字表記の「以外」「以ノ外」は例2″の傍訓によって「モッテノホカ」と訓まれていたことが推定できることになる。更に、その用法と意味を見れば、例1の「以テノ外」と同様に、「ニ」を伴う副詞的な用法で、程度の甚だしいことを表していると考えられる。従って、例1の「以テノ外」も、またそれと意味用法が同じである、漢字表記の「以外」も「モ（ツ）テノホカ」と訓まれていたことになると判断されても大過なかろう。

平安時代中期以前の「以外」は上述のように意訳的に「以」字が訓まれずにいたのに対して、平安時代中期以降から院政期までの「以外」は即字的に「以」字が訓まれるようになったと言えよう。「以外」の即字的な訓よみは「以テノ故」と一脈相通じるものであろう。

尚、「以外」が「モ（ツ）テノホカ」と訓まれることについては、鎌倉時代の和漢混淆文の例、室町時代初期に記録された公家日記『後愚昧記』に現れた仮名交り文の書状、及び古辞書に徴して傍証され得よう。それらを掲げてみる。

3、タ、仏ハ菩提樹下ニテ覚リ、ウチ開ケテワタラセ給カト思ヘハ以テノ外ノ事相アリケナリ云々（光言句義釈聴集記下、二四八）

4、御同朋達モテノホカニアラソヒタマヒテイカテカ（歎異抄下、一六三）

5、畏てうけたまハリ候ぬ、もろかこの程痢病もての外に候て（後愚昧記三、六一②）

6、そのゝちもろ香咳気喘息もての外候、只今平臥仕候へく候（同右、一四三①）

以外《モテノホカ》（温故知新書、二二七⑤）

以外《モテノホカ》（明応五年本節用集、二二四③）

以外《モテノホか》（文明本節用集、一〇六九④）

以外《イグワイ》《モッテノホカ》（易林本節用集、二三一③）

以上の考察を通して、平安時代中期以降から院政期までの「以外」は、そのよみがそれ以前の時代と異なっていることが明白となる。当時代の「以外」に、以前の時代と意味の変化が生じたのはそのよみの違いに起因するであろうと考えられる。つまり、同じ漢字で表記される「以外」は、そのよみが時代によって変わり、また、よみの変化に伴って意味と用法の変化も起きたのである。尚、「程度の甚だしいこと」という意味が新たに発生した土台は、平安時代中期以前に、後句を取り立てて言おうとする「以外」が多用されていることにあるのではないかと考えられる。

さて、鎌倉時代の文献における「以外」はどのように用いられているのか。また、以前の時代と如何なる関係を持っているのか。以下、これらの点について検討してみたい。

ウ鎌倉時代

鎌倉時代に入ると、いままで古記録、古文書などのような漢文に偏用されていた「以外」は、漢文はもちろんのこと、和漢混淆文にも多用されるようになる。つまり、その使用範囲が以前の時代より拡大したと言えよう。それのみならず、使用範囲の拡大に伴って使用量も増加したように見える。それは次頁の表から伺える。

先ず、古記録、古文書などのような漢文における「以外」の意味用法について『鎌倉遺文』から検出できた用例を中心に考察する。

1、一々ニ以外ノヒカコトニテ候（鎌倉遺文三、六三上②）

2、不随神主所勘之条、以外濫妨也（同右、三三一上⑬）

3、衆徒御返事以外ニ院ハ御腹立候也（同右四、九七上②）

4、不法之至以外候歟（同右七、三一下⑦）

表

用例数	文献	文章ジャンル
2	三長記	漢文
6	平戸記	
1	岡屋関白記	
7	高山寺古文書	
9	高野山文書（1、4）	
328	鎌倉遺文	
1	百錬抄	
7	吾妻鏡	
1	御慶往来	
1	尺素往来	
1	中山法華経寺蔵本三教指帰注	和漢混淆文
1	富家語	
12	明恵上人夢記	
1	光言句義釈聴集記	
8	覚一本平家物語	
1	古今著聞集	
3	歎異抄	
1	沙石集	
391	計	

5、号加徴米代農牛二頭馬二疋令押取歟、如状者、忽諸国威致狼藉之条、以外濫吹也（同右七、一九二上⑰）

6、衆徒騒動以外候歟（同右、二二三下②）

7、条々訴申書状知此、事実候者、以外狼籍候歟（同右八、一四七下⑪）

8、而近日連々盗犯以外也（同右、二七一上⑩）

9、而今押領椎尾、（略）訴申之条以外不当悪逆也（同右、二九三下⑥）

10、今度所労以外大事候（同右九、四一一上⑨）

とあるように、例1、4、6、8を除いてその他の六例の「以外」は、全部それに下接する語を修飾して、副詞的な用法で用いられている。が、例4、6、8のみが他の例と異なり、「也、候」と結合して述語文を構成している。斯様な用法の「以外」は以前の時代には見えなかったらしい。更に、意味を考えると、そのいずれも平安時代中期以降の「以外」と同じ意味で、「(予想や常識を超えた)程度の甚だしいこと、またそのさま」を表す。残りの漢文における「以外」を考察してみたところ、意味と用法が『鎌倉遺文』の「以外」と同じであるように思われる。但し、下記の例の如く、平安時代中期まで使用されていた、本来の意味を示す「除～以外～」は『鎌倉遺文』にのみ一例検出できた。多くの場合は後に触れたように寧ろ「以外」の使用を避けたようである。

・日本国一切念仏衆元祖法然上人選択集、自除浄土三部以外、一代聖教、所謂法華経・大日経・大般若経一切大小経を書上て(鎌倉遺文十四、七七上②)

尚、上掲した例のように、『鎌倉遺文』の「以外」に修飾されている被修飾語に注目すれば、「ヒカコト」「濫妨」「濫吹」「狼藉」「不当悪逆」といったような非難すべき、悪しき出来事、望ましくない事態が三二八例中の三割を占め、その多出振りを見せている。残りの漢文の「以外」の用例にも同じことが言えよう。この点も平安時代中期以降の「以外」と一致しているように見える。ところが、同じ『鎌倉遺文』には悪事どころか、好ましい物事についてその甚だしい程度を表す「以外」も見られた。

11、抑十切給預候了、不思寄候事歟、御芳志以外候々々、馳筆候了(同右十、四一一上⑤)

12、九日御参彼岸所御所之事、女院以外被悦申候、御至孝之至候歟(同右七、二一四下⑦)

鎌倉時代の漢文における「以外」は、以前の時代と同様に、漢字で表記されているため、そのよみが不明であるが、意味にしろ用法にしろ、已によみが明らかになっている平安時代中期以降のそれを踏襲していることから考えれば、平安時代中期以降の「以外」と同じように訓まれていると推定される。

それでは、管見に及んだ鎌倉時代の漢文では、上記の一例しか確認できなかった原義の「以外」を除いては、残りの「以外」が全て変化した意味として使われているため、本来の「以外」の意味が如何なる表現によって表出されるのか、次の用例を挙げてみよう。

・自他心已如此、迷惑外無治術（岡屋関白記、二九九①）
・今已聞此事、仰天伏地、迷惑之外無他耳（平戸記一、二二〇下⑥）
・偏是依朝務之得失事也、此外無治術歟者（同右、五九下⑦）
・各申状昨日到来、（略）其外不審事出来（同右、九一下①）
の如く、「以外」の意味変化によって生じた欠落が平安時代中期以降と変わることなく、「外、之外、此外、其外」などのような表現で補充されていると言えよう。

続いて、和漢混淆文における「以外」について、『覚一本平家物語』から検出できた八例の「以外」を挙げてその意味用法などを考える。
1、素絹の衣のみじからかなるに、白き大口ふみくゝみ、ひじりづかの刀をしくつろげてさすまゝに、以外いかれるけしきにて、大納言をしばしにらまへ（覚一本平家物語巻二、一五七④）
2、これらをめしぐして、院御所法住寺殿を守護しまいらせ候はば、さすが以外の御大事でこそ候はんずらめ（同右、一七四⑦）
3、今井四郎申けるは「是こそ以外の御大事で候へ。さればとて十善帝王にむかいまいらせて、争か御合戦候べき……」と申せば（同右巻八、一五二⑨）
4、院中のきりものに西光法師といふ者あり。境節御前ちかう候けるが、「天に口なし、にんをも（ツ）ていはせよと申。平家以外に過分に候あひだ、天の御ぱからひに」とぞ申ける（同右巻一、一一四⑮）
cf、西光法師折節御前近く候けるが天に口なし、人代ていへり驕て無礼なるは天罰の徴なり、清盛以外に過分也（源平盛衰記巻二、五六⑭）
5、鳥羽院の御時も、季教・季頼父子ともに朝家にめしつかはれ、（略）此御時の北面の輩は以外に過分にて、

公卿殿上人をも者ともせず。礼儀礼節もなし（覚一本平家物語巻一、一二六④）

6、西光法師申けるは、「山門の大衆みだりがはしきう（ッ）たへ仕事、今にはじめずと申ながら、今度は以外に覚候。……」とぞ申しける（同右巻二、一五〇②）

7、美作守綸言を蒙て頼豪が宿坊に行むかひ、勅定の趣を仰含めんとするに、以外にふすぼ（ッ）たる持仏堂にたてごもり、おそろしげなるこゑして（同右巻三、二二六②）

8、「今度の地震、占文のさす所、其慎みかろからず。当道三経の中に、根器経の説を見候に、「年をえては年を出ず、月をえては月を出ず、日をえては日を出ず」とみえて候。以外に火急候」とて、はら〳〵とぞ泣ける（同右、二五〇⑥）

cf、其夜の大地震、占文の指所不ㇾ斜重く見え侍り、世は唯今失なんず、こはいかゞ仕るべき、以外に火急に侍りとて聽はら〳〵と泣けり（源平盛衰記巻十一、三六九⑫）

例2、3の「以外」は連体修飾の働きで名詞的な用法として用いられているのに対して、例4～8の「以外」は「に」を伴って副詞的に連用修飾の職能を成している。例1の「以外」は「に」は伴っていないが、文脈上から副詞的な用法で「いかれる」を修飾することが明白となる。意味を検討してみると、いずれも当時代の漢文における「以外」と同じ意味で用いられていると考えられる。[6] 院政期まで書記言語として使用されていた「以外」は、和漢混淆文においては右の例から明らかになるように、会話文に使われていて、日常的用語に変身したのではないかと思われる。残りの和漢混淆文に現れている「以外」の意味用法について考察してみたが、そのいずれも上記の『平家物語』の「以外」と同じように考えられる。ところが、「～を除くその他～」という本来の意味を示す「以外」は同時代の漢文と同じ傾向を呈して一例も検出できなかった。亦、「以外」によって修飾されている被修飾語の示す事態も依然として非難すべき、望ましくない場合が多いという特徴を見せている。和漢混淆文における「以外」

は、漢字表記のため、そのよみについては定かでないが、意味用法から推して当時代の漢文と変わることなく、「モ（ツ）テノホカ」と訓まれていると考えられよう。和漢混淆文を構成する語彙と言えば、和文語、漢文語、記録語及び当時の俗語からなると言われるが、和漢混淆文に使用されている「以外」は、漢字表記とはいうものの、直接中国語からではなく、既によみと意味用法の変化が生じ、古文書、古記録等のような漢文のみに用いられて記録語に変身した「以外」を摂取したものである。「以外《モ(ツ)テノホカ》」は、記録語という素姓のため、鎌倉時代の和文はもとより、平安時代の和文での使用も到底許されなかったわけであろう。

さて、和漢混淆文では、「～を除くその他～」という本来の「以外」の意味は如何にして表現されているのか。その点については次に挙げる例から明らかになる。

・常住之人《ノ》外《ニ》客増加ト思フ（明恵上人夢記十、六オ①）

・其布施《ニ》金三両アリ、又其外《ノ》物等在之（同右十、二十五ウ⑥）

・モロモロノ正教ハ本願ヲ信シ念仏ヲマフサハ仏ニナルソノホカナニノ学問カハ往生ノ要ナルヘキヤ（歎異抄、二四上208）

・ヒトヘニ往生極楽ノミチヲトヒキカンカタメナリシカルニ念仏ヨリホカニ往生ノミチヲモ存知シ（同右、一一上⑲）

のように、「外、ホカ」「其外、ソノホカ」などのような表現が「以外」の本来の意味を表し、その意味変化による空白を補完することになる。だが、「除～（之・此・其）外」という構文形式は確認できなかった。但し、右の例の如き「～ヨリホカ」という構文形式が見られる。これは当時代及びそれ以前の時代の漢文には見えないもので、和漢混淆文の特徴を反映しているのではないかと考えられる。が、実は「～ヨリホカ」という表現が既に平安時代の和文に登場して、和漢混淆文のそれは恐らく和文から継受したものであろうと推測される。亦、和文からは「～を除くその他〜」という意味を示す漢字表記の「以外」の用例を検出できなかったので、その意味を表すのに「〜ヨリホカ」などの表現が「以外」の替わりに使用されていたのであろう。

・ほともなくもとの御位あらたまりて数よりほかの権大納言になり給（源氏物語、明石、四七六③）

・ひぐらしの鳴く山里の夕暮れは風よりほかにとふ人もなし（古今和歌集、秋上、二〇五番歌）

・花よりほかに知る人もなし（金葉和歌集、雑部上、五二一番歌）

とあるように、和漢混淆文における「〜ヨリホカ」はそれに由来を求めることが出来よう。

以上、鎌倉時代の文献における「以外」を検討した結果、次のことが判明した。当時代の「以外」は、平安時代中期以降のそれと同様に、「モ（ツ）テノホカ」と即字的に訓よみされて、平安時代中期以前のよみと異なっている。斯様なよみの相違によって、意味上の差異も相変わらず存続している。意味に止まらず、用法上の異同も引き続き存在している。

さて、このような相違は、室町時代になっても鎌倉時代の如くそのまま残存するのか。以下それについて考えてみよう。

エ室町時代

今回管見に入った室町時代の文献における「以外」は、漢文と和漢混淆文を問わず、そのよみと意味用法とが鎌倉時代のそれと変わらずに用いられている。いわば、鎌倉時代の「以外」をそのまま継承していると言えよう。それは次に列挙する「以外」の用例と、上掲したこの時代に成立した古辞書から察知される。例えば、『後愚昧記』（一三六一〜一三九四）から五十例もの「以外」を見出すことが出来たが、いずれも鎌倉時代のそれと同じように用いられている。

1、（十一月）四日、今夜行幸還御也、（略）冷然以外歟（後愚昧記一、九六⑥）

2、院御薬通氏卿一人参仕云々、以外冷然歟（同右二、一〇三⑭）

3、此外小童即申入候ツ、猶々国便宜難被過事候歟、遅々以外候（同右、一三六⑤）

4、経重彼子息進而受取之、即可進之処、以外遅々、衆人不為可云々、経重未練之所致歟（同右、三九①）

5、曼陀羅供故被引上候哉、計会以外候（同右、一六九⑬）

cf、まかせて御沙汰にて候へきよしおほへられ候、計会無極候（同右三、一四四①）

とあるが如く、「以外」の意味は参考例の「無極」と類似して、程度の甚だしいことを表すと考えられる。用法としては、例2、4は副詞的に連用修飾という働きで用いられている。それに対して例1、3、5は「歟」「候」と共に述語文を構成している。本来の「～を除くその他～」という意味を示す「以外」は依然として見当たらなかった。その「以外」の替わりに以前の時代と同様に「外、之外、此外、其外」などのような表現が用いられている。例えば、

・如此題目等、付内外一向憑申外無他候（後愚昧記四、二一三①）

・入唐被伝受此之外、他門更不伝之（同右一、三八⑦）

・親王、摂家已如此候、其外事中々雖不及申候（同右、一〇〇②）

・凡今度執筆心地よくも不候歟、此外以外僻事に候て（同右二、一九八②）

となるが、特に右の最後の例では「此外」と「以外」とが併用されているところから両者の意味が違っていることが明らかである。記録者は意識的に使い分けているように思われる。

同時代の和漢混淆文における「以外」を見ても右の漢文と同じように用いられていると判断される。それは次に挙げる『義経記』の全用例に徴して明らかになると思われる。

1、十五と申（す）秋のころより学問のこころ以《もつ》ての外《ほか》に変りけり（義経記、四一⑩）
2、勧め給ひたる事以《もつ》ての外《ほか》に覚え候に、人を付けて都まで送られ候ひけるは（同右、二六八⑪）
3、喜三太申（し）けるは、「敵射殺すこそ安けれ、生きながら取れと仰（せ）蒙り候こそ、以ての外の大事なれ、さりながらも」とて（同右、一六七②）

のように、例1、2は「に」を伴う副詞的用法、例3は連体修飾の働きであるが、意味としては三例とも右に挙げた漢文の「以外」と同じである。尚、「〜を除くその他〜」という本来の「以外」の意味を示すのにも以前の時代と同様に「外」などの表現が用いられている。それは次の用例から分かることである。

・女泣くより外の事ぞなき（義経記、七七⑫）
・年来の宿望を遂げんと欲する外は他事なし（同右、一四八②）
・此人々はみな流石に優なる御事にてぞおはしける、その外静などを始として白拍子五人、惣じて十一人、一つ船に乗り給へる（同右、一七七⑥）

とあるように、「以外」の意味変化によって生じた空白が「外、その外」などによって補われていることが明瞭となる。室町時代における「以外」のよみと意味用法については、右のような文献以外に次に挙げる『邦訳日葡辞書』の記述からも察知できる。

　Motteno foca. モッテノホカ（以ての外）副詞．大きな（こと），または，並外れた（こと）（四二五）

と記されている。室町時代の「以外」は、鎌倉時代と同様に平安時代中期以降の「以外《モ（ツ）テノホカ》」を受け継ぎ、平安時代中期以前の意訳的に訓よみされていた「以外」と意味用法が異なって、本来の意味から変化した意味のみが用いられている。

むすび

以上、中日両国語における「以外」のよみと意味用法についての考察から明らかになった点を簡単に纏めて言えば、次のようになる。「以外」という表現は、夙に奈良時代文献に登場しており、日本語への進入の早かったことを物語る。が、中国語出自という素姓のため、和文への流入が出来ず、漢文と和漢混淆文にのみ用いられて、文章ジャンルによる使用上の偏りが認められる。また、時代によって、よみの違いが生じ、いわば、よみ上の時代差も見られた。更に、そのよみの変化のため、出自となる中国語と異なる意味も誕生して、意味の変化が起きたのである。具体的に見ると、奈良時代から平安時代中期頃までの「以外」は、元来の中国語の意味のままで用いられていた。また、よみも本来の中国語と同様に「以」字が「不為義」のため、不読としてその下に承接する「外」字を中心に、「ホカ、ソノホカ」という所謂意訳的に訓まれていたと考えられる。しかし、時代が平安時代中期以降になると、「以外」は、表記は変化を見せてはいないものの、以前の時代には見えなかった新しい意味が生じるようになった。それのみならず、変化した意味だけで用いられ、却って本来の意味の存在は確認できかねる事象も同時に発生した。この状態は平安時代中期以降から室町時代にかけて継続していた。逆に平安時代中期以前に存在していた「以外」の本来の意味は他の表現に代替されて、その不在による空白が補完される。

尚、「以外」のこのような意味変化はそのよみの変化と共に生起したのである。つまり、平安時代中期以前の「以外」は意訳的に訓まれていたが、それ以降になると、「モ（ツ）テノホカ」と即字的に訓よみされるようになったため、その意味の変化を引き起こさせたのである。換言すれば、「以外」の意味変化はそのよみの変化に起因するものである。平安時代中期以降から室町時代までの「以外」は変わることなく「モ（ツ）テノホカ」と訓まれている。これは「以外」が変化した意味のみで用いられることと相通じることである。

よみによる「以外」の意味の違いは江戸時代になっても変わらないように思われるが、近世の終わり頃からか「イグワイ」という即字的音よみが登場するようになったのではないかと推測される。[7] 但し、決して「イグワイ」という新しいよみの出現によって、「モ（ツ）テノホカ」は消えたわけではなく、両者が共存することになる。それは両者の示す意味がそれぞれ異なるためであろう。即ち、「イグワイ」は、平安時代中期以前の「以外」の「〜を除くその他〜」という意味とは一致するが、平安時代中期以前の「以」字が不読であるという点では相違している。一方、「モ（ツ）テノホカ」は以前の時代の意味のままで用いられている。「以外」は、漢字表記は不変であるが、よみによって意味が変化して、意味の違いが生じたと看取される。

注

（1）（清）劉淇『助字弁略』（中華書局、一九五四、第一版）

（2）楊樹達『詞詮』（上海古籍出版社、一九九六）

（3）「〔以外〕イグワイ　このほか。其の他。特に明示した物ごとよりほか」（『大漢和辞典』（諸橋轍次、大修館書店）六二一頁）とあるように、（二）の意味のみとなり、（一）の意味は記述されていない。

（4）柏原司郎「『焼けない前』と『焼けぬ先』と」（『語学文学』十、昭四十七・三）

（5）小林芳規「国語史研究資料としての中山法華経寺本三教指帰注」（『中山法華経蔵本三教指帰注総索引及び研究』築島裕・小林芳規、武蔵野書院、昭五十）に、「本文書写の時期は、奥書・識語からは分らないが、漢字々体、片仮名字体（別表）・踊字の形態などから見て、院政末期と考えられ、遅くとも鎌倉初期を降らないと認められる」という指摘がある。

（6）「〔三七〕もってのほか＝格別「国語辞書」「広辞苑」にはこの語を「思ひのほか」「意外」と解釈しているが、この語は、程度が烈しくちがうことを表わす語で、「格別」と解すべきであろう」（金田一春彦「平家語釈僻案抄」、『名古屋大学国語国文学』第2号、昭三十四・六）という指摘がある。

（7）「改正増補和英語林集成「コノイタベイヨリ Igwai（イグヮイ）」、山陽遺稿―即事「坐久隣楼人語罷。一燈以外夜茫茫」」と（『日本国語大辞典』（第二版）一の見出し語「いがい」より）ある。

結語

漢語の意味変化を引き起こす要因は多岐に亘るが、第一節と第二節において考究を施したように、その中には「形態による意味変化」が存することが明らかになった。つまり、音韻によるものとしては、「仰天」と「以外」のように、表記は一致するが、よみ（音よみと訓よみ）の違いによって意味変化が生じる場合、又、「心地」「神心」及び「元気」のように、音韻の類似や近接によって表記上の相違が発生したと共に意味変化が生じる場合等が考えられる。このような音韻に起因する意味変化は和語等と違った特質を見せて漢語の意味変化を考える上で看過できない研究課題であり、一つの類型として認定されるべきであろう。

第三節　語法による意味変化

「形態による意味変化」に対して、語法によるものとしては、名詞或いは連語形式がサ変動詞、形容動詞、副詞等に変わるといった品詞上の変化によって意味変化が生じる場合も考えられる。

漢語は舶来ものとして、本来は外来語のカテゴリーに入れられるべきでありながら、外来語とは別扱いされて和語同然たるものとされるのが多い。その理由としては漢語が量的にも和語に勝るとも劣らないほど極めて多く使用されており、日本語語彙に溶け込み、その他に取って変わらない存在となっているということも挙げられる。但し、漢語は単に莫大な量と最高な比重を占めているのみならず、質的にも日本語語彙史の中で特異な位置を獲得しているように思われる。

漢語が日本語に摂取されてくる場合、先ず体言的なものとして先に受容されてくることは自然たる流れである[1]。実際にも体言として受け入れられている漢語の占める割合は頗る高いとされる。最多の量に見合うように意味変化の生じたのも他の品詞より体言の方が一番多いであろう。上述した各章の例からもその一斑が窺える。体言に次いで動詞として受け入れられたものが挙げられる。所謂漢語サ変動詞である。漢語サ変動詞として受容されたものは、体言より日本語に同化している度合が一層高いと看取される。そこで、如何なる作品、文献等でどの程度に漢語サ変動詞が使われているかということは夙に注目されて研究も大いに進められている[2]。亦、サ変動詞化によって本来の中国語との意味変化についての研究も多く行われている。「漢語の中では比較的研究の進んだ分野であると言えよう[3]」との指摘からも示唆される。従って、ここでは漢語サ変動詞についての考究を割愛して、先学研究に委ねることとする。一方、漢語が形容動詞として日本語に採用されていることも少なくない。しかし、本当に形容動詞として確立しているか否かについては、判断し難いものも多いように見える。形容動詞という品詞を認めかねるという立場はともかくとしても、体言及びその他のものとして区別し難い場合も多いことは否めないであろう。

そのような視点に立って、副詞化した漢語、いわば日本語に摂取されて副詞になった漢語というものは形容動詞等と比してはやや異なった側面を持っているように思われる。その中で品詞の変化に伴って元来の中国語との意味変化が起こる漢語も数多く登場してきた。漢語副詞といっても、情態副詞等には和語では表現し得ない使い分けのあるものもあるが、程度副詞や陳述副詞には和語で置き換えられるはずのものも少なくないのである。漢語副詞として用いられているものには日本語の中に溶け込んでいて和語との弁別の付き難いものが少なからず存在している。漢語と外来語との区別について前述したように、外来語の場合も「ハッピーに」とか「ラッキーに」とかのような形で用いられないわけではないが、副詞としての用法はあまり一般的ではないという点においても、漢語とは相違っていると言ってよかろう。

ここで考究の対象として取り上げる漢語副詞はいうまでもなく元来中国語において副詞ではなく日本語に進入して副詞に変身した漢語を指す。斯様な品詞の変化によって出自の中国語との意味変化も伴ってくる。(4) このような意味変化を語法による変化と称する。

注

（1）「概念や思想を言葉とともに受け入れるわけであるから、最も取り入れやすいものは体言的なものであるといえる」。（鳴海伸一『日本語における漢語の変容の研究—副詞化を中心として—』序論六頁、ひつじ書房、平二十七）

（2）漢語サ変動詞については、佐藤武義「中古の物語における漢語サ変動詞」（『国語学研究』3、昭三十八・六）、櫻井光昭「今昔物語集の漢語サ変」(『国語学』48、昭三十七・三) 等、優れた先学研究が多く数えられる。
(3) 前田富祺「漢語副詞の変遷」(『国語語彙史の研究四』和泉書院、昭五十八)
(4) 漢語の副詞化による意味変化について数多くの研究成果が上げられるが、中では、就中共時論的と通時論的という研究方法を踏まえて研究されたのが前田富祺「漢語副詞の変遷」(注3)、鳴海伸一『日本語における漢語の変容の研究―副詞化を中心として―』(注1) であると特筆すべきものである。

第一項「随分」について

はじめに

漢語副詞の分類は、語形態を中心とすることとし、助詞が付かず漢語単独で副詞として使われるもの―裸型、助詞「に」が付く(「にして」も含める)もの―ニ型、助詞「と」がつく(「として」も含める)もの―ト型、その他、と分かつことが出来る。亦、同一の漢語副詞は、通時的に見る場合一つ以上の型として表出されることも考えられる。

以下、先ず「随分」は漢語か否か、又そのよみについて検討する。(1)「随分」は字音よみで、漢語であることが下記の古辞書と訓点資料から明らかになる。

随分《スイフン》(前田本色葉字類抄下、畳字、百二十オ⑦)
随分《ズイブン》(饅頭屋本節用集、一七八⑤)

明時哀《アイ》‐憐《レンシ》而《て》不レ賜《サランタマハ》二随‐分之官《を》一哉《ヤ》（久遠寺蔵本朝文粋巻六、二二七⑤。平仮名はヲコト点。以下同）

とあるように、『久遠寺蔵本朝文粋』の「随‐分」に付いている音合符が呉音よみを示すものであることが分かる。

尚、「随分」の呉音と漢音とのよみについては次の呉音よみと漢音よみの資料からも判明する。

法華経音訓
随《スイ》（去声濁点）シタカウ（フ）（2943）　分《フン》（平声濁点）ワカツ　ワカル（3053）

長承本蒙求
蕭芝《セウシ》雉《チ》随《スイ》（平声点）（9）　陸賈《リクカ》分《フン》（平声点）嚢（139）

の如く、「ズイブン」は明らかに呉音よみである。

「随分」は漢語であることと呉音よみとなることが右の考察で明白となる。次項では「随分」の出自である中国文献に目を注ぎ、その意味用法を巡って勘案する。

（一）中国文献における「随分」

中国文献を時代別、文章ジャンル別に調べた結果、「随分」はどの文章ジャンルからも使用例を見出すことが出来た。亦、時代から見れば、唐の時代の韻文にその所在が多く見られて、時代差が認められるようである。[2] 就中、『白氏文集』からは十六例も検出できて、個人の偏りがあるように思われる。外典より内典である仏典資料においては「随分」の使用量が際立っている。[3] 次に「随分」の用例を挙げつつその意味用法を検討する。

1、象曰地勢坤君子以厚徳載物。〔疏〕正義曰君子用此地之厚徳容載万物。言君子者、亦包公卿諸侯之等、但厚徳載物、随分多少、非如至聖載物之極也（十三経注疏、周易、坤、一九上⑤）

「随分」は「分に随う」というように、語形式としてというよりも句的な形式として用いられているように思われる。それは後項の日本語において「随レ分ニ」と訓読されていることからも示唆される。例1の文意としては「君子たるものはこの坤の順厚の象に法って自らその徳を積み重ねて深く厚くし万民を載せ安ずることを心掛けるものである」と解される。唐孔潁達疏にある「随分」はそれと共起する「多少」から推して（君子の徳の）分に応じるという意味を表すと考えられる。

2、謂繁与略、随分所好（文心雕龍七、第三十二篇鎔裁）

「随分」の用法としては例1と同様に句的な形で用いる。意味は（文章の繁と略は作者の好みの）度合、多少に応じるということを示す。(4)

3、盈盈一尺水、浩浩千丈河、勿言小大異、随分有風波、閨房猶復爾、邦国当如何（白氏文集、諷諭二、続古詩十首）

文意としては「一尺の流れでも千丈の河でも大小の差異なく、各々の分相応に風波が立つ」と解される。「随分」は句的な形式という用法として（それぞれの大小の）分に見合ってそれなり、いわば分相応のことを表す。

4、春去有来日我老無少《ワカキ》時人生待《テ》富貴《ヲ》為《スト》楽《ヲ》常《ニ》苦遅《コトヲ》　不如貧賤日随分《ナフサナフサ》開《ニハ》愁《ノ》眉《ヲ》（金沢文庫本白氏文集六、一〇〇②）

「富貴になってから楽しもうなどと思っていると終に楽しむことはできなくなる。それ故貧賤の時でも自分の身分に応じて気晴らしをするがよい」との文意となるが、「随分」は（貧賤のことに束縛されずに随意という意味をも内含する）身分相応ということを表すと考えられる。これは「随分」に付した「ナフサナフサ」という和訓の示す意味からも察知される。「随分」に対しての和訓は下記の『観智院本類聚名義抄』に掲載されている。

随分　ナフサ丶丶（仏下末、二七②）

尚、「ナフサナフサ」の「身分相応」という意味は下記の例からも見て取れる。

・あはれなるなふさなふさの思ひかななほざりながら人に知れつつ（高松宮本千五百番歌合、一四九五番歌、慈円）

・随分《ナフサナフサノ》　管絃還《ハ》自《ラ》足《レリ》、等閑《サリカテラノ》篇《ヘン》詠《ハ》被《タリ》レ人《ニ》知《ラ》（内閣文庫蔵和漢朗詠集下巻、白居易、重答劉和州二十四）

5、不覓他人愛、唯将自性便、等閑栽樹木、随分占風煙（白氏文集、新昌新居書事四十韻因寄元郎中張博士）

「随分」は（人に如何に思われても気にせずに自分の）身の程に従ってという意味として用いる。つまり、分限に応じて随意に風情を添えたりすると解される。

6、随己所有、而能与之、如是施者、名随分施（大正新修大蔵経三十二冊、福蓋正行所集経七、七三一b⑲）

「随分」は前文の「随己所有」の意味を合わせて考えると、自己所有の分、いわば持ち分に応じるということを示していると理解される。自分の持ち分に相応しく布施するという文意となる。

7、若尓出家尼衆利養全稀所在居寺多無衆食若不随分経求活命無路（南海寄帰内法傳二、一四⑳）

cf、若（し）尓（ら）は出家の尼衆は利養全く稀《スクナ》シ所在の居寺多く衆食無（し）若（し）随分《ナフサナフサ》に経求セ不（ず）は命を活すること路《トコロ》無ケム（天理図書館蔵南海寄帰内法傳、平安後期点。片仮名は傍注、平仮名はヲコト点、（　）は補読）

「随分」は訓読例の傍注「ナフサナフサ」からそれぞれに応じて尽くすことを示すと解される。次の例の「随分」はおのれの分という意味領域からその「意、所、時」に広まって「それに随うこと」という意味として用いられる。

8、只応随分過、已是錯弥深（唐、姚合詩、武功県中作三十首）

9、百年随分了、未羨陟方壺（唐、王績詩、独坐）

10、不如随分尊前酔、莫負東籬菊蕊黄（宋、李清照詞、鷓鴣天）

11、両个小厮、随分揀一个去（元、王仲文、救孝子、第一折）

例11の「随分」はおのれの意に従って、いわば好きなように、自分勝手にという意味で連用修飾語として「揀

（選ぶ）」にかかるという用法となる。「二人の使用人の中から好きなように一人を選んで行かせなさい」と解される。

12、嘯台龍岫、随分有雲山（宋、陸游詞、驀山渓游三栄龍洞）

13、不須賖酒飲、随分有驢騎（元、耶律楚材、懐古一百韻寄張敏之）

右に元朝までの散文、韻文及び仏書に現れている「随分」について具体例を列挙してその意味用法を考察してみたところ、用法としては連用修飾語的に動作、行為の状態、場所及び時を表すのに用いることが明らかになり、意義は次のように帰納できる。

（一）その分限に随うこと

（二）おのれの分に応じておのれの分を尽くすこと

（三）随意、随時、随所であること

と三つに大別できる。[5] いずれも実質的な意義を表す。（一）の適量という意義特徴に対して、（二）（三）全量、できる限りの分という意味特徴が見られる。これは日本語における「随分」が程度副詞としての意味用法の発生の下地とも言えよう。残りの「随分」はいずれも右の三つの意義に合致すると判断される。以上の考察で分かるように、一文献として「随分」が多用されているのは『白氏文集』であるらしい。周知の如く『白氏文集』は早く日本に将来されて、『日本国見在書目録』に登載されており、日本文学に最も大きな影響を与えた中国文献の一つとして各時代に亘って幅広く愛読されていたのである。日本文献における「随分」は『白氏文集』から受容した可能性が一つとして充分あり得ると推測される。

（二）日本文献における「随分」

日本文献を時代別、文章ジャンル別に調べたところ、「随分」は管見に入った奈良時代文献からはその所在を確認することができず、平安時代に下って使用量の差こそあれ、各文章ジャンルにもその用例が認められた。中国文献と同じく文章ジャンルによる使用上の差異は存在していないようである。原則として漢語を好まないという特質の和文にも現れたのは漢語素姓の「随分」が如何にも日本語に溶け込んだのかを物語ることになる。但し、その使用例は僅か三例のみで、漢文及び和漢混淆文に比しては、遥かに少なく同日の論ではない。この格差は他でもなく「随分」という漢語の性格に由来するであろうと考えられる。日本文献における「随分」の使用状況は次掲の表一の通りである。

表一に依れば、「随分」は各文章ジャンルにも見え、その使用範囲の広かったことが分かる。亦、奈良時代文献の無登場と反対に平安鎌倉両時代文献では均等的に使用されている。更に、「随分」は漢文に止まらず和文殊に和漢混淆文にも多数使用されているため、単に書記言語のみならず日常的漢語になっているとも考えられよう。以下、日本文献の各文章ジャンルにおける「随分」の意味用法について検討してみたい。先ず和文に見えた三例の「随分」を挙げてみよう。

1、たゝうはへはかりのなさけにてはしりかきおりふしのいらへ心えてうちしなとはかりはすいふんによろしきもおほかりとみ給れとそもまことにそのかたをとりいてんえらひにかならすもゐましきはいとかたしや（源氏物語、はゝき木、三七⑧）

文中の「すいふん」は、右の考察で明らかになるように、漢語の「随分」の仮名表記であると看做される。亦、「すいふん」に助詞「に」が付していることから副詞の用法で用いられていると判断される。用法としては上述の

表一

用例数	文献	文章ジャンル	時代
3	源氏物語	和文	平安
3	計		
1	日本三代実録	漢文	
1	政事要略		
6	朝野群載		
1	本朝世紀		
1	小右記		
2	吉記		
1	台記		
2	東大寺文書		
22（4）	平安遺文		
2	高野山宝寿院本日本法花験記		
1	最明寺本往生要集		
1	後拾遺往生傳		
3	明衡往来		
1	田氏家集		
4	久遠寺蔵本朝文粋		
5	本朝無題詩		
①	新撰朗詠集		
54（4）①	計		
12	玉葉		鎌倉
5	吾妻鏡		
199　①	鎌倉遺文		
2	高野山文書（1、4）		
1	法然一遍上人語録		
1	釈氏往来		
1	鎌倉往来		
1	新札往来		
3	異製庭訓往来		
225　①	計		
3	今昔物語集	和漢混淆文	院政
1	平治物語		鎌倉
5	延慶本平家物語		
6	覚一本平家物語		
1	古今著聞集		
2	宇治拾遺物語		
10	沙石集		
2	明恵上人夢記		
2	却廃忘記		
1	光言句義釈聴集記		
7	正法眼蔵随聞記		
2	正法眼蔵要語		
1	法然一遍（消息文）		
43	計		
325（4）②	合計		

（注：（　）の数字は唐の僧侶の書状にある例数、○の数字は重複例数を示す）

中国語の「分限、意、時、所に随う」という句的な形式として連用修飾的に使われる「随分」と明白に異なる。尚、副詞に変身した「すいふん」の意味を勘案すると、（その人の）能力に相応してというような意味を表す。つまり「その折々の応答の仕方を心得てうまくやってのけるぐらいのことは能力に相応してまああといった程度のも多いとぞんじます」と解される。副詞に変わった和文の「すいふん」は用法としては副詞に変わったものの、意味としては本来の中国語と重なっていると理解される。

2、三条らもすいふんにさかへてかへり申はつかうまつらむとひたいにてをあてゝねむしいりてをり（同右、玉

かつら、七三六⑫）

例1と同様に「すいふん」に助詞「に」が付いて副詞としての用法と考えられる。意味は自分の身の程に相応しくということを示す。つまり、「三条も身分相応に出世して礼参りは致しましょう」と解釈される。

3、うせにし女このかはりにと思よろこひ侍てすいふんにいたはりかしつき侍けるをかくなりたれはうらみ侍なりけにそかたちはいとうるはしく（同右、てならひ、二〇三五③）

「すいふん」は付いている助詞「に」から上記の二例と同じく副詞として用いられていると考えられる。分相応にという意味として「亡くなった娘の身代わりにと喜んでおりまして、分相応に目をかけて大切に世話をしておりましたところが」と解される。

和文における「すいふん」は明らかに副詞用法となったが、意味は用法（品詞）変化に伴って変わっておらず、出自となる中国語の「随分」のそれを継受していると考えられる。尚、和文では「すいふん」の他に前掲した「ナフサナフサ」と「あふなあふな」も「すいふん」の示す意味をもっており、「すいふん」の使用量の少なかったことによるその意味分野の不足を補完することとなるかと推察される。

・あふなあふな思ひはすべしなぞへなく高く卑しき苦しかりけり（日本古典文学大系本伊勢物語、九十三段、一六六⑩）

一方、真名本の『伊勢物語』において「あふなあふな」に対して下記のように漢字表記の「随分」と記されていることから、両者の意味が重なっていることも分かる。

・随分思者可為名風無高賤苦雁計利（真名本伊勢物語）

続いて、漢文における「随分」についてその意味用法を考察する。

1、今篤茂が之丹-心《ニシ》而て十年沈-淪《スル》也、明時哀《アイ》-憐《レンシ》而て不《サラン》レ賜《タマハ》ニ随-分之官一を哉《ヤ》（久遠寺蔵本朝文粋巻六、一二一七⑤）

「随分」はそれに付いている呉音よみの音合符から「ズイブン」というよみで語形式として使用されていることが分かる。連体修飾語としての用法となり、本来の中国語と聊か違っているように見える。意味としては（自分の）分に相当することを示す意味として用いられている。つまり、「今篤茂は赤心を以て君に仕えて沈淪すること十年、聖明豈に哀憐して分相応の官を賜わざることあらんや」と解釈される。

2、宮人懐《ヲモフ》私《ワタクシ》を之願《ネカイ》　似面に不同《カラ》　墨客乞《コフ》巧《カウ》を之情随分《ナフサナフサ》に応《シ》異《ナル》（同右巻八、三六五⑦）

「随分」は下接の「応異」と同じ語構造となり、傍訓の「ナフサナフサ」という和訓の意味から（人それぞれの）分に応じてということを示し、「その乞う心は人それぞれに分に応じて同じからざるべし」と解される。

3、微奉薄禄随分に受之《リレル》而政務非一《ツ》に（同右巻十二、一九四①）

「随分」は傍注に付いている「に」から副詞としての用法であることが明らかである。（自分の）分に相応してという意味として、「多少の俸禄は分相応に之を受けつつあり」という文意となる。

4、松蘿之契《リ》於《ヲイ》今に相違《タカヒヌ》　菩提之餝《カサリ》　随分に欲《ヲモフ》訪《ハント》（同右巻十四、二八五⑫）

「随分」は助詞「に」が付いていることから副詞として用いると判断される。「夫婦の契は早く絶えぬ。分相応に菩提を訪ひ奉らんと欲し」という文意となるが、「随分」は被修飾語の「欲訪」という願望意志を表す意味から推して自分の分に相応するだけではなく、その分を許す限りに全てを尽くすという含意も内包しているように読み取れる。

5、生事任情甘素食、官銜随分忝閑曹（田氏家集巻中、八一六上⑨）

「随分」は上句の「任情」に対して用いていることから句的形態としての用法となり、自分の分に応じてという意味を表す。

右の考察で漢詩文における「随分」は和文と同様に「随分に」という副詞形態が見られているにもかかわらず、

意味としては変わることなく本来の中国語と一致していると共に、適量、適度とできる限りの分という意味特徴も随伴している。次にその他の平安時代漢文における「随分」を取り上げてみよう。

1、臣所レ有一両僕隷。皆是陛下幼年之侍童也。随レ分得官者。或年三四人（日本三代実録巻十九、二八八⑦）

cf、向誰曽艶治、随分得声名（唐、蘿隠、題蘇小小墓詩）

「随分」は中国語の参考例と同意で、句的な形式として用い、「その僕隷がそれぞれの分に相応して官を得る者は或年に三四人となり」と理解される。

2、是以大小諸寺毎有二檀越一、田畝資材随レ分施舎（政事要略、三九八⑩）

cf、随己所有、而能与之如是施者、名随分施（大正新修大蔵経三十二冊、福蓋正行所集経巻七、七三一b⑲）

例2の「随分」は用法も意味も参考例と重なって、おのれの全分量を尽くして施舎するという文意と考えられる。

3、奉見此歎涙難堪、肝胆難抑、賜随分奉加、致修理之営矣（平安遺文三、一〇二九上⑥）

寺院の修理に際して金銭や材料の不足で困窮しているところ、窮地を助けるために「賜随分奉加」というように、おのれのできる限り「奉加」して修理に資すると解される。

4、七地已上《ノ》菩薩《ハ》随《テ》レ分《ニ》見《ル》報（最明寺本往生要集巻上、七十七ウ⑥）

菩薩の修行階程を五十二に分かち、第四十一から第五十までを十地という。「随分」はその付いている傍注と返り点から分かるように、語形式としてではなく句的な形式として用いられる。それは例6を合わせて考えれば、日本語における「随分」が一熟語としてまだ定着には至っていないということを物語るであろう。但しその意味は変わることなくその修行の分に応じてということを表す。

5、殷《ネムコロニシテ》重誠深兼持真言随分有験（高野山宝寿院蔵日本法花験記、四十一ウ⑥）

「随分」は例4と意味用法が同じく、修行の分に相応して有験となる。

6、甲宅之《ノ》菓《クタモノ》甲宅菓《ハ》在所丙穴《ノヘイケツノ》之鱗《ウロクツ》丙穴魚《ハ》在所随《ノ》レ分所《ロ》レ儲《モウクル》也（明衡往来、三〇六⑤）

物尽くしの前文と「所儲」という被修飾文から推して「随分」は自己の分に応じてという程度ではなく、その全ての分を尽くしてという意味も内含している。つまり、おのれの分が許される限り儲くる也と解される。

7、納言重云、彼人《（道綱）》事ハ大略不用云〻、御事雖無仰致随分思侍、一者為一家、又為左将軍、又者為自身罷去世間、必然思給侍（小右記五、一五五①）

道綱の大事な任官人事は不発に終わったが、しかしその件のために「随分思侍」。後続文に記してある任官昇進の三つの「為」という目的の重大さから、「随分」は分相応という適量の程度を超えて全ての分を傾けていわば精一杯で「思侍」と解釈された方が妥当であろう。

8、清元之田畠と云、以之随分に令耕作、以地利物所済国衙、其余分私用仕天（平安遺文八、三〇六一上⑩）

「随分」は助詞「に」の付いているため、副詞として用いるのが明らかである。「令耕作」によって、「地利物を以て国衙に所レ済め、其の余分は私用す」となる。このような結果をもたらした「令耕作」を修飾する「随分に」は例7と同様、村人が分限に随ってということではなく、全力を尽くしてという高い程度を示すのに使われる。つまり、「精一杯で令レ耕作」のため、「地利物」を収穫すると理解される。

9、尋師学法九年之間、随分訪求得者、謹其色目如前、謹録申上（平安遺文八、三三六九上⑭）

「随分」はその修飾する、九年間に亘って法物等を求めるために訪求したという文意から推して全力を傾注してというさまを示し、「力のある限りに訪ねて求め得た者」と解される。次の例の「随分」も同様である。

10、及別家章疏碑銘梵夾法物幷目録等、随分求得、具件如前、謹録（同右九、三四〇九上⑯）

11、略首二付勾要文一、以二生徒一令レ書二本書裏一、春秋三伝、随分入功、仍記之了（台記一、九三上⑤）

例11は藤原頼長が入念に春秋三伝を読破したり、生徒にそれを抄出させたりする場面となる。「随分」の係る

「入功」は白居易の「雞距筆賦」にある「不名雞距無以表入木之功」の「入木之功」と類義的な表現で、ここでは年月をかけて熟読するということを示すと解される。「随分」は斯様な意味としての「入功」を修飾して用いていることから分相応、己の持ち分という状態を示すというよりも寧ろ「入功」ということの程度を表しているように解釈される方が適切であろう。つまり、「並々ならず入レ功。仍って之を記了した」という文意となる。次の「随分」も同じように用いられる。

12、亡父和歌事随分入功（吉記二、三六九下①）

次の「随分」は逆接を示す接続詞「雖」に付いて、副詞としての用法が一層浮き彫りになる。

13、御殿事、心之所及、随分雖催具、行事弁依所労遅参之間（吉記一、二九八下⑫）

御殿事の準備と進行という場面となる。御殿事は公の行事であるため、分相応というよりも精一杯で「催具」す

べきであると考えれば、然りであろう。「随分」は副詞として「催具」を修飾して、その全力でという程度を表す。

つまり、「思いに及ぶまでよく「催具」と雖も、行事弁が所労に依って遅参した」と解される。一方、下記の「随

分」は上記のそれと異なって、「随意、随宜」というような意味として用いられる。

14、各従者等人別随分乞取、是則父元命朝臣所遣取物、子頼方掃底捜取（平安遺文二、四八三下⑤）

cf、就中件頼方所部郡司百姓等所貯牛馬、称有要毛、随宜乞取（同右、四八三上⑨）

多人数が掠奪を働くという場面に現れる「随分乞取」の「随分」は参考例の「随宜」と同意で、極力という程度

に意のまま、自分勝手にという含意も随伴している。上記の中国語の意義（三）を彷彿させる。次の「随分」も同

様で自分の意のままにという含みも伴いながら強弁することに用いられる。

15、仍召上諸郡負田与町郡司、所令致随分弁也（同右五、一七一四上⑧）

以上、平安時代の古記録類等における「随分」についてその意味用法について考察してきたところ、以下のこと

が判明した。用法としては「随レ分」という句的な形態もあれば、「随分に」という明らかな副詞もある。尚、その歴然たる副詞用法は和文及び漢詩文の『久遠寺蔵本朝文粋』の例の示すが如く、平安時代中期頃に登場するようになった。右の考察に基づき「随分」の意義は下記のように記述できる。

（一）その分限に随うこと

（二）おのれの分に応じておのれの分を尽くすこと

（三）程度が相当であるさま、甚だしいさま

という三つに大別できるが、（一）（二）は典拠である中国語を踏襲したものである。一方、（三）は中国語には見えずに日本語において新たに産出した意味用法となる。つまり、「随分」は本来の中国語の実質的な意味として動作、行為の量的状態を示す意味用法から出来事の程度の高さを表すことに用いられるようになったと考えられる。このような意味用法は元来の中国語のできる限りの分量という意味特徴を土台に量の多さから抽象的な高い程度の副詞として派生したと言えよう。残りの漢文における「随分」を検討した結果、いずれも右に帰納した三つの意義に分類できる。

続いて、鎌倉時代の文献における「随分」を取り上げてその意味用法について検討してみる。この時代の「随分」は平安時代に続いて漢文に使用されており、更に当該時代に完成を実現した和漢混淆文にも多用される。その日常語的な側面を見せている。

1、礼拝、六根、悔　読経等、随分各致精誠（玉葉二、五五八下⑥）

2、今日行法結願、随分致信心（同右、六〇〇下⑥）

「随分」は二例とも日記の記録者が仏事において己の分に随って「致精誠、信心」となる。

3、依之一人致帰依之誠、四海合恭敬之掌、随分御奉加非一、殊関東三ケ度造営（鎌倉遺文十、四〇五下⑭）

寺院造営のために布施するという場面となる。「随分」は（自分の負担の）分に応じてということを示す。つまり、おのれの分に応じて「御奉加えて一に非ず」という文意となる。

4、右大将家御時、励随分微功、然者抽賞頗軼涯分（吾妻鏡前篇、六八〇④）

「随分」はその修飾する「微功」という意味と後続文の「抽賞頗軼涯分」とを合わせて考えると、分相応ということを示し、「自分の分に応じて微功に励む」と解釈される。

5、決定悪僧等得力、致乱行非法歟、当時者随分奔走、殊無大衆狼藉之間（玉葉二、六四八上⑨）

悪僧の乱行の場面での「随分」は修飾する「奔走」の意味から推して全力または至る所にということを示すと解釈される。上記の中国語との意味が重なっている。

下記の「随分」も否定表現と共起して用いられている。

6、本字等随分不被読解（鎌倉遺文八、三七九下⑤）

「随分」は「不被読解」を修飾してその「本字等」の難解の程度の高い状態を示している。

7、兼次誠優美也、忠武又随分無過失歟（玉葉三、一七四下⑮）

始見厩馬という場面となる。「兼次の騎馬は誠に優美なり」に対して、忠武は「又随分無過失」となる。「随分」は前文の「優美」に対して、結構な状態を表し、「立派で過失無し」と解される。以下の「随分」は連体修飾語として「宝物」、「有職」「芳友」「大法会」「勝地」を修飾して、その被修飾語の意味から程度の相当なさま、優れているさまを示すことが看取される。つまり、程度の高さに止まらず、よいことまたは立派なことを評価するという含意も伴うようになる。

8、凡彼宝蔵ハ随分宝物共、乱逆以後散々と被置て候なる（鎌倉遺文七、一六上③）

9、兵衛尉清綱御台所侍昨日自京都下着、今日参御所、是随分有職也、仍将軍家有御対面（吾妻鏡前篇、六四〇⑯）

10、七日之間聊営西土之業、于時随分芳友（鎌倉遺文三、三八下⑨）
11、就中奉請唐本一切経、将始随分大法会（同右三、八五上⑬）
12、抑此庄東北角有随分之勝地、卜其処新建立別所（号南無阿弥陀仏別所）（同右二、二三二上②）

以上、鎌倉時代漢文における「随分」の具体例を挙げてその意味用法について検討した。前の時代のそれを踏襲した上で、平安時代文献には確認できなかった程度の立派、優れているという意味も発生し、時代の異同が見られる。

次に和漢混淆文における「随分」の意味用法について考察してみよう。

1、妻子、此レヲ聞《キキ》テ泣キ悲《カナシ》ムデ、随分《ズイブン》ノ貯《タクハヘ》ヲ投弃《ナゲ》テ、心ヲ至シテ法華一部ヲ書写《ショシャク》供養《ヤウ》シ奉リツ（今昔物語集巻十三、二六九⑨）

「随分」は連体修飾語としておのれの持ち分という意味で、「自分の持ち分である貯えを全て投げ捨てて、心行くまで法華経一部を書写供養する」と解される。

2、其ノ寺ニ一《ヒトリ》ノ僧住ス、幼ヨリ法《ホ》花経《クエキヤウ》ヲ受《ウケ》習ヒ日夜《ニチヤ》ニ読誦ス。亦、真言《シンゴン》ヲ持《タモチ》テ年来《トシゴロ》行フ間、随分《ズイブン》ニ其ノ験《シルシ》有リ（同右巻十四、三一一⑤）

cf、殷《ネムコロニシテ》　重誠深兼持真言随分有験（高野山宝寿院蔵日本法花験記、四十一ウ⑥）

参考例は例2の出典と看做されるが、「随分」は参考例と同意で（その僧侶の精進の）分に応じてということを示して、「分相応に其の験あり」という文意となる。一語としての「随分」に対して、「分に随て」という句的な形式も依然として存続しているが、意味は変わらず分限に応じてとなる。

3、又院宮及諸家庄領にも分に随ひ、任其宜て（鎌倉遺文一、一三三下⑭）

この「分に随ひ」は、恐らく書き手が後述するように一語として程度の高さを表す副詞の「随分」と使い分けようとする意識が働いたため、用いたのであろうと推察される。

次の「随分」は副詞として程度の相当さ、甚だしさを表すのに用いると見られる。

4、所詮肝要を知る身とならはやと思し故に随分にはしりまはり（同右十七、三三二下⑭）

5、東国北国奴ノ原モ随分重恩ヲコソ蒙リタリシカドモ恩ヲ忘（延慶本平家物語第六本、三オ⑩）

6、康頼法師が事はさる事なれ共、俊寛は随分入道が口入をも（ツ）て人とな（ツ）たる物ぞかし（覚一本平家物語巻三、二一二⑧）

7、真言モ義ヲ云テ随分ニ釈スヘキ分アリ（光言句義釈聴集記上、八〇六③）

8、カヽル在家ノ子息ノ中ニ随分ニ人々シク甲斐々々シキヲハエラヒテ（沙石集巻四、一七三右①）

漢文に続いて和漢混淆文においても程度の高さに立派、結構という好評価の意味も付与している「随分」の所在が確認される。

9、嵯峨ニ能説房ト云説経師有ケリ随分弁説ノ僧也ケリ（同右巻六、二六五左⑥）

10、薩摩守忠度ハ当世随分ノ好士也（延慶本平家物語第三末、七十九ウ⑩）

11、忠宗景宗も随分血氣の勇者にて抜群の者なりしか共（平治物語下、頼朝義兵を挙げらるる事）

右に和漢混淆文における「随分」を巡ってその意味用法について検討を加えたところ、以下のことが明らかになる。先ず用法としては僅かながら前時代に続いて「分に随て」という句的な形式も依然と存続して、本来の姿が保たれている。対して、圧倒的に多用されるのは前時代に出現した副詞としての用法である。一方、意味としては同時代の漢文と同様に、平安時代のそれを継受した上で、同時代の漢文に見られた程度の高さと共に伴ってくる被修飾の事柄に対しての「立派、結構」という状態の評価も内含していることが確認できた。同時代の漢文を併せて勘案すれば、平安時代との意味上の差異が存すると言ってよかろう。

以上の考察を通じて鎌倉時代文献における「随分」の意義は次のように帰納できよう。

（一）その分限に随うこと

（二）おのれの分に応じておのれの分を尽くすこと

（三）程度や立派であることなどが相当であるさま、甚だしいさま

と三つに大別できる。（一）（二）は平安時代と同じく本来の中国語のそれを摂取したものであるが、（三）は平安時代の変化義を受け継ぎながら、新たな意味も派生して、意味範囲が広くなったことで、出自となる中国語との相違点も一層浮き彫りになる。

むすび

以上、中日両国語における「随分」の意味用法について考究してきた。判明したことを次のように纏めることができよう。「随分」は中国語出自の漢語であり、平安時代の日本文献に初出例として登場するようになった。上述した同じ中国語の典拠となる漢語と違って、早く平安中期成立の和文に浸入して、日本語への同化の様相も際立っている。これはいうまでもなくその意味変化を及ぼす契機であり、下地の一つでもあると考えられる。尚、用法としては中国語の句的な形式という用法を受容しつつ、平安中期頃に助詞の付いている「ずいぶんに」という副詞としての用法も現れた。更に平安時代極後期頃に副詞として中国語には見えなかった新しい意味が生じた。いわば、意味の変化が起きたのである。この意味変化は先に副詞という用法の発生があってはじめて実現できたかと思われる。換言すれば、「随分」は語法の変化による意味変化の生じた漢語の一つであると言えよう。尚、その意味変化の生じた文章ジャンルと言えば、前章で指摘したことと同様、古記録類という和化漢文である。斯様な和化漢文は日本語における漢語の意味変化等について研究する上で不可欠で好資料であると言って過言ではない。残念ながら、

読み等の判読が難しい嫌いもあって、語史資料として利用するに際しては慎重を期すべきであろう。

「随分」はその意味を変化させた最重要とも言える要因が副詞化にあると見られるが、それに次ぐ他のファクターも以下のように考えられる。先ず日本文献における「随分」の三つの意義を見れば、（一）（二）はおのれの身の程或いは分に応じて度を超えず、適度、適量という自己抑制的な共通点を持っている。但し、（二）には、その分の許される範囲までという最大限（量）的程度性を内包している意味特徴も見られるが、（一）にはそれが認められない。（一）（二）に対して（三）は両方の備わっている自制という共通点が消えて程度の究極性という意味特徴を呈出する。斯様な変化は（二）の意味特徴を土台に発生したのであろう。つまり、（二）の自制しながらの「最大限（量）」という点との類似点があって成り立ったのである。言い換えれば、変化義と本義との間に関連性が内在するため、自制的分量程度から究極的程度へ変わったことになる。亦、人間の活動も世の中の出来事も必ずしもいつも「分に随って」というように適量、適度に行うとは限らず、寧ろ分限を超えたりする場合が多いではないか。「随分」の意味変化は他の類義表現との示差性を求められながらそういう必要性に応じることにも関係するのであろう。

鎌倉時代に続いて「随分」は室町時代になっても多用されている。その意味用法について大まかに検討してみる。当時代の格好たる資料の虎明本『狂言集』を調べた結果、「随分」を三十一例検出することができた。下記の例のように、いずれも副詞として使用されるが、句的な形式としての用法は見当たらなかった。亦、意味としては前時代まで併存していた（一）の意義が消失して（二）（三）の意義のみとなって、就中（三）の方が目立つような存在となる。それは下記の『邦訳日葡辞書』における「随分」についての記述からもその一端を窺わせることができる。

1、某が随分とうまいつたとぞんじたれは（大蔵虎明本狂言集の研究本文篇上、牛馬、一二一⑥）

2、さてはさやうに家でを致たか、随分是へきたらはとめてみうが（同右中、いしがみ、二三三⑧）

とある。更に、

Zuibun. ズイブン（随分）副詞．よく，念を入れて，すぐれて．¶ **zuibun ni totonoyemaraxôzu.**（随分に調へまらせうず）私が十分に用意しましょう，または，十分よく取り計らいましょう．

Zuibunna, 1, zuibunnofito. ズイブンナ，または，ズイブンノヒト（随分な，または，随分の人）すぐれていて，人々の間できわだった人（邦訳日葡辞書、八四四）

と記してあるように、前時代にあった（一）の意義が姿を消した替わりに、形容動詞的な用法が現れて、時代の差異を見せている。室町時代における「随分」は一層副詞化が進み、日本語の中に溶け込んで行く。

注

（1）「随分」の副詞化や意味変化に関しては、佐伯哲夫「副詞「随分」に於ける用法の変遷」（『国文学』第57号、関西大学国文学会、昭五十五・十二）、前田富祺「漢語副詞の変遷」（『国語語彙史の研究四』和泉書院、昭五十八）、播磨桂子「副詞「随分」などについて」（『日本文学研究』35、平十二・一）、特に、鳴海伸一「「随分」の意味変化と程度的意味・評価的意味の発生」（『日本語における漢語の変容の研究―副詞化を中心として―』第九章、ひつじ書房、平二十七）において、通時的に「随分」の受容と変容を例に、どのような過程を経て程度的意味・評価的意味が発生するのかを明らかにし、漢語副詞の意味変化のパターンを示した。「随分」は、もともと程度的意味を持たなかったのだが、具体的な分量の意味を表す量副詞用法を介して抽象的な程度的意味を表すようになった。さらにその後、程度の高さを表すだけでなく、そのような程度性を有する事態に対する評価的意味を伴うようになったと論じられている。拙論は漢語の意味変化の類型化を目的とするが、先行研究に負うところが多かった。

（2）「随分」については『大漢和辞典』に「唐詩に習用した当時の口語」と注釈してある。

（3）中華電子仏典協会の『大正新修大蔵経』電子索引に依れば、六百以上の例を検出できた。

（4）周振甫（『文心雕龍』全訳、中華書局）注に依れば、「随分所好、跟着作者性分的愛好。分、性分、天性、个性」（作者の性分の愛好に随うことを言う。筆者訳）

（5）『漢語大詞典』の「随分」についての語釈として「①依拠本性、按照本分（本性、本分に基づくこと、筆者訳、以下同）②安分、守本分（おのれの分限に随うこと）③照様、照旧（変わらないこと）④随便、就便（好きなように、思いのままにすること）⑤随意、任意⑥到処、随時（至る所、いつでも）（元の時代まで）」（漢語大詞典出版社）

結語

漢語の意味変化には語法の変化によるものが存在するということについては「随分」の考究を通して確認できたかと思う。いうまでもなく斯様な語法の変化によって意味範囲の拡大も伴ったことが否めないが、しかしそれは語法の変化のもとで発生したのである。換言すれば、副詞化がなければ、意味の拡大にはつながりかねたとも言えよう。更に、上掲した『邦訳日葡辞書』の「随分」の語釈に限って、本来の中国語と比較すれば、語法の変化に伴って逆に意味の縮小、転用とも考えられないわけではないが、それはあくまで語法の変化が生じたからこそ実現することである。従ってやはり語法による意味変化として理解されるのが妥当であろう。

前述したように、漢語の語法による意味変化としては「随分」のような副詞化によるもののみならず、サ変動詞等による変化も考えられる。それらは語法による意味変化の類型に入る漢語である。サ変動詞化による意味変化に関しては既に多くの先学によって夥しい成果が上げられている。が、必ずしも正面から語法による意味変化としてそれを取り上げたわけではなく、寧ろ他の視点から論を進めてその結果として語法の変化に伴った意味変化が生じた場合が多かったように思われる(1)。例えば、柚木靖史氏が「平安・鎌倉時代に於ける「念ス」の意味・用法―「オモフ」と比較して―」[2]において和語「オモフ」とサ変動詞「念ス」とを比較して両者の意味の相違点などについて論述している。その結論から見れば、「念」のサ変動詞化によって出自となる中国語にはなかった「我慢する」という新しい意味が生まれてくることが分かる。いわば、語法の変化に伴って意味変化が起きることになる。同様に藤原浩史氏が「漢語サ変動詞〈具ス〉の和化過程」[3]という論文においても、「具ス」の和化過程に注目して論じているが、漢語の意味変化の法則性についての言及はないように見える。但し、論述によって得られた結果から言えば、「具」はサ変動詞化によってその由来となる中国語と違った意味が発生し、意味の変化を招いたことになる。

亦、「用意」という漢語は中国語において「夫鼓未必為攻、説者用意異也」（論衡、順鼓）の如く、名詞または句的な形式の用法で「心を使う」という意味として使用される。[4]ところが、「用意」は日本語に進入して、「女たちども、仁寿殿に侍ふべきよういしてあり」（宇津保物語、初秋）とあるように、サ変動詞として「事に先立ってととのえる、準備する」ということを表す。それを典拠たる中国語と比べると、両者の間に差異が明らかである。斯様な意味の違いは「用意」のサ変動詞化に由来するのではないかと推定される。かかるサ変動詞化による意味変化の漢語としては「勉強ス、工夫ス、用心ス」等を挙げることもできる。

一方、副詞化によって意味変化を伴った漢語を挙げてみれば、次のようなものが見られる。「堅固」[5]という漢語もその一例となる。中国語では、「信任既賢、在於堅固而不移」（漢書、楚元王傳）、「慈於器械、則城堅固」（韓非子、解老）とあるように、「堅いこと、しっかりしていること」というような意味で用いる。日本語に入った「堅固」は「堅固金剛墻」（遍照発揮性霊集巻一、遊山慕仙詩）、「道心堅固日夜帰仏法」（新猿楽記）の如く、原義を保っている。たが、中世になって副詞用法が現れたのに従って、「全く」という新たな意味も登場してくる。それは次の例から察知される。「供御事堅固不通、近臣集会」（明月記）、「而御随身等堅固不参」（後伏見天皇御記）、「御辺の膝の顫ひ様をみるに堅固叶ふまじ」（義経記第五）とあるように、「堅固」は否定表現と共起し、それを修飾する副詞として「全く」ということを表し、出自の中国語との意味変化が生じたのである。その他には「次第（に）[6]」「相当（に）[7]」「折角」「大変（に）」「一向（に）」「当座（に）」等も副詞化による意味変化に属する漢語としても挙げられる。

いずれにせよ、副詞化、サ変動詞化等といった語法の変化によって意味が変わることは日本語における漢語に多く見られて、その法則性を呈していると看取される。これは他章で論じた類型性と断然に異なり、特異性を見せて、漢語の意味変化について考究するに際して注目すべき一類型であると指摘できる。

漢語副詞は「随分」のように助詞「に」が付くことによって連用修飾の役割を果たし、副詞としての用法が歴然となるが、中世の「随分」の如く、副詞化の定着につれて助詞「に」が省かれても副詞として使用される。かかることから考えて、助詞「に」の付く型と付かない型とを比較してみれば、助詞「に」の付かない裸型の漢語副詞の方が寧ろより副詞として日本語に浸潤し、同化したとも言えよう。更に通時的に両型を見れば、「時代とともに、ニ型の漢語の占める比重が下がること、逆にø型の占める比重が高まることがまず注目される。特にニ型のものは中古においては六割以上を占めていたのが中世には三割台になり、近世・近代には二割台まで下がっていて退潮が著しい。これに対してø型のものは、中古には二割台であったのが、中世以降は五割台になっている。その時代に使われ出した漢語副詞の過半をしめるものを、その時代の漢語副詞であると考えるとすれば、中古においてはニ型が、中世以降はø型がその位置を占めているわけである[8]」とされる。但し、漢語副詞の認定については、とりわけ中古文献における漢語副詞は体言との関りが強かったようにみえるため、助詞の「に」が付いていても考え方によっては尚体言と助詞とに分けて考えるべき余地を残しているのである。

注

（1）森下喜一「〈率る〉と〈具す〉について」（『野州国文学』10、昭四十七・九）、岩下裕一「〈念ず〉の多義性について」（『国語学雑誌』78―11、昭五十三・十一）、佐々木俊「漢語動詞と和語動詞との語義上の対応、相関関係―『三教指帰注』『光言句義釈聴集記』『法華百座聞書抄』を資料として―」（『鎌倉時代語研究第二輯』武蔵野書院、昭五十四）、「漢語動詞と和語動詞との語義上の対応、相関関係続考―三、四の語群について―」（『鎌倉時代語研究第三輯』武蔵野書院、昭五十五）、岩下裕一「〈信ず〉の展開―語義から見て―」（『昭和学院短大紀要』16、昭五十五・三）、大野透「〈愛〉〈愛す〉に就いて」（『国語学』126集、昭五十六・九）、藤原浩史「漢語サ変動詞〈怨ず〉の意味と表現価値」（『国語学研究』28、昭六十三・十二）等が挙げられる。

（2）柚木靖史「平安・鎌倉時代に於ける「念ス」の意味・用法―「オモフ」と比較して―」（『国文学攷』第129号、平三・三）

（3）藤原浩史「漢語サ変動詞〈具ス〉の和化過程」（『国語学研究』27、昭六十二・十二）

（4）筆者の調査による。

（5）原卓志「「堅固」の意味、用法について」（『鎌倉時代語研究第十六輯』武蔵野書院、平五）

（6）前田富祺「漢語副詞の変遷」（『国語語彙史の研究四』和泉書院、昭五十八）

（7）同注（6）

（8）同注（6）

第四節　用字による意味変化

「形態による意味変化」には前述した「音韻によるもの」と「語法によるもの」の他に用字（表記）によって中国語と意味用法が異なる漢語（和製漢語）がある。和製漢語とはいえ、漢語が使用されている以上、漢語の意味変化を考える上で等閑視できない存在である。この節においてこのような意味変化の生じた「民烟」、「老若」及び「芸道」を取り上げ、その成立過程、用字、要因等の点を巡って検討を施してみたい。

第一項　「民烟」について

はじめに

この項では「民烟」に焦点を当ててその意味用法について考察して行きたいが、それに先立ち、先ずその用字とよみについて検討してみよう。

（一）「民烟」の用字とよみ

「民烟」を構成する後部要素の「烟」と同意字と思しき「煙」という両字の表記について考究する。先ず、中日の古辞書に収録されている両字の表記及び相互関係を挙げて考えてみよう。

煙火氣也从火垔声烟或从因（説文解字）

烟煙竝ニ正（干禄字書、八④）

煙火氣也烏前切十二烟上同（以下略）（広韻）

煙烟（略三字）因蓮切説文火氣也或从因（以下略）（集韻）

烟俗煙正伊賢反臭也火氣也泉也（龍龕手鏡）

烟《エン》先因肩切音煙《ノ》與レ煙同《シ》（以下略）（和刻本辞書集成第三巻、字彙、三六一）

右記の中国の古辞書によると、「烟」と「煙」は通用字として理解されるが、只、遼の時代に成立した『龍龕手鏡』では「煙」が正字で、「烟」がその俗字と記されて、表記上の正俗の差異が見られる。

さて、日本の古辞書は如何であろうか。次に日本の古辞書における両字の表記及びよみを挙げてみよう。

煙烔字同氣夫利（新訳華厳経音義私記上巻）

烟亦作煙矣（妙法蓮華経訳文巻中）

煙於賢反火氣烟同上（篆隷万象名義、一三八）

烟烔煙字（天治本新撰字鏡巻一）

烟（略二字）四声字苑云烟於賢反字亦作煙和名介布利（以下略）（元和三年古活字版二十巻本和名類聚抄巻十二）

烟无氣上云燕又曰カマトケフリモユ和エン煙ニ正（声点略）（観智院本類聚名義抄、仏下末）

烟カマト民―竈カマト（世俗字類抄上、カ地儀）

烟カマト民―封（か）―竈サウ同又カマ（前田本色葉字類抄上、カ地儀、九十二オ③）

煙ケフリ行栽烏前反烟同（黒川本色葉字類抄中、ケ天象、九十五ウ⑦）

右に列挙した古辞書の示すように、日本語における「烟」と「煙」は中国語と同じく通用字であると見受けられる。そのよみは「カマト」と「ケフリ」の二通りが存すると考えられる。が、『三巻本色葉字類抄』の記載を見ると、「煙《ケフリ》（ケ天象）」のところには通字としての「烟」が挙げられている。しかし、「烟（カ地儀）」のところには「煙」を記していないかわりに「カマト」の意味を持つ「竈」を掲げている。即ち、『三巻本色葉字類抄』では、「ケフリ」には「煙」「烟」両字が充てられるが、「カマト」には「烟」一字のみが対応するといったように、意味によって、「烟」と「煙」が使い分けられているように見える。それは中世の古辞書にも継受され、また以下、検討する古文献の記述と一致するのである。管見に及んだ中世の古辞書ではいずれも「カマト」が「烟」と対応するのみで、「煙」が見えない。上掲した中国語の古辞書には斯様な記載がなく、明らかな相違点を見せている。

烟エン反ケフリカマト（倭玉篇五本和訓集成、拾篇目集上、一二③）
煙エン反ケフリ（同右）
烟ケムリカマトエン（同右、玉篇要略集中、六二①）
煙ケムリエン（同右）
烟 堗《カマト》同竈《カマ》炊（温故知新書、四六③）
火氣煙《ケフリ》同烟同（同右、八〇③）

さて、「民烟」の表記とよみは如何なるものであろうか。それについては次の古辞書と訓点資料によって知ることが出来る。

烟カマト民—封（か）—竈サウ同又カマ（前田本色葉字類抄上、カ地儀、九十二オ③）
民俗人倫門——ト民烟同（黒川本色葉字類抄下、畳字、六十五ウ⑥）
民烟《ミンエン》（塵芥下、天地門、六十三ウ⑦）

民‐烟《エレ》（平声点）長《ク》失《フ》二農‐桑之地一を（久遠寺蔵本朝文粋巻二、二〇⑭。平仮名はヲコト点。以下同）

夜《ハ》民烟《エンニ》絶《テ》煙（真福寺本将門記、一一一）

の如く、今回調べた限りの古辞書によると、「民烟」は「烟」字のみで表記されていることが分かる。よみは字音よみである。従って、「民烟」は日本語において漢語として用いられると認められる。しかしながら、今回管見に及んだ限りの中国文献からは「民烟」を確認することが出来なかった。そこで、「民烟」は、中国語に語源を持つ漢語ではなく、日本で作られた、所謂和製漢語ではないかと推定される。(1) 一方、今回の調査で、中国文献では「民烟」と意味用法上類似した「人煙（烟）」という表現が多用されていることが明らかである。すると、何故中国語出自の「人煙（烟）」が本来有るにもかかわらず、日本語では新たに「民烟」を誕生させたのかといった疑問が生じてくる。その点については後に触れてみたい。

日本文献を時代別、文章ジャンル別に分かって調査した結果、「民烟」は、漢語という性格のためか和文にはその使用例が見出せず、漢文、和漢混淆文のみに用いられていることが分かる。但し、漢文と言っても中国の漢詩文を模範に大いに模倣した日本漢詩文からはその用例を僅か二例しか検出できない。他の漢文と使用量の格差が認められる。即ち、日本文献における「民烟」は文章ジャンルによる使用上の違いが見受けられる。「民烟」は日本文献において次頁の表一のように使われている。

表一の示すように、「民烟」は平安時代の和化漢文で生まれて、日本語に登場するようになり、鎌倉時代に下っても使用され続けた。だから、『三巻本色葉字類抄』には「民烟」が掲載されているのである。しかし、今回調べた室町時代以降の文献には「民烟」の使用例を確認することが出来なかった。この点については、室町時代成立の古辞書には「民烟」が殆ど収録されていないことと、後出に掲げる表二の示すように鎌倉時代の『尾張国解文』（『尾張国郡司百姓等解』の通称）三種の写本ではいずれも「民烟」と表記されているが、江戸時代の写本かと言われ

表一

用例数	民煙	民烟	表記／文献	時代
2	1	1	政事要略	平安
1		1	扶桑略紀	
15（1）	（1）	15	平安遺文	
2		2	尾張国解文	
1		1	真福寺本将門記	
（1）		（1）	楊守敬旧蔵本将門記	
2		2	小右記	
1		1	永昌記	
1	1		高山寺本古往来	
1		1	久遠寺蔵本朝文粋	
1	1		法性寺関白御集	
1	1		殿上詩合	
1		1	新猿楽記	
3	2	1	玉葉	鎌倉
1	1		吾妻鏡	
28	2	26	鎌倉遺文	
1		1	雑筆往来	
2		2	蓬左本源平盛衰記	
（2）	（1）	（1）	有朋堂本源平盛衰記	
64（4）	9（2）	55（2）	合計	

（注：「民烟」と「民煙」は必要に応じて区別して表記するが、論の展開上では「民烟」で表記する。（　）数字は重複例の数を示す。）

る岩瀬文庫蔵本では「民烟」に変わって「民竈」となっていることからも示唆される。つまり、「民烟」は平安時代に生まれて、鎌倉時代まで用いられていたが、室町時代以降になると、姿を消したのではないかと考えられる。

さて、何故「民烟」という和製漢語は室町時代以降に見えなくなったのか。亦、その替わりに如何なる表現が用いられるのかといったことに関しては後程考えてみたい。

（二）「民烟」の意味について

「民烟」の意味については、例えば、『日本国語大辞典』（第二版）に「〈民煙・民烟〉民家から立ちのぼる煙。転じて、一般庶民の家。民家」（用例略）と語釈されているし、後部要素の表記として「煙」と「烟」とが掲げられている。しかし、今回調べた文献ではそれ以外の意味で用いられている「民烟」も存在しているだけではなく、表記としても「民烟」に偏っているように見える。以下、具体例を挙げながら、「民烟」の意味と用字を検討してみよう。

1、四年丙子二月。天皇登レ楼四望。民烟閑寥。（略）。天皇登レ楼亦見。詔曰、朕既富足。秋烟繁昌（扶桑略紀巻二、八⑯）

cf、於レ是天皇登二高山一見二四一方之国一詔之於二国中一烟不レ発（古事記下、二三〇④）

cf、丙子四年二月己未朔甲子。詔二群臣一曰、朕登二高台一遠望之、烟氣不起二於城中一百姓貧、家無二炊者一（日本紀略、七八⑨）

「民烟」は前文の「登レ楼四望」と「閑寥」という述語から推して、同じ出来事を記した参考例の「烟、烟氣」と同じく家から立ちのぼる煙いわば炊煙という意味を表すと考えられる。次に挙げる漢詩文に見えた二例も例1と同じ意味で用いられている。

2、高上江楼廻レ首望、民煙処々鳥帰程（法性寺関白御集、都邑方暮、八九六下⑮）

3、民煙村遠嶺雪境、人支跡空山雨庭（資実長兼両卿百番詩合山家、九五一下⑪）

続いて下記の例を掲げてみよう。

4、夜民烟《エンニ》絶煙《テ》一漆柱峙於毎家（真福寺本将門記、一一一）

4′、于時《ニ》一民烟《タミノカマトニ》 煙絶《リテ》而漆　柱《モウルシノハシラ》　峙《ソハタチテ》　於毎《ニ》二家《ヘ》一（楊守敬旧蔵本将門記、四六）

例4の「民烟」は例4′の左注に依れば、民のかまどという意味を示すことが分かる。

5、大隅国言上件季基等焼亡国庁、守館、官舎、民烟幷散位藤原良孝住宅（小右記八、一五四⑦）

6、頭弁伝仰云、正輔乍触国司不聞返事、進向合戦之間、民烟多以焼亡（同右九、四七⑪）

「民烟」は、共に使われている「焼亡」という述語と例5「民烟」と共に列挙した建築物「国庁、守館、官舎」とを合わせて考えると、たてものとしての民の家という意味を表す。

7、田-地遂《ツ》に為《ナル》二豪-家之庄一と奸-構《コウ》之所レ損《スル》民-烟《エレ》（平声点）長失《クフ》二農-桑之地一を（久遠寺蔵本朝文粋巻二、二〇⑭）

8、若遭二旱災一。挙国焦損民煙彫弊。无レ不由斯（政事要略、二九四①）

cf、妨二黔黎之産業一。百姓彫弊職此之由（類聚三代格巻一、四四一①）

9、御預郡頗《ノニスコフル》　有亡弊聞《ノエ》一仍為《ニ》三省《ハフカムカ》二　民煙之煩《エムワツライヲ》一（高山寺本古往来、一二一）

例7、8、9の「民烟」は、それと共起する述語「失、彫弊、省」及び例9のその被修飾語である「煩」の意味から推して参考例の「百姓」と同じような意味で用いられていると思われる。

右の考察を通じて、「民烟」の意義は次のように帰納できるかと思う。

(一) 家から立ち昇る煙
(二) 民家のかまど
(三) 庶民、百姓の家
(四) 庶民、百姓

残りの「民烟」の用例について検討を加えたところ、いずれも右に帰納した意義で用いられることが明らかになる。「民烟」はこのような意義を表しているため、『三巻本色葉字類抄』では人倫部の語として収録されているわけである。尚「民烟」の「烟」字の表記について見れば、右記の表一によると「烟」と「煙」が混用されている。が、使用量から見ると、「烟」字の方が圧倒的に多用されている。また、「民烟」の見えた書写年代の明確な文献を挙げてみても同じことが言える。

表二を見れば分かるように『高山寺本古往来』を除いて「民烟」の「烟」字がいずれも「煙」ではなく、「烟」で表記されている。一方、「ケフリ」がすべて「煙」字で記されているといった表記上の差異が明らかに見られる。

表二

煙（ケフリ）	民竈	民煙	民烟	表記／文献
3			1	楊守敬旧蔵本将門記
7			1	真福寺本将門記
61			1	久遠寺蔵本朝文粋
2		1		高山寺本古往来
1			2	尾張国解文 早稲田大学図書館蔵本 （弘安四（1281）年）
1			2	尾張国解文 東京大学史料編纂所蔵本 （応長元（1311）年）
1			2	尾張国解文 真福寺宝生院蔵本（正中二（1325）年）
1	2			尾張国解文 岩瀬文庫蔵本（江戸時代か）

いわば用字上の使い分け意識が働いているのではないかと看取される。その意識は次に触れるが如く「民烟」の「烟」字と「ケフリ」の「煙」字が意味上の違いによって喚起されるように思われる。「民烟」の表記は『三巻本色葉字類抄』等の古辞書と一致する。換言すれば、古文献では「民烟」で書き記されているからこそはじめてその時代の古辞書には「民烟」という表記として収録されたのであろう。「烟」と「煙」は通用字関係にあると言われるが、「民烟」の場合は両字の通用が見られ難いようである。[2]

（三）「民烟」の形成について

以下において「民烟」という和製漢語の形成に焦点を当てて検討してみたい。先ず次の中国語の古辞書を挙げてみよう。

烟　伊真切絪縕天地合氣也或作烟又因蓮切火氣也（略）（類篇）

煙　（略二字）因蓮切説文火氣也（略）（同右）

烟　同煙又真韻音因与絪氳通（以下略）（正字通）

煙　同烟火鬱氣（略）又姓又真韻音因（略）本作煙篆作𤎖省作烟（同右）

煙　（略三字）〔唐韻〕烏前切（略）〔説文〕火氣也（略）〔周礼春官大宗伯註〕禋之言煙也周人尚臭煙氣之臭聞者（略）〔説文〕或作烟（以下略）（康熙字典）

烟　〔唐韻〕烏前切（略）〔説文〕本作煙詳煙字註（略）〔広韻〕烟熅天地氣〔易〕作絪縕〔集韻〕或作氤〔班固典引〕烟烟熅熅（以下略）（同右）

右と前記の中国の古辞書を合わせて見ると、中国語の「烟」と「煙」は「火気（ケフリ）」などの意味を表すが、日本の古辞書『観智院本類聚名義抄』『三巻本色葉字類抄』のように「カマト」と訓まれている意味の「烟」は確認できかねる。中国語の「烟」には「カマト」の意味はなく、当然のことながら、仏典、漢籍の訓点資料の「烟」には「カマト」の訓は見られないとされている(3)。

さて、中国語の「烟」は「カマト」という意味を持っていないのに、何故日本語ではそういう意味が生まれたのか。つまり、その由来は何処にあるのか。又、上記の日本の古辞書の示すが如く何故「煙」ではなく、「烟」が「カマト」と訓まれたのか。以下具体例を列挙しながらそれについて考える。その具体例の示すように、日本文献においては中国語には見えない「戸数、家或いはその家に住む人」というような意味を示す「烟」が用いられている。それのみならず、次の表三を見れば明らかであるように多用もされている。「烟」はかかる意味の存在によって「カマト」との対応関係が成立できたかと推察される。また、「民烟」という和製漢語の形成についてもその意味の存在に一因を求めることが出来る。

1、急戸捌拾玖烟口貳伯捌拾貳人（寧楽遺文、二〇四下⑧）

2、四面絶海山野交錯戸一十五烟田七八町餘所居百姓火レ塩為レ業（風土記常陸国信太郡、四四⑬）

3、神戸六十五烟（同右、香島郡、六六⑪）

のように、「烟」は数字と共起して戸（家）を数える助数詞のように用いられている。(4) 平安時代以降になると、次に挙げる例のように、「烟」は戸数、家という奈良時代の意味用法を継受する一方、家を構成するもの—百姓、庶民という新しい意味も派生してきたように見える。

4、左右京百姓《ノノ》遭《ヒテ》レ澇《ニ》被《ル》レ損《ヲ》七百餘烟（続日本紀巻十、一一三⑦）

5、十四日辛丑奉レ充二田邑山陵々戸四烟一（日本三代実録巻一、一三⑨）

6、左京有失火、其数六百余烟（貞信公記、四八⑦）

7、無民《ク》（平声点）烟《エム》（平声点）者《ハ》郡司何奉《ソラムニ》公仍拾《チヒロテリ》離（上声点）散（平声点）之烟《カマトヲ》准《レハ》畄跡《リウセキ》之烟《トニ》（早稲田大学図書館蔵本尾張国解文（弘安四（一二八一）年）

7′、無《ク》二民烟一者郡司何《イカ、》奉《ラム》二公《ニ》一仍拾《テ》二離《ロウテリ》散《サム》之烟《ノカマトヲ》一准《スルニ》留跡之烟《ノニ》一（東京大学史料編纂所蔵本同右、応長元（一三一一）年）

7″、無民《クの》烟《ト》者郡司何《イカニカ》奉《ツラム》二公《ニ》一仍拾《テヒロテ》二離散《の》之烟《ヲ》准《スルニ》留跡之烟《に》一（真福寺宝生院蔵本同右、正中二（一三二五）年）

8、庄司寄人等入乱烟宅苛責尤甚（平安遺文二、四七九上⑤）

cf、田中打過て民宅打過き（海道記、京より大岳、五ウ③）

例4、5、6は戸（家）を数える助数詞と思しき「烟」に対して、例7、8の「烟」は参考例の示すように民、百姓という意味を示すと考えられる。尚、かかる意味を表す「烟」は「民」と結合して「民烟」という和製漢語の他に「宅、家、戸」などと結び付き、「宅烟、烟宅、家烟、戸烟」というような表現も構成して、下記の例の如く、「民烟」と同じように用いられるように思われる。亦、それらは「民烟」と同じく中国語の出自ではなく、日本で作られた表現でもあるらしい。それはいうまでもなく「烟」の「カマト」という意味の獲得に因由することであろう。

・三百余之宅烟《エム》滅《ヒテ》作於一旦之煙《ト》（真福寺本将門記、三〇二）

cf、焼幾《ノ》千之舎宅想《ニ》之可《ヘシ》哀（同右、一五〇）

・君《ノ》西条へ召龍ラレサセ給シ後ハ、御アタリノ人々ト中者ヲバトラヘカラメ、ホダシヲ打、楼囚獄《ヒトヤ》ニコメラレ、家烟ヲ追捕シ、屋骨ヲコボチ取ラレテ（延慶本平家物語第二本、五十七オ⑨）

cf、辻風ヲビタヽシク吹テ人屋多ク顚倒ス（同右、六十五オ①）

cf、只舎屋《ノ》破損ズルノミニアラズ、命ヲ失フ者多シ（同右、六十五オ④）

・管領庄園不全、貢封之戸烟無跡（鎌倉遺文十五、一五五上⑤）

cf、近日炎旱殊甚、不及東作、民戸成憂（吉記二、三八四下⑤）

cf、耕作田畠、民戸頗驍（陸奥話記、三三〇上⑲）

「民烟」は、上記の例の示すように「烟」が日本語の独自の意味用法を持ってはじめて「民」と結合して形成できた和製漢語であると考えられる。[5]「烟」は右記の例7の示すが如く「カマト」と訓まれていて、『三巻本色葉字類抄』『観智院本類聚名義抄』と一致している。

次の表三を見れば分かるように、今回調査した限りの日本文献では、戸数や家などのような意味用法を表す字はすべて「烟」となり、「煙」の用例を確認できなかった。「煙」は「ケフリ」を表すのに用いられているようである。これは「民烟」と同じ様相を呈すると同時に、「民烟」の「烟」の出所を考える上での一証左とも成り得よう。亦、「民烟」の形成はもちろんのこと、斯様な意味用法の発生もこの「烟」に因由すると言えよう。

表三から更に次のことが判明する。戸数、家などを示す意味に「烟」のみが使用され、「煙」との併用は見られ

表三

時代	意味	戸数、家などを表す		ケフリを表す	
	表記／文献	烟	煙	烟	煙
奈良	古事記			2	
	風土記	2		5	2
	日本書紀			20	
	寧楽遺文	5			1
	懐風藻			8	5
平安	続日本紀	17		2	
	続日本後紀	1			
	日本三代実録	7		1	1
	類聚三代格	4			1
	日本紀略	1		3	
	政事要略	20		1	4
	扶桑略紀	1			
	貞信公記	1			
	小右記	2			3
	吉記				1
	平安遺文	175		1	12
	尾張国解文（真福寺本）	7			1
	高野山文書（3）	10			1
	文華秀麗集				1
	菅家文草菅家後集				1
	大日本国法華験記				13
鎌倉	玉葉			2	10
	吾妻鏡			8	20
	鎌倉遺文	23		3	89
	北野天神縁起	1			
	水鏡				1
	合計	277	0	56	167

ない。一方、「ケフリ」を表すのには「烟」と「煙」が共用されている。尚、今回管見に及んだ室町時代以降の文献からは戸数、家などの意味を持つ「烟」を検出することが出来なかった。亦、『日本書紀』などのような所謂正格漢文及び中国の漢詩文を積極的に倣った日本漢詩文にもそのような意味の「烟」の使用を確認できなかった。それは、かかる「烟」が中国語にはなく、日本語にしかない意味用法の存在に因ることであろう(6)。

さて、「烟」字に充てた「カマト」は何故本来の煮たきするというところから、戸数、家更に家という空間で暮すものというような意味変化が生じてきたのか。それについては次のような意味派生の過程が想定される。つまり「カマト」は各家に必ず一個ある必需品であるため、それを数えると戸数が明らかになるのである。例えば、

・又諸国ノ百姓等ヲ定メ民の烟《カマドイ》ヲシルス（愚管抄一、天智天皇条、六五①）

のように、「カマト」を調べその数を戸籍として記した。更に人々が生活する上では不可欠で且つ大切な依り所であるという発想からもともと家の一部にすぎない「カマト」が家という建物全体を指すようになり、換喩（メトニミー）による意味の変化が起きたのである。それは次の例よりも伺える。

・「あはれ、ふみにいへるやうは、えがき女をえむとせむやうはせかいにふせうとゝのはず、家かまどなくして、たよりなからん人、みちこと《マヽ》にきては、しきじにもいり（宇津保物語、藤はら君、一五二①）

・おひ人もうれしと思ふ「かゝる御さまをほと〱あやしき所にしつめたてまつりぬへかりしにあたらしくかなしうていゐかまとをもすておとこをんなのたのむへきことにもひきわかれてなむむかへりてしらぬよの心ちする京にまうて（源氏物語、玉かつら、七三九②）

・高き屋にのぼりてみれば煙たつ民のかまどはにぎはひにけり（仁徳天皇御歌、新古今和歌集七、七〇七番歌）

・「たかき屋は楼閣などの事也。四方を御覧じめぐらして、民の福楽のけしきをうれしく思召たる御歌也。かまどとは只人家の事と心得べし」と（東野州聞書）

亦、家はその家族が生活する場つまり家と言えばすぐそこに居る人ということを連想するのである。そこから家という空間で暮らすものという意味も生まれたかと思われる。尚、そのような意味を表す「カマト」に「烟」を充てて、「竈」字を避けたのは、中国語の「竈」字には見られない意味を表し、それを弁別させるためであると考えられる。亦、「烟」字の書きやすさに与かるところもあったと言える。更に「煙」と「烟」の使い分けは「ケフリ」と「カマト」の意味差に由来するものである。

(四)「民烟」と「人煙（烟）」について

この項では、中国語の「人煙（烟）」という表現を避けて、「民烟」という和製漢語を誕生させた理由などについて考えてみたい。それに先だって先ず中国文献における「人煙（烟）」の意味用法について考察してみる。

1、遊子久不帰、不識陌与阡、中野何蕭条、千里無人煙（文選、陳思王植送応氏詩）
2、日晩過一大沢中、東西路絶、目無人烟、四面陰雲且合、漸暮、遇寥落三両家及欲寄、宿耳（唐、谷神子、博異志、崔無隠）
3、一従賊-壘平陳シ-察民晏-然騾軍作二牛-戸鬼-火変二人-煙（金沢文庫本白氏文集六十三巻）
4、行色遞隠見、人煙時有無（杜少陵詩集十三巻、一二八一⑥）
5、爾来四万八千歳、不与秦塞通人煙（李白、蜀道難）
6、地廻人煙寂、山盤水勢回（宋、楊万里、過張王廟詩）
7、到了鵲華橋、才覚得人煙稠密、也有挑担子的、也有推小車子的（清、劉鶚、老残游記第二回）

右に挙げた散文、韻文の「人煙（烟）」は、民家から立ちのぼる炊烟或いは比喩的に民家というような意味として用いられていて、「民烟」と重なったところも見られる。実は日本文献では「人煙（烟）」が全く使用されていないというわけではない。日本漢詩文などには僅かながらその所在が確認できる。

1、故関柝罷人煙稀、古堞荒涼餘楊柳（文華秀麗集、一〇一故関柳）

2、江《カウ》霞《カ》ハ隔《テ、》レ浦《ヲ》人《ジン》烟《ン》遠《ヲシ》　湖《コ》ハ水連《テ》レ天ニ鴈《リ》点《スルコト》遥《ナリ》　遊《フ》ニ宗福寺《ニ》一直幹作　人煙トハ人里ノ事也（六地蔵寺善本叢刊第四巻倭漢朗詠集私注四、二十二ウ④）

3、人烟《エン》一穂《スイ》秋《ノ》村僻《ラサカレリ》　猿《ルノ》叫三《ヒ》声暁《イキウ》峡《カウ》深《カシ》　秋ノ山閑望紀納言　此ハ秋ノ里ノニキワヱル事ヲ作也民ハ四季ノ中ニモ秋ユ、シキ也而ニ剰ヘ世ヲヲサマリ民ノカマトニキワシキ時ハ必ス煙モ大キ也故ニ人煙ト云ヘリ（同右三、七十オ⑬

更に『続日本紀』『太平記』にもそれぞれ一例ずつ「人煙（烟）」が検出できた。

4、天兵所加。前無強敵。海浦窟宅。非復人烟。山谷巣穴。唯見鬼火（蓬左文庫本続日本紀巻四十、三三五⑦）

4′、海浦《ノ》窟宅。非《ズ》ニ復《タ》人烟《ニ》一。山谷《ノ》巣穴。（国史大系続日本紀、五三八⑨）

5、此《コノ》所ノ有様、里遠《トホク》シテ人烟《ジンエン》幽《カスカ》ニ山深《フカク》シテ鳥ノ声モ稀《マレ》也（太平記巻十八、二三〇⑤）

管見に入った「人煙（烟）」の用例は右記の五例だけである。その意味は中国語をそのまま受け継いだと言えよう。

さて、何故中国語出自の「人煙（烟）」は主として漢詩文に止まり、他の文章ジャンルには使用拡大が出来ず、その一方、「人煙（烟）」と意味的に類似している「民烟」を新たに造出したのか。この点については次の具体例を通して考えてみたい。

・人煙一穂秋村僻、猿叫三声暁峡深　秋山閑望紀納言　人煙近代忌レ之不レ作（校本江談抄とその研究上、二六八）

・人烟一穂秋村僻、猿叫三声暁峡深　秋山閑望紀納言　人烟、近代忌之不レ作（江談証注、二六四）

・窓灯相ニ似騒動一字之声一。仍禁レ之。雲収ニ天末一、文選月賦相ニ似天罰一字之声一。仍忌レ之云々。詩感礼と云事、昔

常作レ之、近代忌レ之。人煙又近代忌レ之不レ作云々（日本歌学大系第三巻袋草紙（藤原清輔）、一六九）

の示すように「人煙（烟）」を忌み嫌うため、「不レ作」ということが明らかになる。但し「人煙（烟）近代忌レ之不レ作」ということは韻文に止まらず、他の文章ジャンルにも適応するか否かについては更に検討を必要とする。が、管見に及んだ日本文献では「人煙（烟）」が「民烟」と比べてみれば漢詩文などに僅かながら偏用されていることからも、『三巻本色葉字類抄』をはじめとする古辞書には「人煙（烟）」が載っていないことからも、「忌二人煙（烟）一」のことが反映されていることになるのではないか。では、何故「人煙（烟）」の忌避ということが起きるのか。「和歌に人を焼く煙がしばしば詠まれていることから人を焼く煙を連想して忌んだものか(7)」。つまり、人を焼く煙（荼毘の煙）の意にも取れてまぎらわしいためではないかと考えられる。「人煙（烟）」は確かに中国語出自の表現であるが、斯様な理由で「忌レ之不レ作」とされたため、日本文献での使用が避けられたのであろうと考えられる。そこで、「人煙（烟）」の「不レ作」によって生じたその意味分野の空白を補完する必要が有る。「民烟」は正にそういう必要に応じるために作られたものであると言えよう。意味上では「民烟」の「人煙（烟）」と重なっている点も両者の相補完の関係に因るものであろう。換言すれば、「人煙（烟）」の使用忌避は「民烟」という和製漢語生成の契機となった。一方、中国では、仏教の伝来、浸透に伴って定着するようになった、死者を荼毘に付すという日本の葬式風習と異なり、時空を超えて土葬が主流となっているため、日本の如く「人烟（煙）」が当然ながら「人を焼く」というような連想が生じることなく、タブー視されるはずがなかったのであろう。

尚、「人煙（烟）」を避けるためか、次の例の如く「人民之烟」という連語形態を以ってその意味を表そうという忌避の意識が作用しているように見える。

・号部内負累、皆悉捜取、従人民之烟称所由差法、暗以冤凌乱入一二家之間（平安遺文二、四七七下⑪）

・国内諸郡、充負令誣《徴イ》進爰人民之烟無有夫駄、僅所遺馬牛（同右、四八四上⑯）

今回調べた日本文献では、前出の表一に示すように室町時代以後、「民烟」が姿を消したかと思える。「民烟」のみならず、「民烟」と同じように「烟」によって形成された「宅烟」「烟宅」「家烟」「戸烟」(8)などのような和製漢語も見えなくなったらしい。何故彼様なことが生じたのか。それは恐らく戸数、家などの意味を示す「烟」字は室町時代以後その使用がなくなったことに一因があると指摘できる。これは右記の表三から示唆されるし、また、鎌倉時代の『尾張国解文』(9)三種の写本では七例とも「烟」に対して江戸時代の写本と思しき岩瀬文庫蔵本では、六例は「烟」の替わりに「竈」となり、残りの一例は「烟」に対して「竈欤」という形を取っている。これは書写者の戸惑いの気持ちを表すと同時に、「烟」を「竈」に入れ替えようという意識も読み取れる。

1、富勢之烟領能田（注、傍注、訓点略。以下同）
1′、富勢之竈領能田
2、無民烟者郡司何奉公仍拾離散之烟准峃跡之烟
2′、無民竈者郡司何奉公仍拾離散之竈准留跡之竈
3、自郡司百姓烟責取事
3′、自郡司百姓竈責取事
4、皆悉捜取従人民之烟
4′、皆悉捜取従人民竈
5、爰人民之烟無有夫駄
5′、爰人民之竈無有夫駄
6、交替之日不漏一烟
6′、交替之日不漏一烟 竈欤

「烟」は戸数、家などの意味用法がなくなった結果、「カマト」という訓との対応関係も弛んでしまうことになると推測される。従って、右に列挙した例のように時代によって「烟」の替わりに依然として「カマト」との対応関係が維持されている「竈」が用いられるようになる。

「烟」と結合して出来た「民烟」「家烟」などの和製漢語は「烟」の意味用法の縮小に伴って室町時代以降消失したかと思われる。それによって生じたその意味分野の空白は、前記の「舎宅、民戸、人屋、舎屋」などの他に、下記のような表現によっても補足されるのではないかと考えられる。

・彼是公庭之奸濫、民家之煩費也（岡屋関白記、二二一⑪）
・午而風起雨下、多敗民家（碧山日録、九六下⑥）
・鴨河大漲、民屋潰流（同右、四六上⑬）
・令レ放レ火。家屋焼亡（吾妻鏡前篇、四五⑬）
・凡家宅不レ着レ人則必荒廃也（蔭涼軒日録二、二七）

むすび

以上の考察を通して明らかになったかと思うことを纏めてみれば、次のことを言うことが出来る。「民烟」は平安時代に登場した和製漢語で、主として漢字で書かれた所謂和化漢文に使用されて、和文にはそれを確認することが出来ない。文章ジャンルによる使用上の差異が見られる。表記としては「煙」字ではなく、「烟」字であるという用字上の違いも認められる。「民烟」の形成については、中国語にはない、日本語において新たに生じた戸数、家などの意味を表す「烟」字が先に生まれ、それを土台にして出来たかと推定される。更に中国語出自の「人煙（烟）」の忌避ということは「民烟」生成の背景にあり、誘発的な働きを為した。

亦、中国文献では「烟」と「煙」とが通用字として使用されているのに対して、日本文献では、「ケフリ」という意味の場合は中国語と変わることなく両字が相通じるが、戸数、家などの意味には「烟」字のみが用いられる。意味による用字上の使い分けを見せている。但し、この戸数、家などの意味で用いる「烟」字は室町時代以降その使用が見えなくなり、それに伴って「民烟」も消えたようである。即ち、「民烟」は、「烟」字の意味拡大によって誕生したが、亦、それの意味の消失によって姿を消した和製漢語であると言える。日本語の和製漢語の成立過程を考究する場合、「民烟」のように後部要素である「烟」字の介在によって出来たものもその一類型として考える必要がある。

今後の課題として「民烟」と「人煙（烟）」を構成する前部要素「民」と「人」に目を注ぎ、更に「民烟」と類義関係を成す「民家、民屋、民宅」などを合わせて考究し、「民烟」の形成過程、意味、消長等の諸点を解明して行きたい。

注

（1）浅野敏彦「真福寺本将門記にみえる複数字体の漢字について―日本語の歴史における漢字の受容」（『同志社国文学』第41号、平四・十二）において「「民烟」は、右の用例から「民の家」「人民」の意味であると思われ、「人家から立ちのぼる烟。竈の烟。転じて、人・人家をいふ」（大漢和辞典）とされる「人烟（煙）」とつながる和製漢語と思われる」と指摘されている。

（2）この点については、「真福寺本将門記の場合は、次の二つの例が示しているように、「煙」と「烟」との間には書き分けがあり、二つの漢字は通用字ではなかったと考えられるのである」、更に「「煙」は和語「ケフリ」を表記しているが、「烟」は「民烟」「宅烟」という漢字語の構成要素として用いられていると見ることができる」と説かれている。（同注1）

（3）同注（1）

（4）明石一記「『戸』と『烟』の関係について―六国史の用例を中心にして―」（『民衆史研究』第45号、平五・五）によれば、日本古代史料（養老〜天平期）の「烟」は家宅（建物）の個数を指すが、日本特有で中国・朝鮮には見られず、殆ど「戸」と同意で用いられる、中国では戸数表記には「烟」が使用されないと説かれている。続いて、ほぼ同義である「戸」と「烟」の併用は文章表記上において重複を回避するためと指摘されている。一方、細矢宣広「日本古代の「戸」と「烟」について―改賜姓関連史料の検討を中心として―」（『専修史学』33号、平十四・三）において「戸」と違って、「「烟」は改賜姓に象徴されるような、律令国家の行政的処分対象者の範囲が戸籍に登録された戸においては把握できない場合で使用された集団を表す呼称であった」と論じている。

　尚、このような「烟」の由来については、湯沢善一「郷戸・房戸制導入の一視角」（『白山史学』第36号、平十二・四）において日本古代の戸数等を表す「烟」表記は朝鮮半島から影響を受けているという外来説を取っている。それに対して、明石一記「『戸』と『烟』の関係について―六国史の用例を中心にして」には外来の影響の可能性は否定しないが、その受容側である日本の「文化的下地」は存在したと敷衍されている。但し、管見に入る限り何故「煙」ではなく「烟」を使っているのかについての指摘は見当たらない。

（5）「この「烟」が「民烟」の成立にあずかるところがあったとも考えられるのであるが、詳しく考察する資料を持たないので、『風土記』の例（55）のような用法の考察は後日を期することにする」と述べられている。（同注1）

（6）但し、先行研究の指摘したように、目を中国以外の他の漢字文化圏の地域に転じて見れば、五世紀初頭に高句麗王璉の手によって建立された『好太王碑広開土王碑』（通称、広開土王碑）（白崎昭一郎著『広開土王碑の研究』吉川弘文館、平五）には、「民烟」は見えないが、陵墓を守る人―「陵戸」「守戸」という意味を表す「烟戸」（三例）、「国烟」と「看烟」（六十数例）の所在を確認でき、その表記もいずれも「烟」である。更に『華厳経論』とともに新羅より舶載されたものと考えられる正倉院蔵「華厳経論帙内貼文書」にも下記の例のように、「戸数、民家」の意を示す「烟」が多数も見られている。「此中薩下知村古地周八千七百七十歩（略）合孔烟十五、計烟四余分二、此中仲下烟一」（宋浣範「正倉院所蔵「華厳経論帙内貼文書」（いわゆる新羅村落文書）について」『東京大学日本史学研究室紀要』（7）、平十五・三）とある。日本語における「民烟」の出自については更なる考究を要するかと思われる。

（7）江談抄研究会著『類聚本系江談抄注解』二一七頁（武蔵野書院、昭五十八）

（8）『日本国語大辞典』（第二版）をはじめとする現行の国語辞書には「宅畑」「畑宅」「家畑」「戸畑」などのような表現が収録されていないようである。

（9）三種の写本所在については表二に記してある。

第二項　「老若」について

この項において引き続き用字による意味の変化について「老若」に焦点を当てて、その形成の過程、要因等に迫ってみたい。

（一）問題の提起

『和泉往来』は『雲州往来』と比肩する古い往来物である。その資料性については、既に少なからぬ先学の研究によって論述されており、ここで再び触れるのを省くこととする。『和泉往来』には次のような文が有る。

其《ノ》講《カウ》匠者須《スヘカラク》《シ》三択《エラム》二龍《リウ》駒《ク》一然《ヲシカレトモ》而量《リヤウ》四計《ケスヘシ》三才学《サイカクヲ》於二抜萃《ハレスイニ》一不三認《トメ》二年臈《レラウ》一於老《ラウ》－若《シヤク》自《コトニヲノツカラ》以採《サイ》用《ヲ》一（高野山西南院蔵和泉往来、一七四）

維摩会の講匠を選ぶに際して、年寄りか若者かを問わずにその才学を重視すべきであるという文脈であろう。文中の「老若」は「年寄りと若者」という対義的な意味を示す二つものが組み合わせられている語と判断される。そのよみとしては、音合符と音よみの傍注が付いていることから字音よみであることが分かる。「老若」はここにお

いて漢語として用いられていると理解される。尚、古辞書にも「老若」が二字漢語として収録されている。例えば、

老若人事門《ラウニヤク》（黒川本色葉字類抄中、畳字、四十一オ⑤）

老若《ラウニヤク》（文明本節用集、四五四⑦）

老若《ヲイワカシ ラウ》後屈朦（温故知新書、二四三④）

とある。「老若」の両字の呉音、漢音は各々次のようになっている。

法華経単字

老《「オイ」ヲキタリ》（平声点）ラウ羅（去声点）告（平濁点）（2744）

若（平声点）ニヤク　ヨシ、ク　ナホ　ワカシ　ナシム　コトクミル汝《(タ)》者々　ナムチ（ヨシ、シク）汝薬々（523）

長承本蒙求

老《ラウ》（上声点）菜《(マ、)ライ》（平声点）（111）

若（入濁点）氷《ヘウ》（平声点）（141）

図書寮本文鏡秘府論

壮弱《シヤク》（薬韻、東6）

新訂韻鏡

老盧皓外転第二十五効摂181上声皓-âu 一等舌音清濁

若→弱而灼内転第三十一開宕摂176入声薬-iak 三等歯音清濁

とあるように、『和泉往来』にある「老若」のよみは「ラウシヤク」と漢音よみとなることが分かる。一方、現代日本語の「老若」は「ロウニャク」と呉音よみされる。

さて、この『和泉往来』に見えた「老若」の出自は何処に求められようか。漢語である以上、先ず中国文献を調

べるのが近道であろう。

（二）中国文献における「年寄りと若者」を示す語

中国文献を時代別、文章ジャンル別に調査してみた結果、管見に及んだ中国文献からは「老若」の所在が確認されなかった。これは資料の制約によるかもしれないが、しかし現時点では「老若」は字音よみであるものの、中国語出自の漢語と判定しかねる。「老」と「若」との結合によって形成された和製漢語の可能性が極めて高いと言えよう。

では、中国文献ではこの「老若」の不在によって生じてくる「年寄りと若者」という表現を表す意味分野の空白が如何なる語によって補完されているのか。以下、この点について検討してみよう。今回の調査で次の用例の示すように、「老少」、「老弱」及び「老小」といった三語によって「年寄りと若者」という意味が表されていることが判明した。

1、老少同一死（陶淵明詩、形影神三首）
2、百姓老少数千人随車駕涕泣（後漢書十一、一六③）
3、則不応有老少盛衰憶念往事（大般涅槃経巻八、六四九上⑤）
4、老弱哭道路、願聞兵甲休（杜詩、遣興三首）
5、君之民老弱転乎溝壑（孟子、梁恵王章句下第十二）
6、男女老小失分守者（墨子、城守篇、号令）
7、老小盲冥諸根不具（楞伽阿跋多羅宝経巻三、五〇三下㉑）

尚、中国文献における「老少」、「老弱」、「老小」の使用状況は表一の通りである。

表一

文章ジャンル	考察対象＼文献	老少	老弱	老小
韻文	陶淵明詩	1		
	前漢詩（三国晋南北朝）		1	
	杜詩	1	1	
	韓愈歌集		1	
	蘇東坡詩集		1	
散文	孟子		2	
	荘子		1	
	墨子	1	4	4
	管子		3	
	荀子		1	
	呂氏春秋		1	
	史記	1	16	1
	漢書		18	1
	論衡	4	1	
	後漢書	1	3	1
	三国志及裴注		1	
	文選		2	
	貞観政要		1	
	中国随筆	1		
漢訳仏典	大正新修大蔵経	185	5	36
	合計	195	63	43

表一の示すが如く、今回調査した限りの中国文献においては「老弱」は「老少」「老小」より多用されて、「年寄りと若者」という意味分野の中心的な役割を果たしているように見える。一方、『大蔵経』では「老少」の使用が際立っている。

では、何故中国文献には「老若」が見られなかったのか。次にそれについて考えてみる。中国文献から「老若」を見出すことができなかったのは「老若」という二字漢語を構成する後部要素の「若」が日本語のように「ワカシ」という意味を有していないためであると思われる。即ち、後部要素「若」という中国語に「ワカシ」という意味が存していないことによって、「年寄りと若者」という対義的な意味を示すのには「老」と結合できないのである。その用字上の違いのため、中国文献には「老若」という語が現れなかったわけである。「若」に「ワカシ」という意味が具わっていないことは次に挙げる中国の古辞書における「若」に関する語釈からも察知される。

若　択菜也从艸右右手也一曰杜若香艸（説文解字）

若　（略）択菜也（略）正訓択択菜引伸之義也从艸右右手也（略）若順也（略）如也然也乃也汝也又兼及之詞（以下略）（説文解字注）

若　如也順也汝也辞也又杜若香草亦姓魯人也又虜三字姓後魏書若口引氏後改為寇氏而灼切十一（広韻）

若　蜀地名出巴中記人賒切又惹弱二音二（以下略）（同右）

若　乾草又般若出釈典又虜複姓二氏（以下略）（同右）

若　（一字略）皛日灼切説文択菜也从艸右右手也一曰杜若香草一曰順也如也汝也一曰語辞古作（一字略）皛若又人奢切蜀地名又爾者切艸乾也一曰若若綬垂皃一曰今人謂弱為若文三重音二（類篇）

若　（二字略）説文択菜也从艸右右手也一曰杜若香艸一曰順也如也汝也一曰語辞（以下略）（集韻）

若　（三字略）〔説文〕若択菜也又〔玉篇〕杜若香草（略）又順也（略）〔詩小雅〕曽孫是若又汝也（略）又如也（略）又乃也（略）又語辞（略）〔疏〕若者不定之辞也（略）〔註〕若者豫及之辞也又若若垂貌（略）〔註〕若海神又歳名（略）又若木（略）又水名（略）又姓（略）又〔広韻〕人者切音惹乾草也又般若梵語謂智慧也（略）古人読若字為汝故伝記之文多有以若為汝者（以下略）（康煕字典。用例、出典略もある）

右に列挙した中国の古辞書における「若」についての記述に依れば、そのいずれにも「ワカシ」という意味が収録されていないことが分かる。中国文献には「老若」が生成されなかったのが他でもなくその後部要素「若」に起因することを上記の古辞書の注釈からも窺うことができる。

右の考察で明らかになったように、「老若」は中国文献にはその存在が認められなかった。以下、日本文献に目を向けて「老若」が日本文献に如何に表出されているのか、何時代に登場してきたのか、更にその形成の過程、起因が如何なるものか等の問題点を巡って検討を加えてみたい。

（三）日本文献における「老若」

前述したように、中国文献からは「老若」を検出することができなかった。因って「老若」は中国語を典拠とする漢語でないことが明らかになり得たかと看取される。「老若」について、日本文献を時代別、文章ジャンル別に調べたところ、次の表二のように使用されていることが明らかになる。「老若」の使用例が検出された文章ジャンルは漢文と和漢混淆文とに止まっている。管見に入った和文からはその所在が確認されなかったことから、日本文献においては「老若」は文章ジャンルによる使用上の隔たりが存していることが察せられる。

表二

用例数	文献	文章ジャンル
1	平安遺文	漢文
4	吾妻鏡	漢文
3	明月記	漢文
1	康富記	漢文
2	東南院文書（1－8）	漢文
20	鎌倉遺文	漢文
1	和泉往来	漢文
1	十二月往来	漢文
1	鎌倉往来	漢文
1	歎異抄	和漢混淆文
1	源平盛衰記	和漢混淆文
36	合計	

表二の使用状況から分かるように、今回調査した資料では「老若」の初出例は次に挙げる『平安遺文』巻二に現れている十世紀末期頃の用例となっていると考えられる。

・然而又可為寺家長吏仍故大師一室御弟子中、不求老若、以吏袴（幹カ）堪者可為長吏也者、仍撰定附属忠印大法師既畢（平安遺文二、天元三（九八〇）年、四五六上⑮）

文の場面としては前出の『和泉往来』のそれと相似て、僧侶の間に行われる選抜について記されているものである。『和泉往来』の方では、維摩会の講匠を択ぶには「老若」を「不レ認」、右の例では、長吏を択ぶには「老若」を「不レ求」。文中の「老若」は『和泉往来』のそれと同様、「年寄りと若者」という対義的な意味を示すと考えられる。亦、両者とも「老若」が僧侶と共起して用いられているのである。『和泉往来』における「老若」は上記の『平安遺文』の「老若」を踏襲したものではないかと見られる。

尚、表二の示すように、日本で造語された「老若」は奈良時代には生成に至っておらず、漢詩文を除く平安時代の漢文に登場するようになったものの、平安鎌倉両時代を通じても、その使用の範囲と頻度は限られているようである。さて、「老若」の未登場の十世紀以前には「老若」の示す意味概念の部分を負うものは如何なる語なのか、更に「老若」の限定的な使用によって生じるその意味分野の欠如がどのような表現に分担されているのか。以下、斯様なことについて考察してみる。

1、啼泣而死老少竊相謂曰是焼仏像之罪矣（日本書紀巻廿、一一五⑤）

2、仍男女老少（風土記、一一〇⑥）

3、百姓男女老少（日本三代実録巻十三、一九七⑯）

4、貴賤老少相伝（古語拾遺序、一九二②）

上掲した例のように、「老若」の代わりに「老少」という語が「年寄りと若者」という対義的な意味を担っていることが明らかになる。加えて、十世紀以降「老若」が現れていても、漢文という文章ジャンルにおいては「老少」は依然として多用されて、その使用状況が表三の通りである。

表三から分かるように、「老少」はその使用範囲といい、使用頻度といい、「老若」を遥かに上回って、「年寄りと若者」という対義的な意味分野の中心的役割を果たしているように見える。就中「老少不定」、「男女老少」とい

表三

用例数	文　献
2	令集解
2	日本三代実録
2	類聚三代格
7	政事要略
2	本朝世紀
2	朝野群載
4	日本紀略
8	扶桑略記
1	百錬抄
2	西宮記
9	平安遺文
1	左経記
2	春記
1	水左記
1	永昌記
4	玉葉
6	明月記
1	吉記
2	吾妻鏡
50	鎌倉遺文
1	雲州往来
1	東山往来
2	日本往生極楽記
2	大日本国法華験記
1	後拾遺往生傳
1	三外往生記
1	天台座主記
118	合　計

う表現は漢文において慣用的に多用されて、高い定着度を呈している。

・道俗尊卑男女老少（朝野群載、四三五⑩）

・為威儀御又无益老少不定（平安遺文七、二五五一下⑯）

対して、「男女老若」、「老若不定」という表現は見出せなかった。これは、「老少」が中国語出自の漢語で、古くから用いられているが、他方の「老若」が日本で造語された、新しい二字漢語のため、熟語としての歴史が浅く、「老少」ほどの熟合度が高くないことに起因するのではないかと思われる。

続いて、「老若」が確認された和漢混淆文に目を転じて、その使用状況について検討を加えてみよう。上記の表二に依れば、「老若」は漢文という文章ジャンルの古記録類に偏用されていることから、記録語的な性格を持っている語であるとも言えよう。「老若」が和漢混淆文にも見えたのはその文章ジャンルを構成する語彙の特徴に因るものであろう。和漢混淆文における「老若」は中国語由来ではなく、古記録類からの受容となり、記録語としても位置付けられよう。但し、今回調べた限りの和漢混淆文からは「老若」が次の二例しか検出し得なかった。

1、念仏マフサル、老若ソノカスヲシラス（歎異抄二十一上、一六五）

2、三塔九院の大衆老若も、甲冑を著し弓箭を帯して木曽に同意す（源平盛衰記巻三十一、一六七④）

この「老若」に対して、和漢混淆文では次のような句的形態が「年寄りと若者」という対義的な意味を示すのに多く見られている。その用例数は「老若」のそれより多くなっている。それは和漢混淆文における「老若」がその定着度が高くないのを物語ることにもなろう。

3、此ヲ見ルニ、多《オホク》ノ人、老《オイ》タル若《ワカ》キトモ无ク、咲《ワラ》ヒ合《アヒ》タル事无限《カギリナ》シ（今昔物語集巻二十八、五八⑤）

4、ソノシマノオトコ女、ヲヒタルワカキ、魚トラムタメニ三年ハカリホト、ヨルヒル念仏ヲシケルハミナ極楽ヘマイリニケリ（法華百座聞書抄、三〇七⑫）

とあるように、日本で生成された「老若」という二字漢語は恐らく斯様な句的形態を下地に、慣用されているうちに成立したのではないかと推定される。

次に「老若」という和製漢語の形成過程について考えてみたい。先ず次の例を挙げて検討する。

5、人ヲ遣《ツカハシ》テ尋ネ呼《ヨバ》スルニ、使行《ツカヒユキ》テ、此讃歎《コノサンダン》ノ音《コヱ》ヲ聞クニ、極《キハメ》テ貴クシテ、皆、馬・牛ノ事ヲバ不問《トハ》ズシテ、涙ヲ流シテ此ヲ聞ク。如此《カクノゴトク》シテ、男女《ナンニョ》、老《オイ》タル、若キ、来集《キタリアツマリ》テ、此ヲ聞ク（今昔物語集巻十一、行基菩薩、学仏法導人語第二、五九③）

文中の「老《オイ》タル、若キ」は他でもなく「年寄りと若者」という意味を表す。実は『今昔物語集』の行基菩薩学仏法導人語という話は、平安中期頃成立の『日本往生極楽記』の第二話に基づいて構成されたのである。それを挙げてみれば、

6、令使尋呼。男女老少来覓者。聞其讃嘆之声。不問牛馬。泣而忘帰（日本往生極楽記、五〇一下⑱）

と記されている。両者を比較すれば、内容としてはほぼ同じであると言ってもよかろう。但し、両者には一つの注目すべき異同も存している。それは『日本往生極楽記』の例中にある「男女老少」に対して、『今昔物語集』では

「男女《ナンニョ》、老《オイ》タル、若キ」と表記されており、「少」の替わりに「若」と書き改められている。更に、この行基菩薩にまつわる逸話は『扶桑略記』にも収録されている。

7、令二使尋呼一。男女老少来覚者。聞二其讃嘆之声一。不問二牛馬一。泣而忘レ帰（天平十七年、九四⑮）

の如く、話の内容も『日本往生極楽記』のそれと一致しており、例中の「男女老少」という表現も『日本往生極楽記』と同様である。

尚、『今昔物語集』の出典の一つといわれる鎮源撰の『本朝法華験記』の三種の写本、一種の版本のうちでは最も古く信頼度の高いものとされる高野山宝寿院蔵『日本法華験記』（仁平三（一一五三）年の写本）にも、行基菩薩の話が見える。

8、捨《ステ、》牛馬而従者殆成《(ヒ)》成数百牛馬之主《ニ》有之時　令《ニハ》使《ツカヒヲシテ》　尋呼《ヨハヲトコヲムナ》男　女　老少《モキモ》　来覓《リモトムル》（第二行基菩薩、九ウ②）

話の内容は右掲した例5、6、7と殆ど変わらないものの、文中の「老少」は音よみではなく、「老少《モキモ》」のように訓読されている。この「老少《モキモ》」の「少《キ》」は「ワカキ」と訓まれるべきであると判断されて差し支えないであろう。「少」と「ワカシ」という和訓との対応関係の成立が平安初期或いはその以降の訓点資料から察知される。例えば、

・男子女人（の）年少《ワカ》クシテ浄《イサ(ぎ)ヨ》潔（ク）荘厳《セルあり》（斯道文庫蔵願経四分律平安初期点、四―二）
・是の時に当（て）[也]士《ヲノコモヲムナモ》女　咸（く）会シ少《ワカキモヒトビ(と)コトゴトク》　長　畢　ニ萃《アツマ》り（ぬ）（石山寺本大唐西域記長寛移点四、五九五⑧）
・少《ワカ》ウテ亦苦老《ブ》（い）テモ亦苦《ブ》（神田本白氏文集天永点三、九ウ）

とあるように、「少」と「ワカシ」との対応関係が確立されていることが明白となる。

成立時代からも相互受容関係からも(1)『今昔物語集』の「男女《ナンニョ》、老《オイ》タル、若キ」は『日本往生極楽記』等の「男女

老少」の「老少」の訓読であると看做されるのが妥当であろう。但し、「老少」を「老《オイタル》若《キ》」と訓読するのは右に挙げた『日本法華験記』の「老少」を「老《モ》少《キモ》」と訓読するという過程を経て実現できたと考えることが自然であろう。つまり、先ず「老少」の「少」を「ワカキ」と訓むことによって、「若」と「ワカシ」との対応関係が成立しているという前提の下で、その「ワカキ」に対して、「少」の替わりに「若」が充てられて「若キ」となり得たのであろう。このように形成された「老《オイタル》若《キ》」という句的形態は他の和製漢語の形成と同じように、それを字音よみすれば「老若」という二字漢語となるのではないかと推定される。「若」と「ワカシ」という和訓との対応関係の確立については後程探ることにする。

一般に、和製漢語とは仮名文において多く仮名書きされていた和語が記録体など漢字専用の文章を中心に漢字書きされるに伴って字音よみも生じ、更にその形態が一般に定着することによって、本来の漢語と同様に認識されるようになったものを指す。(2) 例えば「ひのこと→火事（クワジ）」、「かへりごと→返事（ヘンジ）」等はよく知られる例である。(3) しかしながら、右の考察で判明したように、管見に触れた限りの仮名文においては「老若」という和製漢語に該当するような仮名書きされた和語が見当たらなかったのである。従って、「老若」という和製漢語の形成は、「火事」、「返事」等のように仮名文において仮名書きされる和語からではなく、それらと異なった様相を見せている。つまり、「老若」が成り立つには、「若」と和訓「ワカシ」との対応関係の成立という条件が不可欠である。そういう前提があって、中国語出自の「老少」という漢語を「老《オイタル》若《キ》」と訓読することが初めて出来るようになる。その漢語「老少」の訓読としての「老《オイタル》若《キ》」を字音よみすれば、「老若」という二字漢語となる、といった過程を経て生成されたのではないか。「老若」は上述した「民烟」と同じく、「老」字の意味がそのままで、「若」字の意味が変わったことによって成り立った漢字表記語（和製漢語）である。尚、「老若」という和製漢語の成り立ちについては今後一層資料を充実させ、所論を補完したいと思う。

また、和漢混淆文においても「年寄りと若者」という対義的な意味を一語で示すのには、「老若」または「老《オイタル》若《キ》」等のような句的形態の他に「老少」という漢語が多出している。この点では漢文という文章ジャンルと一致している。その「老少」の例を挙げれば、次のようになっている。

9、其《ソノ》門ノ下ニ男女《ナンニヨ》ノ老少ノ人多ク居《ヰ》テ休《ヤスミ》ケルヲ（今昔物語集巻二十四、三〇七⑫）

10、貴賤《ノ》シナヲエラハス老少ヲモサタメス（三宝絵詞下、七十オ③）

尚、多用されている「老少」の用例の中で「老少不定」という表現が多く見られている。それは既に慣用的になり、固定化された古記録類からの踏襲を受けているものであると考えられる。例えば、

11、況やまた老少不定のさかひなり（発心集巻五、一四五⑦）

12、老少不定之習聞《ユ》ニ南門之風《ニ》一（延慶本平家物語第一末、十オ⑨）

とある。「老少不定」という表現が固定、定着したため、後世に編纂された『書言字考節用集』には「老少不定」を見出し語として掲出されている。

老少不定《ラウセウフヂヤウ》［白文集］浮ー生都如《テ》レ夢——亦何殊《ソ》ナル（言辞第八冊下、三三五⑧）

以上、和漢混淆文における「年寄りと若者」という意味分野の語及び表現について検討してみた。それらの和漢混淆文での使用状況は次頁の表四の通りとなる。

以上の考察を通して明らかになるように、「老若」は平安中期の十世紀末期頃に漢文という文章ジャンルにおいて創出された新しい語であるため、平安時代はもちろんのこと、鎌倉時代に下っても「老少」ほど多用されず、使用の範囲も頻度も限定的である。即ち、漢文と和漢混淆文における「老少」は「老若」が登場していても依然として「年寄りと若者」を表すという意味概念の中心的な存在となっている。

右に「老若」が確認された文章ジャンルに限って検討を施してきたが、以下、「老若」の所在が認められなかっ

表四

考察対象／文献	老若	老タル（モ）若キ（モ）、若キ（モ）老タル（モ）	老少	老小
今昔物語集		3	2	1
三宝絵詞			1	
法華百座聞書抄		1		
歎異抄	1		1	
古今著聞集		1		
宝物集			2	
海道記			1	
延慶本平家物語		10	9	
覚一本平家物語		6	9	
源平盛衰記	1	1	9	
保元物語			1	
発心集			2	
沙石集			4	
正法眼蔵			4	
正法眼蔵随聞記			2	
合　計	2	22	47（18）	1

（注：（　）数字は「老少不定」という慣用語の用例数を示す）

た文章ジャンルにおいては、「年寄りと若者」という対義的な意味が如何なる語或いは表現によって分担されているのか、具体例を挙げながら考えてみたい。先ず、和文を取り上げてみよう。

1、つゝましくいらへにくゝておしつるおい人のいてきたるにそゆつりたまふたとしへなくさしすくしてあなかたしけなやかたはらいたきおましのさまにも侍かなみすのうちにこそわかき人〳〵はものゝほとしらぬ（源氏物語、はし姫、一五二六①）

2、めのとたつおい人なとはさうしにいりふしてゆふまとひしたるほとなりわかき人二三人あるはよにめてられ給ふ御ありさまをゆかしきものに思ひきこえて（同右、すゑつむ花、二一二⑨）

とある。和文では「年寄りと若者」という意味が右の例のように表現されている。ところが、鎌倉時代に成立するといわれる『唐物語』、『徒然草』には平安時代の仮名文と違ったような例が見える。

3、かゝれともわかきおひたるさためなき世のうらめしさは（唐物語、第八話、一〇③）

4、男女老少みなさる人こそよけれども（徒然草、第二三三段）

とある。『唐物語』は平安朝歌物語を指向しつつ、中国の説話集の翻訳ともいわれるような、平安時代の仮名文と異なった様相を有する物語である。『唐物語』に「わかきおひたる」という表現が見えたのはそのためであろう。一方、『徒然草』は平安朝の仮名文の伝統を継承しつつ、中国の古典、仏教関係の典籍等の影響の下に、『今昔物語集』以後の説話集の表現や中古以来の法制、政治及び有職故実の諸文献の記録性をも吸収した随筆である。その中に現れている「老少」は他でもなく平安時代の仮名文と違った文体的特徴の一投影とも言えよう。

仮名文に対して、漢文における漢詩文は漢語を基調とする文体となる。しかし、何故漢詩文には「老若」が見えなかったか。それについて探ってみたい。漢詩文は漢文という文章ジャンルに属するものの、古記録類のような和化漢文と異なって概ね正格（純）漢文であると言われている。つまり漢詩文は従来の中国の漢文、漢詩等を殆どそのまま踏襲したのである。右の考察で分かるように、中国文献には「老若」が検出できなかったのである。その故に、漢詩文からは「老若」の所在が確認されなかったのは、そのためではないかと考えられる。さて、漢詩文では「老若」の替わりに如何なる語が「年寄りと若者」という意味を表しているのか、次の用例を挙げてみよう。

1、恨《ウラミ》而て更恨《ウラメシキ》はレ莫レ恨《ウラメシキ》はレ於三少て先《ヨリワカウシサキタツ》二親に一雖三知二老一少之不定を一（久遠寺蔵本朝文粋巻十四、二八三⑤。平仮名はヲコト点）

2、看レ梳看レ沐看々落老少相分難二両倶一（田氏家集、八一六下⑩）

3、老弱相携母知子（菅家文草菅家後集、二七五⑭）

表五

老弱	老少	考察対象／文献
2		都氏文集
1		菅家文草菅家後集
	3	久遠寺蔵本朝文粋
	1	田氏家集
	2	本朝文集
3	6	計

4、魚行二人道之中一老弱没亡不レ得其死（都氏文集、七八五④）

のように、漢詩文では「老少」「老弱」という二語が用いられていることが明らかになる。このことは中国文献と一致する事実である。これは漢詩文という文章ジャンルの特質を反映することにもなる。漢詩文における「老少」「老弱」の使用状況は上の表五の通りとなる。

以上、日本文献における「老若」を巡って検討を加えてみた。しかし、何時「老若」の「若」と「ワカシ」との対応関係が形成されたのかという疑問が残っている。次の項目においてそれについて考えてみよう。

（四）「若」と「ワカシ」との対応関係について

中国文献には「老若」が見出せなかったのは「老若」を構成する後部要素「若」が「ワカシ」という意味が中国語には存していないためではないかと推定された。それでは、中国語の「若」という字が「ワカシ」という意味を持っていないのに、何故日本文献では、「年寄りと若者」という対義的な意味を一語で表す「老若」が造語されたのであろうか。以下、「若」と「ワカシ」との対応関係の成立について古辞書と古文献を挙げて考察してみる。

若可見艸卩若正モシシクカクノコトシタスクナムトコトシ　シタカフ又丄惹禾カシニタリヨシ（声点略）（観智院本類聚名義抄、仏下末、一八⑥）

稚チワカシ幼少（略一字）若（略六字）弱以上同（前田本色葉字類抄、人事付上、八十七オ③）

ワカ人ワカタチナトイヘルワカ如何ワカハ若也少也ワサカナノ反ウマカナノ反一切ノ物ノワカキハミナ気味ノヨキ也（名語記巻四、二ウ⑩）

亦、昌平年間頃成立といわれる日本最古の漢和辞書『新撰字鏡』の序文において次の文が書かれている。

所撰集字書敢為若学之輩述乱簡

「若者の学者の為に述乱簡」と解され、「若学」の「若」は明らかに「ワカシ」という意味として用いられていると判断される。文中の「若」の意味は「若」と「ワカシ」との対応関係が確立していることを物語っている。更に、訓点資料からも「若」と「ワカシ」との対応関係の成立を窺うことができる。

加‐復《シカノミナラス》　少《若也》因《テ》求法《ニ》尋《ネ》訪《フ》師友《イウヲ》（声点略）（興福寺蔵大慈恩寺三蔵法師傳九、三八五）

文中の「少」は「ワカシ」という意味で用いられている。その「少」の字に「若也」という義注が付されていることから、「若」が「ワカシ」の意味を示すのみならず、「若」と「ワカシ」という和訓との対応関係が固まったものになっていると見られる。

さて、「若」と「ワカシ」との対応関係は一体何時代に成立したのか。次にそれについて考えてみる。先ず次の用例を挙げてみよう。

1、乞帰而取者、如レ取二若葦一、搤批而投離者、即逃去（古事記上、九〇⑭）

2、射《い》ゆ鹿猪《しし》を認《つな》ぐ川上《かはへ》の若草《わかくさ》の若《わか》くありきと吾《あ》が思《も》はなくに（日本古典文学大系日本書紀下、斉明紀四年、三三二⑤）

3、吾屋戸之若木之梅毛未含有（万葉集、七九二番歌）

4、夫寺家之屋者、不レ有二俗人寝処一。亦偁二若冠女一、曰二放髪丱一矣（同右、三八二二番歌）

5、若草乃新手枕乎巻始而夜哉将間二八十一不在国（同右、二五四二番歌）

五例の「若」はいずれも「ワカシ」という意味として使用されていると思われる。したがって、「若」と「ワカシ」との対応関係が夙に奈良時代に成り立っていることが明らかであろう。

但し、同じ奈良時代成立の『古事記』『日本書紀』『万葉集』三文献においては「若」という字の使用上の差異が見られる。『古事記』では「ワカシ」を示す漢字として「稚、若」二字のみで[4]、他の「ワカシ」を示す漢字「少、小、弱」等を見出すことが出来なかった。それは決して『古事記』においてそれらの漢字が存在していないわけではなく、各々別の意味を表すものとして用いられているためである。即ち、「少、小」は「故随レ教少行」、「多少」「大小」、「小国」の如く、「スコシ、スクナシ、チヒサシ」の意味として使用されている。「弱」は「上瀬者瀬速、下瀬者瀬弱而」のように「ヨワシ」という意味を示す他に、慣用的な固有名詞表記として「手弱女人」、「目弱王」のように用いられているのみである。換言すれば、本来の中国語として「少、小、弱」等の漢字は「ワカシ」という意味を持っているにもかかわらず、『古事記』においてはそれらを採用せず、「稚、若」という二字を以て「ワカシ」という意味を表現しようとしている。それは『古事記』の編纂者が「稚、若」と「少、小、弱」とを使い分けようという意識的な用字法に起因するのではないかと思われる。更に、微視的に捉えれば、「稚、若」両者の間には、使用量の上で顕著な差異が存している。「稚」は二例だけあり[5]、熟字「八稚女」の他、単字として「国稚如浮脂」と使われている。この「稚」字は本来の中国語として「ワカシ」の意味を有するため、「ワカシ」という和訓との対応関係が正しい訓関係であると看取される。この「稚」に対して、元来の中国として「ワカシ」の意味を持っていない「若」を用いて、「ワカシ」を示す例は一〇六例も検出できた。右に挙げた例1のような形容詞としての例の他、神名、人名「若山咋神」、「天若日子」等、複合語の前部要素として用い、「ワカ」と訓まれる[6]。したがって、『古事記』では、「ワカシ」を示す漢字は「若」という一字が圧倒的に多い。言い換えれば、『古事記』の編纂者が「ワカシ」を表出するために、意識的に「若」という字を限定して使用しようとする意図が認められよう。斯様な用字の意識からも奈良時代における「若」と和訓「ワカシ」との対応関係が既に確立していたことを指摘することが出来る。つまり、当時、両者の対応関係が成立して、一般に認知されているからこそ、『古事記』の編者がそれを選定することが可能となる。では、何故『古事記』において「ワカシ」を示すのには、本来「ワカシ」の意味が具わっていない「若」が圧倒的に多用されているのか。それは「古事記の文章、すなわち正格の漢文でもなく仮名文でもなく、日本語を漢字だけを使って日本語の法格を生かしつつ独自の用字法に拠って書かれた文章[7]」という性格に一因を求めることが出来よう。

『古事記』に対して、『日本書紀』からも「若」を二二四例検出できたが、その中に上記の例2のように和歌に見えた用例を除いて、慣用的な固有名詞表記として数例あって「若狭」「若桜宮」といったように使用されるのみで、残りが比況、仮設等を示す本来の中国語と同じ意味として用いられている。一方、「ワカシ」を表現する漢字は「稚、幼、小、弱」等の本来「ワカシ」の意味を担う用字が中心となり、中国文献と一致しているところを見せている。これは『日本書紀』が正格（純）漢文という文章の性格のため、当時、「若」と「ワカシ」という和訓との対応関係が既に確立していても、本来の中国語として「若」が「ワカシ」の意味を持っていない以上、「和臭」を回避すべく「若」を中国語と同じように用いたのであると考えられる。同じ奈良時代文献というものの、『古事記』と『日本書紀』とが両者の文章の性格によって「若」という字の使用上において対蹠的な差異が見られる。

尚、同時代の『万葉集』では、右掲した例3、4、5の如く「若」が「ワカシ」という意味を示すのに用いられる。それは『万葉集』が『日本書紀』と異なった日本独自の和歌集という文章の性格に因るものであると考えられる。つまり、「若」が「ワカシ」の意味も持っていることが以上の考察で分かるように、「若」が日本語として用いられている中で発生したこととなるため、『万葉集』のような日本独特の和歌集においては当然のことながら「若」と和訓「ワカシ」との対応関係が確立、定着しているのであろう。

右に挙げた奈良時代の『古事記』、『日本書紀』及び『万葉集』における例1～5が示すように「若」と「ワカシ」との対応関係が既に奈良時代に成り立っていたことが分かる。そのため、奈良時代以降に成立する古辞書には「若」に対して「ワカシ」という和訓が掲載されているわけである。例1の「若葦」萌え出たばかりの葦を表す意味と解され、恰も萌え出たばかりの葦を取るように、という建御雷神の怪力を比喩的に描写する文意である。例2、5の「若草」は春に芽の萌え出したばかりの草を表現すると理解される。例3の「若木」は「生えて多くの年を経ていない若き木」という意味で用いると見られる。この「若木」という語は次の例のように中国文献にも見出すことが出来た。

6、大荒之中有衡石山九陰山洞野之山上有赤樹青葉赤華名曰若木（山海経、大荒山北経）

7、折若木以払日兮聊逍遥以相羊（楚辞、離騒）

文中の「若木」は古に日の没する所にある神木を指す。つまり、樹木の名称である。中国文献には「若木」という熟語の所在が確認されたものの、日本文献のように、生えてからまだ歳月が多く経っていない木という意味とは歴然と違っている。これは中国語の「若」には「ワカシ」という意味が存せず、日本文献の「若」にのみ「ワカシ」という独自の意味があることの現れである。一方、例4の「若冠」は「若者」という意味で用いると解される。ところが、中国文献には「若者」という意味の「若冠」は認められず、「弱冠」という語が使用されている。

8、賈生矯矯、弱冠登朝（漢書一〇〇下、敍傳）

文中の「弱冠」は「二十を弱と曰ひて冠す」（礼記、曲礼上）というように日本文献の「若冠」と同じく「若者」の意味を表すと見られる。これも中国文献では「若」の替わりに「弱」を以て「ワカシ」を示すが、日本文献では「若」が「ワカシ」という意味を持っていることの証左となる。

奈良時代の文献には「若」という字の他「ワカシ」という意味を示し、それと対応関係が存在する「弱、少」等の字も見られる。例えば、上記の例の「若草」に対して、次のように「弱草」の例も見えた。

9、弱草《ワカクサ》吾夫呵怜矣（図書寮本日本書紀巻十五、清寧紀顕宗紀仁賢紀、三〇六）

亦、「少」の字が「ワカシ」と訓まれる例は次のようである。

10、我妙《眇》少《ワカウシテ》　以不賢（同右巻二十三、舒明紀、三）

右記の二例の示すように、奈良時代文献では「ワカシ」という和訓に対して「弱、少」等も当てられていることが明らかになる。「老若」が奈良時代に見えず、十世紀末期頃になって初めて文献上に登場してくるのは奈良時代の「ワカシ」という和訓と不特定の幾つかの漢字との間に対応関係が存していることに一因が求められよう。しかし、平安時代に入って「若」と「ワカシ」との対応関係が他の漢字、特に「弱」より一層緊密になるように思われる。それは前掲した『前田本色葉字類抄』の「ワカシ」という和訓に対しての漢字掲出の順位からも示唆される。そのためか、「老若」が出現した以降、今回調査した限りの資料では「年寄りと若者」という対義的な意味を一語で表す「老弱」が一例も検出されなかった。

何故、「若」と和訓「ワカシ」との対応関係が早くも奈良時代に成立していたが、「老若」という熟語が十世紀末期の平安中期頃に文献上に初出してくるのか。色々と考えられるが、先ずそれは今回調査の不足に因るところを否むことが出来ない。今後、調査範囲の拡大、資料の充実に努めつつそれを考究して行きたい。

では、何故日本語では「若」と「ワカシ」との対応関係が成立するのか。それは如何なる理由で、どのような過程を経て実現したのか。それについては今後の課題として探ることとするが、ここで先ず考えられるのは「若」と「弱」との二字が音通であることに起因するのではないか。即ち、「弱」が「ワカシ」という意味を有しているため、「若」がそれと音通することによって、「弱」と同様に「ワカシ」と訓まれるようになる。「弱」と「若」との音通に関しては二項目に挙げた中国の古辞書『類篇』、『集韻』にも記述されている。「弱」と「若」両字が音通とはいえ、「ワカシ」という意味が認められない「若」が何故日本文献では「弱」と同じく「ワカシ」と訓まれるのか。つまり、音通以外に他の要因も絡んでいないのであろうか。それに先立って、先ず『康熙字典』の「弱」に関する語釈を挙げてみよう。

弱〔唐韻〕而勺切〔集韻〕〔韻会〕日灼切竝音若（一）〔玉篇〕尫劣也（二）〔釈名〕委也（三）〔増韻〕懦也（略）（四）〔疏〕（略）志氣弱也（略）（五）〔疏〕体猶未壮（略）（六）〔釈名〕（略）柔弱也（略）（七）〔註〕跛也（八）又水名（略）（九）又（略）衰也（十）又（略）敗也（十一）又喪也（略）（十二）〔註〕（略）良弓名（以下略）（（一）～（十二）の番号は筆者による。用例、出典略もある）

のように、「弱」は（五）の如く「ワカシ」という意味を示すが、「劣、懦、衰、敗、喪」等のようなマイナス的な意味の方が寧ろ多く存するのである。そこで、「弱」を用いると「ワカシ」という意味と共に、斯様なマイナス的な意味も伴って来かねないという嫌いがある。その「弱」に対して、「若」は上掲した中国の古辞書の示すように、「弱」のようなマイナス的な意味を持たず、「杜若」、「香草」という意味が本来「ワカシ」の具わっている「ワカワカシ」等の意味に近いものになるのではないかと推定される。「若」と「弱」とが音通であることを利用して「弱」に付随しているマイナス的なイメージを回避するために[8]、同音字である「若」に対して「ワカシ」という和訓が充てられるようになったと考えられよう。更に字形から見ても草かんむりからなる「若」という字形は「弱」より「ワカシ」の持っている意味をより視覚的に一層表象することができるのではないかと想定される。そのような理由と背景が働いて「若」は「弱」より奈良時代から多用されて、日本人の愛用文字[9]となる。それは『古事記』において「ワカシ」という意味を示すのに、「若」が一〇六例も認められるが、「弱」が一例も見出すことができなかったことからも察知される。

　漢字と和訓との対応関係はいつもその漢字と和訓との間に何らかの意味を必ず重ねるという条件の下で成り立つものであると思われる。しかし、以上の考察で明らかになるように、「若」と「ワカシ」の和訓との対応関係はそれと異なった様相を呈しているのである。つまり、「若」と「ワカシ」とは、本来の漢字「若」にそれ自身の字義には関係なく、「若」と「弱」との音通を土台に、日本において「若」の字形等からイメージし独自の理解、選好を行い字義を定めて形成したものであると推察される。このような訓について、新井白石が『同文通考』巻四の凡例に国訓として以下のように論じられている。

国訓トイフハ、漢字ノ中、本朝ニテ用ヒキタル義訓、彼国ノ字書ニ見ヘ(ママ)シ所ニ異ナルアリ。今コレヲ定メテ、国訓トハ云フ也

「若」と「ワカシ」との対応関係は、漢字の字面そのものが中国語にも見られるが、その漢字本来の字義には関係なく日本語独自の意味を充てて、それによって成立したものである。因って所謂国訓(10)であると見られる。

むすび

以上の考察を通じて、日本語における「老若」は中国語出自の漢語ではなく、日本で造語された和製漢語であることが判明した。(11)「老若」は和製漢語という素姓のため、日本文献では和文と漢詩文という文章ジャンルに見えず、漢文の古記録類に偏して用いるといった使用上において文章ジャンルに差異が認められる。亦、和漢混淆文では「老若」及び「老少、老小」の他には「老若《オイタルキ》」という句的形態も多出して他の文章ジャンルとの異同を見せている。「老若」は十世紀末期頃に日本文献に登場してくる語である。その誕生の新しさのためか、平安鎌倉両時代を通じて「老若」は「老少」ほど多用されず、「年寄りと若者」という意味分野の周辺的な役割を果たす。一方の「老少」は使用の範囲も頻度も「老若」より際立っており、「年寄りと若者」という意味分野の中心的な存在となる。一方、「老若」が日本語において定着するに伴って、現代日本語では「老若男女」のように日常語的に用いられるようになっている。

尚、「老若」という和製漢語の生成は、日本語ではその後部要素の「若」が元来の中国語には存しない「ワカシ」という意味が発生したことによって、「若」と和訓「ワカシ」との対応関係が成立した上で初めて実現できたので

ある。いわば、日本語において独自の用字法を通じて「老若」が生まれたのである。反対に、中国語には「老若」が確認されなかったのは、中国語における「若」には「ワカシ」という意味が存在していないためである。但し、今回の「若」と「ワカシ」との対応関係の成り立ちについての考察は推定の域を出ることが出来なかったため、所論に不安を禁じざるを得ないのである。今後更に考究を重ねてそれの解明に精進したい。

注

(1) 井上光貞『往生伝・法華験記』の「文献解題—成立と特色」(日本思想大系7、岩波書店、昭四十九)
(2) 蜂谷清人「仮名書きから漢字書きへ」の「和製漢語と和製漢字」(佐藤喜代治編『漢字講座4漢字と仮名』明治書院、平元)
(3) 山田孝雄『国語の中に於ける漢語の研究』(宝文館、昭三十三、訂正版)
(4) 小林芳規『古事記』の「同訓異字一覧」(日本思想大系1、岩波書店、昭五十七)
(5) 同注(4)
(6) 同注(4)
(7) 小林芳規「古事記訓読について」(『古事記』日本思想大系1、注4)
(8) 瀬間正之「上代散文の比喩表現—「如」、「若」を中心に—」(『国語と国文学』特集号、平三・五)
(9) 中田祝夫『日本語の世界と日本の漢字』(中央公論社、昭五十七)
(10) 同注(9)
(11) 「中国文献に典拠のないのものであっても、漢語としての字義があるものとして使用者に意識されることがあれば、そのことは、語の意味・用法やその変容と無関係ではなく、それは中国文献に典拠の有る漢語の場合と変わらない」(鳴海伸一『日本語における漢語の変容の研究—副詞化を中心として—』序論七頁、ひつじ書房、平二十七)

第三項 「芸道」について

はじめに

「芸道」という語は、日本語の漢語として「技芸・芸能の道」の意で現代語では使用されている。それは字音よみの漢語ではあるが、漢語の源となる中国語には出典を求めることが出来なく、所謂日本で作られた和製漢語の一つであると指摘される(1)。尚、「芸道」のみならず、「芸道」という語を構成する後部要素「道」との結合によって形成された、中国語には見えない他の技芸のわざに関する和製漢語も認められる(2)。例えば、「歌道、弓道、剣道、棋道、茶道、柔道、武士道、入木道、書道(3)」等の日本の伝統的な武芸、芸能、芸術の世界を表す用語が挙げられる。斯様な表現の誕生はほかでもなく中国の伝統的思想「道」が日本に伝来して、それを受容しつつ、日本的な新しい意味用法が創出されたことに因るのであると言えよう。換言すれば、日本人が独自的に用字を選好して中国語の出自である漢字「芸」と「道」とを結合させて成り立った新たな漢語であろう。和歌の作法などを表す「和歌之道」「歌之道」を一語化した「歌道」は早くも平安時代に見られる。また、「入木三分」から成立した「入木」という表現は墨蹟また、「書道」という意味を表すが、室町時代になると「道」をつけて「入木道」という語が作り出され、書道という限定的な意味として用いられる。江戸時代に入れば、武芸、芸能を表す言葉に「道」という造語要素を付けて、新しい表現が多く生じるようになる。例えば、本来の「茶（の）湯」を「茶道」、「剣術」を「剣道」、「射芸」を「弓道」と言う。また、「弓馬之道」「弓箭之道」という前の時代まで慣用的に用いられていた武士の務むべき道を「武士道」と言い換える。「道」の付加によって精神性、思想性、道徳性に重きを置くという意味合いを持たせて格調の高いものになると考えられる。そればかりか、江戸時代には本来の「道」の持っている思想性、道徳倫理性と相反する「道楽」という逆説的な表現も産出した。この「道楽」は日本語的な造語法に基づいて中国語の「楽道」を反転させて出来た和製漢語であるかと思われる。語順の移動によって意味的にも中国語との違いが見られる。[4]

日本で中国に淵源する「道」という用字によって生まれたこれらの表現を語史的に考究するべく、この項ではその一階梯として先ず「芸道」を俎上に載せて、何時代、如何なる文献にどのように使用され、更に如何なる背景の下で誕生したのか、などの点を巡って考察を施す。

（一）日本文献における「芸道」の意味用法

今回、管見に及んだ限りの日本で編纂された平安時代から江戸時代までの古辞書類を調べてみたところ、いずれにも「芸道」の所載を確認することが出来なかった。その替わりに、以下のような「芸道」と類義的な表現が見えた。

藝《ゲイ》（尊経閣善本二巻本色葉字類抄巻下、三十五オ⑨）

藝　ケイ云人之能也魚祭反　才—皮—雑—等也（黒川本色葉字類抄中、九十七オ③）

伎藝　キケイ　上渠綺反（前田本色葉字類抄下、五十七ウ⑤）

藝能《ゲイノウ》（天正十七年本節用集、八十七ウ⑥）

藝能《ゲイノウ》（黒本本節用集、一二六②）

当道《タウダウ》　諸藝之《ケイノ》道也（増補下学集、一三八⑦）

Xoguei. ショゲイ（諸藝）Moromoronoguei.（諸の藝）すべての藝能や技能（邦訳日葡辞書、七九一）

Xodŏ. ショダゥ（諸道）Moromoronomichi.（諸の道）すべての学藝（注略）（同右、七九〇）

Gueinô. ゲイノゥ（藝能）Yoqixiuaza.（能きしわざ）日本やシナの諸学藝[1]．¶ GueiuaRei, gacu, xa, guio, xo, su.（芸は礼，楽，射，御，書，数）すなわち，礼儀，音楽，弓射，乗馬，書道，算術．¶ Nôuaqin, gui, xo, gua.（能は琴，棋，書，画）楽器，特に琴[2]の弾奏法，碁（go）の打ち方，書道，絵の描き方．（注略）（同右、二九五）

古辞書のみならず、次の古文献にも斯様な表現も見出される。換言すれば、古文献に使用されているからこそ、古辞書に収録されたのであろう。

1、勅《シテ》二僧通徳。恵俊《ニ》一並還俗セシム。（略）為《ナリ》レ用《ルカ》二其《ノ》藝《ヲ》一也（続日本紀巻一、文武四年八月、七⑦）

2、微臣無藝无能（久遠寺蔵本朝文粋巻四、一五一⑥。傍注等略。以下同）

3、臣無才無藝、非旧非勲（同右、一二四③）

cf、予仁若考、能多材多藝、能事鬼神（書経、金藤）

cf、吾不試、故藝（論語、子罕）

4、猶遇臨時之恩、各預不次之賞。蓋重其藝能也（久遠寺蔵本朝文粋巻六、一二三五⑨）

5、情願二入仕一者本国具述二藝能一、申二送太政官一（令集解、職員令）

6、次巡事施各藝能、頭中将令様、下官朗詠（兵範記三、三五八下③）

7、藝能、所作のみにあらず、大方のふるまひ、心づかひも、愚かにしてつつしめるは得の本なり（徒然草、第一八七段）

cf、至今上即位、博開藝能之路、悉延百端之学（史記、亀策傳）

cf、初無藝能、濫塵科目（宋、葉適、申省乞仕状）

8、文筆諸藝ヲ好給コトモカハリマサザリケリ（神皇正統記中、村上天皇、一三一⑪）

9、世のはかせにて万人の師となる事、諸道かはるべからず（徒然草、第一五〇段）

10、藝能につけて望をとげ、賞をかうぶるもの、古今数をしらず多し（彰考館蔵十訓抄、二〇五⑨）

11、道々の才能も、又父祖には及びがたきならひなれば（同右、一七九⑪）

12、諸道ニ心得タル者ニテ、君ニ近ク被召仕進セテ（延慶本平家物語第一本、六十九オ③）

以上に列挙した表現は「芸道」の未出現によって生じたその意味領域の空白を補完したと言えよう。即ち、「芸道」の替わりにかかる語が用いられていた。一方、「芸道」が江戸時代までの古辞書に所載していないことについては、二つのことを考えることが出来よう。一つは「芸道」という語が江戸時代に至ってもまだ日本語として登場していないため、古辞書には収録されなかったのである。もう一つはたとえ語としては生まれたとしても、使用の量、範囲、頻度が限られているため古辞書に掲載すべき程度にまで達していないためであろう。下記の例の示すように、前者ではなく、後者の因由による可能性が高いと看取される。つまり、「芸道」は已に中世に現れたが、芸術的な専門用語として芸論書にのみ用いられて、一般用語に至っていないといった位相的な要因が考えられる。「芸道」は初出例として世阿弥が出家前後の頃に著した能芸論書『花鏡』（応永三十一（一四二四）年）などに登場したものであると、今回の調査で明らかになった。今のところ「芸道」は世阿弥の手によって創出、使用された用語であると言ってよい。それを受け継ぐ形で世阿弥の女婿であり、また、弟子でもある金春禅竹著の『歌舞髄脳記』（康正二（一四五六）年）にも見えた。いわば「芸道」は最初個人用語として使用され、後にその家族に拡大したといった特殊的な存在である。

13、如レ此、上果風より、貴人、白拍子・曲舞舞い。狂女、色々を心得分て、其藝道の筋目筋目を宛てがひて作書する事、能（の）道を知りたる書手なるべし（日本思想大系世阿弥・禅竹、三道、一三八⑬）

14、得手あらば、又おろそかなる方あるべしと見えたり。さるほどに、藝道に勝負の証見あるか。然者、正花風

を以て、興曲とや云べき（同右、六義、一八一②）

15、問。誠、其折・機嫌によりて、出・不出の甲乙あるべき事、疑いなし。此藝道に、稽古長久にして、既に名を得る位になりて、「面白や」と思ふ見感、是は成功なりと（同右、拾玉得花、一八六④）

16、当道も、花伝年来稽古より、物覚・問答・別紙、至花道・花鏡（是ハ当藝道ヲ誌ル帖々外題之数々也）、如此の条々を習道して、奥蔵を極め、達人になりて、何とも心のまゝなるは（同右、一八九⑫）

17、たゞその一体〔一体〕を得たらん曲藝は、又その分〳〵によりて、安曲の風体・遠見をなさん事、藝道の感用たるべし（同右、一九〇⑬）

18、嫡孫はいまだ幼少也。やる方なき二跡の藝道、あまりに〳〵老心の妄執、一大事の障りともなる斗也（同右、却来華、二四六⑥）

19、元雅は、藝道ははや極め尽したる性位なれ共、力なく、五十に至らざればその態をなす事あるまじき秘伝にて、口伝斗にてありし也（同右、二四七①）

20、一切藝道に、習々、覚し〔覚し〕て、さて行道あるべし。中楽も、習覚して、さて其条々をことごとく行うべし（同右、花鏡、一〇六⑩）

21、幽玄をば請じ、諸家の名匠、善悪の御比判、分明仰出されしより、道の筋目、品々位々をわきまへ、古きを尋ね、新しきをしり、えらび定をきしかば、於㆓藝道㆒更私なき物哉（同右、歌舞髄脳記、三五一下⑰）

上記した例の示すように、日本における芸道が芸道という言葉を以てその働きを明確化するようになったのは室町時代からではないかと見られる。但し、それらの用例を見てみると世阿弥、禅竹によって用いられた「芸道」は、「日本の伝統的な武芸、芸能、芸術の世界を含む文化の中で精神性を重視する芸の道」[5]といったすべての「技芸、芸能の道」を表す汎用性の高い表現というよりも寧ろ主として「能楽・猿楽の道」のみを指すという限定的な意味で用いられるようである。いわば、「芸道」という用語は日本語に登場した当初は能楽、猿楽という専門的な世界に限って特殊語として用い、現代語のそれと明らかに位相差が存在していたと言える。それのみならず、下記の例のように、世阿弥、禅竹が著した芸道論書において単独で使用されている「道」も殆ど「芸道」と同じ意味用法を表すように思える。

22、さて能の当座に至る時、其条々をいたし心みて、其徳あらば、げにもと尊みて、いよ〱道を崇めて、年来の劫を積むを、能を智大用とする也（同右、花鏡、奥段、一〇六⑧）

23、息男元雅に至るまで、道の奥義残なく相伝終りて、世阿は一身の一大事のみを待ちつる処に、思はざる外、元雅早世するによて、当流の道絶えて、一座すでに破滅しぬ（同右、却来華、二四六④）

24、夫、申楽家風之道者、世上異端のもてあそびにあらず（同右、歌舞髄脳記、三四二上⑤）

25、いよ〱、此道の玉を磨き、花をかざすたしなみ廃れゆく事（同右、幽玄三輪、三七六上⑧）

亦、「芸道」以外に、「曲道」「諸道芸」「習道」「力道」「役道」「道花」「花道」などのような世阿弥の手によって「道」を使って創り出された表現も見られる。

26、序破急へ舞おさむる曲道を習得する事也（同右、花鏡、舞声為根、八七⑰）

27、さて、童形より習ひおぼえつる舞歌の二曲をしなじなにわたして事をなすならでは、別の曲道の習ひ事あるべからず（同右、至花道書、一一三③）

のように能の曲を学習する道の意として「曲道」が用いられて、「芸道」の下位的な一つの道と看取される。

28、諸道藝に於いても、色・空二あり（同右、遊楽習道風見書、一六五⑨）

のように、能楽のみならず、あらゆる芸道の意を表し、「諸道」「一切芸道」「一切万道」などと類義的な関係を持つ。

29、能を知らんと思はゞ、先、諸道・諸事をうち置きて、当藝ばかりに入ふして（同右、花鏡、奥段、一〇六⑤）

30、一切藝道に、習々、覚して、さて行道あるべし（同右、一〇六⑩）

31、問。一切万道、成就云（同右、拾玉得花、一九〇⑮）

すべての芸道の意として用いられる。

32、遊楽之藝風之習道とせんとなり（同右、六義、一八〇③）

33、習道の入門は、二曲三体をすぐべからず（同右、至花道書、一一二⑧）

34、申楽一座人数、其役々習道次第（同右、習道書、二三四③）

「習道」は芸の道または演出に関する道を修得することを表す。

35、諸体に互て広態の見勢を一身他風に所持する力道、是也（同右、遊楽習道見風書、一六六⑰）

芸道における力量を表す「力道」となる[6]。後に「仏の功徳、御利益」という意味として用いられるようになる。

36、棟梁の為手の役道と者、当座の藝にいたりて、楽屋より出て（同右、習道書、二三四⑩）

「役道」[7]はなすべき役の意かと解される。

37、各々、安位感花に至る処、道花得法の見所の切堺也（同右、九位次第、一七六⑤）

芸道の花即ち芸道の悟得の境地という意味の「道花」[8]と理解されよう。

38、物覚・問答・別紙・至花道・花鏡、如此の条々を習道して（同右、拾玉得花、一八九⑫）

上記した用例のようにいずれも世阿弥が「道」という造語要素を生かしながら独創した表現である。「芸道」はほかでもなくかかる流れの中で自ずと生じてきたものであろう。更に「非道」「風道」などのように世阿弥が本来の意味の上に新しい意味用法を付加させた表現も見られる。

39、先、此道に至らんと思はん者は、非道を行ずべからず（同右、風姿花伝書、一四⑨）

40、藝のたしなみはをろそかにて、非道のみ行じ（同右、四二③）

cf、有言遜于汝志、必求諸非道（書経、太甲下）

cf、われより外に、領ずべき人なき家を、かくする事は、いと非道なる事（落窪物語巻三、一七四⑧）

「非道」は、参考例の示すように道理、人情にはずれて非理、非情といった意味が本来であるが、ここでは専門の猿楽に非ざる道、能楽以外の諸道を表すものとして用いられる。

41、抑、闌たる位の態とは、この風道を、若年より老に至るまでの、年来稽古を、ことごとくつくして（日本思想大系世阿弥・禅竹、至花道書、一一四⑪）

cf、掩撃不意、風道在人、豈有常也（魏書、崔浩傳）

「風の吹く道」という本来の意味と異なり、能楽の道、芸風の道という「芸道」に近い意味を表す「風道」となる。

世阿弥は稽古修行を積み、鍛錬工夫を重ねて心の芸、悟得の芸という境地に至る過程、またその境地そのものを「道」を以て象徴させようとした。能などの芸に道の意識が導入されて、その芸能が天地万物の生々化育していく根源たる「道」の如く、発展し、亦、その精神内容を向上させると共に、正統性も一段と昇華させて、棟梁の地位を強固なものにすることが出来た。「猿楽もそのような風潮の中でしだいに道の意識を高め、田楽や白拍子・曲舞などの他芸能に対して猿楽の道という自覚をもって芸をみがき、競争した。猿楽の道とは猿楽そのものを道と考えているわけで、先人のおこなった猿楽を学ぶ事により自分自身を鍛錬し、人間として大成することができるから猿楽も道なのである」(9)。

以上の考察で「道」という概念が芸能の世界に移入され、多用され得たのは世阿弥の「道」に対しての積極的な活用に大いに関わると言ってよい。また、斯様な「道」と「芸」との結合は後世の芸能の形成発展にも大きな影響を与えたであろう。

(二)「芸道」の形成背景

もともと「道」という概念は古代中国に発生し、孔孟の説く「徳」の「道」や老荘の説く「天地万物自然の源、無為」の「道」にその源流を求めることが出来、早くから日本に伝えられて、日本人の物の考え方に根本的な影響を及ぼした。従って、「道」という考え方や、技芸のわざにおける「道」などのような考え方は世阿弥の生きた室町時代より早くからあった。「たとえば兼好の徒然草には道に関して述べた文章が多く、文の道、管弦の道、歌の道、医の道、恩愛の道、兵の道、世を治むる道など非常に多方面にわたり、「道を知れる人」を尊重する主張もすこぶる多い[10]」。つまり、「大体、中国（および日本でも）では、とかく技術を道に昇華させようという傾向があるようだ。すなわち最高の技術は、天地の道につながるものとする。戦術（『淮南子』「兵略訓」など）、医術（『黄帝素問』一、二など）、音楽（阮籍「楽論」など）、画技（『画学心印』一など）すべて然り[11]」。以下、「芸道」を誕生させた背景、即ち室町時代以前に「道」は日本において如何にして展開、使用されていたのかについて検討してみる。

1、算博士二人。掌レ教二算術一（略）術法也。導也。野王案。道也。判道路之道。亦曰レ術也。荘子。古之学二術道一者。鄭玄曰。術藝猶レ藝也（令集解、職員令）

のように「術、法、道、芸」は相通じる類義的な関係を為すことが分かる。つまり、学問その他の技能に導かれたすじみちを表す。

2、又或記曰、和歌之道者天神応身万法妙体。両句者天地陰陽、胎金二界也（日本歌学大系第一巻、石見女式）

『石見女式』は和歌四式（『歌経標式』、『喜撰式』、『孫姫式』、『石見女式』）の一つである。「和歌之道」は「歌道」の由来となり、「天地陰陽」「胎金二界」の示すように道家思想、陰陽五行説及び仏教思想によるもので、「道」を以って「和歌」という学問の玄妙さを象徴したのである。

3、雖下風流如二野相公一雅情如中在納言上、而皆以二他才一聞、不下以二斯道一顕上。（略）思レ継二既絶之風一、欲レ興二久廃之道一（同右、古今和歌集真名序）

4、適遇二和歌之中興一、以楽二吾道之再昌一（同右）

文中の「道」はまぎれもなく「和歌之道」いわば「歌道」のことを指す。尚『本朝文粋』には多種多様な「道」に関する表現が見られる。「思政之道」「用兵之道」「有妨学道」「安民之道」「治国之道」「恢弘道藝」「籀篆等六道」「諸道学生」「文章道」「政道之要」「莫不順天道」「治理之道」「臣子之道」「詩書礼道」亦、「貧而楽道」「文道漸興」「論之政道」「聖道、帝道」「人臣之道」「道徳為門戸」「教学之道」「談王道」「学問之道」等のように「政治」「戦術」「道徳」「学問」「芸能」などといった多彩な「道」が多用されている。「楽道」は道を楽しむことを表し、現代語の「道楽」の堕落的な意味と異なり、中国語の本来の意味のままで用いられている。

5、若クシテ文ノ道ニ遊テ（三宝絵詞上、四ウ③）

「文ノ道」は『本朝文粋』の「文道」と同じく、「武芸の道」「弓馬の道」「弓箭の道」と共に文武両道を表す。

6、吉備大臣入唐習レ道之間、諸道藝能、博達聡慧也（江談抄、第三雑事）

「習道」は世阿弥の言う「習道」の能芸を学習することと違って、学問を習う意を表す。

7、加之、従二宗家卿一傳二歌曲道一之奥旨一、（略）、漸欲レ達二宮商之道一（玉葉三、五〇〇下⑰）

「宮商」は音楽の五音「宮、商、角、徴、羽」の宮と商の二つ音階のこと、後に転じて音楽の意味として用いられる。「宮商之道」は音楽の道。即ち「歌曲道」を指す。

8、就二歌道並弓馬事一、条条有下被二尋仰一事上（吾妻鏡前篇、二四〇⑨）

「歌道」は文道としての和歌の道を言うのに対して、「弓馬」は兵法、武芸のことを指す。

9、歌道ノ方ニモヤサシキ男ニテ（延慶本平家物語第一本、九十七ウ②）

10、源平ノ兵者共互ニ命モ惜ズ、入替〻〻武藝ノ道ヲゾ施シケル（半井本平治物語中巻、十九オ②）

11、成敗ヨクシテ物ノ道理ヲ知り、中ニモ弓箭ノ道ヲタテガラスベシ（北条重時、六波羅殿御家訓十四条）

「弓箭」は弓と矢、弓矢を射ること、射芸を表すが、ここでは「弓馬」と同じく武芸一般を指すことになる。「弓箭道」は武士が励むべき武芸、武士が守るべき道徳を言う。

12、ムナシク月日ツモルトイヘドモ、当道ノ交衆トハ更ニヲモヒヨラザリ（教訓抄巻第一、10上⑭）

13、自㆓生年㆒廿六歳、始テ加㆓舞道㆒烈。（略）、二道ヲカヘリミレバ、秘曲ミニアマリテ（同右、10下⑥）

『教訓抄』は狛近真（一一七七年生）作、日本最古の総合的楽書である。古伝を正し、実態を押さえ、楽、舞に亘って雅楽を多角的に捉えた。右に挙げた「当道」「舞道」「二道」の他には「諸道」「一道」「自然之道」「此道」なども見られる。そのいずれも楽、舞に関しての稽古、実技、演出、心得、悟得に用いられて、狛近真の道に執しようとする姿勢を呈出する。これは後に世阿弥が展開した「道」の世界と大いに共通点があるように思われる。

14、か様の事は、道の大事にて候へども、口伝を受候ぬれば、凡の入木の道を得候ぬる上には（入木抄、二六〇⑦）

『入木抄』は日本の書道史上最も大きな影響を与えた尊円親王作であり、書論として早くから注目、尊重された。書論の中心は「書を単なる技術・技法としてとらえるのではなく、精神的な高みにまでひきあげた点にある」[12]。これは書のことを「入木の道」として捉えたことからも感知される。

亦、中世の百科辞書とも言われる『徒然草』にも兼好は人生論、人間論、処世論及び趣味論などについて「道」を以て説いたところが多く見られる。これは兼好の生きる時代の「道」に関する認知度、定着度が高かったことの一側面を反映しているとも理解されよう。

貴族世界に身を置いた兼好は、その世界の必須の教養として次の例のように「まことしき文の道」などの紳士道を説いた。

15、ありたき事は、まことしき文の道、作文、和歌、管絃の道（徒然草、第一段）

16、歌の道のみ、いにしへに変らぬなどいふ事もあれど（同右、第十四段）

17、詩歌にたくみに、糸竹に妙なるは幽玄の道、君臣これを重くすといへども（同右、第一二二段）

この「幽玄の道」は「六芸」の要となる礼、楽に基づく貴族社会の価値の源泉、象徴であると言ってよい。出家遁世し、専心修道した兼好は、無常観を訴えながら仏の道、修行道の力説に腐心した。

18、仏道を願ふといふは別の事なし（同右、第九十八段）

19、死の近き事をも知らず、行ふ道のいたらざるをも知らず（同右、第一三四段）

更に芸能人としての兼好は、芸能の諸道に関心を寄せ、芸能の達人を観察しただけではなく、その諸道を心得た。

20、かの木の道のたくみの造れる（同右、第二十二段）

21、法師は兵の道を立て、夷は弓ひく術知らず（同右、第八十段）

「兵の道」上記の「弓箭の道」「武芸の道」と同じく武士の道という意を表す。

22、文、武、医の道、誠に、欠けてはあるべからず（同右、第一二二段）

23、一道にも誠に長じぬる人は、自ら明らかにその非を知る故に（同右、第一六七段）

24、万にその道を知れる者は、やんごとなきものなり（同右、第五十一段）

25、道々の物の上手のいみじき事など、かたくななる人のその道知らぬは、そぞろに神のごとくに言へども、道知れる人は更に信もおこさず（同右、第七十三段）

26、万の道に心得たるよしのさしいらへはすれ（同右、第七十九段）

のように、一つの専門からあらゆる専門まで道があることを言っている。亦、道は次の例の如く、専門そのものを表す意として用いられている。

27、なほまことに、道の主とも覚えぬべし（同右、第一六八段）

28、「本より深き道は知り侍らず。そぞろごとを尋ね奉らんと定め申しつ」と申されければ（同右、第一三五段）

更に「道を学する」という連語形式が見られ、世阿弥の「学道」という熟語の形成の本とも考えられる。

29、道を学する人、夕には朝あらん事を思ひ（同右、第九十二段）

有職故実の道を心得た兼好は飲酒の作法の一つとして「魚道」という表現を披露した。爾来、室町時代に成立した古辞書に「魚道」という語が収録されるようになる。

30、「さにはあらず。魚道なり。流れを残して、口のつきたる所をすすぐなり」とぞ抑せられし（同右、第一五八段）

「魚道」は底に残った酒を捨てず、魚が旧道を過ぎるように口のついた所をすすぐという比喩的な意味を表す。

以上、平安鎌倉時代の史書、古記録、物語、随筆、芸論書などに現れた「道」を考察したところ、和歌をはじめとする雅楽、管弦、弓馬、入木、医などのような芸能、学問、技芸の世界に「道」が幅広く用いられていることが明らかになる。

世阿弥が創出した「芸道」は、自分の正統性、独自性、神秘性を際立たせようとする意識を媒介に、この諸の道という土台の下で、初めて出来たものであろう。つまり、かかる諸道は「芸道」誕生の土壌とも言えよう。但し、次の例のように、世阿弥の「道」についての受容は直接その「道」本家である道家にも及んだと見られる。

31、浅文風道の道たる、常の道にあらず。常の道を蹈で、道の道たるを知るべし。これ浅きより文を顕す義也

（日本思想大系世阿弥・禅竹、九位次第、一七五④）

cf、道可レ道非二常道一、名可レ名非二常名一（老子、道徳経、体道）

「道の道たる、常の道にあらず」はほかでもなく有名な『道徳経』から摂取したものを翻案したのである。世阿弥が老子の「道」を用いて、能芸の根本をなす原理としての二曲の幽玄を象徴した上で、更に「常の道を蹈で、道の道たるを知べし」というようにその修行法をも説いた。即ち「常の道とは規範であり法則であり格である。その規範・格に絶対に順従して、その規格に従って稽古修行の劫を積み、遂に格を出で格をはなれるといふ絶対無礙の境に進むのが東洋的な修行法である。格に入らずしては、絶対自由の境には入り難い。従って先づ「常の道」を踏み行って、それがやがて「道の道たる道(13)」に達する。これは「以至㆓於無為㆒。無為而無㆑不㆑為」（老子、道徳経、忘知）の無為自然の境地に至るのとも相通じるものであろう。

次に「芸道」及び諸の道の源泉である中国の「道」について見てみよう。

㈢ 中国の「道」

「道」はもともと路のようなもの、人が往来するところである。つまり様々な通路、道路、道程と言える。その往来の意味から方向という意味も派生して

1、誰能出不由戸者、何莫由斯道也（論語、雍也）

の「道」が、その例となる。亦、以下の例のように、「道」は現にある道を超えて、あるべき道、あるはずの道という抽象的神聖的な内容を含むものとして、実際に十分顕在化していない規範的な性格をも持つ。

2、且臣聞之、哭有二道、有愛而哭之、有畏而哭之（礼記、檀弓上）

のように、種類、その方面という意味を表す。

3、治世不一道、便国不必法古（商君書、更法）

4、凡有道者、有徳者、使教焉（鄭玄注、道、多才藝）（周礼、春宮大司楽）

のように技芸、技術、方法のことを言う。更に次の『荘子』の例のように、技術以上の「道」つまり、修業を積み重ねて到達した「無為自然」の「技芸」の最高究極地を言う。この「道」は「歌道」をはじめとする「芸道」などのような「道」によって出来た芸能に関する表現の源流とも思われる。この「無為自然」の「道」は芸道の極致として最高の努力すべき目標だと追究される。

5、庖丁釈レ刀、対曰、臣之所レ好者道也。進二乎技一矣。始臣之解レ牛之時。所レ見無二非レ牛者一。三年之後、未三嘗見二全牛一也。方二今之時一、臣以レ神遇、而不二以レ目視一。官知止而神欲行（荘子、養生主）

のように「技」から「道」に至るまでの修行、その修行による「道」への昇華過程などを述べている。これは、「その根源が精神の練磨において求められ、その目標が、精神的な適中、即ち射手が根本においては自分自身を的として狙い、そしてその際遂には恐らく自分自身を射中てる処にまで達する適中に在るような技倆と解している」(14)といったことの根源とも言えよう。

中国の「道」は右のような「道」以外に、最も代表的なものとして老子をはじめとする道家の「道」と孔子をはじめとする儒家の「道」とを挙げる。「道」を天地万物の源、自然哲学的な実在というような意味に使っているのは老子を鼻祖とする。

6、道生レ一、一生レ二、二生レ三、三生二万物一（老子、道徳経、道化）

万物の淵源たる「道」が如何にして万物を生成するかの過程を説破している。「道生一」は、道が一元気を生ずる。「二」とは次の例のように、陰陽二気のまだ分離していない本源の気を指す。

7、一陰一陽之謂道（易、繋辞上）

8、道可レ道非二常道一。名可レ名非二常名一。無レ名天地之始。有レ名万物之母（老子、道徳経、体道）

儒家の言う一般に守るべき「仁」「義」などのような人の「道」に対して恒常不変ではない「天地之始」「万物之

母」の「道」を説いている。つまり、天地の生成に先だって混沌とした物が有る。形も何もないもので、永遠に存在不滅し、亦、あらゆるところへも無礙自在に進入する。これは天地の母たるべきもの—「道」である。更に、人間を含む一切万物がそこから生じ、そこに亦帰って行く究極的な実在としては「天地の根」とも呼ばれる。

9、人法レ地、地法レ天、天法レ道、道法レ自然（同右、象元）

人、格、意志を持たない自然の「道」である。

10、道常無為、而無レ不レ為（同右、論徳）

「無為」の道に則るならば万物はのびのびと自然の生成変化を遂げるであろう。だから、技芸はこの「無為」の境地への昇華を目指すのである。

11、天道運而無レ所レ積。故万物成。帝道運而無レ所積。故天下帰。聖道運而無レ所積。故海内服（荘子、外篇天道）

「天道」は「帝道」「聖道」に対して「天」を人と切り離して、天体の動いて行く道、人為的なものでなく、自然のものであることを表し、『書経』『詩経』などの言う人格化、神格化した「天帝の律法、天の法則性」の「天道」や儒家の「王道、人道」と類義的に把握する「天道」と異なる。

道家の自然万物の生成の源である「道」に対して、儒家の「道」は政治的、思想的体系、道徳、道義、正直、物事の道理、規則などのような概念を持つものであると思われる。「孔、孟では、道とは、人が自己を高めるための、自己の良き萌芽を拡充するためのステップであった[15]」。つまり、その中心となるのは、人が守るべき礼、仁、義、智、忠などの徳という道である。

12、富与貴、是人之所欲也、不以其道得之、不処也（論語、里仁）

13、士志於道（同右）

14、吾道一以貫之哉（同右）

15、曽子曰、夫子之道、忠恕而已矣（同右）

16、夫子之言性与天道、不可得而聞也已矣（同右、公治長）

17、子謂子産、有君子之四道焉、其行己也恭、其事上也敬、其養民也恵、其使民也義（同右）

18、所謂道、忠於民而信於神也（春秋左氏傳、桓公六年）

19、得道者多助、失道者寡助（孟子、公孫丑下）

尚、宗教的な「道」としては道教、道教の仙術・方術、組織仏教或いは仏教徒などにも見られる。「道」は彼様な遍在性、包括性という性格を持つ概念として中国の思想、政治、文化において頗ぶる重要な位置を占めている。

中国には古くから「技」と「道」、「芸」と「徳」を区別し、技よりも道を重視し、芸よりも徳を上位とする思想がある[16]。これは上記した『荘子』の「臣之所好者道也。進乎技矣」とする考えや、次の『礼記』楽記の「徳成而上、藝成而下」という主張などからも推察される。

20、是故徳成而上、藝成而下、行成而先、事成而後（礼記、楽記第十九）

芸の修業よりも寧ろ人格的、精神的修錬を行うべきことは最も重要であると主張する。こうして初めて芸の最高究極地に至るといった考え方が日本の芸道にも受容、応用された。「徳」とは「芸術家によって体得された道を言い、道の自覚者―哲人こそが真の芸術家である[17]」。世阿弥が目標とするものは正に道の自覚者であろう。彼様な芸を人間の道徳と一体化し、精神性、人格性を求めようとする主張は中国の芸能の世界においても普遍性を具している。つまり「形よりも心を重視する芸術、心境の芸術もしくは精神の芸術として特徴づけることができるであろう[18]」。日本の伝統的芸能もそれと相通じるものが多くあると見られる。それは次に挙げる中国の書道に関する論述からも伺える。

21、故知書道玄妙、必資神遇、不可以力求也。機巧必須心悟、不可以目取也（唐、虞世南、筆髄論）

「書の道」は玄妙であり、前出の『徒然草』の「妙なるは幽玄の道」を彷彿させ、「心悟、神遇」という心境、精神の境地を重要視する。それを「道」として自覚し、努力の目標とする。

22、書之妙道、神彩為上（南朝斉、王僧虔、筆意賛）

23、然心存委曲、毎為一字、各象其形、斯造妙矣、書道畢矣（東晋、衛鑠、筆陣図）

24、言心声也。書心画也。声画形、君子小人見矣（漢、揚雄法言、問神）

25、書者意也（漢、蕭何、書史会要）

26、須得書意転深、点画之間皆有意、自有言所不尽得其妙者（晋、王右軍、自論書）

27、書法猶釈氏心印、発于心源、成于了悟、非口手所伝（唐、徐浩、論書）

28、書、如也、如其学、如其才、如其志、筆性、墨情、皆以其人之性情為本（清、劉熙載、書概）

「書」は「心」を根源として、その造形を「心」において捉え、悟り、「非口手所伝」の「意」を「妙」たるものとする。「書」は他の芸術と同様、「心存委曲」の如く人間の感動を表現するものとして、形と心との二面性を備えるが、それを「心、意、神」として表現しようとするところに、中国の書道の本質的な特徴が見られる。日本の伝統芸能の心悟性、精神性と一致するところもあるが、「心よりも形を重視する芸術がヨーロッパのそれである」[19]と相反するものである。「道」を悟得することは中国の書の真髄と言えよう。

むすび

「芸道」の使用は世阿弥に始まる。それは「学問や芸能に道の意識が高まった中世」[20]であるという風潮の中で、世阿弥が前の時代の「道」を積極的に吸収、活用して生まれた表現である。移入概念としての「道」は日本において瞠目するに値する開花が出来たと言えよう。「芸道」が中国語には見えないが、但し、「道」という概念及び芸能に「道」の意識が持ち込まれて精神性、思想性を向上させるという考え方は中国から受容されたものである。

「芸道」というのは芸を実践する道であるとも理解される。いわば様々なジャンルにあって芸を演ずるときの演じ方は「芸道」でもある。この「方（型）」に法則性、規範性更に独自性が内含する。[21]家柄や門流、流派の「方（型）」の正統性を主張し、神秘化を図ろうとする意識の下で「道」という抽象的概念が導入された所以の一つであろう。その「方（型）」を聖なる精神的境地に昇華させるのは芸道の目指すところである。つまり、具体的な修業、体得のみならず、人格的、精神的な修身、洗錬を通じて「道」を悟得し、「無念、無理、無心」という芸道の極致に至る。これは本来儒・道の言う「道」と一脈相通じて、中国の書道にも見られるものである。

注

（1）「芸道ということばは世阿弥の『花鏡』に「一切芸道に習々覚して～」とあるのがもっとも古い用例で、室町時代から使われていた」（『日本大百科全書8』小学館、昭六十三、第五刷）、「私の知るかぎりでは今のところ、康正二年（一四五六）に金春禅竹が書いた『歌舞髄脳記』に見えるのが芸道という語の初見である」（日本思想大系『近世芸道論』「近世芸道思想の特質とその展開」西山松之助）。確かに『漢語大詞典』に「芸道」は載っているが、その用例はいずれも近代のもののみであり、「技巧」という意味と注釈されている。形成年代から見れば、日本語の「芸道」は、中国語のそれより早く登場しただけではなく、使用範囲も意味用法も広い。従って中国語にあるとはいえ、和製漢語の一つであると考えられて大過なかろう。

（2）「しかし、道という考え方や、技芸のわざにおける道、歌の道、弓馬の道、などという考え方は早くからあった」（「近世芸道思想の特質とその展開」西山松之助、注1）。

（3）「書道」は現行の中国の辞書類にはいずれも掲載されていないことから少なくとも一般用語として使用されていないと推定される。しかしながら、古い時代の書道に関する専門研究書にはその所在が確認できる。が、「書道」という用語は「書」という領域においてのみ用いられて、「書」の特殊用語から脱皮は出来なかったため、一般用語になり得なかった。今日の中国では一般として「書道」を「書法」と言う。それは唐代の「書法を尚ぶ」に起因するように見える。

（4）中国語の「楽道」は「楽于称道。喜好聖賢之道。喜歓修道」（『漢語大詞典』漢語大詞典出版社）の如く日本語の「道楽」のような意味を持っていない。

（5）『日本大百科全書8』（注（1））の「芸道」の条に依る。

（6）『漢語大詞典』に「力道」が収録されているが、「方言。効力、作用、力気、力量」のように現代中国語の方言として用いられている。世阿弥の「力道」と異なる意味である。

（7）「役道」は中国語はもちろんのこと、『日本国語大辞典』（第二版、以下同）にも掲載されていない。

（8）「道花」は『日本国語大辞典』に未収録。

（9）金井清光『風姿花伝詳解』の「風姿花伝（序）」（明治書院、昭五十八）

（10）同注（9）

（11）『中国文化叢書2思想概論』「Ⅱ世界観」（赤塚忠他、大修館書店、平三、六刷）

（12）日本思想大系（岩波書店）『古代中世芸術論』の『入木抄』解題（赤井達郎）

（13）能勢朝次『世阿弥十六部集評釈上』（岩波書店、昭三十一）

（14）オイゲン・ヘリゲル著『弓と禅』稲富栄次郎、上田武訳（福村出版、昭四十二、五刷）

（15）同注（11）

（16）福永光司「中国の芸術哲学」（『講座美学1美学の歴史』今道友信編集、東京大学出版会、昭五十九）

（17）同注（16）

（18）同注（16）

（19）同注（16）

（20）同注（9）

（21）同注（2）

結語

この節では「民烟」「老若」及び「芸道」を中心に考究を施してきた。三語ともそれを構成する後部要素が日本独自の用字選択を通じて、中国語には見えない新しい意味を獲得した上で、「民」、「老」、「芸」と結合して初めて成り立った和製漢語である。このような意味変化によって誕生した漢語は日本語における漢語の意味変化について考える上で注目すべき一類型として位置付けられるであろう。更に言えば、和製漢語とはいえ、漢字で表記された以上、その意味変化は中国文献に典拠の有無を問わず日本語化の過程における漢語及び和製漢語、漢字表記語の全体に関わる問題としても考えられる。

加えて、漢語の変遷に着目すれば、和製漢語の形成も等閑視していられない一つの課題である。「民烟」「老若」「芸道」の成り立ちは日本語で造語された、少なからぬ和製漢語の類型の一つともなり得よう。今後、和製漢語の生成を考えるには、「民烟」「老若」及び「芸道」の生成のパターンを基にし、三語のような形成に属する和製漢語を集めて一つの語群としてそれらの共通性及び相違性を確かめることによって一つの類型を全うさせて行く。このような類型の積み重ねを通して和製漢語の全般に迫ることが出来よう。

終章　論旨の帰結と今後の課題

漢語が日本に渡来したのは何時代なのか、確かに定かではないものの、今日に至るまで随分長い春秋を経たことは周知の事実である。亦、

漢語のわが国語の中に入れることは量に於いても質に於いても実に甚しといふべし。量に於いてはその約半分に達し、若しこれを名詞に限りて見れば、現代の普通語に於いては漢語の方が固有の国語よりも量遥かに多しといふ現象を見ることは既に明らかにしたる所なり。されば、現代の国語に於いて若し漢語を除き去る時には日常の挨拶、公私一切の思想交換が殆ど不可能となるといふべき状態に陥るならむと思はるゝなり(1)

と指摘されるように、日本語における漢語の存在について位置付けられている。かかる漢語については、多くの研究者は昨今とも各方面に亘ってその全容または特異性等を解明しようと試みてきた。「たゞ漢語が国語の内にありて如何なる量を占め、如何なる地位と性質とを以て取扱はれてあるかの実状を報告せむとするにあり(2)」という目的を以て、山田孝雄博士が著された『国語の中に於ける漢語の研究』を始め、数多くの著書、論文等が公表された。計量学的に漢語の使用量の調査を通じて漢語の量的変遷と各文体における使用頻度の格差を求めようという目的とするものもあれば、和語と漢語との使用率の懸隔によって文体の分類に資しようとする研究もある。又、漢字音についての通時的、共時的研究が行われて日本漢字音の全体像を把握しようといったものもあれば、一時代に限定し

て漢語の使用量、形態、意味等の面に亘ってその時代の漢語の特質を明らかにする研究も見られる。更に、漢語の語源と歴史的背景を明かして現代語との繋がりに迫る研究もあれば、個々の漢語を取り上げて和語との比較を通して両者の意味、位相及び文体等の異同を探る研究も少なからぬ、等々の先行研究が展開されており、多大なる成果を上げていると言ってよい。

しかしながら、これまでの漢語に関する多彩な先学研究を振り返って見れば、正面から漢語の意味変化の法則性、又、意味変化の要因の探求、究明及び分類についての研究、いわば、漢語の意味史そのものを巡っての試みは現在、管見の限り見当たらない。この点については、「そのような研究は個別の語の研究にとどまり、語義変化の整理を行い体系化するという方向には必ずしも向かわなかった(3)」と、亦、「最近は語義変化を分類し体系化しようとする試みはあまり見られないようである(4)」と説かれるように、漢語を含めての日本語彙全体に亘る意味変化とその要因との類型化についての研究は後れを取っていると言うべきである。その背景の一つとしては、意味変化の由来というのは個別的な性格が強く、時には一つの意味変化に二つ以上の要因が働いている場合もあり、一定の基準で全ての意味変化を分類することが困難であることも考えられる。もう一つ考えられるのは有効な方法がまだ確立できていないことである。

本書では、漢語の意味変化とその要因との法則性を探るべく、先ず中日両国語の比較を基軸とし、両国の文献を時代別、文章ジャンル別に分かち、共時的且つ通時的に考究を施すといった研究方法を講じることとした。その方法を以て、以上のように章を重ねて漢語の意味変化の法則性及びその要因の普遍性等を巡って論述してきた。序章において仮に措定した漢語の意味変化の類型が各章の論究を通して検証された結果、その存在が明らかであり、確実なものとなる。具体的に言えば、次の通りとなる。(一)「意味の幅の変化―意味の拡大化、意味の縮小化、意味の一般化」、(二)「意味の価値の変化―意味の下落、意味の向上」、(三)「意味の転用」、(四)「形態による意味変化―音韻による意味変化、音よみと訓よみによる意味変化、語法による意味変化、用字による意味変化」といったような類型が明白となったかと思う。と同時に意味変化を誘発させた要因の法則性についても究明を試みた。但し、上述したが如く、各章において類型化した意味変化の中では幾つかの要素が絡み合って、クロス的な型であると説明すべきもの等もあるようである。亦、下位的に細分類できる余地も残るように思われる。しかしながら、意味変化という言語現象が基本的にどの言語においても存在しているため、その共通性を有するという前提に立って考えれば、以上の論証を通じて漢語の意味変化の基本的な類型を明確に示すことができたものと思う。尤も、日本語の中で質量とも他に代えられない位置を占めるという、他の外来語には見られない特異性を持っている漢語としては、その意味変化にも独特なものも確実に呈しており、例えば、前述した「言語道断」、「以外」等のように仏教用語の一般化に伴った意味変化、音韻による意味変化及び音よみと訓よみによる意味変化といったものが挙げられる。そのいずれも漢語という特殊性によって成り立った類型であると指摘されよう。

特に、音韻による意味変化は、日本人が漢文の作成に際して漢字表記が如何なる過程を経てそのように表記されるに至ったのかという、漢字による語表記の過程に深く関わるのである。これは正に表意文字たる漢語の特質性による現象である。一般に語を漢字で表記しようという場合、脳裏に想定された語についてそれが漢語であるならば、その語に該当する字義と字音を有する漢字が選定されることになろう。しかし、漢語の特徴とも言える同音または類音となるものが多く存している。そのため、どれにするかという選択の作業が不可欠となる。つまり、「語を漢字によって表記する過程というものは当該語の語義と語形とに対応する字義と字音乃至和訓を有する漢字を諸漢字の中から選択するという過程として説明するかと思う」(5)とされる。斯様な選択の過程において脳裏に思い浮かんだ字音を漢字に変換し表記する時には音韻上の相似性のある漢語が混用されるという現象が発生しがちになって、音韻による意味変化が生じてくるのである。

本書においては日本語における漢語の意味変化の類型の構築を試みたと共に、以下の事象も新たに判明したと思う。それについては次項において言及する。

注

（1）山田孝雄『国語の中に於ける漢語の研究』（宝文堂、昭三十三、訂正版）
（2）同注（1）
（3）前田富祺「語義変化と意味関係」（『国語語彙史の研究五』和泉書院、昭五十九）
（4）同注（3）
（5）峰岸明『平安時代古記録の国学的研究』第一部第二章（東京大学出版会、昭六十一）

第一項　意味変化と文章ジャンルとの関係

日本文献においては、漢語の使用と同様にその意味変化も決して等質のものではなく、時代による相違はもとより、表現の形式、内容による文章ジャンルによっての差異も存すると推定できる。本書においてこれを究明するために日本文献を文章ジャンル別に分かって考究したことによって、日本文献での漢語の意味変化が起こりやすい文章ジャンルは如何なるものかが明らかにできたかと思う。それは漢文に属する、公家日記を中心とする古文書等の所謂和化漢文である古記録類である。この古記録類はほぼ全文が漢字で書き記されたという漢語専用の表現形式が和文と対照的で、漢語の意味変化を喚起しやすい第一条件となる。しかし、古記録類と同じ条件が具わっている漢詩文はそれを構成する漢語が却って本来の中国語のままで用いられ、意味変化が認められ難いことが以上の考察で明瞭になっている。これは両者の表現内容の違いに起因するものであると言ってもよいであろう。漢詩文は、中国の詩文を規範とし、それを模倣、継承した上で創られた純（正格）漢文である。対句を中心にした四六駢儷体が隆盛を極めたことに代表されるように、形式の美しさを主眼とするものである。奈良時代に成立した最古の漢詩集『懐風藻』を紐解くと、その形式面から見れば、五言詩が圧倒的に多く、続いて八句のものが多い。既して『文選』『玉台新詠』『藝文類聚』等に見える六朝詩、王勃、駱賓王らの初唐詩の模倣、影響が濃厚に現れている。(1)亦、平安時代初期成立の三大勅撰漢詩集『凌雲集』『文華秀麗集』及び『経国集』を見ても全体として『文選』、初唐詩類書の模倣、翻案が色濃い(2)とされる。続いて平安時代後期に文学教育に編纂された模範漢詩文集『本朝文粋』は、その書名が中国の北宋の姚鉉の手になる『唐文粋』の向こうを張って付けられたと言われるように中国の漢詩文の模倣、影響が大きいことが自明となる。尚、内容や構成から見ても平安朝人士必読の書であった『文選』の影響も重厚である。

漢詩文は積極的且つ意識的に中国の漢詩文を倣い、又それに近付こうとするという表現の姿勢から見れば、その中に使用される漢語は原義が保たれているのが寧ろ自然なことであろう。一方、古記録類は、同じ漢字で書写されているが、純粋の漢文ではなく日本的な要素を含めて日本語を漢字だけの形で表記した文とも言うことができる。内容に注目すれば、漢詩文と異なり、日本のことばかり取り上げていると言ってよい。就中、その代表的な例である公家日記はなおさらそれが際立つものである。日記と言えば、本領は生活記録という点にあるのであって、記手の日常生活の、公私あらゆる面に及ぶ百般の事象、及び家族を始め、身辺その他社会の様々の出来事について記述せられているものが多いから、それを通してその生活の全貌及びその時代の世相の一般を窺い得る。かくして、政治、経済、宗教、学芸、風俗等々から天文、災異、医学、疾病、衣食住、教養、娯楽、冠婚葬祭その他まで、凡そ人間生活に纏わる全ての様相、内容を包含するものである。いわば、当時の社会の全般を反映する百科全書的な存在であると言ってもよい。日記の記主は日本人で、記されたことは当然ながら日本に関することである。言語というものはその国の文化等と共に生成し、又それらを反映するのである。中国生まれの中国語―漢語も例外ではない。「言語は一つの文化であり、その時代の文化の影響を受けるとともにその時代の文化を規定してゆく」(3)というような観点から考えると、中国の漢詩文を規範とし、それを模倣、継承した日本の漢詩文では漢語の意味変化が起こりかねるという結論に至ったことが首肯されるであろう。

対して、公家日記をはじめとする古記録類は漢字表記をしながらも内容は日本人のこと、日本の文化等を表象するものである。つまり、本来中国の文化等を反映する漢語は古記録類においては反映の対象が完全に変わったのである。かかる漢語は出自となる中国語と変わった対象―日本のことを表すことによって意味の変化をもたらすことになる。古記録類の内容と漢語の示す対象の変化という二点から見ると、古記録類における漢語はその意味が変化しやすいと推定される。これは上述した各章の考究によって解明されたことである。従って、漢語の意味変化乃至漢語研究を行うならば、古記録類は等閑視してはならない重要な文献群であると言うべきであろう。その上、資料としての信憑性も高く、大いに利用に値すべき好資料となる。正に下記の指摘した通りである。

古記録は記主の知られるものが殆どであり、またその内容も日次記であるから国語史料としてもその言語使用者、使用時期が明確である点でこれまた訓点資料と双璧、もしくはこれを凌駕するものと言えるであろう。言語使用者、使用日時が明確で、言語量も多量、且つ質的にも等質の国語史料というものは、古記録を措いて他に容易には求め得ないのではあるまいか(4)

とされる。

同じ漢文というものの、その表出内容、態度、意識等によって漢語の意味変化の難易、多寡としては漢詩文と古記録類との違いが明らかに存している。日本文献では漢文の古記録類という文章ジャンルは他の文章ジャンルと比して最も漢語が変化しやすいものではないかと結論付けられよう。

漢文に対して、和文は前述したように、和語を中心にして漢語の使用は好まれないのが原則である。そこで、漢語の使用量は極限られて、「十一世紀以降の物語の中に使用される漢語は特殊なものを除き、一般に固定し、その比率は大体一割弱という程度のように思われる」(5)。しかもその漢語の内実を見ると、官職、仏教用語、数量詞、固有名詞等が殆どとなっている。漢語の使用量からも使用漢語の構成からも和文における漢語の意味変化の可能性といえば、確かに上述した「気色」の如く意味変化が確認されたが、全体としては古記録類に遥かに及ばないのである。これは以上の論究を通じて明確にされたところである。

和漢混淆文は説話の類や軍記物その他にわたって十一世紀以降急速に発達した文章様式で、十三世紀にその形を完遂させた。漢語の使用量から見れば、和漢混淆文の代表格とも言える『平家物語』では調査の基準によって差こそあれ、三割弱に達している。亦、漢語使用が五割以上にも上っている例として院政期成立、院政期書写の『三教指帰注』もある。かくして和漢混淆文における漢語の使用量は和文を大いに上回っていることが認められた。意味変化の条件の一つとしては一語にせよ、語全体にせよ、先ず多用されることが必要となる。以上の考究の結果と漢語の使用量とを合わせて考えると、和漢混淆文における漢語は和文よりその意味変化が生じやすいが、古記録類には及ばないと帰結されよう。換言すれば、和漢混淆文は古記録類と和文の間に位置するものである。更に和漢混淆文では和文と違って古記録類からの漢語を摂取し、受容しながら独自の意味が産出してくる、といったことが以上の考察で明らかになった。

日本語における漢語の意味変化は決して均等に発生するものではなく、変化の難易、多寡、濃淡といった様相が文章ジャンルによって相違する。これは日本文献を文章ジャンル別に分かって調査、検討するという方法を講じてはじめて明らかになったと言えよう。

注

（1）『日本の古典名著』（自由国民社、平四）の『懐風藻』の解説に拠る。
（2）『日本の古典名著』（注（1））の『凌雲集』『文華秀麗集』『経国集』の解説に拠る。
（3）前田富祺「文化としての語彙」（『国語語彙史の研究十』和泉書院、平元）
（4）峰岸明『平安時代古記録の国学的研究』序章の第三節（東京大学出版会、昭六十一）
（5）築島裕「和語と漢語」（『日本語学』4—11、昭六十・十一）

第二項　意味変化と時代との関係

本書において日本文献を時代別に分けて調査、考究したことによって同一の漢語の同時代における意味の変化が判明したのみならず、他の時代との異同も明らかになる。更に各時代の漢語の意味変化の傾向性も見えてくるようになった。

奈良時代では、日本人の製作した漢文の文献は少なくないが、その読法が必ずしも明確でないものもあるようである。以上の論考を通じて奈良時代文献に使用されている漢語は凡そ本来の意味、用法に従っていたと言うことができる。それはこの時代の漢文が純漢文の要素が強く、殆ど中国の漢文を模倣したり直訳したりしたためであろう。当時の漢文に止まらず、政治も文化も否応なしに中国を模範としてこれに倣うことになった。それらの象徴の一つとしては、都が藤原京から平城京、更に平安京へと移ったが、それらはいずれも中国の都城に倣って計画、造営されたものである。要するに奈良時代は中国文化を全面的且つ意欲的に導入した時代とも言えよう。亦、この時代の漢語は行政官または学者、僧侶等極一部の知識人の教養であって、まだ庶民の言葉には浸透していないようである。更にこの時代に成立した漢文文献の量は次の平安時代と比べると遥かに少なく、内容も決して豊富ではなかった。斯様な背景の下でその漢語は元来の中国語をそのまま受容して用いられることになったのであろう。

奈良時代に対して、平安時代は、その初期は確かに所謂国風暗黒時代という時期があったが、仮名の形成と共に全体としては中国文化から脱却した国風文化全盛の時代とも言える。資料が多種多様となり、しかも量的にも豊富である。漢文訓読資料も多出したし、和歌、日記及び物語等の和文も雨後の筍の如く急激に増加してきた。その上更に、漢文で書かれた諸種の文献も前時代を継承し、而して多彩になっている。特に注目すべきは従来の純漢文と形式を異にする和化漢文（変体漢文とも言う）が登場し、平安中期以降、殊に公卿日記や官私の記録に常用される新しい文体となったことである。「その中には日常会話語的要素の存在も認められる」[1]。亦、その和化漢文の文献量としては「我が国においては、古来の記録、文書が実におびただしく保存せられていて、その数量の豊富なることは、世界いずれの国にもまさにその比を見ないところである」[2]と説かれている。その内容から見れば、前述したように、日本のことを基調に記録しているものばかりである。漢語の使用範囲も漢文文献はもとより、和文にも少量ながらも使用されて前の時代より拡大を見せている。その故に平安時代の漢語は質量とも奈良時代との径庭が大きいと言っても過言ではない。かかる背景を背負っている平安時代の漢語は奈良時代より意味変化の可能性が高いと容易に推定される。更に敷衍すれば、大量使用は意味の変化の契機であり、土壌でもある。この点については以上の考究において言明したところである。

源頼朝が関東の地鎌倉に幕府を開いた一一九二年より後醍醐天皇による建武の中興（一三三三年）までの約一四〇年間が鎌倉時代とされる。この時代は短いにもかかわらず、平安時代の貴族を中心とした政治が終焉を告げ、武家政権の成立という大きな転換点を迎えたのである。中世を鎌倉時代からと見なすことは、荘園制の衰退、守護地頭の設置などの社会経済史的な見方によるが、この政治における変革はいうまでもなく社会や文化等の様々な面での変化を引き起こし、それが必然的に言葉（日本語）にも波及して反映されたのである。社会の変動は社会構造や経済生活が変わると同時に、それらを背景に文化の担い手も平安時代までの貴族や学者から一般僧侶や武家、そして一般大衆にまで拡大していった。殊に鎌倉新仏教の果たした役割は瞠目に値し、看過できないものである。漢語もそういう背景の下で前時代と違って高嶺の花というべき存在から市井の人々にとっても身近なものとなり、日常言語生活に使用されるようになったと言えよう。それは『鎌倉遺文』に「阿弖河庄上村百姓等言上状」等のような地方の人々が書いた訴状が多く見られ、古辞書『色葉字類抄』所収の漢語が多量であることからも察知される。漢語は日常化と多用に伴って本義から離れて新たな意味の生まれるという意味変化の可能性も高まった。これは以上の考究を通して明らかにされている。尚、この点に関しては「（中世）漢語はすでに実用的なことばとなって根を下ろし、生活語というべきものとなった。女性のことばの中にも漢語が少なからず用いられるようになった。それに伴って、漢語本来の意味、用法から離れてゆく傾向も見られる(3)」と指摘されている。

日本語を古代語と近代語というように大きく二分した場合、その境界に位置する言語が中世語であり、鎌倉時代語は中世語の前半期に相当するものとなる。敷衍すれば、鎌倉時代語は古代日本語から近代日本語への過渡期的な要素を含んだものと言えるが、前代の平安時代語を継承する側面と鎌倉時代に起こった新しい中世的な創造との二面性を持ち合わせている。無論、この時代に使用されている漢語の意味変化も同様であろう。つまり、平安時代の意味を踏襲しつつ、新しい意味が発生、確立するといったような両面性も呈している。それは上述の章において説いてある。更に「気分」「馳走」等のように、鎌倉時代では意味変化の兆しが見え始めたが、その定着化、固定化が次の時代に実現したという過渡期的な事象も見せている。

鎌倉時代には、日本の仏教が確立し、栄西、道元等によって禅宗が日本に紹介された。亦、僧侶による文化事業の一つとして出版が行われ、『春日版』『高野版』及び『五山版』が相次いで登場した。それによって仏教が一層一般庶民の生活に浸透するようになった。それに伴って、仏教用語が一般の用語への変容に拍車をかけて、しばしば言葉の意味も変化した。

同じ日本文献における漢語とはいえ、その時代によって意味変化の傾向性や特異性が見られて、度外視することができない現象である。

注

（1）築島裕『平安時代語新論』の第三章（東京大学出版会、平三）

（2）斎木一馬編著『古記録学概論』一「記録と文書」（吉川弘文館、平二）

（3）佐藤喜代治『日本の漢語』の「漢語概説」（角川書店、昭五十四）

第三項　意味変化の要因について

意味変化を考える場合は、意味変化の解明に止まることなく、意味変化の法則性を見出すことと、何故そのような変化が生じたかの因由を求め、更に要因の分類を行うことという二点を究明する必要もある。以上の各章においてこの二点を巡って考究を施してきた。意味変化の法則性については前項において纏めて論じたが、以下、その要因について各章で判明したことをもとに総括的に述べることとする。

意味変化の要因については先行研究において色々な分類が試みられてきたが、語特に日本語における漢語は、日本の固有語ではなく中国語から摂取した所謂借用語であるため、日本語に同化していても中国語としての元来の意味との関連性が完全に消えたわけではなく、依然として保たれているのである。すなわち、意味変化が起ころうと形態が変わろうとその出自となる中国語との間に意味上の繋がりは断ち切られず内在している。漢語の意味変化が発動するのは原義と変化義との間に内存しているという言語内部の関連性―類似性、近接性が根本的に作用するためである。この点については以上の論考で言明したところである。縦しんば、その典拠を求めることができない、創られた和製漢語でも、漢字表記である以上、第四章で論考した「老若」「民烟」のように、その使用漢字と本の漢字の間にも相変わらず相関性が存しているのである。当然のことながら「返事」も「火事」も「返」と「カヘリ」、「火」と「ヒ」との対応関係いわば関連性があったからこそ創出できた和製漢語であろう。

漢語の意味変化の要因は多岐に亘るものと言われるが、最も機能する、欠かせないのが言語内部の関連性によるものである。これについて、意味論研究の権威であるウルマンは言語内部の関連性を「連想」と変えて次のように論説している。

> 変化がどのような原因によって引き起こされようとも、古い意味と新しい意味との間には何らかの関係、何らかの「連想」が必ずあるのである。ある場合には連想が強力なためにそれだけで意味を変えることもあるし、他の場合には、別な原因によって決定された変化を推進する役割を果たす。しかし、何らかの形である種の連想は常にその過程の背後に存するのである。この意味で連想は意味変化の必要条件と言うことができる[1]

とある。亦、阪倉篤義博士の『講座国語史3語彙史』においても「語義aからa′への変化にあたって、意義素におけるつながりはその間にかならず認めうるのである。すなわち、いつの場合にも意義変化の素因は、すでにその語に内在するのであって、その特徴的な面のあらわれ方が時期的にずれてくるにすぎないともいえる[2]」と説かれている。尚、上述したことを通じて、漢語の意味変化に関する言語内部の要因は大きく分けて二通りとなることが分かる。一つは意味上の関連性—類似性となり、もう一つは形態（語形、音韻）上の関連性—近接性となる。

この言語内部の要因は他でもなく漢語の意味変化を引き起こす基盤であると言ってよい。しかし、意味変化は往々にして只言語内部の素因だけでは発生しかねて、それを誘発させる言語外部の誘因または契機も必要である。つまり、漢語に限って言えば、どの漢語にも意味の変化という可能性が内含しているものの、日本語における漢語は別に全て意味の変化が起きていないのである。それは言語内部の要因を発動させる言語外部の誘因の有無に由来するからである。換言すれば、言語内部の要因は自ら発生するのではなくそれを喚起させる媒介的な働きをする言語外部からの触媒を必要とする。言語内部の要因が主となれば、一方言語外部の誘因は従となると言えよう。両者は相まってどれも欠如できない関係にある。この点については以上の考究を通じて明らかになった。

言語外部の誘因は各章の論考によって言語内部のそれより複雑な様相を呈していることが分かる。それは次のような事象として以上の考究において認められている。

一、文化によるもの

日本の文化は江戸時代まで中国からの多大な影響を受け続けてきたと言っても過言ではない。但し、豊富多彩な中国文化を無造作に摂取したというよりも、寧ろ必要に応じて取捨選択を経て利用してきたと言った方がよかろう。例えば、中国古来の思想であり、文化の一つでもある「気」という概念は日本に伝わってきたが、森羅万象を成す精気という中国文化の最も代表的なものが積極的に生かされないためか、日本文献には確認され難いようである。その代わりに、人間或いは人間以外の物事の様態という意味概念の方が日本文献に多く見られ、日本文化に根を下ろし受容された。つまり、万物を生成する精気という哲学的概念の「気」は日本文化に馴染まれずに同化できなかったため、日本の文献上には現れかねたのであろう。これは両国の文化の相違に因由することであると考えられる。尚、「気」によって構成された「気分」も「元気」も日本の必要に応じて日本文献に使用されているものの、両国文化の異同によって「気」の万物を成す精気という意味概念が捨象されて認められ難く、本来の中国語と意味が異なった使われ方をしている。更に、昨今日本文化の特質として「察し」「曖昧」「以心伝心」等が取り上げられるが、その底辺に働くのは前述した「気色」の「人間の意向、暗示的指示」という変化義の存在及びそれを産出させた古くからの文化的土壌であろう。亦、「料理」の意味変化は日本の食文化の特色の一つとして認められる料理法と相関性もあるように思われる。その調理の仕方と言えば、古くから加熱というより食材を設えて器に盛り付けて味付けは食者に任せるというスタイルが重宝されていたようである。つまり、「設える、盛り付ける」ことは料理作りの眼目である。それは「料理」の原義と一脈相通ずるところであろう。一方、中国の料理法とは、加熱いわば火を通すことを基本とし、「蒸す、炒める、焼く」等のような調理の方法が展開されるため、「料理」の意味を変化させる食文化的な下地は形成されていないのである。

そこで、「気分、気色」等の漢語の意味変化をもたらした言語内部の要因の他には文化の違いによる言語外部からの誘因も働いていることが否めないであろう。

二、政治によるもの

以上の考究で政治体制の変化は言語外部の素因の一つとして考えられることが明らかになる。「成敗」の意味変化の実現にはこのような誘因が働いたのである。つまり、「成敗」は平安時代の貴族を中心とする政治体制から鎌倉時代の武家政権に変わったという政治の変革を反映するために、言語内部の要因を基盤に意味が変化したのである。換言すれば、新しく政治の担い手になった武家が貴族と異なる政治、法体制を確立、彰顕しようという必要がある。

言語外部の誘因となり、言語内部の要因を喚起させる媒介的な役目を果たしたと考えられる。一方、「民烟」の意味変化も日本独特な戸数を数えるという政治、経済のシステムの存在と関わるものであろう。

三、社会の変化によるもの

言葉は社会と共に生存し、社会の実像を映す鏡であり、生き物でもある。その故に、社会が変われば、それを反映する言葉も連動して変貌する。漢語の意味変化にも日本社会の何らかの変化に伴って発生するという言語外部の誘因が考えられる。例えば、「張本」の意味変化は、僧兵という新しい僧侶層が社会という舞台に登場したため、これまでの社会にはあまり見られなかった僧侶同士の抗争或いは僧侶と為政者等との対抗といったような新たな社会現象が頻発した社会の変化を表す必要―誘因となって、言語内部の要因を引き起こして実現したかと思う。

社会に新しい出来事の発生または新たな物事の出現等の如き変化を表象するには新語を創って対応できるが、語彙量の制約もあって、多くは既有の語を利用しながら言語内部の関連性を働かせ、意味用法や形態等を変化させて社会を反映するのである。逆に言えば、社会の変化を表すことに伴って、意味変化の必要性が生じることになる。

四、宗教によるもの

漢語の意味変化の特殊性といえば、仏教用語の一般化による類型はその一つとなる。この一般化を促進して可能ならしめたのは日本仏教の変化に一因を求めることを以上の考究において論述したところである。

仏教は通説として後漢末期頃に中国に伝来し、南北朝時代から隋唐にかけて興隆して、その余波が日本にも及んだ。仏教の日本への東進は日本自体の希求と中国文化の海外進出の願望という双方の思惑が合致したため、成就できたことであろう。更に敷衍すれば、水の低きに就くが如く、中国で栄えた仏教は日本に流れ込んだと考えられよう。

仏教は日本に渡来し、今日まで千数百年も経過して日本の社会、文化等に巨大な影響を与え、日本人の生活に深く浸透しただけに、日常の生活、言語生活に関わりのあるものが多い。正に「仏教をぬきにして日本人の生活を考えることはできない。過去の歴史においてはもちろん、現代についてもそうである」(3)と指摘された通りである。文献に関して言えば、和歌は、勅撰和歌集はもとより、私家集に至るまで和語を用い漢語を避けるべきということが原則であった。しかし、かかる和歌には所謂釈教歌という仏教関係の和歌もある。これには仏教用語を主としてかなりの数の漢語が使用されている。最も日本的な文学ジャンルにすら仏教用語が用いられることは仏教の日本文学への影響がどれほどなのか、想像に難くないであろう。亦、散文の物語、日記及び随筆にも漢語は少ないものの、仏教用語が相当な比率を占めている。

就中、十世紀頃から仏教説話集が登場したことによって、仏教の影響が一層広まった。源信の『往生要集』を嚆矢とし、慶滋保胤の『日本往生極楽記』、鎮源の『大日本国法華験記』等を次々と世に問うて、当時の貴族層に流布し、文学への影響も少なからず及んでいる。これらの説話集の著者または説話の主人公等は在家者が多い。亦、主人公が僧侶の場合でも南都北嶺の官僧、学僧の他に上人、持経者、仙などと呼ばれた民間の修行者、布教者の話が極めて多い。当時仏教と社会生活との関係が深いことを物語っている。正に仏教信奉の気運が横溢する時代であったと言えよう。いうまでもなく、仏教用語も仏教の社会生活への浸透、定着に伴って幅広く知られ、日常言語生活に進入するようになった。斯様な素地の整備が出来て初めて仏教用語の一般化が相次いで生じ得るのであろう。

鎌倉時代では、日本思想史の一つの高峰と見做すべき鎌倉仏教が確立された。新興宗派が発展を遂げて、仏教はもはや貴族だけのものではなく、一般大衆のものとなっている。特に禅宗の興隆によって当時の社会に及ぼされた影響は大きかった。禅は奈良朝、平安朝にも伝わるものはあったが、時機が熟さなかった。日本において初めて禅宗を開いたのは栄西であり、鎌倉時代のことである。従って、日本語には禅宗に由来する漢語が少なからずある。それらには本義を転じて用いたものも考えられて、「禅宗を介しての漢語の更新は漢語の発達から見て画期的な事実である。かういふ見方はすでに常識に属することだと言へようがその重要性を見過ごすことはできない(4)」。

仏教用語の一般化という変化は仏教の普及、大衆化ということを背景に発生するものであると考えられて差し支えない。

五、和語との関係によるもの

漢語は、当初和語で表現され得ない部分または和語との違いを表すべく使用された。亦、文体的な示差性も考えられる。漢語の副詞化、サ変動詞化等の語法による意味変化は、和語の欠如の部分及び和語との区別を示すという必要性に応じて言語内部の要因が誘発されて出来たのである。上述した「随分」は正に斯様な因由で副詞化を遂げたと言える。更に、和語との区別のために副詞化によって意味の変化が起こった漢語も見られる。例えば、「是非」「善悪」は和語の「必ず」と意味が違い、それとの示差性を表すのには副詞化して意味の変化が生じた。換言すれば「和語副詞「かならず」では表現し切れない、細かな意味を「善悪」「是非」がより分析的に表現しているということになる(5)」。更に言えば、前述した漢語の意味変化はそのいずれも何らかの形で和語の補完や弁別等と関わっているように思われる。

言葉の意味変化は常に文化、社会等の変動を背景に発生するものである。中国語から借用した漢語の意味変化はその点においてなおさら強く看取される。以上の考究の結果に基づき、日本語における漢語の意味変化の起因としては、言語内部の要因を根底とし、それを喚起させる従属的な言語外部の誘因を前述したように文化、政治、社会等の五つに大別できた。無論、更に下位的に細分類できるかもしれない。この点については今後より多くの漢語を取り上げて研究することによって右の分類を検証、補正して行きたい。

注

（1）S.ウルマン著、池上嘉彦訳『言語と意味』の「第8章意味の変化」の「Ⅱ意味変化の本質」二四一頁（大修館書店、昭四十四）

（2）阪倉篤義『講座国語史3語彙史』の「第一章語彙史の方法」二三頁（大修館書店、昭四十六）

（3）渡辺照宏『日本の仏教』の「まえがき」（岩波新書、昭三十三）

（4）佐藤喜代治「中世の漢語についての一考察」（『国語学』84、昭四十五・三）

（5）原卓志「漢語「善悪」「是非」「決定」「必定」の副詞用法について」（『鎌倉時代語研究第十四輯』武蔵野書院、平三）

第四項　今後の課題

日本語における漢語の意味用法等については既に多くの研究が行われて、著しい成果が挙げられてきたが、漢語の意味変化に関する研究は単に個々の結果だけではなく、その変化の時期、文章ジャンル、更に変化の要因等を巡って総合的に考究しなければならず、又その中から変化の法則性、変化の時代の傾向性、変化しやすい文章ジャンル、変化要因の普遍性等を探り出して記述せねばならない。本書では斯様な目的を以て二十数語の漢語を取り上げて論述を施してきた。分析の綿密性、分類の客観性及び要因の究明等の点においては再考すべきところも多く存していると考えられるが、またこの分野の研究の現状を象徴しているように思われる。漢語の意味史についての本書の試みは幾許か日本語の意味史研究に資することになるであろう。

今後、一層研究対象を拡充させ、本書の方法を生かしながらより多くの漢語を考究して所論を補足することによって、本書において記述した変化の類型、要因の分類等を検証、確認した上で、それをより客観性、普遍性の高いものに仕上げたい所存である。その上に、研究の時代を更に下げて漢語の意味変化の全容の究明に努めたい。

漢語の意味変化というものは日本語語彙史研究においてその一環として位置付けられる重要で且つ不可欠な分野である。漢語の意味変化は日本語語彙の体系における意味関係の中に含まれ、考えられるべきものである。従って、漢語と和語、また漢語の意味変化によって生じる両者の相関関係等をも今後の課題にする。それは漢語の意味変化の起因を探る上で極めて大事な視点である。

漢語の研究、就中漢語の意味史についての研究は緒に就いたばかりであると言ってよい。今後に期せられる課題は多く残っている。その更なる発展を期待しつつ本書を終えることとする。

本書に収める既発表論文

本書の作成に当たって以下の既発表論文をもとに、改稿、加筆している。記載のないものについては、書き下ろした。

第一章

第一節

第二項　「気分」について

平安鎌倉時代に於ける「気分」の意味について――「心地（ここち）」との意味関係を中心に――（『国文学攷』第130号、一九九一）

第三項　「覚悟」について

「覚悟」の意味用法の通時態（『広島国際研究』第8巻、二〇〇二）

第四項　「遠慮」について

「遠慮」の通時態（『国文学攷』第174号、二〇〇二）

第五項　「迷惑」について

漢語の意味変化について――「迷惑」の続貂――（『広島国際研究』第19巻、二〇一三）

第二節

第一項　「料理」について

漢語の意味変化について――「料理」を中心に――（『訓点語と訓点資料』第100輯、一九九七）

第三項　「和平」と「平和」について

中日両国語に於ける「和平」と「平和」について（『国文学攷』第186号、二〇〇五）

第二章

第一節

第一項　「張本」について

「張本」小考―漢語研究の一問題として―（『訓点語と訓点資料』第91輯、一九九三）

第二項　「謳歌」について

「謳歌」の意味について（『鎌倉時代語研究第二十三輯』二〇〇〇）

第三項　「濫吹」について

漢語の意味変化について―「濫吹」を中心に―（『鎌倉時代語研究第十八輯』一九九五）

第二節

第一項　「馳走」について

日本語における漢語の意味変化について―「馳走」の続貂―（『広島国際研究』第22巻、二〇一六）

第二項　「結構」について

日本語における漢語の意味変化について―「結構」の続貂―（『広島国際研究』第23巻、二〇一七）

第三章

第一節　「成敗」について

「成敗」小考―意味の〝転用〟の一例として―（『鎌倉時代語研究第十六輯』一九九三）

第二節　「心神」について

漢語の意味変化について―「心神」を一例として―（『国文学攷』第142号、一九九四）

第四章

第一節

第一項　「心地」について―「気分」との意味関係も考察する―

『延慶本平家物語』に於ける漢字表記語のよみと意味について―「心地」を中心に―（『国文学攷』第127号、一九九〇）

第二項　「神心」について

漢語の意味変化について―「神心」を一例として―（『小林芳規博士喜寿記念国語学論集』二〇〇六）

第三項　「元（減・験）気」について

「減氣・験氣・元氣」小考（『国文学攷』第159号、一九九八）

第三節

第一項　「仰天」について

「仰天」のよみと意味（『鎌倉時代語研究第二十二輯』一九九九）

第二項　「以外」について

漢語の意味変化について―「以外」を中心に―（『鎌倉時代語研究第十九輯』一九九六）

第四節

第一項　「民烟」について

「民烟」小考（『鎌倉時代語研究第二十一輯』一九九八）

第二項　「老若」について

中日漢語対照研究―「老若」を中心に―（『鎌倉時代語研究第十五輯』一九九二）

第三項　「芸道」について

日本における「道」の受容と展開―「芸道」の生成を一階梯として―（『国文学攷』第180号、二〇〇三）

調査文献

（一）中国文献

A．韻文

毛詩・楚辞（哈佛燕京学社、引得）、嵆康集（嵆康集校注本）、阮籍集（阮籍上下本）、陸機詩（陸士衡注本）、陶淵明詩文綜合索引（堀江忠道編、彙文堂書店）、謝霊運詩（謝康楽詩注本）、謝宣城詩（万有文庫本）、全漢詩索引・北魏詩索引・全宋詩索引・北斉詩索引・北周詩索引・斉詩索引・全三国詩索引（松浦崇編、櫂歌書房）、全漢三国晋南北朝詩上・下（丁福保編、中華書局）、玉台新詠索引（小尾郊一・高志真夫編、山本書店）、陳子昂詩（陳子昂集本）、孟浩然詩（四部備要本）、王維詩（趙松谷本）、李白歌詩（繆本）、杜詩（宋刻本）、孟郊詩索引（野口一雄編、東京大学東洋文化研究所）、張籍歌詩（張籍詩集本）、韓愈歌詩（廖本）、白氏文集歌詩索引（平岡武夫・今井清編、同朋舎出版）、柳宗元歌集（宋世綵堂）、李賀詩（李長吉歌詩四巻）、杜牧詩（樊川詩集本）、温庭筠歌詩（四部備要本）、岑参歌詩（四部叢刊本）、索引本何氏歴代詩話（艾文博主編、成文出版社）、蘇東坡詩集（小川環樹著、筑摩書房）、漢詩大観（井田書店）、唐詩鑒賞辞典（上海辞書出版社）、宋詩鑒賞辞典（上海辞書出版社）、宋詞鑒賞辞典（北京燕山出版社）

B．散文

周易・尚書・周礼・儀礼・礼記・春秋左氏傳・春秋公羊傳・春秋穀梁傳・論語・孟子・孝経・爾雅（十三経注疏、中華書局）、墨子引得・荀子引得（哈佛燕京学社、引得特刊）、管子引得（荘為斯編、中文研究資料中心研究資料叢書）、老子索引（豊島睦編、比治山女子短期大学）、荘子引得（弘道文化事業有限公司編）、列子索引（山口義男編、武庫川女子大学）、呉子・商子・六韜・呂氏春秋・韓非子・淮南子・説苑（四部叢刊本）、孫子索引（東北大学中国哲学研究室編）、国語索引（東方文化学院京都研究所編）、山海経通検（中法漢語学研究所編）、戦国策（士禮居仿宋本）、潜夫論（四部備要本）、水経注・孔子家語・論衡・揚子法言・抱朴子・酉陽雑俎（四部叢刊本）、史記索引（中国広播電視出版社）、漢書索引（黄福鑾編）、後漢書語彙集成上・中・下（藤田至善編、京都大学人文科学研究所）、方言校箋（周祖謨方言校箋本）、風俗通義附通検（中法漢学研究所編）、白虎通引得（哈佛燕京学社、引得）、三国志及裴注綜合引得（哈佛燕京学社、引得）、曹植文集（法蘭西学院漢学研究所)、文選索引(斯波六郎編、中文出版社)、文心雕龍索引(岡村繁編、采華書林)、蒙求(長承本、汲古書院)、遊仙窟(醍醐寺蔵、古典保存会)、世説新語索引(高橋清編、藍星書舗)、貞観政要(貞観政要定本)、唐律疏議引得(荘為斯編著、文海出版社)、陳書評語索引(久保卓哉編、中国書店)、漢魏六朝小説選譯上(上海古籍出版社)、捜神記・飛燕外傳・迷楼記・開河記・李林甫外傳・李泌傳・東城老父傳・高力士傳・梅妃傳・楊太真外傳・本事詩・劍俠傳・無双傳(晋唐小説・国譯漢文大成、国民文庫刊行会)、冥祥記(人民文学出版社)、宋史列傳儒林巻(中華書局)、輟耕録通検(巴黎大学北京漢学研究所出版)、東京夢華録夢梁録等語彙索引(梅原郁編、京都大学人文科学研究所)、朱子語類口語語彙索引(塩見邦彦編、中文出版社)、中国随筆索引(京都大学東洋史研究会編)、中国随筆雑著索引(佐伯富編、同朋舎)、金史語彙集成上中下(小野川秀美編、京都大学人文科学研究所)、敦煌変文集(人民文学出版社)、敦煌変文彙録(上海出版公司)、敦煌変文字義通譯(新文豊出版公司)

C. 仏書

法華経一字索引付開結二経(東洋哲学研究所編、西秋書店)、一切経音義索引(沼本克明・池田証寿・原卓志編、古辞書音義集成19、汲古書院)、唐招提寺本金光明最勝王経(訓点語と訓点資料第1輯)、山田本妙法蓮華経方便品(訓点語と訓点資料第7輯)、聖語蔵願経四分律(訓点語と訓点資料第29、30輯)、成実論(東大寺図書館蔵)、正倉院本地蔵十輪経巻五、七(勉誠社)、石山寺蔵佛説太子須陀拏経(訓点語と訓点資料第71、72輯合併号)、沙弥十戒威儀経(石山寺蔵)、百法顕幽抄(東大寺図書館蔵)、南海寄帰内法傳(天理図書館蔵)、東寺蔵不動儀軌(訓点語と訓点資料第65輯)、大東急記念文庫本大日経義釈(訓点語と訓点資料第16、17、23、27、28輯)、大毘盧遮那成佛経疏(高山寺蔵)、興福寺本大慈恩寺三蔵法師傳(『興福寺本大慈恩寺三蔵法師傳古点の国語学的研究』築島裕、東京大学出版会)、広島大学蔵八字文殊儀軌(訓点語と訓点資料第39輯)、大唐西域記長寛元年点(『古点本の国語学的研究』中田祝夫、大日本雄弁会講談社)大正新修大蔵経、中国往生伝(東大寺図書館蔵)

D. その他

説文解字・説文解字注(上海古籍出版社)、大広益会玉篇(四部叢刊本)、広韻・集韻(上海古籍出版社)、龍龕手鑑・類篇・康熙字典(中華書局)、佩文韻府(王雲五編、商務印書館)、辞源・漢語大詞典(商務印書館)、中文大辞典(中国文化研究所出版)

(二) 日本文献

Ⅰ. 奈良時代文献

憲法十七条・上宮聖徳法王帝説（聖徳太子集、日本思想大系、岩波書店）、法華義疏（大日本佛教全書第一巻）、正倉院文書（大日本古文書編年文書一～二五）、古京遺文（狩谷棭斎編）、続古京遺文（山田孝雄・香取秀真編、宝文館）、平城宮木簡1、2、3、4・藤原宮木簡1、2・長罡京木簡1・平城京長屋王邸宅と木簡（奈良国立文化財研究所）、寧楽遺文上、下（東京堂出版）、元興寺伽藍縁起・古事記・新訳華厳経音義私記・遷都平城詔・造立盧舎那仏詔・貞恵伝・武智麻呂伝・乞骸骨表・私教類聚・律令（日本思想大系、岩波書店）、日本書紀・万葉集・懐風藻（日本古典文学大系、岩波書店）、風土記漢字索引（植垣節也編、植垣節也出版）、聖武天皇『雑集』漢字総索引（清文堂出版）

Ⅱ. 平安鎌倉時代及びそれ以降の文献

A. 和文

竹取物語・伊勢物語・土左日記・多武峯少将物語・平中物語・大和物語・落窪物語・枕草子・和泉式部日記・紫式部日記・夜の寝覚・狭衣物語・浜松中納言物語・更級日記・堤中納言物語（日本古典文学大系、岩波書店）、源氏物語大成（中央公論社）、改訂新版かげろふ日記索引（風間書房）、宇津保物語本文と索引（宇津保物語研究会編、笠間書院）、大鏡の研究（秋葉安太郎著、桜楓社）、とりかへばや物語・住吉物語・閑吟集（新日本古典文学大系、岩波書店）、栄花物語本文と索引（梅沢本、高知大学人文学部国語史研究会編）、古今和歌集・後撰和歌集・拾遺和歌集・金葉和歌集・詞花和歌集・千載和歌集・新古今和歌集・新勅撰和歌集・続古今和歌集（新編国歌大観第一巻）、梁塵秘抄総索引（小林芳規・神作光一、武蔵野書院）

B. 漢文

文華秀麗集・菅家文草菅家後集・日本霊異記・和漢朗詠集（日本古典文学大系、岩波書店）、文鏡秘府論（宮内庁書陵部蔵）、遍照発揮性霊集・江都督納言集（六地蔵寺本、汲古書院）、本朝文粋（久遠寺蔵本）、高山寺本表白集（高山寺資料叢書第二冊）、凌雲集・経国集・都氏文集・田氏家集・雑言奉和・粟田左府尚歯会詩・扶桑集・本朝麗藻・江吏部集・侍臣詩和・殿上詩合・本朝無題詩・法性寺関白御集（群書類従第六輯）、平安詩文残篇（天理図書館善本叢書、八木書店）、紀長谷雄漢詩文集並びに漢字索引（三木雅博編、和泉書院）、三教指帰（天理図書館本）、作文大躰（天理図書館本）、続日本紀・日本後紀・令義解・令集解・続日本後紀・日本文徳天皇実録・日本三代実録・類聚三代格・弘仁格・延喜式・延喜交替式・貞観交替式・延暦交替式・政事要略・日本紀略・扶桑略紀・百錬紗・朝野群載・本朝文集・本朝続文集・本朝世紀・法曹類林（新訂増補国史大系）、法成寺金堂供養願文・革命勘文・藤原保則傳・寛平御遺誡・九条右丞相遺誡・菅家遺誡・陸奥話記（日本思想大系、岩波書店）、古語拾遺（新撰日本古典文庫）、三代御記逸文集成（所功編、国書刊行会）、法曹類林（尊経閣善本影印集成、八木書店）、法曹至要抄・裁判至要抄（群書類従第四輯）、貞信公記・九暦・小右記・御堂関白記・後二條師通記・中右記・殿暦・愚昧記・猪隈関白記・岡屋関白記・民経記・実躬卿記・後愚昧記／実冬公記・建内記・上井覚兼日記・言経卿記・言継卿記（大日本古記録、岩波書店）、権記・左経記・春記・水左記・帥記・永昌記・長秋記・兵範記・台記・吉記・山槐記・勘仲記・歴代宸記・花園天皇宸記・伏見天皇宸記・三長記・平戸記・妙槐記・愚管記・康富記・親長卿記・宣胤卿記・多聞院日記（増補史料大成・増補続史料大成、臨川書店）、西宮記（増訂故実叢書）、玉葉・明月記（国書刊行会）、吾妻鏡（新訂増補国史大系）、園太暦（続群書類従完成会）、平安遺文（竹内理三編、東京堂出版）、尾張国解文の研究（阿部猛著、大原新生社）、鎌倉遺文（竹内理三編、東京堂出版）、高野山文書（1、4）（大日本古文書家わけ第1）、東大寺文書（1-8）（大日本古文書家わけ第18）、高山寺古文書（東京大学出版会）、将門記（真福寺本）、御成敗式目（古典保存会）、明恵上人行状（明恵上人資料第1、高野山資料叢書第1冊）、江家次第・江談抄（新訂増補故実叢書）、古事談・続古事談（新日本古典文学大系、岩波書店）、平安時代仮名書状の研究（久曽神昇著、風間書房）、雲州往来享禄本研究と総索引・本文・研究篇（三保忠大・三保サト子編著、和泉書院）、和泉往来（京都大学国語国文資料叢書）、高山寺本古往来（高山寺資料叢書第2冊）、東山往来・菅丞相往来・釈氏往来・十二月往来・貴嶺問答・尺素往来・雑筆往来・垂髪往来・消息往来・常途往来・百也往来・庭訓往来・弟子僧往来集・南都往来・鎌倉往来・賢済往来・会席往来・新十二月往来・御慶往来・異本十二月往来・手習覚往来・山密往来・十二月消息・新札往来・琑玉集・蒙求臂鷹往来（日本教科書大系往来編）、金剛波若経集験記古訓考証稿（東京教育大学大学院中田教授国語学ゼミナール学生編）、金剛寺蔵注好選（後藤昭雄編、和泉書院）、高野山宝寿院蔵日本法花験記（臨川書店）、往生要集（最明寺本）、選択本願念佛集（往生院本）、探要法華験記（醍醐寺藏）、日本往生極楽記・大日本国法華験記・続本朝往生傳・本朝神仙傳・拾遺往生傳・後拾遺往生傳・三外往生傳・本朝新修往生傳・高野山往生傳・念仏往生傳・往生要集・諸山縁起・白山之記（日本思想大系、岩波書店）、園城寺伝記（大日本仏教全書86巻寺誌部四）、天台座主記（続群書類従第四輯下）、教行信証（岩波文庫）、法然一遍（日本思想大系、岩波書店）、玉造小町壮衰書（山内潤三・木村晟・栃尾武編著、笠間書院）、浦島子伝・富士山記・続浦島子伝・新猿楽記・傀儡記・遊女記・狐媚記・暮年記（群書類従第六輯）

C．和漢混淆文

東大寺諷誦文稿の国語学的研究（中田祝夫、風間書房）、今昔物語集・宇治拾遺物語・保元物語・平治物語・平家物語（覚一本）・徒然草（日本古典文学大系、岩波書店）、発心集本文自立語索引（高尾稔・長嶋正久、清文堂出版）、方丈記（大福光寺本、日本古典文学刊行会）、海道記（尊経閣文庫本）、東関紀行本文及び総索引（江口正弘監修、笠間索引叢書61）、延慶本平家物語・長門本平家物語（勉誠社）、平松本平家物語（清文堂出版）、源平盛衰記（有朋堂文庫本）、沙石集（慶長十年古活字本、勉誠社）、古本説話集総索引（山内洋一郎、風間書房）、打聞集の研究と総索引（東辻保和著、清文堂出版）、十訓抄本文と索引（泉基博編、笠間書院）、三宝絵詞自立語索引（馬淵和夫監修、中央大学国語研究会編）、中山法華経寺蔵本三教指帰注総索引及び研究（築島裕・小林芳規、武蔵野書院）、宝物集（書陵部蔵、古典保存会）、法華百座聞書抄総索引（小林芳規編、武蔵野書院）、閑居友本文及び総索引（峰岸明、王朝文学研究会編）、草案集（建保四年本、山口光円氏蔵）、明恵上人夢記・却廃忘記・光言句義釈聴集記・栂尾明恵上人傳・栂尾明恵上人物語・明恵上人神現傳記（明恵上人資料第1、2：高山寺資料叢書第7冊）、六波羅殿御家訓・北野天神縁起・八幡愚童訓甲（日本思想大系、岩波書店）、古事談（新訂増補国史大系）、正法眼蔵随聞記語彙総索引（田島毓堂・近藤洋子編、法藏館）、正法眼蔵要語（岩波文庫本）、中外抄・富家語（勉誠社）、俊頼髄脳・古来風躰抄（日本歌学大系第1、2巻）、歎異抄本文と索引（山田巌・木村晟編、新典社）、古今著聞集・愚管抄・神皇正統記・増鏡・太平記・義経記・曽我物語・御伽草子集・室町物語・狂言記（日本古典文学大系、岩波書店）、土井本太平記（勉誠社）、大蔵虎明本狂言集総索引（武蔵野書院）、応永二十七年本論語抄（勉誠社）、湯山聯句抄本文と総索引（来田隆編、清文堂出版）、句双紙抄総索引（来田隆編、清文堂出版）、中華若木詩抄（勉誠社）、抄物資料集成第六巻毛詩抄・蒙求抄（清文堂出版）、続抄物資料集成10巻解説・索引（清文堂出版）、室町物語草子集（日本古典文学全集）、天草版平家物語対照本文及び総索引（明治書院）、エソポのハブラス本文及び総索引（大塚光信・来田隆編、清文堂出版）、伊曾保物語（岩波書店）、甲陽軍鑑大成（汲古書院）、五山文学集・狂言歌謡・太閤記・仮名草子集（新日本古典文学大系、岩波書店）、武家家訓・遺訓集成（ぺりかん社）、説経集（新潮日本古典集成）

D．その他

篆隷万象名義（高山寺資料叢書第1冊）、新撰字鏡（臨川書店）、和名類聚抄古写本・声点本本文および索引（馬淵和夫著、風間書房）、世俗字類抄（天理図書館蔵本）、尊経閣善本影印集成二巻本色葉字類抄（八木書店）、三巻本色葉字類抄（色葉字類抄研究並びに総合索引、索引篇、中田祝夫、峰岸明共編、風間書房）、類聚名義抄（図書寮本・観智院本）、名語記（勉誠社）、中世国語資料（陽明叢書、思文閣出版）、龍谷大学善本叢書字鏡集上下（思文閣出版）、尊経閣善本影印集成字鏡集1-4（八木書店）、伊京集・明応五年本節用集・饅頭屋本節用集・易林本節用集・黒本本節用集（古本節用集六種研究並びに総合索引、中田祝夫、風間書房）、文明本節用集（中田祝夫著、風間書房）、運歩色葉集・温故知新書・撮壌集・頓要集（中世古辞書四種研究並びに総合索引、中田祝夫、風間書房）、古本下学集七種研究並びに総合索引（中田祝夫・林義雄、風間書房）、書言字考節用集研究並びに索引（中田祝夫・小林祥次郎、風間書房）、増補下学集（港の人）、慶長五年節用集・国尽・薬種いろは抄（清文堂出版）、大谷大学本節用集（勉誠社）、五本対照節用集（勉誠社）、塵芥（臨川書店）、邦訳日葡辞書（土井忠生・森田武・長南実編訳、岩波書店）、ロドリゲス日本大文典（土井忠生訳、三省堂）、和漢通用集（勉誠社）、和英語林集成（講談社）、華英辞書集成華英字典全6巻（ゆまに書房）、時代別国語大辞典（三省堂）、日本国語大辞典第二版（小学館）、重刊改修捷解新語（京都大学国文学会）

参考文献

浅野敏彦『国語史のなかの漢語』（和泉書院、平十）
有馬朗人著者代表『気の世界』（東京大学出版会、平二）
池上禎造『漢語研究の構想』（岩波書店、昭五十九）
池上嘉彦『意味論—意味構造の分析と記述』（大修館書店、昭五十）
岩淵悦太郎『語源散策』（毎日新聞社、昭四十九）
太田朗編集・柴田省三著『英語学大系7語彙論』（大修館書店、昭五十四）
沖森卓也編『日本語史』（桜楓社、平元）

柏谷嘉弘『日本漢語の系譜』(東宛社、昭六十二)
川本茂雄・国広哲弥・林大編『日本の言語学第五巻意味・語彙』(大修館書店、昭五十四)
国広哲弥『構造的意味論―日英両語対照研究』(三省堂、昭四十二)
国広哲弥『意味の諸相』(三省堂、昭四十五)
国広哲弥『意味論の方法』(大修館書店、昭五十七)
香坂順一『中国語学の基礎知識』(光生館、昭四十六)
国語学会編『国語学大辞典』(東京堂出版、昭五十五)
国立国語研究所『現代雑誌九十種の用語用字第三分冊』(秀英出版、昭三十九)
国立国語研究所『分類語彙表』(秀英出版、昭三十九)
小島憲之『日本文学における漢語表現』(岩波書店、昭六十三)
小林芳規『平安鎌倉時代に於ける漢籍訓読の国語史的研究』(東京大学出版会、昭四十二)
小林芳規「中世片仮名文の国語史的研究」(『広島大学文学部紀要』特輯号30巻3号、昭四十六)
小林芳規『角筆文献の国語学的研究』(汲古書院、昭六十二)
斎木一馬編著『古記録学概論』(吉川弘文館、平二)
阪倉篤義『講座国語史第三巻語彙史』(大修館書店、昭四十六)
佐藤喜代治『国語語彙の歴史的研究』(明治書院、昭四十六)
佐藤喜代治編『国語学研究事典』(明治書院、昭五十二)
佐藤喜代治編『講座日本語の語彙』第一~第十一(明治書院、昭五十七)
佐藤喜代治編『漢字講座』一~十二(明治書院、昭六十三)
佐藤亨『近世語彙の歴史的研究』(桜楓社、昭五十五)
白藤禮幸『奈良時代の国語』(東京堂出版、昭六十二)
鈴木修次『漢語と日本人』(みすず書房、昭五十三)
鈴木修次『日本漢語と中国漢字文化圏の近代化』(中公新書、昭五十六)

田中章夫『国語語彙論』（明治書院、昭五十三）
築島裕『平安時代の漢文訓読語につきての研究』（東京大学出版会、昭三十八）
築島裕『平安時代語新論』（東京大学出版会、昭四十四）
築島裕『平安時代の国語』（東京堂出版、昭六十二）
藤堂明保『漢語と日本語』（秀英出版、昭四十四）
沼本克明『平安鎌倉時代に於る日本漢字音に就ての研究』（武蔵野書院、昭五十七）
野林正路『意味をつむぐ人びと―構成意味論・語彙論の理論と方法』（海鳴社、昭六十一）
服部四郎『英語基礎語彙の研究』（三省堂、昭四十三）
原田芳起『平安時代文学語彙の研究』（風間書房、昭三十七）
前田富祺『国語語彙史研究』（明治書院、昭六十）
松下貞三『漢語受容史の研究』（和泉書院、昭六十二）
峰岸明『平安時代古記録の国学的研究』（東京大学出版会、昭六十一）
峰岸明『変体漢文』（東京堂出版、昭六十一）
宮島達夫『古典対照語い表』（笠間索引叢刊4、昭四十六）
宮地敦子『身心語彙の史的研究』（明治書院、昭五十四）
森三樹三郎『中国思想史』（第三文明社、昭五十三）
柳田征司『室町時代の国語』（東京堂出版、昭六十）
山口佳紀『古代日本語文法の成立の研究』（有精堂、昭六十）
山田孝雄『漢文の訓読によりて伝へられたる語法』（宝文館、昭十）
山田孝雄『国語の中に於ける漢語の研究』（宝文館、昭三十三、訂正版）
吉川忠夫『六朝精神史研究』（同朋舎、昭五十九）
吉田金彦『国語意味史序説』（明治書院、昭五十二）

S.ウルマン『意味論研究』山口秀夫訳（研究社、昭三十三）
G.ステルン『意味と意味変化』五島忠久訳述（研究社、昭三十七）
S.ウルマン『意味論』山口秀夫訳（紀伊国屋書店、昭三十九）
アダム・シャフ『意味論序説』平林康之訳（合同出版、昭四十四）
R.W.ラネカー『言語と構造』牧野成一訳（大修館書店、昭四十五）
S.ウルマン『言語と意味』池上嘉彦訳（大修館書店、昭四十九）
P.トラッドギル『言語と社会』土田滋訳（岩波書店、昭五十）

王力『漢語音韻学』（中華書局、一九五八）
霍松林・高海夫主編『中国古典文学』（陝西人民教育出版社、一九八六）
周秉鈞編著『古漢語綱要』（湖南教育出版社、一九八一）
陳力衛『和製漢語の形成とその展開』（汲古書院、平十三）
楊金鼎主編『中国文化史詞典』（浙江古籍出版社、一九八七）
楊樹達『詞詮』（上海古籍出版社、一九八六）
劉淇『助字辨略』（中華書局、一九五四）

後　記

本書は一九九三年に広島大学大学院文学研究科に提出した博士論文を基に修正、加筆しつつ、その以降の研究成果を合わせて纏めたものである。

本書では、二十数語の漢語を取り上げて日本語における漢語の意味史について記述、究明しようと努めている。漢語の莫大な量に比してはいうまでもなく足りないと言わざるを得ない。しかしながら、一つの試みとしてその方向性を提示してみたことによって今後の当該研究に資することになるならば幸いである。

今、後記を記すに当たって自分の歩んできた道を回顧すると正に感慨無量である。今日の自分があるのは、恩師や諸先学の学恩を賜っていることはいうまでもないが、中でも日本留学の夢を叶えて下さった小林芳規先生に出会うという機会による所が大きい。小林先生は私が一九八六年十月に国費留学生として広島大学文学部入学以来、漢語研究の将来性、方向性、方法論等といった学問に限らず、学者、教育者としてのあるべき姿を率先して垂範して下さり、いつも変わらず温かく私を導いて下さり今日に至っている。また、留学生活においても先生及び奥様には至れり尽くせりの世話になって言葉には尽くせないご恩を賜った。先生に巡り合うこと無くして今日の自分は決して無かった。

小林先生には、ご多忙のご執筆中にもかかわらず、貴重な時間を割いて過分なる序文までお書き頂いた。ここに衷心より感謝申し上げる次第である。

室山敏昭先生には、小林先生の退官後、指導教官をお引き受け頂き、懇篤にかつ丁寧にご指導を下さった。研究上のご指導はもとより、日常生活や就職等についていつも親身になって相談に乗って下さり格別のお力添えを賜った。学位取得後、幾度もなく学位論文を纏めて世に問うよう檄を飛ばして頂いた上で、出版社まで斡旋の労をお執り下さった。心より感謝の意を表したい。

また、留学中、広島大学の諸先生には多くの学恩を蒙ってきた。とりわけ、稲賀敬二先生、米谷巌先生、位藤邦生先生より温かいご教示とご高配を賜わった。亦、チューターになって下さった山本真吾氏には大変お世話になり、いつも親切に接して頂いた。そして、広島大学国語史研究会の諸先輩、同輩、後輩の各位にも心よりお礼申し上げたい。

尚また、長年に亘って色々とお世話になった親友の故河尻清社長、広島市立大学国際学部の先生方、北京外国語大学日本語学部の先生方に厚くお礼申し上げる。

さらに一言感謝の言葉を述べなければならないのは数十年に亘って献身的にかつ黙々と支えてくれた家内及び家族である。

最後に、本書の出版を快くお引き受け頂いた和泉書院の廣橋研三社長の多大なるご尽力に対して、衷心より感謝申し上げたい。

索　引

凡例

・地の文と表中に掲出のものを対象とした。
・語彙索引については、見出し語にある語は含めなかった。また、類型語として列挙してある「　」で括った語のみを採録した。

事項索引

あ　行

か　行

さ　行

た　行

な 行

は 行

ま 行

や 行

語彙索引

さ　行

た　行

な　行

は　行

書名索引

た　行

な　行

は　行

人名索引

■著者紹介

欒（欒）竹民（らん ちくみん）

略歴

一九五二年中国山東省生まれ
一九八一年北京外国語大学日本語研究科大学院修了
一九九四年三月広島大学大学院文学研究科博士課程修了、博士（文学）学位取得
一九九四年四月広島市立大学国際学部就職
二〇〇〇年四月広島市立大学国際学部国際学研究科教授（二〇一八年三月まで）
二〇一八年五月広島市立大学名誉教授（現在）

主な論文等

『延慶本平家物語』に於ける漢字表記語のよみと意味について―「心地」を中心に―（『国文学攷』127号、一九九〇）、「張本」小考―漢語研究の一問題として―（『訓点語と訓点資料』91輯、一九九三）、「成敗」小考―意味の〝転用〟の一例として―（『鎌倉時代語研究』第十六輯、一九九三）、漢語の意味変化について―「料理」を中心に―（『訓点語と訓点資料』第100輯、一九九七）、「滅氣・験氣・元氣」小考（『国文学攷』159号、一九九八）、「覚悟」の意味用法の通時態（『広島国際研究』第8巻、二〇〇二）、日本語における漢語の意味変化について―「結構」の続貂―（『広島国際研究』第23巻、二〇一七）、『中日韓三国「性向語彙」及文化比較研究』（北京外国語大学外語教学与研究出版社、二〇一七）

研究叢書574

中国語との比較による日本語の漢語の意味史的研究

二〇二四年一〇月三一日初版第一刷発行

（検印省略）

著　者　欒　竹民
発行者　廣橋研三
印刷所　亜細亜印刷
製本所　渋谷文泉閣
発行所　有限会社 和泉書院

大阪市天王寺区上之宮町七－六
〒五四三－〇〇三七
電話　〇六－六七七一－一四六七
振替　〇〇九七〇－八－一五〇四三

ISBN 978-4-7576-1105-4　C3381

研究叢書

561	東アジア漢文世界の地政学と日本史書	渡瀬　茂 著	六六〇〇円
562	私聚百因縁集の研究 本朝篇(下)	北海道説話文学研究会 編	一二〇〇〇円
563	近世文芸とその周縁 上方編	神谷勝広 著	九三五〇円
564	中世前期説話文学の研究	鈴木和大 著	一〇四五〇円
565	愚管抄の周縁と行間	尾崎　勇 著	一五四〇〇円
566	『歌枕名寄』継承と変遷 研究編 資料編	樋口百合子 著	一九八〇〇円
567	石水博物館所蔵 岡田屋嘉七・城戸市右衛門他書肆書簡集	青山英正 編	一二〇〇〇円
568	山部赤人論	鈴木崇大 著	九九〇〇円
569	神道と和歌	深津睦夫 著	八八〇〇円
570	談話・文章・テクストの一まとまり性	斎藤倫明・修　徳健 編	九三五〇円

（価格は 10％税込）